KB040565

日本語
JLPT
JPT
외교영사직
중등임용고사

하

최철규

박영사

추천의 말

일본어 학습의 중요성은 아무리 강조하여도 지나침이 없다. 이 사실은 어느 시대나 어떤 계층의 사람에게도 타당한 말이다. 특히 모든 영역에 걸쳐 국제화 · 세계화의 물결이 더욱 거세질 21세기를 대비하여야 하는 현 시점에서는 더욱 그러하다. 정치 · 경제 · 문화 등의 모든 생활 영역에서 일본과의 관계처럼 우리에겐 밀접한 교류와 접촉이 빈번한 곳은 없다.

일본은 역사적으로 우리와의 암울했던 악연 때문에 흔히들 가장 가까운 곳이지만 가장 먼 나라라고들 한다. 문화 · 역사 국민 의식 간에 공통성을 지니고 경제 · 학문 · 인적인 교류면에서 불가결한 관계를 가지면서도 드러내어 놓고 접촉하기엔 서먹서먹했고 응어리진 생각을 풀 수 없었던 때도 있었다.

어떻든 이제는 내일을 위한 우호적인 동반자 관계로서이건 적대적 경쟁 관계로서이건 상대방의 언어와 문화, 의식구조와 가치관을 철저히 터득해 두는 것은 우리 국민의 필수적 과제이다. 국경 없는 무한 경쟁 시대에 이 지구촌에 살아남을 수 있는 경쟁력을 기르는 방법은 접촉이 빈번한 국가의 언어와 문화 등을 통달하는 길이다.

이러한 시점에서 일찍이 일본에 건너가서 다년간 정열적으로 학문 연수를 하고 일본어와 일본 것들의 연구에 전념해 온 최철규 군이 그동안 많은 일본어 학습 서적을 낸 끝에 “日本語 JLPT · JPT · 외교영사직 · 중등임용고사 문제집”을 펴낸 데 대하여 진심으로 경하하면서 다음 몇 가지 이유에서 각종의 국가시험에 대비하는 일본어 수험생을 비롯한 각 계층의 일본어 학습자 및 일본어 교수에 대해서까지 배우고 가르치는 모범 교재로 추천하는 바이다.

첫째, 저자는 다년간 일본에서 공부하면서 일본어뿐만 아니라 일본의 문화 · 역사 · 사회에 대한 이해를 깊이 했다는 점에서 살아 있는 일본어 교재를 펴낼 능력 있는 자라는 점이다. 어떤 나라의 언어의 터득은 그 나라의 문화 · 역사, 그리고 사회에 대한 깊은 이해 없이는 완전할 수 없다. 언어는 문화적 · 역사적 · 사회적 산물이기 때문이다.

둘째, 저자는 귀국 후에도 다년간 사법시험을 비롯한 각종 국가시험 자들을 가르친 경험을 토대로 만들어 낸 교재이므로 각종 시험 준비에 필수적인 부분을 강조했다는 사실이다.

셋째, 저자는 평소에 어떤 일에 착수하면 온 정열을 바치는 열정가이고 또한 항상 장래를 대비하는 창조적 역량을 발휘하는 자이므로 본 교재 내용도 독창성을 지니고 있다는 점이다.

넷째, 모든 싸움이 그렇듯이 각종 시험에도 신예의 무기가 필수적이다. 저자 최철규 군은 귀국 후에도 자주 일본을 드나들면서, 그리고 일본에 관한 최신 독서물을 통하여 새로운 문물에 접하고 있으므로 격조 있는 최신 교재를 꾸몄다는 점이다.

다섯째. 흔히들 저작물은 저자의 인격의 표현이라고 함에 비춰 볼 때 본 저자는 근면하고 소박하며 솔직한 인품으로 인정되고 있다는 점에서 본 저서도 근면의 산물이라고 평가된다는 사실이다.

이상의 몇 가지 특정한 이유로 저자 최철규 군의 본 저서를 추천하면서 판을 거듭할수록 더욱 알차고 격조 높은 내용으로 발전되길 빌면서…….

전 한양대학교 법과대학 교수
전 한양대학교 행정 대학원장
법학박사 차용석 (車鏞碩)

머리말

일본어를 보통 "쉽다"고들 말합니다. 그러나 대입 수능을 제외한 다른 일본어 시험을 공부하는 수험생에게 같은 질문을 하면 과연 보통 사람들처럼 "쉽다"고 대답할 수 있을지는 의문입니다. 모든 언어가 그렇듯이 깊이 들어가면 일본어 역시 어렵습니다. 특히 일반적으로 쉽다고 생각하고 있기 때문인지 우리나라에서 출제되는 시험은 오히려 어휘 범위도 넓고 수준도 높습니다.

시험을 대비한 문제집은 많지만, 힘들게 공부하고도 방법을 찾지 못해 좋은 성과를 얻지 못하는 수험생이 많은 것 같아, 일본어 공부와 강의를 해 오면서 여러 가지 경험을 함께 공유하고자 이 문제집을 펴내게 되었습니다.

최근의 출제 경향을 완벽 분석하여 꼭 필요한 핵심 문법만을 정리하고, 다년간의 기출문제 유형이 반영된 영역별 학습 교재로 단 한 권으로 기초부터 실전까지 대비할 수 있습니다. 최우선순위 문법부터 고득점/만점을 위한 문법까지 꼼꼼하게 정리하였습니다.

문제는 20회 각 110문제씩 총 2200제이며, 1번부터 40번까지는 종합 문제를 수록하였고, 41번부터 80번까지는 각 단원의 집중연습문제를 수록하였습니다. 81번부터 90번까지는 독해문제와 서수사, 또 몇 개의 한자읽기 문제를 수록하였고 마지막 91번부터 110번까지는 외무영사직 독해 기출문제 일부를 수록하였습니다. 어느 문제집보다도 충실한 내용을 다루었고 수험생의 입장에서 쓰여졌음을 자신합니다.

어느 시험이나 마찬가지로 일본어 역시 일본어를 접하는 시간에 따라 성적은 좌우됩니다. 단순한 시험과목이라는 안이한 생각에서 벗어나 하나의 외국어를, 완전히 정복한다는 마음가짐으로 즐겁게 공부하면 좋은 결과가 나오리라 믿습니다. 또, 거기에 이 책이 일조를 한다면 지은이로서는 더할 나위 없는 기쁨이겠지요. 좋은 결실을 맺으시길 기대합니다.

끝으로 이 책이 나오기까지 많은 도움을 주신 이삼 전 차장검사님 · 조한욱 전 지검장님 · 김태업 수석부장판사님 · 법무법인(유한) 법조 하영주 대표 변호사님 · 김승대 전 검사님, 김병숙 선생님, 권고섭 선배님 · 김경자 선배님, 늘 신경써주는 최춘교 누님, 소중한 벗 박영훈 대표님 · 송호영 님 · 엄상용 님 · 곽은주 부장님, 항상 보고 싶은 동생 김동민 교수님 · 김종명 사장님, 그리고 안병준 후배님, 부천시청 지유나 주무관님, 언제나 곁에서 저를 지켜준 세상에서 가장 소중한 아내 윤수진님 · 사랑하는 아들 종현 · 종인, 그리고 박영사 조성호 출판기획이사님, 편집을 맡아주신 박송이 과장님 및 관계자분께 진심으로 감사드립니다.

최철규

1. 독학용 일본어시험 영역별 대비서

- JLPT, JPT, 외교영사직, 중등임용고사 등 일본어 시험 영역별 대비서
- 한 권으로 기초부터 실전까지 완벽한 대비
- 부족한 부분만 집중적으로 학습할 수 있어 효율적인 점수 관리 가능
- 2021년까지 철저한 기출문제 반영
- 최신 기출 경향 100% 분석 유형별 핵심 문제 반영

2. 오직 일본어 시험만을 위해 정리한 기초 문법의 완벽한 정리

- 출제 경향을 완벽 분석하여 꼭 필요한 문법포인트만 꼼꼼하게 정리
- 영역별로 부족한 파트만 집중적으로 학습할 수 있어 효율적인 대비 가능
- 일본어 문법 중 어렵게 느껴지는 부분을 예문과 함께 쉽게 설명
- 문법이 약한 수험생도 쉽게 이해할 수 있도록 쉽고 일목요연한 정리
- 단원별 문법 학습을 마친 후 최신 출제 경향을 그대로 반영한 문제풀이로 자신감 업!

3. 최다 문제풀이를 통한 완벽한 시험 대비

- 모든 출제 유형 마스터를 위한 유형별 실전문제 총 2200제 수록
- 최고의 적중률과 난이도 연구를 통해 제작한 수준 높은 문제로 구성
- 매단원 문제풀이로 철저한 확인 학습
- 혼자서도 공부할 수 있게 꼼꼼한 해설
- 오로지 학습자 입장에서 쓴 이해하기 쉬운 명쾌한 설명
- 오답까지 완벽하게 이해할 수 있도록 정답과 오답을 모두 설명해주는 문제별 상세하고 친절한 풀이

4. 사전을 찾을 필요 없는 꼼꼼한 어휘 정리

- 시험 대비 필수 관용구, 속담, 숙어, 어휘만 모아 한 번에 정리
- 출제 빈도 높은 필수 어휘만으로 구성
- 철저한 출제 포인트 분석에 따른 필수 어휘 빠짐없이 정리

5. 최신 유형과 경향을 분석한 문제로 합격률 업!

- 출제 빈도 높은 어휘 및 문제만으로 구성되어 적중률 상승
- 일본어 전문가에 의해 철저히 분석된 핵심 문제풀이로 완벽한 대비

目次(もくじ)。차례

第１１章(だいじゅういっしょう)。제11장

語彙(ごい)　어휘편 I

擬声語(ぎせいご)・擬態語(ぎたいご)・副詞(ふくし) I
의성어・의태어・부사 I

● 웃음.

くすくす	조금은 절제하는 듯이 웃는 모습.
へらへら	애매하게 웃는 모습. 경박한 모습.
げらげら	큰소리로 웃는 모습. (げたげた · からから)
にこにこ	미소 지으며 웃는 모습.
にっこり	미소 지으며 웃는 모습. (방긋)
にやにや	싱글싱글. (보고만 있을 뿐)
にたにた	기분 나쁘게 히죽히죽 웃다.
からから	딱딱한 물건이나 마른 물건이 부딪치는 소리. 큰소리로 웃다. 목마른 모습.

● 떨림 · 흥분.

わくわく	기쁨이나 기대로 가슴이 설레는 모습.
うきうき	기쁜 것. 즐거운 것이 있어서 마음이 들뜨는 모습. (소풍)
いそいそ	기쁨으로 마음이 들뜬 상태로 행동하는 모습.
ぞくぞく	한기로 추위를 느끼는 모습(감기 · 몸이 싸늘하다). 무서움 · 공포로 몸이 떨리는 모습. 극도의 기대 · 불안 때문에 몸이 떨리는 듯한 느낌.
ぞくぞく	계속해서 진행하는 모습. (続々(ぞくぞく))
がたがた	추위나 공포로 떨리는 모습. 불평을 이러쿵저러쿵 말하는 모습. 딱딱하고 무거운 듯한 물체가 부딪치는 소리(문이 달그락달그락). 조립이나 조직이 망가지다. 차가 · 회사가 쓰러지다.
びくびく	불안이나 공포로 전전긍긍하는 모습.
どきどき	심한 운동이나 공포 · 불안 · 기대 때문에 심장이 빨리 뛰는 모습.
むらむら	떼를 지는 모습. 감정이 걷잡을 수 없이 솟구치는 모습.
かっと	갑자기 화내는 모습. 갑자기 입이나 눈을 크게 벌리는 모습. 갑자기 불이나 빛이 강하게 되는 모습.
わなわな	공포나 화(怒り(いか))로 몸이 부르르 떨리는 모습.
ぶるぶる	추위나 공포로 작게 떠는 모습.

● 불안 · 초조 · 당황 · 주저.

そわそわ	안정되지 않는 모습. (안절부절)
いらいら	자기 생각대로 되지 않아서 마음이 안정되지 않는 모습. 초조해하다. 상처가 아픈 모습. (따끔따끔 · ちくちく)
はらはら	눈물 · 나뭇잎이 조용히 떨어지는 모습. 옆에서 걱정하는 모습.
くよくよ	걱정해도 소용없는 일에 이러쿵저러쿵 끙끙거리는 모습.
ぴりぴり	찰과상이 아픈 모습. 매워서 입안이 얼얼. 신경과민.
おどおど	두렵거나 긴장해서 마음이 안정되지 못하는 모습. (びくびく)
おずおず	무서워서 주저하는 모습. (머뭇머뭇. びくびく · こわごわ)
おろおろ	어떻게 하면 좋을지 몰라서 안절부절못하다. 울어서 떨리는 목소리.
もたもた	행동 · 태도가 우물쭈물한 모습.
もじもじ	사양이나 부끄러움으로 주저하는 모습. (머뭇머뭇)

● 울음.

しくしく	가볍게 찌르는 듯한 아픔이 반복되는 느낌(배가). 훌쩍거리며 힘없이 우는 것.
わあわあ	큰소리로 우는 모습. 사람이 많아 큰소리로 떠드는 모습.
さめざめ	눈물을 흘리며 우는 모습.

● 지침 · 피로 · 비틀거림.

ぐったり	피로 · 병으로 힘이 빠지는 모습.
くたくた	모포 · 종이를 오래 사용해서 너덜너덜한 모습. 대단히 피곤한 모습. 삶은 것이 부드럽게 되다. (시금치)
へとへと	굉장히 지친 모습. 굉장히 피곤한 모습.
ふらふら	병 등으로 힘없이 불안전하게 서 있는 모습. 목적지도 없이 걷는 모습. 기분 · 태도가 확실하지 않고 갈팡질팡하는 모습. 충분히 생각하지 않고 행동하는 모습. 많이 피곤한 모습.
よぼよぼ	나이를 먹어 몸이 쇠약해서 비틀비틀 걷는 모습.
よろよろ	발걸음이 불안전해서 넘어질 듯한 모습.
へなへな	폭삭 맥없이 주저앉는 모습. 기력 · 체력이 약한 모습. 성격이 연약한 모습.

● 잠.

うとうと	꾸벅꾸벅 조는 모습. (うつらうつら · こくりこくり)
すやすや	아기가 기분 좋게 자는 모습.
ぐうぐう	코고는 소리. 공복에서 나는 소리. (꼬르륵꼬르륵)
ぐっすり	깊게 잠든 모습.
こんこん	깊게 잠든 모습. 의식을 잃어버린 모습.

● 좋은 태도 · 몸의 상태 · 건강 · 아픔.

こつこつ	꾸준히 노력하는 모습. 문 두들기는 소리. 구두 발자국 소리.
ごつごつ	표면이 꺼칠한 모습. 성격 · 태도 · 문체 등이 거칠고 야성적인 모습.
さっぱり	인간관계에 감정 · 불만이 없는 모습. 상쾌한 모습(기분). 맛이 시원한 모습. 부정을 동반하여(全然(ぜんぜん) · すっかり). 전부(全部(ぜんぶ)).
あっさり	맛 · 성격 등이 시원스러운 모습. 간단히(게임에 지다).
ばりばり	딱딱한 것을 깨거나 찢거나 긁는 소리. 수건이 얼어서 딱딱하게 굳다. 일을 정열적으로 하는 모습.
ぱりぱり	팔팔하다(원기왕성). 새롭고 뛰어나다(말쑥하다). 순수하다. 얇고 딱딱한 것을 씹는 소리(과자). 부드러운 것이 딱딱해지다(다림질에서 풀을 먹이다).
いきいき	생기 넘치는 모습. 활기찬 모습. (生(い)き生(い)き · 活(い)き活(い)き)
むかむか	토할 것 같은 모습(메스껍다). 화가 치미는 모습.
のびのび	억압되는 것이 없이 자유롭게 성장하다. 마음이 느긋해지다.
ぴちぴち	젊음이나 건강이 왕성한 모습. 물고기가 펄쩍펄쩍 뛰는 모습.
ぴんぴん	건강한 모습(팔팔하다). 강하게 뛰는 모습(물고기).
ふらふら	병 등으로 힘없이 불안전하게 서 있는 모습. 목적지도 없이 걷는 모습. 많이 피곤한 모습. 기분 · 태도가 확실하지 않고 갈팡질팡하는 모습. 충분히 생각하지 않고 행동하는 모습.
くらくら	현기증으로 눈이 빙글빙글 돌다. 물이 끓다.
よろよろ	체력이 약해서 불안전한 모습. (나이를 먹어)
ぴりぴり	찰과상이 아픈 모습. 매워서 입안이 얼얼. 신경과민.
ひりひり	상처가 아리아리한 모습(찰과상). 매워서 입안이 얼얼하다.

ちくちく	뾰족한 것에 몇 번이나 찔려 따끔따끔. 상대를 가볍게 비난하다. 기분이 상하거나 후회로 마음이 아픈 모습.
がんがん	두통(頭痛(ずつう))이 심한 모습. 불을 활활 피우다. 금속제품이 시끄럽게 울리는 소리. 음성이 울려 퍼지다. 심하게 행동하는 것(운동연습).
しくしく	가볍게 찌르는 듯한 아픔이 반복되는 느낌(배가). 훌쩍거리며 힘없이 우는 것.
ずきずき	상처나 머리가 욱신욱신 쑤시며 아픈 모습. (ずきんずきん)
ぞくぞく	한기로 추위를 느끼는 모습(감기로 몸이 싸늘하다). 무서움 · 공포로 몸이 떨리는 모습. 극도의 기대 · 불안 때문에 몸이 떨리는 듯한 느낌.
きりきり	몸 부분이 찔리는 듯이 아픈 모습. 부지런히 일하다(척척). 심하게 도는 모습(뱅글뱅글). 물건을 강하게 감은 모습(활에 활줄을 팽팽히).
みっちり	충분히 행동하는 모습. (충분히 잔소리하다)
みっしり	충분히 행동하는 모습. 공간없이 채워진 모습(단단히).
からりと	성격이 명랑하다. 튀김이 마르다. 날씨가 맑게 개인 모습. (からりと晴(は)れる)
ごほん	한번 크게 기침을 하는 모습(감기).
きりきり舞(ま)い	눈코 뜰 새 없이 굉장히 바쁜 모습. 한쪽 다리를 들고 몸을 힘차게 돌리는 모습.
しょぼしょぼ	눈이 피곤해서 뜰 수 없는 모습.

「ほっと」처럼 언제나 「〇〇と」의 형태가 되는 것.

▸ 무엇인가를 할 때의 모습 등을 나타낸다.

きちんと	•규칙 있게 하는 모습.
	朝は早く起きてきちんとした生活をしよう。 아침에는 일찍 일어나서 규칙적인 생활을 하자.
	•잘 정리되어 있는 모습을 나타낼 때 사용.
	彼の部屋はいつもきちんとしている。 그의 방은 언제나 잘 정리되어 있다.
	•회화체로는(ちゃんと)로도 자주 사용함.
	ちゃんと勉強しなさい。 진득하게(착실히) 공부해라.
さっと	•매우 빠르게 하는 모습.
	彼は休み時間になったので、さっと教室から出ていった。 그는 휴식시간이 되었기 때문에, 잽싸게 교실에서 나갔다.
さっさと	•무리가 없이 빨리 움직이는 모습.
	漫画なんか読んでいないで、さっさと勉強しなさい。 만화 같은 것만 읽지 말고, 빨리 공부해라.
	•のろのろ는 반대어.
	のろのろ歩かないでさっさと歩きなさい。 어슬렁어슬렁 걷지 말고 빨리 걸어라.
ぱっと	•무엇인가를 급하게 생각해 내는 것.
	いい考えがぱっと浮かんだ。 좋은 생각이 팍 떠올랐다.
しいんと	•아무 소리도 없이 조용한 모습.
	生徒が帰った学校はしいんとしている。 학생들이 돌아간 학교는 쥐 죽은 듯이 조용하다.

▸ 물건의 모습 등을 나타낸다.

さらっと	•말라 있어서 기분 좋은 모습. 보송보송하다. この生地は軽くてさらっとしている。 이 옷감은 가벼워서 촉감이 좋다.
ぴかっと	•무언가가 급하게 빛나는 모습. 外がぴかっと光ったと思ったら、すぐ雷が落ちた。 밖에서 번쩍 빛났다고 생각했는데, 곧 벼락이 떨어졌다.

▸ 그때의 기분 등을 나타낸다.

ほっと	•안심하는 모습. 息子が大学に合格してほっとした。 아들이 대학에 합격해서 안심했다.
はっと	•급한 일에 놀란 모습. 財布を忘れてきたことに気づき、はっとした。 지갑을 잊어버리고 온 것을 알아서, 깜짝 놀랐다.
ぱっと	•급하게 무엇인가를 하는 모습. (ぱっとしない형으로 대단한 것은 아니다라고 하는 의미를 나타낸다) 電気がぱっとついた。 전기가 팍 켜졌다.
どきっと	•급한 일에 놀란 모습. 暗い道で急に誰かに肩をたたかれて、どきっとした。 어두운 길에서 갑자기 누군가가 어깨를 쳐서, 깜짝 놀랐다.
ふっと	•아무런 이유도 없이 급하게 되는 모습. (ふと라고도 말함) 前を歩いていた彼は、ふっと立ち止まって空を見た。 앞에서 걷고 있던 그는, 문득 멈춰 서서 하늘을 보았다

「ゆっくり」처럼 「○○○り」의 형이 되는 말.

▸ 사람의 성격 등을 나타낸다.

さっぱり	•사물을 이것이다 저것이다 신경 쓰지 않는 모습.
	山田(やまだ)さんはさっぱりとした性格(せいかく)だ。 야마다씨는 시원한 성격이다.
	•깨끗하고 기분 좋은 모습을 나타낼 때도 사용한다.
	汗(あせ)をかいたのでシャワーを浴(あ)びてさっぱりした。 땀을 흘렸기 때문에 샤워를 해서 상쾌한 기분이다.
	•맛이 산뜻하다(시원하다)는 의미도 있다.
	さっぱりしたものが食(た)べたい。 시원한(개운한) 것을 먹고 싶다.
しっかり	•사람의 성질이나 사고방식 등이 확실한 모습.
	彼は若(わか)いのにしっかりしている。 그는 젊은데도 확실하게 하고 있다.
	•丈夫(じょうぶ)(튼튼하다) 의 의미도 있다.
	この家具(かぐ)はしっかりしている。 이 가구는 튼튼하다.

▸ 체격 등을 나타낸다.

ほっそり	•가늘고 형태가 좋음.
	彼女(かのじょ)はほっそりした着物(きもの)が似合(にあ)う美人(びじん)です。 그녀는 날씬한 기모노가 어울리는 미인입니다.
	•がりがり는 너무 마르다.
	彼女(かのじょ)は病気(びょうき)をしてがりがりになった。 그녀는 병에 걸려서 많이 야위었다.
がっしり	•몸이 크고 강한 것 같은 모습.
	彼(かれ)は水泳選手(すいえいせんしゅ)でがっしりした体格(たいかく)だ。 그는 수영선수여서 딱 벌어진 체격이다.

▸ 사람의 태도나 모습 등을 나타낸다.

ぼんやり	•머리가 잘 움직이지 않는 모습.
	寝不足で頭がぼんやりしている。 수면부족으로 머리가 멍하다.
	•확실하지 않은 모습을 나타낼 때도 사용함.
	遠くの山がぼんやり見える。 멀리 있는 산이 희미하게 보이다.
にっこり	•목소리를 내지 않고 기쁜 듯이 미소 짓는 모습. (にこっと도 같이 사용함)
	彼は彼女を見てにっこりした。 그는 그녀를 보고 생긋 웃었다.
ぐっすり	•깊게 자는 모습.
	ゆうべは疲れていたのでぐっすり寝ました。 어젯밤에는 피곤했었기 때문에 푹 잤습니다.
のんびり	•당황하지 않고 걱정도 하지 않는 모습.
	仕事をしないで一日のんびりしたい。 일을 하지 않고 하루 여유 있게 쉬고 싶다.
ゆっくり	•서두르지 않는 모습.
	もう少しゆっくり歩きましょう。 좀 더 천천히 걸읍시다.
	•のんびり와 같은 의미도 있다.
	用事がないのならゆっくりして行ってください。 볼일이 없다면 천천히 놀다 가세요. (있어 주세요)
すっきり	•모든 것이 마무리되어 기분이 좋은 모습.
	仕事が全部出来上がってすっきりした気分だ。 일이 전부 끝나서 시원한(홀가분한) 기분이다.

ぐったり	•힘없이 처진 모습. 축 늘어진 모습.
	暑さで犬もぐったりしている。 더위로 개도 처져(지쳐) 있다.

▸ 사물의 모습을 나타낸다.

ぴったり	•물건과 물건 사이의 공간이 없이 딱 달라붙은 모습.
	ドアをぴったり閉めてください。 문을 꽉 닫아 주세요.
	•너무 잘 어울리는 모습. 딱 좋다.
	そのドレスは君にぴったりだよ。 그 드레스는 너에게 잘 어울린다.
きっちり	•정확한 모습.
	その店はきっちり五時に閉まる。 그 가게는 정확히 5시에 문을 닫는다.
	•공간이 없는 모습.
	このケースには宝石がきっちりつまっている。 이 케이스에는 보석이 꽉 차 있다.
びっしょり	•전부 젖어 있는 모습.
	雨に降られて全身びっしょりになってしまった。 비를 맞아서 몸 전체가 흠뻑 젖고 말았다.

01 間違っている読み方をそれぞれの中から一つ選びなさい。

① 雨雲　(あまぐも)　　② 執行 (しゅうこう)

③ 思春期 (ししゅんき)　　④ 漁業 (ぎょぎょう)

⑤ 欠如　(けつじょ)

해설

➡ ② しっこう (집행)

① 비구름.　　③ 사춘기.

④ 어업.　　⑤ 결여. 부족하다.

02 間違っている読み方をそれぞれの中から一つ選びなさい。

① 宿屋 (やどや)　　② 肝心 (かんじん)

③ 有無 (うむ)　　④ 書留 (しょるい)

⑤ 下降 (かこう)

해설

➡ ④ かきとめ (등기우편)

① 옛날식 여관.　　② 가장 중요함. (肝腎)

肝を潰す　: 매우 놀라다. 肝に銘ずる : 명심하다. (心掛ける)

肝を冷やす : 두려워서 간담이 서늘하다. (ぞっとする · ひやりとする)

③ 有無を言わせず : 상대의 형편이나 의지가 어떻게 되든 자신의 생각대로 하다. 다짜고짜. (無理やりに)

⑤ 하강. 아래로 이동하다.

03 間違(まちが)っている読(よ)み方(かた)をそれぞれの中(なか)から一(ひと)つ選(えら)びなさい。

① 色盲 (しきもう)　② 弟子　(ていし)
③ 姉妹 (しめい)　④ 生一本 (きいっぽん)
⑤ 母音 (ぼおん)

해설

➡ ③ しまい (자매)

① 색맹.　② 제자. (弟子(でし))
④ 순수함. 강직함.　⑤ 모음. (母音(ぼいん))

04 間違(まちが)っている読(よ)み方(かた)をそれぞれの中(なか)から一(ひと)つ選(えら)びなさい。

① 口調 (くちょう)　② 細工 (さいく)
③ 苦情 (くじょう)　④ 断食 (だんしょく)
⑤ 納税 (のうぜい)

해설

➡ ④ だんじき (단식)

① 말투. (話(はなし)の調子(ちょうし))　② 세공. 연구하다. (工夫(くふう)する)
③ 불평. 불만. 고통.　⑤ 납세.

05 「この部屋(へや)は日(ひ)あたりがよくないです。」의 올바른 해석을 고르세요.

① 이 방은 깜깜해서 좋지 않습니다.
② 이 방은 좁아서 좋지 않습니다.
③ 이 방은 넓어서 좋지 않습니다.
④ 이 방은 볕이 잘 들지 않아서 좋지 않습니다.
⑤ 이 방은 계단이 없어서 좋지 않습니다.

해설

日当たり：별이 잘 들다. 南向き：남향. 風通しもよい：바람이 잘 통하다.

06 ある言葉の意味を説明したものです。説明に合うものを選びなさい。

そんなに行きたければ勝手に行けばいいだろう。

① 行かなければならない。　② 行かせたくない。
③ 行かせることができない。　④ 行ってほしい。
⑤ 行かねばならない。

해설

그렇게 가고 싶다면 멋대로 가면 되지 않느냐.

勝手：멋대로(我がまま). 부엌(台所). 생계. 편리. 형편이 좋은 것(都合のよいこと).
勝手が悪い：형편이 나쁘다(都合が悪い). 勝手が違う：당황하다(面食らう).
勝手次第：자기가 좋은 대로만 행동하다. (好き勝手)
自分勝手：자기 멋대로 생각하다. (手前勝手 · 身勝手 · 我がまま)
手前味噌：스스로 자기의 일을 칭찬하는 것. 자화자찬.

- 次の文の(　　)の中に最も適当な言葉を一つ選びなさい。(7～10)

07 彼も以前は顔を見せていたが、最近は(　　)しか来ない。

① めったに　② ほとんど
③ たまに　④ ぜんぜん
⑤ たまたま

해설

그도 이전에는 자주 왔지만, 최근에는 가끔 밖에 오지 않는다.

① 좀처럼 있을 수 없는 것. 반드시 부정을 동반. (滅多に)
② 거의. 대개. (殆ど)　③ 가끔. (偶に)
④ 전연. 전혀. (全然)　⑤ 우연(偶然)히. 드물게. 가끔. (偶々)

08 セーターを編み終えると、姉は(　　　)な顔で皆に見せて回った。

① 器用　　② 上手
③ 得意　　④ 下手
⑤ 無作法

해설

스웨터를 짜사마자, 누나는 득의양양한 얼굴로 모두에게 보여 주었다.

① 손재주가 좋은. (器用貧乏 : 대성(大成)하지 못하는 것. 크게 성공하지 못하는 것)
器用 : 요령(꾀)이 좋아서 허점이 없는 것.

② 잘한다. 능숙하다.
③ 득의양양. 특기. 단골. (손님)
④ 서투르다.
⑤ 무례하다. (作法 : 예의)

09 相手にじっと見つめられて思わず目を(　　　)。

① 逸らした　　② 逃した
③ 外した　　④ 下げた
⑤ 上げた

해설

상대가 계속 주시해서 나도 모르게 눈길을 피했다.

① 외면하다. 눈길을 돌리다. (目をそらす)
② 놓치다.
③ 떼어 내다.
④ 내리다.
⑤ 올리다.

10 おつりを(　　　)なんて、なんだか、頼りない人だとは思ったが。

① だます　　② ごまかす
③ あざむく　　④ たばかる
⑤ たぶらかす

해설

거스름돈(御釣り · 釣り銭)을 속이다니, 왠지 모르게, 신뢰할 수 없는 사람이라고는 생각했지만.

① 속이다. 사기치다. (詐欺を働く)　③ 착각하다. 배반하다. (欺く)
④ 상담하다. 모의하다. (謀る)　⑤ 능란하게 사람을 속이다. (誑かす)

11 「むすぶ」가 올바르게 사용되지 않은 것을 고르세요.

① 感謝の言葉で話しをむすんだ。
② つゆをむすんだ。
③ 大事に育てた柿の木がようやく実をむすんだ。
④ その電話、私にむすんでくれ。
⑤ 長くてじゃまなので、輪ゴムで髪をむすんだ。

해설

➡ ④ むすんで → つないで (繋ぐ : 끈 · 밧줄로 묶어두다. 전화 · 손을 연결하다. 구속하다)
結ぶ : 하나로 연결하다. 맺다. 묶다.

① 감사의 말로 이야기를 맺었다.
② 이슬을 맺다(露を結ぶ). 이슬이 맺히다(露が結ぶ · 露が置く).
③ 소중히 가꾸던 감나무가 드디어 열매를 맺었다.
④ 그 전화 나에게 연결해 줘.
⑤ 길고 방해가 되어서, 고무줄로 머리를 묶었다.

12 「いまさら言うまでもない。」の意味を一つ選びなさい。

① 皆が言っていることだ。
② 分かり切っているのでわざわざ言う必要はない。
③ 言わずにはいられない。
④ 言わざるを得ない。
⑤ 言わないわけにはいかない。

해설

지금에 와서 말할 필요도 없다. (当たり前 · 当然 · 決まっている)

① 모두가 말하고 있는 것이다.

② 너무나 잘 알고 있기 때문에 일부러 말할 필요는 없다.

③ 말하지 않을 수 없다.

④ 말하지 않을 수 없다.

⑤ 말하지 않을 수 없다.

13 「生きる<u>張り合い</u>を失う。」下線の部分の意味を一つ選びなさい。

① 競争

② やりがい

③ 拍子抜け

④ 対抗する

⑤ 大敵

해설

살아갈 의욕(보람)을 잃어버리다.

張り合いがない : 노력을 다해도 반응이 없어 만족 못하다. 보람이 없다.

① 경쟁.

② 보람. (遣り甲斐)

③ 맥빠지다. 김빠지다. 실망하다. (張り合い抜け · 拍子抜け · がっかりすること)

④ 대항하다.

⑤ 대적. 강적. 수많은 적. (油断大敵 : 방심은 금물)

• 次の文の(　　)の中に最も適当な言葉を一つ選びなさい。 (14～22)

14 この壁を(　　)塗って下さい。

① 白い

② 白く

③ 白くに

④ 白いで

⑤ 白くて

해설

이 벽을 하얗게 칠해 주세요.

い형용사가 동사를 수식할 때는 기본형에서 い를 빼고 く＋동사가 된다.

(早く帰る：일찍 돌아가다. 赤く染まる：빨갛게 물들다)

15 今朝は富士山がとても(　　　)見えます。

① きれいに　② きれく
③ きれい　④ きれいな
⑤ きれいで

해설

오늘 아침은 후지산이 매우 아름답게 보입니다. (綺麗・奇麗)
な형용사・명사가 동사를 수식할 때는(단어)＋に로 바뀐다.
(きれいに着飾る：예쁘게 차려입다. 有名になる：유명해지다)

16 次の文の(　　　)の中に最も適当な言葉を入れなさい。

昨日は一日中歩き(　　　)歩いた。

① を　② が
③ に　④ へ
⑤ て

해설

어제는 하루종일 걷고 또 걸었다.
동사(ます形)＋に＋동사(현재형・과거형)：～하고 또 ～했다. (반복을 나타낸다)
見に見た：보고 또 보았다. 降りに降る：내리고 또 내리다.
待ちに待った：기다리고 기다렸다. (待ちに待つ)

17 次の(　　)の中に適当な言葉を入れなさい。

あなたはこの問題の答えが(　　)。

① 分かりません　② 知りますか

③ ありますか　④ いますか

⑤ 分かりますか

해설

당신은 이 문제의 답을 압니까.

知る　: 알다. (개인의 경험에 비추어)

의미　: 존재하는 사물을 두뇌(頭脳)에서 파악하는 작용이나 행위.

分かる : 알다. 이해하다.

의미　: 원래부터 존재하는 내용의 실태. 그 내용 · 성질 · 가치 · 의미 · 원인 · 이유 · 결과라고 한 사실을 이해하는 것.

18 次の(　　)の中に適当な言葉を入れなさい。

田中さんまで(　　)さえすれば旅行に行くことが出来ます。

① 来　② 来

③ 来る　④ 来ます

⑤ 来れ

해설

다나까씨마저 오기만 하면 여행을 갈 수가 있습니다.

동사(ます形)＋さえ＋가정형(ば)의 형으로 그것만으로도 충분(それだけでじゅうぶん)하다고 하는 의미를 나타낸다(이것만 하면 모든 것은 끝난다). 특별한 예를 들어 ～이기 때문에 다른 것은 물론이라고 하는 의미를 나타낼 때.

「…でさえ」「…ですら」의 형으로 사용하는 일도 많다(부정적인 문장에 사용).

～한테 마저도(게다가) 라는 의미를 나타낸다.

19 「僕は板ばさみになってどうも動きがとれない。」의 올바른 우리말을 고르세요.

① 나는 중간에 끼어서 도무지 진퇴양난이다.

② 나는 판자로 집을 지었으나 살 수 없다.

③ 나는 판자 중간에서 움직일 수 없다.

④ 나는 판자를 구했으나 집을 구할 수 없다.

⑤ 나는 중간에 사람을 끼워 놓고 의논할 수 없다.

해설

板挟み : 대립하는 두 사람 사이에 끼어 어느 쪽도 편들 수 없어 괴로워하는 것.

20 「することなすことうまくいかない。」의 올바른 해석을 고르세요.

① 하는 일 모든 것이 잘되지 않는다.

② 무엇 하나 맛이 없다.

③ 무엇 하나 잘하지 못한다.

④ 열심히 노력했지만 수포로 돌아가다.

⑤ 일은 하지 않고 투정만 부린다.

해설

甘い·旨い : 잘하다(上手). 맛있다(美味しい). 어떤 일이 잘 진행되다.

不味い : 못하다. 서투르다(下手). 맛없다. 상황이 좋지 않다. 이 일을 하면 곤란하다. 난처하다. 거북하다.

• 次の文の(　　)の中に最も適当な言葉を一つ選びなさい。(21～22)

21 私は今日朝寝坊をして、学校(　　)おくれてしまいました。

① が　　② で

③ に　　④ も

⑤ を

해설

나는 오늘 아침 늦잠을 자서, 학교를 지각하고(遅れる) 말았습니다.

③ に : 도착지점을 기준으로 사용한다.

22 昨日パーティーで私は歌いたくないのに、歌を(　　　)。

① 歌われた　　② 歌わせた

③ 歌わせる　　④ 歌わない

⑤ 歌わせられた

해설

어제 파티에서 나는 노래하고 싶지 않았는데, 노래를 불러야 했다.

① 노래를 불렀다. (수동형)　　② 노래를 부르게 했다. (사역형)

⑤ 강제적으로 노래를 불렀다. (사역수동형)

23 **주어진 일본어를 번역한 것 중 가장 적당한 것을 고르세요.**

私の話しに彼はかんしゃくを起こしました。

① 나의 말에 그는 뛸 듯이 기뻐했습니다.

② 나의 말에 그는 짜증을 부렸습니다.

③ 나의 말에 그는 몸을 번쩍 일으켰습니다.

④ 나의 말에 그는 정신을 퍼뜩 차렸습니다.

⑤ 나의 말에 그는 마음이 솔깃해졌습니다.

해설

癇癪 : 짜증. 화가 나서 흥분하다. 화를 내다. 짜증내다.
(頭に来る · 青筋を立てる · 腹を立てる · 腹が立つ · 雷が落ちる · かんかん)

24 「どうぞお上がり下さい。」의 대답으로 옳은 것을 고르세요.

① お願いします。　② こちらこそ。

③ つまらないものです。　④ そろそろ失礼します。

⑤ おじゃまします。

해설

어서 들어오십시오. (お入りください)

① 부탁합니다.　② 저야말로.

③ 변변치 못한 것입니다.　④ 슬슬 실례하겠습니다. 가 보겠습니다.

⑤ 폐 좀 끼치겠습니다. 남의 집을 방문할 때. (お邪魔します)

25 次の文の下線の部分の意味を一つ選びなさい。

繰り返し読みたいと思う本をたくさん持つことが、読書の目的にかなっていると言える。

① 望みどおりに　② 相手になる

③ なすことができる　④ ひってきする

⑤ ちょうどよく合う

해설

반복해서 읽고 싶다고 생각하는 책을 많이 갖는 것이, 독서의 목적에 해당된다고 말할 수 있다.

もう沢山だ : 이젠 질렸다.

適う : 조건이나 기준 등에 잘 맞다(当てはまる). 자신의 생각대로 되다.

敵う : 대항할 수 있다. 견주는 것이 가능하다.

① 희망하는 대로.　② 상대가 되다.

③ 이루는 것이 가능하다. (하면 된다. 成せば成る)

새가 떼를 지어서 날아가다. (鳥が群れを成して飛んで行く · 群を成す)

④ 필적하다. (匹敵する)

⑤ 기준이나 조건에 잘 맞는다.
(丁度よく合う・打って付け・きっかり・ぴったり合う・きっちり・御誂え向き)

26 次の諺の意味として間違っているもの一つ選びなさい。

① 飼い犬に手をかまれる。 : 믿는 도끼에 발등 찍힌다.
② 江戸の敵を長崎で討つ。 : 종로에서 뺨맞고 한강에서 눈물 흘린다.
③ 生き馬の目を抜く。 : 원수를 은혜로 갚다.
④ 糠に釘。 : 두부에 꺽쇠박기.
⑤ 泣き面に蜂。 : 엎친 데 덮치기.

해설

➡ ③ 눈 감으면 코 베어 간다. 동작 빠르게 행동하다. 방심할 수 없는 것.
① 梯子が外される・煮え湯を飲まされる。
梯子をする : 술집을 돌아다니는 것. (梯子酒をすること)
② 相撲に負けて妻の面張る。
④ 暖簾に腕押し・手応えがない・豆腐にかすがい・石に針・石に灸・効き目のないこと。
⑤ 불운에 불운이 겹치는 것. 설상가상.
(糅てて加えて・弱り目に祟り目・不運が重ねる・その上に・重荷に小付・痛む上に塩を塗る)

27 下線の部分の間違っているものを一つ選びなさい。

① 私は彼に同情しない。<u>というのは</u>彼に誠意がないからだ。
② これは大変よい品物です。<u>したがって</u>値段も少々高いですよ。
③ 計算機を使って計算すると、速くて、<u>しかも</u>正確にできる。
④ あの戦争の時の悲惨な光景は子供<u>ながらも</u>よく覚えている。
⑤ 頂上までもう少しという地点に<u>いるくせ</u>悪天候のため下山しなければならなかった。

해설

➡ ⑤ いるくせ → いながら

① 나는 그에게 동정하지 않는다. 왜냐하면 그는 성의가 없기 때문이다.

② 이것은 굉장히 좋은 물건입니다. 따라서 가격도 조금 비쌉니다.

③ 계산기를 사용해 계산하면, 빠르고, 게다가 정확하게 할 수 있다.

④ 전쟁 때의 비참한 광경은 어린애이면서도 잘 기억하고 있다.

⑤ 정상까지 불과 조금이라고 하는 지점에 있으면서도 악천후 때문에 하산하지 않으면 안 되었다.

28 下線(かせん)の部分(ぶぶん)の間違(まちが)っているものを一(ひと)つ選(えら)びなさい。

① 1時間(いちじかん)も待(ま)ったのに彼(かれ)は来(こ)なかった。<u>それで</u>僕(ぼく)は帰(かえ)ってきた。

② さあ、夏休(なつやす)みだ。海(うみ)へ行(い)こうか、<u>それとも</u>山(やま)へ行(い)こうか。

③ 私はまだ外国(がいこく)へ行(い)ったことがない。<u>それどころか</u>国内旅行(こくないりょこう)もほとんどしていない。

④ 外国(がいこく)へ行(い)って勉強(べんきょう)する学生(がくせい)、<u>すなわち</u>留学生(りゅうがくせい)が年々(ねんねん)増(ふ)えている。

⑤ 本能(ほんのう)というのは、全然練習(ぜんぜんれんしゅう)しなくても、<u>すなわち</u>誰(だれ)からも教(おし)えてもらわなくても、生(う)まれ付(つ)き自然(しぜん)にできる能力(のうりょく)のことです。

해설

➡ ⑤ すなわち → また

① 1시간씩이나 기다렸는데도 그는 오지 않았다. 그래서 나는 돌아왔다.

② 이제. 여름방학이다. 바다로 갈까, 아니면 산으로 갈까.

③ 나는 아직 외국에 간 적이 없다. 그뿐만 아니라 국내여행도 거의 해 보지 못했다.

④ 외국에 가서 공부하는 학생, 즉 유학생이 매년 증가하고 있다.

⑤ 본능이라고 하는 것은, 전혀 연습하지 않아도, 또 누구에게 배우지 않아도, 태어나면서부터 자연적으로 생기는 능력인 것입니다.

● 次の文の(　　)の中に最も適当なものを一つ選びなさい。

29 私は先生に本を貸して(　　)。

① おもらいました　　② くださいました

③ なさいました　　④ あげました

⑤ いただきました

해설

나는 선생님에게 책을 빌려 받았습니다.

② くれる의 존경어.　　③ する의 존경어.

⑤ もらう의 겸양어.

상대가 나에게 해 주었다면. (くれる · くださる)

先生が本を貸してくださいました。 선생님이 책을 빌려 주셨습니다.

내가 상대에게 해 받았다면. (もらう · いただく)

先生に本を貸していただきました。 선생님이 책을 빌려 주셨습니다.

30 次のうち訪問の意を表わさないものを一つ選びなさい。

① ご免ください。　　② お見えになります。

③ おいとまします　　④ おうかがいします。

⑤ おたすねします。

해설

➡ ③ 집에 돌아가겠습니다. (御暇 : 방문한 곳에서 떠나겠다는 뜻을 정중하게 나타내는 말)

もうそろそろおいとましようか。 이제 슬슬(그만) 가 볼까.

봉사하던 곳을(공직자 근무지를) 떠나는 것.

おいとまをいただきます。물러가겠습니다. 퇴청하겠습니다.

① (문을 두드리며) 계십니까.

② 来る의 존경어. (お客さんがお見えになる : 손님이 오시다)

④ 방문하다. 여쭙다. (伺う)　　⑤ 방문하겠습니다. (訪ねる)

31 다음 중에서 문장이 틀린 것을 고르세요.

① 戸がしまっている。　② 戸がしめてある。
③ 戸が閉じてある。　④ 戸がしまってある。
⑤ 戸があけてある。

해설

④ 문이 닫혀 있다. (戸が閉まっている)
상태의 문장은 자동사(て形)＋いる。 타동사(て形)＋ある。
현재진행형은 자동사(て形)＋いる。 타동사(て形)＋いる。

32 別嬪。の意味を一つ選びなさい。

① 特別に扱うこと。　② 百も承知だ。
③ 荷物を別便に送ること。　④ 別々に扱うこと。
⑤ とりわけ美しい女のこと。

해설

미인.
① 특별히 취급하는 것.　② 충분히 알고 있다.
③ 짐을 다른 편으로 보내는 것.　④ 따로따로 취급하는 것.
⑤ 유난히 아름다운 여자.

33 膝をたたく。の意味を一つ選びなさい。

① 真剣に考えたり悩んだりする気持ち。
② 急に思いついたり共感したりする気持ち。
③ 楽しくなったり安心したりする気持ち。
④ いらだったり焦ったりする気持ち。
⑤ ゆったりしたりのびのびとする。

해설

膝を打つ·膝を叩く : 무릎을 치다. 감동하거나 갑자기 생각이 날 때.

① 진지하게 생각하기도 하고 고민하는 기분.

② 갑자기 생각이 나기도 하고 공감하기도 하는 기분.

③ 즐거워지기도 하고 안심하기도 하는 기분.

④ 답답해하기도 하고 초조해하기도 하는 기분.

⑤ 여유가 있기도 하고 자유스러워지기도 하다.

• 次の文の(　　)の中に最も適当なものを一つ選びなさい。

34 手に負えないので、その事件から(　　)ことにした。

① 手を引く　　② 手を焼く

③ 手が届く　　④ 手を広げる

⑤ 手を分かつ

해설

도저히 감당할 수 없어서 그 사건에서 손을 빼기로 했다.

手に負えない : 나의 능력 이상이다. (始末に負えない)

① 손을 빼다.　　② 고생하다. (骨が折れる·骨を折る·始末が悪い)

③ 충분히 돌보아 주다(十分に世話をする). 어느 범위에 능력이 달하다. 연령이나 시기에 곧 가까워지다.

④ 사업을 확장하다.　　⑤ 의견의 대립으로 관계를 끊다. (勘当する)

35 일본어를 우리말로 바르게 옮긴 것을 고르세요.

何かとお世話になります。

① 여러 가지로 신세가 많습니다.

② 무엇인가하고 세상이야기를 들었습니다.

③ 무엇이든 불편해지면 신세지겠습니다.
④ 언제나 이 세상의 화젯거리가 됩니다.
⑤ 있는 대로 다 도움을 받겠습니다.

해설

何かと : 여러 가지(いろいろ). (お世話になる : 신세지다)
(신세지다 : 寄寓する · 世話になる · 厄介になる · 面倒を掛ける)
(돌보아 주다 : 世話をする · 世話を焼く · 面倒を見る)

36 下線の部分の間違っているものを一つ選びなさい。

① 毎日同じことの繰り返しでぼんやりする。
② 変な男の人が、うちの前をうろうろしていて、気味が悪い。
③ 寄席に落語をききに行ったら、あまりおかしいので、げらげら笑い通しだった。
④ うっかりして、書類を持って来るのを忘れてしまった。
⑤ 腹がぺこぺこして、目が回る。

해설

➡ ① ぼんやり (멍하다. 희미하다) → うんざり (똑같은 일의 반복으로 싫어지는 모습. 질리다)
① 매일 같은 일의 반복으로 지긋지긋하다.
② 이상한 사람이, 집 앞을 왔다 갔다 하고 있어서, 불길하다.
③ 소극장에 만담을 들으러 갔는데, 너무나 우스웠기 때문에, 큰소리로 웃고 말았다. 큰소리로 웃는 모습. (げたげた · からから)
④ 깜빡해서, 서류 가지고 오는 것을 잊어버리고 말았다.
⑤ 배가 너무 고파서, 눈이 빙글빙글 돈다.

● 次の文の(　　)の中に最も適当な言葉を一つ選びなさい。

37 道路工事の音が(　　)寝られない。

① 耳に付いて　　② 手間仕事で

③ 我を折って　　④ 我を張って

⑤ 尾ひれを付けて

해설

도로공사 소리가 귀에 쟁쟁해서 잠을 잘 수 없다.

① 듣는 것이 질리다. 귀에 쟁쟁하다. 시끄럽게 들리다.

② 성가신 일.　　③ 고집을 굽히다.

④ 고집을 부리다. 자신의 의견을 관철시키다. (押し通す)

⑤ 과장하다.

38 下線の部分の間違っているものを一つ選びなさい。

① これからが本番ですからえりを正してください。

② これはわれらだけの問題だ。君は口出すな。

③ よりによってこんなとき、間がわるいよ。

④ さすがの岡田先生もこの患者にはさじを投げた。

⑤ これはありふれたものです。そうね。滅相もないじゃないですか。

해설

➡ ⑤ 이것은 흔한 물건입니다. 그러네. 당치도 않지 않습니까.

① 지금부터 정식으로 하기 때문에 자세를 똑바로 해주십시오.

② 이것은 우리들만의 문제다. 너는 참견하지 마.

③ 하필이면 이런 때, 운이 나쁘다.

間が悪い : 민망하다. 거북하다. 체면을 잃다. (きまりが悪い · ばつが悪い)
운이 나쁘다. (運が悪い · 折が悪い)

④ 그 대단한(명의인) 오까다 선생님도 이 환자는 포기했다.

39 意味の間違っている文章を一つ選びなさい。

① 腰が重い　：なかなか行動に移らない。
② 腰が軽い　：深い考えなしに行動に移る。
③ 腰を入れる：本気になってとりかかる。
④ 腰が砕ける：物事をする勢いが途中でなくなる。
⑤ 腰が強い　：じっとがまんする。

해설

⑤ 강하다. 상대에게 좀처럼 지지 않는다. (辛抱強い：참을성이 강하다. 我慢強い)
② 가볍게 행동하다. (気軽に立ち働く)

40 猫はなわばり意識が強い動物です。下線の部分の意味を一つ選びなさい。

① 財産　　② 交際
③ 勢力範囲　　④ 暴力
⑤ 地位

해설

縄張り：세력범위.
① 재산.　　② 교제.
④ 폭력.　　⑤ 지위.

41 人を裏切りながら何食わぬ顔でつき合う。下線の部分の意味を一つ選びなさい。

① 楽しくてたまらないという顔　　② うまくいったという顔
③ 何もしていないという顔　　④ 何もたべていないという顔
⑤ 気がひけるといった顔

해설

남을 배신하면서 능청스러운 얼굴로 어울린다.

(何食わぬ顔 : 모르는 체하는 모습. 시치미를 떼는 얼굴 모습. (素知らぬ顔 · 白を切る · しらばくれる · ほおかぶりをする · 知らないふりをする)

⑤ 気がひける : 주눅이 들다. 기가 죽다. 창피하다.

42 次の文の(　　)の中に最も適当なものを入れなさい。

海外ではいい人たちに(　　)楽しい生活ができました。

① 頼まれて
② めぐまれて
③ できて
④ 恵んで
⑤ しいられて

해설

해외에서는 좋은 사람을 만나서 즐거운 생활을 할 수 있었습니다.

① 부탁 받아서. (頼む)
② 혜택 받다. 풍족하다. 행복하다. 금품을 주다. 은혜를 주다. (恵まれる)
③ 할 수 있다. 생기다. 생산되다. 완성되다. (出来る)
④ 은혜를 베풀다. 인정을 베풀다. 금품을 주다. 구제하다. (恵む)
⑤ 강제로 하다. 강요하다. (強いる)

43 「落ち込んではいけないよと彼はいった。」의 올바른 해석을 고르세요.

① "실패해서는 안 돼"라고 그가 말했다.
② "빠져들어서는 안 돼"라고 그가 말했다.
③ "떨어지면 안 돼"라고 그가 말했다.
④ "낙담해서는 안 돼"라고 그가 말했다.
⑤ "기분 나빠해서는 안 돼"라고 그가 말했다.

해설

落ち込む：실망하다. 낙담하다. (落胆する・気落ちする・肩を落とす・気力がなえる・がっかりする・がっくりする)

44 下線の部分の間違っているものを一つ選びなさい。

① 彼は、からからいびきをかいて寝ている。

② 誤解がとけたので、さらりと仲直りした。

③ 絶対大丈夫だと思っていた試験に落ちたのだから、がっくりするのも無理もない。

④ 彼は休み時間になったので、さっと教室から出ていった。

⑤ 正面衝突で、2台ともめちゃくちゃに壊れた。

해설

➡ ① からから → ぐうぐう

からから：목마른 모습. 큰소리로 웃다. 딱딱한 물건이나 마른 물건이 부딪치는 소리.

① 그는 쿨쿨 코를 골며 자고 있다. (鼾をかく：코를 골다)

② 오해가 풀렸기 때문에, 깨끗이(미련 없이) 화해했다.

③ 절대로 괜찮을 거라고 생각했던 시험에 떨어졌기 때문에, 실망하는 것도 무리는 아니다. (がっくり：갑자기 쇠약해진 모습)

④ 그는 휴식 시간이 되었기 때문에, 재빨리 교실에서 나갔다.

⑤ 정면충돌로, 2대 다 엉망진창으로 망가졌다.

45 下線の部分の間違っているものを一つ選びなさい。

① 意味有りげににやにや薄笑いを浮かべる。

② この傘は長い間使っているので、ぼろぼろになってきた。

③ きょうは朝からむしむしする。

④ コンサートや、ミュージカルなどの出演者は、本番前になると大抵皆くよくよしている。

⑤ あの人はいつでもにこにこしていて、好感が持てる。

해설

④ くよくよ → ぴりぴり

くよくよ : 걱정해도 소용없는 일에 이러쿵저러쿵 끙끙거리는 모습.

① 의미가 있는 듯이(有り気) 히죽히죽 엷은 웃음(비웃음)을 띄우다.

② 이 우산은 오랫동안 사용했기 때문에 너덜너덜해졌다.

③ 오늘은 아침부터 푹푹 찐다.

④ 콘서트나 뮤지컬에서의 출연자는, 정식공연이 되면 대개 모두 신경과민이 되어 있다.

⑤ 저 사람은 언제나 미소를 짓고 있어서, 호감을 갖고 있다.

46 下線の部分の間違っているものを一つ選びなさい。

① 深夜のタクシーはなかなかつかまらなくて、かんかんする。

② きょうは春のようにぽかぽかした天気だ。

③ あの人は15歳までアメリカで育ったから、英語がぺらぺらだ。

④ 雪がちらちら舞う中を、コートも着ずに出て行った。

⑤ 大学の入学試験に合格し、うきうきした気分だ。

해설

① かんかん → いらいら

かんかん : 금속소리. 굉장히 화난 모습. 햇볕이 내리쬐는 모습. 숯불 따위가 세차게 피어오르는 모습.

① 심야택시는 좀처럼 잡을 수가 없어서, 화가 난다.

② 오늘은 봄처럼 따뜻한 날씨다.

③ 저 사람은 15세까지 미국에서 자랐기 때문에, 영어를 잘한다.

④ 눈이 펄펄 내리는 중에, 코트도 입지 않고 외출했다.

⑤ 대학 입학시험에 합격해서, 들떠 있는 기분이다.

47 下線の部分の間違っているものを一つ選びなさい。

① 長い間楽しみにしていたコンサートに行くのでわくわくしている。

② せっせとお金を貯める。

③ 済んでしまったことを今更くよくよしてもしかたない。

④ 石がころころ転がってきた。

⑤ タクシーに乗ったが、道路がこんでいていきいき運転でここまで来るのにいつもの3倍も時間がかかった。

해설

⑤ いきいき → のろのろ

生き生き · 活き活き : 생기 넘치는 모습. 활기찬 모습.

① 긴 시간 동안 기대하고 있었던 콘서트에 가기 때문에 가슴이 설렌다.

② 열심히 돈을 모으다.

③ 끝난 일을 지금에 와서 후회(이러쿵저러쿵)해도 소용없다.

④ 돌이 대굴대굴 굴러 왔다.

⑤ 택시를 탔지만, 도로가 혼잡해서 거북이운전으로 여기까지 오는 데 평상시의 세 배나 걸렸다.

48 下線の部分の間違っているものを一つ選びなさい。

① はるばると海を渡ってくる。

② 2、3人の人が、部屋のすみで何やらぶつぶつ内緒話をしている。

③ 彼はいつもぶつぶつ独り言を言っている。

④ 子供達はいきいきとした表情で、山の中での生活を楽しんでいる。

⑤ 都会で子どもたちをのびのび育てるのは難しい。

해설

② ぶつぶつ → ひそひそ

ぶつぶつ : 혼자서 중얼중얼. 불평이나 불만을 토로하다. 보글보글 끓다. 돌기가 생기다(닭살).

① 멀리서 바다를 건너오다. (遥々 · 遥かに : 아득히 먼. 멀리서 오는 모습)

② 2, 3명의 사람이, 방구석에서 무엇인가 소곤소곤 비밀이야기를 하고 있다.

③ 그는 언제나 중얼중얼 혼잣말을 하고 있다.

④ 아이들은 생기 넘치는 표정으로, 산속에서의 생활을 즐기고 있다.

⑤ 도시에서 아이들을 자유롭게 키우는 것은 어렵다.

49 下線(かせん)の部分(ぶぶん)の間違(まちが)っているものを一(ひと)つ選(えら)びなさい。

① いい考(かんが)えがぱっと浮(う)かんだ。
② 先生(せんせい)に悩(なや)みをこっそり相談(そうだん)した。
③ 私の祖父(そふ)はもう90才(さい)に近(ちか)いが、まだふらふらしている。
④ 約束(やくそく)を破(やぶ)ったので、友(とも)だちはかんかんに怒(おこ)っている。
⑤ どきどきしながら、恐(こわ)い映画(えいが)を見(み)た。

해설

③ ふらふら → ぴんぴん

ふらふら : 병 등으로 힘없이 불안전하게 서 있는 모습. 목적지도 없이 걷는 모습. 기분 · 태도가 확실하지 않고 갈팡질팡하는 모습. 충분히 생각하지 않고 행동하는 모습. 많이 피곤한 모습.

① 좋은 생각이 갑자기 떠올랐다.
② 선생님에게 고민을 상담했다. (こっそり : 남이 모르도록 살짝 행동하다. ひそかに)
③ 우리 할아버지는 벌써 90세에 가깝지만, 아직 팔팔하다.
④ 약속을 안 지켰기 때문에, 친구는 무척 화가 나 있다.
⑤ 두근두근하면서, 무서운 영화를 보았다.

50 下線(かせん)の部分(ぶぶん)の間違(まちが)っているものを一(ひと)つ選(えら)びなさい。

① サーカスを見てはらはらする。
② 本をぱらぱらめくる。
③ 木(こ)の葉(は)がはらはら落(お)ちる。
④ 授業中(じゅぎょうちゅう)はつまらなさそうにしている子供(こども)たちだが、ゲームになると、うとうとしている。
⑤ 外(そと)がぴかっと光(ひか)ったと思(おも)ったら、すぐ雷(かみなり)が落(お)ちた。

해설

④ うとうと → いきいき

うとうと : 꾸벅꾸벅 조는 모습. (うつらうつら · こくりこくり)
疎々しい(うとうと) : 친하지 않다. 서먹서먹하다. 쌀쌀하다. (余所々(よそよそ)しい)

① 서커스를 보고 마음이 조마조마했다.
② 책을 펄럭펄럭 넘기다.
③ 나뭇잎이 팔랑팔랑 떨어진다.
④ 수업 중에는 지루한 듯이 하고 있는 아이들이지만, 게임을 하면 생기가 넘친다.
⑤ 밖에서 번쩍 빛났다고 생각했는데, 곧 천둥이 쳤다.

51 下線の部分の間違っているものを一つ選びなさい。

① 梅雨(つゆ)はじめじめしていてきらいだ。
② 用事(ようじ)がないのなら、ゆっくりしていってください。
③ 汗(あせ)をかいたので、シャワーを浴(あ)びてさっぱりした。
④ 経済危機(けいざいきき)がみるみる深(ふか)まってしまった。
⑤ 山田(やまだ)さんたちは、仕事中(しごとちゅう)なのにつまらないことばかりがんがんしゃべっています。

해설

➡ ⑤ がんがん → ぺらぺら
がんがん : 두통(頭痛(ずつう))이 심한 모습. 불을 활활 피우다. 금속제품이 시끄럽게 울리는 소리. 음성이 울려 퍼지다. 심하게 행동하는 것(운동연습).

① 장마는 습기로 축축해서 싫다.
② 볼일이 없다면, 천천히 놀고 가십시오.
③ 땀을 흘렸기 때문에, 샤워를 했더니 상쾌했다.
④ 경제위기가 순식간에 나빠지게 되었다.
⑤ 야마다씨들은, 업무중인데도 쓸데없는 이야기만 지껄이고(떠들고) 있다.

52 下線の部分の間違っているものを一つ選びなさい。

① 3日も徹夜で仕事をしたので、がんがんしてまっすぐに歩けない。

② さとうをこぼしたので、床がざらざらしている。

③ 彼女はほっそりした着物が似合う美人です。

④ 滝の水がざあざあ落ちる。

⑤ 暑さで、犬もぐったりしている。

해설

① がんがん → ふらふら

① 3일씩이나 철야로 작업을 했기 때문에, 다리가 후들거려서 똑바로 걸을 수가 없다.

② 설탕(砂糖)을 쏟았기 때문에, 마루가 꺼끌꺼끌하다.

③ 그녀는 호리호리해서 기모노가 어울리는 미인이다.

④ 폭포수가 쏴아쏴아 떨어진다.

⑤ 더위로, 개도 지쳐 있다. (늘어져 있다)

53 下線の部分の間違っているものを一つ選びなさい。

① 突然犬にほえられてぱっとした。

② 紙をびりびりに破く。

③ 電気がぱっとついた。

④ 彼女の髪はさらさらしている。

⑤ このケースには宝石がきっちりつまっている。

해설

① ぱっと → びっくり

ぱっと : 무엇인가를 급하게 생각해 내는 것.

① 갑자기 개가 짖어서 깜짝 놀랐다.

② 종이를 쫙쫙 찢다.

③ 전기가 팍 켜졌다.

④ 그녀의 머리카락은 윤기가 난다.

⑤ 이 케이스에는 보석이 꽉 차 있다.

54 下線の部分の間違っているものを一つ選びなさい。

① 亀はのろのろ歩く。

② あの家は誰も住んでいないらしく、ひるまでも薄暗くびっくりしている。

③ 山田君はいつもこつこつ勉強している。

④ ぐずぐずしていると間に合わないよ。

⑤ ちっとも仕事が片付かなくて、もううんざりだ。

해설

② びっくり (순간 깜짝 놀라는 모습) → しいんと

① 거북이는 느릿느릿 걷는다.

② 저 집은 아무도 살지 않는지, 낮에도 침침하고 조용하다.

③ 야마다군은 언제나 꾸준히 공부하고 있다.

④ 꾸물꾸물거리고 있으면 지각해요.

⑤ 조금도 일이 정리되지 않아서, 이제는 지겹다. (신물이 난다. 지긋지긋하다. 싫증나다)

55 下線の部分の間違っているものを一つ選びなさい。

① 姉はすぐ、ぐずぐず言う。

② あの会社は経営がしっかりしているから倒産することはないだろう。

③ きょうは、仕事をほっと片付けて、早目に帰りましょう。

④ 電気がびりびりきた。

⑤ 仕事をしないで1日のんびりしたい。

해설

③ ほっと (안심하는 모습. 한숨을 쉬는 모습) → さっさと

① 누나는 곧 불평을 말했다.

② 저 회사는 경영이 튼튼하기 때문에 도산할 일은 없을 것이다.

③ 오늘은, 일을 빨리 끝내고, 일찍 돌아갑시다.

④ 전기가 찌르르 들어왔다.

⑤ 일을 하지 않고 하루 정도 여유 있게(천천히) 놀고 싶다.

56 **下線の部分の間違っているものを一つ選びなさい。**

① のりで手がべたべただ。
② 遠くの山がぼんやり見える。
③ ちゃんと勉強しなさい。
④ 生まれたばかりの赤ちゃんは、一日中ぐっすり眠っている。
⑤ 寸法をきっちり測る。

해설

④ ぐっすり (깊게 잠든 모습) → すやすや

① 풀로 손이 끈적끈적하다.
② 멀리 있는 산이 어렴풋이 보인다.
③ 틀림없이 공부해라.
④ 막 태어난 아기는, 하루종일 쌔근쌔근 자고 있다.
⑤ 척도(치수)를 정확하게 측정하다.

57 **下線の部分の間違っているものを一つ選びなさい。**

① 試験勉強をしていたら、ついうとうとしてしまった。
② 前を歩いていた彼は、ふっと立ち止まって空を見た。
③ スーツケースに洋服をぎゅうぎゅうに詰め込んだ。
④ そのドレスは君にぴったりだよ。
⑤ のんびり歩いていて、車が来たことに気が付かず、もう少しで引かれるところだった。

해설

⑤ のんびり (당황하지 않고 걱정도 하지 않는 모습) → ぼんやり

① 시험공부를 하고 있었는데, 그만 꾸벅꾸벅 졸고 말았다.
② 앞에서 걷고 있던 그는, 문득 멈춰 서서 하늘을 보았다.
③ 양복 케이스에 양복을 꽉꽉 채워 넣었다.
④ 그 드레스는 너한테 잘 어울린다.
⑤ 멍하게 걷고 있다, 차가 오는 것을 몰라서, 하마터면 치일 뻔했다.

58 下線の部分の間違っているものを一つ選びなさい。

① 息子が大学に合格してほっとした。

② 公園をぶらぶら散歩した。

③ ここ1週間ほど睡眠不足が続いていたけれど、昨日は久し振りにすっきり寝て、疲れが取れたようだ。

④ 雨に降られて全身びっしょりになってしまった。

⑤ 油で手がぬるぬるして、気持ちが悪い。

해설

➡ ③ すっきり (모든 것이 마무리되어 기분이 좋은 모습) → ぐっすり

① 아들이 대학에 합격해서 안심했다.

② 공원을 어슬렁어슬렁 산보했다.

③ 최근 일주일 정도 수면부족이 계속되었지만, 어제는 오래간만에 푹 자서 피로가 풀린 것 같다.

④ 비를 맞아 전신이 흠뻑 젖고 말았다.

⑤ 기름으로 손이 미끌미끌해서, 기분이 나쁘다.

59 下線の部分の間違っているものを一つ選びなさい。

① このサラダには、このドレッシングがびっしょりだ。

② 山田さんはこの間まで入院していたのに、今はもうぴんぴんしている。

③ 事故で車がめちゃめちゃにこわれた。

④ 宝石をばらばら無造作にテーブル上に広げる。

⑤「これは内緒の話」だと言って、耳元でひそひそささやき始めた。

해설

➡ ① びっしょり (전부 젖어 있는 모습) → ぴったり

① 이 샐러드에는, 이 드레싱이 딱 적합하다.

② 야마다씨는 얼마전까지 입원해 있었는데, 지금은 원기왕성하다. (팔팔하다)

③ 사고 때문에 차가 형체도 알아볼 수 없게 망가졌다.

④ 보석을 여기저기 아무렇게나 테이블 위에 어질러 놓다.

⑤「이것은 비밀이야기」라고 해서, 귓전에서 소곤소곤 속삭이기 시작했다.

60 下線の部分の間違っているものを一つ選びなさい。

① 走って、電車にぎりぎり間に合った。

② 熱があるせいか、ふらふらしている。

③ 私の机の上はいつもごちゃごちゃしている。

④ おなかがぐうぐうの時は、何を食べてもおいしいです。

⑤ あの人はいつもきちんとした服装をしている。

해설

➡ ④ ぐうぐう (공복일 때 나는 소리) → ぺこぺこ (배고픈 모습)

① 달려서, 전차를 간신히 탈 수 있었다. (間に合う : 시간에 도착하다)

② 열이 있는 탓인지, 다리가 후들후들 떨린다.

③ 내 책상 위는 언제나 난잡하게 어질러져 있다.

④ 배가 고플 때는, 무엇을 먹어도 맛있습니다.

⑤ 저 사람은 언제나 말쑥한 복장을 하고 있다.

61 下線の部分の間違っているものを一つ選びなさい。

① 仕事が全部出来上がって、すっきりした気分だ。

② 今日は、うるさい母が留守なので、ぴんぴん好きなことができる。

③ 遠くに明かりがちらちら見える。

④ この生地は軽くてさらっとしている。

⑤ 電車の中でべたべたしているカップルがいる。

해설

➡ ② ぴんぴん → のびのび

ぴんぴん : 건강한 모습(팔팔하다). 강하게 뛰는 모습(물고기).

① 일이 전부 완성되어서(끝나서), 상쾌한 기분이다(산뜻하다).

② 오늘은, 잔소리 많은 어머니가 집을 비웠기 때문에 마음껏 좋아하는 일을 할 수 있다.

③ 멀리서 불빛이 가물가물 보인다.

④ 이 옷감은 가볍고 보송보송하다.

⑤ 전철 안에서 꼭 붙어(껴안 듯이) 있는 커플이 있다.

62 下線の部分の間違っているものを一つ選びなさい。

① 頭がしょっちゅうがんがん痛むのなら、一度医者に診てもらったほうがいい。

② くだらないことばかりぺらぺらしゃべって困ったものだ。

③ 外国語ができなくて、話が通じないので、ただぶつぶつ微笑んでいた。

④ 彼は彼女を見てにっこりした。

⑤ 雨がぱらぱら降ってきた。

해설

③ ぶつぶつ → にこにこ

ぶつぶつ : 혼자서 중얼중얼. 불평이나 불만을 토로하다. 보글보글 끓다. 돌기가 생기다(닭살).

① 머리가 항상 욱신욱신 아픈 것이라면, 한번 의사에게 진찰을 받아보는 것이 좋다.

② 쓸데없는 것만 재잘재잘 지껄여서 곤란한 사람이다.

③ 외국어를 못해서, 이야기가 통하지 않았기 때문에, 그저 싱글벙글 미소만 짓고 있었다.

④ 그는 그녀를 보고 방긋 웃었다.

⑤ 비가 후드득 내렸다.

63 下線の部分の間違っているものを一つ選びなさい。

① だらだらとした文章。

② 山田さんはさっぱりとした性格だ。

③ 原石をよく磨くと、つるつるになって光り輝くようになる。

④ 彼は走ってきたらしく、さらっと言いながら、入ってきた。

⑤ あまり愚図なのでいらいらした。

➡ ④ さらっと (말라 있어서 기분 좋은 모습. 보송보송하다) → はあはあ

① 길고 지루한 문장.

② 야마다씨는 시원시원한 성격이다.

③ 원석을 잘 닦으면, 반질반질해서 빛나게 된다.

④ 그는 달려왔는지, 숨을 헉헉 몰아쉬면서, 들어왔다.

⑤ 너무나 느리기(동작 · 결단) 때문에 답답했다.

64 下線の部分の間違っているものを一つ選びなさい。

① 猫がテーブルの上の魚をちゃんと取って逃げた。

② 休み中、だらだら過ごさないように。

③ さいふを忘れてきたことに気づき、はっとした。

④ さっぱりしたものが食べたい。

⑤ この道は週末になると、若い人がぞろぞろ通る。

해설

➡ ① ちゃんと → さっと

ちゃんと : 정확하고 틀림 없는 모습. 단정하게. 빈틈없이. 착실하게 (きちんと). 확실히. 정확하게. 충분히. 분명히.

① 고양이가 테이블 위의 생선을 잽싸게 갖고 도망갔다.

② 휴가 중에는, 지루하게 보내지 말도록.

③ 지갑(財布)을 잊고 온 것을 알고, 문뜩 놀랐다.

④ 시원한(개운한) 것을 먹고 싶다.

⑤ 이 길은 주말이 되면, 젊은 사람들이 많이 다닌다.

65 下線の部分の間違っているものを一つ選びなさい。

① 暗い道で急に誰かに肩をたたかれて、どきっとした。

② 寝不足で頭がぼんやりしている。

③ 朝(あさ)は早(はや)く起(お)きてきちんとした生活(せいかつ)をしよう。

④ 彼(かれ)は水泳選手(すいえいせんしゅ)で、がっしりした体格(たいかく)だ。

⑤ 健康(けんこう)のためには1日三食(いちにちさんしょく)ざっととったほうがいい。

해설

⑤ ざっと → きちんと

ざっと : 대체로. 대략. 대강. 대충. 간단히. (一通(ひととお)り · ざっと · おおまかに)

① 어두운 길에서 갑자기 누군가가 어깨를 쳐서, 깜짝 놀랐다.

② 수면부족으로 머리가 멍하다.

③ 아침에는 일찍 일어나서 규칙적인 생활을 하자.

④ 그는 수영선수이기 때문에, 딱 벌어진 체격이다.

⑤ 건강을 위해서는 하루 세끼 정확히(꼬박꼬박) 먹는 것이 좋다.

66 下線の部分の間違っているものを一つ選びなさい。

① ゆうかいされていた子供が無事(ぶじ)に助(たす)け出(だ)された、というニュースを聞(き)いて、どきっとした。

② 砂漠(さばく)を歩(ある)いていると、のどがからからに乾(かわ)く。

③ 2人(ふたり)の考(かんが)えはぴったり一致(いっち)した。

④ 彼(かれ)は若(わか)いのにしっかりしている。

⑤ 子供(こども)は病気(びょうき)もしないですくすく育(そだ)った。

해설

① どきっと (급한 일에 놀란 모습) → ほっと

① 유괴(誘拐(ゆうかい))되었던 아이가 무사히 구출되었다, 라고 하는 뉴스를 듣고, 안심했다.

② 사막을 걷고 있으면, 목이 몹시 마른다.

③ 두 사람의 생각은 정확하게 일치했다.

④ 그는 젊은데도 견실한 사람이다.

⑤ 아이는 병도 걸리지 않고 무럭무럭(쑥쑥) 자랐다.

• 次の文の(　　)の中に最も適当な言葉を一つ選びなさい。

67 子供の頃、遠足の前の日は(　　)して眠れなかったものだ。

① いらいら　　② わくわく
③ どきどき　　④ はらはら
⑤ そわそわ

해설

어렸을 때, 소풍 전 날에는 마음이 들떠 잠을 이룰 수 없었던 것이다.

① 자기 생각대로 되지 않아서 마음이 안정되지 않는 모습. 초조해하다.
상처가 아픈 모습. (ちくちく : 따끔따끔)

③ 심한 운동이나 공포 · 불안 · 기대 때문에 심장이 빨리 뛰는 모습.

④ 눈물 · 나뭇잎이 조용히 떨어지는 모습. 옆에서 걱정하는 모습.

⑤ 안정되지 않는 모습. (안절부절)

68 下線の部分の間違っているものを一つ選びなさい。

① 彼女は彼の好みにぴったりしたようだ。

② 機械をばらばらにしてそうじする。

③ 弾丸が頭上すれすれにとんだ。

④ 暑い中を走ったので、シャツが汗でぐったりぬれてしまった。

⑤ 飛行機がばらばらになって落ちる。

해설

➡ ④ ぐったり (힘없이 처진 모습. 축 늘어진 모습) → びっしょり

① 그녀는 그의 이상형에 딱 맞는 것 같다.

② 기계를 하나하나 분해해서 청소한다.

③ 탄환이 머리위로 휙휙 날아간다.

④ 더운데 뛰었기 때문에, 셔츠가 땀으로 흠뻑 젖고 말았다.

⑤ 비행기가 산산조각이 되어 떨어졌다.

69 下線の部分の間違っているものを一つ選びなさい。

① 悪事が人に知られはしないかと思っておどおどする。
② さんさんたる陽光のもとで若者が覇を争う。
③ いなずまがぴかぴかと光る。
④ 今年もぱりぱりした新入社員たちが入ってきた。
⑤ 朝は雨が少ししか降っていなかったのに、午後になって急にちらちら降ってきた。

해설

⑤ ちらちら → ざあざあ

ちらちら：눈·꽃이 흩날리는 모습. 소문 등이 이따금 들리는 모습. 사물이 나타났다 사라졌다 하는 모습(그림자). 작은 빛 등이 깜박거리며 보이는 모습(별).

① 나쁜 짓이 남에게 알려지지는 않을까 생각해서 전전긍긍하다.
② 빛나는 태양 아래서 젊은이들이 패권을 다투다.
③ 번개가 번쩍번쩍 빛난다.
④ 올해도 팔팔한 신입사원들이 들어왔다.
⑤ 아침에는 비가 조금밖에 내리지 않았는데, 오후가 되어 갑자기 좍좍 내렸다.

70 下線の部分の間違っているものを一つ選びなさい。

① お酒を少し飲んだら、体がじめじめしてきた。
② ドリブルだけは礼子さんが基礎からみっちり教えているよ。
③ 彼はなんの迷いもなくきっぱりあの提案を断った。
④ 温泉に入ってゆったりした気分にひたる。
⑤ ずっと泣いていたが、ようやくすやすや寝入った。

해설

① じめじめ (습기로 축축한 모습. じとじと) → ぽかぽか
① 술을 조금 마셨더니, 몸이 따뜻해졌다.
② 드리블만은 레이꼬씨가 기초부터 확실하게 가르친다.

③ 그는 아무 망설임 없이 깨끗이(단호히) 그 제안을 거절했다.
④ 온천에 들어가 느긋한 기분에 잠기다.
⑤ 계속 울고 있었지만, 마침내 쌔근쌔근 잠들었다.

71 下線の部分の間違っているものを一つ選びなさい。

① あの子はこの試合の中でもどんどん上達してるわよ。
② 彼は難しい問題をいかにも簡単そうにこつこつ解いた。
③ 桜がはらはらと散る。
④ 大学をほやほやの新前先生が山田の受け持ちになった。
⑤ あなたの耳元でそっとささやく夢のうた。

해설

② こつこつ (꾸준히 노력하는 모습. 문 두드리는 소리. 구두 발자국 소리) → すらすら
① 저 아이는 시합 중에도 점점 실력이 향상되고 있다.
② 그는 어려운 문제를 정말로 간단하게 쓱쓱 풀었다.
③ 벚꽃이 팔랑팔랑 떨어진다.
④ 대학을 갓 나온 신출내기 선생님이 야마다의 담임을 맡다.
⑤ 당신의 귓전에서 살며시 속삭이는 꿈의 노래.

72 下線の部分の間違っているものを一つ選びなさい。

① コンサートが終わって、会場から人がぞろぞろ出てきた。
② この間の大地震で、この辺りはめちゃくちゃになってしまった。
③ よい薬のおかげで、病気もだんだんよくなってきた。
④ 彼はぎりぎり努力して、立派な学者になった。
⑤ 寒いと思ったら、雪がちらちら降ってきた。

해설

④ ぎりぎり → こつこつ

ぎりぎり : 겨우. 간신히. 한계로 여유가 전혀 없음. (ぎりぎり間(ま)に合(あ)う : 겨우 도착하다)

① 콘서트가 끝나서, 공연장으로부터 사람이 줄줄이 나왔다.

② 요전의 큰 지진으로, 이 근처는 엉망진창이 되고 말았다.

風(かぜ)で髪(かみ)がめちゃくちゃになった。 바람 때문에 머리카락이 엉망진창되었다.

③ 좋은 약 덕분에, 병도 점점 좋아졌다.

④ 그는 꾸준히 노력해서, 훌륭한 학자가 되었다.

⑤ 춥다고 생각했는데, 눈이 펄펄 내렸다.

73 下線(かせん)の部分(ぶぶん)の間違(まちが)っているものを一(ひと)つ選(えら)びなさい。

① 人(ひと)の顔(かお)をじろじろと見(み)るなよ。

② ずるずると約束(やくそく)が延(の)びる。

③ 彼(かれ)はきっちりした性格(せいかく)で細(こま)かいことは気(き)にしません。

④ くらげがふわりと浮(う)いている。

⑤ れいれいとうそ八百(はっぴゃく)を並(なら)びたてる。

해설

③ きっちり (정확한 모습. 공간이 없는 모습) → あっさり

① 남의 얼굴을 빤히 보지 말아라.

② 계속해서(질질) 약속이 연기되다.

③ 그는 시원한 성격이기 때문에, 세세한 일은 신경 쓰지 않습니다.

④ 해파리가 둥실둥실 떠 있다.

⑤ 번지르르하게 온통 거짓말을 늘어놓다.

74 下線の部分の間違っているものを一つ選びなさい。

① とんぼがすいすいと飛(と)ぶ。

② ふたをがっしり閉めないと、中(なか)のものが漏(も)れますよ。

③ 頭(あたま)をぽかぽかとなぐる。

④ 山田(やまだ)はきのうのけんかで野原(のはら)にさんざんやられた。

⑤ ひっそりと静(しず)まり返(かえ)った町(まち)。

해설

➡ ② がっしり (몸이 크고 강한 것 같은 모습) → きっちり

① 잠자리가 훠훠 난다.

② 뚜껑을 꼭 닫지 않으면, 안에 있는 것이 샙니다.

③ 머리를 톡톡 때리다.

④ 야마다는 어제 싸움에서 노하라에게 호되게 당했다.

⑤ 쥐죽은 듯이 조용해진 도시.

75 下線の部分の間違っているものを一つ選びなさい。

① うちでごちゃごちゃしないで、散歩にでも出掛けたらどうですか。

② もうあんな所へ行くのはこりごりだ。

③ つぎつぎと用事ができる。

④ もぐもぐ弁当を食べる。

⑤ 彼はいつも彼女の前ではにかんでもじもじする。

해설

➡ ① ごちゃごちゃ (여러 종류가 난잡하게 어질러져 있는 모습) → ごろごろ

① 집에서 빈둥거리지 말고, 산책이라도 한다면 어떻겠습니까.

② 이제 그런 곳에 가는 것은 신물이 난다.

③ 계속해서 볼일이 생긴다.

④ 우물우물 도시락을 먹는다.

⑤ 그는 언제나 그녀의 앞에서는 부끄러워서 머뭇머뭇거린다.

76 下線の部分の間違っているものを一つ選びなさい。

① 長い行軍で軍隊はへとへとになった。

② 私、もうくたくたですから、交代して下さい。

③ お前はそのかっとする性格を直さなければならん。

④ うなぎはべたべたしていて、とてもつかみにくい。

⑤ 彼はおずおずと尋ねてみた。

해설

④ べたべた → ぬるぬる

べたべた : 끈적끈적한 모습(기름). 둘이 붙어 있는 모습(애인 · 남녀). 충분히 칠하거나 뿌리는 모습. (전단지 · 페인트)

① 긴 행군 때문에 군대는 녹초가 되었다. ② 나는, 이제 지쳤기 때문에, 교대해 주세요.
③ 너는 그 욱하는 성격을 고치지 않으면 안 돼. ④ 뱀장어는 미끌미끌해서, 매우 잡기 힘들다.
⑤ 그는 주저하면서 물어보았다.

77 次(つぎ)の「悪」の読(よ)みの中(なか)で、他(ほか)の四(よっ)つと読(よ)みが違(ちが)っているものを一(ひと)つ選(えら)びなさい。

① 悪意　② 善悪
③ 嫌悪　④ 悪事
⑤ 罪悪

해설

③ 혐오. (嫌悪(けんお))
① 악의. (悪意(あくい))　② 선악. (善悪(ぜんあく))
④ 나쁜 일. (悪事(あくじ))　⑤ 죄악. (罪悪(ざいあく))

78 次(つぎ)の(　　)の中(なか)に入(はい)られない言葉(ことば)を入(い)れなさい。

このようなことは世間(せけん)に(　　)事件(じけん)だ。

① ありえない　② ありふれる
③ ある　④ ない
⑤ 平気(へいき)な

해설

⑤ 태연하다. 아무렇지 않은 체하다. (平然(へいぜん))
① 있을 수 없다. (有(あ)り得(え)ない · 有(あ)るまじき · あるはずがない · あるわけがない · あるべ

きでない・あってはならない・ありそうもない)

② 흔하다. 넘치다. (有り触れる・有り勝ち・在り来り)

79 次の(　　)の中に適当な言葉を入れなさい。

掃除は(　　)終わったばかりです。

① さき　　② いまから

③ もと　　④ また

⑤ まだ

해설

청소는 조금 전에 끝났습니다.

① 조금 전에. (先・先)　　② 지금부터. (今から)

③ 원래. (元)　　④ 또. 반복. (又)

⑤ 아직.

80 鳥なき里のこうもり。の意味を一つ選びなさい。

① 業を煮やす。　　② 二股を掛ける。

③ 虎の威を借る狐。　　④ 下手に出る。

⑤ 分が悪い。

해설

새 없는 고을의 박쥐. 뛰어난 사람이 없는 곳에서 보잘것없는 사람이 위세를 부림의 비유.

① 뜻대로 되지 않아 답답해하다. 화를 내다.

② 양다리를 걸치다.

③ 호랑이 없는 굴에서 토끼가 왕이다. 남의 권세에 기대어 위세를 부리는 소인을 비유.

④ 겸손하게 나오다. (⇔上手に出る : 고자세로 나오다)

⑤ 형세가 불리하다.

● 次の文章を読んで、あとの問いに答えなさい。(81～89)

今年は直接仕事に関係しない書物を読むようにしたいと思っている。仕事に関係のある読書でさえ、なかなか思うようにはできないのであるから、[A]仕事に関係のない読書となると、容易なことではその時間を作り出すことはできない。

[B]、現在のように❶限られた読書だけしていたら、実にへんてこな偏った知識だけを身に付けて、一生を終わってしまいそうな気がする。

今考えると、学生時代の読書はよかったと思う。読みたいと思う書物だけを読んでいた。新聞の広告で興味を感じると、町の書店に出掛けて行って手に入れる。もし書店にない時は、それを注文して取り寄せて貰う。そしてその書物を手に入れるまでは、何回も書店に[C]。そうした手順を経て、目指す書物を手に入れた時の喜びは大きい。下宿の自分の部屋に帰って、それをひもとく時の気持ちは❷かけがえのないものである。

学生時代は古本屋にもよく行ったが、大抵何を探すという特別な❸当てがあって出掛けたわけではない。古本の並んでいる書棚に順々目を遣って行って、関心を持ったり、興味を覚えたりする書物にぶつかると、それを書棚から抜き出した❹ものである。現在も古本屋には行くが、初めから探す本は決まっている。自分の仕事に必要な書物[D]を漁るということになる。

どう考えても、学生時代の書物の漁り方の方が贅沢でもあり、ゆとりがあり、その読書の仕方も、贅沢でもあり、ゆとりがあったと思う。雑読ではあったが、その時々で、いろいろな知識が飛び込んで来、いろいろな感動が身内を焼いたものである。もう一度、そういう形の読書をしたいと思う。月に一冊でも、そういう仕事に関係のない書物をひろげ、仕事に関係のない悦びを自分のものにしたいものである。

올해는 직접 일에 관계되지 않는 책을 읽어 보고 싶다고 생각하고 있다. 일에 관계가 있는 독서조차도, 좀처럼 마음대로 할 수 없기 때문에, [A] 더구나 일에 관계가 없는 독서가 되면, 쉽게 그 시간을 만들기가 힘들다.

[B] 그러나, 현재와 같이 ❶ 한정된 독서만을 한다면, 실로 기묘하게 편중된 지식만 몸에 익힌 채, 일생을 끝내 버리고 말 것 같은 생각이 든다.

지금 생각해 보면, 학창시절의 독서는 좋았다고 생각한다. 읽고 싶다고 생각한 책만을 읽었다. 신문광고에서 흥미를 느끼면, 동네서점으로 가서 손에 넣는다. 만약 서점에 없을 때는, 그것을 주문하여 배달시킨다. 그리고 그 책을 손에 넣을 때까지는, 몇 번이고 서점에 [C] 일부러 찾아가서, 그런 순서를 밟아, 목표하는 책을 손에 넣었을 때의 기쁨은 크다. 하숙방에 돌아와서, 그것을 펴서 읽었을 때의 기분은 ❷ 무엇하고도 바꿀 수 없는 것이다.

학생시절에는 헌 책방에도 잘 갔지만, 대개 무엇을 찾는다는 특별한 ❸ 목적이 있어서 간 것은 아니다. 헌책이 진열되어 있는 책꽂이에 순서대로 눈여겨보면서, 관심을 갖기도 하고, 흥미를 느끼는 책을 마주하면, 그것을 책꽂이에서 뽑아냈던 ❹ 것이다. 현재도 헌 책방에는 가지만, 처음부터 찾는 책은 정해져 있다. 자신의 일에 필요한 책 [D] 만을 뒤진다고 하는 것이다.

아무리 생각해도, 학창시절의 책을 뒤지는 방법이 사치스럽기도 하고, 여유가 있었으며, 그러한 독서방법도, 사치스럽기도 하고, 여유가 있었다고 생각한다. 잡독이긴 했지만, 그때그때, 여러 가지 지식이 들어오고, 여러 가지 감동이 온몸을 태우곤 했다. 다시 한 번 그런 형태의 독서를 하고 싶다고 생각한다. 한 달에 한 권이라도, 그런 일에 관계없는 책을 펴고, 일에 관계가 없는 기쁨을 내 것으로 만들고 싶다.

- 文中(ぶんちゅう)の[A]~[D]に入(い)れるのに最(もっと)も適当(てきとう)なものを一つ選(えら)びなさい。(81~84)

81 [A]

① まして　② どうせ
③ まさに　④ まさか
⑤ まるで

해설

➡ ① 하물며. 당연히.
② 어차피.　③ 실로.
④ 설마.　⑤ 마치.

82 [B]

① そして　　② それでは
③ しかも　　④ しかし
⑤ まして

해설

④ 그러나.
① 그리고.　　② 그렇다면. 그러면.
③ 게다가.　　⑤ 하물며. 당연히.

83 [C]

① 足(あし)がつく　　② 足(あし)を運(はこ)ぶ
③ 足を伸(の)ばす　　④ 足が出(で)る
⑤ 足手(あして)まとい

해설

② 일부러 가다.
① 꼬리가 잡히다(행방불명된 사람이). 단서가 잡히다.
③ 예정보다 멀리 가다.　　④ 손해를 보다.
⑤ 거치적거림. 방해가 되다.

84 [D]

① きり　　② まで
③ さえ　　④ ばかり
⑤ しか

해설

④ 만.

① 밖에.　　② 까지.
③ 조차. 만.　　⑤ 밖에.

85 ①「限られた読書」とは、ここではどういう読書か。①~⑤の中から一つ選びなさい。

① 仕事に関係ない読書　　② 仕事に必要な読書
③ 学生時代のような読書　　④ 雑読
⑤ ぜいたくでゆとりのある読書

해설

➡ ② 일에 필요한 독서.
① 일에 관계없는 독서.　　③ 학생시절과 같은 독서.
④ 잡독.　　⑤ 사치스럽고 여유 있는 독서.

86 ②「かけがえのない」という言葉の使い方として間違っているものを一つ選びなさい。

① 私はかけがえのない人を失った。
② 私はかけがえのない目にあった。
③ 人の命はかけがえのないものである。
④ それはかけがえのない思い出である。
⑤ あなたは私のかけがえのない妹だ。

해설

掛け替えのない : 소중하다. 둘도 없다.
① 나는 둘도 없는 소중한 사람을 잃었다.
③ 사람의 생명은 둘도 없이 소중한 것이다.
④ 그것은 소중한 추억이다.
⑤ 너는 나의 둘도 없는 여동생이다.

87 ③ 「当(あ)て」とは、ここではどういう意味か。最も適当なものを一つ選びなさい。

① 期待(きたい)　　② 関心(かんしん)

③ 目的(もくてき)　　④ 興味(きょうみ)

⑤ 知識(ちしき)

해설

➡ ③ 목적.

① 기대.　　② 관심.

④ 흥미.　　⑤ 지식.

88 ④ 「ものである」の使い方が同じものを一つ選びなさい。

① 目上(めうえ)の人の言うことは聞くものである。

② それをひもとく時の気持はかけがえのないものである。

③ いろいろな感動(かんどう)が身内(みうち)を焼(や)いたものである。

④ 仕事(しごと)に関係(かんけい)のない悦(よろこ)びを自分(じぶん)のものにしたいものである。

⑤ それは自分と関係のないものである。

해설

➡ ③ 여러 가지 감동이 온몸을 태웠던 것이다.

① 나이 많은 사람의 말은 들어야만 된다.

② 그것을 펴서 읽었을 때의 기분은 둘도 없이 소중한 것이다.

④ 일에 관계없는 기쁨을 자기 것으로 만들고 싶은 것이다.

⑤ 그것은 자신과 관계가 없는 것이다.

89 この文章の内容と合うものはどれか。最も適当なものを中から一つ選びなさい。

① 仕事に関係のない本は取り寄せるのがやっかいで手に入りにくい。そのため、読む本はいつも仕事に関係のある本に偏りがちである。

② 学生時代の読書というのは、いきあたりばったりの気ままなものだったが、それだけに余裕のある、感動の大きいものでもあった。

③ 最近さっぱり本を読まなくなり、このままでは学生時代に身につけた知識をすっかり失ってしまいそうで心配している。

④ 仕事に関係のある読書をしたところで、知識も得られなければ悦びも感動もなく興味すらわかない。

해설

➡ ② 학창시절의 독서라고 하는 것은, 닥치는 대로 마음대로 하였으나, 그만큼 여유 있고, 감동도 큰 것이었다.

① 일에 관계없는 책은 주문하는 것이 귀찮아서 손에 넣기 힘들다. 그 때문에, 읽는 책은 언제나 일에 관계가 있는 책에 치중되어 있다.

③ 최근 전혀 책을 읽지 않게 되어, 이대로는 학창시절에 몸에 익힌 지식을 완전히 잃어버릴 것 같아 걱정이다.

④ 일에 관계가 있는 책을 읽어본들, 지식도 얻지 못한다면 기쁨도 감동도 없고, 흥미조차 샘솟지 않는다.

• 次の文の(　　)の中に最も適当な言葉を一つ選びなさい。

90 あの病院は、とても大きくて６(　　)に分かれている。

① 台　　② 軒

③ 戸　　④ 棟

⑤ 匹

해설

저 병원은, 대단히 커서 6개 동으로 나뉘어 있다.

① 기계.　　② 집. 가게.

③ 집. ④ 아파트. 병원.
⑤ 개. 고양이. 생선.

91 次の文章はどんなことを言っているのか。最も適当なものを選びなさい。

今の若い女性は、めったに和服を着ない。せいぜい年に一度か二度。正月や友だちの結婚式ぐらいだろう。現代の西洋化した忙しい生活には、和服は合わなくなったきているのだ。

① 和服を着る人が少ないのは、生活が忙しく西洋化してきたからだ。
② 現代の女性は西洋が好きなので、和服の人気がなくなってきた。
③ 正月や結婚式には、なるべく和服を着たい。
④ 忙しくないときには和服を着る人が多い。
⑤ 現代の女性の和服は西洋化しつつあるし、人気も盛り上がっている。

해설

① 기모노(着物 : 의복. 일본 전통의상)를 입는 사람이 적은 것은, 생활이 바쁘고 서양화가 되어 왔기 때문이다. 和 : 일본. 일본어. 大和 : 옛날 국명의 하나.
요즘 젊은 여성은, 좀처럼 기모노를 입지 않는다. 고작(기껏해야) 1년에 한 번이나 두 번. 설날이나 친구 결혼식 정도일 것이다. 현대의 서양화된 바쁜 생활에는, 기모노는 맞지 않게 되어 있는 것이다.
② 현대의 여성은 서양을 좋아하기 때문에, 기모노는 인기가 없어졌다.
③ 설날이나 결혼식에는, 가능한 한 기모노를 입고 싶다.
④ 바쁘지 않을 때에는, 기모노를 입는 사람이 많다.
⑤ 현대 여성의 기모노는 서양화되어 있고, 인기도 높아지고 있다.
(盛り上がる : 부풀어오르다. 솟아오르다. 고조되다. 높아지다)

92 次の文章はどんなことを言っているのか。最も適当なものを選びなさい。

仕事というものは、たいてい本質的にはおもしろくないけれども、そのような仕事にも大きな長所がある。仕事があれば、何をするかを決める必要もないし、1日のかなりの部分をつぶすことができる。たいていの人は「好きなように時間を使ってもいい」となると、時間の使い方に困ってしまう。また、何かをやると決めたにしても、ほかのことのほうがもっとおもしろいのではなかろうかという感じに悩まされるものである。

① 仕事とは、おもしろくないもので、仕事以外のことのほうがおもしろそうに見えるものである。
② 人間は自分ですることを決めるのはむずかしい。その点、仕事には、することを決めなくて住むという利点がある。
③ 仕事が好きな人は、仕事がないとすることがなくて困ってしまうものである。
④ 仕事は、時間つぶしのためにするのではなく、自分自身で好きに時間を使うためにするものである。
⑤ 仕事が好きではない人は、自分の好きなように時間を使えばいいし、それができないとおもしろい感じでさえ必要になる。

해설

➡ ② 인간은 자기 자신이 하는 것을 결정하는 것은 어렵다. 그러한 점에서, 일에는, 하는 것을 결정하지 않고 산다고 하는 이점이 있다.

일이라고 하는 것은, 대개 본질적으로는 재미없지만, 그러한 일에도 큰 장점이 있다. 일이 있으면, 무엇을 할까를 결정할 필요도 없고, 하루의 대부분을 보내는 일이 가능하다. 대개의 사람들은 「마음대로 시간을 사용해도 좋다」가 된다면, 시간 활용에 곤란해진다. 또, 무언가를 한다고 결심해도, 다른 일이 더 재미있지 않을까 하는 느낌으로 고민하게 되는 것이다.

① 일이라고 하는 것은, 재미없는 것으로, 일 이외의 것이 재미있을 것 같이 보이는 것이다.
③ 일을 좋아하는 사람은, 일이 없으면 할 일이 없어 곤란해진다.
④ 일은, 시간을 보내기 위해서 하는 것이 아니고, 자기 자신이 하고 싶은 대로 시간을 사용하기 위해서 하는 것이다.

⑤ 일을 좋아하지 않는 사람은, 자신이 하고 싶은 대로 시간을 사용하면 되고, 그것을 할 수 없으면 재미있는 느낌마저 필요하게 된다.

93 다음 문장의 내용과 가장 거리가 먼 것을 고르세요.

芸術の創造は、創造された作品が人々に享受される仕方やその使用目的、つまり、それが社会ではたす機能と切り離して考えることのできないものである。すなわち、神々に捧げられる芸術、神々であれ人間であれ、それらの形姿を理想の形にのっとって描く芸術、そして、現実の事実や人間を個々に具体的に描く芸術の三種類であって、その三つの型には、象徴的、理想化的、写実的の三つの様式が対応している。言いかえれば、芸術には古来、祭儀的性格を持つもの、神話的性格を持つもの、民衆的性格を持つものという三種類の型があり、その後のあらゆる時代を通して、芸術におけるこの三つの機能は存続した。おそらく、今日でもこのことに変わりはないのであるが、しかし、現代では、芸術の祭儀的性格や神話的性格はだいぶ影が薄らぎ、もっぱら民衆的性格が前面に押し出されてきた。既成の芸術作品の写真による大量複製が芸術の一回性とかオリジナリティの観念を崩壊させ、世俗的価値や展示価値が今日の芸術の主要な支えになってきたことは言うまでもない。

① 현대에 이르러 사진에 의한 예술품의 대량 복제가 예술의 독창성을 붕괴시켰다고 할 수 있다.

② 예술은 예로부터 상징적, 이상화적, 사실적인 세 가지 양식이 존속하여 왔다.

③ 현대에는 예술의 구체적 · 사실적 성격이 약해지면서 세속적 가치가 예술의 중요한 기반이 되었다.

④ 예술의 창조는 사회에서 담당하는 기능과 떼어놓고 생각할 수 없다.

해설

➡ ③

形姿・形姿。 모습. 차림새. (身なり)

理想化 : 이상적 상태로 되거나 되게 함.

祭儀 : 제사의 의식에 관한 것. 신불을 모시는 의식. 제사(祭祀).

祭儀的 : 연극에서, 1960년대에 대두된 제의적인 체험을 추구하는 현대 연극의 한 형태.

観念 : 사물에 대해 갖는 생각(시간관념 · 고정관념). 각오하다.

までもない : ~필요도 없다. 당연하다.

예술의 창조는, 창조된 작품이 사람들에게 누려지는 방법이나 그 사용 목적, 즉, 그것이 사회에서 다하는(완수하는) 기능과 분리해서 생각할 수 없는 것이다. 즉, 신들에게 바쳐지는 예술, 신이든 인간이든, 그들의 형상(모습)을 이상형에 따라 그리는 예술, 그리고, 현실의 사실이나 인간을 개별적으로 구체적으로 묘사하는 예술의 세 종류에 있고, 그 세 개의 형태에서는, 상징적, 이상화적, 사실적 3개의 양식이 대응되고 있다. 다시 말하면, 예술에는 예로부터, 제의적 성격을 갖는 것, 신화적 성격을 갖는 것, 민중적 성격을 갖는다고 하는 세 종류의 형태가 있고, 그 후 모든 시대를 통해서, 예술에서의 세 가지 기능은 존속했다. 필시(아마), 오늘날에도 이것에는 변함이 없지만, 그러나 현대에서는, 예술의 제의적 성격이나 신화적 성격은 많이 사라지고, 오로지 민중적 성격이 전면에 내세워졌다. 기성 예술작품 사진에 의한 대량 복제가 예술의 일회성과 본질(독창성) 의 관념을 붕괴시키고, 세속적 가치나 전시 가치가 오늘날 예술의 주요한 버팀목이 되어 온 것은 말할 필요도 없다.

94 다음 문장의 내용과 가장 가까운 것을 고르세요.

外国語を学ぶことは、自分あるいは自分の文化に刺激を与えるために必要なことだが、そのこととその意味も分からずに浅はかにも盲目的に外国語を使い、自分や自分の文化のアイデンティティを見失うことは、まったく別物である。フランス人が英語を話さないといわれるが、私の経験では、レストランでも、郵便局でもほぼ100パーセント英語を話すし、彼らにとって隣の国の英語なんてやさしい言葉である。フランス人は外国語を学ぶことと盲目的に外国語を取り入れることを明確に区別しているにすぎない。言葉は文化の代表である。アイデンティティを失った文化などまったく魅力がない。

① 자신과 자국의 문화에 자극을 주기 위해 외국어를 맹목적으로 사용할 필요가 있다.
② 프랑스인에게도 이웃나라의 영어는 쉽지 않은 언어이다.
③ 프랑스인은 외국어를 배우는 것과 맹목적으로 받아들이는 것을 명확히 구별하지 않는다.
④ 언어는 그 나라의 문화를 대표하는 것인 만큼 정체성을 잃은 문화는 매력을 가질 수 없다.

해설

➡ ④

외국어를 공부하는 것은, 자신 또는 자신의 문화에 자극을 주기 위해 필요한 것이지만, 그것과 그 의미도 모른 채 어리석게(천박하게)도 맹목적으로 외국어를 사용하고, 자신이나 자기 문화의 정체성을 잃는 것은, 전혀 별개이다. 프랑스 사람들이 영어를 말하지 않는다고 하지만, 제 경험으로는, 레스토랑에서도, 우체국에서도 거의 100퍼센트 영어를 말하며, 그들에게 있어서는 이웃나라 영어 따위는 쉬운 언어이다. 프랑스인들은 외국어를 공부하는 것과 맹목적으로 외국어를 도입하는 것을 명확하게 구별하고 있는 것에 지나지 않는다. 언어는 문화의 대표이다. 정체성을 잃은 문화는 전혀 매력이 없다.

95 다음 문장의 내용과 가장 거리가 먼 것을 고르세요.

近代は「できるだけ多くのものを、できるだけ早く、できるだけ遠くに」を善としてきた。また、「競争による進化」を善としてきた。現代は、グローバリゼーションの流れの中で近代というシステムが加速しはじめている一方で、近代というシステムに行き詰まりを持つ感性や、それを越えようとする思考も生まれはじめている。私たちは後ずさりして近代を見直しながら、同時に、新しい時代を切り拓くために前に進むことが求められている。

① 近代は速度と距離を善とする。
② 現代は速度をずらしている。
③ 近代というシステムに限界を感じる。
④ 未来のために近代の再評価が必要だ。

해설

② 현대는 속도를 늦추고 있다.

グローバリゼーション·グローバライゼーション (globalization) : 국가 등의 경계를 넘어 확대되어 일체화되어 나가는 것. 특히, 경제활동이나 사물의 사고방식 등을 세계적 규모로 확대하는 것. 컴퓨터 소프트웨어 등에서의 국제화.

근대는 가능한 한 많은 것을, 가능한 한 빨리, 가능한 한 멀리 선을 택해 왔다. 또, 경쟁에 의한 진화를 선으로 여겨 왔다. 현대는, 세계화의(globalization) 흐름 속에서 근대라고 하는 시스템이 가속화되기 시작한 한편, 근대라고 하는 시스템에 막힌 것을 갖는 감성이나, 그것을 넘으려고 하는 생각도 생기기 시작했다. 우리들은 뒷걸음질로 근대를 재검토하면서, 동시에, 새로운 시대를 열기(개척하기) 위해서 앞으로 나아가는 것이 요구되고 있다.

① 근대는 속도와 거리를 선으로 한다. ③ 근대라는 시스템에 한계를 느낀다.

④ 미래를 위해 근대의 재평가가 필요하다.

96 외래어 표기가 잘못된 것을 고르시오.

① ユーチューブ (YouTube) ② フェースブック (Facebook)

③ インスタ (Instagram) ④ ティイッター (Twitter)

⑤ ブログ (Blog)

해설

④ ツイッター (Twitter). ユーザー (user) 사용자. (使用者(しようしゃ))

ツイ友(とも) : 트위터를 통해 사귄 친구. (メル友(とも) : 컴퓨터나 휴대전화로 메일을 주고받는 친구)

③ インスタグラム 의 준말.

⑤ 개인이 신변 이야기나 자기 주장을 일기(日記(にっき)) 형식으로 쓰는 인터넷 사이트나 홈페이지.

97 (　　) 안에 들어갈 적당한 것을 고르세요.

手術(しゅじゅつ)の効果(こうか)が全然(ぜんぜん)ないので、医者(いしゃ)もとうとう(　　　)を投(な)げた。

① なべ ② はし

③ さら ④ さじ

⑤ ちゃわん

해설

수술의 효과가 전혀 없었기 때문에, 의사선생님도 결국에는 단념했다.

さじを投げる : 단념했다. 포기하다. (의사가 환자를 포기하다)

① 냄비. ② 젓가락.

③ 접시. ④ 숟가락.

⑤ 찻잔. 그릇.

98 밑줄 친 부분이 올바른 것을 고르세요.

① ぜひ一曲歌って下さい。 ② 今、一人で泳いています。

③ そんなに笑あないで下さい。 ④ いっしょに行いてみませんか。

⑤ テレビを見たり、新聞を読んたりします。

해설

① 꼭 한 곡 불러 주세요.

동사의 변형에서 예외적인 것은 다음의 3가지가 있다.

行くは て형과 과거형에서 예외. (行って · 行った)

あるは 부정형과 과거부정형에서 예외. (ない · なかった)

기본형의 끝 글자가 う로 끝나는 것은 부정형으로 연결될 때 예외. (会う→会わない)

② 今、一人で泳いでいます。 ③ そんなに笑わないで下さい。

④ いっしょに行ってみませんか。 ⑤ テレビを見たり、新聞を読んだりします。

99 (　　　) 안에 들어갈 적당한 것을 고르세요.

先生のご本を(　　　)と思います。

① お目にかかりたい ② お目になりたい

③ 拝見したい ④ 拝読されたい

⑤ ご覧になりたい

해설

선생님 책을 보고 싶습니다.

① 만나다의 겸양어. (お目にかかる)　③ 보다의 겸양어. (拝見する)

④ 읽다의 겸양어. (拝読する)　⑤ 보다의 겸양어. (御覧になる)

100 (　　) 안에 들어갈 적당한 조사를 고르세요.

駅前(えきまえ)(가)ハンバーガー屋(や)があります。
そこ(나)チーズバーガーを買いました。

① (가) で (나) に　② (가) に (나) で

③ (가) で (나) で　④ (가) に (나) に

⑤ (가) に (나) へ

해설

역 앞에 햄버거 집이 있습니다.

거기에서 치즈버거를 샀습니다.

장소 뒤의 조사 に : ～에. (사람이나 물건이 존재하는 장소를 나타낸다)

장소 뒤의 조사 で : ～에서. (목적 · 동작 · 작용이 행하여지는 장소 또는 그 동작이 행하여지는 무대로서의 장소)

101 다음 외래어 표기가 올바른 것을 고르세요.

① インターネット (internet)　② スーツケース (suitcase)

③ コンサート (concert)　④ キャリー (carry)

⑤ ファイッション (fashion)

해설

➡ ⑤ ファッション (패션)

② 의류 등을 넣고 가지고 걷는 소형 여행 가방. 캐리어. (キャリー, carry)
일본에서는 트렁크(トランク)라고 부르는 것도 포함한다.

③ 연주회 (演奏会). 음악회 (音楽会).

102 다음 단어들을 사전에서 찾을 때 가장 먼저 나오는 것을 고르세요.

① 秋分　　② 数学
③ 崇拝　　④ 趣味
⑤ 終了

해설

➡ ① 추분. (しゅうぶん)
② 수학. (すうがく)　　③ 숭배. (すうはい)
④ 취미. (しゅみ)　　⑤ 종료. (しゅうりょう)

103 다음 밑줄 친 부분의 뜻에 가장 가까운 것을 고르세요.

しょっちゅういろんな友だちが来ている。

① いきなり　　② 絶え間なく
③ ちょうど　　④ ほどほどに
⑤ 意外に

해설

언제나(항상) 여러 친구가 와 있다.
① 느닷없이. (뒷일을 예상하지 않고)
② 끊임없이. (引っ切り無しに · 仕切りに · 絶えずに)
③ 마침. 그때. 마치.　　④ 알맞게. 적당히.
⑤ 의외로.

104 다음 복합어의 전후 관계가 나머지 4개와 다른 것을 고르세요.

① 値上(ねあ)がり　　② 肉離(にくばな)れ
③ 日暮(ひぐ)れ　　④ 借金取(しゃっきんと)り
⑤ 雪解(ゆきど)け

해설

④ 빚쟁이. (복합어 : 둘 이상의 단어가 결합해서 또 다른 하나의 말을 만듦)
① 가격 인상. (⇔ 値下(ねさ)がり)　　② 근육이 수축되어 끊어짐.
③ 해질녘. 저녁때. (⇔ 夜明(よあ)け)　　⑤ 쌓였던 눈이 녹는 것.

105 다음 중 반대어의 관계가 아닌 것을 고르세요.

① バスに乗る。 ── バスをおりる。
② ねだんがあがる。── ねだんがさがる。
③ 車をかう。 ── 車をうる。
④ にもつをのせる。── にもつをおろす。
⑤ でんきをつける。── でんきをいれる。

해설

⑤ 전기를 켜다(電気(でんき)を点(つ)ける). ─ 전기를 끄다(電気(でんき)を消(け)す).
スイッチを入(い)れる : 스위치를 켜다. スイッチを切(き)る : 스위치를 끄다.
① 버스를 타다. ─ 버스에서 내리다(バスを降りる).
② 가격이 오르다(値段が上がる). ─ 가격이 내리다(値段が下がる).
③ 차를 사다(車を買う). ─ 차를 팔다(車を売る).
④ 짐을 싣다(荷物を載せる). ─ 짐을 내리다(荷物を降ろす).

• 다음 글을 읽고 물음에 답하세요. (106~107)

社員(しゃいん)の年齢(ねんれい)が55歳(さい)を過(す)ぎたら、賃金(ちんぎん)もボーナスも一律(いちりつ)ダウン。そんな会社の制度に、中高年サラリーマンが不満を募らせているようだ。年功序列を________、人件費も切りつめたい会社の事情は分かる。だが能力や実績に応じた処遇を進めるなら、年齢だけを理由に給料を下げるのは理不尽ではないか…。雇用延長に伴って中高年層の賃金のあり方がクローズアップされるなか、当の中高年たちの声を聞いてみた。

106 윗글의 밑줄 친 곳에 들어갈 가장 적당한 것을 고르세요.

① 見流し　　② 見逃し
③ 見直し　　④ 見殺し
⑤ 見済まし

해설

③ 다시 고치다. 재검토. 다시 보다. 병 · 경기(景気)들이 좋아지다.

사원의 연령이 55세를 지나면, 임금도 상여금도 일률적으로 다운. 그런 회사의 제도에, 중고년 샐러리맨들의 불만이 쌓이는 것 같다. 연공서열을 재검토하고, 인건비도 절약하고 싶은 회사의 사정은 이해한다. 그러나 능력이나 실적에 따른 처우를 권하는 것이라면, 연령만을 이유로 급료를 내리는 것은 불합리한 것이 아닐까…. 고용연장에 동반되어 중고년층의 임금의 현실이 클로즈업되는 등, 당시의 중고년들의 목소리를 들어 보았다.

① 보고 방치하다. 보고 그 상태로 버려 두다. (見過ごす)
② 알고도 모른 체하다. 보고 있으면서도 눈치 채지 못하다. 놓치다.
④ 사람이 곤란한 것을 보고 있으면서도 도와주지 않는 것. 사람이 죽을 처지에 있는 것을 알고 있으면서도 구하지 않는 것.
⑤ 잘 살피다. 주의해서 잘 보다. (見澄ます)

107 윗글의 주제와 가장 알맞은 것을 고르세요.

① 高齢化社会の問題　　② 中高年層の退職金
③ 年功序列の維持を再検討　　④ 若いサラリーマンの不満
⑤ 中高年層の賃金のあり方

해설

➡ ⑤ 중고년층의 임금 현실.

① 고령화 사회의 문제. ② 중고년층의 퇴직금.
③ 연공서열의 유지를 재검토. ④ 젊은 샐러리맨들의 불만.

108 밑줄 친 부분과 의미가 다른 것을 고르세요.

この仕事(しごと)はわたしの<u>手(て)にあまります</u>。

① 手(て)がつけられない ② 手(て)ごわい
③ 持(も)ちつ持(も)たれつ ④ はが立(た)たない
⑤ 始末(しまつ)におえない

해설

이 일은 나에게는 벅찹니다.

수단이 없다. 어쩔 수 없다. 벅차다. 내 능력 이상이다. (手に負(お)えない・始末(しまつ)に負(お)えない・持(も)て余(あま)す・手(て)が付(つ)けられない・手(て)が出(で)ない・歯(は)が立(た)たない・手強(てごわ)い)

③ 서로 돕는 것. 서로 돕기도 하고 도움도 받는 것. (互(たが)いに助(たす)け合(あ)う)

持ちつ持たれつの関係(かんけい)だ。 서로 상부상조하는 관계다. 서로서로 돕는 관계다.

109 次の文の(　　)の中に最も適当なものを入れなさい。

大地震(だいじしん)が(　　)大勢(おおぜい)の人(ひと)が死(し)んだ。

① 起(お)きたら ② 起(お)きたために
③ 起きれば ④ 起きたからには
⑤ 起きるなら

해설

큰 지진이 일어났기 때문에 많은 사람이 죽었다.

① 일어난다면. ② 일어났기 때문에. (이유나 원인)

③ 일어난다면.　　　　　　　　④ 일어난 이상은.

⑤ 일어난다면.

110 밑줄 친 부분과 의미가 다른 것을 고르세요.

彼は私の顔を見たのに知らんぷりをして通りすぎた。

① しらないふりをする　　　　② 素知らぬ顔

③ なに食わぬかお　　　　　　④ もってこい

⑤ しらを切る

해설

그는 내 얼굴을 보았는데도 보고도 모른 체하고 지나갔다.

모르는 체하다. (白を切る · 知らないふりをする · しらばくれる)

④ 딱 좋다. 가장 적당하다. 안성맞춤. (持って来い · 打って付け)

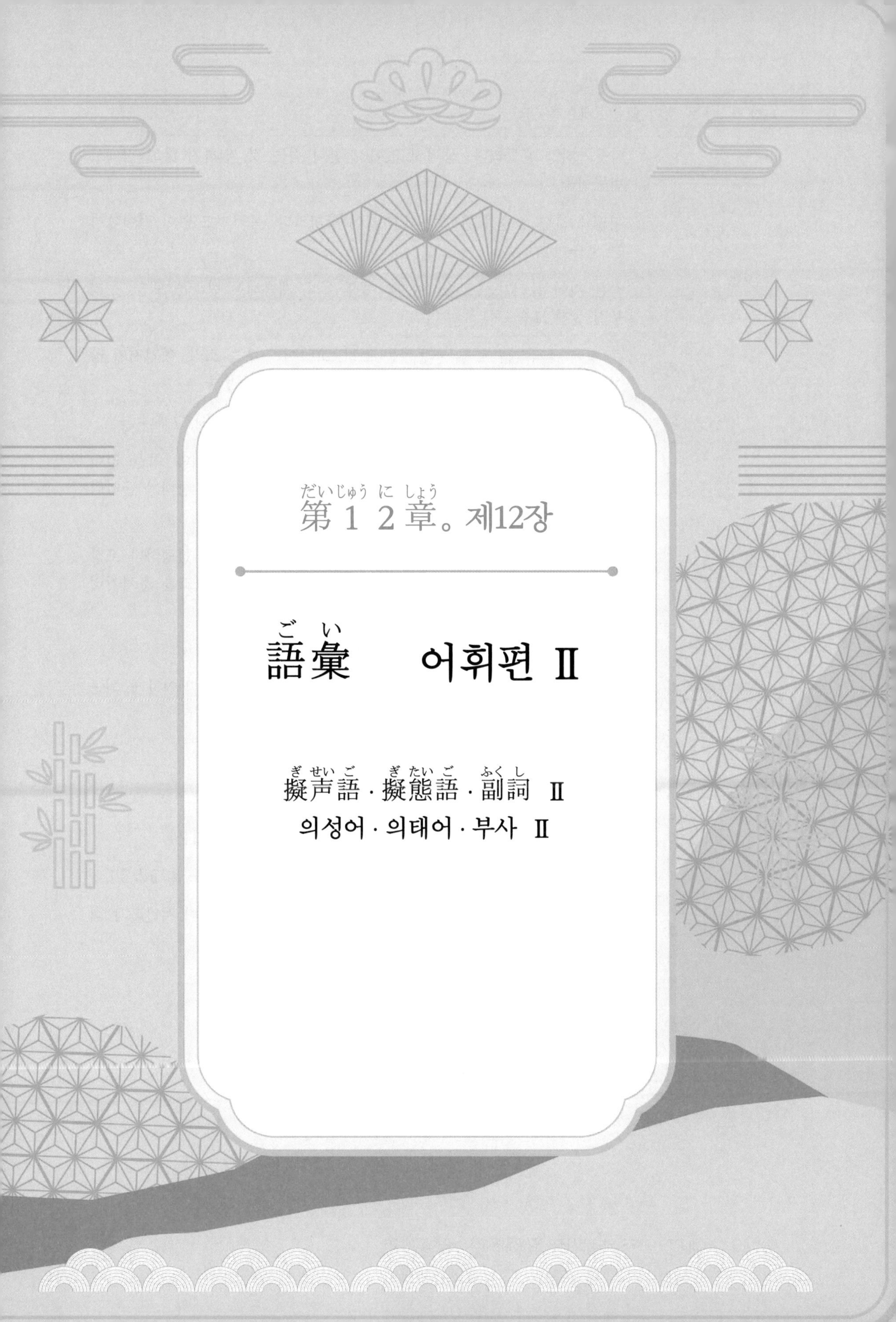

第１２章。제12장

語彙　어휘편 Ⅱ

擬声語・擬態語・副詞 Ⅱ
의성어·의태어·부사 Ⅱ

● 태평 · 아무 생각 없음 · 게으름 · 땀.

ぶらぶら	나뭇가지가 흔들리다. 목적지 없이 천천히 걷는 것. 일하지 않고 집에서 빈둥빈둥.
うろうろ	어떻게 하면 좋을까 판단이 서지 않아 당황하다. 목적지도 없이 걸어다니는 모습.
ころころ	작은 것이 굴러가는 모습. 여자의 웃음소리. 계속해서 변하는 모습. 두리뭉실 살찐 모습.
ごろごろ	큰 것이 굴러가는 모습. 천둥치는 소리. 고양이가 우는 소리. 여기저기 많이 있는 모습. 아무것도 하지 않고 지내는 모습. (빈둥빈둥)
たらたら	액체가 줄줄 떨어지는 모습(피 · 땀). 불평 · 아부를 반복해서 말하다.
だらだら	액체가 줄줄 떨어지는 모습(피 · 땀). 완만한 경사가 계속되다. 능률 없이 천천히 하다. 동작이 날렵하지 못한 모습(느릿느릿). 동작 · 상태가 끝없이 계속되는 모습. (지루하다)
ぐずぐず	행동 · 언행이 확실하지 않은 모습(꾸물꾸물 · 질질 끌다). 헐렁하다(포장이). 불평을 말하다(ぶつぶつ : 투덜투덜). 코맹맹이 소리(코를 훌쩍거리는 모습).
ぼんやり	사물의 모습이나 내용이 확실하지 않은 모습(어렴풋이). 눈치가 없는 사람(멍청한 사람). 자신(自身(じしん))을 잃어버려 막연하게 되는 모습(쇼크 · 멍청히 · 우두커니).
のんびり	마음이 편해서 느긋한 모습. (한가롭게 · 태평스럽게)
ゆっくり	충분히 여유가 있는 모습. 급하지 않은 모습. (천천히)
ゆったり	여유가 있는 모습. 거북하다. 불편하다. 옹색하다. (상의 · 기분)
ぬらくら	어물어물(ぬらりくらり · のらりくらり). 미끈미끈(ぬらぬら · ぬるぬる).
うかうか	아무 생각 없이 멍청한 모습(うっかり). 생각이나 계획 없이 시간을 보내는 모습.
ぼやぼや	재치가 없는 모습. (멍청하다).
のろのろ	움직임이 둔한 모습. (느릿느릿 · 달팽이 · 거북이)
のそのそ	사람 · 동물의 동작이 둔한 모습. (느릿느릿 · 달팽이 · 거북이)

● 체격.

ほっそり	다리가 날씬하다. (잘 빠지다)
がりがり	야위다. 딱딱한 것을 거칠게 깨물어 으깨는 소리. 물건을 긁는 소리. 열심히 하다(공부를).
がっしり	사람이나 사물의 구조. 골격이 듬직한 것. (체격)

● 걸음걸이 · 달리는 모습 · 뛰어오르는 모습.

とぼとぼ	힘없이 외로운 듯이 걷는 모습. (터벅터벅)
よちよち	아장아장. (아기가)
すたすた	급하게 빨리 걷는 모습.
てくてく	원거리를 계속해서 걸어가는 모습. (버스가 오지 않아)
すたこら	재빠르게 사라지는 모습. (犯人(はんにん) : 범인)
ずかずか	사양하지 않고 들어오는 모습. (흙발로 · 남의 집에)
のこのこ	사람 · 동물이 아무 스스럼없이 태연하게 나오는 모습.
のそのそ	사람 · 동물의 동작이 둔한 모습(느릿느릿 · 달팽이 · 거북이). 천천히 걷는 모습.
ふらふら	목적지도 없이 걷는 모습. 많이 피곤한 모습. 힘없이 불안전하게 서 있는 모습. 기분이나 태도가 확실하지 않고 갈팡질팡하는 모습. 충분히 생각하지 않고 행동하는 모습.
ぶらぶら	목적지도 없이 걷는 모습. 흔들리는 모습(나뭇가지). 일도 하지 않고 빈둥빈둥 보내는 모습. 사물이 고정돼 있지 않아 불안전한 모습. (인형 손이)
ずんずん	사물이 조속히 진행되는 모습. 빠른 속도로 걷는 모습. 정도가 심하게 증가하는 모습. (どんどん)
どたばた	큰 발소리를 내면서 걸어다니는 모습. (우당탕 · 발버둥치다)
うろうろ	목적지도 없이 걸어다니는 모습. 어떻게 하면 좋을까 판단이 서지 않아 당황하다.
ちょこちょこ	작은 것이 종종걸음으로 걷는 모습. 동작이 안정되지 않는 모습. 자주(しばしば · ちょくちょく).

● 말하는 모습 · 이야기.

べらべら	가볍게 계속해서 말하는 모습. 종이 · 모포가 얇은 모습.
ぺらぺら	외국어를 잘 말하는 모습. 책 넘기는 모습. 쉬지 않고 계속 이야기하는 모습. 경박한 모습으로 지껄이는 모습.
ひそひそ	소곤소곤 이야기하는 모습. (비밀 이야기)
ぶつぶつ	혼자서 중얼중얼. 불평이나 불만을 토로하다. 보글보글 끓다. 돌기가 생기다(닭살).
ぐずぐず	행동 · 언행이 확실하지 않은 모습(꾸물꾸물 · 질질 끌다). 코맹맹이 소리(코를 훌쩍거리는 모습). 헐렁하다(포장이). 불평을 말하다(ぶつぶつ : 투덜투덜).
がみがみ	시끄럽게 불평을 말하거나 혼내는 모습. (잔소리하다)
わいわい	큰소리로 많은 사람들이 시끄럽게 이야기하다.
くどくど	반복해서 시끄럽게 말하는 모습(くどくどしい). 같은 것을 반복해서 시끄럽게 말하는 모습. (장황하다)
けんけん	떠들썩함. 왁자지껄함. 시끄럽다. (やかましい · かしましい)
げんげん	말 한마디 한마디. (言々(げんげん))
がやがや	무엇을 말하는지는 불확실하지만 많은 사람이 이야기하다.
ぼそぼそ	나지막한 목소리로 이야기하는 모습. 습기가 없고 입에 넣었을 때 감촉이 없고 맛없는 모습. (꼬들꼬들한 밥).
うじゃうじゃ	반복해서 시끄럽게 말하는 모습(くどくど). 작은 벌레가 우글우글 모여 있는 모습.

● 허기 · 갈증 · 먹는 모습.

ぺこぺこ	배가 굉장히 고픈 모습. 아첨하다. 금속이 쪼그라드는 소리.
ぐうぐう	코고는 소리. 공복(空腹(くうふく))이 되어 꼬르륵꼬르륵 나는 소리.
からから	목마른 모습. 큰소리로 웃다. 딱딱한 물건이나 마른 물건이 부딪치는 소리.
がつがつ	배가 고픈 동물처럼 먹는 모습.
ぱくぱく	붕어가 크게 입을 벌려서 먹는 모습. 구두 밑창이 벌어지다.
ごくごく	물 등을 계속해서 마시는 모습.
すぱすぱ	담배를 계속해서 피우는 모습.

● 촉감.

つるつる	표면이 미끄럽고 광택이 나는 모습. 잘 미끄러지는 모습. 우동 같은 것을 빨아들일 때. (吸入(きゅうにゅう) : 흡입)
べたべた	끈적끈적한 모습(기름). 둘이 붙어 있는 모습(애인 · 남녀). 충분히 칠하거나 뿌리는 모습(전단지 · 페인트).
ざらざら	표면이 거칠거칠한 모습. (⇔ つるつる). 딱딱한 물건이 쏟아지는 소리(자갈 · 벽흙(壁土(かべつち))). 많은 물건이 계속해서 나타나는 모습(ぞろぞろ · 동전).
さらさら	표면이 말라서 반질반질한 느낌. 사물이 지체하지 않고 나아가는 모습(붓으로 줄줄 쓰다). 모래 · 모포 · 나뭇잎이 스치는 소리. 가벼운 물건이 맞닿을 때 나는 소리(사각사각). 물이 조용히 흐르는 소리(졸졸).
さらさら (更々(さらさら))	부정을 동반하여 [조금도(少(すこ)しも). 전혀(全(まった)く). 절대로(決(けっ)して). 조금도. 전혀(一向(いっこう)に)]
ねばねば	끈기가 많은 모습. (땀으로 손이 끈적끈적하다)
するする	미끄러지듯이 빨리 움직이는 모습. (주르륵 · 깃발이)
すべすべ	손의 감촉이 부드러운 모습. 매끈매끈(피부). (滑々(すべすべ))
ぬるぬる	표면이 액체 상태로 미끄러운 모습. (뱀장어. ぬらぬら).

● 조용 · 텅 빔.

しいんと	조용해진 모습. (조용한 교실)
ひっそり	사물 소리나 사람의 인기척이 없이 조용한 모습(방). 눈에 띄지 않게 조용히 하고 있는 모습(조용한 생활).
がらがら	무너지거나 부딪치는 소리. 문여는 소리. 텅텅 비다(전차). 성격이 거칠고 마음의 배려가 없는 것.

● 흩어진 모습 · 부서진 모습 · 혼잡.

ばらばら	비 · 우박 떨어지는 소리. 전차에서 사람이 우르르. 돌 · 탄환이 날아오는 소리. 모여 있던 것이 흩어진 모습.
ぼろぼろ	낡아서 고물이 된 모습(너덜너덜). 말라서 끈기가 없는 모습(점토).

びりびり	종이 · 모포가 찢어지는 소리. 물건이 작게 울리는 소리. 전기가 감전되는 느낌(찌르르).
ごちゃごちゃ	여러 종류가 난잡하게 어질러져 있는 모습.
くしゃくしゃ	꾸깃꾸깃(종이 · 옷). 형태가 흐트러져 어지러운 모습.
めちゃくちゃ めちゃめちゃ	순서 등이 엉망진창으로 되다. 도리에서 벗어나 있다. 형체를 알아볼 수 없도록 망가진 모습. 산산조각이 나다. 지나치다.
ぎゅうぎゅう	가득 채워 넣은 모습(전차에 승객을 · 가방에 옷을). 숨쉬기 곤란할 때. 강하게 추궁하다. 심하게 감독하다. 무리하게 짜는 모습.

● 정확 · 확실.

はっきり	분명히. 똑똑히. 확실히.
ぴったり	빈틈없이 꼭 들어맞는 모습. 잘 어울리다. 적합하다.
しっかり	내적으로 견실한 모습. 빈틈이 없는 모습(충분히 · 틀림없이). 기분 · 성질 · 행위 등이 견실하고 확실해서 신용할 수 있는 모습.
きちんと	시간 · 수량이 과부족 없이 정확히. 규칙 바르게. 꼼꼼하다.
きっかり	시간 · 수량이 과부족 없이 일치하는 상태. 정확히(きっちり). 시간 · 수량을 나타내는 말에 붙어 정확히(ちょうど).
かっきり	정확히(ちょうど · きっかり · ぴったり). 구별이 확실하지 않은 것.

● 아슬아슬.

すれすれ	스칠 정도로 가까움. 근접하다. (위험수위 · 발차시간)
ぎりぎり	한계로 여유가 전혀 없음. (겨우 · 간신히)

● 온도 · 습도 · 날씨.

ぽかぽか	따뜻한 모습. 머리등을 반복해서 때리는 모습.
ほかほか	따끈한 모습. (빵 · 모포)
うらうら	화창하게 비치는 햇살. (봄 날씨)
からっと	습기가 적고, 맑고 화창하게 개인 모습.
ほやほや	갓 만들어 부드럽고 따끈따끈한 모습(만두). 일이 어떤 상태로 되었을 뿐(갓 · 방금 · 지금 · 신혼).

むしむし	굉장히 더운 모습. (한여름)
じめじめ	습기로 축축한 모습. (じとじと)
しっとり	가볍게 젖은 모습(봄비에). 차분한 모습(しとやか). 습기가 적당한 모습(피부).
じっとり	흠뻑 젖은 모습. (땀)
じくじく	내부로부터 습기가 조금씩 나오는 모습. (질퍽질퍽)
しっぽり	촉촉하게 젖은 모습.
びっしょり	흠뻑 젖은 모습. (ぐっしょり · 비로)
びしょびしょ	완전히 젖은 모습.

- 동물의 울음소리.
- 곤충류.

りんりん	귀뚜라미 울음소리.
じいじい	매미 울음소리.
ぶんぶん	벌이 날아다니는 소리.

- 조류.

があがあ	오리류의 울음소리.
かあかあ	까마귀 울음소리.
ぽっぽ	비둘기 울음소리.
ぴよぴよ	병아리 울음소리.
こけこっこ	닭 울음소리.
ちゅんちゅん	참새 울음소리.

- 포유류.

もうもう	소 울음소리. 안개 · 수증기 · 연기 등으로 주위가 볼 수 없을 정도로 자욱히 낀 모습.
こんこん	여우 울음소리.
ぶうぶう	돼지 울음소리.

くんくん	개가 냄새를 맞는 모습.
わんわん	개 짖는 소리.
きゃんきゃん	개가 크게 짖는 소리.
にゃあにゃあ	고양이 울음소리.
ちゅうちゅう	쥐 울음소리.

● 양생류.

けろけろ	개구리 울음소리.

● 눈 · 비 · 구름 · 바람.

ちらちら	눈 · 꽃이 흩날리는 모습. 소문 등이 이따금 들리는 모습. 사물이 나타났다 사라졌다 하는 모습(그림자). 작은 빛 등이 깜박거리며 보이는 모습(별).
ゆらゆら	느리게 흔들리는 모습. (흔들흔들 · 나뭇가지 · 아지랑이)
はらはら	눈이 조금씩 떨어지는 모습.
ぽつぽつ	비가 내리기 시작하는 모습.
しとしと	이슬비가 촉촉이 내리는 소리.
ぱらぱら	비 · 나뭇잎 등이 후두둑 떨어지는 모습. 듬성듬성(청중이). 책장을 빠르게 넘기는 소리.
ばらばら	비 · 우박 떨어지는 소리.
さんさん	비가 주룩주룩 내림.
ざあざあ	소낙비가 오는 모습. 수돗물 · 폭포가 떨어지는 소리.
ざあって	대량의 물이 강하게 떨어지는 모습.
ぽっかり	구름이 가볍게 떠 있는 모습.
むくむく	구름이 묵묵히 올라가는 모습. (소낙비 구름 : 入道雲(にゅうどうぐも))
どんより	구름이 낮게 깔려 흐린 모습.
そよそよ	바람이 기분 좋게 조용히 부는 모습(산들산들). 풀 · 나무 등이 미풍으로 움직이는 모습. (미풍으로 기분이 좋다)
ひゅうひゅう	바람이 강하고 심하게 부는 모습.
びゅうびゅう	바람이 강하고 심하게 부는 모습.

ぴゅうぴゅう	바람이 강하게 부는 모습.

● 진행 · 진보.

だんだん	조금씩 변하면서 진전되어 가는 것(점점 더). 계단(산의 계단을 오르다).
すらすら	일이 지체 없이 순조롭게 되는 모습. (이야기가 줄줄)
ぐんぐん	강하게 자라거나 가속되는 모습. (속도 · 키)
めきめき	사물의 발달이나 성장이 눈에 띄게 나타나는 모습(경제 · 실력). 물건이 망가지거나 부서질 때 나는 소리.
つぎつぎ	차례대로. 계속해서. (次々)
すくすく	순조롭고 힘차게 성장하는 모습. (어린이가 쑥쑥)
するする	미끄러지듯이 빨리 움직이는 모습. (주르륵 · 깃발이)
じりじり	사물이 조금씩 진행하는 모습(서서히 · 조금씩). 태양이 강하게 비치는 모습. 생각대로 되지 않아 점점 답답해하는 모습.
もりもり	사물이 잘 진행하는 것(힘차게 일한다 · 먹는다). 힘 있어 보이는 근육.

● 움직이는 모습 · 소리.

すいすい	잠자리가 나는 모습. 일이 거침없이 진행되는 모습. 물고기가 헤엄치는 모습.
ひらひら	종이 · 꽃잎 · 모포 등이 나부끼는 모습. (나비가 훨훨 · 펄렁펄렁)
がぶがぶ	술이나 물을 힘차게 마시는 모습(벌컥벌컥). 수분을 많이 먹은 배의 상태. (배가 꽉 차다)
すぱすぱ	뻐끔뻐끔 담배 피우는 모습. 썩둑썩둑 자르거나 버리는 모습. (무)
ずばずば	사양하지 않고, 멋대로 말하거나 행동하는 모습.
ころころ	작은 것이 굴러가는 모습. 어자의 웃음소리. 계속해서 변하는 모습. 두리뭉실 살찐 모습.
ぽたぽた	물이 연속적으로 떨어지는 모습.
ざあざあ	수돗물 · 폭포가 떨어지는 소리. 소낙비가 오는 모습.
ちょろちょろ	적은 양의 물이 흐르는 모습(졸졸). 불이 희미하게 타는 모습. 조그만 물건이 빠르게 움직이는 모습.
きょろきょろ	두리번거리는 모습(시선). 안정되지 않은 모습.

• 물건이 부딪치거나 때리거나 우는소리 · 딱딱함. (단단함)

がたがた	딱딱하고 무거운 듯한 물체가 부딪치는 소리. (문 · 비누가 달그락달그락). 추위나 공포로 떨리는 모습. 조립이나 조직이 망가지다(차가 · 회사가 쓰러지다). 불평을 이러쿵저러쿵 말하는 모습.
ことこと	물건이 가볍게 부딪치는 소리. 물건을 조용히 삶는 소리.
ごとごと	물건이 부딪쳐서 나는 소리(ことことe보다 조금 강한 소리). 물건을 삶는 소리.
こんこん	어두운 모습. 의식을 잃어버린 모습. 깊게 자는 모습(昏々(こんこん)). 여우 울음소리.
こんこん	딱딱한 것을 치는 소리. (문을 톡톡 · 벽에 못을 박다)
とんとん	막상막하(실력이). 일이 순조롭게 진행되는 모습. 계속해서 가볍게 두드리는 소리(노크).
りんりん	방울소리나 벌레 우는 소리.
どんどん	계속해서 강하게 치는 소리(북 · 문). 사물이 계속해서 강하게 진행되는 모습(계속해서 만든다).
かんかん	금속소리. 햇볕이 내리쬐는 모습. 숯불 따위가 세차게 피어오르는 모습. 굉장히 화난 모습.
どろどろ	천둥 · 대포소리. 흙탕 · 질퍽질퍽(썩은 것이). 흐물흐물한 인간관계.
がらりと	문 등을 힘차게 여는 소리(드르륵). 갑자기 태도를 바꾸는 모습. 쌓아놓은 물건이 무너지는 소리.
ちゃりん	금속 등이 순간적으로 부딪치는 소리. (자판기 돈 들어가는 소리 · 방울소리)
がちゃがちゃ	딱딱하고 무거운 듯한 물체가 부딪치는 소리. 시끄럽게 주장하는 모습. 난잡한 모습.
ちゃらちゃら	작은 금속이 부딪치는 소리. (동전 · 귀걸이)
かちかち	대단히 딱딱한 상태(콘크리트 · 얼음). 시계소리(재깍재깍).
がちがち	대단히 딱딱한 상태. (콘크리트 · 얼음)

• ほっと · はっと · ふっと · ぱっと · そっと。

ほっと	안심하는 모습. 한숨을 쉬는 모습.
はっと	갑자기 생각나는 모습(돌연 생각나다). 갑자기 놀라는 모습(깜짝 놀랐다).

ふっと	문득. 갑자기. 돌연. (ふと : 문어체에서 많이 사용). 입을 오므려서 바람을 불다(확).
ぱっと	갑자기 강한 동작. 상태의 변화를 나타낸다. (불이 팍 들어오다. 악평이 팍 퍼지다. 개가 팍 뛰다)
そっと	소리를 내지 않고(조용히 · 살며시 · 穏(おだ)やかに). 살짝(こっそり · ひそかに). 그 상태로 그냥 두다(しておく 형으로).

● 순간.

さっと	동작 등이 빠른 모습. 비 · 바람 · 빛 등이 갑자기 오는 모습.
ぱっと	갑자기 강한 동작 · 상태의 변화를 나타낸다. (불이 팍 들어오다. 악평이 팍 퍼지다. 개가 팍 뛰다)
さっさと	주저하지 않고 재빠르게 하는 모습. (빠르게 치우다)
ちらりと	일순간 보이는 모습. 소문 등이 희미하게 들리는 모습. (언뜻 듣다)

● 태양 · 별 · 번개.

かんかん	햇볕이 내리쬐는 모습. 금속소리. 굉장히 화난 모습. 숯불 따위가 세차게 피어오르는 모습.
ぎらぎら	태양이 빤짝빤짝 빛나는 모습.
じりじり	사물이 조금씩 진행되는 모습(서서히 · 조금씩). 태양이 강하게 비치는 모습. 생각대로 되지 않아 점점 답답해하는 모습.
ぴかぴか	별이 빛나는 모습. 빤짝빤짝 빛나는 것.
きらきら	보석 · 별이 빛나는 모습.
きらり	한 번 번쩍 빛남. 유성. 별똥별. (流星(りゅうせい) · 流(なが)れ星(ぼし))
ぴかっと	무엇인가 갑자기 빛나는 모습. (번개 : 稲妻(いなずま))
ちらちら	별 등이 깜박거리며 보이는 모습.

01 間違(まちが)っている読(よ)み方(かた)をそれぞれの中(なか)から一(ひと)つ選(えら)びなさい。

① 親孝行 (おやこうこう)　　② 下等 (かとう)
③ 出世　(しゅつせ)　　④ 懸念 (けねん)
⑤ 類似　(るいじ)

해설

➡ ③ しゅっせ (출세)
① 효도. 효행.　　② 하등.
④ 걱정하다.　　⑤ 유사.

02 間違(まちが)っている読(よ)み方(かた)をそれぞれの中(なか)から一(ひと)つ選(えら)びなさい。

① 身元 (みもと)　　② 物語　(ものがたり)
③ 割引 (わりびき)　　④ 一言居士 (いちごんきょし)
⑤ 大勢 (おおぜい)

해설

➡ ④ 一言居士(いちごんこじ) · 一言居士(いちげんこじ) : 어떤 일이든지 간에 한마디 자신의 의견을 말하지 않으면 안 되는 성격의 소유자.
① 신원.　　② 주로 지난 신상의 이야기.
③ 할인.　　⑤ 사람이 많다. (大勢(たいぜい))
大勢(たいせい) : 대세. (小勢(こぜい) : 소세. 사람이 적다). (沢山(たくさん) : 사물 · 사람이 많다)

03 間違(まちが)っている読(よ)み方(かた)をそれぞれの中(なか)から一(ひと)つ選(えら)びなさい。

① 読会 (どっかい)　　② 読点 (とくてん)
③ 読本 (とくほん)　　④ 読経 (どきょう)
⑤ 読解 (どっかい)

해설

➡ ② とうてん (기호)

① 의회에서 중요한 법안을 심의하는 단계.

③ 독본. 국어교과서.

④ 독경. 경문을 음독하는 것. (読経(どきょう))

⑤ 독해. 문장을 읽고 그 내용을 이해하는 것.

04 間違っている読み方をそれぞれの中から一つ選びなさい。

① 万代 (ばんたい)

② 万国 (ばんこく)

③ 万福 (ばんぷく)

④ 万事 (ばんじ)

⑤ 万世 (ばんせい)

해설

➡ ① ばんだい(영구). 万代(よろずよ)(긴 세월).

② 만국. 전 세계. 세계 각국.

③ 만복. 복이 많음. (万福(まんぷく))

④ 만사. 모든 일.

⑤ 만세. 매우 긴 세월.

05 Ⓐ ~ Ⓓ 에 들어갈 표현으로 올바르게 연결된 것을 고르세요.

- 病気(びょうき)で (Ⓐ) やせる。
- お風呂(ふろ)に入(はい)って (Ⓑ) した。
- 交渉(こうしょう)は (Ⓒ) すんなりと妥結(だけつ)した。
- 魚(さかな)の頭(あたま)をずばり (Ⓓ) 切(き)り落(お)とす。

	Ⓐ	Ⓑ	Ⓒ	Ⓓ
①	げっそり	さっぱり	すんなり	ずばり
②	がっかり	あっさり	すんなり	さっぱり
③	がっかり	さっぱり	ずばり	げっそり
④	げっそり	あっさり	ずばり	がっかり
⑤	すんなり	ずばり	さっぱり	がっかり

해설

➡ ①

- 병으로 수척해지다.
- 목욕을 해서 상쾌해졌다.
- 교섭은 순조롭게 타결했다.
- 생선 대가리를 썩둑 잘라내다.

げっそり : 얼굴 · 몸 등이 갑자기 수척해지는 것. 갑자기 야위는 것. 한꺼번에 기력을 잃는 모습. 실망하다(がっかりする).

さっぱり : 사물을 이것이다 저것이다 신경 쓰지 않는 모습. 깨끗하고 기분 좋은 모습을 나타낼 때도 사용한다. 맛이 산뜻하다(시원하다)는 의미도 있다.

すんなり : 매끈하고 날씬한 모습. 일이 막힘 없이 순조롭게 진행되는 모습.

ずばり : 칼 등으로 힘껏 자르는 모습. 썩둑. 싹.
사물의 핵심을 정확히, 또는 단도직입적으로 지적하는 것. 정확히. 거침없이.

がっかり : 낙담하다. 실망하다. 안타깝다. (気落(きお)ちする · 落(お)ち込(こ)む · 肩(かた)を落(お)とす · 力(ちから)を落(お)とす)

あっさり : 맛 · 성격 등이 시원스러운 모습. 간단히(게임에 지다).

06 다음 중 비가 내리는 모습의 표현 중 틀린 것을 고르세요.

① ぽつぽつ　② ちらちら

③ ぱらぱら　④ しとしと

⑤ ざあざあ

해설

➡ ② 눈꽃이 흩날리는 모습. 소문 등이 이따금 들리는 모습. 사물이 나타났다 사라졌다 하는 모습(그림자). 작은 빛 등이 깜박거리며 보이는 모습(별).

① 비가 내리기 시작하는 모습.

③ 비 · 나뭇잎 등이 후두둑 떨어지는 모습. 듬성듬성(청중이). 책장을 빠르게 넘기는 소리.

④ 이슬비가 촉촉이 내리는 소리.

⑤ 소낙비가 오는 모습. 수돗물 · 폭포가 떨어지는 소리. ざあっと : 대량의 물이 강하게 떨어지는 모습. ばらばら : 비 · 우박 떨어지는 소리. さんさん : 비가 주룩주룩 내림.

• 次の文の(　　)の中に最も適当な言葉を入れなさい。(7～9)

07 いまさら、嘘を(　　)始まらない。

① はいても　　② むいても
③ ついても　　④ 言っても
⑤ 話しても

해설

지금에 와서, 거짓말을 해도 소용없다. (うそをつく：거짓말을 하다).
(始まらない：～해도 소용없다)

08 女の人がそんな言葉を(　　)はいけませんね。

① 使用して　　② 使って
③ 言って　　④ 語って
⑤ して

해설

여자가 그런 말을 사용해서는 안 됩니다. (言葉を使う：말을 사용하다)
① 사용하다. (물건 · 도구)　　③ 말하다.
④ 이야기하다.　　⑤ 하다.

09 あまりおかしいので、(　　)いられなかった。

① 笑わなくて　　② 笑わないと
③ 笑わなければ　　④ 笑わずには
⑤ 笑わせては

해설

너무나 이상했기 때문에, 웃지 않을 수는 없었다. (にはいられない：～할 수는 없다)
(笑わずにはいられない。 웃지 않을 수 없다). (笑ってはいられない。 웃어서는 안 된다)

① 웃지 않아서. ② 웃지 않으면.
③ 웃지 않으면. ⑤ 웃게 해서는.

10 下線の部分の間違っているものを一つ選びなさい。

① 泉は両親に別れを<u>告げた</u>。
② 夏休みは、東京で<u>過ごし</u>ました。
③ <u>限り無く</u>続く道をあるいている人々。
④ 妹は会社から帰る<u>がいなや</u>またアルバイトをしに行きました。
⑤ 皆さんの素晴らしい成功を期待して<u>止みません</u>。

해설

④ がいなや → やいなや · なりに (～하자마자)
① 이즈미는 부모님(양친)에게 이별을 고했다.
② 여름방학은, 도쿄에서 보냈습니다.
③ 끝없이 계속되는 길을 걷고 있는 사람들.
④ 여동생은 회사로부터 돌아오자마자 또 아르바이트를 하러 갔습니다.
⑤ 여러분의 훌륭한 성공을 기대해 마지않습니다.

11 우리말을 일본어로 바르게 옮긴 것을 고르세요.

유감스러워 할 정도의 것은 아니다.

① 残念がるほどのことではない。 ② 残念するほどのことではない。
③ 残念するくらいのことではない。 ④ 残念がちのぐらいではない。
⑤ 残念がることのほどではない。

해설

い형용사 · な형용사(어간) + がる。～하고 싶어 하다. ほしがる。갖고 싶어 하다.
いやがる。싫어하다. ほどのことではない。～할 정도의 일은 아니다.

12 <u>なにしろ</u>彼はほんがすきだ。下線の部分の意味を一つ選びなさい。

① 아무렇게나　② 아무것도 아닌
③ 무엇 무엇　④ 어쨌든
⑤ 도저히

해설

何しろ : 어쨌든. 여하튼. (いずれにしても · いずれにしろ · いずれにせよ · とにかく · なにせ)

(전부. 모두. 무엇부터 무엇까지 : 何から何まで · 何もかも · 凡て · あらゆる · ありとあらゆる · ピンからキリまで)

• 次の文の(　　)の中に最も適当な言葉を入れなさい。 (13～18)

13 やってしまったことを今さら(　　)。

① 後悔するかもしれない　② 後悔していればいい
③ 後悔すれば、何とかなる　④ 後悔してもどうしようもない
⑤ 後悔すればよい

해설

끝난 것을 지금에 와서 후회해도 소용없다.

14 車で行ったら何時間掛かるかわからないから、電車に(　　)。

① 乗るよりいい　② 乗らないほうがいい
③ 乗らざるを得ない　④ 乗るわけはない
⑤ 乗るわけにはいかない

해설

차로 가면 몇 시간 걸릴지 모르기 때문에, 전차를 타지 않을 수 없다.
ざるを得ない : ～하지 않을 수 없다.

동사Ⅰ(あ段) ＋ ざるをえない。　동사Ⅱ(ます形) ＋ ざるをえない。

동사Ⅲ(する) → せざるをえない。　来る → 来ざるをえない。

① 타는 것보다 낫다.　② 타지 않는 것이 좋다.

③ 타지 않을 수 없다.　④ 탈 이유는 없다.

⑤ 탈 수는 없다.

15 先月、地下鉄の駅ではタバコを吸ってはいけないことに(　　)。

① なる　② なっている

③ なった　④ なっていた

⑤ なれる

해설

지난달, 지하철역에서는 담배를 피워서는 안 되게 되었다.

(상태의 문장이라 なっている가 된다)

16 父の病気は一向に(　　)。

① よくなる　② よくならない

③ よくなった　④ よくなっている

⑤ よくできた

해설

아버지의 병은 조금도 좋아지지 않는다. 一向に : 부정을 동반하여. (조금도, 전혀)

17 現代では車は生活に(　　)ない必需品だ。

① かかせ　② かかさ

③ かかれ　④ かか

⑤ かかせてい

해설

현대에서 자동차는 생활에 빼놓을 수 없는 필수품이다. (欠かせない : 빼놓을 수 없다)

18 物価の上昇に(　　　)生活が苦しくなった。

① しても　② かんして
③ とって　④ したがって
⑤ むかって

해설

물가의 상승에 따라서 생활이 괴로워진다. (に従って · に連れて · に応じて : ~에 따라서)

① ~하더라도.　② ~에 관해. (に関して)

③ にとって : ~있어서. ~로서는. ~의 입장으로서는.
(기분(気持ち) 이나 마음(心)적인 표현이 나타난다)

⑤ に向かって : 로 향해서.

19 ある文を説明したものです。説明に合う言葉を一つ選びなさい。

お金があるからといって、必ずしも幸福だとは限らない。

① お金があったとしても幸福でなければ意味がない。
② お金さえあれば必ず幸福になれる。
③ お金さえあれば幸福でないはずがない。
④ お金ほど人を幸福にするものはない。
⑤ お金があれば必ず幸福だというわけではない。

해설

돈이 있다고 해서, 반드시 행복하다고는 할 수 없다. (幸せ : 행복. 不幸せ : 불행)

からといって : ~라고해서. (からって : 회화체)

必ずしも(強ち · 一概に · 満更) : 반드시 ~라고는 할 수 없다. 따라서 뒤 문장은 とは限

らない・とは思えない・とは言えない 같은 가능부정형이 온다.

① 돈이 있다고 해도 행복하지 않으면 의미가 없다.

② 돈만 있으면 반드시 행복해질 수 있다.

③ 돈만 있으면 행복하지 않을 리가 없다.

④ 돈만큼 사람을 행복하게 하는 것은 없다.

⑤ 돈이 있으면 반드시 행복하다고 하는 것은 아니다.

- 次の文の(　　　)の中に最も適当な言葉を入れなさい。 (20〜28)

20 何度もご注意申し上げたと思いますが、このアパートでは犬を飼ってはいけない(　　　)。

① ことになっているんです　　② ことになるんです

③ ことにしましょう　　④ ことにするんです

⑤ ことにしています

해설

몇 번씩이나 주의를 드렸다고 생각합니다만, 이 아파트에서는 개를 키워서는 안 되게 되어 있습니다.

ことになる : ～하기로 되다(사물의 결정의 결과). 주체의 의지 이외의 것으로 결정된다. 또는 결정된 결과를 나타낸다.

21 いくらいい本でもおもしろくない本(　　　)読んでいると本と親しまれません。

① しか　　② ぐらい

③ ほど　　④ ばかり

⑤ さえ

해설

아무리 좋은 책이라도 재미없는 책만 읽고 있으면 책과 친해질 수 없습니다.

명사 ＋ だけ・ばかり・のみ : ～만. (한정이나 제한・지속을 나타낸다)

22 あの社長(しゃちょう)は、若(わか)いとき(　　)苦労(くろう)したらしいですね。

① 相当(そうとう)　　② なかなか
③ いっそう　　④ 何となく
⑤ くよくよ

해설

저 사장은, 젊었을 때 상당히 고생한 것 같습니다. (苦労(くろう)を掛(か)ける : 고생시키다)

① 상당히.　　② 긍정을 동반하여 꽤. 부정을 동반하여 좀처럼.
③ 한층 더.　　④ 왠지 모르게.
⑤ 걱정해도 소용없는 일을 이러쿵저러쿵 끙끙거리는 모습.

23 大人(おとな)の男(おとこ)の人(ひと)でも持(も)ち上(あ)がらない岩(いわ)なのに、(　　)子供(こども)では無理(むり)だ。

① さすが　　② どうせ
③ まして　　④ すでに
⑤ むしろ

해설

어른인 남자도 들 수 없는 바위인데, 당연히 어린이로서는 무리다.

① 과연. 대단한. (流石(さすが))　　② 어차피.
③ 더욱더. 하물며. 당연하다.　　④ 이미. 벌써.
⑤ 오히려. 차라리. 2개를 비교하여 어디라고 말한다면.
(寧(むし)ろ 앞에는 비교를 나타내는 より가 많이 동반된다)
彼(かれ)は政治家(せいじか)というよりむしろ実業家(じつぎょうか)だ。그는 정치가보다는 오히려 사업가다.
(実業家(じつぎょうか) : 상업 · 공업 · 금융업 등 경제적 사업을 경영하는 사람)

24 猫(ねこ)のように足音(あしおと)を(　　)に歩(ある)く。

① 出(だ)さず　　② 立(た)てず
③ 起(お)こさず　　④ 上(あ)げず
⑤ 出(で)ず

해설

고양이처럼 발소리를 내지 않고 걷는다. (音がする · 音が立つ : 소리가 나다)

25 遅かったのね。うん、会社からの帰りに、(　　　)高校時代の友達に会って、お茶を飲んでいたんだ。

① たまに　　　　② たまたま
③ たびたび　　　④ しばしば
⑤ おりおり

해설

늦었구나. 응, 회사에서 돌아오는 길에, 우연히 고등학교 때 친구를 만나서, 차를 마시고 있었다.

① 가끔.　　　　② 우연히. 드물게.
③ 자주. 누차.　④ 자주. 누차.
⑤ 각각. 그때마다.

26 静かに目を(　　　)ください。

① しめて　　　② つつんで
③ ふさいで　　④ おおって
⑤ とじて

해설

조용히 눈을 감아 주세요. (目を閉じる : 눈을 감다)

① 벨트를 잠그다. 매다. (閉める · 絞める)
② 싸다. 숨기다. (包む)　③ 막히다. 닫히다. (塞ぐ)
④ 덮다. 가리다(覆う). (囲む : 주위를 둘러싸다)

27 お父さん、私が大学の入学試験に合格したら何を(　　　)。

① いただきますか　　② もらいますか

③ あげますか　　④ くださいますか

⑤ やりますか

해설

아버지, 제가 대학 입학시험에 합격한다면 무엇을 주시겠습니까.

28 毎日料理をするのが(　　　)ので、レストランへ食べに行きます。

① いさぎよい　　② 余計な

③ 迷惑な　　④ 困難な

⑤ 面倒な

해설

매일 요리하는 것이 귀찮기 때문에, 레스토랑으로 먹으러 갑니다.

① 사물 · 풍경 등이 깨끗하다. 더럽지 않다. 깔끔해서 기분이 좋다. 결백하다(潔白である). 깨끗이 단념하다(思い切りがよい). 미련이 남지 않다(未練がましくない). (潔い)

② 주제넘다. 쓸데없이 나서다. 한층 더. 더욱더.

③ 폐. 성가심.　　④ 곤란한.

⑤ 귀찮다.

29 나머지 넷과 용법(用法)이 다른 것을 고르세요.

① 雨は降りだすし、風<u>さえ</u>吹きだした。

② 合格<u>さえ</u>すれば、あとは問題がない。

③ お金<u>さえ</u>あれば、心配はいらない。

④ 元気で<u>さえ</u>いれば、また会えるよ。

⑤ 練習<u>さえ</u>すればだれでもできるようになる。

해설

さえ：~만. ~조차도. 이제 이것만 하면 된다. (반드시 さえ …ば)

A 뿐만 아니라 B조차도 그렇다. (부정문에 사용)

① 비는 내리고, 바람마저 불기 시작했다. ② 합격만 하면, 이후는 문제가 없다.

③ 돈만 있다면, 걱정은 필요없다. ④ 건강하기만 하면, 또 만날 수 있다.

⑤ 연습만 하면 누구라도 할 수 있게 된다.

30 「立つ鳥跡を濁さず。」の意味を一つ選びなさい。

① 떠나간 사람을 생각하지 않는 것이 마음 편하다는 비유.

② 떠나간 뒤의 자리가 흐트러져 있음을 비유.

③ 떠나간 뒤에도 계속 미련이 남는 것을 비유.

④ 떠나간 뒤가 보기 싫지 않도록 깨끗이 치운다는 비유.

⑤ 떠나간 새의 발자취가 뚜렷함을 비유.

31 다음 가운데 れるが 자발(自発)의 뜻을 나타내고 있는 것을 고르세요.

① もう帰られますか。 ② 気の毒に思われてはならない。

③ いたずらをしてしかられた。 ④ ひとりでうちまで行かれますか。

⑤ あのビルは去年つくられました。

해설

➡ ② 마음 아프게 생각해서는 안 된다. (자발)

れる · られる는 가능 · 수동 · 존경 · 자발(남에게 영향을 받지 않고 스스로 느끼는 것)의 형태가 있지만, 문장변형은 똑같다.

가능 可能	一人で東京まで行かれる。	혼자서 도쿄까지 갈 수 있다.
	一人で東京まで行ける。	혼자서 도쿄까지 갈 수 있다.
	一人で東京まで行くことが出きる。	혼자서 도쿄까지 갈 수 있다.
수동 受け身	人にお酒を飲まれる。	남이 술을 먹이다.

존경 尊敬	先生は先日新しい本を書き終えられた。 선생님은 지난번에 새 책을 다 쓰셨다.
자발 自発	古里にいる母のことが案じられる。 고향에 있는 어머니가 걱정이 된다.
	자발의 대표적인 동사들은 다음과 같다. 案じられる (걱정이 되다) · 感じられる (느껴지다) · 忍ばれる (그리워지다) · 待たれる (기다려지다) · 思い出される (기억이 나다).

① 이제 돌아가시겠습니까. (존경) ③ 장난을 해서 혼났다. (수동)

④ 혼자서 집까지 갈 수 있습니까. (가능) ⑤ 저 빌딩은 작년에 만들어졌습니다. (수동)

32 「人生はほんとうにはかないものだ。」 のないと同じ意味で使われているものを一つ選びなさい。

① この雑誌はあまりおもしろくない。

② 急がないと間に合いません。

③ つたない文章になってしまいました。

④ かれはあまり丈夫じゃないようだ。

⑤ だれもいかないから、私もいきません。

해설

인생은 정말로 덧없는 것이다. (い형용사)

① 이 잡지는 별로 재미없다. (い형용사 부정)

② 서두르지 않으면 지각합니다. (동사 부정)

③ 서투른 문장이 되고 말았습니다. (い형용사)

④ 그는 그다지 튼튼하지 않은 것 같다. (な형용사 부정)

⑤ 아무도 가지 않기 때문에, 나도 안 갑니다. (동사 부정)

33 「案の定。」의 의미로 볼 수 없는 것을 고르세요.

① 予想がうまかった ② 思った通り

③ 思ったより上手だ ④ 予期通り

⑤ 予想が的中した

해설

예상대로. 생각대로. (はたして · やはり · 図に当たる)
의외(意外)로 · 생각지도 못한 : 思いの外 · 思いも寄らない · 思い掛けない)

① 예상이 좋았다.
② 생각한 대로.
③ 생각한 것보다 잘한다.
④ 예상한 대로.
⑤ 예상이 적중했다.

34 「二の足を踏む。」の意味を一つ選びなさい。

① 外聞
② 取り払う
③ ためらう
④ 係わり合い
⑤ 根底

해설

뒷걸음치다. 망설이다. 주저하다. (躊躇う)

① 소문. 체면.
② 제거(除去)하다. 철거(撤去)하다.
④ 관련되다.
⑤ 근본. 사물의 기초.

35 次の文章を読んで、それぞれの問いに対する答えとして最も適当なものを一つ選びなさい。

何とかしたくても、こちらに打つ手がない以上、先方の意のままにならざるをえないでしょう。

【問い】上の文は、要するに、どういうことを言っているのか。

① こちらは、相手の思い通りにさせられてしまう。
② こちらは、相手の思い通りになるわけにはいかない。
③ こちらは、先方の考えがぜんぜんわからない。
④ こちらは、先方にお願いすることはできない。
⑤ こちらは、先方の思い通りになるべきではない。

해설

어떻게든 하고 싶어도, 이쪽에 방법이 없는 이상, 상대편의 뜻대로 될 수밖에 없겠지요.

【질문】 위의 문장은, 요약하자면, 어떤 것을 말하고 있는 것일까.

① 이쪽은, 상대의 생각대로 되고 만다.

② 이쪽은, 상대의 생각대로 될 수는 없다.

③ 이쪽은, 상대편의 생각을 전혀 모른다.

④ 이쪽은, 상대편에게 부탁하는 것은 할 수 없다.

⑤ 이쪽은, 상대편의 생각대로 되어야만 되는 것은 아니다.

36 **次の文章を読んで、それぞれの問いに対する答えとして最も適当なものを一つ選びなさい。**

宇宙開発研究所がこれから先どれだけ計画を実現していくことができるかは、ひとえに議会でどれだけ予算を獲得できるかにかかっていると言っても言い過ぎではありません。

【問い】上の文の内容と合っているものは次のどれか。

① 宇宙開発研究所の計画が議会で実現するかどうかは予算の獲得で決まる。

② 宇宙開発研究所の計画が議会での予算の獲得にかかっていると言うのは言い過ぎだ。

③ 宇宙開発研究所の計画が実現できるかどうかは議会での予算の額次第である。

④ 宇宙開発研究所の計画が実現しても、それは予算を獲得したためとは言いにくい。

⑤ 宇宙開発研究所の計画が実現できるかどうかは予算の獲得にかかっていると言っていない。

해설

우주개발연구소가 지금부터 먼저 얼마만큼 계획을 실현해 가는 것이 가능할까는, 오로지 의회에서 얼마만큼 예산을 획득할 수 있을까에 걸려 있다고 말해도 과언(過言 · 過言)은 아닙니다.

【질문】 위의 문장의 내용과 맞는 것은 다음 중 어느 것인가.

① 우주개발연구소의 계획을 의회에서 실현할까 못할까는 예산의 획득에서 결정된다.
② 우주개발연구소의 계획을 의회에서의 예산획득에 걸려 있다고 말하는 것은 지나친 말이다.
③ 우주개발연구소의 계획을 실현 가능할까 못할까는 의회에서의 예산의 금액에 따라서이다.
④ 우주개발연구소의 계획을 실현해도, 그것은 예산을 획득했기 때문이라고는 말하기 어렵다.
⑤ 우주개발연구소의 계획을 실현 가능할까 못할까는 예산의 획득에 걸려 있다고 말하고 있지 않다.

37 次の文の(　　)の中に最も適当な言葉を入れなさい。

これから話し(　　)ことは必しも私の経験では限りません。

① した　　② た
③ ます　　④ しよう
⑤ すると

해설

지금부터 이야기하는 것은 반드시 나의 경험이라고는 할 수 없다.
동사(기본체) ＋ こと。기본형을 대신할 수 있는 것은 ます이다.
必ずしも(強ち · 一概に · 満更) : 반드시 ~라고는 할 수 없다. 따라서 뒤 문장은 とは限らない · とは思えない · とは言えない같은 가능부정형이 온다.

• 次の文の(　　)の中に最も適当な言葉を入れなさい。(38~40)

38 今月の食費は、来客が多くて(　　)しまった。

① 足が地に付かない　　② 足を引っ張って
③ 足が出て　　④ 袖にして
⑤ 人を食って

해설

이번 달 식비는, 방문객이 많아서 적자가 나고 말았다. (赤字 : 적자. 黒字 : 흑자)

① 안절부절못하다.　　② 방해하다.
④ 방해자 취급을 하다.　　⑤ 바보 취급하다. 깔보다.

39 (　　　)が浮くようなお世辞。

① 腹　　② 気
③ 歯　　④ 肝
⑤ 愛想

해설

경박한 언동에 역겹다. 불안정한 상태가 되다. (お世辞 : 알랑거리다. 아부. 아첨)

① 배.　　② 기운. 기력.
③ 이. 치아.　　④ 간.
⑤ 愛想 · 愛想 : 붙임성. 계산.

愛想をする : 아부하는 짓을 하다. 愛想を言う : 아부하는 말을 하다.
愛想を尽かす : 정나미 떨어지다. (愛想が尽きる)

40 掃除をする時は、ほこりが(　　　)ので窓を開けてください。

① のぼる　　② とぶ
③ たつ　　④ ちる
⑤ まく

해설

청소를 할 때에는, 먼지가 나기 때문에 창을 열어 주세요.

① 오르다. (登る)　　② 날다. (飛ぶ)
④ 흩어지다. 떨어지다. (散る)　　⑤ 뿌리다.

● 次の文の(　　)の中に最も適当な言葉を入れなさい。 (41～45)

41 久しぶりに子供の頃の友だちと会って、(　　)の流れを感じた。

① 時代　　② 時
③ 年代　　④ 年
⑤ 年頃

해설

오래간만에 어릴 때 친구를 만나, 세월의 흐름을 느꼈다.
(時の流れ : 세월이 흐르다. 月日が経つ : 시간 · 세월이 지나다)

① 시대.　　② 시간. 시각. 때.
③ 연대. (90년대)　　④ 년. 해.
⑤ 알맞은 나이. 적령기. 적당한 때.

42 本当は実力が上で勝てるのに、彼は(　　)試合に負けた。

① 無理に　　② わざわざ
③ やっと　　④ わざと
⑤ せっかく

해설

사실은 실력이 나아 이길 수 있는데도, 그는 일부러 시합에서 졌다.

① 억지로. 무리하게.　　② 일부러. (일이 있어)
③ 드디어. 겨우. 간신히.　　④ 고의적으로.
⑤ 모처럼. (기회를 만들어)

43 長い間、生活を共にしていたので、何も言わなくても相手の気持ちが(　　)ようにわかる。

① 手に取る　　② 手に乗る
③ 棚からぼたもち　　④ ついにぼろを出す
⑤ 手に余る

해설

오랫동안, 생활을 함께했기 때문에, 아무것도 말하지 않아도 상대의 기분을 손바닥 보듯이 안다. (手(て)に取(と)るように : 손에 잡힐 듯이)

① 손에 잡다.
② 상대의 책략에 속다.
③ 호박이 넝쿨째 굴러 들어오다. 뜻밖의 횡재를 하다.
④ 마침내 단점을 드러내다.
⑤ 벅차다. 나의 능력 이상이다.

44 説明(せつめい)が十分(じゅうぶん)でないところを(　　　)してください。

① 補欠(ほけつ)
② 補助(ほじょ)
③ 補足(ほそく)
④ 補給(ほきゅう)
⑤ 配合(はいごう)

해설

설명이 충분(充分(じゅうぶん))하지 않은 곳을 보충해 주세요.

① 부족한 인원을 채우다. 보충인원.
② 부족한 것을 보조하다.
③ 부족한 것을 보충하다.
④ 부족한 것을 보급하다.
⑤ 배합하다. 사료를 배합하다.

45 10時(じゅうじ)に駅(えき)で(　　　)一緒(いっしょ)に先生(せんせい)の家(いえ)へ行(い)く約束(やくそく)をした。

① 出会(であ)って
② 待(ま)ち合(あ)って
③ 落(お)ち合(あ)って
④ 乗(の)り合(あ)って
⑤ 乗(の)り越(こ)えて

해설

10시에 역에서 만나 같이 선생님 댁에 가기로 약속했다.

① 우연히 만나다. 알게 되다.
② 기다려서 만나다.
③ 약속한 곳에서 만나다.
④ 합승하다.
⑤ 뛰어넘다.

46 다음 문장에서 설명이 틀린 것을 고르세요.

① 気が短い　　：我慢できないで、すぐに怒ったりいらいらしたりする。
② 気が重くなる：体をかくしてしまいたいくらい、恥ずかしい。
③ 念を押す　　：間違いなどないようにもう一度確かめる。
④ 気がいい　　：人がよくて親切である。
⑤ 足かせとなる：自由な行動を束縛すること。

해설

➡ ② 마음이 무겁다. 부담이 되다. (설명문은 穴があったら入りたい : 창피하다)
① 성격이 급하다. (気が早い · 短気 · せっかち)
③ 실수하지 않도록 다시 한 번 확인한다.
④ 사람이 좋고 친절하다.
⑤ 자유나 행동을 속박하다. (手かせ足かせとなる)

47 下線の部分の間違っているものを一つ選びなさい。

① <u>たかが</u>百円くらいものです。高いものじゃありません。
② 普通はおてんばのくせに、祖父の前では大人しい<u>ふりをする</u>。
③ こんなに広い部屋を<u>ひとりじめ</u>するなんて欲張りですね。
④ 私が大声を出した<u>ばかりに</u>赤ちゃんが起きてしまった。
⑤ みんなと一緒に山下さんの家へ病気<u>見合い</u>に行きました。

해설

➡ ⑤ 見合い (맞선) → 見舞い (병문안)
① 기껏해야 백엔 정도의 물건입니다. 비싼 것은 아닙니다.
② 보통때는 말괄량이면서, 할아버지 앞에서는 얌전한 체한다. (御転婆 : 말괄량이 아가씨)
③ 이렇게 넓은 방을 혼자 차지하다니 욕심쟁이네요.
④ 내가 큰소리를 친 탓으로 아이가 일어나고 말았다.
⑤ 모두 같이 야마시따씨 집에 병문안을 갔습니다.

48 「おかわりありませんか。」의 대답으로 올바른 것을 고르세요.

① お互いさま元気です。　② 相変わらず元気です。
③ お願いいたします。　④ あした暇です。
⑤ また今度お願いします。

해설

별일 없으십니까. 안부를 물을 때. (お変わりありませんか)

① 서로서로 건강합니다.　② 변함없이 잘 지냅니다.
③ 부탁합니다.　④ 내일 한가합니다.
⑤ 다음에 부탁합니다. (상대의 청유를 거절할 때)

49 「저는 모르겠습니다.」의 올바른 일본어를 고르세요.

① 私くしはおかわりになりません。② 私くしは存じません。
③ 私くしは存じ上げません。　④ 私くしはご存じません。
⑤ 私くしはお伺いありません。

해설

知る : 알다. (ご存じ : 知る의 존경어. 存じる : 知る의 겸양어)

③ 알다. (存じ上げる。 알다. 사람에게만 사용. 知る・思う의 겸양어)

상대방에 대해 '모르겠습니다' 를 사용해 버리면 상대방의 입장을 낮추는 것이 되므로 실례되는 표현이 될 수 있기 때문에 사용할 수 없습니다.

(O) お名前は存じ上げております。　성함은 알고 있습니다.
(O) 私は社長の居場所を存じ上げません。　저는 사장이 있는 곳을 모릅니다.
(O) 僕は営業課の課長の名前は存じ上げません。　나는 영업과의 과장 이름은 모릅니다.

⑤ 問う(질문하다. 묻다), 尋ねる(방문하다)의 겸양어.

50 「물을 끓여서 차를 타 드리겠습니다.」의 올바른 일본어를 고르세요.

① 水をにてお茶をまぜてさしあげます。

② 水をわかしてお茶を入れてさしあげます。

③ 水をたいてお茶をふりかけてさしあげます。

④ お湯をわかしてお茶をお入れします。

⑤ お湯をにたててお茶をお入れします。

해설

お湯を沸かす：물을 끓이다. (沸かす：끓이다. 청중을 흥분시키다)
(お湯が沸く：물이 끓다. お茶(コーヒー)を入れる：차(커피)를 끓이다)

① 煮る：삶다. 찜하다. (煮ても焼いても食えない：도저히 어쩔 수가 없다)

③ 炊く：밥을 하다.

⑤ 煮立てる：펄펄 끓이다. 푹 삶다.

51 「이 책은 선생님이 써 주셨습니다.」의 올바른 일본어를 고르세요.

① この本は先生さんに書いてやりました。

② この本は先生さんに書いてもらいました。

③ この本は先生に書いていただきました。

④ この本は先生に書いてくれました。

⑤ この本は先生に書いてくださいました。

해설

상대가 나에게 해 주다. (くれる · くださる)	金さんが私に書いてくれる。
내가 상대에게 해 받다. (もらう · いただく)	私は金さんに書いてもらう。
내가 상대에게 해 주다. (あげる · さしあげる)	私は金さんに書いてあげる。

- 선생님이 써 주셨습니다.
  先生に書いていただきました。 先生が書いてくださいました。

- 이 책은 선생님이 써 주셨습니다.
  (○) この本は先生に書いていただきました。 (겸양어)
  (○) この本は先生が書いてくださいました。 (존경어)

(X) この本は先生<u>に</u>書いてさしあげました。 (사용할 수 없음)

52 <u>あえて</u>なんもんに挑戦(ちょうせん)してみた。下線(かせん)の部分(ぶぶん)の意味(いみ)を一つ(ひと)選(えら)びなさい。

① 必(かなら)ずしも ② 特(とく)に
③ 進(すす)んでは ④ 思(おも)い切(き)って
⑤ わざわざ

해설

굳이 어려운 문제(難問(なんもん))에 도전해 보았다.
敢(あ)えて : 부정을 동반하여. 必(かなら)ずしも(반드시) · 特(とく)に(특히) · 進(すす)んでは(적극적으로). 대범하게. 마음먹고. 각오하고. 감히. 굳이. (思(おも)いきって · 強(し)いて)

53 다음의 우리말을 일본어로 올바르게 옮긴 것을 고르세요.

무엇을 물어보아도, 애매한 대답밖에 돌아오지 않았다.

① 何(なに)を聞(き)いても、要領(ようりょう)をえない答(こた)えしかかえってこなかった。
② 何を聞いても、要領をえない答えだけかわってこなかった。
③ 何(なに)を尋(たず)ねても、あいまいなことばかりかえってこなかった。
④ 何を尋ねても、はっきりしない答えだけかえってこなかった。
⑤ 何を尋ねても、はっきりしない答えしかかわってこなかった。

해설

要領(ようりょう)を得(え)ない : 이야기의 요점이 확실하지 않은 것.
③ 曖昧(あいまい) : 애매모호하다.

54 다음의 우리말을 일본어로 올바르게 옮긴 것을 고르세요.

남의 오해를 받을 것 같은 행동은 하지 마라.

① 他人(たにん)の誤解(ごかい)を受(う)けるような行動(こうどう)はしないでください。
② 他人の誤解をとけるような行動はしないでください。
③ 人の誤解を受けるような行動はするな。
④ 人の誤解をさけるような行動はするな。
⑤ 人の誤解をまねくような行動はするな。

해설

誤解(ごかい) : 오해. (思(おも)い違(ちが)い)
誤解(ごかい)を招(まね)く : 오해를 받다. 오해를 부르다. 誤解(ごかい)を解(と)く : 오해를 풀다.
誤解(ごかい)を与(あた)える : 오해를 주다.
人から誤解されるような行動はするな。 남으로부터 오해받을 것 같은 행동은 하지 마라.
④ 誤解(ごかい)を避(さ)ける : 오해를 피하다.

55 間違っている読み方をそれぞれの中から一つ選びなさい。

① 留守番 (るすばん)　② 健康 (けんこう)
③ 古都 (こと)　④ 近辺 (きんぺん)
⑤ 崖 (かけ)

해설

➡ ⑤ がけ : 절벽. 벼랑.
① 집을 비우고 없는 것. 외출 중. (留守番電話(るすばんでんわ) : 자동 응답 전화기)
② 건강.　③ 옛 도읍. 옛날도시.
④ 주위. 근처.

56 「애를 태우다.」의 올바른 일본어를 고르세요.

① 思(おも)いに措(お)く。 ② 思(おも)いを焦(こ)がす。
③ 考(かんが)えを寄(よ)せる。 ④ 考えにふける。
⑤ 思考(しこう)を深(ふか)める。

해설

胸(むね)を焦(こ)がす : 가슴을 태우다.

① 보류하다. 중지하다. 놓다. ③ 생각하다.
④ 골몰하다. (考(かんが)えに耽(ふけ)る) ⑤ 깊게 생각하다.

57 次の文の(　　)の中に最も適当な言葉を入れなさい。(57~58)

彼(かれ)に任(まか)せておくと、成功(せいこう)は九分(くぶ)どおり(　　)。

① 運(うん)が強(つよ)い ② わからない
③ 間違(まちが)いない ④ かれこれ
⑤ 小耳(こみみ)に挟(はさ)む

해설

그에게 맡겨 놓으면 성공은 거의 틀림없다.

① 운이 굉장히 좋다. (⇔運(うん)が悪(わる)い) ② 모른다.
③ 틀림없다. (に相違(そうい)ない · に違(ちが)いない) ④ 이것저것. 이러쿵저러쿵. 여러 가지. (彼此(かれこれ))
⑤ 살짝 듣다. 우연히 듣다. (ちらりと聞(き)く)

58 君(きみ)の考(かんが)え(　　)、本当(ほんとう)にかわってるね。

① にも ② って
③ と ④ でも
⑤ なりに

해설

너의 생각은, 정말로 바뀌었구나.

② 君の考えは、本当に変わってるね。

⑤ なりに : ~하든지. ~대로 (言うなり : 말하는 대로).

나름대로 (私なりの : 내 나름대로). ~모양 · 꼴 (…たまごなり : 계란모양)

59 「村八分。」の意味を一つ選びなさい。

① 村人にばかにされる人。 ② あほう。

③ 村人からの仲間はずれにする。 ④ ほとんどの村人。

⑤ 物事を控え目にすること。

해설

마을의 법도를 어긴 사람이 따돌림 받는 것. (村はずし)

① 마을 사람들에게 바보 취급받는 사람.

② 바보. 멍청이. ③ 동료 사이에서 따돌림 받음.

④ 거의 모든 마을사람들. ⑤ 사물을 조금은 사양하는 것.

60 次の自動詞 · 他動詞の組み合せのうち正しくないものを一つ選びなさい。

① 垂れる — 垂らす ② 溜まる — 溜める

③ 生きる — 生む ④ 備わる — 備える

⑤ 傾く — 傾ける

해설

➡ ③ 살다 — 낳다(아기를). 生きる(自) — 生かす(他). 生まれる(自) — 生む(他)

① 늘어지다. 늘어트리다. ② 모이다. 저축하다.

④ 갖추어지다. 갖추다. ⑤ 기울다. 기울이다. (耳を傾ける : 경청하다)

61 次の文の(　　)の中に最も適当な言葉を一つ選びなさい。

泉は武田をみるやいなや(　　)に逃げてしまった。

① 二枚目　　② 気晴らし
③ 思い遣り　　④ 一目散に
⑤ お上手者

해설

이즈미는 다케다를 보자마자 도망가 버렸다.

① 미남배우. 조연배우.　　② 기분 전환. 기분풀이.
③ 思い遣る : 동정하다. 마음을 배려하다. 생각하다.
(心を配る · 気を遣う · はるかに思う · 考えを及ぼす)
④ 한눈도 팔지 않고 열심히 달리다.　　⑤ 발림 말을 잘하는 사람. 아부쟁이. (お世辞)

62 次の慣用句の意味に適しない語を一つ選びなさい。

気味が悪い。

① 不愉快である。　　② 味がなくまずい。
③ 対象が不吉だ。　　④ 恐ろしいたとえ。
⑤ そのことが気持ち悪く感じられる。

해설

특별한 이유는 없지만 왠지 모르게 불길하다. 무섭다. 기분 나쁘다. (無気味 · 不気味)
気味がいい : 남이 안 되는 것을 좋아하다. 꼴좋다. 그것 봐라. (様を見ろ · それ見たことか)

63 다음 밑줄 친 부분을 일본어로 바르게 옮긴 것을 고르세요.

평소의 교훈을 <u>헛되이 하지 않고</u> 앞으로 더욱 정진할 각오입니다.

① 無にしなければ　　② 無にしないで
③ 無にしなくては　　④ 無にしないわけにはいかないで
⑤ 無にしなくてはいけないので

해설

➡ ② 無にする : 헛되이 하다. 소용없게 하다. (無駄にする)
④ わけにはいかない。 ~일 수 없다. (불가능을 나타낸다)
용법 : 동사 (현재형) ＋ わけにはいかない。
(앞의 문장이 부정문이면 의미는 긍정이고, 앞의 문장이 긍정문이면 의미는 부정이다)
용법 : 동사 (부정형) ＋ わけにはいかない。(しなければならない)
하지 않으면 안 된다고 하는 의미를 나타낸다.
(앞의 문장이 부정문이면 의미는 긍정이고, 앞의 문장이 긍정문이면 의미는 부정이다)

64 間違っている文章を一つ選びなさい。

① 学者がなりたいです。　　② 水が飲みたいです。
③ 私は英語の新聞が読めます。　　④ 辞書が買いたいです。
⑤ 彼はコーヒーを飲みたがっています。

해설

➡ ① 학자가 되고 싶습니다. (学者になりたいです)
② 물을 마시고 싶습니다. (본인의 희망)
③ 나는 영어신문을 읽을 수 있습니다. (가능)
④ 사전을 사고 싶습니다. (본인의 희망)
⑤ 그는 커피를 마시고 싶어 합니다. (상대의 희망)

65 次の文中の下線の言葉の用語が他の四つと違うものを一つ選びなさい。

① 博物館はいま改築中で閉館しているそうです。
② 山は高くて登れば登るほど寒くなるそうです。
③ 冬の富士山はとても静かだったそうです。
④ 映画の中で主人公はみじめそうな顔をしている。
⑤ 彼の日本語は古典も読めるぐらい上手だそうです。

해설

동사·い형용사·な형용사·명사(기본체) ＋ そう：전문에 사용된다.
① 박물관은 지금 개축 중이기 때문에 폐관됐다고 합니다. (전문)
② 산은 높아서 오르면 오를수록 추워진다고 합니다. (전문)
③ 겨울의 후지산은 대단히 조용했었다고 합니다. (전문)
④ 영화 속의 주인공은 비참한 듯한 얼굴을 하고 있다. (양태)
⑤ 그의 일본어는 고전도 읽을 수 있을 정도로 잘한다고 합니다. (전문)

66 手品はみんな見えぬ。下線の意味を一つ選びなさい。

① 손으로 만든 물건.
② 마술.
③ 각고의 역작.
④ 오래된 물건.
⑤ 정든 물건.

해설

마술은 모두 보이지 않는다.

67 間違っている送り仮名を一つ選びなさい。

① 困る
② 育む
③ 集る
④ 遊ぶ
⑤ 苦しむ

해설

➡ ③ 集める(모으다). 集まる(모이다).

集る : 한곳으로 모이다. 모여들다. (群がる)

남에게 금품을 강요하다. 위협하여 탈취하다(脅して奪い取る).

① 곤란하다. (困る) ② 기르다. 양육하다. (育む)

④ 놀다. (遊ぶ) ⑤ 괴롭다. 고통스럽다. (苦しむ)

68 間違っている読み方をそれぞれの中から一つ選びなさい。

① 家庭 (かてい) ② 家来 (けらい)

③ 家賃 (かちん) ④ 出家 (しゅっけ)

⑤ 家出 (いえで)

해설

➡ ③ やちん (집세)

① 가정. ② 종. 비서.

④ 출가. (出家) ⑤ 가출. 집을 나감.

69 次の文の(　　)の中に最も適当な言葉を入れなさい。

つまらない意地を張らないで、(　　)しよう。

① 仲なおり ② 復交

③ 絶交 ④ 親しみ

⑤ 勘当

해설

쓸데없이 고집 부리지 말고, 화해하자.

① 화해. (仲直り) ② 단절했던 국교를 부활하는 것.

③ 교제를 끊는 것. ④ 친근함. 친숙. 애정.

⑤ 의절하다. 추방하다. (手を分かつ)

70 下線の部分の間違っている文章を一つ選びなさい。

① かりそめの約束。

② かりそめにも言ってはならない。

③ かりそめにもそんな悪事をしてはならない。

④ かりそめにも大学生ではないか。

⑤ かりそめにも幸せだとは限らない。

해설

仮初め : 임시방편. 본심이 아닌. 멋대로인 것. 무책임한 것. (부정을 동반하여 조금도. 절대로)

① 임시방편의 약속.

② 절대로 말해서는 안 된다.

③ 어떤 일이 있어도 그런 못된 짓을 해서는 안 된다.

④ 적어도 대학생이 아니냐.

71 **다음 중 내용상 (ⓐ), (ⓑ), (ⓒ) 에 들어갈 알맞은 표현을 고르세요.**

東京の公立中学で、教師が生徒をナイフで刺すという事件が起きた。生徒に襲われ興奮状態で持っていたナイフを振るったらしい。想像を絶することだ。

教師(ⓐ)、聖人ばかりではない。被害者の学生も軽傷ですんだ。それは不幸中の(ⓑ)だが、(ⓒ)、学校で教え子にナイフを向けるとは、まさに常軌を逸しているというほかはない。

	ⓐ	ⓑ	ⓒ
①	にもかかわらず	幸せ	それにしては
②	なのに	幸い	そうだといって
③	といっても	幸い	そのように
④	だからといって	幸い	それにしても
⑤	のみならず	幸せ	そうじゃなくて

해설

도꾜 공립중학교에서, 교사가 학생을 칼로 찔렀다고 하는 사건이 일어났다. 학생에게 습격당해 흥분상태에서 갖고 있던 칼을 휘둘렀던 것 같다. 상상할 수 없는 일이다.
교사라고 해도, 성인인 것은 아니다. 피해자의 학생도 경상으로 끝났다. 그것은 불행 중 다행이지만, 그렇다고 해도, 학교에서 제자에게 칼을 휘두른다고 하는 것은, 실로 상식을 벗어났다고 할 수밖에 없다.

不幸中の幸い : 불행 중 다행. (幸せ : 행복)
常軌を逸する : 상식적으로는 상상도 할 수 없는 행동(언동)을 하다.

72 次の文の(　　　)の中に最も適当な言葉を入れなさい。

一生懸命努力したことがやがて好結果を(　　　)。

① 負った　　② 寄せた
③ もたらした　　④ けった
⑤ 呼んだ

해설

열심히 노력한 것이 마침내 좋은 결과를 가져왔다. (齎す)
① 책임을 지다. 짐을 메다.　　② 밀려오다. 들르다.
④ 공 · 발을 차다. (蹴る)　　⑤ 부르다.

73 次の文の(　　　)の中に最も適当な言葉を入れなさい。

山で子供が火遊びをして、一面火の(　　　)になってしまった。

① やま　　② かわ
③ うみ　　④ とうげ
⑤ はら

해설

산에서 아이가 불장난을 해서, 한 면이 불바다가 되고 말았다.

① 산. (山)　　② 강. (川)

③ 바다. (海)　　④ 고개. (峠)

⑤ 들판. (原)

74 意味の間違っているものを一つ選びなさい。

① はなはだしい : 심하다.　　② はずれる　: 모으다.

③ はなばなしい : 화려하다.　　④ 果てしなく : 끊임없이.

⑤ 香りをはなつ : 향기를 풍기다.

해설

➡ ② 붙어 있던 것이 떨어지다. 집단으로부터 떨어지다. 빗나가다. (外れる)

① 甚だしい　　③ 華々しい · 花々しい

④ 끝이 없다. (限り無い · きりがない · 方図がない)

75 우리말로 올바르게 표현한 것을 고르세요.

きちょうめんな星野さんも私の意見に大きくうなずいてくれた。

① 무서운 호시노씨도 나의 의견에 크게 관용해 주었다.

② 엄격한 호시노씨도 나의 의견에 수정을 가해 주었다.

③ 사람 좋은 호시노씨도 나의 의견에 크게 반대하였다.

④ 꼼꼼한 호시노씨도 나의 의견에 크게 고개를 끄덕여 주었다.

⑤ 말없는 호시노씨도 나의 의견에 수정을 가해 주었다.

해설

几帳面 : 성격이나 행동이 꼼꼼한 것. 首肯く : 찬성하다.

76 위의 문장과 같은 뜻을 가진 것을 고르세요.

台風「サラ」の被害はおびただしいものだった。

① 被害はたいしたもんじゃなかった。

② 被害はだいぶおおきかった。

③ 被害はすばらしかった。

④ 被害ははなはだしいことだった。

⑤ 被害はささいなことだった。

해설

태풍「사라」의 피해는 대단했다. (夥しい)

① 피해는 대단하지 않은 것이었다.
② 피해는 꽤 컸다.
③ 피해는 훌륭했었다.
④ 피해는 대단한 것이었다.
⑤ 피해는 사소한 것이었다.

77 次の文の下線の部分と同じ意味で使われているものを選びなさい。

福島さんの<u>当を得た</u>意見で、紛糾していた会議は、決着したのでした。

① 道理にかなう。
② 筋が違う。
③ 見当違い。
④ 世間体。
⑤ 羽目になる。

해설

후꾸시마씨의 합당한 의견으로, 대립되었던 회의는, 결말이 났던 것입니다.

当を得る : 요점을 파악하다. 도리에 맞다. 정당하다.

紛糾 : 분규. 이해나 주장이 대립되어 말썽이 많고 시끄러움.

決着 : 결착. 결말이 남. 매듭지어짐. 마무리가 됨. 완전하게 결말이 나서 끝남.

① 도리에 맞다.
②·③ 도리에 맞지 않다.
④ 체면. 평판.
⑤ 곤란한 처지에 빠지다.
(羽目を外す : 장난이 지나쳐서 상식의 범위를 넘어서다)

78 下線の部分の言葉と同じ意味でないものを一つ選びなさい。

<u>とんでもない</u>ことを仕出かす。

① 常識を外れていて、途方もない。　② 途轍もない。
③ 我慢できない　④ ひにくを言う。
⑤ 並外れていて道理に合わない。

해설

터무니없는 짓을 저지르다.

とんでもない : 터무니없다. 말도 되지 않는다. 상식을 벗어나 도리에 맞지 않다.

④ 빈정거리다. 비꼬다. 비웃다.
(当て擦りを言う · 皮肉を言う · 嫌みを言う · 当て付け · 面当てを言う)

79 「だれにでも取り柄はある。」의 올바른 해석을 고르세요.

① 누구라도 장점은 있다.　② 누구라도 결점은 있다.
③ 누구라도 인품은 있다.　④ 누구라도 배울 수 있다.
⑤ 누구라도 할 수 있다.

해설

장점. (身上 · 美点 · 長所 · 優れた点)
단점. (短所 · 欠点 · デメリット(demerit) · あら(흉) · 不十分なところ)

80 次の文の(　　)の中に最も適当な言葉を入れなさい。

ちょっと休もう、このままでは体か(　　)よ。

① こわす　② はいらない
③ もたない　④ たえない
⑤ もてない

해설

잠깐 쉬자, 이대로는 몸이 못 버티겠다.

① 몸을 망가트리다. (体を壊す)

④ 육체적 또는 정신적인 고통을 참다. (耐える · 堪える)

⑤ 인기가 있다. 가질 수 있다. 들 수 있다. 견딜 수 있다. 유지할 수 있다. (持てる)

● 次の文章を読んで、後の問いに答えなさい。 (81～90)

このごろは「知的生活」が流行している。仕事をしている人もかなり難しい本を読むらしい。衣食足りて礼節を知る、というけいまの世の中が衣食足りているかどうかわからないが、教養の本を読む人がふえたのは、豊かになった証拠である。❶結構なことだ。

[A]結構でないこともある。えらい人の書いた文章が ❷申し合わせたように難しい。一度読んだくらいでは、何を言おうとしているのか、わからない。

悪文ではないか、と思うが、めったなことは言えない。お前はこんなものがわからぬのか、とやられるおそれがある。何とかわかろうとして読むのだが、[B]はっきりしない。[C]、自分の頭は本当に悪いのかもしれない。そんなこと、ひとに気取られては大変だ。人には、「○○さんの◇◇◇てすごいなあ」というようなことを言う。何がすごいかはっきりしないから安全である。相手も心得たもので、「そう、すごい。まったく」と相づちを [D]くれる。

❸こういうことを繰り返していると、だんだん難解な文章に鈍感になってくる。なれというもの [E]恐ろしいことはない。文章はやさしい方がいい。○○氏のようなわけのわからぬのは困る。そんなことを言う人間がいると、頼まれもしないのに○○さんの肩を [F]、キミ、ああいう文章でなくちゃ言えないってコトもあるんだよ。何でもやさしく、やさしくってのは、読者をバカにする思想だ……などといきまくようになる。

こういうのを末世と言う。いまはその末世である。

偉い人の書いた文章はどこか冷たい。不必要な漢字がのたうち廻っている。いちばん情けないのは、一度だけでは意味がとれないで、外国語みたいに、同じところを二度も三度もなぞってみなくてはならないこと。声を出して読むと舌をかみそうになる。

一度読んでわからないくらいだから、おもしろくないのは当たり前かもしれない。お経の文句かなんかなら別だが、普通の文章は、おもしろくなくてはつまらない。❹書く人は読む人にもっとサービスしてもらいたい。

• 衣食足りて礼節を知る : 생활이 족해야 예절을 안다. (관자(管子)에서)

요즈음은「지적생활」이 유행하고 있다. 일을 하고 있는 사람도 상당히 어려운 책을 읽는 것 같다. 생활이 족해야 예절을 안다, 라고 한다. 요즘 세상이 생활이 풍족한지 어쩐지는 모르지만, 교양 책을 읽는 사람이 늘어난 것은, 풍요로워졌다는 증거이다. ❶좋은 일이다.

[A]그러나 좋지 않은 일도 있다. 훌륭한 사람이 쓴 글이 ❷약속이나 한 것처럼 어렵다. 한 번 읽은 정도로는, 무엇을 말하려고 하는지 모른다.

못쓴 글은 아닐까, 라고 생각하지만, 함부로 말할 수는 없다. 너는 이러한 것도 모르느냐, 라고 당할 것이 무서워서다. 어떻게든 알려고 해서 읽는 것이지만, [B]왠지 확실하지 않다. [C]혹시, 자신의 머리는 정말로 나쁜 것인지도 모른다. 그러한 것이, 남에게 들키면 큰일이다. 사람에게는,「○○씨의 ◇◇◇란 책 대단하더라」라고 이야기한다. 무엇이 대단한지는 확실하지 않기 때문에 안전하다. 상대도 이해했던 것으로,「그래, 대단해. 정말로」라고 맞장구를 [D]쳐준다.

❸이러한 것을 반복하고 있으면, 점점 난해한 문장에 둔감하게 된다. 습관이라는 것 [E]만큼 무서운 것은 없다. 문장은 쉬운 것이 좋다. ○○씨처럼 이유를 모르는 것 같은 것은 곤란하다. 그러한 것을 말하는 사람이 있으면, 부탁받지도 않았는데 ○○씨의 편을 [F]든다, 너, 저런 문장이 아니라면 말할 수 없다라고 하는 일도 있다. 무엇이든지 쉽게, 쉽게라고 하는 것은, 독자를 바보로 취급하는 사상(생각)이다……. 등등 말하며 씩씩거린다.

이러한 것을 말세라고 한다. 지금은 그 말세이다.

훌륭한 사람들이 쓴 문장은 어딘가 냉담하다. 불필요한 한자가 난무하고 있다. 가장 한심한 것은 한 번 읽어선 의미를 이해할 수가 없어서, 외국어처럼,

같은 곳을 두 번이고 세 번이고 반복해 보지 않으면 안 되는 것, 소리를 내서 읽으면 혀를 깨물 것같이 된다.

한 번 읽어서 이해할 수 없을 정도이기 때문에, 재미없는 것은 당연할지도 모른다. 경전의 문구 같으면 또 몰라도, 보통의 문장은, 재미가 없어서는 시시하다. ❹쓰는 사람은 읽는 사람에게도 좀 더 서비스를 해 주었으면 한다.

- 文中の[A]~[F]に入れるのに最も適当なものを一つ選びなさい。 (81~86)

81 [A]

① さらに　② では
③ つまり　④ ところが
⑤ しだがって

해설

➡ ④ 그러나.
① 더욱. 다시금.　② 그러면.
③ 결국. 말하자면.　⑤ 따라서.

82 [B]

① どうも　② どうにか
③ どうか　④ どうやら
⑤ 確(たし)かに

해설

➡ ① 아무래도.
② 어떻게든. 그런 대로.　③ 어떻게. 아무쪼록.
④ 가까스로. 결국. 아마.　⑤ 확실히.

83 [C]

① まさに　　② さすが
③ さぞ　　④ ひょっとすると
⑤ 決(けっ)して

해설

④ 혹시. 만일.
① 정말로. 바야흐로.　　② 과연. 대단한.
③ 틀림없이. 필시.　　⑤ 절대로.

84 [D]

① 取(と)って　　② 切(き)って
③ 受(う)けて　　④ 打(う)って
⑤ はって

해설

相(あい)づちを打(う)つ : 맞장구치다. (상대의 의견에)

85 [E]

① ほど　　② のみ
③ さも　　④ まで
⑤ しか

해설

① 정도.
② 만.　　③ 자못.
④ 까지.　　⑤ 밖에.

86 [F]

① はって　② もって
③ ぬいて　④ ならべて
⑤ まって

해설

肩を持つ : 편들다.

87 ① 「結構なことだ」は何をさしているか。最も適当なものを一つ選びなさい。

① 衣食足りて礼節を知ること。
② 豊かになった証拠があること。
③ 教養の本を読む人が増えたこと。
④ 衣食足りているかどうかわからないこと。
⑤ 衣食足りていること。

해설

③ 교양서적을 읽는 사람이 증가하는 것.
① 생활이 족해야 예절을 아는 것.　② 풍부하게 되어 버린 증거.
④ 생활이 족한지 안 족한지 모르는 것.　⑤ 생활이 족한 것.

88 ② 「申し合わせた」とはどういう意味か。最も適当なものを一つ選びなさい。

① あらかじめみんなで相談しておいた、ということ。
② 相手に受け入れてもらおうと提案した、ということ。
③ そのことが正しいと 相手を納得させた、ということ。
④ ほかの人に命令してやらせた、ということ。
⑤ 申し訳なかった、ということ。

해설

➡ ① 미리 모두에게 상담해 놓았다, 라고 하는 것.

② 상대가 받아들이라고 제안했다, 라고 하는 것.

③ 그것이 옳다고 상대를 납득시켰다, 라고 하는 것.

④ 다른 사람에게 명령하게 했다, 라고 하는 것.

⑤ 죄송했었다, 라고 하는 것.

89 ③ 「こういうこと」とはどういうことか。最も適当なものを一つ選びなさい。

① えらい人の書いたすばらしい文章を、悪文だなどと思うこと。

② 文章が難しくて理解できないのに、わかったようにふるまうこと。

③ 自分の頭は本当に悪いのかもしれないと思い、自信を失うこと。

④ 自分の理解力のなさを、人に気取られまいとすること。

⑤ 自分の頭のわるさを、人に気取られること。

해설

➡ ② 문장이 어려워서 이해하지 못하는데, 아는 것처럼 행동하는 것.

① 훌륭한(偉い) 사람이 쓴 훌륭한 문장을, 악문이라고 생각하는 것.

③ 자신의 머리는 정말로 나쁠지도 모른다고 생각해서 자신을 잃는 것.

④ 자신의 이해력 부족을, 남에게 들키지 않으려고 하는 것.

⑤ 자신의 머리가 나쁜 것을, 남에게 들키는 것.

90 ④ 「書く人は読む人にもっとサービスしてもらいたい」とは、どんなことをしてもらいたいのか。最も適当なものを一つ選びなさい。

① 文章に敏感になってもらいたい　② やさしい文章を書いてもらいたい

③ 難解な文章を書いてもらいたい　④ 外来語は使わないでもらいたい

⑤ 漢字を使わないでもらいたい

해설

➡ ② 쉬운 문장으로 써 줬으면 한다.

① 문장에 민감해졌으면 한다. ③ 난해한 문장을 써 줬으면 한다.
④ 외래어는 사용하지 말아 주었으면 한다. ⑤ 한자를 사용하지 말아 주었으면 한다.

91 본문의 내용과 일치하는 것을 고르세요.

りんごはぶどうより好(す)きですが、みかんほど好(す)きではありません。

① りんごが一番好(いちばんす)きだ。 ② ぶどうが一番好(いちばんす)きだ。
③ みかんが一番好きだ。 ④ みかんは好きではない。
⑤ みかんよりりんごのほうが好きだ。

해설

사과는 포도보다 좋아합니다만, 귤 정도로 좋아하지는 않습니다.

③ 귤을 제일 좋아한다.

92 본문의 내용과 일치하는 것을 고르세요.

山本(やまもと)さんならともかく、いつもやさしい田中(たなか)さんがそんな悪(わる)いことをするはずがありません。

① 田中さんは悪いことをした。
② 田中さんは悪いことをしていない。
③ 山本さんだけは悪いことをしていない。
④ 田中さんも山本さんも悪いことをした。
⑤ 田中さんも山本さんも悪いことをしていない。

해설

야마모또씨라면 몰라도, 언제나 착한(優(やさ)しい) 다나까씨가 그런 나쁜 짓을 할 리가 없습니다.

ともかく：어쨌든. ~이라면 몰라도. ~은 제쳐 놓고. ~은 보류하고.

はずがない·わけがない：~일 리가 없다. 당연하다.

② 다나까씨는 나쁜 짓을 하지 않았다.

93 본문의 내용과 일치하는 것을 고르세요.

金(キム)：こんにちは。

田中(たなか)：あ、金さん。いらっしゃい。

金：突然(とつぜん)、すみません。ちょっとうかがいたいことがあって…。

田中：ちょうどいいところへ来(き)ましたね。お上(あ)がりなさい。
家内(かない)がいまお茶(ちゃ)をたててくれているから、金さんもどうぞ。

金：いや、わたしは飲み方がわからないので、遠慮(えんりょ)します。

田中：ま、作法(さほう)は気(き)にしないで、どうぞ。

金：それでは、おことばに甘(あま)えていただきます。

① 田中さんは自分(じぶん)でお茶(ちゃ)をたてている。
② 田中さんの奥(おく)さんはお茶(ちゃ)をたててもらっている。
③ 田中さんは作法(さほう)にうるさい。
④ 金さんはお茶(ちゃ)の飲(の)み方(かた)がわかっている。
⑤ 金さんはお茶(ちゃ)を飲(の)むことにした。

해설

⑤ 김씨는 차를 마시기로 했다. お茶(ちゃ)をたてる：차를 끓이다. (お茶(ちゃ)を入(い)れる·お茶(ちゃ)を点(てん)じる)

伺(うかが)う：방문하다(訪(たず)ねる)·묻다(聞(き)く)·行(い)く·来(く)る 의 겸양어.

遠慮(えんりょ)する：사양하다. 作法(さほう)：예의. (不作法(ぶさほう)：무례하다)

遠慮会釈(えんりょえしゃく)もない：상대의 의향을 생각하지 않고 무리하게 일을 진행시키는 것. 인정사정없다.

お言葉(ことば)に甘(あま)える：호의를 받아들이겠다. 상대의 두터운 정을 감사해하며 받아들이는 것을 표명할 때.

それでは遠慮なく·お言葉に甘えて：상대방에게 재촉을 받아 사의를 표하면서 행하는 것.

甘える : 응석부리다. 어리광부리다. 힘입다(호의 · 친절). 우쭐해하다.

金　: 안녕하세요.

田中 : 아, 김씨. 어서오세요.

金　: 갑자기, 미안합니다. 좀 여쭙고 싶은 것이 있어서….

田中 : 때마침 잘 맞춰 오셨네요. 들어오십시오.
　　아내가 지금 차를 끓여 주고 있기 때문에, 김씨도 드세요.

金　: 아니요, 저는 마시는 법을 모르기 때문에 사양하겠습니다.

田中 : 뭐, 예의범절은 신경 쓰지 말고, 드세요.

金　: 그러면, 호의를 받아들이겠습니다.

① 다나까씨는 직접 차를 끓이고 있다.　② 다나까씨의 부인은 차를 대접받았다.

③ 다나까씨는 예의범절에 까다롭다.　④ 김씨는 차 마시는 법을 안다.

94 다음 문장과 뜻이 같은 것을 고르세요.

中田(なかだ)さんは人見知(ひとみし)りが激(はげ)しい。

① 中田(なかだ)さんの顔(かお)は世間(せけん)に広(ひろ)く知(し)られている。

② 中田さんは人付(ひとづ)き合(あ)いの中(なか)で怒(おこ)ることが多(おお)い。

③ 中田さんには知(し)り合(あ)いが非常(ひじょう)に多(おお)い。

④ 中田さんは見慣(みな)れない人(ひと)の前(まえ)でひどくはにかむ。

⑤ 中田さんは知(し)り合(あ)いに会(あ)っても知(し)らないふりをする。

해설

나까다씨는 낯가림이 심하다.

人見知り : 낯을 가리다. (見知(みし)らぬ人(ひと) : 본 적도 없는 사람)

① 나까다씨의 얼굴은 세상에 널리 알려져 있다.

② 나까다씨는 사람들과 어울리다 보면 화를 낼 때가 많다.

③ 나까다씨는 지인이 대단히 많다.

④ 나까다씨는 잘 모르는 사람 앞에서는 굉장히 쑥스러워 한다. (はにかむ : 恥ずかしがる)

⑤ 나까다씨는 지인을 만나도 모른 척한다.

95 다음 문장의 내용과 가장 가까운 것을 고르세요.

女：ねえ、今度の休暇、このプランにしない?

男：どれどれ、三泊四日、北海道。朝の７時に空港集合っていうのが、ちょっとね。

女：でも、着いたらずっと同じホテルに泊まるわけだし、移動がないぶん、楽だよ。

男：そうだね。若い人みたいにいろいろ見たいわけじゃないし。

女：それに、値段のわりには食事の内容もよさそうよ。

男：よし、夏の北海道を味わってくるか。

① 男の人は初めから旅の日程に満足していた。

② 女の人はお気に入りのプランをすすめている。

③ 二人はあっちこっち見物にでかけたいと思っている。

④ 二人は美味しいものをたくさん味わいたいと思っている。

해설

➡ ② 여자는 마음에 드는 계획(plan)을 권하고 있다.

日程を立てる：일정을 세우다. 日程を組む：일정을 짜다.

見物：구경. 구경하는 사람. 볼 가치(볼거리)가 있는 것 (見物).

見物：볼 만한 가치가 있는 것. 보고 멋지다고 느끼는 것. 구경. 구경하는 사람.

高みの見物：강 건너 불구경. 수수방관하는 것.

味わう：음식을 맛보다. 체험하다.

여：있잖아, 이번 휴가, 이 계획(plan)으로 하지 않을래?

남：어디 보자, 3박 4일, 홋까이도. 아침 7시에 공항 집합이라는 게, 좀 그러네.

여：그러나, 도착하면 계속 같은 호텔에서 묵을 거고, 이동이 없는 만큼, 편해.

남：그러네. 젊은 사람처럼 이것저것 보고 싶은 것도 아니고.

여：게다가, 가격에 비해서는 식사내용도 좋을 것 같아.

남：좋아, 여름의 홋까이도를 체험하고 올까.

① 남자는 처음부터 여행 일정에 만족하고 있다.

③ 두 사람은 이곳저곳 구경하고 싶다고 생각하고 있다.

④ 두 사람은 맛있는 것을 많이 맛보고 싶다고 생각하고 있다.

96 다음 문장의 내용과 가장 가까운 것을 고르세요.

骨がスカスカになる病気のことを骨そしょう症と言います。これにかかると慢性の腰痛になったり、ちょっとしたことが原因で骨折したりします。昔はお年寄りによく表れる症状でしたが、最近は無理なダイエットの影響などで若い人も安心できなくなりました。早めに骨密度を検査して予防策を立てましょう。骨密度は測ってみないと分からないものです。自覚症状はあまりあてになりません。

① 骨がつまっていると危ない。
② 骨そしょう症は年をとったら必ずかかる。
③ 骨密度を測ることで骨そしょう症はなおる。
④ 骨そしょう症は自覚症状を信用しない方がいい。

해설

④ 골다공증은 자각증상을 믿지 않는 것이 좋다.

すかすか : 척척, 쓱쓱. 자르는 맛이 좋고, 마음대로 자를 수 있는 모양.
코로 여러 번 바깥 공기를 세게 들이마시는 모양.
막힘없이 일이 진행되는 모양.
물건의 속이, 어느 범위의 공간에, 빈틈이 많이 있는 모양. (뼈 · 무)

骨粗鬆症 · 骨多孔症 : 골다공증. 뼈의 구조가 해면상이 되어 쉽게 부러지는 상태. 보통은 노화 현상의 하나이다.

詰まる : 빈틈없이 꽉 차다. 배수관 · 코가 막히다. 길이 · 폭 · 간격이 짧아지다. 대응할 방법이 없어 괴로워하다. (詰まるところ : 요약하자면. 결국)

当てにする : 마음속으로 기대하고 의지하다. 믿다.

뼈가 속이 비게 되는 병을 골다공증이라고 합니다. 이것에 걸리면 만성 요통이 되기도 하고, 조그마한 것이 원인이 되어 골절되기도 합니다. 옛날에는 노인에게서 자주 나타나는 증상이었지만, 최근에는 무리한 다이어트의 영향 등으로 젊은 사람도 안심할 수 없게 되었습니다. 빨리 골밀도를 검사하여 예방책을 마련합시다. 골밀도는 재보지 않으면 모르는 것입니다. 자각증상은 그다지 믿을 수 없습니다.

① 뼈가 꽉 차 있으면 위험하다. ② 골다공증은 나이를 먹으면 반드시 걸린다.
③ 골밀도를 측정하는 것으로 골다공증은 치료된다.

97 **다음 문장의 내용과 가장 가까운 것을 고르세요.**

挫折のない人生などはない。これは当たり前の話である。言いかえれば挫折があるから人には生き甲斐が生ずるのであって、もし我々の人生に挫折がなかったならば、生きるエネルギーが生じないだろう。そうすると挫折は人生のエネルギーの供給原だということになる。

① 挫折のある人生は失敗するに決まっている。
② 人生において挫折は生きるエネルギーを与える源である。
③ 挫折は生き甲斐が生ずることを妨げる。
④ 我々の人生は挫折があるから生き甲斐がない。

해설

② 인생에서 좌절은 삶의 에너지를 주는 근원이다.

좌절 없는 인생이란 없다. 이것은 당연한 말이다. 다시 말하면 좌절이 있기 때문에 사람에게는 사는 보람이 생기는 것이고, 만약 우리의 인생에 좌절이 없었다면, 사는 에너지가 생기지 않을 것이다. 그러면 좌절은 인생의 에너지 공급원이라고 하는 것이 된다.

① 좌절이 있는 인생은 실패하는 게 당연하다.
③ 좌절은 사는 보람이 생기는 것을 방해한다.
④ 우리의 인생은 좌절이 있기 때문에 사는 보람이 없다.

98 **다음 문장에서 「젊은 사람들이 마을을 떠나는 이유」에 대해 설명한 것 중 올바른 것을 고르세요.**

わたしの生まれたところは、人口の少ない小さな寂しい村です。村には、はたらくところがないので、若い人たちは、中学校を卒業すると、たいてい東京や大阪などへはたらきに行きます。

① 学校へ行くためです。
② 村でははたらきたくないからです。
③ 村の人口が多いからです。
④ 村にははたらくところがないからです。

해설

④ 마을에는 일할 곳이 없기 때문입니다.

제가 태어난 곳은, 인구가 적은 작고 적적한 마을입니다. 마을에는, 일할 곳이 없기 때문에, 젊은 사람들은, 중학교를 졸업하면, 대개 도꾜나 오오사까 등으로 일하러 갑니다.

① 학교에 가기 위해서입니다. ② 마을에서는 일하고 싶지 않기 때문입니다.
③ 마을 인구가 많기 때문입니다.

99 次の文章を読んで、後の問いに答えなさい。

数学は論理的で演繹的な学問であって、理屈だけで押していける、という人はある。もしそれが他の生物学や、化学や物理学と比較して言っているのであったら、その言葉は正しいといってよい。たしかに数学はあらゆる科学のなかで論理にたよることの最も多い、そして現実の経験にたよることの最も少ない学問である。しかし、それはあくまで比較の意味で言っているのであって、数学が論理だけにもとづいていて、現実とは無関係な学問だということではない。

【問い】上の文の内容とあっているものは次のどれか。

① 数学は、論理的で演繹的な学問であるとは言えない。
② 数学は理屈だけで押していけるという人は正しい。
③ 数学は論理だけにもとづいていて、現実とは無関係な学問だと言えないことはない。
④ 数学は他の学問に比べれば、現実の経験より論理にたよることが多い。
⑤ 数学はいつも論理的で、我々の生活にも当てはまるものだと言える。

해설

④ 수학은 다른 학문과 비교한다면, 현실의 경험보다 논리에 의존하는 일이 많다.

수학은 논리적이고 연역적인 학문이어서, 논리만으로 밀고 나갈 수 있다, 라고 말하는 사람은 있다. 만약 그것이 다른 생물학이나, 화학이나 물리학과 비교해서 말하는 것이라면, 그 말은 옳다고 말해도 좋다. 확실히 수학은 모든 과학 안에서 논리에 의존하는 것이 가장 많다,

그리고 현실의 경험에 의존하는 것이 가장 적은 학문이다. 그것은 어디까지나 비교의 의미로 말하는 것으로, 수학이 논리만으로 기초를 두고 있어, 현실하고는 관계가 없는 학문이라고 하는 것은 아니다.

① 수학은, 논리적이고 연역적인 학문이라고는 말할 수 없다.

② 수학은 이론만으로 밀고 갈 수 있다고 말하는 사람은 옳다.

③ 수학은 논리만으로 기초를 두고 있어, 현실하고는 관계가 없는 학문이라고 말할 수 없는 것은 아니다.

⑤ 수학은 언제나 논리적이고, 우리의 생활에도 적합한 것이라고 말할 수 있다.

100 다음 대화의 (　　　) 안에 들어갈 적당한 것을 고르세요.

A : 今度(こんど)の仕事(しごと)は山田(やまだ)さんと一緒(いっしょ)だから、大船(おおぶね)に乗(の)った気持(きも)ですよ。
B : (　　　　　　　　　　)。

① いろいろ問題(もんだい)が起(お)こりそうですね。　② それは時間がかかりそうですね。
③ それは安心(あんしん)ですね。　④ それは心配(しんぱい)ですね。
⑤ それはお金(かね)がかかりそうですね。

해설

③ 그것은 안심이네요. (大船(たいせん)・大船(おおふね))
大船(たいせん)に乗(の)ったよう : 큰 배를 탄 것처럼 안심하고 있는 모습. (親船(おやぶね)に乗(の)ったよう)
① 여러 가지 문제가 생길 것 같네요.　② 그것은 시간이 좀 걸릴 것 같네요.
④ 그것은 걱정이네요.　⑤ 그건 돈이 들 것 같네요.

101 문장의 괄호 안에 들어갈 가장 적당한 것을 고르세요.

このうさぎは一(　　)いくらですか。

① 羽(わ)　② 頭(とう)
③ 匹(ひき)　④ 個(こ)
⑤ 足(そく)

해설

이 토끼는 한 마리에 얼마입니까. (羽 : 새 · 토끼(兎) 를 세는 조수사)

몇 마리 (何羽). (3羽 · 6羽 · 8羽 · 10羽 · 10羽 · 100羽 · 100羽 · 1000羽 · 1000羽)

① 새. 닭. 토끼. (羽)
② 큰 동물. (頭)
③ 작은 동물. (匹)
④ 한 개. 두 개. 작은 물건. (계란 · 사과 · 케이크)
⑤ 켤레. (足)

102 문장의 괄호 안에 들어갈 가장 적당한 것을 고르세요.

昨日はせっかく家族連れで遠足に行ったが、(　　　)にわか雨が降ってひどい目にあった。

① さらさら
② さっぱりと
③ いやいや
④ あいにく
⑤ ゆったりと

해설

어제는 모처럼 가족을 데리고 소풍을 갔지만, 공교롭게도 소나기가 내려서 심한 고생을 했다.

にわか雨 · 夕立 · 白雨 : 소나기.

① 표면이 말라서 반질반질한 느낌. 물이 조용히 흐르는 소리(졸졸). 사물이 지체하지 않고 나아가는 모습(붓으로 줄줄 쓰다). 가벼운 물건이 맞닿을 때 나는 소리(사각사각).

모래 · 모포 · 나뭇잎이 스치는 소리. (更々)

부정을 동반하여 조금도(少しも). 전혀(全く). 절대로(決して). 조금도(一向に).

② 인간관계에 감정 · 불만이 없는 모습. 상쾌한 모습(기분). 맛이 시원한 모습.

부정을 동반하여(全然 · すっかり). 전부(全部).

③ 싫으면서도. 마지못해서. 아이들이 싫다고 도리질하는 일.

④ 공교롭게도. (상황이 나쁜 상태에 사용함)

⑤ 여유가 있는 모습. 거북하다. 불편하다. 옹색하다. (상의 · 기분)

103 문장의 괄호 안에 들어갈 가장 적당한 것을 고르세요.

雨になりそうだし、(　　)疲れたので、早く帰ることにした。

① または　　　② しかし
③ それも　　　④ あるいは
⑤ それに

해설

비가 내릴 것 같고, 게다가 피곤하기 때문에, 빨리 귀가하기로 했다.

① 또는. 두 개 중에 하나를 선택할 때. (或は · それとも · 乃至は · 若しくは)

② 그러나. (역접)

⑤ 게다가. (しかも · 其の上 · かつ · お負けに)

其の上 : 부사적으로도 이용된다. 이미 지난 그때. 당시(当時). 일이 행하여진 그때.

行われる : 세상에 넓게 이용되다. 통용되다(通用する). 유행하다(流行する · 流行る).

昔の風習が今も行われている。 옛 풍습이 지금도 행하여지고 있다.

104 문장의 괄호 안에 들어갈 가장 적당한 것을 고르세요.

目が見えず、耳が聞こえず、口がきけない。絶望という言葉の意味(　　)理解できなかった少女ヘレン · ケラーは、並外れた努力で「三重苦」を克服していった。

① だけ　　　② ばかり
③ ぐらい　　　④ のみ
⑤ さえ

해설

눈이 보이지 않고, 귀가 들리지 않고, 이야기할 수 없다. 절망이라는 말의 의미조차도 이해할 수 없었던 소녀 헬렌 켈러는, 남다른 노력으로 「삼중고」를 극복해 갔다.

① 명사＋だけ · のみ · ばかり : 한정 · 제한 · 지속의 문장에 사용한다.

③ ～정도. (대개의 수량)　　　⑤ ～조차도.

105 다음 문장의 괄호 안에 들어갈 가장 적당한 것을 고르세요.

インターネットをビジネスに活用する動きが盛り上がっている。(　　　) 大半の企業にとって未経験の分野だけに、華々しい成功を納めるのは必ずしも容易ではない。

① だから　　② なので
③ しかし　　④ それで
⑤ まるで

해설

인터넷을 비즈니스로 활용하는 움직임이 활발해지고 있다. 그러나 대부분(과반)의 기업으로서는 미경험의 분야이기 때문에, 화려한 성공을 거두는 것은 반드시 손쉬운 것은 아니다.

① ~이기 때문에.　　② ~이기 때문에.
③ 그러나.　　④ 그래서.
⑤ 마치 ~인 것 같다.

106 다음 중 아래 글의 괄호 안에 들어갈 가장 적절한 것을 고르세요.

動物のすみかは、くつろぎの場としての快適さと同時に、外敵の侵入を防ぐ堅固さを重ね備えたものでなければならない。活力を回復するために、あるいは、子育てを成功させるために、安心して休める場が不可欠であるからだ。
だが、快適さを追求すれば、すみかは大きく、目立つものになってしまい、敵に発見され、侵入されやすくなる。(　　　)の追求は、しばしば矛盾するわけで、野生動物にとっての巣づくりの難しさは、この矛盾の解決にあるといってよい。

① 活力と安全性　　② 安全性と快適さ
③ 快適さと便利さ　　④ 便利さと大きさ
⑤ 快適さと広さ

해설

➡ ② 안정성과 쾌적함.

동물의 거처(주거)는, 휴식의 장소로서의 쾌적함과 동시에, 외부의 적의 침입을 막아내는 견고함을 겸비한 것이 아니면 안 된다. 활력을 회복하기 위해서, 또는, 새끼양육을 성공시키기 위해서도 안심하고 쉴 수 있는 장소가 불가결하기 때문이다. 그러나, 쾌적함을 추구하려면, 거처는 크고, 눈에 잘 띄게 되고, 적에게 발견되어, 침입받기 쉽게 된다. 안전성과 쾌적함의 추구는, 종종 모순되는 이유로, 야생동물에게 있어서 보금자리를 만들기 어려운 것은, 이 모순의 해결에 있다고 말해도 좋다.

① 활력과 안전성
② 안전성과 쾌적함
③ 쾌적함과 편리함
④ 편리함과 크기
⑤ 편안함과 넓음

107 다음 글의 내용과 일치하는 것을 고르세요.

人々が当然のことと思ってることの中には、まちがっていそうなこともあるし、正しそうなこともあるから、いかなる社会集団も探究心を旺盛にすることが非常に望ましい。もし我々が正しいこととまちがっていることを見分けようと思うなら、合理的な探究によって、最も効率的に見分けることができるであろう。

① 社会集団の探究心はしばしば無理な様子も現している。
② 我々は生活の中で正しいことは必ず守っていかなければ合理性は探せない。
③ 合理的な探究によって当然のことと思われるものを支えていかなければならない。
④ 人々が当たり前のことと思っていることの中に、間違っていそうなこともあるから探究心を育てるのが望ましい。
⑤ 合理的な探究は社会学を解き明かすのに効率的で他人との関係も楽にしてくれる。

해설

➡ ④ 사람들이 당연한 것이라고 생각하는 것 중에, 틀린 것 같은 것도 있기 때문에 탐구심을 키

우는 것이 바람직하다.

によって：～따라서. 앞문장은 판단의 기준이 와서 のため · で 하고 같은 의미이고, 수단 · 원인의 문장에 사용된다.

～에 의해서. 권위를 나타내며 뒤 문장은 주로 수동형을 동반한다.

사람들이 당연한 것이라고 생각하고 있는 것 중에는, 잘못된 것 같은 것도 있고, 올바른 것 같은 것도 있기 때문에, 어떤 사회집단도 탐구심을 왕성하게 하는 것을 대단히 바라고 있다. 혹시 우리들이 올바른 것과 잘못된 것을 구별하려고 생각한다면, 합리적인 탐구에 따라서, 가장 효율적으로 구분하는 것이 가능할 것이다.

① 사회집단의 탐구심은 종종 무리한 모습도 나타나고 있다.

② 우리는 생활 속에서 올바른 것은 반드시 지켜 가지 않으면 합리성은 찾을 수 없다.

③ 합리적인 탐구에 의해서 당연한 것으로 생각되는 것을 지지해가지 않으면 안 된다.

⑤ 합리적 탐구는 사회학을 밝히는 데 효율적이고 타인과의 관계도 편안하게 해준다.

108 柔道(じゅうどう)なら腕(うで)に<u>おぼえがある</u>。下線(かせん)の部分(ぶぶん)の意味(いみ)を一(ひと)つ選(えら)びなさい。

① 실력이 늘다. ② 자신이 있다.

③ 하나도 모른다. ④ 경험이 있다.

⑤ 배운 적이 있다.

해설

유도라면 실력에 자신이 있다. (覚(おぼ)え：기술 등에 대한 자신감)

109 次の文の(　　　)の中に最も適当なものを入れなさい。

鈴木(すずき)さんという人に始(はじ)めて(　　　)。

① 召(め)しあがりました ② お目(め)にかけました

③ お目にかかりました ④ いただきました

⑤ おいでになりました

해설

스즈끼씨라고 하는 사람을 처음으로 만나 뵈었습니다.

① 召し上がる : 食べる · 飲む의 존경어.　② お目に掛ける : 見せる의 겸양어.

③ お目に掛かる : 会う의 겸양어.　④ いただく : 먹다. 받다의 겸양어.

⑤ おいでになる : 가다. 오다. 있다의 존경어.

110 かさもなくて<u>ひどい目にあった</u>。下線の部分の意味を一つ選びなさい。

① 반가운 사람을 만났다.　② 언젠가 한번 만난 적이 있다.

③ 만나 뵈었다.　④ 심한 고생을 했다.

⑤ 의외의 일이 발생하다.

해설

우산도 없어서 심한 고생을 했다.

目に遭う : 사고 · 재해 등의 체험을 나타낸다. 경험을 하다. (思いをする)

大変な目に遭う。 힘든 일을 경험하다.　恐ろしい目に遭う。 무서운 경험을 하다.

辛い目に遭う。 고통스러운 경험을 하다.　悲しい目に遭う。 슬픈 경험을 하다.

恥ずかしい目に遭う。 창피한 경험을 하다.

第１３章(だいじゅうさんしょう)。제13장

語彙(ごい)　어휘편 Ⅲ

擬声語(ぎせいご)・擬態語(ぎたいご)・副詞(ふくし) Ⅲ

의성어・의태어・부사 Ⅲ

• 일. (仕事)

こつこつ	꾸준히 노력하는 모습. 문 두드리는 소리. 구두 발자국 소리.
ばりばり	일을 정열적으로 하는 모습. 딱딱하게 굳다(수건이 얼어서). 딱딱한 것을 깨거나 찢거나 긁는 소리.
だらだら	일을 능률 없이 천천히 하다. 완만한 경사가 계속되다. 액체가 줄줄 떨어지는 모습(피 · 땀). 동작이 날렵하지 못한 모습(느릿느릿). 동작 · 상태가 끝없이 계속되는 모습(지루하다).
のろのろ	움직임이 둔한 모습(느릿느릿 · 달팽이 · 거북이). 일을 천천히 하다.
めきめき	사물의 발달이나 성장이 눈에 띄게 나타나는 모습(경제 · 실력). 물건이 망가지거나 부서질 때 나는 소리.
ぐんぐん	강하게 자라거나 가속되는 모습. (속도 · 키 · 성적)

• 기타.

すっきり	산뜻해서 기분이 좋은 모습. 머리가 상쾌한 모습. 깔끔한 문장. 깔끔한 복장.
とっぷり	완전히 해가 저문 모습.
どっぷり	액체가 충분히 스며든 모습. 어떤 상태 안으로 완전히 빠져든 모습. (악(悪)에 빠져 있다)
ぽつぽつ	작은 점이나 구멍이 많은 모습(문창호지에). 조금씩 하는 모습(조금씩 걷다). 슬슬 행위를 시작하려고 하는 모습. (そろそろ · まもなく)
さんざん	심하고 비참한 모습(불평을 말하다). 나쁜 행위가 도를 지나친 것을 말한다.
ぼつぼつ	활발히 일어나는 모습. (타오르는 야심)
つくづく	정신을 집중해서 보거나 생각하는 모습. (곰곰이. 只管 · じっと · よくよく · つらつら). 깊게 느끼는 모습. (절실히 · 정말. 身にしみて · 心から · しみじみ · ほとほと).
ちらほら	여기저기 조금씩 있는 모습(벚꽃). 가끔 있는 모습(소문). (ちらりほらり)
ずるずる	약속을 지연하다. 주르르 미끄러지는 모습. 코 흘리는 소리(훌쩍훌쩍).
じろじろ	빤히 쳐다보는 모습.

ぐずぐず	행동 · 언행이 확실하지 않은 모습(꾸물꾸물 · 질질 끌다). 코맹맹이 소리(코를 훌쩍거리는 모습). 헐렁하다(포장이). 불평을 말하다(투덜투덜 · ぶつぶつ).
くるくる	빙글빙글 도는 모습. 사물이 일정하지 않은 모습. (방침이) 종이를 돌돌 말다. 부지런히 일하는 모습.
ぐるぐる	사물이 도는 모습. 물건을 돌돌 말다. (くるくる보다 큰 동작)
くらくら	현기증으로 눈이 빙글빙글 돌다. 물이 끓다. 현기증. (目眩(めまい) · 立(た)ち眩(くら)み · 立(た)ち暗(くら)み)
ぐらぐら	물이 심하게 끓다. 지진 등으로 흔들려서 불안전한 모습.
うずうず	어떤 일을 하고 싶어 좀이 쑤시는 모습. (놀고 싶어서)
こりごり	신물이 남. 두 번 다시 하고 싶지 않다고 생각하는 모습.
うんざり	신물이 남. 질리다.
くねくね	길(道(みち)) 등이 구부러져 있는 모습.
こりこり	오도독오도독(단무지를). 굳다(어깨가).
ぼうぼう	불이 세차게 타는 모습. (활활)
ぼうぼう	풀 · 머리 등이 더부룩하게 자란 모습. 망망대해. 시계(視界(しかい))가 아물아물함. (茫々(ぼうぼう))
めらめら	불꽃을 내며 세차게 타오르는 모습.
ぱちくり	놀라서 눈을 크게 깜박거리다.
ぱちぱち	손뼉 치는 소리. 불꽃이 튀는 모습. 눈을 깜박거리는 모습. 주판 등을 퉁기는 소리. 나무가 타면서 나는 소리.
いそいそ	기쁜 마음으로 들떠서 행동하는 모습.
せかせか	성급한 태도로 마음이 안정되지 않는 모습(헐레벌떡).
れいれい	눈에 띄다. 일부러 화려하게 남의 이목을 끌다. 겉만 번지르르하다.
ひらりと	가볍고, 재빠르게 몸을 움직이는 모습.
きちんと	확실하다. 분명하다. 깨끗하다. 정확하다.
ころりと	가벼운 물건이 굴러가는 모습. 간단히. 상태가 급히 변하는 모습.
けろりと	태연스러운 모습. 완전히. (すっかり)

ふらりと	특별한 목적 없이 느닷없이 찾아오는 모습.
もぐもぐ	입을 다물고 무엇을 씹는 모습(도시락을). (もごもご)
もそもそ	작은 벌레가 꿈지럭꿈지럭 움직이는 모습(등이). 확실하지 않은 태도로 움직이는 모습. (어물어물 · もぞもぞ)
ぱたぱた	사물이 계속해서 치는 소리(발소리를 쿵쿵 내다). 깃발이 강한 바람에 펄럭이는 소리. 새 등이 날갯짓하는 소리.
ちびちび	서두르지 않고 조금씩 홀짝홀짝(술을). (ちびりちびり)
こっそり	남이 모르도록 살짝 행동하다. (ひそかに)
ごっそり	전부.
すうすう	공기가 좁은 공간을 통과하는 모습. (틈 사이로 바람이 들어온다)
こそこそ	물건이 부딪혀서 조용히 나는 소리. 숨어서 무엇인가를 하는 모습. (살짝 · こっそり)
ゆったり	여유가 있는 모습. ゆったりとした気分(きぶん) : 느긋한 기분. ゆったりとした上着(うわぎ) : 넉넉한 상의.
そっと	살짝. 남모르게. (ひそかに · こっそり) しておく의 형으로 그 상태로 해 두다.
うじゃうじゃ	작은 벌레가 우글거리는 모습.

1. もの。 こと。

● もの。

• 当然の帰結。**당연한 귀결.**

용법 : 동사(기본형)＋もの。

의미 : 일반적으로 생각되는 개념과 당연한 귀결을 나타낸다.

年を取ると目が悪くなるものです。　나이를 먹으면 눈이 나빠지는 것입니다.

時には苦しいこともあるものです。　때로는 고통스러운 일도 있는 것입니다.

子供たちは遊びたがるものです。　아이들은 놀고 싶어 하는 것입니다.

成功すれば嬉しくなるものです。　성공을 하면 기뻐지는 것입니다.

楽しい思い出はなかなか忘れないものだ。

즐거웠던 추억(기억)은 좀처럼 잊혀지지 않는 것이다.

慣れるまではだれでも難しく感じるものです。

익숙해지기까지는 누구라도 어렵게 느껴지는 것입니다.

• 逆接。**역접.**

용법 : 명사(である · だった)＋ものの。

동사 · い형용사 · な형용사(기본체)＋ものの。

의미 : ～지만. 「…のに · けれども」라고 하는 역접을 나타낸다.

(ものの는 그리고 나서 앞의 사태가 나아가지 않고 반대의 전개가 되어 버리고, 결과가 동반되지 않는다)

京都まで行ったものの金閣寺は見ませんでした。

교또까지 가긴 했지만 깅까꾸지는 보지 못했습니다.

このポスターは日本語であるものの外来語が非常に多い。

이 포스터는 일본어이긴 하지만 외래어가 대단히 많다.

パソコンを買ったものの、使い方が全然わからない。

퍼스널컴퓨터를 사긴 했지만, 사용방법을 전혀 모르겠다.

• 過去の習慣。**과거의 습관.**

용법 : 동사 · い형용사 · な형용사(과거형) ＋もの。

의미 : 반복되는 동작 및 과거의 경험을 회상(回想)해서 나타낸다.

毎年冬には屋根まで雪が降ったものだ。

매년 겨울에는 지붕까지 눈이 내렸던 것이다.

学生時代にはよく遅くまで帰らなかったものだ。

학창시절에는 자주 늦게까지 집에 돌아가지 않았던 것이다.

若いころには言いたい放題を言ったものだった。

젊었을 때는 말하고 싶은 것을 다 말했었다.

昔は、車の運転免許の試験なんか易しかったものだ。

옛날에는, 자동차 운전면허시험 같은 것은 쉬웠던 것이다.

以前、うちの回りは静かだったものだ。

이전, 집 주위는 조용했었다.

• 注。**주.** 実質名詞。**실질명사.**

용법 : 실질명사로서 사용된다.

의미 : 人(사람) · 物(물건)을 나타낸다.

お金を払ったものはうちへ帰ってもいいそうだ。　　(人)

돈을 지불한 사람은 집에 돌아가도 좋다고 한다.

お金を払ったものは家へ持って帰ってくださいよ。　　(物)

돈을 지불한 물건은 집에 가지고 돌아가 주세요.

● こと。

• 体言化。**체언화.**

용법 : 동사 · い형용사 · な형용사 · 명사(기본체)＋こと。

단 명사 · な형용사 현재형은 명사(の) · な형용사(な)＋こと。

의미 : 文(문)이나 句(구)를 체언화해서 추상적인 내용이나 개념(概念)을 나타낸다.

あなたにとって、人生で一番大切なことは何ですか。

당신에게 있어, 인생에서 제일 중요한 것은 무엇입니까.

ちょっとしたことがもとで議会が混乱に陥った。

조그마한 실수가 원인으로 의회가 혼란에 빠졌다.

世界のことを学ぶために小学校から地理の勉強をします。

세계를 배우기 위해서 초등학교부터 지리공부를 합니다.

長いことお目にかかりませんでした。

긴 시간 만나 뵙지 못했습니다.

あの人のことが忘れられない。

그 사람 일을 잊을 수가 없다.

ランゲージラボラトリーに行っても授業に出たことにならない。

랭귀지 래버러토리에 갔어도 수업에 나간 것은 아니다.
(language laboratory : 어학 학습용 교실)

• **동작 상태가 일어나는 것. ~하는 적이(할 때가) 있다.**

용법 : 동사(기본형)＋ことがある。

의미 : 가끔 어떤 동작 · 상태가 일어나는 것을 나타낸다.

朝早く起きることもあるんですよ。

아침 일찍 일어날 때도 있습니다.

地震が起こっても全然感じないことがあるんだそうです。

지진이 일어나도 전혀 느끼지 못하는 적도 있다고 합니다.

● 慣用的表現。(관용적 표현)

• **과거의 경험. ~한 적이 있다.**

용법 : 동사(과거형)＋ことがある。

의미 : 과거의 경험이나 체험을 나타낸다.

子供のときお酒を飲んだことがあります。　어릴 때 술을 마셔 본 적이 있습니다.

富士山を見たことがあります。　후지산을 본 적이 있습니다.

あなたは海外旅行をしたことがありますか。　당신은 해외여행을 해본 적이 있습니까.

たまに朝御飯を食べなかったことがある。　가끔 아침밥을 먹지 않았던 적이 있다.

私はあの人ほど素晴らしい人に会ったことはありません。

나는 저 사람만큼 훌륭한 사람을 만난 적은 없습니다.

このレストランはスパゲッティが辛過ぎたことがある。

이 레스토랑은 스파게티가 너무 매웠던 적이 있다.

• 可能 · 不可能。**가능 · 불가능.**

용법 : 동사(기본형)＋ことができる · ことはできない。

의미 : 가능 · 불가능을 나타낸다.

千円で昼御飯を食べることが出来ます。

천엔으로 점심을 먹는 것이 가능합니다.

信頼してくれる人を失望させることは出来ない。

신뢰해 주는 사람을 실망시키는 일은 할 수 없다.

• 全面否定。**전면부정.**

용법 : 동사(기본형)＋ことはない。(앞 문장은 긍정이 온다)

의미 : 절대로 일어나지 않는 것을 나타낸다.

私は朝寝坊だから、朝ジョギングをすることはありません。

나는 늦잠을 자기 때문에, 아침에 조깅을 하는 일은 없습니다.

私は決して友情を裏切ることはありません。

나는 절대로 우정을 배반하는 일은 없습니다.

• 部分否定。**부분부정.**

용법 : 동사(부정형)＋ことはない。(앞 문장은 부정이 온다)

의미 : 「가끔＋긍정」과 같이 된다.

新宿は好きじゃないが行かないことはない。

신쥬꾸는 좋아하지 않지만 가지 않는 것은 아니다.

漢字は難しいけれど面白くないことはない。

한자는 어렵지만 재미없는 것은 아니다.

発展途上国は工業化が遅れているが人々が幸せじゃないことはない。

개발도상국은 공업화가 쳐져 있지만 사람들이 행복하지 않은 것은 아니다.

• 意志による決定。**의지에 의한 결정.**

용법 : 동사(기본체)＋ことにする。

의미 : 주체의 의지에 의해 결정된 것을 나타낸다.

就職することにしました。

취직하기로 했습니다.

内閣は減税法案を提出しないことにしました。

내각은 감세 법안을 제출하지 않기로 했습니다.

これで、一応終了したことにしましょう。

이것으로, 일단은 (우선은) 종료한 걸로 합시다.

• 規則・習慣。**규칙・습관.**

용법 : 동사(기본형)＋ことにしている。

의미 : 규칙・습관을 나타낸다. 「ことにしている」는 부정형으로는 사용할 수 없다.

道子さんは自分で夕飯を作ることにしています。

미찌꼬씨는 스스로 저녁을 짓기로 하고 있습니다.

小遣いは毎月３万円を越さないことにしている。

용돈은 매월 삼만엔을 초과하지 않도록 하고 있다.

• 物事の決定の結果。**사물의 결정의 결과.**

용법 : 동사(기본체)＋ことになる。

의미 : 주체의 의지 이외의 것으로 결정된다. 또는 결정된 결과를 나타낸다.

来年の３月を以て卒業することになりました。

내년 3월을 시점으로 졸업하게 되었습니다.

今度結婚することになりました。

이번에 결혼하기로 되었습니다.

雨天のため、運動会は行われないことになりました。

비가 왔기 때문에, 운동회는 열리지 않게 되었습니다.

これで、全部終わったことになりました。

이것으로, 전부 끝나게 되었습니다.

これでは、仕事をしたことにならないではありませんか。

이것으로는, 일을 했다고는 할 수 없지 않습니까.

• 予定。**예정.**

용법 : 동사(기본형)＋ことになっている。

의미 : 예정을 나타낸다.

今日はスミスさんと３時に会うことになっている。

오늘은 스미스씨와 세 시에 만나기로 되어 있다.

来年韓日漁業協定が更新されることになっている。

내년 한일어업협정이 갱신되기로 되어 있다.

• 忠告 · 命令 · 主張。**충고 · 명령 · 주장.**

용법 : 동사(기본형)＋ことだ · ことはない。

의미 : 충고 · 명령 또는 주장을 나타낸다.

平和のためには核実験を止めることだ。 평화를 위해서는 핵실험을 그만두어야 한다.

人の陰口は言わないこと。 남의 험담은 말하지 말 것.

芝生に入らないこと。 잔디밭에 들어가지 말 것.

そんなことで悩むことはありません。 그러한 일로 괴로워할 필요는 없습니다.

休みには勉強のことなど忘れて、十分に楽しむことだ。

방학 때는 공부 같은 것 잊어버리고, 충분히 즐기는 것이다.

2. 「に」のつく熟語。 に가 붙는 숙어.

• によって。~**따라서**.
앞 문장은 판단의 기준이 와서 のため · で 하고 같은 의미이고, 수단 · 원인의 문장에 사용된다.

リーダーは能力よりも指導力によって選ぶべきだ。

리더는 능력보다도 지도력으로 뽑아야한다.

• によって。~**에 의해서**.
의미 : 권위를 나타내며 뒤 문장은 수동형을 동반한다.

このホテルはロイド氏によって設計された。

이 호텔은 로이드씨에 의해 설계되었다.

• によっては。~**하다면**.

天気によっては、明日の運動会は延期になる。

날씨가 나쁘다면, 내일 운동회는 연기가 된다.

• について · に関して。~**대해서**. ~**관해서**.
(명사를 수식할 때는 についての를 사용한다)

この問題について、もっと議論する必要がある。

이 문제에 대해서, 좀 더 의논할 필요가 있다.

• にかかわる。~**에 관련되다**. ~**에 중대한 영향을 끼치다**.

彼は、会社の信用にかかわる大失敗をした。

그는, 회사의 신용에 관련된 큰 실패를 했다.

• にとって。~**있어서. ~로서는. ~의 입장으로서는.**
(기분(気持ち)이나 마음(心)적인 표현이 나타난다)

魚は、日本人の食生活にとって大切なものだ。
생선은, 일본인의 식생활에 있어서 중요한 것이다.

• にとっての。~**있어서의.** (名詞+にとっての+名詞)

母にとっての楽しみは、子供を育てることだけだった。
어머니로서의 즐거움은, 아이를 키우는 것뿐이었다.

• に対して。~**에 대해서. ~에 비해서. ~로 향하다는 의미이다.**
(다른 사람에 대한 태도, 어떤 대상을 갖는 관계를 나타낸다)

脱税をした政治家に対して、非難の声が上がった。
탈세를 한 정치가에 대해서, 비난의 소리가 높아졌다.

• に反して。~**와 반대로.**

戦争を早く終わらせようという意に反して、戦争は長引いた。
전쟁을 빨리 끝내려고 하는 뜻에 반해서, 전쟁은 의외로 시간이 걸렸다.

• に際して。~**할 때에 맞춰서. ~에 직면해서.**
に際して도 にあたって도 ～에 「직면해서」의 의미이고, 어떤 일이 「시작할 때 · 끝날 때」를 가리킨다. 「명사 ／ 동사＋に際して · にあたって」의형으로 사용하지만, 「に際して」는 명사와 같이 사용하는 일이 많다. 「に先立って」는 「～하기 전에. ～보다 먼저」의 의미이다.

閉幕に際して一言述べる。(一言 · 一言)
폐막할 때에 맞춰서 한마디 말하다.

• にあたって。**어떤 상황에 맞춰서.**

調査活動を始めるにあたって注意事項をまとめた。

조사활동을 시작하는 것에 맞춰서 주의사항을 정리했다.

• に先立って。**~하기 전에. ~보다 먼저.**

帰国に先立って、家族に手紙を書いておいた。

귀국하기 전에, 가족에게 편지를 써 놓았다.

• において。**~에서. ~에 있어서.**

「にあって」「において」는 「で」의 의미. 「にあって」를 「において」로 바꿔 말할 수 있는 경우는 많지만, 그 반대로 사용하는 것은 적다.

現代社会において、ごみの問題は無視できない。

현대사회에서, 쓰레기 문제는 무시할 수 없다.

• にあって : **~에서. ~에 있어서.**

孤独な状況にあって、はじめて親友のありがたさに気がついた。

고독한 상황에서, 처음으로 친우의 고마움을 알았다.

• に至って。**~에 이르러서. ~에 맞춰서.**

「に至って」는 「어느 기간, 하는 중에 처음으로」의 의미. 「にわたって」는 「그 기간 계속」이고, 「にかけて」는 「그 기간 중에」의 의미. 셋 다 장소에 대한 표현도 있다.

不正が暴かれるに至って、ようやく本格的な政治改革が始まった。

부정이 폭로되는 것에 이르러서, 마침내 본격적으로 정치개혁이 시작되었다.

• にわたって。~**에 걸쳐서. (주로 짧은 시간에)**

彼の講演は６時間にわたって、延々と続いた。

그의 강연은 6시간에 걸쳐서, 긴 시간(장장) 계속되었다.

• にかけて。~**그 기간 중에. ~걸쳐서. (주로 긴 시간에)**

秋から年末にかけて、行事がたくさんある。

가을부터 연말에 걸쳐서, 행사가 많이 있다.

• に過ぎない。~**에 지나지 않는다.**

彼は遅れた理由を説明したが、それは弁解にすぎなかった。

그는 지각한 이유를 설명했지만, 그것은 변명에 지나지 않았다.

• に限らず。~**에 한하지 않고. ~뿐만 아니라.**

妹の長電話は、今日に限らず毎日のことだ。

여동생의 긴 전화는, 오늘에 한하지 않고 매일 있는 것이다.

• にとどまらず。~**에 그치지 않고.**

円は一ドル百円台にとどまらず、さらに上がりそうだ。

엔은 1달러 100엔 대에 그치지 않고, 더욱더 올라갈 것 같다.

• にも及ばない。~**비교할 수 없다. ~할 가치가 없다.**

私は優秀な彼の足元にもおよばない平凡な人間だ。

나는 우수한 그의 발밑에도 갈 수 없는 평범한 인간이다.

• にかかわらず。~**임에도 불구하고. ~에 관계없이.**

男女や年齢にかかわらず、だれでもこのチームのメンバーになれる。

남녀 나이에 상관없이, 누구라도 이 팀의 멤버가 될 수 있다.

• にもかかわらず。~**인데도**(なのに)**. ~에도 상관없이. ~에도 불구하고.**

山下選手は、半年間入院していたにもかかわらず、見事に復帰した。

야마시다 선수는, 반년 동안 입원해 있었는데도, 훌륭히 복귀했다.

• にたえない。**그러한 기분이 될 것 같은 것을 참다. 억제하다.**
(にたえない앞에는 見る · 聞く등의 시각 · 청각을 나타내는 동사가 온다)

事故のあとには、見るにたえない悲惨な光景が広がっていた。

사고 후에는, 볼 수 없을 정도로 비참한 광경이 펼쳐져 있다.

• にかたくない。**어렵지 않다. 간단히 할 수 있다.**

とらわれていた母親が逃げて、娘に会いに行ったことは、想像にかたくない。

구속되어 있었던 어머니가 도망가, 딸을 만나러 갔던 것은, 상상하기 어려운 일이 아니다. (쉬운 일이다)

• に基づいて。~**를 기반으로 해서. ~에 기초를 두고.**

先生は、経験に基づいて学生に話をした。

선생님은, 경험에 기초를 두고 학생에게 이야기를 했다.

• によると。~**에 의하면. (남에게 들은 정보를 남에게 전달한다)**

天気予報によると、明日は雨が降るそうだ。

일기예보에 의하면, 내일은 비가 내린다고 한다.

• に沿って。**~에 따라서. (앞 문장은 목적 · 방침 · 취지 등의 규제를 나타낸다)**

会社の方針に沿って営業活動をする。 회사의 방침에 따라서 영업 활동을 한다.

• に即して。**~에 따라서. (앞 문장은 기준 · 규칙 등의 말이 온다)**

犯罪者は法律に即して裁かれる。 범죄자는 법률에 따라서 재판을 받는다.

• に伴って。**~하는 동시에.**

「Aに伴って / につれて / に従って B」는 거의 비슷하지만, 「に伴って」는A와 B가 동시에 일어나고, 「につれて / に従って」는 B가 A보다 늦게 일어난다. 또, 셋 다 앞에 명사 · 동사가 오지만, 「に伴って」는 「(動詞) のに伴って」가 된다.

倒産する会社が増えるのに伴って失業者も急増した。

도산하는 회사가 증가하는 동시에 실업자도 급증했다.

• に連れて。**~에 따라서.**

冬が近づくにつれて、セーターを着る人が増えてきた。

겨울이 가까워 옴에 따라, 스웨터를 입는 사람이 증가해 왔다.

• に従って。**~에 따라서.**

娘は成長するに従って美しくなっていた。

딸은 성장함에 따라서(자라면서) 아름다워지고 있었다.

• に応じて。**~에 반응하다. ~한 결과로서. ~에 응해서.**

必要に応じて、適当な教室を使ってください。

필요에 따라서, 적당한 교실을 사용해 주세요.

• に答えて。~**에 따라서.** (に答えて**앞에는 요망 · 희망 · 기대 등이 오는 일이 많다**)

視聴者の要望に答えて、番組を再放送する。

시청자의 요망에 따라서(부응하여), 프로그램을 재방송한다.

• にしては。~**에 비해서는.** (割には : **상대에 대한 평가를 나타낸다**)

一年間しか勉強していないにしては、日本語が上手だ。

1년밖에 공부하지 않은 것에 비해서는, 일본어를 잘한다.

• にしろ。**어쨌든. ~로 하자.** (いずれにしても · 何しろ)

行くか行かないか。いずれにしろ早く決めなければならない。

갈까 안 갈까. 어쨌든 빨리 결정하지 않으면 안 된다.

• にせよ。**어쨌든. ~로 하자.** (いずれにしても · 何しろ)

たとえでたらめであるにせよ、彼の意見も考慮すべきだ。

가령 허튼소리라고(엉터리) 하자, 그의 의견도 고려해야만 한다.

• にしてみれば。~**의 입장에서 말하면. ~의 입장이 되어 보면.**

彼にしてみれば、もっと言いたいことがあったはずだ。

그의 입장에서 본다면, 좀 더 말하고 싶은 것이 있었을 것이다.

• に引き替え。~**에 비해. (특히 앞문장은 긍정**(よい)**, 뒤 문장은 부정문이**(悪い)**온다)**

学校の成績が良く、スポーツも得意な弟にひきかえ、兄のほうは何も良いところがない。

학교 성적이 좋고, 스포츠도 잘하는 동생에 비해서, 형은 무엇도 좋은 점이 없다.

• にもまして。**무엇보다도 가장. 무엇보다도 훨씬.**

今日は昨日にもまして暑い。 오늘은 어제보다도 훨씬 덥다.

• に限り。**~에 한해. ~만.**

やり直しは、二回に限り許されている。다시 하는 것은, 2회에 한해 허용된다.

• につけて。**~에 대해서. ~에 관해서.**

私の兄は、何につけてもいい加減だ。 우리 형은, 뭐든지 간에 멋대로다.

• にかけては。**~만큼은. ~대해서는. ~한 점에서는.** (については)

語学にかけては彼の右に出るものがない。

어학에 있어서는(만큼은) 그보다 실력이 나은 사람이 없다.

• における。**~에서의.** (での)

日本におけるそばの生産量は極端に少ない。

일본에서 소바(메밀국수)의 생산량은 굉장히 적다.

• において。**~에서. ~일 때.**

사물이 행하여지는 장소나 시기를 가리킨다. (という場所で · 時に)

国会において。 국회에서.　　幼児期において。 어릴 때에.

사물이 행하여지는 분야 · 영역을 나타낸다. (について)

物理学界において。 물리학계에 대해서.　　幼児教育において。 유아교육에 대해서.

사물이 행하여지기 위한, 어떤 권위를 나타낸다. (に関連して · によって)

神の名において。 신의 이름으로.

01 間違(まちが)っている読(よ)み方(かた)をそれぞれの中(なか)から一(ひと)つ選(えら)びなさい。

① 待合室 (まちあいしつ) ② 融通 (ゆうずう)
③ 陽炎 (ようこん) ④ 木綿 (もめん)
⑤ 歪曲 (わいきょく)

해설

➡ ③ 陽炎(かげろう)・陽炎(かぎろい)・陽炎(ようえん) (아지랑이)

① 대합실. ② 융통.
④ 무명. 솜. ⑤ 왜곡.

02 間違っている読み方をそれぞれの中から一つ選びなさい。

① 台所 (だいどころ) ② 息吹 (いぶき)
③ 登山 (とざん) ④ 発作 (ほっさ)
⑤ 銭湯 (じゅゆ)

해설

➡ ⑤ せんとう (대중목욕탕)

① 부엌. ② 호흡. 숨 쉬는 것.
③ 등산. ④ 발작. 병의 상태가 급격히 일어나는 것. (심장발작)

03 間違っている読み方をそれぞれの中から一つ選びなさい。

① 上面 (うわつら) ② 上役 (うわやく)
③ 上下 (かみしも) ④ 牧場 (ぼくじょう)
⑤ 上品 (うえしな)

해설

⑤ じょうひん (고상하다. 품위 있다)

① 표면. 겉. ② 상사. (직장 상사)

③ 위의 부분과 아래의 부분. 신분의 상위와 하위. 강의 상류와 하류. 상반신과 하반신. (上下(うえした)(위치 · 장소 등의 위와 아래) · 上下(じょうげ)(위와 아래. 상하) · 上下(しょうか)(위와 아래. 상하) · 上下(じょうか)(위와 아래. 상급과 하급. 의회의 상원과 하원)

④ 목장.

04 間違っている読み方をそれぞれの中から一つ選びなさい。

① 素手 (すで) ② 素顔 (すがお)

③ 素早い (すばやい) ④ 素足 (すぞく)

⑤ 素地 (そじ)

해설

④ 맨발. (素足(すあし) · 跣(はだし) · 裸足(はだし) · 跣足(はだし))

① 맨손. ② 맨 얼굴. 화장하지 않은 얼굴.

③ 재빠르다. ⑤ 기초. 바탕.

• 次の文の(　　)の中に最も適当な言葉を入れなさい。 (5~11)

05 雨(あめ)がふった(　　)みえて、道(みち)がぬれています。

① と ② で

③ に ④ の

⑤ を

해설

비가 내렸는지, 길이 젖어 있습니다.

동사(과거형) ＋ とみえて : ~인 것 같다.

06 この大学(だいがく)は施設(しせつ)が素晴(すば)らしい(　　)教授陣(きょうじゅちん)も立派(りっぱ)な方(かた)がそろっている。

① だけで　② ばかりか
③ しか　④ ばかりに
⑤ さえに

해설

이 대학은 시설이 훌륭할 뿐만 아니라 교수진도 훌륭한 분들로 갖추어져 있다.

(～뿐만 아니라 : のみならず · のみでなく · だけでなく · ばかりでなく)

しか : ～밖에. (한정의 의미를 나타내며 뒤 문장은 반드시 부정문을 동반한다)

だけ : ～만. ～뿐. (한정의 의미를 나타내며 뒤 문장은 긍정문을 동반한다. 단 현재진행형 문장일 경우는 긍정문과 부정문이 올 수 있다.

① ～만으로.　④ ～인 탓으로. ～이기 때문에.

07 人(ひと)は生(い)きていても(　　)死(し)ぬ。

① それで　② そのために
③ 必ず　④ しかしながら
⑤ それから

해설

인간은 살아 있어도 반드시 죽는다.

① 그래서.　② 그것 때문에.
③ 반드시.　④ 그렇지만. 그러나.
⑤ 그러고 나서.

08 あの道路(どうろ)は交通量(こうつうりょう)が多(おお)く、休日(きゅうじつ)も(　　)車(くるま)が走(はし)っている。

① たびたび　② しばしば
③ 絶(た)えず　④ 結局(けっきょく)
⑤ 早手回(はやてまわ)し

해설

저 도로는 교통량이 많아서, 휴일도 끊임없이 차가 달리고 있다.

① · ② 자주. ④ 결국.

⑤ 미리 준비해서 빈틈이 없도록 하는 것.

09 あれだけ才能ある人だから、(　　　)有名になるでしょう。

① おそかれはやかれ ② かえって

③ どうせ ④ むしろ

⑤ てっきり

해설

그만큼 재능이 있는 사람이기 때문에, 조만간에 유명하게 되겠지.

① 조만간에. (遅かれ早かれ · いずれ · そのうち · いつかは · 早晩)

② 오히려. 차라리. ③ 어차피.

④ 오히려. 차라리. ⑤ 틀림없이.

10 きのう(　　　)山田さんが訪ねてきました。

① 思いきって ② 思いがけず

③ つい ④ ふと

⑤ ひたすら

해설

어제 생각지도 않게 야마다씨가 방문해 왔습니다.

① 대범하게. 각오하고. 결심하고. (思い切って)

② 의외로. 생각지도 않게. (思い掛けず · 思いも寄らない · 意外である · 思いの外)

③ 무심결에. (뒤 문장은 반드시 しまう가 온다)

④ 문득. ⑤ 오로지. (한 가지 일에만 집중하다)

11 「ひたむき」가 올바르게 사용된 것을 고르세요.

① 彼(かれ)の実力(じつりょく)は<u>ひたむき</u>であった。
② <u>ひたむき</u>に努力(どりょく)して成功(せいこう)しました。
③ この近所(きんじょ)は家(いえ)かげもなく<u>ひたむき</u>をしていた。
④ 子供(こども)は<u>ひたむき</u>なことをしてはいけません。
⑤ 人(ひと)は冷(つめ)たし、<u>ひたむき</u>我(わ)が身(み)はいとし。

해설

ひたむき: 오로지 한 가지에만 마음을 집중하는 모습.
② 한결같이 노력해서 성공했습니다.
⑤ 남은 차갑고, 내 몸은 사랑스럽고. (人は冷たし、我が身はいとし。)

12 다음 문장의 올바른 일본어를 고르세요.

좋게 말하면 적극적이고, 나쁘게 말하면 주제넘게 나선다.

① よく言(い)えば積極的(せっきょくてき)、悪(わる)く言(い)えばでしゃばりだからね。
② よく言えば積極的、悪く言えばくせが悪いからね。
③ よく言えば積極的、悪く言えばたのまないからね。
④ よく言えば積極的、悪く言えば大変な人からね。
⑤ よく言えば積極的、悪く言えばだめだからね。

해설

出(で)しゃばり : 참견하다. 간섭하다. 주제넘게 참견함.

13 私たちには<u>内緒(ないしょ)</u>ごとは何(なに)もない。下線(かせん)の部分(ぶぶん)の意味(いみ)を一(ひと)つ選(えら)びなさい。

① 真面目(まじめ)
② ずるい
③ カンニング
④ 了見違(りょうけんちが)い
⑤ 将来(しょうらい)

해설

우리에게 비밀이란 아무것도 없다. 内緒：비밀. 몰래 함(内々のこと). 家計(생계. 가계).

① 성실하다. (真面目 · 真面目)　　② 교활하다.

④ 올바르지 않은 생각. 도리에 맞지 않다. (考え違い · 心得違い · 思い違い)

⑤ 장래. 미래.

14 意味の間違っているものを一つ選びなさい。

① あとかたもなく：흔적도 없이.　② いちずに：한결같이.

③ 言い当てる　：알아맞히다.　④ 案の定　：말 없이.

⑤ どうどう　：당당히.

해설

➡ ④ 생각대로. (図に当たる)

① 跡形も無い：흔적(痕跡)이 전혀 없다. 근거가 없다. (根拠がない · 根も葉もない)

② 一途に：한결같이. 한 가지 일에만 마음을 집중하는 것. (直向き · 偏に · 只管 · 専ら · 一筋)
　いちずな性格。 한결같은 성격.

③ 추량해서 사실을 정확하게 지적하다.

⑤ 堂々：훌륭하고 위엄이 있는 것. 당당히. 아무런 숨김도 없는 것. 몰래하지 않는 것.

15 次の文の下線の部分の正しい解釈を一つ選びなさい。

雨が降っても旅行には<u>行くらしい</u>。

① 간다고 한다.　② 갈 것 같습니다.

③ 갈 것 같다.　④ 간다고 합니다.

⑤ 갈지 모른다.

해설

らしい：~일 것 같다. (추측을 나타낸다)

16 주어진 일본어를 번역한 것 중 가장 적당한 것을 고르세요.

ちょうど友だちは留守中(るすちゅう)でしたが、大家(おおや)さんのお世話(せわ)でそこにとまらせてもらった。

① 때마침 친구가 집에 없어서, 그 집주인의 배려로 그곳에 묵게 되었다.

② 바로 친구가 집에 있었기 때문에, 그 집주인을 소개받아 신세를 입게 되었다.

③ 때마침 친구는 집에 없었기 때문에, 여관집 신세를 지었다.

④ 때마침 친구가 그곳의 우두머리였기 때문에, 큰 집을 얻어서 머무를 수 있었다.

⑤ 때마침 친구가 그 고장의 토박이였기 때문에, 그 지방의 대가들을 소개받아 이런저런 이야기를 나누었다.

해설

大家(おおや) : 셋집 주인(⇔ 店子(たなこ) : 세든 사람). 안채. 본가.

家主(やぬし) : 집을 많이 갖고 있는 사람(家主(いえぬし)·家主(いえあるじ)). (地主(じぬし) : 지주. 株主(かぶぬし) : 주주)

母屋(おもや) : 안채. 본채. (母家(おもや))

大家(たいか) : 큰집. 훌륭한 가옥. 어떤 분야에서, 특히 뛰어난 식견·기능을 가진 사람.

大家(たいけ) : 부자의 집. 사회적인 지위나 신분이 높은 집안

동사(사역형) ＋ もらう·いただく : 행위는 내가 하는 것이 된다.

食べてもらいます。　상대가 먹다.

食べさせてもらいます。　내가 먹다.

17 「花嫁(はなよめ)のういういしい姿(すがた)はなんともいえない。」의 올바른 해석을 고르세요.

① 꽃집의 모습은 뭐라고 말할 수가 없다.

② 꽃집의 이상한 소문은 계속 그치지 않는다.

③ 꽃집의 싱그러운 향기는 무엇과도 비교할 수 없다.

④ 신부의 순수한 모습은 뭐라고 표현할 수가 없다.

⑤ 신부의 초라한 모습은 뭐라고 말할 수 없다.

해설

初々しい : 신선하다. 순수하다. 순진하다.

18 다음 문장의 대답으로 올바르지 않은 것을 고르세요.

この本をもう読みましたか。

① いいえ、まだ読みませんでした。 ② はい、読みました。
③ いいえ、まだ読んでいません。 ④ いいえ、まだです。
⑤ はい、もう読みました。

해설

이 책을 이미 읽었습니까.
① まだ 뒤에 과거형은 사용할 수 없음.

19 下線の部分の間違っているものを一つ選びなさい。

① すみませんが、もう少し静かにしてください。
② このケーキは甘くておいしいです。
③ あの映画は退屈でつまらなかったです。
④ 考えれば考えるばかりややこしくなります。
⑤ 自分で始めるまでは簡単だと思っていましたが、実際は難しいものなんですね。

해설

➡ ④ ばかり → ほど・だけ
① 미안하지만, 좀 더 조용히 해주세요.
② 이 케이크는 달고 맛있습니다.
③ 저 영화는 지루하고 재미없었습니다.
④ 생각하면 생각할수록 복잡해집니다. (…ば …ほど・だけ)
⑤ 자신이 시작하기 전까지는 간단할 거라고 생각했습니다만, 실제로는 어려운 것이군요.

20 次の文の(　　　)の中に最も適当な言葉を入れなさい。

どんな人間の心にもスター意識というものがあって、一生に一度晴れの舞台で主人公を(　　　)という気持ちがかくれているものだ。

① 直接見たい　　② 演じてみたい
③ けなしたい　　④ 誉めたい
⑤ 相手に話したい

해설

어떠한 인간의 마음에도 스타의식이라고 하는 것이 있어서, 일생에 한 번 공식적인 무대에서 주인공을 연기해 보고 싶다고 하는 기분이 숨겨져(隠れる) 있는 것이다.

① 직접 보고 싶다.　　② 연기해 보고 싶다.
③ 비방하고 싶다. 헐뜯고 싶다. 비난하고 싶다. (貶す)
④ 칭찬하고 싶다.　　⑤ 상대에게 이야기하고 싶다.

21 다음 문장을 우리말로 바르게 옮긴 것을 고르세요.

聞いたからには、だまって見ているわけにはいかない。

① 들었기 때문에, 잠자코 보고 있다.
② 들은 이상, 잠자코 보고 있을 수만은 없다.
③ 들었기 때문에, 잠자코 보고 있기만 하면 된다.
④ 들은 이상, 잠자코 보고 있어라.
⑤ 들었기 때문에, 잠자코 보고 있을 수 있다.

해설

わけにはいかない：~일 수만은 없다. ~일 수 없다. (黙る：입을 다물다)
からには：~인 이상은.

22 次の文の(　　　)の中に最も適当な言葉を入れなさい。

毎日(まいにち)、日本語を使(つか)っているから、だいぶ(　　　)と思う。

① うまくした　　② うまくなった

③ うまく　　④ うまかった

⑤ うまになった

해설

매일, 일본어를 사용하고 있기 때문에, 꽤(大分(だいぶ)) 늘었다고 생각한다.

うまい : 잘한다(上手(じょうず)). 맛있다(おいしい). 일이 순조롭게 되다. (⇔ まずい)

い형용사가 동사를 수식할 때는 형용사의 끝 글자인 い가 く로 바뀐다.

① うまくする : 본인의 의지에 의해 결정한다.

② うまくなる : 본인의 의지와는 상관없이 남의 의지에 의해 결정된다.

23 다음 문장을 우리말로 바르게 옮긴 것을 고르세요.

むしろそんなことでもあったら、あんなことにはならなかったと思います。

① 오히려 그런 일이 없었다면 저렇게는 되지 않았을 것이라고 생각합니다.

② 더구나 그런 일이 있었는데 그런 짓을 했을 리가 없다고 생각합니다.

③ 차라리 그런 일이라도 있었으면 좋았을텐데라고 생각합니다.

④ 차라리 그 일을 그만두는 것이 좋겠다고 말하였습니다.

⑤ 차라리 그런 일이라도 있었다면 저렇게는 되지 않았을 것이라고 생각합니다.

해설

むしろ : 오히려. 차라리. (2개를 비교하여 어디라고 말한다면)

24 次の文の(　　)の中に最も適当なものを入れなさい。

君の計画はあまりに無謀で、ちょっと賛成し(　　)。

① かねない　　② つくす
③ うる　　④ かねる
⑤ えない

해설

자네의 계획은 너무나 무모하기 때문에, 찬성할 수 없다.

① 동사(ます形) ＋ かねない。 ～할 수 있다. (兼ねる)
② 동사(ます形) ＋ 尽くす。 ～끝까지 ～하다.
③ 동사(ます形) ＋ 得る。 ～일 수 있다. (ありうる : 있을 수 있다)
④ 동사(ます形) ＋ かねる。 ～할 수 없다.
⑤ 동사(ます形) ＋ 得ない。 ～일 수 없다. (ありえない : 있을 수 없다)

25 次の文の(　　)の中に最も適当なものを入れなさい。

父の病気で(　　)いた家の建築計画を、全快とともに進めることになった。

① 繰り上げて　　② 見合わせて
③ 押し進めて　　④ とまどって
⑤ 塞いで

해설

아버지 병 때문에 망설여 왔던 집 건축계획을, 전쾌(병이나 상처가 완전히 낫다)와 함께 진행하기로 되었다.

① 순서를 앞으로 당기다. 기일을·당기다. ② 보고 비교하다. 마주보다.
③ 추진하다. 진행시키다. ④ 수단·방법을 몰라 망설이다. 당황하다. (戸惑う)
⑤ 구멍·통로·귀를 막다.

26 다음 문장을 일본어로 바르게 옮긴 것을 고르세요.

이번 시험이 걱정이 되어서 TV를 봐도 즐겁지 않다.

① こんどの試験が気が進まなくでテレビを見ていても楽しくない。
② こんどの試験が気を配ってテレビを見ていても楽しくない。
③ こんどの試験が気になってテレビを見ていても楽しくない。
④ こんどの試験が気にくわなくてテレビを見ていても楽しくない。
⑤ こんどの試験が気にしてテレビを見ていても楽しくない。

해설

➡ ③ 신경이 쓰이다. 걱정이 되다. 마음에 걸리다. (気になる · 心配になる · 気に掛かる)
① 스스로 하고 싶은 의욕이 없다. (気が進まない)
② 마음쓰다. 배려하다. (気を配る)
④ 마음에 들지 않다. (気に食わない · 気に入らない)
⑤ 걱정하다. (気にする · 心配する)

27 일본어를 우리말로 바르게 옮긴 것을 고르세요.

もはや優勝の見込みはなくなった。

① 이미 우승은 못 하게 되었다.
② 이미 우승의 가능성은 없어졌다.
③ 이미 우승의 감격은 사라졌다.
④ 이미 우승의 매력은 사라졌다.
⑤ 이미 우승의 순간은 잊혀졌다.

해설

見込み : 예상. 희망. 가망. (見込み違い : 예상이 빗나가다)

• 次の文の下線の部分と同じ意味で使われているものを一つ選びなさい。

28 彼女の顔はいまにも泣きそうにゆがんだ。

① 彼はたいへんな勉強家だそうだ。　② 明日は雨天であるそうだ。
③ 彼のお父さんは立派だそうです。　④ その品物は上等そうですね。
⑤ 田中さんのお父さんにたのまれたそうです。

해설

그녀의 얼굴은 지금이라도 울 것같이 비뚤어졌다. (일그러졌다)

そう문장은 そう앞에 어떤 형이 왔느냐를 생각하면 쉽게 풀 수 있다.

동사 · い형용사 · な형용사 · 명사(기본체) ＋ そう는 전문을 나타내고, 그 외의 문장은 양태를 나타낸다.

① 그는 대단히 공부를 열심히 하는 사람이라고 합니다. (전문)
② 내일은 비가 내린다고 한다. (전문)
③ 그의 아버님은 훌륭하다고 합니다. (전문)
④ 그 물건은 좋을 것 같습니다. (양태)
⑤ 다나까씨의 아버님에게 부탁(頼む) 받았다고 합니다. (전문)

29 学生なので割引きです。下線の部分の意味を一つ選びなさい。

① 必然　② 責任
③ 理由　④ 当然
⑤ 義務

해설

학생이기 때문에 할인입니다.

ので : 객관적으로 명백한 원인 · 이유 · 근거의 관계를 나타낸다.

30 **다음 밑줄 친 부분의 「とる」와 같은 의미로 사용된 것을 고르세요.**

料理をするときじゃまなのでエプロンをとってしまった。

① よごれた着物のしみをとる。　② 先生は毎時間出席をとる。
③ 歌に合わせて拍子をとる。　④ りこうな人はよくチャンスをとる。
⑤ 姉はわがままな弟のきげんをとる。

해설

요리를 할 때 방해가 되기 때문에 앞치마를 떼어 버렸다.

① 더러워진 옷의 얼룩을 지우다.
汚れた着物の染みを抜く。衣類についた染みを抜く : 의류에 묻은 얼룩을 빼다)
取る物も取り敢えず。아주 급하게 달려가는 것. 챙길 것도 미처 챙기지 못하고(押っ取り刀).

② 선생님은 매시간 출석을 부른다.　③ 노래에 맞추어 박자를 맞추다.

④ 영리한 사람은 찬스를 잘 잡는다(チャンスを得る). (利口 : 똑똑하다. 현명하다)

⑤ 누나는 멋대로인 남동생의 비위를 맞춘다. (機嫌を取る : 아부하다)

31 **次の文の下線の部分の意味を一つ選びなさい。**

彼はマラソンで四マイルをかけて、とうとうあごを出した。

① 疲れた　② 休んだ
③ 倒れた　④ 死んだ
⑤ 無視した

해설

그는 마라톤으로 4마일을 달려서, 마침내 기진맥진했다.

① 피곤하다.　② 쉬다. 결석하다.
③ 넘어지다.　④ 죽다.
⑤ 무시하다.

32 下線の部分の間違っているものを一つ選びなさい。

① 昨日習ったばかりですから、良く出来るわけです。

② そんな計画ではこの仕事が成功するわけがなかった。

③ あなた１人が悪いというわけではありません。

④ きょうは忙しいので、遊んでいるわけにはいかない。

⑤ 今日はテニスをするわけになっています。

해설

➡ ⑤ するわけになっています。 → するはずになっています。

① 어제 배웠기 때문에, 잘할 수 있습니다. (당연한 문장)

② 그런 계획으로는 이 일을 성공할 리가 없었다. (はずがない : ～일 리가 없다)

③ 당신 혼자만 나쁘다고 하는 것은 아닙니다. (전면부정)

④ 오늘은 바쁘기 때문에, 놀고 있을 수는 없습니다. (불가능)

⑤ 오늘은 테니스를 하기로 되어 있습니다. (예정)

33 「口車にのせられる。」の意味を一つ選びなさい。

① 自家用車にのせられる。

② 車を買う。

③ 人から呼ばれる。

④ うまいぐあいに言いくるめられる。

⑤ 以前と同じことを聞かされる。

해설

감언이설에 속아 넘어가다.
(口車に乗る : 상대의 감언이설에 속다. 口車に乗せる : 감언이설로 속이다)

① 자가용차에 태워지다.

② 차를 사다.

③ 남이 부르다. 호출되다.

④ 감언이설에 속아 넘어가다.

⑤ 전과 똑같은 것을 들었다.

34 次の文の(　　　)の中に最も適当なものを入れなさい。

いいアパートを見つけた。部屋が広くて、南向きで(　　　　)駅から歩いて5分だ。

① しかし　　② しかも
③ だから　　④ それでも
⑤ したがって

해설

좋은 아파트를 찾았다. 방이 넓고, 남향이고 게다가 역에서 걸어서 5분이다.

① 그러나. (역접)
② 게다가. (その上 · それに · お負けに · かつ)
③ ～이기 때문에. (이유나 원인)
④ 그러나. (역접. でも)
⑤ ～에 따라서.

35 次の文の(　　　)の中に最も適当なものを入れなさい。

このホテルでは一流(　　　)豪華な雰囲気を味わえます。

① ならではの　　② さえの
③ かぎりの　　④ までの
⑤ らしいの

해설

이 호텔에서는 일류만이 할 수 있는 호화스러운 분위기를 맛볼 수 있습니다.

① 名詞 ＋ ならでは : ～가 아니면은 할 수 없다. ～만이 할 수 있다.

36 次の文の(　　　)の中に最も適当なものを入れなさい。

事件は解決したかにみえた、(　　　)一ケ月たって新しい事実が現れたのである。

① ところが　　② それで
③ たとえば　　④ それでは
⑤ したがって

해설

사건은 해결된 것처럼 보였다, 그러나 1개월 지나서 새로운 사실이 발견되었던 것이다.

① 그러나.　　② 그래서.
③ 예를 들면.　　④ 그러면.
⑤ 따라서.

37 次の文の下線の部分の意味を一つ選びなさい。

この十年があっという間に去ってしまった。

① 日当　　② 突然
③ 瞬間　　④ 永遠
⑤ 徐々に

해설

지난 10년이 눈 깜짝할 사이(짧은 시간)에 지나가 버렸다.

굉장히 짧은 시간. 순간. (瞬く間に売り切れる。 눈 깜빡할 사이에 매절되다)
(束の間に・またたく間に・見る間に・ちょんの間・ちょいの間・見る見る・忽ち)

① 일당. 하루의 수당.　　② 돌연. 갑자기. (突如)
③ 순간.　　④ 영원.
⑤ 서서히. (次第に・徐に)

38 次の文の下線の部分と同じ意味で使われているものを選びなさい。

営業成績でトップになることは入社以来の望みだった。今期ようやくその<u>思いを晴らす</u>ことができた。

① 側杖を食う。　② 思いに耽る。
③ うらみをはらす。　④ 思い半ばに過ぎる。
⑤ ものを言う。

해설

영업성적에서 톱이 되는 것은 입사 이래의 희망이었다. 지금의 시기에서 드디어 그 한을 풀 수 있게 되었다.

① 자신과는 관계없는 일에 봉변을 당하다. 남의 사건에 말려들어 골탕 먹다.
(傍杖を食う · とばっちりを受ける · 巻き添えを食う)
갑자기 사물을 행하는 것. 예고 없이 일이 발생하다. 아닌 밤중에 홍두깨.
(藪から棒 · 寝耳に水 · 出し抜け)
② 회상하다.
③ 원한을 풀다. 소원을 이루다. 술에 화풀이하다. (恨みを晴らす)
④ 짐작이 가다. 짐작하다. (見当を付ける)
⑤ 참견해서 말하다. 효과를 올리다. 도움이 되다.
(物を言わせる : 도움이 되게 하다. 돈의 힘을 빌리다)

39 次の文の(　　　)の中に最も適当な言葉を入れなさい。

生き物ですから出来るだけお早めに(　　　)。

① お召し上がりになって下さい。　② お召し上がって下さい。
③ お召し上がりして下さい。　④ 召し上がって下さい。
⑤ お召し上がりになられて下さい。

해설

신선한 것이기 때문에 가능한 한 빨리 드십시오.

(가능한 한. 될 수 있는 한. 出来(でき)るだけ · 成(な)る丈(たけ) · 成(な)る可(べ)く)

존경어 뒤에는 くださいが 올 수 있지만 겸양어 뒤에는 くださいが 올 수 없다.

(○) お話しください。　めしあがってください。

(X) お話ししてください。 いただいてください。

40 次の文の(　　)の中に最も適当な言葉を入れなさい。

今日(きょう)はお忙(いそが)しいところを(　　)ありがとうございます。

① おいでまいりまして　② おいで願いまして

③ おいでいたしまして　④ おいでいただけまして

⑤ おいでいただきまして

해설

오늘은 바쁘신 중에도 와주셔서 고맙습니다.

① 오다. 가다의 겸양어. (参(まい)る)

⑤ 와 주셔서. (おいでくださいまして)

41 次の文の(　　)の中に最も適当な言葉を入れなさい。

金(キム)さんには大変(たいへん)お世話(せわ)になりました。今後(こんご)ともよろしく(　　)ください。

① 白状(はくじょう)して　② ご恐縮(きょうしゅく)

③ いただいて　④ お願い

⑤ ご指導

해설

김씨에게는 대단히 신세를 많이 졌습니다. 앞으로도 많은 지도 바랍니다.

① 白状する : 고백하다. (告白(こくはく)する)　② 죄송스럽게 여김.

⑤ 지도해 주다. 보살펴 주다.

● 次の文の(　　　)の中に最も適当な言葉を入れなさい。(42〜49)

42 あの店(みせ)の主人(しゅじん)は(　　　)ので、商売(しょうばい)もうまくいっている。

① 心得違(こころえちが)い。　② 腰(こし)が低(ひく)い。
③ 雨降(あめふ)って地固(じかた)まる。　④ へそで茶(ちゃ)を沸(わ)かす。
⑤ 山(やま)を当(あ)てる。

해설

저 가게 주인은 예의가 바르기 때문에, 장사도 잘하고 있다.

① 도리에 맞지 않다. (筋(すじ)が違(ちが)う · 見当違(けんとうちが)い)

② 예의바르다. 겸손하다.

③ 비 온 뒤에 땅이 굳는다. 분규 뒤에 오히려 상황이 호전되다.

④ 우스워서 견딜 수가 없다. 배꼽 빠지다.

⑤ 행운이 오다. 금맥을 찾다. 시험에서 예상이 적중하다. (山が当たる)

43 国(くに)へ帰(かえ)ったときの話(はなし)の(　　　)にしよう。

① 枝(えだ)　② 実(み)
③ 花(はな)　④ 種(たね)
⑤ こずえ

해설

고향에 돌아갔을 때 이야깃거리로 삼자. (話(はなし)の種(たね) : 화젯거리)

② 가지.　③ 열매.

⑤ 나뭇가지 끝. (우듬지)

44 バスの窓(まど)からみると(　　　)丘(おか)が続(つづ)いていた。

① なだらかな　② ゆったりした
③ ゆるやかな　④ ゆるい
⑤ がばがば

해설

버스의 창으로부터 보면 완만한 언덕이 계속되고 있다.

① 완만한. ② 여유 있다. 넉넉하다.

③ 느슨하다. 완만한 고개. 규율 등이 엄하지 않은 것 (緩やか). (坂 : 비탈길. 고개)

④ 느슨하다. 헐겁다. (緩い) ⑤ 파도가 철석철석. 옷이 헐거운 모습.

45 お金がないので、(　　　)今これだけ払っておこう。

① とりあわず ② とらわれず

③ とりあえず ④ とりあげず

⑤ とれみれば

해설

돈이 없기 때문에, 우선은 지금 갖고 있는 것만 지불해 주지.

① 서로 잡다. (取り合う) ② 붙들리다. 사로잡히다. (捕われる · 囚われる)

③ 우선은. 일단은. 제일 먼저. (取り敢えず)

④ 들어올리다. 받아들이다. 거론하다. 문제삼다. (取り上げる)

46 そんな(　　　)でパーティーへ行くんですか。

① かたち ② ようす

③ かっこう ④ 結構

⑤ 外観

해설

그런 모습으로 파티에 가십니까?

① 형태. (形) ② 모습. (様子)

③ 모습. (恰好 · 格好) ④ 짜임새. 좋음. 충분함.

⑤ 외관. 겉으로 보이는 모습. (見かけ · 上辺 · 外見 · 外見)

47 ずいぶん長い間彼と話し込んでいましたね。一体何の話ですか。ほんの(　　)話ですよ。

① 社会　　② 世の中
③ 世間　　④ 大衆
⑤ わたり

해설

상당히 긴 시간 동안 그와 이야기에 골몰하시더군요. 도대체 무슨 이야기입니까. 그저 세상사는 이야기였습니다. (世間ばなし : 잡담. 세상의 일반적인 이야기. 유쾌한 이야기)

① 사회.　　② 세상.
④ 대중.　　⑤ 건너다. 횡단하다. (渡る)

48 早く彼の家に行ってケンカを(　　)ください。

① とめて　　② なくして
③ ちゅうしして　　④ おわって
⑤ やめて

해설

빨리 그의 집에 가서 싸움을 말려 주세요.
喧嘩腰 : 처음부터 싸움을 걸려고 하는 태도. 喧嘩早い : 걸핏하면 싸우려 들다.
喧嘩を売る : 싸움을 걸다. (喧嘩をしかける)
喧嘩を買う : 시비 건 사람의 싸움 상대가 되다. 남의 싸움을 떠맡다.
① 차를 세우다. 싸움을 말리다. (止める)
② 기억 · 재산을 잃어버리다(無くす). 죽다. 없애다(亡くす).
⑤ 그만두다. 담배 · 술을 끊다. 회사를 그만두다. 애인과 절교하다.

49 遠くの道を通る車の音が(　　)聞こえる。

① かすかに　　② うっすら
③ ほんのり　　④ ほのかに
⑤ とうとう

해설

먼길을 지나가는 자동차 소리가 어렴풋이 들린다.

① 모습 · 동작 · 소리가 어렴풋이 멀리서 들려오는 느낌. (微かに)

② 살며시. 희미하게(그림자 · 눈). (ほのかに · ほんのわずか · 薄ら · 薄ら)

③ 어렴풋이. 어슴푸레(색채 · 빛 · 냄새). (薄ら · 薄ら)

④ 분간할 수 없는. 어렴풋이. 희미한. (仄かに)

⑤ 마침내. 결국은.

• 次の文の(　　)の中に最も適当な言葉を入れなさい。 (50〜52)

50 入学祝いにいただいた万年筆で(　　)お礼の手紙を書いた。

① 急に　② さっそく

③ たちまち　④ いきなり

⑤ にわかに

해설

입학 축하로 받은 만년필로 즉시(곧바로) 감사 편지를 썼다. (早速 : 즉시. 곧바로)

① 급히. (急に)　③ 갑자기. 순간.

④ 별안간. (준비도 없이)　⑤ 갑자기. 별안간.

51 (　　)運転は大変危険です。

① わきみ　② ながめ

③ わきめ　④ うっかり

⑤ なまけ

해설

운전 시 한눈을 팔면 매우 위험합니다.

① 한눈팔며 운전하는 것. (脇見運転)

② 바라보다. 경치. (眺め · 景色)　③ 곁눈질. 옆. (脇目)

④ 부주의한 모습. 깜빡 잊고(건망증). 아무 생각 없이 멍한 모습. 넋을 놓다. 생각이나 계획 없이 시간을 보내는 모습.

⑤ 게으름. (怠け)

52 父は(　　)が悪く、朝から怒ってばかりいる。

① 気分　　② 気持ち

③ 機嫌　　④ 気心

⑤ 気味

해설

아버지는 심기가 불편해서, 아침부터 화만 내고 있다.

① 기분. 스스로의 기분.　　② 기분. 다른 것으로부터 영향을 받은 기분.

③ 표정 · 태도 등이 나타난다. (유쾌 · 불쾌 등이 나타남)

機嫌を取る : 눈치를 보다. 비위를 살피다. 機嫌伺い : 안부를 여쭙다.

機嫌買い : 변덕쟁이. (お天気屋)

④ 기분이나 성질. (気心 : 気持ちや性質)

⑤ 気味が悪い : 왠지 모르게 무섭다. 불길하다. (無気味 · 不気味)

気味がいい : 남이 실패하는 것을 좋아하는 것. (いい気味 · それ見たことか · 様を見ろ)

53 次の文の(　　)の中に最も適当なものを入れなさい。

頭がいい(　　)何でもよく気が付く。

① ばかりに　　② のに

③ ように　　④ だけに

⑤ なりに

해설

머리가 좋기 때문에 뭐든지 잘 안다. (気が付く : 알다. 눈치채다. 회복하다)

① ～인 탓으로. ～이기 때문에. (ばかりに라고 하는 형으로 그것만이 원인 · 이유가 있다고

하는 의미를 나타내며 부정적인 문장에 사용한다)

② のに : ~인데도. ~했는데도. (역접의 확정조건)

예상하지 않았던 결과가 발생해서 원래의 상태로 돌아갈 수 없을 때, 비난이나 불만, 안타까움의 뜻을 나타낸다.

③ ~처럼. (비유나 예시문장에서 사용한다)

④ ~이기 때문에 더욱더 그렇다. 당연한 귀결의 문장에서 사용한다.

(だけに · だけあって · だけのことはある)

⑤ ~하든지. ~대로(言うなり : 말하는 대로).

나름대로(私なりの : 내 나름대로). ~모양 · 꼴(…たまごなり : 계란 모양).

- 次(つぎ)の文(ぶん)の(　　)の中(なか)に最(もっと)も適当(てきとう)な言葉(ことば)を入(い)れなさい。(54~55)

54 辛抱(しんぼう)するのはいいが、ストレスが(　　)よ。

① あつまる　② つもる

③ たまる　④ きく

⑤ けす

해설

참는 것은 좋지만, 스트레스가 쌓입니다. 辛抱強(しんぼうづよ)い : 참을성이 많다. (我慢強(がまんづよ)い)

① 사람 · 동물 등이 한곳으로 모이다. 집중하다. 모여 있다. (集(あつ)まる)

② 눈 · 먼지가 쌓이다. 처리하지 않았던 일 등이 쌓이고 쌓이다. (積(つ)もる)

③ 스트레스 · 먼지가 쌓이다. (溜(た)まる). 저금이 늘다. 숙제가 쌓이다. (貯(た)まる)

④ 감식능력이 있다. 기능이 뛰어나다. 할 수 있다. 무리가 통하다. (効(き)く)

효능이 있다. 잘 듣는다. (薬(くすり)がよく効(き)く : 약이 잘 듣는다. 利(き)き目(め)が早(はや)い)

⑤ 켜져 있는 것을 끄다. (消(け)す)

55 病人(びょうにん)に(　　)の言葉(ことば)をかける。

① ほうび　② つぐない

③ いたずら　④ とがめ

⑤ いたわり

해설

환자에게 위로의 말을 건네다. (걸다)

(敗者(はいしゃ)にもいたわりの言葉(ことば)をかける。 패자에게도 위로의 말을 건네다)

① 상.　　② 속죄의 보상.

③ 장난.　　④ 힐책. 비난.

⑤ 労(いたわ)り : 위로(ねぎらう). 소중히 하다. 공적(手柄(てがら)). 고생(骨折(ほねお)り).

56 다음 문장을 우리말로 바르게 옮긴 것을 고르세요.

自分(じぶん)は正(ただ)しいつもりでも、ほかの人(ひと)から見(み)ればまちがっていることもある。

① 자신은 올바르게 할 생각이라도, 남이 보면 잘못된 경우도 있다.

② 자신은 올바른 일을 하고 있더라도, 남이 보면 잘못된 경우도 있다.

③ 자신이 올바르다고 생각하면, 남이 보아도 올바르게 된다.

④ 자신이 올바른 경우라면, 남이 보아도 올바르게 된다.

⑤ 자신은 올바르다고 생각해도, 남이 보면 잘못된 경우도 있다.

해설

間違(まちが)う : 실수하다. 틀리다.

- 次の文の(　　　)の中に最も適当な言葉を入れなさい。 (57～58)

57 ほんとうかな、あの話、うそに(　　　)んじゃないか。

① 聞こえる　　② いく

③ きまってる　　④ なる

⑤ きる

해설

정말일까, 그 이야기, 거짓말이 뻔하잖아.

…に決(き)まっている : ～에 틀림없다. (に違(ちが)いない · に相違(そうい)ない)

58 彼(かれ)は蛇(へび)のように執念(しゅうねん)(　　　)。

① 高(たか)い　　② 低(ひく)い
③ 強(つよ)い　　④ 深(ぶか)い
⑤ 災(わざわ)い

해설

그는 뱀처럼 집념이 강하다. (執念深(しゅうねんぶか)い)

① 높다. 비싸다.　　② 낮다.
③ 강하다. 관심이 많다.　　④ 깊다.
⑤ 사람에게 불행을 가져오는 일. 불쾌한 것. 주로 감동표현에 사용. (災厄(さいやく)·災難(さいなん))

59 (　　　)の中に適当な言葉を入れなさい。

ひま(　　　)あればよく出かけていった(　　　)です。

① も　── だけ　　② さえ ── もの
③ だけ ── つもり　　④ ほど ── の
⑤ が　── ばかり

해설

시간(暇(ひま))만 있었다면 자주 외출했던 것입니다.
동사(ます形) + さえ + 가정형(ば) 의 형으로 그것만으로도 충분(それだけでじゅうぶん)하다고 하는 의미를 나타낸다. (이것만 하면 모든 것은 끝난다) 특별한 예를 들어 ~이기 때문에 다른 것은 물론이라고 하는 의미를 나타낼 때.
「…でさえ」「…ですら」의 형으로 사용하는 일도 많다. (부정적인 문장에 사용) ~한테 마저도(게다가) 라는 의미를 나타낸다.

• 次の文の(　　)の中に最も適当な言葉を入れなさい。(60～61)

60 この苦難の時代を(　　)のは容易でない。

① 息抜き　② 生き抜く
③ かけ抜ける　④ 息が詰まる
⑤ 思い込む

해설

이렇게 어려운 시대를 살아가는 것은 손쉬운 일은 아니다.

① 잠시 쉬다. 한숨 돌림.　② 고통을 참고 살아가다.
③ 뛰어 뚫고 지나가다. (駆け抜ける)　④ 긴장으로 숨이 막히다.
⑤ 골몰하다. 완전히 믿다.

61 まだ使えるのに捨てるのは(　　)。

① もったいらしい　② 執心する
③ いやらしい　④ もったいない
⑤ 気持ち悪い

해설

아직 사용할 수 있는데 버리는 것은 아깝다.

① 과장되다. 대단한 체하다. (大層らしい · 大変気取り)
정말 그럴싸하게 행동하다. (勿体を付ける · 勿体振る · 尤もらしい)
② 골몰하다. 집착하다.　③ 징그럽다.
④ 아깝다.　⑤ 기분 나쁘다.

62 다음 문장의 의미를 바르게 설명한 것을 고르세요.

友達と立ち飲みをしていて、終電に乗り遅れるところでした。

① 友達といっぱい飲んだが、終電が遅れて来たので、間に合った。

② 友達といっぱい飲んで、家へ帰らなかった。

③ 友達ともうちょっと飲んでいたら、終電に乗れなかったはずだ。

④ 友達といっぱい飲んで、終電に乗れなかった

⑤ 友だちと飲んでいて、終電に乗るのを忘れていた。

해설

친구와 술을 마시고 있어서, 막차를 놓칠 뻔했습니다.

동사 (기본형) ＋ ところでした : ～일 뻔 했습니다.

① 친구와 한잔 마셨지만, 막차가 늦게 왔기 때문에, 탔다.

② 친구와 한잔 마셨기 때문에, 집에 가지 못했다.

③ 친구와 조금만 더 마셨다면, 막차를 탈 수 없었다.

④ 친구와 한잔 마셨기 때문에, 막차를 탈 수 없었다.

⑤ 친구와 마시고 있어서, 막차 타는 것을 잊어버렸다.

63 「この程度であきらめるなら死んだほうがましだ。」의 올바른 우리말을 고르세요.

① 이 정도로 비참한 생활이라면 죽는 게 낫다.

② 이 정도에서 지쳤다면 죽는 게 낫다.

③ 이 정도로 불필요하다면 없애는 것이 낫다.

④ 이 정도에서 단념한다면 죽는 게 낫다.

⑤ 이 정도에서 질렀다면 죽는 것이 좋겠다.

해설

まし : 다른 것과 비교해서 우수한 것. 가장 좋은 것.

そんなことするくらいなら、むしろ死んだ方がましだ。그런 짓을 할 바에는, 차라리 죽는 것이 낫다.

64 次の文の下線の部分と同じ意味で使われているものを選びなさい。

この仕事の責任者としては、若い彼には<u>荷が勝つ</u>んじゃないか。

① 負担になる。　② 細大もらさず。
③ 引けを取る。　④ 引き分けになる。
⑤ ひいきにする。

해설

이 일의 책임자로서는, 젊은 그 사람에게는 능력이상이 아닙니까.
(荷が勝つ · 荷になる : 그 사람의 능력이상으로 부담이 크다. 부담이 되다)

① 부담이 되다.
② 하나도 빠뜨리지 않다.
③ 지다. (輸する · 劣る · 負ける)
④ 무승부가 되다. (相子 · 引き分け)
⑤ 편들다. (肩を持つ · 肩を貸す · 肩を入れる · 味方する · 引き立てる · 後援する)

65 다음 중 밑줄 친 부분의 의미가 다른 것을 고르세요.

① こんな過ちは二度と繰り返す<u>まい</u>。
② つまらないことは考え<u>まい</u>。
③ 彼も今更親には頼る<u>まい</u>と覚悟を決めたようだ。
④ あのいまわしい事件は、思い出す<u>まい</u>としても思い出される。
⑤ 問題は複雑だから、そんなに簡単には解決でき<u>まい</u>。

해설

まい : 부정추측 · 부정의지를 나타낸다.

동사 I (기본형) + まい。　동사 II (ます形) + まい。

동사 III する : しまい · すまい · するまい · せまい。

来る : 来まい · 来まい · 来るまい · 来まい。

기본형을 대신할 수 있는 것은 ます이다.

동사III은 모두 사용할 수 있지만 기본형으로 가장 많이 사용된다.

① 이런 실수는 두 번 다시 반복하지 않을 것이다. (의지)

② 시시한 것은 생각하지 않을 것이다. (의지)

③ 그도 지금에 와서 부모님에게는 의지하지 않겠다고 각오를 한 것 같다. (의지)

④ 저 불길한 사건은, 기억하지 않으려고 해도 기억이 난다. (의지)
(忌まわしい : 불길하다. 꺼림칙하다)

⑤ 문제는 복잡하기 때문에, 그렇게 간단하게는 해결되지 않을 것이다. (추측)

66 次の文の下線の部分の正しい日本語を一つ選びなさい。

선생님 양국의 우호를 위해 노력을 기울여 주시면 기쁘겠습니다.

① ご努力下さったら　② ご尽力下さったら

③ ご尽力をつくして下さったら　④ ご努力して下さると

⑤ 努力をかたむけて下さったら

해설

力を尽くす : 힘을 써주다. (能力 : 능력·労力 : 노력. 수고. 일손)
(努力 : 내가 노력하다. 尽力 : 어떤 목적의 실현을 위해 힘을 다하는 것. 상대가 노력하다)
傾ける : 몸을 기울이다. 집중하고 듣다. 경청하다. 전력을 다하다.

67 下線の部分が正しく訳されたものを一つ選びなさい。

この岩は重すぎて、私１人ではとても支えきれない。

① 끝까지 지탱할 수 없다.　② 들지 못했다.

③ 누르는 것이 가능하다.　④ 지탱할 수 있다.

⑤ 떠받들다.

해설

이 바위는 너무 무거워서, 나 혼자로서는 도저히 지탱할 수 없다.
支える : 떠받들다. 지탱하다. (동사(ます形) ＋ きれない : ～할 수 없다)

68 「胸の奥のもどかしさはどうすればいいの。」의 올바른 해석을 고르세요.

① 가슴속의 답답함은 어떻게 해야 좋으니.

② 가슴속의 돌이킬 수 없는 생각은 어떻게 해야 좋을지.

③ 가슴속의 망설임은 어떻게 해야 좋은지.

④ 마음의 평정을 찾으려면 어떻게 해야 좋을지.

⑤ 가슴속의 섭섭함은 어떻게 하면 좋으냐.

해설

もどかしい : 안타깝다. 답답하다. (いらいらする · 焦れったい · 歯痒い)
비난하고 싶다. 마음에 안 들다. (気に食わない)
胸が一杯になる。 심한 감동으로 가슴이 꽉 찬 모습. 슬픔이나 기쁨 등으로 마음이 벅차다.
(胸がつまる)

69 다음 밑줄 친 부분의 의미와 가장 가까운 것을 고르세요.

彼女には人の意見を無視する嫌いがある。

① 習慣 ② 確信
③ 傾向 ④ 好感
⑤ 増悪

해설

嫌いがある : ~하는 경향이 있다.

① 습관. ② 확신.
③ 경향. ④ 호감.
⑤ 증오. (増悪が募る : 증오가 심해지다)

70 우리말을 일본어로 바르게 옮긴 것을 고르세요.

아침에 그녀에게 전화해서 오늘 일정을 확인하려고 했지만 그녀는 대화 자체를 거부했다.

① 朝彼女に電話して今日のスケジュールを確認しようとしたが彼女は対話そのものを拒んだ。
② 朝に彼女に電話して今日のスケジュールが確認しようとしたが彼女は対話その自体を拒んだ。
③ 朝彼女に電話して今日のスケジュールを確認させまいとしたが彼女は対話その自体を拒んだ。
④ 朝に彼女に電話して今日のスケジュールを確認したが彼女は対話その自体を拒んだ。
⑤ 朝彼女に電話して今日のスケジュールを確認させたが彼女は対話それ自体を拒んだ。

해설

拒む : 거절하다. 거부하다. 저지하다. 막다.

71 下線の助詞の用法が当ているものを一つ選びなさい。

梅の木の実の青い<u>のを</u>取って食べた。

① 私はそ<u>の</u>器の色彩の美しさにみとれてしまった。
② 彼は力も強かったが、走る<u>のも</u>速かった。
③ 大雪<u>の</u>ため列車の着くのが３時間も遅れた。
④ これなんな<u>の</u>。子どもは不思議そうにたずねた。
⑤ くらい夜道はこわい<u>ので</u>みんなで歌を歌いながら歩いた。

해설

매화나무 열매의 파란 것을 따먹었다. (の : 활용형의 기본체에 접속해서 그것을 체언화한다)

① 나는 그 도자기의 색채의 아름다움에 빠지고 말았다.

② 그는 힘도 강했지만, 달리는 것도 빨랐다.

③ 대설 때문에 열차 도착하는 것이 3시간씩이나 늦었다.

④ 이거 뭐야. 아이는 불가사의한 듯이 질문했다.

⑤ 어두운 밤길은 무섭기 때문에 모두 같이 노래를 부르면서 걸었다.

72 다음 중 밑줄 친 부분이 잘못된 것을 고르세요.

① この2(に)、3日(さんにち)どうも寝(ね)つきが悪(わる)くてうとうとするともう朝(あさ)だ。

② あいつがケーキをこっそり食(た)べたのにちがいない。

③ そんなことは信(しん)じないが、あなたの気持(きも)ちだけは分(わ)かってるよ。気やすめになったんだよ。

④ こんな危(あぶ)ないことを一度(いちど)ならず二度(にど)までも。

⑤ 本当(ほんとう)にうれしいパーティーだった。

해설

⑤ 嬉(うれ)しい (기쁘다) → 楽(たの)しい (즐겁다)

嬉しい : 외부로부터의 자극에 의한 감정. 일시적으로 느끼고 있는 것

楽しい : 자발적으로 느끼는 것. 계속해서 느낄 수 있는 것.

① 최근 2, 3일 잠이 안 와서 꾸벅꾸벅 졸다 보면 벌써 아침이다.
(寝付(ねつ)きが悪(わる)い : 잠이 안 온다)

② 저 자식이 케이크를 몰래 먹은 게 틀림없다.

③ 그러한 것은 믿지 않지만, 너의 마음만큼은 알고 있다. 안심이 되었다.
(気休(きやす)め : 일시적으로 안심시키는 것. 변명으로 마음을 안심시키는 것)

④ 이렇게 위험한 일을 한 번도 아니고 두 번씩이나.

⑤ 정말로 재미있는 파티였다.

73 次の文の下線の部分と同じ意味で使われているものを選びなさい。

彼が近々転勤することがわかっていたなんて、君もよほど<u>読みが深い</u>ね。

① 先立つ物は金。　② ゆとりのない考え。
③ 同じ実力で勝負がつかない。　④ 根も葉もない事を言って困らせる。
⑤ 物事の本質を見抜く能力に優れている。

해설

그가 조만간에 전근하는 것을 알고 있었다니, 자네도 예측이 대단하네.
読みが深い : 어떤 사물에 대한 이해 · 통찰의 방법이 다면적으로 치밀하다.
先見の明 : 선견지명. 見通す (⇔ 読みが浅い)
① 가장 필요한 것은 돈. (先立つ : 먼저 죽다. 먼저 위치를 점유하다. 우선 필요로 하다)
② 융통성이 없는 생각. 융통성이 없다. (けちな了見)
けち : 구두쇠. 초라하다. 가치가 없다. 빈약. 불길.
③ 실력이 같아서 승부가 나지 않는다.　④ 트집을 잡다. (言い掛かりを付ける)
⑤ 사물의 본질을 간파하는 능력이 뛰어나다.

74 よくやった。<u>天晴れ天晴れ</u>。下線の部分の意味を一つ選びなさい。

① 맑은 하늘이다.　② 잘했다.
③ 기분 좋다.　④ 곧 비가 오겠다.
⑤ 아무것도 걱정할 게 없다.

해설

天晴れ : 행동이나 태도가 훌륭한 것. 칭찬할 때 하는 말. (出来した · 偉い · 見事だ · 感心だ)

75 우리말을 일본어로 바르게 옮긴 것을 고르세요.

그것은 서랍 안에 넣어 두었습니다.

① それはひきだしの中に入っています。

② それはひきだしの中に入れています。

③ それはひきだしの中に入れておきました。

④ それはひきだしの中に入れてありました。

⑤ それはひきだしの中に入っておきました。

해설

동사(て形) + おく : ~해 놓다. ~해 두다.
(미리, 사전에 어떤 행위를 준비해 두다)

76 다음은 인사말의 여러 가지이다. 잘못 연결된 것을 고르세요.

① おはようございます。 ── 今日はよいおてんきですね。

② ごめんください。 ── 奥様いらっしゃいますか。

③ おまたせいたしました。── どうぞこちらへ。

④ はじめまして。 ── おひさしぶりです。

⑤ ごきげんよう。 ── さようなら。

해설

➡ ④ 처음 뵙겠습니다. ── 오래간만입니다.

① 아침 인사. ── 오늘은 좋은 날씨군요.

② 계십니까(남의 집을 방문해서 문을 두들길 때). ── 부인은 계십니까.

③ 오래 기다리게 했습니다. ── 자 어서 이쪽으로.

⑤ (ご機嫌よう : 상대의 건강을 기원하며 헤어질 때 인사)
お変わりありませんか。── 相変わらず元気です。
변함없이 잘 지내십니까. ── 변함없이 건강합니다.

77 次の文の下線の部分の正しい解釈を一つ選びなさい。

あなたのことをうらやましがる人もいます。

① 험담하기 좋아하는
② 말하기 좋아하는
③ 유감스럽게 생각하는
④ 부러워하는
⑤ 슬퍼하는

해설

당신의 일을 부러워하는 사람도 있습니다.
がる : ～하고 싶어하다. (상대의 희망을 나다낸다)

78 次の文の下線の部分の正しい解釈を一つ選びなさい。

頭(あたま)がいいだけに、あのことにはほおかぶりしている。

① 좋으므로
② 좋을 뿐이지
③ 좋지 않아서
④ 좋은지 모르지만
⑤ 좋은 만큼

해설

머리가 좋기 때문에, 그 일은 모르는 척하고 있다.
だけに : ～이기 때문에. (당연한 귀결의 문장에 사용한다)
ほおかぶりをする : 모르는 체하다.
(何食(なにく)わぬ顔(かお)·素知(そし)らぬ顔(かお)·白(しら)を切(き)る·しらばくれる·知(し)らないふりをする)

79 우리말의 일본어 표현으로 가장 적당한 것을 고르세요.

패밀리 레스토랑은 손님들의 요청에 따라 밤 9시까지 영업하기로 하였다.

① ファミレスはお客様(きゃくさま)の要望(ようぼう)に応(こた)えて夜(よる)9時(くじ)までに営業(えいぎょう)することにした。
② ファミレスはお客様の要望に合って夜9時までに営業することになった。
③ ファミレスはお客様の要望に合って夜9時まで営業することにした。
④ ファミレスはお客様の要望に合って夜9時まで営業することになった。
⑤ ファミレスはお客様の要望に応えて夜9時まで営業することにした。

해설

⑤ まで：～까지. (시간 · 기간 · 공간의 범위를 나타낸다)
までに：～까지는. (시간으로서의 限界(한계) · 期限(기한) · 以内(이내), 정해진 정확한 시간을 나타낸다)

80 「お前のような青二才が。」の意味を一つ選びなさい。

① 너와 같은 젊은이가.
② 너와 같은 우수한 인재가.
③ 너와 같은 유망주가.
④ 너와 같은 풋내기가.
⑤ 너 같은 바보가.

해설

풋내기. 아마추어. (素人 · 素人 · 素人 · アマチュア · 初心者)
初心者：세상 물정에 어두운 사람(世慣れない人). 순수한 사람(初心な人).
전문가. (玄人 · 玄人 · プロフェッショナル · 専門家)
初心忘るべからず：처음 배울 때의 겸손하고 진지한 마음을 잊어서는 안 된다.

• 次の文章を読んで、後の問いに答えなさい。 (81～89)

人間は快感を求め、不快感をなくそうと努力する。多くの人、特に若い人にとって、スピード感は快感の中の重要な一種になっている。自転車より自動車の方が好まれる理由の一つは、スピードがより大きい点にある。日常生活のテンポが、だんだん速くなってきたこと自体を進歩と考える人が多いのも、同じ理由からであろう。

[A]人間は年がら年中走りまわっているわけにはいかない。毎日、何時間かは寝なければならない。起きている時でも時々は休息したり、思い切って動作のテンポを遅くしたくなる。熊のように動きの少ない、動きの遅い芸能が今日まで残ったことは、①<u>そういう高度のバランス</u>感と関係があるであろう。

そういうことと関連して、私が前々から気にしていたのは、速さにも遅さにも限度があるはずだということである。速い方も遅い方も、②ある限度を越すと不快感に変ってしまうのではないか。人間の生理的なリズムからあまり離れてしまうことは、危険である[B]でなく、生の感覚より死の感覚に、より近くなるのではないか。そういう限度は、人間の生理にもとづく以上、昔も今も、あまり変らないのではないか。

そんなことを時々、考えたりして、ある時ふと能瀬朝次という学者が昭和十八年に書いた「能の見物今昔」という一文が[C]。彼は室町時代のある日記の内容から、当時の演能の一番一番の平均時間を算出し、それが現在よりずっと短いことを見出した。[D]能のテンポは昔の方が、③かえって速かったことになる。これは注目すべき発見である。遅さに対する忍耐力にも生理的な限度があり、それは昔も今もあまり変っていないらしい。現代人の私が能を見て退屈しがちなのも、④あながち理解力の不足によるものではなさそうに思われる。このことは、また速い方の限界もあまり変りえないことを示唆している。現代のスピード狂的傾向は、やはり異常であり、生理的限界を越している、と考えるほかないであろう。

인간은 쾌감을 구하고, 불쾌감을 없애려고 노력한다. 많은 사람, 특히 젊은 사람으로서는, 스피드감은 쾌감 중에서도 중요한 일종이 되어 있다. 자전거보다 자동차가 선호되는 이유의 하나는, 스피드가 보다 빠르다는 점에 있다. 일상생활의 템포가, 점점 빨라져 오는 것 자체를 진보로 생각하는 사람이 많은 것도, 같은 이유에서이리라.

[A]그러나 인간은 언제나 뛰어 돌아다닐 수 있는 것은 아니다. 매일, 몇 시간은 잠자지 않으면 안 된다. 깨어 있을 때도 가끔은 휴식하기도 하고, 과감하게 동작의 템포를 느리게 하고 싶어진다. 能(能楽 : 일본의 대표적인 가면 음악극)처럼 움직임이 적고, 움직임이 느린 예술이 지금까지 남아 있는 것은, ❶그러한 고도의 밸런스 감과 관계가 있을 것이다.

그러한 것과 관련해서, 내가 전부터 마음 쓰고 있는 것은, 빠른 것도 느린 것도 한도가 있다고 말하는 것이다. 빠른 것도 느린 것도, ❷어떤 한계를 넘으면 불쾌감으로 변해 버리는 것은 아닐까. 인간의 생리적인 리듬으로부터 너무 떨어져 버리는 것은, 위험할 [B]뿐만 아니라, 살아 있는 감각보다 죽음의 감각에, 더 가까워지는 것은 아닐까. 그러한 한도는, 인간의 생리에도 기초가 된 이상, 옛날도 지금도, 그다지 변하지 않는 것은 아닐까.

그러한 것을 가끔, 생각하기도 해서, 어느 한순간 문득 노세아사지라고 하는 학자가 쇼와 18년에 쓴 「能の見物今昔」라고 하는 문장이 [C]눈에 들어왔다. 그는 무로마찌시대의 어떤 일기의 내용으로부터, 당시의 能(のう)(能楽(のうがく)) 공연 하나 하나의 평균시간을 산출해서, 그것이 현재보다 훨씬 짧다는 것을 찾아냈다. [D]그러자 能(能楽)의 템포는 옛날 쪽이, ❸오히려 빨랐던 것이 된다. 이것은 주목해야 할 발견이다. 느린 것에 대한 인내력에도 생리적인 한도가 있고, 그것은 옛날이나 지금도 그다지 변한 것 같지도 않다. 현대인인 내가 能(能楽)를 보고 지루해하기 쉬운 것도, ❹반드시 이해력의 부족에 의한 것은 아니라고 생각된다. 이것은, 또 빠른 쪽의 한계도 그다지 바뀔 수 없는 것을 시사하고 있다. 현재의 스피드 광적 경향은, 역시 비정상적이고, 생리적 한계를 넘어 있다, 라고 생각할 수밖에 없다.

- 文中(ぶんちゅう)の[A]~[D]に入(い)れるのに最(もっと)も適当(てきとう)なものを一つ選(えら)びなさい。

81 [A]

① あるいは　② しかし
③ そこで　④ さらに
⑤ まして

해설

➡ ② 그러나.
① 또는. (または・それとも)　③ 그래서. 거기에서.
④ 더욱더. (부정을 동반하여 조금도. 도무지)
⑤ 하물며. 당연히.

82 [B]

① しか　② まで
③ ぐらい　④ ばかり
⑤ ほど

해설

ばかりでなく：～뿐만 아니라.

(ばかりか·だけでなく·のみならず·のみでなく)

① 밖에. (반드시 부정을 동반) ② 까지.

③ 정도. (대개의 수량) ⑤ 정도. (비교문에)

83 [C]

① 目(め)を覆(おお)った。 ② 目(め)に余(あま)った。

③ 目に沁(し)みた。 ④ 目に入った。

⑤ 目を逸(そ)らした。

해설

➡ ④ 눈에 들어왔다.

① 눈 뜨고 차마 볼 수 없다. ② 눈 밖에 나다. 몰상식하다.

③ 신선해서 강한 인상을 받다. 연기 · 물 등이 눈에 들어와서 아픈 느낌을 받다.

⑤ 눈을 돌렸다. 눈길을 외면하다.

84 [D]

① おまけに ② すると

③ ただし ④ ところが

⑤ しかし

해설

➡ ② 그렇다면. 그러자.

① 게다가. 그 위에. (しかも · そのうえ) ③ 단. 다만. (조건)

④ 그러나. (역접) ⑤ 그러나. (역접)

85 ① 「そういう高度のバランス感」とは、何と何のバランスか。最も適当なものを一つ選びなさい。

① テンポの速(はや)さと遅(おそ)さのバランス。　② 芸術(げいじゅつ)の新(あたら)しさと古(ふる)さのバランス。
③ 人間(にんげん)の快感(かいかん)と不快感(ふかいかん)のバランス。　④ 生(なま)の感覚(かんかく)と死(し)の感覚(かんかく)のバランス。
⑤ 自転車(じてんしゃ)と自動車(じどうしゃ)のスピードのバランス。

해설

➡ ① 템포의 빠름과 늦음의 밸런스.
② 예술의 새로움과 오래된 것의 밸런스.　③ 인간의 쾌감과 불쾌감의 밸런스.
④ 생의 감각과 죽음의 감각의 밸런스.　⑤ 자전거와 자동차의 스피드 밸런스.

86 ② 「ある限度」の意味を表す最も適当なものを一つ選びなさい。

① 人間(にんげん)の進歩(しんぽ)の限度(げんど)　② 人間の生理的(せいりてき)な限度(げんど)
③ 人間の感覚的(かんかくてき)な限度　④ 人間の理解力(りかいりょく)の限度
⑤ 人間の技術(ぎじゅつ)の限度

해설

➡ ② 인간의 생리적인 한도.
① 인간의 진보의 한도.　③ 인간의 감각적인 한도.
④ 인간의 이해력의 한도.　⑤ 인간의 기술의 한도.

87 ③ 「かえって」という言葉(ことば)の使(つか)い方(かた)の間違(まちが)っているものを一つ選(えら)びなさい。

① かえって気をつかわせてしまって、すみません。
② 歩くよりタクシーのほうが速いと思ったのに、かえってだった。
③ かえって心配(しんぱい)をかけると思(おも)い、知(し)らせなかった。
④ 医者(いしゃ)に行ってかえって病気(びょうき)が悪(わる)くなってしまった。
⑤ もうかるどころかかえって大損(おおぞん)だ。

해설

➡ ② かえって遅かったが 되어야 한다.

① 오히려 걱정을 끼쳐 드려서, 죄송합니다.

② 걷는 것보다 택시가 빠르다고 생각했는데, 오히려 늦었다.

③ 오히려 걱정을 끼칠 것이라고 생각해서, 알리지 않았다.

④ 의사한테 가서 오히려 병이 악화되고 말았다.

⑤ 벌기는커녕 오히려 크게 손해를 봤다.

88 ④「あながち」と同じような意味で使われる表現を①～⑤の中から一つ選びなさい。

① あえて　　② けっして

③ おのずから　　④ かならずしも

⑤ 必ず

해설

반드시. 뒤 문장은 부정을 동반함. (あながち · 必ずしも · 一概に · まんざら)

① 굳이. 감히. 무리하게.　　② 절대로. 결코.

③ 저절로. 자연히.　　⑤ 반드시.

89 この文章の中で筆者が最も言いたかったことは何か。最も適当なものを一つ選びなさい。

① 能は高度のバランス感を備えた注目すべき芸能である。

② 忙しすぎる現代人には能のような芸術が必要である。

③ スピードが快感であっても生理的リズムから離れすぎるのはよくない。

④ 年齢によって快感と不快感は異なり、スピードは若者に好まれる。

⑤ テンポの速さと遅さのバランスをくずさないことが重要である。

해설

➡ ③ 스피드가 쾌감은 있어도 생리적 리듬으로부터 너무 벗어나면 좋지 않다.

① 能(能楽)는 고도의 밸런스 감을 갖추어서 주목해야 할 예능이다.

② 너무 바쁜 현대인에게는 能(能楽)과 같은 예술이 필요하다.

④ 연령에 따라 쾌감과 불쾌감은 다르고, 스피드는 젊은이에게 선호된다.

⑤ 속도의 빠름과 느림의 밸런스를 무너뜨리지 않는 것이 중요하다.

90 次の文の(　　)の中に最も適当な言葉を入れなさい。

私のうちは新聞を３(　　)とっている。

① 枚　　② 部

③ 冊　　④ 組

⑤ 幾ら

해설

➡ ②

① 종이. 얇은 것.　　③ 책. (한 권 · 두 권)

④ 한 벌. 세트.　　⑤ 얼마.

91 (　　) 안에 들어갈 적당한 것을 고르세요.

신문 발표에 의하면 내년부터 경기가 좋아진다고 합니다.

新聞の発表(　　)、来年から景気がよくなるそうです。

① にとって　　② によって

③ によると　　④ にすると

⑤ にとると

해설

➡ ③ ~에 의하면. (전문에 사용한다)

① ~으로서. (기분이나 마음적으로 생각해 주는 상대의 입장이나 자기의 입장을 나타낼 때

사용한다)

② ～에 따라서(원인). ～에 의해서(권위).

(권위의 문장일 때, によって 앞에는 대상이 오고, 뒤 문장은 주로 수동형을 동반한다)

92 ( ) 안에 들어갈 가장 적당한 것을 고르세요.

갑자기 날씨가 나빠졌기 때문에 축구시합을 중지할 수밖에 없었다.

天気(てんき)が急(きゅう)に悪くなったので、サッカーの試合(しあい)を( )。

① 中止(ちゅうし)するわけにはいかなかった ② 中止(ちゅうし)するまではなかった

③ 中止させられなかった ④ 中止せざるをえなかった

⑤ 中止しなくてもよかった

해설

④ 중지할 수밖에 없었다. 달리 할 방법이 없었다. 어쩔 수 없다. (余儀(よぎ)なくされた)

• ざるを得ない。(～하지 않을 수 없다)

용법 : 동사(부정형에서 ない만 빼고)＋ざるを得ない。

동사Ⅰ (あ段) ＋ ざるを得ない。 동사Ⅱ (ます形) ＋ ざるを得ない。

동사Ⅲ (する) → せざるを得ない。 くる → こざるを得ない。

의미 : 하지 않으면 안 된다. 어쩔 수 없다는 기분이 포함되어 있다.

食べるためには、いやでも働(はたら)かざるをえない。

먹기 위해서는(살기 위해서는), 싫어도 일하지 않으면 안 된다.

동사(기본형)＋わけにはいかない : ～할 수 없다. 불가능을 나타낸다.

동사(부정형)＋ないわけにはいかない : ～하지 않으면 안 된다.

93 ( ) 안에 들어갈 적당한 것을 고르세요.

上司(じょうし) : 君(きみ)、明日(あした)休(やす)みたいって?

部下(ぶか) : はい、実(じつ)は引(ひ)っ越(こ)しをするので、それで( )。

① 休んでくれたいんですが　② 休んでいただきたいんですが
③ 休ませてあげたいんですが　④ 休ませていただきたいんですが
⑤ 休んでもらいたいんですが

해설

④ 쉬겠습니다.

동사 (て형)＋もらう · いただく。　: 행위는 상대가 하는 것.

동사 (사역형て形)＋もらう · いただく。: 행위는 내가 하는 것.

상사 : 자네, 내일 쉬고 싶다고?

부하 : 네, 실은 이사를 하기 때문에, 그래서 쉬고 싶습니다만.

94 (　　) 안에 들어갈 적당한 것을 고르세요.

A : 本当(ほんとう)にお世話(せわ)になりました。それじゃ、失礼(しつれい)します。

B : (　　　)。

A : いいえ、ここで結構(けっこう)です。

B : そんなこと言わないで一緒(いっしょ)に行きましょう。

① 駅(えき)までお送(おく)りしましょう　② こちらこそお世話(せわ)になりました
③ とんでもありません　④ わたしもそう思いますが
⑤ また来てください

해설

① 역까지 배웅하겠습니다.

身(み)を寄(よ)せる : 남의 집에 동거하면서 신세를 지다.

寄寓(きぐう)する · 世話(せわ)になる · 厄介(やっかい)になる · 面倒(めんどう)を掛(か)ける。신세지다.

世話(せわ)をする · 世話(せわ)を焼(や)く · 面倒(めんどう)を見(み)る。돌보아 주다.

結構(けっこう) : 구조. 뛰어나서 흠이 없는 것(申(もう)し分(ぶん)のない). 충분히 만족하다.
　　충분하지는 않지만 꽤(なかなか).

結構ずくめ : 좋은 일만 있는 것. (명사＋ずくめ : 그것만 있는 것)

とんでもない : 생각지도 못하다. 의외다. 좋은 사람을 딱 만나다.

とんでもない人にばったり出会う。생각지도 못한 사람을 딱 만나다.
뜻하지 않은. 당치도 않다.
とんでもない悪さをする。말도 안 되는 나쁜짓을 한다.
전혀 그렇지 않다. 터무니없다. (滅相もない)
상대의 말을 강하게 부정할 때 사용한다.
とんでもない、私は無関係だ。천만에, 나는 절대로 관계가 없다.

95 다음 문장의 내용과 가장 거리가 먼 것을 고르세요.

日本人は、いかに相手とぶつからないで自分も相手も傷つかないようにするのかを考えるあまり、本当のぶつかり合いがほとんどない。日本人は周囲の目を気にするし、日本人が本気でぶつかり合ったときは決別を意味する。日本人はぶつかり合いとか、ある程度緊張感を伴う議論が出来ないのである。ぶつかり合いをすることに慣れていないので、日本語で外国人に言わなければならないときや、ぶつかり合いが当たり前の国の言葉、すなわち多くの外国語を話すときにもマイナス要因として働く。

① 일본인은 타인을 잘 배려하기 때문에 대인관계에서 충돌할 일이 없다.
② 일본인이 진심으로 타인과 충돌할 때는 결별을 의미한다.
③ 일본인은 타인과의 충돌이나 어느 정도 긴장감을 동반한 논쟁은 잘하지 못한다.
④ 타인과의 충돌에 익숙하지 않은 일본인의 의식은 외국인과의 대화에서도 마이너스 요인이 된다.

해설

➡ ① ぶつかり合い : 서로 충돌함. 맞부딪침. 충돌.

일본인은, 어떤 방법으로 상대와 부딪치지 않고 자신도 상대도 상처받지 않도록 할 것인가를 생각한 나머지, 진정한 충돌이 거의 없다. 일본인은 주위의 시선을 신경 쓰고, 일본인이 진심으로 부딪칠 때는 결별을 의미한다. 일본인은 충돌이라든지, 어느 정도 긴장감을 동반하는 논의를 할 수 없는 것이다. 충돌을 하는 것에 익숙하지 않기 때문에, 일본어로 외국인에게 말하지 않으면 안 될 때나, 충돌이 당연한 나라의 언어, 즉 많은 외국어를 말할 때에도 마이너스 요인으로 작용한다.

96 다음 문장의 내용과 가장 거리가 먼 것을 고르세요.

四十歳代の母親。大学１年生の息子のことで相談です。中高一貫の進学校に通い、運動部にも所属していました。超一流大学には手が届きませんでしたが、今の大学には喜んで通っています。高校を卒業するまでは、素直で明るい自慢の息子でした。しかし、大学入学後は、すっかり言うことを聞かなくなりました。１時間目の講義にはいつも１５分は遅刻します。毎朝のことなので私が怒ると、「みんな遅れてくるから大丈夫。ほっといてくれ」と逆ギレします。帰宅すると、すぐにテレビゲーム。大学生が何時間もテレビゲームをするなんて理解できません。その後、テレビやパソコンに向かって深夜まで。アルバイトや趣味の習い事は楽しく続けています。受験勉強のようにする必要はありませんが、もう少し勉強すべきだと思います。就職難の話をしても、「もう聞き飽きた」。高い学費を払っているのに、イライラします。(埼玉・N子)

① 大学１年生の息子は中学と高校を同じ学校に通っていた。
② 大学１年生の息子は高校を卒業するまでは素直で明るい性格の子だった。
③ 大学１年生の息子は帰宅すると勉強のあとに深夜までパソコンに向かっている。
④ 大学１年生の息子はアルバイトや趣味の習い事は楽しんでいる。

해설

➡ ③ 대학교 1학년인 아들은 귀가하면 공부 후에 밤늦게까지 컴퓨터로 향한다.

中高一貫校 : 중학교와 고등학교를 통합 또는 병설하여 6년간 일관되게 교육하는 학교.

40대의 어머니. 대학교 1학년인 아들에 대한 일로 상담입니다. 중고 통합된 학교에 다니고, 운동부에도 소속되어 있었습니다. 초일류 대학교에는 가지 못했습니다만, 지금의 대학교는 즐겁게 다니고 있습니다. 고등학교를 졸업할 때까지는, 솔직하고 밝은 자랑스러운 아들이었습니다. 그러나, 대학교 입학 후에는, 말하는 것을 전혀 듣지 않게 되었습니다. 1교시 강의에는 항상 15분은 지각합니다. 매일 아침 있는 일이라 내가 화를 내면, 「모두 지각하기 때문에 괜찮아. 신경쓰지 마세요.」라며 역정을 냅니다. 귀가하면, 곧 바로 비디오 게임. 대학생이 몇 시간씩이나 비디오 게임을 하다니 이해할 수 없습니다. 그 후 TV나 컴퓨터로 향해 심야까지. 아르바이트나 취미로 배우는 것은 즐겁게 계속하고 있습니다. 수험공부처럼 할 필요는 없습니다만, 좀 더 공부해야 한다고 생각합니다. 취업난 이야기를 해도, 「이제는 듣기 싫다」. 비싼 학비를 내고 있는데, 신경이 곤두섭니다. (속터집니다)　　(사이따마 · N꼬)

① 대학교 1학년인 아들은 중학교와 고등학교를 같은 학교에 다녔었다.
② 대학교 1학년인 아들은 고등학교를 졸업할 때까지는 솔직하고 밝은 성격의 아이였다.
④ 대학교 1학년인 아들은 아르바이트나 취미로 배운 것은 즐기고 있다.

97 **다음 문장의 내용과 일치하지 않은 것을 고르세요.**

海のダイヤと呼ばれるマグロは、世界的な乱獲で数が減っている。このままでは危ういと、大西洋で漁獲量を減らすことが決まった。日本に来る6割はそこでとれる。３年で３割減らすとの報道に、すし好きの顔は曇ったかもしれない。すでに人間は、海をかなり追い詰めているという説がある。米国とカナダの大学が、今のままでは2048年には海からマグロだけでなく殆どの魚がいなくなると警告する論文を発表した。末長く舌鼓を打つためには、少し痛くても歓迎すべき資源保護ではないだろうか。

① 일본에서 소비되는 다랑어의 60%는 대서양에서 잡힌다.
② 2048년에는 다랑어뿐만 아니라 거의 모든 생선이 사라질 수도 있다고 한다.
③ 다랑어의 어획량을 3년 동안 30% 줄인다는 보도에 일본 국민은 반대하고 있다.
④ 다랑어의 맛을 계속 즐기려면 자원을 보호해야 한다.

해설

➡ ③

舌鼓を打つ : 너무나 맛있어서 혀를 차다. 입맛을 다시다. 불만스러운 듯이 혀를 차다.
追い詰める : 밀어붙이다. 도망갈 곳이 없는 데까지 몰아넣다. 막판까지 추궁하다.
末長く : 오래도록. 먼 장래 언제까지나. 두고두고.

바다의 다이아몬드로 불리는 참치는, 세계적인 남획으로 수가 줄고 있다. 이 상태라면 위험하고, 대서양에서 어획량을 줄이기로 결정되었다. 일본으로 오는 6할은 거기에서 잡는다. 3년에 3할 감소한다는 보도에, 초밥 마니아의 얼굴은 어두워졌을지도 모른다. 이미 인간은, 바다를 상당히 몰아붙여 막바지라고 하는 설이 있다. 미국과 캐나다의 대학교가, 이 상태라면 2048년에는 바다에서 참치뿐만 아니라 물고기 대부분이 사라질 것이라고 경고하는 논문을 발표했다. 오래도록 입맛을 다시려면, 조금은 아프더라도 환영해야만 할 자원 보호는 아닐까.

98 다음 문장의 밑줄 친 부분에 들어갈 표현으로 가장 적당한 것을 고르세요.

高温多湿型の日本の夏は、＿＿＿＿＿＿夏が来ると、夕涼みの縁台に、ふんどし一つでヘボ将棋などをやっている江戸時代の庶民の図を思い浮かべるのである。よくぞ男に生まれける、だったが、近頃は女性上位の時代。女どものミニの涼しげな服装に比べ、男たちのなんとも野暮ったく暑苦しいスタイル。現代は、よくぞ女に生まれけるか。

① どうにもいただけない　　② どうにもかけられない
③ どうにものみこめない　　④ どうにもかたじけない

해설

① 어쩔 수 없다. 도저히 납득할 수 없다. 도저히 좋아지지 않는다. (受け入れられない)
고온다습형의 일본의 여름은, 어떻게도 할 수 없는 여름이 오면, 저녁 바람을 쐬는 평상에서, 훈도시 하나로 서투른 장기 등을 두고 있는 에도시대의 서민의 그림을 떠올리는 것이다. 남자로 잘 태어났다, 였지만, 요즘은 여성상위의 시대. 여자들의 미니의 시원한 복장에 비해, 남자들의 뭐라고 말할 수 없는 촌스럽고 숨막힐 듯한 스타일. 현대에는, 여자로 정말 잘 태어났다일까.

どうにも : 어떻게 해도. 어떻게 해서라도. 아무리해도. 도저히 참을 수 없다.
뒤에 부정의 말을 동반하여 사용된다. (どのようにしても · どうやっても · どうしても · どうにも我慢できない)
뭐라고 해도. 정말로. 참으로. (なんとも · 全く)
どうにも弱ったものだ。 정말로 곤란한(난처한) 것이다.

頂けない · 戴けない : 받을 수 없다. 만족할 수 없다. 불만이다.
君の考えはいただけないね。 너의 생각은 동의할 수 없다. (너의 생각은 받아들일 수 없다)
どうにもいただけない。 사물을 부정할 때 가끔 쓰는 말이지만, 평소에는 잘 사용하지 않음.
夕涼み : 여름 저녁, 야외나 툇마루(縁側) 등에 나가 시원한 바람을 쐬는 것.
縁台で夕涼みする。 평상에서 저녁 바람을 쐬다.
褌 : 씨름에서 샅바. 남성의 음부를 가리기 위한 폭이 좁고 긴 천.
人の褌で相撲を取る。 남의 것을 이용해서 자신의 이익을 얻다. 남의 떡에 설쇤다)
へぼ : 기술이나 기예가 뒤떨어지는 것. 서투르다. (へぼな将棋 : 서투른 장기)
야채 · 과일의 완성도가 낮은 것. 설익은 것.
善くぞ : 「ぞ」는 강조한 의미의 격조사. (よくもまあ · 本当によく)

善くぞ頑張った。 정말로 잘 분발(노력)했다. 善くぞ言ってくれた。정말로 잘 말해 주었다.

② 어찌할 도리가 없다. ③ 도저히 삼킬 수 없다. (飲み込む)

④ 정말이지 황송하다.

(너무나 과분해서 송구스럽다. 황송하다. (恐れ多い · 忝い · 辱い : かたじけない)

99 次の文章を読んで、後の問いに答えなさい。

辞書は、言葉の学習になくてはならないものである。自らの言葉であっても、外国語であっても、辞書を引いた経験のない者はいまい。辞書には使用されている言葉のあるがままの姿が載せられていると同時に、言葉の使用を規制する働きもある。つまり、「辞書に載っていない使い方は正しくない」とか「使ってはならない」という考え方である。しかし、実際問題として、辞書に言語活動の表現すべてを記述することは不可能である。辞書を活用することは大切だが、辞書に書いてあることを重視するあまり、言葉の自由な使用が規制される方向に向かうことは、好ましいことではない。

【問い】この文章の内容とあっているものはどれか。

① 辞書を引いた経験がない者もいるが、辞書は多くの人に使われていて特に外国語の学習には必要なものである。

② 辞書に書いてあることを必要以上に重視して、辞書に載っていない使い方を規制しすぎることは望ましくない。

③ 辞書には言葉の使用を規制する働きもあるから、辞書に載っている使い方から外れないようにした方がよい。

④ 辞書には言語の表現すべてが載っているわけではないから、むしろ辞書にない自由な表現を求めるのがよい。

⑤ 辞書には言葉の意味を記述することは不可能であるが、人々がもっと努力して使い分けを区別してほしい。

해설

➡ ② 사전에 쓰여 있는 것을 필요이상으로 중시해서, 사전에 실려 있지 않은 사용방법을 너무 규제하는 것은 바라지 않는다.
사전은, 언어학습에 없어서는 안 되는 것이다. 스스로의 언어이더라도, 외국어여도, 사전을 찾아본 경험이 없는 사람은 없을 것이다. 사전에는 사용되고 있는 말이 있는 그대로의 모습으로 실리고 있는 동시에, 말의 사용을 규제하는 움직임도 있다. 즉, 「사전에 실려 있지 않은 사용방법은 올바르지 않다」라든지 「사용해서는 안 된다」라고 하는 사고방식이 있다. 그러나, 실제문제로서, 사전에 언어 활동의 표현 전부를 기술하는 것은 불가능하다. 사전을 활용하는 것은 중요하지만, 사전에 쓰여 있는 것을 중시한 나머지, 말의 자유로운 사용이 규제되는 방향으로 향하는 것은, 바람직한 일은 아니다.

① 사전을 찾아본 경험이 없는 사람도 있지만, 사전은 많은 사람에게 사용되고 있고 쓰이고 있고 특히 외국어 학습에는 필요한 것이다.
③ 사전에는 말의 사용을 규제하는 작용도 있기 때문에, 사전에 실려 있는 사용방법에서 벗어나지 않도록 하는 것이 좋다.
④ 사전에는 언어 표현 모두가 실려 있는 것은 아니기 때문에, 오히려 사전에 없는 자유로운 표현을 요구하는 것이 좋다.
⑤ 사전에는 말의 의미를 기술하는 것은 불가능하지만, 사람들이 좀 더 노력해서 사용구분을 구별해 주었으면 좋겠다.

100 한국어를 일본어로 옮긴 것 중 틀린 것을 고르세요.

① 매일 야채를 많이 먹었더니 피부가 좋아졌습니다.
毎日野菜(まいにちやさい)をたくさん食(た)べたら、肌(はだ)がきれいになりました。

② 비싼 요리가 반드시 맛있다고는 할 수 없습니다.
高(たか)い料理(りょうり)が必(かなら)ずしもおいしいとは限(かぎ)りません。

③ 물건이 도착하는 대로 대금을 은행계좌로 송금하겠습니다.
品物(しなもの)がお届(とど)く次第(しだい)、代金(だいきん)を銀行口座(ぎんこうこうざ)に振(ふ)り込(こ)みます。

④ 개회에 즈음하여 인사 말씀 올리겠습니다.
開会(かいかい)にあたってご挨拶(あいさつ)申(もう)し上(あ)げます。

⑤ 어린이란 무엇이든지 알고 싶어한다.
子供(こども)というものはなんでも知(し)りたがる。

해설

振り込む : 대체 저금 · 은행 예금 등의 구좌에 돈을 불입하다.

③ 品物がお届き次第、代金を銀行口座に振り込みます。

동사(ます形)＋次第 : ～하는 대로.

代金を送金させていただきます。代金をお送りします。대금을 송금하겠습니다.

101 문장의 괄호 안에 들어갈 가장 적당한 것을 고르세요.

電話による子供の悩みごとの相談が最近増えている。だれかに悩みを聞いてもらいたいが、適当な人が身近にいない。このような子供たちがダイヤルを回す。(　　　)といって電話した子供が、相談員と話しているうちに、だんだん心を開き、自殺を思いとどまったというケースもある。

① 自殺したい
② 自殺したがる
③ 自殺してほしい
④ 自殺してもらいたい
⑤ 自殺してもらえないか

해설

➡ ① 자살하고 싶다.

전화에 의한 어린이의 고민 상담이 최근 증가하고 있다. 누군가에게 고민을 물어보고 싶지만, 적당한 사람이 주위에 없다. 이러한 아이들이 다이얼을 돌린다. 자살하고 싶다고 전화한 아이가, 상담원과 이야기하는 동안에, 점점 마음을 열고, 자살을 단념했다고 하는 케이스도 있다.

② 자살하고 싶어 하다.
③ 자살했으면 좋겠다.
④ 자살해 주었으면 한다.
⑤ 자살해 주지 않겠니.

102 다음 동사의 「て形」이 잘못된 것을 고르세요.

① しる　――しって
② まじる――まじて
③ よぶ　――よんで
④ はなす――はなして
⑤ あるく――あるいて

해설

➡ ② まじる—まじって (混じる · 交じる : 동사 I . 오단동사)

① 알다. (知る)　　③ 부르다. (呼ぶ)

④ 이야기하다. (話す)　　⑤ 걷다. (歩く)

103 다음 중 「授受動詞」의 용법이 옳지 않은 것을 고르세요.

① 先生が私の書いた小説を読んでくださいました。

② 先生に紹介状を書いていただいた。

③ 犬を散歩に連れて行ってやった。

④ 私は兄にネクタイを買ってくれました。

⑤ 今度の試合には、ぜひ君に出てもらいたいのだ。

해설

수수동사(주고받음) : あげる · もらう · くれる · やる。

① 선생님이 제가 쓴 소설을 읽어 주셨습니다.
私の書いた小説を先生に読んでいただきました。제가 쓴 소설을 선생님에게 읽혀 받았습니다.

② 선생님에게 소개장을 써 받았다.
先生が紹介状を書いてくださった。　선생님이 소개장을 써 주셨다.

④ 나는 형에게 넥타이를 사 받았습니다.
私は兄にネクタイを買ってもらいました。 나는 형에게 넥타이를 사 받았습니다. (형이 사 줌)
私は兄にネクタイを買ってあげました。 나는 형에게 넥타이를 사 주었습니다. (내가 사 줌)
나는 형에게 넥타이를 사 주었습니다.

③ 개를 산책하러 데리고 가 주었다.

⑤ 이번 시합에는, 꼭 네가 나와 주었으면 한다.

104 다음 중 밑줄 친 부분의 용법이 나머지 4개와 다른 것을 고르세요.

① 選手が手をふりながら走っている。

② 彼女は音楽を聞きながら勉強している。

③ お金がありながら買おうとしない。

④ アイスクリームを食べながら、町を歩く若者が多い。

⑤ 彼は笑いながら、話している。

해설

ながら · つつ : 동작의 동시진행은 동작동사가 온다(~하면서). 역접(~지만).

① 선수가 손을 흔들며 달리고 있다. (동시진행)

② 그녀는 음악을 들으면서 공부하고 있다. (동시진행)

③ 돈이 있으면서 사려고 하지 않는다. (역접)

④ 아이스크림을 먹으면서, 거리를 걷는 젊은이가 많다. (동시진행)

⑤ 그는 웃으며, 이야기하고 있다. (동시진행)

105 다음 밑줄 친 부분이 「あびせる」의 뜻과 같은 것을 고르세요.

① なべを火にかけてください。

② どんなにお金をかけても、その計画は成功しないと思われる。

③ 車を洗っていて、道を歩いている女の人に水をかけてしまった。

④ 外出するときはかぎをかけます。

⑤ 寝ている子供に、彼女は毛布をかけてやった。

해설

浴びせる : 물 · 액체를 끼얹다. 비난을 퍼붓다. 포화(砲火)를 쏟아 넣다.

① 냄비를 불에 올려 주세요.

② 아무리 돈을 들여도, 그 계획은 성공하지 못할 거라고 생각된다.

③ 차를 닦고 있을 때, 길을 걷고 있는 여자에게 물을 끼얹고 말았다.

④ 외출할 때는 열쇠를 잠급니다.

⑤ 자고 있는 아이에게, 그녀는 담요를 덮어 주었다.

106 주어진 글의 내용에 부합되지 않는 것을 고르세요.

流行は、もともと、風習、慣行、規範などで常識化され、固定してしまった社会行動のわくを破って、新しい行動にしたがうことである。それは、簡素な服装のように、生活の合理化をめざす側面と、美的な服装モードのように、生活の芸術化をはかる側面とをふくんでいる。健康によい洋装や靴のハイ・ヒールのように、流行の合理性と実用性が強ければ、それは日常生活に採り入れられて常用になる。

① 간소한 것보다 미적인 것이 일상생활에 받아들여지기 마련이다.
② 사회행동의 틀은 풍습 · 관행 · 규범 등에 의해 상식화되고 고정화된 것이다.
③ 합리성과 실용성이 강하면 유행은 일상생활에 받아들여지게 된다.
④ 유행은 고정화된 사회행동의 틀을 깨고 새로운 행동에 따르는 것이다.
⑤ 유행은 생활의 합리화를 지향하는 측면과 생활의 예술화를 도모하는 측면을 갖고 있다.

해설

➡ ①

유행은 원래부터, 풍습, 관행, 규범 등으로 상식화되어, 고정된 사회행동의 틀을 깨고, 새로운 행동에 따르는 것이다. 그것은, 간소한 복장처럼, 생활의 합리화를 지향하는 측면과, 미적인 복장형식처럼, 생활의 예술화를 가늠하는 측면을 포함하고 있다. 건강에 좋은 양복이나 구두 하이힐처럼, 유행의 합리성과 실용성이 강하면, 그것은 일상생활에 받아들여져 상용된다.

107 필자가 이혼율이 증가하고 있는 주된 원인으로 보고 있는 것을 고르세요.

離婚が増えているのはなぜだろう。私の考えでは、マスコミの取り上げ方が離婚を増やしているような気がする。結婚生活に不満を持つ人は今までも少なからずいたが、乗り越えようと、まず努力した。ところが、最近ではほんの一部の例がマスコミに大きく取り上げられて、離婚がかっこういいことのようにさえ扱われている。それで、離婚が市民権を得たように思い、安易に離婚にふみきる人が増えた。そんな気がしてならない。

① 그 주된 원인은 결혼생활에 불만이 있어, 이를 극복하지 못하는 데에 있다.

② 매스컴이 이혼이 그럴듯한 것인 양 그 분위기를 조장하는 데에 있다.

③ 이혼하면 일체의 간섭 없이 안이하게 생활할 수 있다고 여기기 때문이다.

④ 결혼에 대한 여론이 부정적이며, 이혼에 대한 선호도가 급증되었기 때문이다.

⑤ 이혼하면 시민권을 얻어서 안이하게 생활할 수 있다는 의식이 팽배하였기 때문이다.

해설

➡ ②

そんな気(き)がしてならない。~라고 밖에 생각할 수 없다. ~에 틀림없다.

- てならない : 그 일에 대해 억제하려고 하지 않는 기분을 나타낸다.

  話(はなし)の続(つづ)きが気(き)になってならない。　이야기의 계속이 신경 쓰여 참을 수 없다

  どうしてこんなことになってしまったのか悔しくてならない。

  어쩌다 이렇게 되었는지 분해서 참을 수가 없다.

  台風(たいふう)で休(やす)みとかいってる学生(がくせい)たちが羨(うらや)ましくてならない。

  태풍으로 쉰다고 말하는 학생들이 부러워서 못 견디겠다.

- 많이「てはならない」의 형으로 금지를 나타낸다.

  絶対(ぜったい)に忘(わす)れてはならない。　절대 잊어서는 안 된다.

  許可(きょか)なしに入室(にゅうしつ)してはならない。　허가 없이 입실해서는 안 된다.

- なければならない · なくてはならない · ねばならない · なくてはならぬ。등의 형으로 책임 · 의무의 의미를 나타낸다. 필요불가결의 의미를 나타낸다.

  法律(ほうりつ)には従(したが)わなければならない。　법률은 따르지 않으면 안 된다.

  今月中(こんげつじゅう)に仕事(しごと)を仕上(しあ)げなくてはならない。　이달 중으로 일을 마무리하지 않으면 안 된다.

  政治(せいじ)は国民(こくみん)のためのものでなくてはならぬ。정치는 국민을 위한 것이 아니면 안 된다.

이혼이 증가하고 있는 것은 왜일까. 제 생각으로는, 매스컴의 거론하는 방법(취급방식)이 이혼을 증가시키고 있는 것 같은 생각이 든다. 결혼생활에 불만을 가진 사람은 지금까지도 적지 않았지만, 극복하려고, 우선(일단) 노력했다. 그러나, 최근에는 그저 일부의 예가, 매스컴에 크게 거론되어, 이혼이 멋있는 것처럼 취급되고 있다. 그래서, 이혼이 시민권을 얻은 것처럼 생각해서, 안이하게 이혼을 과감하게 하는 사람이 증가했다. 그렇게 생각할 수밖에 없다.

108 間違っている読み方をそれぞれの中から一つ選びなさい。

① 家出 (いえで)　　② 家賃 (やちん)

③ 大家 (おおや)　　④ 家主 (かぬし)

⑤ 家来 (けらい)

해설

➡ ④ 집을 많이 갖고 있는 사람(家主・家主). (地主 : 지주・株主 : 주주)

① 가출.　　② 집세.

③ 셋집 주인. (⇔ 店子 : 세든 사람). 안채. 본가.

⑤ 종. 비서. (女中 : 식모. お手伝いさん : 파출부. 도우미)

109 次の文章を読んで、それぞれの問いに対する答えとして最も適当なものを一つ選びなさい。

「理論を共有する」ということと、「理論を理解する」というのは、まったくの別問題である。ここで「理論を共有する」というのは、その学者の言うことを認めること、すなわち、その理論を支持するという意味である。しかし、支持するためには理解することが不可欠というわけではない。

【問い】上の文の内容と合っているものは次のどれか。

① ある理論を共有することは、それを支持することとは違う。

② ある理論を共有しても、だれにも支持されなければ意味がない。

③ ある理論を支持するためには、それを理解することが必要である。

④ ある理論を支持するには、それを理解していなくてもいい。

⑤ ある理論を支持するには、それを習う必要がある。

해설

➡ ④ 어떤 이론을 지지하려면, 그것을 이해하지 않아도 좋다.

「이론을 공유한다」라고 하는 것과, 「이론을 이해한다」라고 하는 것은, 전혀 다른 문제이다.

여기에서 「이론을 공유한다」라고 하는 것은, 그 학자가 말하는 것을 인정하는 것, 즉, 그 이론을 지지한다고 하는 의미이다. 그러나, 지지하기 위해서는 이해하는 것이 불가결한 것은 아니다.

① 어떤 이론을 공유하는 것은, 그것을 지지하는 것하고는 다르다.

② 어떤 이론을 공유해도, 누구에게나 지지받지 않으면 의미가 없다.

③ 어떤 이론을 지지하기 위해서는, 그것을 이해하는 것이 필요하다.

⑤ 어떤 이론을 지지하려면, 그것을 배울 필요가 있다.

110 次の文の(　　　)の中に最も適当なものを入れなさい。

やる(　　　)には、最後までやりたいと思います。

① の　　② から

③ とうてい　　④ より

⑤ とか

해설

한 이상은, 마지막까지 하고 싶다고 생각합니다.

② からには : ～인 이상은. ～한 이상은.

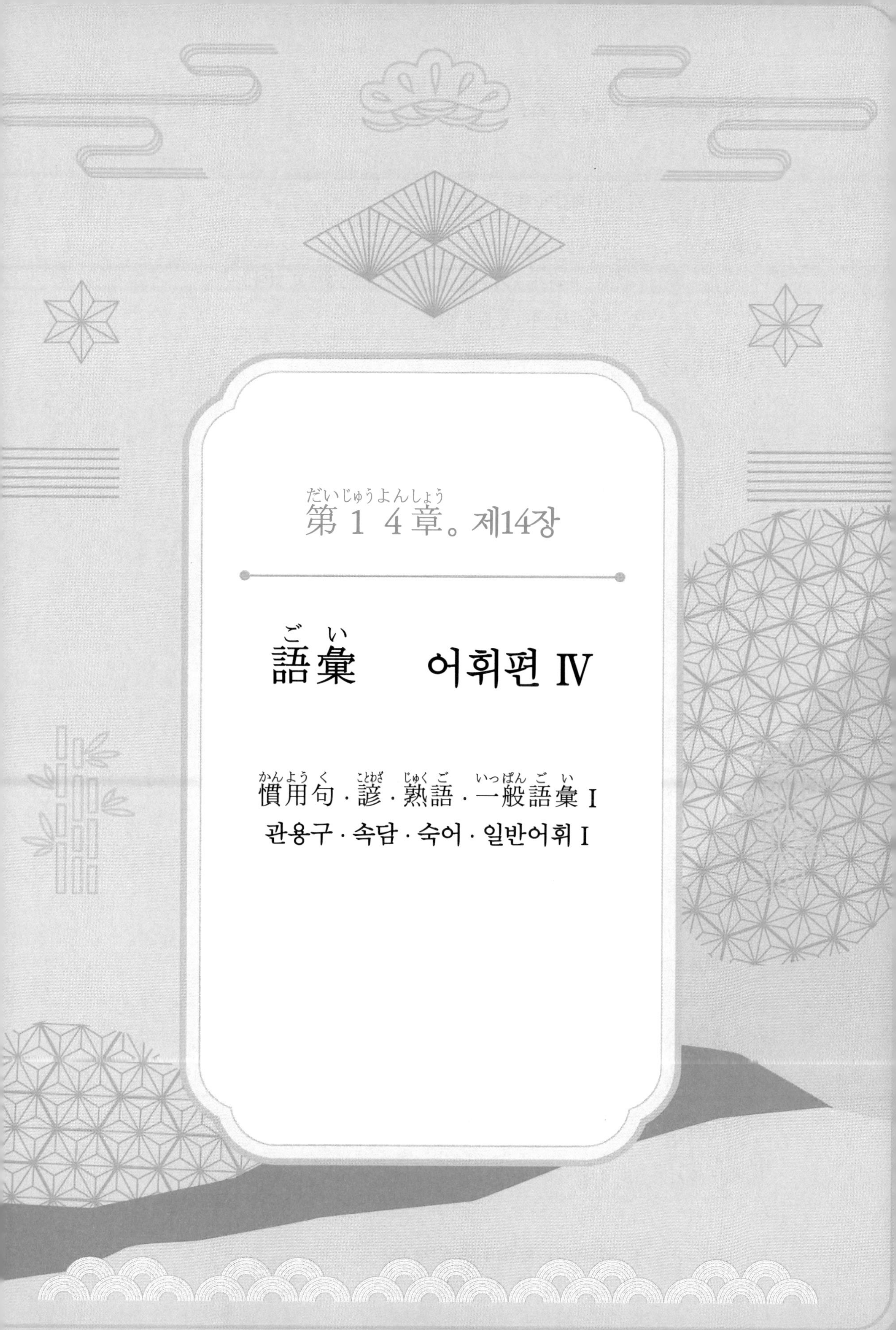

第１４章(だいじゅうよんしょう)。제14장

語彙(ごい)　어휘편 Ⅳ

慣用句(かんようく)・諺(ことわざ)・熟語(じゅくご)・一般語彙(いっぱんごい) I
관용구・속담・숙어・일반어휘 I

▶ 신체에 관련된 속담 · 관용구 · 어휘 1

● 頭(あたま)。(머리)

頭(あたま)が切(き)れる	머리회전이 빠르고 날카롭다. 彼(かれ)は頭がきれるから、社長(しゃちょう)に認(みと)められている。 그는 머리가 좋기 때문에, 사장에게 인정받고 있다.
頭(あたま)が下(さ)がる	존경하여 머리가 숙여지다. 彼(かれ)の真面目(まじめ)な態度(たいど)には、頭が下がる。 그의 성실한 태도에는, 머리가 숙여진다.
頭(あたま)が上(あ)がらない	꼼짝 못하다. 병이 호전되지 않고 계속되다. 彼(かれ)は奥(おく)さんに頭が上がらないらしいよ。 그는 부인에게 꼼짝 못하는 것 같다.
頭(あたま)に来(く)る	화가 난다. (青筋(あおすじ)を立(た)てる · 腹(はら)を立(た)てる) 隣(となり)の犬(いぬ)が毎晩(まいばん)よくほえるので、頭にくる。 옆집 개가 매일 밤 짖기 때문에, 화가 난다.
頭を丸(まる)める	반성 · 사죄의 의미를 나타낸다. (머리를 빡빡 깎고)
頭金(あたまきん)	미리 내는 돈. (첫 달 월세)

● 顔(かお)。(얼굴)

顔(かお)が広(ひろ)い	교제 범위가 넓다. 유명하다. 얼굴이 알려져 있다. 彼(かれ)は顔が広いから仕事(しごと)を紹介(しょうかい)してもらうといいよ。 그는 유명하기 때문에 일을 소개받으면 좋다.
顔(かお)が利(き)く	신용이나 권세가 있어 상대로부터 무리가 통하다. 私はあの店(みせ)に顔がきくから、安(やす)くしてもらえると思うよ。 나는 저 가게를 잘 알기 때문에, 싸게 살 수 있다고 생각한다.
顔(かお)が揃(そろ)う	일동(가족 · 집단 · 멤버)이 모두 모이다.
顔(かお)が売(う)れる	유명해지다.

顔を出す	출석하다. 참석하다. 방문하다.
	明日のパーティーには、必ず顔を出してください。
	내일 파티에는, 반드시 참석해 주세요.
顔に泥を塗る	얼굴에 먹칠을 하다. 명예를 손상 · 실추시키다.
	親の顔に泥をぬるようなことをするな。
	부모님 얼굴에 먹칠하는 것 같은 일을 하지 마라.
顔を合わせる	만나다. 대면하다.
	今日は人と顔を合わせたくない気分だ。
	오늘은 사람과 만나고 싶지 않은 기분이다.
顔を貸す	부탁을 받아 누구를 만나다.
顔色を変える	깜짝 놀라다.
いい顔をする	호의적인 모습. 태도를 취하다.
	彼は、外ではいい顔をするが、家では我がままだ。
	그는, 밖에서는 좋은 모습을 하지만, 집에서는 멋대로 한다.
顔から火が出る	몹시 창피하다.
	皆の前で注意され、顔から火が出る思いをした。
	모든 사람 앞에서 주의를 받아서, 굉장히 창피한 경험을 했다.
合わせる顔がない	면목 없다.
	あんなことをしてしまって、皆に合わせる顔がない。
	그런 일을 해 버리고 말아서, 모두에게 면목이 없다.
何食わぬ顔	태연하다. 모른 체하다. 시치미 떼다.

● 額。(이마)

額を集める	모여서 상담하다. (寄り集まって相談する)

• 眉。(눈썹)

眉をしかめる	눈살을 찌푸리다. (眉にしわを寄せる · 眉を寄せる · 眉をひそめる)
	映画館でたばこを吸っている人を見て彼は眉をしかめた。 영화관에서 담배를 피우고 있는 사람을 보고 그는 눈살을 찌푸렸다.

• 目。(눈)

目が高い	물건의 좋고 나쁨을 판단하는 능력이 있다.
	この宝石が本物じゃないとわかるとは君は目が高いね。 이 보석이 진짜가 아닌 것을 안다고 하는 것은 자네는 판단력이 있다.
目がない	굉장히 좋아하다.
	彼女は甘いものに目がない。 그녀는 단 것을 굉장히 좋아한다.
	見る目がない 의 형식으로 안목이 없다. (⇔ 目が高い)
	君は人を見る目がないね。 너는 사람을 보는 안목이 없다.
目が回る	현기증이 일어나다. 너무 바빠 정신이 없다. (くるくる)
目が出る	행운이 오다. 성공의 조짐이 보이다. (芽が出る)
大目に見る	잘 봐주다. 용서해 주다.
	今日のことは大目に見るが、今度したら絶対許さないよ。 오늘 일은 용서해 주지만, 이번에 또 하면 절대로 용서하지 않는다.
目に留まる	눈에 띄다. 관심을 끌다. 우연히 보고 알다.
目に余る	몰상식하다. (非常識だ)
目を掛ける	지켜 주다(見守る). 주목하다. 돌보아 주다(面倒を見る). 편들다. (ひいきにする · 応援する)
目を通す	대충 훑어보다. (一通り見る · ざっと読む)

目(め)を盗(ぬす)む	남의 눈을 피하다. (目をかすめる) 親(おや)の目をぬすんでたばこを吸(す)う。아버지 눈을 피해서 담배를 핀다.
目(め)の毒(どく)	안 보는 게 약.
目尻(めじり)を下(さ)げる	여자에게 빠지다. 넋을 잃고 여자를 바라보다.
目八分(めはちぶ)に見(み)る	무시하다. 깔보다. 상대를 얕보다. (馬鹿(ばか)にする · 見下(みくだ)す · 見下(みお)ろす)
目(め)もくれない	아예 보려고 하지 않다. (見向(みむ)きもしない)
目処(めど)が付(つ)く	전망(목표)이 서다.
お目(め)に掛(か)ける	보여주다의 겸양어. (お見(み)せする)
お目(め)に留(と)まる	주목받다. 인정받다(認(みと)められる)의 겸양어.
お目(め)に掛(か)かる	만나 뵙다. (お会(あ)いする)
目(め)に角(かど)を立(た)てる	눈에 쌍심지를 켜다. (目(め)を三角(さんかく)にする)
目(め)にも留(と)まらぬ	굉장히 빠르다.
目(め)から鼻(はな)に抜(ぬ)ける	매우 영리하다.
目(め)くじらを立(た)てる	남의 결점을 잡다. 쌍심지를 켜다.
目(め)も当(あ)てられない	너무나 비참해서 차마 눈뜨고 볼 수 없다.
目玉(めだま)が飛(と)び出(で)る	심하게 혼나다. 가격이 터무니없이 비싸 굉장히 놀라다.
目(め)がしらが熱(あつ)くなる	눈시울을 적시다.
目(め)を掛(か)けられている	주목을 받다. 우수하다.
目(め)を細(ほそ)くする	먼 것을 보려고 눈을 가늘게 뜨다. 기분 좋은 얼굴. 웃는 얼굴. (目(め)を細(ほそ)める)
目糞(めくそ)が鼻糞(はなくそ)を笑(わら)う	똥 묻은 개가 겨 묻은 개를 나무란다.

● 鼻(はな)。(코)

鼻(はな)が高(たか)い	득의양양한 기분이다. 콧대가 세다. 우쭐해하는 기분. 息子(むすこ)が名門大(めいもんだい)に入(はい)ったので鼻が高い。 아들이 명문 대학에 들어갔기 때문에 득의양양하다.
鼻(はな)に掛(か)ける	자랑하다. 내세우다. 彼女(かのじょ)は、美(うつく)しいことを鼻にかけている。 그녀는, 아름다운 것을 뽐내고 있다.
鼻(はな)を突(つ)く	냄새가 심하다.
鼻(はな)に付(つ)く	질리다. 싫다. 물리다. (음식 · 취미 등에) 好(す)きなものでも毎日(まいにち)食(た)べると鼻につく。 좋아하는 것이라도 매일 먹으면 물린다.
小鼻(こばな)をうごめかす	득의양양한 표정을 하다. (得意(とくい)そうな表情(ひょうじょう)をする)
鼻(はな)の下(した)が長(なが)い	여자에게 약하다.
小鼻(こばな)を膨(ふく)らます	불만스런 표정을 하다. 못마땅한 듯이 말하다.

● 顎(あご)。(턱)

顎(あご)で使(つか)う	건방진 태도로 사람을 부림. (威張(いば)った態度(たいど)で人(ひと)を使(つか)う)
顎(あご)を出(だ)す	몹시 지치다.
顎(あご)を外(はず)す	너무나 우습다.
顎(あご)を撫(な)でる	득의양양해지다. (생각대로 되어서)
顎(あご)が干上(ひあ)がる	목구멍에 거미줄치다. (口(くち)が干上(ひあ)がる)

• 口。(입)

口がうまい	말솜씨가 좋다. 남의 마음에 들게 말을 잘한다. 말로 남을 구워삶는 것을 잘한다.
	あまり口がうまい人は信用できない。 너무나 말을 잘하는 사람은 신용할 수 없다.
口が軽い	입이 가볍다.
	口が軽い彼には、そのことは言わないほうがいいよ。 입이 가벼운 그에게는, 그것은 말하지 않는 것이 좋다.
口が重い	말이 없다. 말수가 적다.
	いつもおしゃべりなのに、今日は口が重いね。 언제나 잘 떠들었는데, 오늘은 말수가 적다.
口が堅い	입이 무겁다.
	彼女は口がかたいので、話しても大丈夫だよ。 그녀는 입이 무겁기 때문에, 이야기해도 괜찮다.
口が悪い	입이 험하다.
	あの人は、口が悪いけれど心は優しい。 저 사람은, 입이 험하지만 마음은 곱다.
口が肥える	음식의 맛을 잘 구별하다(입이 고급이다).
口が干上がる	목구멍에 거미줄치다. (顎が干上がる)
口にする	먹다.
	少し口にしたけれど、ほとんど残してしまった。 조금 먹어 보았지만, 거의 다 남기고 말았다.
	말하다.
	そのことは彼の前では、口にしないほうがいい。 그것은 그 사람 앞에서는, 말하지 않는 것이 좋다.

口に合う	입에 맞다. (음식물 등이)
	日本の食べ物の中で、なっとうだけは口に合わない。 일본음식 중에서, 낫또우만은 입에 맞지 않는다.
口を利く	말하다.
	彼女は、少しも口をきいてくれない。 그녀는, 조금도 말을 하지 않는다.
	소개하다. (중간에서 관계를 붙이다)
	アパートを借りるのに、友人に口をきいてもらった。 아파트를 빌리는데, 친구에게 소개받았다.
口を出す	말참견하다.
	子供の喧嘩に親が口を出すのはよくない。 아이 싸움에 부모가 참견하는 것은 좋지 않다.
口火を切る	제일 먼저 일을 시작하다.
口惜しい	분하다. 유감스럽다.
閉口する	질리다. 곤란하다. (参る · お手上げになる)
口をすっぱくする	입이 닳도록 이야기하다.
口車に乗せる	감언이설로 속이다. (口車に乗せられる。감언이설에 속아 넘어가다)
減らず口	멋대로 억지를 부리다. 허세나 억지를 부리는 것. (憎まれ口) (減らず口をたたく : 지지 않으려고 억지를 쓰다)
口を滑らす	말해서는 안 되는 것을 말을 무심결에 말하다. (やたらに口を滑らす。함부로 입을 놀리다)

● 舌。(혀)

舌が回る	잘 지껄이다. 잘 이야기하다. (よく喋る)
舌が肥える	음식의 맛을 잘 구별하다.

舌を出す	비웃다. 창피해 하다.
舌を巻く	매우 놀라다. (非常に驚く · 感心する)
舌づつみを打つ	음식 맛이 좋아서 입맛을 다시다.

● 耳。(귀)

耳が痛い	약점이 지적되어 듣기 괴롭다. 귀가 따갑다.
	それを言われると耳が痛いよ。 그것을 들으면 귀가 따갑다.
耳を貸す	남이 이야기하는 것을 듣다(충고(忠告)를). (相談に乗る。 상담하다)
耳を傾ける	귀를 기울이다. 경청하다.
	先生の話に耳を傾ける。 선생님 이야기에 귀를 기울이다.
耳を澄ます	정신을 집중하고 듣다.
空耳を使う	못 들은 체하다.
耳に挟む	살짝 듣다(ちらりと聞く). 우연히 듣다(偶然に聞く).
耳に付く	듣는 것이 질리다. 귀에 쟁쟁하다. 시끄럽게 들리다.
	時計の音が耳について、寝られない。 시계 소리가 귀에 쟁쟁해서, 잠을 잘 수 없다.
寝耳に水	아닌 밤중에 홍두깨.
耳を欹てる	소리가 나는 쪽으로 귀를 기울이다.
耳にたこができる	귀에 못이 박히도록 듣다.
	両親の苦労話を、耳にたこができるほど聞かされた。 부모님의 고생한 이야기를, 귀에 못이 박히도록 들었다.

● 首(くび)。(목)

首(くび)を捻(ひね)る	고개를 갸우뚱하다. 의심스럽다. 깊게 생각함.
	その答(こた)えには、みんなが首をひねった。 그 답에는, 모두가 고개를 저었다.
首(くび)を傾(かし)げる	불만을 갖다. (의문이나 불만이 있어서 납득 못하는 기분)
首(くび)を長(なが)くする	학수고대하다.
	父(ちち)の帰(かえ)りを首を長くして待(ま)つ。 아버지가 돌아오는 것을 몹시 기다렸다.
首(くび)を突(つ)っ込(こ)む	관심을 갖다. 참가하다. (흥미를 갖거나 참가해서 깊은 관계를 맺다)
	彼(かれ)は何(なに)にでも首をつっ込みたがる性格(せいかく)である。 그는 무엇이든지 관심을 갖고 싶어 하는 성격이다.
首(くび)にする	파면하다. 해고하다.
	彼(かれ)は仕事(しごと)ができないので首にした。 그는 일을 못하기 때문에 해고했다.
首(くび)になる	파면되다. 해고되다.
投(な)げ首(くび)	고개를 숙이고 생각함.
首根(くびね)っこを抑(おさ)える	상대의 약점을 잡아 꼼짝 못하게 하다.

● 肩(かた)。(어깨)

肩(かた)が凝(こ)る	신경이 쓰이다. 어깨가 결리다.
	先生(せんせい)と話(はなし)をしていると肩がこる。 선생님과 이야기하고 있으면 신경이 쓰인다.
肩(かた)が張(は)る	신경이 쓰이다. 어깨가 결리다.
肩身(かたみ)が狭(せま)い	떳떳치 못하고 창피하게 여겨지다.
肩身(かたみ)が広(ひろ)い	떳떳하다.

肩の荷が下りる	책임 · 의무 등을 다해서 마음이 편해지다. 子供が大学を卒業して、やっと肩の荷がおりた。 아이가 대학을 졸업해서, 드디어 마음이 홀가분해지다.
肩上げが取れる	어른이 되다.
肩をすくめる 肩をすぼめる	몸을 움츠리다. 추위나 자신에게 예상외의 또는, 불형편 · 불본의(不本意 : 본의가 아님) 한 일에 직면했을 때의 기분 · 태도를 나타낸다.
肩を入れる	편을 들다. 응원 · 협력하다. (肩を持つ · 肩を貸す) 父はいつも妹の肩を持つ。 아버지는 언제나 여동생 편을 든다.
肩を並べる	어깨를 견주다. プロの選手と肩を並べるほどうまくなった。 프로선수와 어깨를 견줄 정도로 실력이 늘었다.
肩を怒らす	상대를 위압하는 태도.
肩で息をする	괴로운 듯이 어깨로 숨을 쉼.
肩で風を切る	잘난 듯이 위세 당당한 모습.
肩書きがいい	경력이 훌륭하다. 사회적 지위나 신분.

● 胸。(가슴)

胸が痛む	가슴 아프다. 親に嘘をついてしまったので、胸が痛む。 부모님에게 거짓말을 하고 말았기 때문에, 마음이 아프다.
胸が騒ぐ	걱정이나 불안으로 마음이 안정되지 않다. (胸さわぎがする) 娘の帰りが遅いので胸がさわぐ。 딸의 귀가 시간이 늦기 때문에 마음이 안정되지 않는다.

胸を打つ	강하게 감동을 받다.
	美しい友情に胸を打たれた。 아름다운 우정에 감동을 받았다.
胸を焦がす	가슴을 태우다. 속태우다.
胸に一物	마음속에 어떤 계략을 품고 있다.
胸三寸に納める	가슴속에 품고 내색하지 않다.
胸を撫で下ろす	안심하다. (ほっとする · 安心する)
胸が一杯になる	심한 감동으로 가슴이 꽉 찬 모습. 슬픔이나 기쁨 등으로 마음이 벅차다. (胸がつまる)
	嬉しくて、胸がいっぱいです。 기뻐서, 가슴이 벅차다.
胸を膨らませる	희망이나 기대로 마음이 벅차다.

01 間違(まちが)っている読(よ)み方(かた)をそれぞれの中(なか)から一(ひと)つ選(えら)びなさい。

① 力作 (りきさく)　　② 相応 (そうおう)
③ 海原 (がいげん)　　④ 浴衣 (ゆかた)
⑤ 両替 (りょうがえ)

해설

➡ ③ うなばら · かいげん (넓은 바다)

① 역작. 명작.　　② 상응. 걸맞음. 어울리는 것.
④ 욕의. (목욕할 때 갈아입는 옷)　　⑤ 돈을 바꿈. (取り替える)

02 次(つぎ)のうち＿＿＿線(せん)の読(よ)み方(かた)が他(ほか)のものと違(ちが)うものを一(ひと)つ選(えら)びなさい。

① <u>大</u>学　　② <u>大</u>事
③ <u>大</u>地　　④ <u>大</u>陸
⑤ <u>大</u>名

해설

➡ ④ たいりく (대륙)

① だいがく (대학)　　② だいじ (중요하다)
③ だいち (대지. 땅)
⑤ たいめい(큰 명예. 큰 명성). 大名(だいみょう) : 많은 토지를 소유한 사람. (領主(りょうしゅ) : 영주)
大名(おおな) : 사물의 총칭. 마을과 마을을 크게 나눈 지역의 이름. ⇔ 小名(こな)

03 次のうち＿＿＿線の読み方が他のものと違うものを一つ選びなさい。

① <u>真</u>心　　② <u>真</u>上
③ <u>真</u>冬　　④ <u>真</u>実
⑤ <u>真</u>向かい

해설

➡ ④ しんじつ (진실)

① まごころ (진심)　　② まうえ (바로 위)

③ まふゆ (한겨울)　　⑤ まむかい (정면)

04 間違っている読み方をそれぞれの中から一つ選びなさい。

① 本日 (もとじつ)　　② 期日 (きにち)

③ 場末 (ばすえ)　　④ 八百長 (やおちょう)

⑤ 需要 (じゅよう)

해설

➡ ① ほんじつ (오늘)

② 기일. (期日(きじつ))　　③ 변두리.

④ 엉터리 시합 · 승부. 짜고 일을 진행함.　　⑤ 수요.

05 「鈴木(すずき)さんはやる気(き)がないから困(こま)ります。」의 올바른 해석을 고르세요.

① 스즈끼씨는 마음이 없기 때문에 곤란합니다.

② 스즈끼씨는 의욕이 없기 때문에 곤란합니다.

③ 스즈끼씨는 여유가 없어서 곤란합니다.

④ 스즈끼씨는 확실하지 않기 때문에 곤란합니다.

⑤ 스즈끼씨는 책임감이 없기 때문에 곤란합니다.

해설

やる気(き)がある : 의욕이 있다. 할 마음이 있다.

06 なみたいていのことではありません。の意味を一つ選びなさい。

① 非常(ひじょう)に効果的(こうかてき)である。　　② あまり効果的(こうかてき)ではない。

③ むずかしい。　　④ 簡単である。
⑤ やさしい。

해설

並大抵：부정을 동반하여 보통. 간단하다.
並大抵の暑さではない。 보통 더위는 아니다. 굉장히 덥다. (蒸し暑い)

① 대단히 효과적이다.　　② 그다지 효과적이 아니다.
③ 어렵다. (難しい)　　④ 간단하다.
⑤ 쉽다(易しい). 상냥하다(優しい).

● 次の文の(　　　)の中に最も適当な言葉を入れなさい。 (7～13)

07 彼のためにわざわざここまで来たのだから、一言お礼を言って(　　　)よさそうなものなのに。

① あげても　　② もらっても
③ くれても　　④ いただいても
⑤ やっても

해설

그를 위해 일부러 여기까지 왔기 때문에, 한마디 인사말을 해주어도 좋을 것 같은데.

① 주다. (내가 상대에게)　　② 받다. (내가 상대에게)
③ 주다. (상대가 나에게)　　④ もらう의 겸양어.
⑤ 주다. (먹이를 · 동생에게)

08 日本は中国(　　　)人口が多くない。

① から　　② ほど
③ ぐらい　　④ だけ
⑤ まで

해설

일본은 중국보다(정도로) 인구가 많지 않다.

① ~로부터. ② ~정도.
③ ~정도. ④ ~만.
⑤ ~까지.

09 明日行こうか(　　)か、迷っているんです。

① 行くまい ② 行かない
③ 行かず ④ 行けない
⑤ 行ける

해설

내일 갈까 가지 않을까, 망설이고 있습니다.

まい : ~하지 않을 것이다(부정추량). ~하지 않겠지(부정의지).

10 会社の近くに住まいを持てる人は少なく、片道 2 時間かけて通勤する人(　　)いる。

① より ② こそ
③ さえ ④ ほど
⑤ しか

해설

회사 근처에 주거지를 갖고 있는 사람은 적고, 편도 2시간 걸려서 통근하는 사람도 있다.

① ~보다. (비교문에 사용) ② ~말로. (특히 앞문장을 강조)
③ ~조차도. 마저도. ④ ~정도. (비교문에 사용)
⑤ ~밖에. (뒤 문장은 반드시 부정동반)

11 あの人がそんなひどいことを言うなんて(　　　)得ません。

① あり　② ある
③ あって　④ あった
⑤ ありがち

해설

그 사람이 그런 심한 말을 하다니 있을 수 없습니다.

あり得ない : 있을 수 없다. (有るまじき · あるはずがない · あるわけがない)

有り触れる : 흔하다. 진귀하지 않다. (有り勝ち · 在り来たり)

12 水道が(　　　)水が出なかった。

① こおりつつ　② こおらせて
③ こおられて　④ こおりついて
⑤ こおる

해설

수도가 얼어붙어서 물이 나오지 않았다. (凍り付く)

13 この話は、自分が将来、親に(　　　)とき子どもに伝えてやろう。

① なった　② なる
③ なって　④ なろう
⑤ なっている

해설

이 이야기는, 자신이 장래, 부모가 되었을 때 아이에게 전해 주겠다.

① 되고 난 다음에.　② 되기 전에.

⑤ 되어 있다.

14 次の五つの文のうち「の」が「が」に置き換えられないものを一つ選びなさい。

① 雪の降るのが見たいです。
② 元気のないのは病気のせいでしょう。
③ 週刊誌の読みおわったのがすててあります。
④ 私の作ったのがあります。
⑤ 人のいない部屋はなんとなくさびしい。

해설

(A의 B)가 (주어—동사), (주어—형용사) 등의 관계를 어순적으로 계속 유지하고 있는 경우, 연체수식절 안에서 が를 대신할 수 있다. (이러한 경우는 일반적인 문장에서 が를 사용했던 것을 の로 바꾸는 것이 가능하다)

일반적인 문장		명사＋명사의 문장	
私が読んだ。	내가 읽다.	私の読んだ本。	내가 읽은 책.
友だちが来る。	친구가 오다.	友達の来る日。	친구가 오는 날.
水が飲みたい。	물을 마시고 싶다.	水の飲みたい人。	물을 마시고 싶은 사람.
人がいない。	사람이 없다.	人のいない部屋。	사람이 없는 방.

① 눈 내리는 것을 보고 싶습니다.
② 기운이 없는 것은 병 때문이겠지요.
③ 주간지 다 읽은 것이 버려져 있습니다.
④ 내가 만든 것이 있습니다.
⑤ 사람이 없는 방은 왠지 모르게 쓸쓸하다. (적적하다)

15 다음 문장의 밑줄 친 부분이 틀린 것을 고르세요.

① 病気にさえかからなければ、人間は150才まで生きることができる。
② 彼はいつも遊んでばかりいる。
③ 先生の車をおかりになってもいいですか。
④ 田中さんはケーキをつくるのが上手です。
⑤ キムさんは英語どころか日本語もろくにできません。

해설

➡ ③ 先生の車をおかりしてもいいですか。 선생님 차를 빌려도 좋겠습니까.

존경어가 없는 동사는 다음과 같이 고치면 된다.

(존경어 : お＋ます形＋になる · なさる)

(先生がお飲みになる。　先生がお飲みなさる)

(겸양어 : お＋ます形＋する · いたす)

(私がお飲みする。　私がお飲みいたす)

① 병에만 걸리지 않는다면, 인간은 150살까지 사는 것이 가능하다.

② 그는 언제나 놀고만 있다. (ばかり : 어떤 동작을 계속하고 있는 상태를 나타낸다)

(テレビを見てばかりいる。 텔레비전을 보고만 있다)

(テレビばかり見ている。　텔레비전만 보고 있다)

④ 다나까씨는 케이크를 만드는 것을 잘합니다.

⑤ 김씨는 영어는 물론이고 일본어도 만족스럽게 못한다.

どころか : ~뿐만 아니라. (は疎(おろ)か · も疎(おろ)か · 勿論(もちろん) · 無論(むろん) · 元(もと)より)

(앞 문장에 비해 뒤 문장은 정도가 심한 문장이 온다)

陸(ろく)に : 만족스럽게. 제대로. 충분히.

16 「どうしましたか。」의 대답으로 어울리지 않는 것을 고르세요.

① 風邪(かぜ)を引(ひ)きました。　② 頭(あたま)が痛(いた)いです。

③ 薬(くすり)を上(あ)げましょうか。　④ 熱(ねつ)があります。

⑤ おなかが痛(いた)いです。

해설

왜 그렇습니까. (무슨 일 있습니까)

① 감기 걸렸습니다.　② 머리가 아픕니다.

③ 약을 줄까요.　④ 열이 있습니다.

⑤ 배가 아픕니다.

17 「痛み。」의 표현으로 올바른 것을 고르세요.

① ひりひりする　② はらはらする
③ おどおどする　④ さらさらする
⑤ ぎゅうぎゅうする

해설

① 상처가 아리아리한 모습(찰과상). 매워서 입안이 얼얼하다.

② 눈물 · 나뭇잎이 조용히 떨어지는 모습. 옆에서 걱정하는 모습.

③ 두렵거나 긴장해서 마음이 안정되지 못하는 모습. (びくびく)

④ 표면이 말라서 반질반질한 느낌. 물이 조용히 흐르는 소리(졸졸). 사물이 지체하지 않고 나아가는 모습(붓으로 줄줄 쓰다). 가벼운 물건이 맞닿을 때 나는 소리(사각사각).
모래 · 모포 · 나뭇잎이 스치는 소리. (更々)
부정을 동반하여 조금도(少しも). 전혀(全く). 절대로(決して). 조금도(一向に).

⑤ 가득 채워 넣은 모습(전차에 승객을 · 가방에 옷을). 숨쉬기 곤란할 때. 강하게 추궁하다. 심하게 감독하다.

18 次の文の(　　)の中に最も適当な言葉を入れなさい。

彼のそのような態度は、この制度に対する反感の(　　)。

① あらわれにほかならない　② あらわれにならない
③ あらわしにほかならない　④ あらわしにならない
⑤ あらわすにならない

해설

그의 그와 같은 태도는, 이 제도에 대한 반감이 나타난 것이라고밖에 할 수 없다.

ほかならない : ~임이 틀림없다. ~와 다를 바 없다. 중요한 그 자체이다.
(大切な · ほかとは違って特別の · その物である · それ以外の何物でもない)

ほかでもない : 다름이 아니라. (それ以外のことではない · あなたも知っていることだが)

① 現れる : 나타나다(효과). 출현하다(가리었던 달이). 표정이 나타나다(表れる). (자동사)

③ 現す : 나타내다. 표명하다. 표현하다(表す). 의미하다(表す). 저술하다(著す). (타동사)

19 次のうち ______ 線の部分が間違ったものを一つ選びなさい。

① また失敗しちゃったな。　② もう進学は諦めちゃったよ。

③ 疲れた。もう死んじゃうよ。　④ そんなにきめちゃって、どこに行くの。

⑤ ごめん。この間、飲んちゃったよ。

해설

동사(て形) ＋ しまう : ～해 버리다. (동작이 완료된 것을 나타낸다)

회화체로는(ちゃう · ちまう) · (じゃう · じまう)를 사용한다.

단 (じゃう・じまう) 는 동사 기본형의 끝 글자가 (ぬ・ぶ・む・ぐ) 로 끝나는 동사에 한정된다.

동사	しまう形 **(동사(て形)＋しまう)**	ちゃう·じゃう形 **(동사て形에서 て를 빼고＋ちゃう·じゃう)**	ちまう·じまう形 **(동사て形에서 て를 빼고＋ちまう·じまう)**
行く	行ってしまう	行っちゃう	行っちまう
食べる	食べてしまう	食べちゃう	食べちまう
読む	読んでしまう	読んじゃう	読んじまう
死ぬ	死んでしまう	死んじゃう	死んじまう
飛ぶ	飛んでしまう	飛んじゃう	飛んじまう
脱ぐ	脱いでしまう	脱いじゃう	脱いじまう

20 次のうち ______ 線の読み方が他のものと違うものを一つ選びなさい。

① 生意気　② 生身

③ 生地　④ 生放送

⑤ 生ビール

해설

➡ ③ きじ (옷감. 천. 본바탕. 본성)

① なまいき (건방지다) ② なまみ (현실에서 살고 있는 몸)
④ なまほうそう (생방송) ⑤ なまビール (생맥주). ビル (bill) : 계산.

21 性別、貧富の差を( )、教育や医療の機会均等が保障されなければならない。

① 考えず ② 問わず
③ 見せず ④ 答えず
⑤ 聞かず

해설

성별, 빈부의 차이를 묻지 않고, 교육이나 의료의 기회균등이 보장되지 않으면 안 된다.
(問う : 묻다. 질문하다). 資格の相違を問わず。자격의 상위를 불문하고.

① 생각하다. ③ 보여주다.
④ 대답하다. ⑤ 묻다. 질문하다.

22 「それにこしたことはありません。」의 올바른 해석을 고르세요.

① 그것보다 더 심한 일은 없습니다.
② 그것은 그냥 넘길 수 있는 일이 아닙니다.
③ 그것보다 나쁜 일은 없습니다.
④ 그것보다 좋은 일은 없습니다.
⑤ 거기에 이것은 겹경사입니다.

해설

越した事 : 어떤 것 중에서 가장 중요한 것. 가장 뛰어난 것.

23 다음 漢字語(한자어)의 읽기 중에서 옳지 않은 것을 고르세요.

① 金銀 (きんぎん) ② 金物 (かなもの)
③ 金持 (きんもち) ④ 金色 (こんじき)
⑤ 黄金 (こがね)

해설

③ かねもち (부자)

① 금은. 금화와 은화. ② 금속제의 기구.

④ 금색. (金色(きんいろ)) ⑤ 황금. (黄金(おうごん))

24 下線の部分の間違っているものを一つ選びなさい。

① 今(いま)、私たちの立場(たちば)では<u>もっとも</u>らしい意見(いけん)ですね。

② <u>もっとも</u>勉強に精(せい)を出(だ)す。

③ 毎日電車(まいにちでんしゃ)で通(かよ)っています。<u>もっとも</u>日曜日(にちようび)は行(い)きません。

④ 年中無休(ねんじゅうむきゅう)、<u>もっとも</u>元旦(がんたん)には休(やす)みます。

⑤ このあたりが被害(ひがい)の<u>もっとも</u>はげしい地域(ちいき)だ。

해설

② もっとも → もっぱら

尤(もっと)も : 당연하다. 지당하다. 단. 最(もっと)も : 무엇보다도 제일.

専(もっぱ)ら : 다른 것은 제쳐놓고 어느 한 가지 일에 집중하다. 어느 하나의 일을 주로 하다.
오로지. 전념하다. (只管(ひたすら) · 唯々(ただただ) · 只只(ただただ))

① 지금 우리들의 입장으로서는 그럴듯한 의견입니다.

② 오로지 공부에 열중하다.

③ 매일 전차로 통근하고 있습니다. 단 일요일은 가지 않습니다.

④ 연중무휴, 단 설날(1월 1일) 에는 쉽니다. (年中(ねんじゅう) · 年中(ねんちゅう))

⑤ 이 근처가 피해가 가장 심한 지역이다.

25 다음 단어 중 밑줄 친 부분의 발음이 다른 것을 고르세요.

① あ<u>っ</u>さり ② ば<u>っ</u>たり

③ こ<u>っ</u>そり ④ ぎ<u>っ</u>しり

⑤ ま<u>っ</u>すぐ

해설

➡ ② 사람 · 물건 등이 갑자기 넘어지는 모습. 갑자기 만나는 모습. 통신(音信(いんしん) · 音信(おんしん))이 갑자기 끊어지는 모습. (はったり : 허세 부리는 것. 과장하는 것)
(ぱったり : 뚝. ばったり보다 조금 가벼운 말)

① 성격이 시원하다. 사소한 일에 신경 쓰지 않다.

③ 남이 모르도록 살짝 행동하는 것(ひそかに). (ごっそり : 전부. 몽땅)

④ 빈틈없이 많은 물건이 꽉 차 있는 모습. (ぎっちり)

⑤ 똑바로. 직진. 성격이 직선적이다.

- 작은 っ (촉음)

  きって에서 보여지듯이 작은 っ는 특별하게 읽는다. っ/tsu/라고 읽지 않고, 단지 모양만을 취할 뿐이다. 즉, きって의 경우는 き를 읽고, 혀는 て의 위치로 하여 모양을 취한다. 이 모양의 길이는 き · て를 읽는 것과 거의 같은 길이이다. 이와 같이 작은 っ를 읽는 경우의 혀의 위치는 っ에 붙는(뒤따라오는) 문자의 자음의 위치이다. 그러나 っ다음에 오는 문자가 さ · し · す · せ · そ 의 경우는 공기가 나올 뿐, 모양은 의식되지 않는다. 이 작은 っ는

K음 앞에서는 ㄱ에 가깝다.	か	き	く	け	こ
	一家 (いっか)	일가족.	真っ黒 (まっくろ)	진검정.	
	一回 (いっかい)	한 번. 일회.	湿気 (しっけ)	습기.	
	学期 (がっき)	학기.	学校 (がっこう)	학교.	

S음 앞에서는 ㅅ에 가깝다.	さ	し	す	せ	そ
	一切 (いっさい)	일절.	生粋 (きっすい)	순수하다.	
	雑誌 (ざっし)	잡지.	一石 (いっせき)	일석.	
	一生 (いっしょう)	일생.	発足 (ほっそく)	발족.	

T음 앞에서는 ㄷ에 가깝다.	た	ち	つ	て	と
	一体 (いったい)	도대체.	三つ (みっつ)	세개.	
	match (まっち)	성냥.	切手 (きって)	우표.	
	熱中 (ねっちゅう)	열중.	圧倒 (あっとう)	압도.	

P음 앞에서는 ㅂ에 가깝다.	ぱ	ぴ	ぷ	ぺ	ぽ
	一杯 (いっぱい)	가득. 한잔.	切符 (きっぷ)	티켓. 표.	
	発表 (はっぴょう)	발표.	疾病 (しっぺい)	질병.	
	別嬪 (べっぴん)	미인.	尻尾 (しっぽ)	꼬리.	

의 앞에서만 나타난다.

26 「訪問する。」의 의미를 나타내는 것을 고르세요.

① 舞台に立つと上がる。　② 先生のお宅に上がる。
③ 階段を上がる。　④ 物価が上がる。
⑤ 成績が上がる。

해설

방문하다.

① 무대에 서면 긴장된다.　② 선생님 댁을 방문하다.
③ 계단을 오르다.　④ 물가가 오르다.
⑤ 성적이 오르다.

• 次の文の(　　　)の中に入られない言葉を一つ選びなさい。 (27~28)

27 落ちてくるのが(　　　)雪のようだ。

① まるで　② まさか
③ さながら　④ あたかも
⑤ ちょうど

해설

떨어져 내리는 것이 마치 눈 같다.

① 마치.　② 설마.
③ 마치.　④ 마치.
⑤ 마치.

28 もう少したてば(　　　)よいことがあるでしょう。

① きっと　② たぶん
③ おおかた　④ ついに
⑤ おそらく

해설

이제 조금만 지나면 틀림없이 좋은 일이 있겠지요.

① 꼭. 틀림없이.
② 아마. (多分(たぶん))
③ 대부분. 아마. 거의 다. (大方(おおかた))
④ 드디어. 마침내. (遂(つい)に · 終(つい)に · 到頭(とうとう) · 仕舞(しま)いに)
⑤ 아마. (恐(おそ)らく)

29 「죄송하지만, 남편 좀 부탁하고 싶습니다만.」의 올바른 일본어를 고르세요.

① 恐(おそ)れ入(い)りますが、主人(しゅじん)をちょっとお願(ねが)いしたいのですが。
② すみませんが、ご主人をちょっと願いしますが。
③ 恐れ入りますが、ご主人をちょっとお願いしますが。
④ すみませんが、夫をちょっと願いできますが。
⑤ すみませんが、ご夫をちょっと願いいただきますが。

해설

자신의 남편은(主人(しゅじん) · 夫(おっと)). 남의 남편은(ご主人(しゅじん)).

恐(おそ)れ入(い)る : 상대에게 실례하거나, 폐를 끼친 데 대해, 죄송하게 생각하다. 죄송합니다의 형태로, 물건을 부탁하거나 물어볼 때 등의 인사말로도 사용한다. (恐縮(きょうしゅく)する)
상대의 호의에 대해서 고맙게 생각하다. 황송해하다. 송구스러워하다.
상대의 재능 · 역량에 맞설 수 없다고 생각하다. 두 손 들다. 너무나도 놀라다.
사물의 심함에 질리다. 어이없다. 대단히 무서워하다.

30 ご의 쓰임이 바른 것을 고르세요.

① ご伝言(でんごん)
② ごはし
③ ご電話(でんわ)
④ ご父(とう)さん
⑤ ご気持(きも)ち

해설

ご : 상대측의 물건이나 내용을 나타내는 한자어에 붙어서.

お : 일상 생활용어. 용품. 구어(口語)에 사용한다.

① 전언. 말을 전함.　　② 젓가락. (お箸)
③ 전화. (お電話)　　④ 아버님. (お父さん)
⑤ 기분. (お気持ち)

31 次のらしいの用法のうち、他のものと違うのはどれですか。

① あの子はあまりにもひねくれていて子供らしくない。
② 川では泳げないらしいです。
③ かおりさんは着物がよく似合って、日本女性らしいですね。
④ そんなしゃべりかたをするのは横綱らしくない。
⑤ 京子さんは女らしい。

해설

➡ ② 강에서는 수영을 못하는 것 같습니다. (추측)

▸ らしい : ~답다. ~에 어울린다.

용법 : 명사(단어)＋らしい。

의미 : 유사(類似)한 것, 또는 거기에 어울린다고 하는 관계를 나타낸다.

▸ らしい : ~인 것 같다. 推定(추측) 의 의미를 나타낸다.

용법 : 동사 · な형용사 · い형용사 · 명사(기본체)＋らしい。
단 현재형은 な형용사 · 명사(단어)＋らしい。

의미 : 상대의 말에 의해서 무엇인가 확실한 근거를 갖는 추량의 의미를 나타낸다. 그 근거가 객관성을 가질 때는 단정을 완곡(婉曲)에서 이야기한다고 하는 내용이고, 그 근거가 주관적일 때는 불확실한 단정이 된다고 하는 느낌을 동반한다.

① 저 아이는 너무나도 비뚤어져 있어서 아이답지 않다. (~답다)
③ 가오리씨는 기모노가 잘 어울려서, 일본여성답습니다. (~답다)
④ 그런 말투를 하는 것은 요꼬즈나 답지 않다. (~답다)
⑤ 교꼬씨는 여자답다. (~답다)

32 鳥(とり)が何羽いますか。의 「何羽」의 올바른 히라가나 표기를 고르세요.

① なんは　② なんわ
③ なんば　④ なんぱ
⑤ なにぱ

해설

새가 몇 마리(何羽(なんわ)) 있습니까. (羽(わ) : 새 · 토끼(兎(うさぎ))를 세는 조수사)
(3羽(さんば) · 6羽(ろっぱ) · 8羽(はっぱ) · 10羽(じっぱ) · 10羽(じゅうわ) · 100羽(ひゃっぱ) · 100羽(ひゃくわ) · 1000羽(せんば) · 1000羽(せんわ))

33 口(くち)をすべらす。の意味を一つ選びなさい。

① 食物(しょくもつ)が口(くち)から落(お)ちる。　② つい言ってしまった。
③ 約束(やくそく)を破(やぶ)ってしまう。　④ 手(て)で口(くち)をふく。
⑤ 同(おな)じ口(くち)で違(ちが)ったことを言(い)う。

해설

실수하여 말을 해 버리다. (やたらに口(くち)を滑(すべ)らす。 함부로 입을 놀리다)
(語(かた)るに落(お)ちる · 口(くち)が滑(すべ)る。 무심결에 이야기하고 말다)

① 음식이 입에서 떨어지다.　② 무심결에 말해 버리다.
③ 약속을 깨다.　④ 손으로 입을 닦다.
⑤ 한 입으로 두말하다.

34 大自然(だいしぜん)の風景(ふうけい)を<u>心(こころ)ゆくまで</u>味(あじ)わう。下線の意味を一つ選びなさい。

① 気(き)に入(い)るまで　② あきあきするまで
③ 満足(まんぞく)を得(え)るまで　④ 心(こころ)が落(お)ち着(つ)くまで
⑤ 芋(いも)の煮(に)えたもご存(ぞん)じない

해설

대자연의 풍경을 마음껏 맛보다.

① 마음에 들 때까지. ② 질릴 때까지. (飽々する)
③ 만족할 때까지. ④ 마음이 안정될 때까지.
⑤ 고구마 익은 것도 모른다. 세상사(世上)를 너무 모르는 사람을 빗대어 하는 말. 바보. 멍청이.

35 (　　)を肥やす。の(　　)の中に入る漢字を一つ選びなさい。

① 私服 ② 至福
③ 私腹 ④ 仕服
⑤ 紙幅

해설

➡ ③ 사복을 채우다.

① 사복. 평상시의 옷. ② 더 없는 행복.
④ 찻잔 같은 것을 담는 주머니. ⑤ 종이의 폭. 종이의 너비.

36 다음 문장의 의미로서 올바르지 않은 것을 고르세요.

相手に待つように願う時の表現である。

① お待ちしてください。 ② お待ちなさい。
③ お待ちいただけませんか。 ④ お待ちねがいます。
⑤ お待ちくださいませんか。

해설

겸양어 뒤에 ください(명령형)는 올 수 없다.
① 올바르게 고치면 お待ちください。(존경어)

● 次の文の(　　)の中に最も適当な言葉を入れなさい。

37 つらかったことをすべて(　　)相手を許すことも大切だ。

① ブレーキを掛けて　② 水に流して
③ 胸三寸に納めて　④ 耳打ちして
⑤ ちょっかいを出して

해설

괴로웠던 일들을 모두 잊어버리고 상대를 용서하는 것도 중요하다.

① 억압하다. 브레이크를 걸다.　② 과거에 좋지 않았던 일을 잊다.
③ 가슴속에 품고 내색하지 않다.　④ 속삭이다. 귓속말. (耳語)
⑤ 참견·간섭하다. (口出し·出しゃばり·差し出口)

38 次の文の下線の部分と同じ意味で使われているものを選びなさい。

数日は何事もなく過ぎたが、何となく<u>あらしの前の静けさ</u>が感じられる。

① 鎬を削る。　② 高みの見物。
③ 持って来い。　④ おととい来い。
⑤ ぶきみな前ぶれ。

해설

수일은 아무 일도 없이 지났지만, 왠지 모르게 폭풍전의 고요함이 느껴진다.
(嵐の前の静けさ : 폭풍전의 고요함)

① 심하게 싸우다. (激戦)
② 강 건너 불구경. 수수방관하다. 팔짱끼고 구경하다. (腕を拱く·手を拱く·手を束ねる)
③ 기준이나 조건에 잘 맞다. 안성맞춤(ぴったり合う). 持って行って : 게다가.
④ 다시는 오지 마라. (二度と来るな)
⑤ 불길한 것을 예고하는 것. (不気味な前触れ)

39 **나머지 넷과 의미가 다른 것을 고르세요.**

① 切り札　　② 奥の手

③ 山を掛ける　　④ 決め手

⑤ とっておきの有力な手段

해설

③ 모험을 걸다. 만에 하나 성공을 기대하다. (山を張る)
山が見える : 해결될 기미가 보이다. 앞길이 내다보이다.
①, ②, ④, ⑤ 비장의 수단. 최후의 방법.

40 **다음 글의 문맥이 통하도록 바르게 나열한 것을 고르세요.**

ⓐ それは陳さんが誕生日のお祝いにプレゼントしたものです。

ⓑ が、とうとう話すことができませんでした。

ⓒ ところが、ある日電車の中でなくしてしまいました。

ⓓ 梁さんは陳さんからもらった財布をとても大事にしていました。

ⓔ 今日のデートの時そのことを話そうと思いました。

① ⓐ－ⓒ－ⓓ－ⓑ－ⓔ　　② ⓐ－ⓒ－ⓐ－ⓑ－ⓔ

③ ⓐ－ⓑ－ⓒ－ⓓ－ⓔ　　④ ⓓ－ⓔ－ⓒ－ⓑ－ⓐ

⑤ ⓓ－ⓐ－ⓒ－ⓔ－ⓑ

해설

⑤ ⓓ－ⓐ－ⓒ－ⓔ－ⓑ

ⓐ 그것은 진씨가 생일선물로 선물한 것입니다.

ⓑ 그러나, 결국 이야기를 할 수 없었습니다.

ⓒ 그러나, 어느 날 전차 안에서 잃어버리고 말았습니다.

ⓓ 양씨는 진씨로부터 받은 지갑을 대단히 소중히 하고 있었습니다.

ⓔ 오늘 데이트할 때 그 일을 이야기하려고 생각했습니다.

● 次の文の(　　)の中に最も適当な言葉を入れなさい。(41～47)

41 今度(　　)遊びに来てください。

① たちまち　　② ふたたび
③ また　　④ まだ
⑤ 二度と

해설

다음에 또 놀러 오세요.
是非 : 명령이나 희망을 나타내는 문장에 사용한다.

① 순식간에. 갑자기.　　② 다시 한번. (再度 · 再び)
③ 또.　　④ 아직.
⑤ 두 번 다시.

42 電車が終点に(　　)きたので、乗客は降りる支度をはじめた。

① 近付いて　　② 近寄って
③ 迫って　　④ 接近して
⑤ すれちがう

해설

전차가 종점에 가까워졌기 때문에, 승객은 내릴 준비를 시작했다.

① 가까이 가다. 가까워지다. 접근하다.　　② 접근하다. 다가가다. 가까이하다.
③ 임박해 오다. 재촉하다. 다가오다.　　④ 접근하다.
⑤ 스쳐 지나가다.

43 先月からの長雨と今度の台風で山が(　　)、多くの家が押しつぶされた。

① こわれて　　② くずれて
③ つぶれて　　④ たおれて
⑤ うつぶせて

해설

지난달부터 오랜 비와 이번의 태풍으로 산이 무너져 많은 집이 깔려 부서졌다(潰す).

① 꽃병 · 의자 등이 부서지다. 기계가 고장나다. (壊れる)

② 산등이 무너지다. 허물어지다. 태도가 흐트러지다. (崩れる)

③ 찌부러지다. 도움이 안 되다. 파산하다. 술에 취해 못 움직이게 되다. 潰れる)

④ 넘어지다. 도산하다. (倒れる)

⑤ 엎드리다. (うつ伏せる)

44 国鉄運賃の値上げを(　　)にして、私鉄運賃やタクシー料金も値上げされることになった。

① 川立ち　　② きっかけ

③ 景気　　④ 心掛け

⑤ 食い足りない

해설

국철운임의 인상을 계기로 해서, 사철운임과 택시요금도 인상되게 되었다.

① 수영을 잘하는 사람.
(川立ちは川に果てる : 뛰어난 기술을 가진 사람은 방심해서 오히려 멸망한다)

② 계기. 동기.

③ 경기. 경제상태. 활동상황이나 위세. 운치. 분위기.
(景気を付ける : 기세를 북돋우다. 根性 : 근성. 気配 : 기색. 낌새)

④ 마음의 준비. 마음가짐. (心構え)

⑤ 내용이 불충분하여 만족할 수 없다. 양에 차지 않다.

45 週末にハイキングに行ったんですが、途中の森で道に(　　)しまいました。

① なやんで　　② くるしんで

③ こまって　　④ まよって

⑤ なめて

해설

주말에 하이킹을 갔습니다만, 도중에 숲에서 길을 잃고 말았습니다.

① 고민하다. 괴로워하다. (悩む)　② 고생하다. (苦しむ)

③ 곤란하다. (困る)　④ 망설이다. (迷う)

⑤ 빨다. 얕보다. 괴로운 것을 경험하다. (嘗める)

46 もう少し頭を(　　　)考えてみます。

① 冷して　② 覚まして

③ 直して　④ 磨いて

⑤ 悟って

해설

좀 더 머리를 식히고 생각해 보겠습니다.

① 차게 하다. 식히다. 냉정하게 하다. 섬뜩해지다. (冷す · 冷やす)

恐ろしさに肝を冷やす。두려움에 간담이 서늘하다.

갑작스런 사건에 놀라움이나 공포를 느끼는 모습. (冷す · ひやりとさせる · ぞっとさせる)

② 깨어나다. (잠에서)　③ 고치다.

④ 기술을 연마하다. 이빨을 닦다.　⑤ 이해하다. 눈치채다. 깨닫다.

47 二つの事件は同一人物の犯人に(　　　)ない。

① 相違　② 差異

③ 異同　④ 相似

⑤ かんちがい

해설

두 사건은 동일인물의 범행임이 틀림없다.

① ~에 틀림없다. (間違いない · に相違ない · に違いない)

② 차이점. 다른 것.　③ 틀린 것. 다른 것.

④ 서로 닮은 것.

⑤ 착각. 잘못 생각함. 오해. (勘違い · 思い違い · 心得違い · 誤解 · 錯覚)

48 次の文の下線の部分と同じ意味で使われているものを選びなさい。

お見合いの相手は、<u>折り目正しい</u>好青年で、よい印象を受けました。

① いずれの間に　　② 打てばひびく

③ うまい汁を吸う。　　④ けじめがある

⑤ けじめを付ける

해설

맞선 상대는, 예의바른 청년이어서, 좋은 인상을 받았습니다.

① 머지않아. 조만간에.　　② 즉각 반응한다. (打てば響く)

③ 남을 이용해서 고생하지 않고 이익을 얻다. 불로소득.

(甘い汁を吸う · うまい汁を吸う · 濡れ手で粟のつかみ取り : 젖은 손에 좁쌀을 움켜쥠)

④ 구분이 있다. 구별이 있다. 예의바르다.

けじめ : 물건과 물건의 다른 점. 구별. 도덕이나 규범에 의해서 행동 · 태도에 나타내는 구별

公私のけじめをつける。　　공과 사의 구분을 짓는다.

親子の間にもけじめが必要だ。　　부모와 자식 간에도 예의가 필요하다.

경계선 (境目 · 境目). 계절의 구분 (区切れ). 칸막이 (隔て · 区切り · 仕切り).

隔て心 : 마음의 벽. 경계심 있는 마음.　隔て顔 : 쌀쌀맞은 얼굴. 쌀쌀한 태도.

けじめを食う。 바보취급 받다. 무시받다. 멸시받다. (卑しめられる · 馬鹿にされる)

⑤ 구분을 짓다. (一線を画する · 区分を付ける · 区切りを付ける)

49 다음 일본어를 우리말로 올바르게 해석한 것을 고르세요.

どうせまぐれにすぎないとは思っているが、ちょっと気になるよ。

① 어차피 변덕에 지나지 않는다고는 생각하지만, 조금 마음에 걸려요.

② 어차피 변덕에 지나지 않는다고는 생각하지만, 조금 마음에 드네요.

③ 아무래도 변덕에 지나지 않는다고는 생각하지만, 조금 마음에 걸리네요.

④ 어차피 우연에 지나지 않는다고는 생각하지만, 조금 마음에 드네요.

⑤ 어차피 요행에 지나지 않는다고는 생각하지만, 조금 마음에 걸리네요.

해설

紛れ : 우연(偶然). 요행. 헷갈림.

紛れに : ~한 나머지. (苦し紛れにうそをつく : 괴로운 나머지 거짓말을 하다.

腹立ち紛れに : 화가 난 나머지. 홧김에.

気になる : 마음에 걸리다. 신경 쓰이다. 걱정되다. (心配になる · 気に掛かる)

気にする : 걱정하다. (心配する)

• ある言葉の意味を説明したものです。それぞれの説明にあう言葉を一つ選びなさい。

50 話が別の方向へ行く。

① すれる　② それる

③ まがる　④ にげる

⑤ そびえる

해설

이야기가 딴 방향으로 가다.

① 물건이 빗겨 가다. 원래의 순진함을 잃다. (擦れる · 磨れる)

② 진로나 목표가 빗나가다. 딴 방향으로 가다. 본줄기에서 벗어나다. 음이 틀리다. (逸れる)

③ 구부러지다. 방향을 바꾸다. (曲る · 曲がる)　④ 도망가다. (逃げる)

⑤ 동사에 붙어서 할 기회를 놓치다. 솟아오르다. (聳える)

51 次の文の下線の意味を一つ選びなさい。

1930年彼はあの雑誌への寄稿を<u>かわきりに</u>こうした研究の成果を発表し始めた。

① 바탕으로　② 원점으로

③ 수정하여　④ 반대하여

⑤ 시작으로

해설

皮切り：시작. 최초. (手始め)

52 다음 중 밑줄 친 부분과 발음이 같은 것을 고르세요.

来年度の予算案が<u>承認</u>された。

① 主任　② 諸因
③ 承引　④ 商人
⑤ 初任

해설

내년도의 예산안이 승인되었다.

① 주임. (しゅにん)　② 모든 원인. (しょいん)
③ 승인. 승낙. (しょういん)　④ 상인. (しょうにん)
⑤ 초임. (しょにん)

53 次の文の(　　)の中に入れるのに最も適当なものを一つ選びなさい。

警察庁の調べでは、高速道路でのシートベルトの着用は平均95パーセントの高率を維持しているが、一般道路での着用の伸びは(　　)。

① 思わしい　② 泣く子と地頭にはかてぬ
③ とどまらない　④ 頭打ちだ
⑤ 二八ブタ

해설

경찰청 조사에 의하면, 고속도로에서의 안전벨트 착용은 평균 95%의 고율을 유지하고 있지만, 일반도로에서의 착용의 신장은 더 진전할 기미가 없다.

① (많은 부정을 동반하여) 생각대로 되다. 바라다.

② 아기와 권력자처럼 도리가 통하지 않는 사람에게는 싸워도 소용없다.

③ 머무르지 않다. 진행이 그치지 않다. (止(とど)まる · 留(とど)まる)

④ 진전의 가망성이 없다. 한계에 달하다.

⑤ 2월과 8월로 일 년 중에서 경기가 가장 저조한 달. (불경기 두 달)

54 다음 단어의 읽기가 「施行」과 다른 것을 고르세요.

① 事項　　② 施工

③ 思考　　④ 試行

⑤ 指向

해설

➡ ① 사항. (じこう)

② 시공. (しこう)　　③ 사고방식. (しこう)

④ 시행. (しこう)　　⑤ 지향. (しこう)

55 다음 중 읽기가 다른 것을 고르세요.

① 養子　　② 両氏

③ 猟師　　④ 量子

⑤ 漁師

해설

➡ ① 양자. 입양아. (ようし)

② 양씨. 두 분. 두 사람. (りょうし)　　③ 엽사. 사냥꾼. (りょうし)

④ 물리에서의 최소단위. (りょうし)　　⑤ 어부. (りょうし)

56 다음의 경어 표현 중 옳지 않은 것을 고르세요.

① 先生はそうおっしゃった。

② どなたが私を訪(たず)ねて見(み)えましたか。

③ 社長にお目にかかりたいのですが。

④ 申し訳ございませんが、課長はただいま外出なさっております。

⑤ 先生の辞書を利用させていただいた。

해설

➡ ④ 申し訳ございませんが、課長は只今外出しております。

① 선생님은 그렇게 말씀하셨다.

② 어느 분이 저를 방문해오셨습니까.

③ 사장님을 만나 뵙고 싶습니다만.

④ 죄송합니다만, 과장은 지금 외출했습니다.

⑤ 선생님 사전을 이용했다.

● 次の文の(　　　)の中に入れるのに最も適当なものを一つ選びなさい。

57 わざわざ東京まできましたが、(　　　)みんな留守でした。

① ひにく

② どうしても

③ あいにく

④ ごく

⑤ まったく

해설

일부러 도쿄까지 왔습니다만, 공교롭게도 모두 외출 중이었습니다.

① 빈정거림. (皮肉)

② 어떻게 해서라도.

③ 하필이면. 공교롭게도 (意地の悪いことには). (意地が悪い : 심술궂다)

④ 극히. (極めて · 極)

⑤ 정말. 전적으로. (全く)

58 (　　　)の手料理がめちゃくちゃになっちゃった。

① せっかく

② わざわざ

③ わざと

④ てぬぐい

⑤ くれぐれも

해설

모처럼의 손수 만든 요리가 엉망진창이 되어 버렸다.

① 모처럼. ② 일부러.
③ 고의로. 고의적으로. ④ 수건. (手拭い)
⑤ 아무쪼록. 부디. 제발. (くれぐれもよろしくお願いします)

59 歌を(　　)ながら歩き続ける旅人。

① ほえ ② さけび
③ ふき ④ くちずさみ
⑤ いかり

해설

노래를 읊조리면서 계속 걸어가는 나그네. (口遊み : 흥얼거림. 읊조림)

① 짖다. 큰소리로 외치다. (吠える) ② 외치다. 부르짖다. (叫ぶ)
③ 바람 · 피리를 불다. (吹く) ⑤ 분노하다. 성내다. 화내다. (怒る · 怒る)

60 今までの私は自分のメンツに(　　)すぎて真の力を出さなかった。

① こだわり ② かかわり
③ よわ ④ こたえり
⑤ すり

해설

지금까지 나는 자신의 체면에 너무 집착하여 진짜 실력을 내지 않았다.
(非常にこだわる : 굉장히 집착하다)

① 작은 일을 필요이상으로 걱정하다. 집착하다. (拘る)
② 관계되다. 관련되다. 교제하다. (係わる · 関わる)
③ 약하다. (弱い)
④ 견디다. 지탱하다. 참아내다(堪える). (堪える : 참다. 견디다. 용서하다)
⑤ 소매치기하다(掏る). (すりにすられる。 소매치기한테 소매치기 당하다)

61 다음 중 밑줄 친 부분이 올바르지 않은 것을 고르세요.

① 会議には遅れないようにしてください。

② 寒いから、風邪を引かないことにしましょう。

③ 最近タバコは吸わないようにしています。

④ 人には迷惑をかけないようにしましょう。

⑤ 当分は酒を飲まないことにしています。

해설

➡ ② 寒いから、風邪を引かないようにしましょう。

① 회의에는 지각하지 않도록 해 주세요.

② 춥기 때문에, 감기에 걸리지 않도록 합시다.

③ 최근 담배는 피지 않도록 하고 있습니다.

④ 사람에게는 피해를 주지 않도록 합시다.

⑤ 당분간은 술을 마시지 않도록 하고 있습니다.

62 다음 중 밑줄 친 부분의 의미나 용법이 다른 것을 고르세요.

① 古い手紙を読んでいると昔のことが思い出されます。

② あの子は親に甘やかされていて、いたずらをしてもしかられない。

③ 帰省しようと思っているので、夏休みが待たれます。

④ 京都には古い時代のしのばれる名所がたくさんあります。

⑤ 私腹を肥やしている政治家が多いので国の将来が案じられる。

해설

➡ ② 저 아이는 부모에게 어리광을(응석) 부려서, 장난을 쳐도 혼나지(叱る) 않는다. (수동)
(子供を甘やかす ; 아이를 버릇없이 키우다, 응석받이로 키우다)

① 옛날 편지를 읽고 있으면 옛날 일이 기억이 납니다. (자발)

③ 귀성하려고 생각하고 있기 때문에, 여름방학이 기다려집니다. (자발)

④ 교또에는 옛날 시대를 그리워지게 하는 명소가 많이 있습니다. (자발)

⑤ 사복(본인 욕심)을 채우고 있는 정치가가 많기 때문에 나라의 장래가 걱정된다. (자발)

63 「おことばにあまえてそうさせていただきます。」의 올바른 해석을 고르세요.

① 달콤한 말로 꾀어 그렇게 해 받았습니다.

② 응석부리지 못하게 시켰습니다.

③ 가벼운 말로 얕잡아 보니 그렇게 하겠습니다.

④ 말씀하신 대로 그렇게 시키겠습니다.

⑤ 그 말씀에 힘입어 그렇게 하겠습니다.

해설

言葉にあまえる : 응석부리다. 어리광부리다. 힘입다(호의 · 친절). 우쭐해하다. (甘える) では、お言葉にあまえて上がらせていただきます。그러면, 말씀에 힘입어 그렇게 하겠습니다. (おことばにあまえて拝借します。 말씀에 힘입어 호의를 받아들이겠습니다)
(拝借する : 빌리다(借りる)의 겸양어)

64 次の会話文を正しい順序にしなさい。

A : 岡田さんは何科目試験を受けますか。
B : それなら、Fはもらわないでしょう。
C : その代わり、レポート提出がたくさんあります。
D : 試験は1科目しかありません。

① D－C－A－B　　② D－B－A－C
③ A－D－C－B　　④ D－A－B－C
⑤ A－D－B－C

해설

➡ ⑤ A－D－B－C

A : 오까다씨는 몇 과목 시험을 봅니까.

B : 그렇다면, F는 받지 않겠군요.

C : 그 대신, 리포트 제출이 많이 있습니다.

D : 시험은 1과목밖에 없습니다.

65 次の文章の下線の部分「その人」はだれなのか。

友達の発表を聞き終わったら、自分の感想をカードに書き、発表した人に渡そう。人の話を聞き捨てにしないことは、その人との結び付きを強めるためにも大切である。

① 発表をした人　② 発表を聞いた人
③ 感想を書いた人　④ カードを渡した人
⑤ 結び付きを強めた人

해설

친구의 발표를 다 듣고 나면, 자신의 감정을 카드에 써서, 발표한 사람에게 건넨다. 남 이야기를 흘려버리지 않는 것은, 그 사람과의 결부를 돈독하게 하기 위해서도 소중한 것이다.

① 발표를 한 사람.　② 발표를 들은 사람.
③ 감상을 적은 사람.　④ 카드를 건넨 사람.
⑤ 결부를 돈독하게 하는 사람.

66 次の文章を読んで、「父からの教え」として適当なものを選んでください。

父は「自分の買い物をする店を、花はどこの店、野菜はどの店と、品物ごとに決めておくんだ。そのうち、その店とだんだん親しくなって、気軽に話もできるようになる。お互いに信用するようになれば、品物だっていくらか安くしてもらえるし、お互いの得になるんだ。商売には、なんたって信用が大事だからな」と、教えてくれた。

① 自分で買物をすること　② 信用を大事にすること
③ 人に気軽に話をすること　④ 品物を安く買うこと
⑤ お互いに得をすること

해설

아버지는 「자신이 쇼핑을 하는 가게를, 꽃은 어느 가게, 야채는 어느 가게 물건마다 결정해

둔다. 그러는 동안, 그 가게와 점점 친해져서, 부담 없이 이야기도 할 수 있게 된다. 서로서로 신용할 수 있게 된다면, 물건도 얼만가는 싸게 살 수 있고, 서로서로 득이 된다. 장사에서는, 무엇이든지 간에 신용이 소중하다」라고, 가르쳐 주었다.

① 스스로 쇼핑을 하는 것. ② 신용을 소중히 하는 것.
③ 남에게 부담 없이 이야기를 하는 것. ④ 물건을 싸게 사는 것.
⑤ 서로서로 득이 되게 하는 것.

67 「언젠가 꼭 만날 수 있겠지.」의 올바른 일본어를 고르세요.

① いつかぜひあえるだろう。 ② いつもぜひあえるだろう。
③ こんなにあってうれしいです。 ④ いつかきっとあえるだろう。
⑤ こんなにあえてうれしいです。

해설

ぜひ　: 뒤 문장에는 명령이나 희망이 온다.
きっと : 틀림없이. 꼭. 반드시. (상대에게의 요망)
⑤ 이렇게 만나서 기쁩니다. (こんなに会(あ)えて嬉(うれ)しいです)

68 다음 문장의 의미가 잘못 연결된 것을 고르세요.

① いびきをかく : 코를 골다. ② 詐欺(さぎ)を働(はたら)く : 사기 치다.
③ 恥(はじ)をかく : 창피하다. ④ 汗(あせ)をかく : 땀을 흘리다.
⑤ 関心(かんしん)が多(おお)い : 관심이 많다.

해설

⑤ 関心(かんしん)が強(つよ)い。(好奇心(こうきしん)が強(つよ)い。 호기심이 많다)

69 こうなったらもう優勝(ゆうしょう)したも同然(どうぜん)だ。そんなに(　　)ないよ。

① やすく ② あまく
③ 勝(すぐ)れ ④ 悪く
⑤ にくい

해설

이렇게 된다면 이미 우승한 거나 같다. 그렇게 간단치 않아.

① 싸다(安(やす)い). 쉽다. (동사(ます형)+やすい : ~하기 쉽다)

② 달다. 얕보다. (甘(あま)い)　　③ 우수하다. 뛰어나다. (優(すぐ)れる · 勝(すぐ)れる)

④ 나쁘다. 불길하다. (悪(わる)い)

⑤ 얄밉다. 용서하기 어렵게 생각해서 싫어하는 것. 밉다. (憎(にく)い · 難(にく)い · 悪(にく)い · 憎(にく)らしい)
(얄미울 정도로 뛰어나다의 의미로 반어적으로 사용) 감탄할 만하다. 얄밉도록 뛰어나다. 대단히 마음에 들다. (感心(かんしん)すべきである · 大層好(たいそうこの)ましい)
보기 흉하다. (見苦(みぐる)しい · みっともない · 見(み)た目(め)に悪(わる)い · 体裁(ていさい)が悪(わる)い · はしたない)
마음이 내키지 않는다. 상스럽다. (気がひける)

70 **そんなつまらん本(ほん)に読(よ)み(　　　)、私が来(き)たのも気付(きづ)いてなかったの。**

① ふけって　　② はたして

③ はまって　　④ にじんで

⑤ ぬいて

해설

그런 시시한 책에 열중해서(하찮은 책을 탐독하느라), 내가 온 것도 알지 못했니.

① 열중하다. 골몰하다. (동사(ます形)+耽(ふけ)る)

② 완전히 ~하다. (동사(ます形)+果(は)たす)

③ 내용 · 조건에 꼭 맞다. 연못에 빠지다. 계략에 속다. (填(は)まる)

④ 잉크 등이 번지다. (滲(にじ)む)　　⑤ 끝까지 ~하다. (동사(ます形)+抜(ぬ)く)

71 **「じっとみつめていたあのまなざし。」올바르게 해석한 것을 고르세요.**

① 계속 주시해서 보았던 그 보물.　　② 가만히 바라보던 그때.

③ 가만히 바라보던 그 아름다움.　　④ 조용히 쳐다보던 그 순간.

⑤ 지그시 바라보던 그 눈길.

해설

まなざし : 눈의 표정. 눈길. 시선.

72 意味の間違っているものを一つ選びなさい。

① 存分(ぞんぶん)立(だ)て。 : 자신의 의견을 무리하게 고수하다.

② 布衣(ふい)の交(まじ)わり。 : 서민적인 교제.

③ 気骨(きこつ)が折(お)れる。 : 기개.

④ 反故(ほご)にする。 : 없는 것으로 하다.

⑤ 有卦(うけ)に入(い)る。 : 전력을 다하다.

해설

➡ ⑤ 행운이 계속되다. (力(ちから)を尽(つ)くす : 전력을 다하다)

③ 신념을 끝까지 지켜서, 손쉽게 다른 사람이나 곤란에 굴하지 않는 강한 마음.

気骨(きぼね)が折(お)れる : 이것저것 신경을 써서 정신적으로 피곤하다. (気疲(きづか)れする)

気骨(きこつ)が折(お)れる : 신념을 끝까지 지켜서, 손쉽게 다른 사람이나 곤란에 굴하지 않는 강한 마음. (기개)

④ 버리다(捨(す)てる). 없는 것으로 하다. 도움이 안되게 하다.

73 다음 중 밑줄 친 부분이 올바른 것을 고르세요.

① あの花はあんまりきれいくありません。

② きのうとてもさむかったでした。

③ かれはおいしい食べ物のことばかり考えていない。

④ 私は今、一万円だけしか持っていません。

⑤ 山田さんの手が田中さんの手とふれた。

해설

➡ ⑤ 야마다씨의 손이 다나까씨의 손과 마주쳤다. (닿았다)

① あの花(はな)はあんまりきれいじゃありません。

② きのうとても寒かったです。

③ かれはおいしい食べ物のことばかり考えている。

④ 私は今、一万円しか持っていません。

74 次の文の(　　　)の中に最も適当なものを入れなさい。

最近の卒業式で目につくのが女子大学生のはかまスタイルだ。すでに(　　　)はずのスタイルの復活なので、どこかの留学生だと思い込んでいた人もいたぐらいである。

① はやった　② すたれた

③ ひろがった　④ ひっかけた

⑤ おこった

해설

최근 졸업식에서 눈에 띄는 것이 여대생들의 하까마(겉에 주름 잡힌 하의) 스타일이다. 이미 유행이 지난 스타일의 부활이기 때문에, 어딘가의 유학생이라고 생각했던 사람도 있을 정도다.

① 유행하다. 감기가 퍼지다. 장사가 번성하다. (流行る)

② 사용하지 않게 되다. 쇠퇴하다. 유행이 지나다. (廃れる)

③ 펼쳐지다. 넓혀지다. 전개하다. 소문이 퍼지다. (広がる)

④ 걸다. 코트를 걸치다. 잘 속이다. 걸려서 찢기다. 무리하게 관련시키다. (引っ掛ける)

⑤ 사고가 발생하다. 유행이 일어나다. 호기심이 생기다. (起こる)

75 わざわざことわることもない。下線の部分の意味を一つ選びなさい。

① 言い訳をする。　② 栴檀は双葉より芳し。

③ 色っぽい態度をする。　④ 事情を明らかにする。

⑤ 拒否する。

해설

일부러 변명할 필요도 없다.

① 변명을 하다.　　② 될 나무는 떡잎부터 알아본다.

③ 아부하다.　　④ 사정을 분명히 하다.

⑤ 거부하다.

76 우리말의 일본어 표현으로 적당하지 않은 것을 고르세요.

① 거품경제 붕괴로 침체된 경기를 다시 회복시키기는 어렵다.
バブル経済崩壊で落ち込んだ景気を再び持ち直させることは難しい。

② 고령화 문제는 단지 일본뿐만 아니라 전 세계 문제이기도 하다.
高齢化問題は、ひとり日本のみならず全世界の問題でもある。

③ 라면은 정말 좋아하지만 줄 서서까지 먹고 싶지는 않다.
ラーメンは大好きだが、並ぶまで食べる気にはならない。

④ 올림픽에서 두 팀은 막상막하의 열띤 경기를 펼쳤다.
オリンピックで両チームは負けず劣らずの熱戦を展開した。

⑤ 부하의 업무 보고서가 너무 빈약해서, 어떻게도 각하하지 않을 수 없는 상황이다.
部下の業務レポートがあまりにも貧相過ぎて、どうにも却下せざるを得ないところである。

해설

➡ ③ ラーメンは大好きだが、並んでまで食べたくはない。

⑤ 동사(부정형) ＋ ざるを得ない。 ～하지 않을 수 없다. 어쩔 수 없다. (余儀なくされる)

동사Ⅰ (あ段) ＋ ざるを得ない。　동사Ⅱ (ます形) ＋ ざるを得ない。

동사Ⅲ : する → せざるを得ない。　くる → こざるを得ない。

동사(기본형) ＋ わけにはいかない。 ～할 수 없다. 불가능을 나타낸다.

동사(부정형) ＋ わけにはいかない。 ～하지 않으면 안 된다.

貧相 : 정말로 빈약한 인상. (⇔ 福相)

却下 : 각하. (소송이 제대로 된 요건을 갖추지 못했을 때 해당 사안에 대한 구체적인 심리 없이 사건을 끝내는 재판을 말한다)

棄却 : 기각. 버리는 것. (기각이란 민사소송법상 신청의 내용을 종국재판에서 이유가 없다고 하여 배척하는 것을 말한다.

77 下線の部分の間違っているものを一つ選びなさい。

① 年を取ると目が悪く<u>なるものです</u>。
② 都合が<u>つきしだい</u>、お返事いたします。
③ 私が先生に叱られたのは<u>あなたのせいです</u>。
④ 台風が<u>来るたびに</u>、大きな被害を出す。
⑤ たまに朝ご飯を食べなかった<u>ものがある</u>。

해설

⑤ ものがある → ことがある (~한 적이 있다)
① 나이를 먹으면 눈이 나빠지는 것입니다.
② 형편이 좋아지는 대로, 답장하겠습니다.
③ 내가 선생님에게 혼났던 것은 네 탓이다.
④ 태풍이 올 때마다, 큰 피해를 낸다.
⑤ 가끔 아침밥을 먹지 않았던 적이 있다.

78 <u>手柄</u>を立てる。下線の部分の意味を一つ選びなさい。

① 書簡　② 手のもよう
③ 証文　④ 功
⑤ 空手

해설

공을 세우다.
① 편지.　② 손의 모습. (手の模様)
③ 계약서. 차용증서.　④ 공적.
⑤ 공수도.

79 下線の部分の正しい日本語を一つ選びなさい。

彼はそんなに簡単には負けないよ。<u>지기 싫어하는 사람</u> ですから。

① 負けず嫌い　② 負け惜しみ
③ 手前　④ 負け犬
⑤ 負け腹

해설

그는 그렇게 간단하게는 지지 않는다. 지기 싫어하는 사람이기 때문에.
② 패배를 인정치 않고 억지를 부리는 것.
③ 체면. 면목(体裁). 자신의 바로 눈 앞. 자신을 기준으로 가까운 방향.
④ 비참한 패배자.　⑤ 지고 나서 화를 냄.

80 触らぬ神に祟りなし。の意味を一つ選びなさい。

① きゃくを鼻であしらう。　② 小言を言う。
③ 自分の都合ばかり考えること。　④ この新しい薬は効き目が早い。
⑤ 厄介なことには自分から近づかないほうがいい。

해설

➡ ⑤ 성가신 일은 스스로 접근하지(近付く) 않는 것이 좋다. (긁어 부스럼을 만들지 마라)
① 콧방귀 뀌다. 성실하게 대응하지 않다. 냉정하게 취급하다. 무시하다.
(あしらう : 손님을 대접하다)
② 잔소리하다.
③ 자기 좋을 대로만 하다. (手前勝手 · 自分勝手 · 好き勝手 · 身勝手)
④ 이 새로운(신약) 약은 효과가 있다. 약이 잘 듣는다. (利き目が早い · 効き目が早い)

● 次の文章を読んで、あとの問いに答えなさい。(81~89)

私は1950年、ガリオア奨学資金を得て精神医学を学ぶべく渡米した。戦後間もなくの頃とて、私はまずアメリカの豊富な物資に [A]を奪われ、また明るく自由に振る舞うアメリカ人に深く感心したものである。

それと同時に、私自身の考え方や感じ方がアメリカ人と異なるところからくるぎこちなさも折にふれて感ずるようになった。例えば渡米して最初の頃だったと思うが、日本の知人に紹介された人を訪ねてしばらく話をしていると、「あなたはお腹がすいているか、アイスクリームがあるのだが」ときかれた。私は多少腹がへっていたと思うが、初対面の相手にいきなりお腹がすいているかときかれて、すいていると ①<u>答えるわけにもいかず</u>、すいていないと返事をした。私には多分、もう一回ぐらいすすめてくれるであろうというかすかな期待があったのである。[B]相手は「あー、そう」といって何の御愛想もないので、私はがっかりし、お腹がすいていると答えればよかったと内心くやしく思ったことを記憶している。そしてもし相手が日本人ならば、だいたい初対面の人にぶしつけにお腹がすいているかなどときくことはせず、何かあるものを出してもてなしてくれるのにと考えたことであった。

また次のようなことも私の神経を刺激したことであった。アメリカ人の家庭に食事に呼ばれると、まず主人が酒かソフト·ドリンクいずれを飲むかとたずねてくる。そこで、酒と所望したとすると、次にはスコッチかブルボンかときいてくる。そのどちらかにきめた後、今度はそれをどうやってどのくらい飲むかについても指示しなければならない。さいわい主な御馳走は出されたものを食べればよいのだが、それがすむと今度はコーヒーか紅茶かをきめねばならないし、それも砂糖を入れるのか、ミルクはどうするか一々希望をのべねばならない。私はこれがアメリカ人の丁重なもてなし方であるということはすぐにわかった。しかし内心ではどうだっていいじゃないかという気がしきりにした。アメリカ人は何と小さなことで一々選択しなければならないのか、[C]そうすることによって自分が自由であることを確かめでもするかのように、こんな風にも私は考えた。これはもちろん私がアメリカ人との社交に馴れないことからきた戸惑いであったであろう。[D] ②これはアメリカ人の習慣であるとわりきってしまえばそれですむことであったのかもしれない。それに日本人の場合だって客の嗜好をきくことが全くないわけでもない。しかし日本人だったら ③よほど親しくなければ、お好きですかと客にきくことはないのではなかろうか。むしろそれほど親しくない客には、[E]かもしれませんが、といって食べ物をさし出すのが日本人の習慣ではなかろうか。

나는 1950년, 가리오아(2차 대전 후 미국정부가 점령지역에 지출한 원조자금)장학금을 받아 정신의학을 배우기 위해 미국에 갔다. 전후 얼마 지나지 않은 때라, 나는 우선 미국의 풍부한 물자에 [A]눈을 빼앗겼고, 또 밝고 자유롭게 행동하는 미국인에게 깊은 감명을 받았다.

그와 동시에, 나 자신의 사고방식이나 느끼는 방법이 미국인과 다른 것에서 오는 어색함도 그때그때마다 느끼게 되었다. 예를 들면, 미국에 와서 처음이었다고 생각하는데, 아는 일본인에게 소개받은 사람을 방문하여 잠시 이야기를 하고 있으면, 「당신은 배가 고픈가, 아이스크림이 있는데」라고 물어 왔다. 나는 조금 배가 고프다고 생각했지만, 처음 만나는 사람에게 갑자기 배가 고프냐고 물어 보아서, 배가 고프다고 ❶답할 수도 없어서, 고프지 않다고 대답했다. 나는 틀림없이, 다시 한 번 더 권하겠지라고 어렴풋한 기대가 있었던 것이다. [B]그러나 상대는 「아―, 그래」라고 하며 아무런 다시 권하는 말도 없었기 때문에, 나는 실망해서, 배가 고프다고 말했으면 좋았을걸 하고 내심 분했던 생각을 기억하고 있다. 그리고, 만약 상대가 일본인이라면, 대체로 처음 만나는 사람에게 무례하게 배가 고프냐 같은 것은 물어보지 않고, 무엇인가 음식을 내와서 대접해 주었을 텐데라고 생각했던 적이 있다.

또 다음과 같은 것도 나의 신경을 자극했던 적이 있다. 미국인의 가정에 식사를 초대받으면, 우선 주인이 술이나 소프트·드링크 어떤 것을 마시겠느냐고 물어본다. 그래서, 술을 원하면, 다음에는 스카치나 꼬냑 중 어느 것을 마실 거냐고 묻는다. 둘 중에 하나를 결정한 후, 이번에는 그것을 어떻게 어느 정도 마실 것인가에 대해서도 지시하지 않으면 안 된다. 다행히 중요한 것은 차린 음식을 먹으면 좋지만, 그것이 끝나면 이번에는 커피나 홍차를 결정하지 않으면 안 되고, 게다가 설탕을 넣을까, 밀크를 넣을까 하나하나 희망을 말하지 않으면 안 된다. 나는 이것이 미국인의 정중한 대접 방법이란 것을 곧 알게 되었다. 그러나 내심은 아무려면 어떤가 하는 마음이 자꾸 들었다. 미국인은 뭐 그렇게 사소한 것을 가지고 하나하나 선택하지 않으면 안 되는가. [C]마치 그러한 것에 의해서 자신이 자유롭다는 것을 확인이라도 하듯이, 이러한 풍이라고 나는 생각했다. 이것은 물론 내가 미국인과의 사교에 익숙지 못했던 데서 왔던 당황함이었으리라. [D]따라서 ❷이것은 미국인의 습관이라고 잘라 말해 버리면 그걸로 끝나는 일이 되었을지도 모른다. 거기에 일본인의 경우라도 손님의 기호를 묻는 것이 전혀 없는 것은 아니다. 그러나 일본인이었다면 ❸굉장히 친하지 않으면, 좋아하십니까 라고 손님에게 묻는 것은 없지 않을까. 오히려 그 정도로 친하지 않은 손님에게는, [E]입에 맞지 않을지도 모르겠습니다만, 하면서 음식을 내오는 것이 일본인의 습관은 아닐까.

• 文中の [A]～[E] に入れるのに最も適当なものを一つ選びなさい。

81 [A]

① 頭　② 目
③ 耳　④ 足
⑤ 身

해설

目を奪われる：눈을 사로잡히다. 눈을 빼앗기다.

① 머리. (頭)　② 눈. (目)
③ 귀. (耳)　④ 다리. (足)
⑤ 몸. (身)

82 [B]

① さらに　② そして
③ しかし　④ つまり
⑤ まして

해설

➡ ③ 그러나.

① 더욱더. 게다가.
② 그리고.
④ 말하자면. 예를 들면.
⑤ 하물며. 당연히.

83 [C]

① あたかも
② あられもなく
③ あきらかに
④ みすみす
⑤ ありありと

해설

➡ ① 마치.

② 단정치 못하다. (태도)
③ 분명히. 확실히.
④ 빤히 보다. 눈뜨고 속다.
⑤ 분명히. 똑똑히.

84 [D]

① おまけに
② したがって
③ ところが
④ ならびに
⑤ もっとも

해설

➡ ② 따라서.

① 게다가.
③ 그러나.
④ 및.
⑤ 단.

85 [E]

① 足手(あして)まとい
② お口(くち)に合(あ)わない
③ つまらないもの
④ お気(き)に召(め)す
⑤ ひどい

해설

➡ ② 입에 맞지 않다.

① 방해되다. ③ 변변찮은 물건.

④ 마음에 드시다. ⑤ 정도가 굉장히 심하다.

86 ① 「答えるわけにもいかず」とあるが、それはなぜか。最も適当なものを一つ選びなさい。

① 相手(あいて)が初対面(しょたいめん)の人(ひと)だったから。

② 相手がアメリカ人だったから。

③ 相手の態度(たいど)がぎこちなかったから。

④ 相手が考える時間をくれなかったから。

⑤ 相手がとまどうかもしれないから。

해설

➡ ① 상대가 처음 보는 사람이었기 때문에.

② 상대가 미국인이었기 때문에. ③ 상대의 태도가 어색했기 때문에.

④ 상대가 생각할 시간을 주지 않았기 때문에.

⑤ 상대가 당황할지도 몰랐기 때문에. (戸惑(とまど)う : 수단 · 방법을 몰라 망설이다. 당황하다)

87 ② 「これ」は何(なに)を示(しめ)すか。最(もっと)も適当(てきとう)なものを一つ選(えら)びなさい。

① アメリカ人(じん)の社交(しゃこう)に戸惑(とまど)うこと。

② アメリカ人の丁重(ていちょう)さに馴(な)れないこと。

③ 自由(じゆう)であることを何度(なんど)でも確(たし)かめること。

④ いちいち客(きゃく)の希望(きぼう)をきいて選(えら)ばせること。

⑤ アメリカ人(じん)が丁重(ていちょう)なこと。

해설

➡ ④ 하나하나 손님의 희망을 듣고 고르게 하는 것.
(戸惑(とまど)う : 수단 · 방법을 몰라 망설이다. 당황하다)

① 미국인의 사교에 당황하는 것.

② 미국인의 정중함에 익숙해지지 않는 것.

③ 자유인 것을 몇 번이라도 확인시키는 것.

⑤ 미국인이 정중한 것.

88 ③ 「よほど」という言葉の使い方が間違っているものを一つ選びなさい。

① 身内にほめられてもよほどうれしくはない。

② よほどのことがなければ国には帰らない。

③ よほど疲れていたのか家に着くなり倒れてしまった。

④ ファーストフードより家で作って食べたほうがよほどおいしい。

⑤ 橋本さんより鈴木さんの方がよほど親切だ。

해설

➡ ① よほど → あまり (よほど에는 부정이 동반될 수 없다)

① 가족에게 칭찬받아도 그다지 기쁘지 않다.

② 대단한 일이 없으면 본국에는 돌아가지 않는다.

③ 상당히 피곤했는지 집에 도착하자마자 쓰러졌다.

④ 패스트푸드보다 집에서 만들어 먹는 것이 훨씬 맛있다.

⑤ 하시모또씨보다 스즈끼씨가 훨씬 친절하다.

89 この文章の内容と合うものを一つ選びなさい。

① 筆者は、アメリカ人の心のこもったもてなし方に深く感心している。

② 筆者は、アメリカ人のぶしつけで丁重さのないやり方を気に入っている。

③ 筆者は、アメリカ人の自由さに感心しながらも習慣の違いに戸惑っている。

④ 筆者は、アメリカ人にくらべて日本人は持て成し方を知らないと感じている。

⑤ 筆者は、アメリカ人のもてなし方は不合理だと思っている。

해설

➡ ③ 필자는, 미국인의 자유로움에 감동하면서도 습관의 차이에 당황하고 있다.

① 필자는, 미국인의 정성스러운 대접방법에 깊이 감동하고 있다.

② 필자는, 미국인의 무례하고 정중치 못한 태도를 마음에 들어 하고 있다.

④ 필자는, 미국인과 비교해서 일본인은 대접방법을 모른다고 느끼고 있다.

⑤ 필자는, 미국인의 대접방법이 불합리하다고 생각하고 있다.

90 次の文の(　　　)の中に最も適当な言葉を入れなさい。

旅行(りょこう)にスーツを2(に)、3(さん)(　　　)持(も)っていくつもりです。

① 着(ちゃく)　　② 本

③ セット　　④ 足(そく)

⑤ 脚(きゃく)

해설

여행에 정장을 두세 벌 가져갈 생각입니다.

➡ ① 양복. 재킷. 원피스. 바지는 (本(ほん)). 스커트. 셔츠 기모노(着物(きもの))는 枚(まい).

② 가늘고 긴 것. (병 · 꽃 · 홈런 · 치아 · 강(江) · 버스 · 전차)

③ 한 벌. 두벌. (숟가락)　　④ 구두. 양말.

⑤ 의자. 책상. 가구.

91 외래어 표기가 옳지 않은 것을 고르세요.

① カーテン (curtain)　　② シネマ (cinema)

③ タクシ (taxi)　　④ オリンピック (olympic)

⑤ クラブ (club)

해설

➡ ③ タクシー (택시)

シネマトグラフ (cinémato graphe) : 영화를 촬영하는 기계. 영사기.

① 커튼.　　　　　　　　　　② 영화. 영화관. (cinema · cinéma · キネマ, kinema)

④ 올림픽.　　　　　　　　　⑤ 클럽. 사교클럽. 골프클럽.

92 밑줄 친 부분의 읽기가 옳지 않은 것을 고르세요.

① 水に溺れた子供を飛び込んで助けた。 (おぼ)

② 時間に遅れてどうもすみません。 (おそ)

③ 彼は健康を損ねて会社を休んでいる。 (そこ)

④ 道を挟んで、向かい側には本屋とタバコ屋がある。 (はさ)

⑤ 彼は有名なカメラマンに師事して腕を磨いている。 (みが)

해설

② 시간에 늦어서 대단히 죄송합니다. (遅れる)

① 물에 빠진 아이를 뛰어들어 구했다. (溺れる)

③ 그는 건강을 해쳐서 회사를 쉬고 있다. (損なう)

④ 길을 사이에 두고, 맞은편에는 책방과 담배 가게가 있다. (挟む)

⑤ 그는 유명한 사진사를 스승으로 두고 기술을 연마(실력을 키우다)하고 있다. (磨く)

93 (　　) 안에 공통으로 들어갈 적당한 말을 고르세요.

今日は何もすることがなくて、実に(　　)な一日だった。

これといった趣味もないぼくは、みんなに(　　)な人間だと言われる。

① おろそか　　② にぎやか

③ なまいき　　④ たいくつ

⑤ むじゃき

해설

④ 지루하다. 따분하다. (退屈)

오늘은 아무것도 할 일이 없어서, 실로 지루(따분)한 하루였다.

이렇다 할 취미도 없는 나는, 모두에게 따분한 인간이라고 말을 듣는다.

① 성실하지 못하고 소홀하다. 부주의. 변변치 않음. 드문드문. (疎か・なおざり)

② 활기차다. 번화하다. 명랑하게 떠드는 모습. (賑やか)

③ 건방지다. 주제넘다. (生意気)　　⑤ 순수함. 순진하고 악의가 없는 것. (無邪気)

94 (　　) 안에 공통으로 들어갈 적당한 말을 고르세요.

彼は疲れている(　　)です。彼は学生(　　)学生です。

① よう　　② らしい

③ みたい　　④ そう

⑤ もの

해설

그는 피곤한 것 같습니다. 그는 학생다운 학생입니다.

① ~인 것 같다.

よう : 사물의 사정이나 사람의 심정 등을 추측하며, 불확실한 판단을 나타낸다. 말하는 사람의 감각에 기초를 둔 주관적, 또는 직감적인 판단이고, 추량의 조동사 (らしい) 와 같이 사용하는 일이 많다. 회화체로는 (みたい) 를 사용한다.

② ~인 것 같다 (추측). ~답다. ~에 어울리다 (명사+らしい).

③ ~인 것 같다. (よう의 회화체)　　④ ~인 것 같다 (양태). ~라고 한다 (伝聞 : 전문).

95 다음 문장의 내용과 의미가 일치하는 것을 고르세요.

握手は昔から契約の成立を確認するための行為であった。つまり、法律的な行為であった。手の平の柔らかい部分を合わせるのは、相手と一つだという意識を持つためだった。実際、手は法行為の上で大事な意味を持っていた。封建時代では、家臣になりたい人間が両手を合わせる。そして、主人がその手を自分の手で包むと主従の契約が成立した。このやり方が中世のキリスト教に入って、両手を合わせて祈る慣習が生まれたと考える学者もいる。それ以前のキリスト教会では、祈る時は両手を高く上にあげていたのである。

① 握手は、キリスト教の祈りから始まった。
② 握手は、もともと契約が成立した時にするものだった。
③ 封建時代では、契約が成立した時、両手をあげていた。
④ 封建時代では、契約をする前に握手をした。

해설

➡ ② 악수는, 원래 계약이 성립됐을 때 하는 것이었다.

主従・主従 : 주군과 부하. 주인이 되는 자와 종이 되는 자.

家臣 : 가문을 섬기는 신하(家に仕える臣下). 家来(하인, 종). 家人(하인, 종).

仕える : 시중들다. 봉사하다. 섬기다.

악수는 옛날부터 계약의 성립을 확인하기 위한 행위였다. 즉(설명하자면), 법률적 행위였다. 손바닥의 부드러운 부분을 맞추는 것은, 상대와 하나라는 의식을 갖기 위해서였다. 실제로, 손은 법 행위로서 중요한 의미를 갖고 있었다. 봉건시대에서는, 가신이 되고싶은 인간이 두 손을 모은다. 그리고, 주인이 그 손을 자신의 손으로 감싸면 주종의 계약이 이루어졌다. 이 방식이 중세 기독교에 들어와, 두 손을 모으고 기도하는 관습이 생겼다고 생각하는 학자도 있다. 그 이전의 기독교 교회에서는, 기도할 때는 두 손을 높이 들었던 것이다.

① 악수는, 기독교 기도에서 시작됐다.
③ 봉건시대에서는, 계약이 성립했을 때, 양손을 들고 있었다.
④ 봉건시대에서는, 계약하기 전에 악수했다.

96 다음 문장의 내용과 의미가 일치하는 것을 고르세요.

私の町では、ゴミの出し方にルールがあります。ゴミはいつも決まった場所に、ゴミを集める日の朝に出します。前の日に出してはいけません。ゴミを集める車は朝８時ごろに来るので、それよりも早く出さなければなりません。紙などの燃えるゴミと食べ物のゴミは毎週月曜日と木曜日に出します。プラスチックのゴミは毎週水曜日に、中が見える袋に入れて出さなければなりません。新聞やビンなど、リサイクルできるゴミは２週間に一度出します。ゴミを出す場所もちがいます。新聞や雑誌などは火曜日で、ビンや缶、ペットボトルは月曜日です。新聞や雑誌以外のゴミは袋に入れて出します。リサイクルできないガラスやビデオテープは、燃えるゴミの日に出します。

① 쓰레기는 당일 오전 8시 이전에 정해진 곳에 버려야 한다.
② 플라스틱 쓰레기는 2주에 한 번 수요일에 버린다.
③ 재활용할 수 있는 쓰레기는 매주 정해진 요일에 버린다.
④ 신문과 잡지는 투명한 쓰레기봉투에 넣어 화요일에 버린다.

해설

➡ ①

우리 동네에서는, 쓰레기를 버리는 방법에 규칙이 있습니다. 쓰레기는 언제나 정해진 장소에, 쓰레기를 모으는 날 아침에 내놓습니다. 전날 내놓으면 안 됩니다. 쓰레기를 모으는(청소)차는 아침 8시경에 오기 때문에, 그것보다도 빨리 내놓지 않으면 안 됩니다. 종이 등 타는 쓰레기와 음식물 쓰레기는 매주 월요일과 목요일에 내놓습니다. 플라스틱 쓰레기는 매주 수요일에, 안이 보이는 봉지에 넣어 버리지 않으면 안 됩니다. 신문이나 병 등 재활용할 수 있는 쓰레기는 2주일에 한 번 내놓습니다. 쓰레기를 내놓는 장소도 다릅니다. 신문이나 잡지 등은 화요일이고, 병이나 캔, 페트병은 월요일입니다. 신문이나 잡지 이외의 쓰레기는 봉지에 넣어 내놓습니다. 재활용을 할 수 없는 유리나 비디오테이프는, 타는 쓰레기 버리는 날에 내놓습니다.

97 다음 문장의 문맥상 가장 자연스럽게 배열한 것을 고르세요.

(ア) その理由は大学進学がポピュラー化してしまったことにある。だからただ皆が進学するからというだけの安易な動機で大学に入学する学生が大量発生するのである。

(イ) 最近、大学生の講義中の私語が絶えないというのをよく耳にする。たぶん授業に興味が持てないのだろうが、そうなる一番の原因は、大学で何を勉強したいかというはっきりした展望を持たず、大学に入学する学生が多いということである。

(ウ) つまり、大学は単に皆が行く所としてではなくてしっかりした目的を持った学生が、自分の興味ある分野を勉強する所として据える必要がある。受験勉強にだけ心を奪われている現在の高校生が、勉強の合間に自分は大学で何を勉強したいかを模索するゆとりを持ってくれることを切に望む。

(エ) 大学進学がポピュラー化し、勉強が好きでない学生まで大学に進むようになっている今、授業を学生にとって魅力のあるものにしようとの声があるが、私はそうは考えない。授業を改革するのではない。改革すべきことは学生側の大学に対する考え方なのだ。

① (ア)－(イ)－(エ)－(ウ)　② (イ)－(エ)－(ウ)－(ア)

③ (ア)－(エ)－(ウ)－(イ)　④ (イ)－(ア)－(エ)－(ウ)

해설

➡ ④

(ア) 그 이유는 대학진학이 대중화됐다는 것이다. 그렇기 때문에 그저 모두가 진학한다고 하는 것일 뿐 안이한 동기로 대학에 입학하는 학생이 대량 발생하는 것이다.

(イ) 최근, 대학생들이 강의 중 사담이 끊이지 않는다는 것을 자주 듣는다. 아마도 수업에 흥미를 가질 수 없는 것이겠지만, 그렇게 되는 첫 번째 원인은, 대학에서 무엇을 공부하고 싶은지에 대한 뚜렷한 전망 없이, 대학에 입학하는 학생이 많다고 하는 것이다.

(ウ) 즉, 대학은 단순히 모두가 가는 장소로서가 아니라, 확실한 목적을 가진 학생이, 자신의 흥미가 있는 분야를 공부하는 곳으로서 자리를 잡을 필요가 있다. 수험공부에만 마음을 빼앗긴 현재의 고교생이, 공부하는 틈틈이 자신은 대학에서 무엇을 공부하고 싶은가를 모색하는 여유를 갖기를 간절히 바란다.

(エ) 대학진학이 대중화되고, 공부를 싫어하는 학생까지 대학에 진학하고 있는 지금, 수업을 학생들에게 매력이 있는 것으로 하려는 목소리가 있지만, 나는 그렇게 생각하지 않는다. 수업을 개혁하려는 것은 아니다. 개혁해야만 할 것은 학생 측의 대학에 대한 사고방식인 것이다.

98 다음 문장의 내용과 일치하지 않은 것을 고르세요.

生活を豊かにする上で充実すればよい面(複数回答)を聞いたところ、もっとも多かったのは「健康」66パーセントだった。以下、「家庭」63パーセント、「こころの豊かさ」44%、「交友関係」「余暇や趣味」各41%—などが続いた。

同じ質問をした1999年の調査と比べると、上位５項目の順位には変動はなかった。ただ、「家庭」「交友関係」は各16ポイント、11ポイントと大幅増を示し、家族や友人との関係を重視する傾向が強まっていることが分かる。年代別に見ると、20～40歳代では「家庭」が、50歳以上では「健康」が、それぞれトップだった。

(読売新聞 2006.1.16.)

① 1999년, 2006년 모두 상위 다섯 항목의 순위는 같다.

② 예전에 비해 가족이나 친구 간의 관계를 중시하는 경향이 있다.

③ 1999년, 2006년 모두 「건강」이라고 답한 경우가 가장 많았다.

④ 1999년의 조사에서 「가정」「교우관계」는 각각 16, 11포인트였다.

해설

➡ ④

여유 있는 생활을 하기 위해 충실하려면 좋은 면(복수응답)을 물었더니, 가장 많았던 것은 「건강」 66%였다. 다음으로, 「가정」 63%, 「마음의 여유로움」 44%, 「교우관계」 「여가나 취미」 각 41% — 등이 뒤를 이었다.

같은 질문을 했던 1999년의 조사와 비교하면, 상위 5개 항목의 순위에는 변동이 없었다. 단지, 「가정」 「교우관계」는 각 16포인트, 11포인트로 대폭 증가를 나타내고, 가족이나 친구와의 관계를 중시하는 경향이 강해지고 있는 것을 알 수 있다. 연령대별로 보면, 20～40대에서는 「가정」이지만, 50세 이상에서는 「건강」이, 각각 1위였다.

(요미우리 신문 2006,1,16,)

大幅 : 대폭. 보통보다 폭이 넓은 것. (⇔ 小幅 · 中幅)

천(布地) 으로 폭이 넓은 것. 수량 · 가격 등의 변동 차이가 큰 것.

大幅 : 큰 족자. 액자.

99 次の文章はどんなことを言っているのか。最も適当なものを選びなさい。

利用する交通機関の運賃が増額されるときは、その範囲内で旅行代金を増額することがあります。また、やむを得ない事情で旅行内容を変更したことによって、旅行の実施に要する費用が増加するときは、その範囲内において旅行代金を変更することがあります。

① 飛行機や列車の料金は、よく値上げされる。
② 旅行中の事故に対する保険料は別に支払う。
③ 予定の金額より多くかかることがありうる。
④ 代金が多額なれば、旅行の範囲は広がる。
⑤ 旅行代金を変更することは、やむを得ない事情でしようがないことだ。

해설

③ 예정된 금액보다 많이 드는 일이 있을 수 있다.

이용하는 교통기관의 운임이 증액될 때는, 그 범위 내에서 여행대금을 증액하는 일이 있습니다. 또, 어쩔 수 없는 사정으로 여행내용을 변경함에 따라, 여행의 실시에 필요한 비용이 증가할 때는, 그 범위에서 여행대금을 변경하는 일이 있습니다.

① 비행기나 열차 요금은, 자주 인상된다.
② 여행 중 사고에 대한 보험료는 별도로 지불한다.
④ 대금이 많으면, 여행의 범위는 넓어진다.
⑤ 여행대금을 변경하는 것은, 어쩔 수 없는 사정으로 방법이 없는 것이다.

100 (　　) 안에 들어갈 가장 적당한 말을 고르세요.

学校まで走った(　A　)間に合った。
学校まで走った(　B　)間に合わなかった。

	A	B		A	B
①	から	きり	②	かも	ので
③	ので	のに	④	かも	きり
⑤	きり	のに			

해설

학교까지 달렸기 때문에 시간에 도착했다. 학교까지 달렸지만 시간에 도착하지 못했다.

から : ~이기 때문에. (이유나 원인이 주관적인 문장에 사용된다)

ので : ~이기 때문에. (이유나 원인이 객관적으로 명백한 경우에 사용한다)

のに : ~인데도. (예상하지 않았던 결과가 발생해서 원래의 상태로 돌아갈 수 없을 때, 비난이나 불만, 안타까움의 뜻을 나타내는 역접이다)

きり : ~를 끝으로 동작이 일어나지 않음.

101 일본어를 우리말로 가장 적절하게 옮긴 것을 고르세요.

アメリカに来たばかりのころのことを思い出すと、笑わずにはいられない。

① 미국에 돌아왔을 무렵의 일을 생각하면 쓴웃음이 나온다.

② 미국에 올 무렵의 일을 생각하면 웃지 않을 수 없다.

③ 미국에 오기 전 무렵의 일을 생각하면 웃음이 난다.

④ 미국에 온 것만을 생각해도 웃음이 절로 나온다.

⑤ 미국에 막 왔을 무렵의 일을 생각하면 웃지 않을 수 없다.

해설

にはいられない : ~할 수는 없다. ~일 수는 없다.

笑わずにはいられない。 웃지 않을 수 없다. (웃는다)

笑ってはいられない。 웃을 수는 없다. (웃지 않는다)

102 일본어를 우리말로 가장 적절하게 옮긴 것을 고르세요.

そんなことを子どもに言って聞かせてもわかるはずがない。

① 그런 것을 아이에게 물어보아도 알 것 같지 않다

② 그런 것을 아이에게 물어보아도 알 리가 없다.

③ 그런 것을 아이에게 물어보아도 알 수 없을 것이다.

④ 그런 것을 아이에게 일러 주어도 이해할 것 같지 않다.

⑤ 그런 것을 아이에게 일러 주어도 이해할 리가 없다.

해설

言い聞かせる : 타이르다. 말로 들려주다.

はずがない·わけがない : ～일 리가 없다. 당연하다.

あの人がそんなことをするわけがない。 그 사람이 그런 짓을 할 리가 없다.

あの人がそんなことをするはずがない。 그 사람이 그런 짓을 할 리가 없다.

あの人がそんなことをしないわけがない。 그 사람이 그런 짓을 안 할 리가 없다.

あの人がそんなことをしないはずがない。 그 사람이 그런 짓을 안 할 리가 없다.

103 일본어를 우리말로 가장 적절하게 옮긴 것을 고르세요.

ほんの冗談(じょうだん)のつもりで言(い)ったのに、ひどく怒(おこ)らせてしまった。

① 좀 상담하려고 했을 뿐인데, 몹시 화나게 만들었다.

② 그저 농담 삼아 한 말이었는데, 몹시 화나게 만들었다.

③ 어느 정도 성의 있게 상담을 해 주었는데, 몹시 화나게 만들었다.

④ 좀 재미 삼아 꺼낸 속담이었는데, 몹시 화나게 만들었다.

⑤ 너무 이야기가 길어지자, 몹시 화를 내었다.

104 일본어를 우리말로 가장 적절하게 옮긴 것을 고르세요.

彼女(かのじょ)はあまい物(もの)には目(め)がない

① 그는 담백한 것을 매우 좋아한다. ② 그는 담백한 것을 매우 싫어한다.

③ 그는 단 것을 매우 싫어한다. ④ 그는 단 것을 매우 좋아한다.

⑤ 그는 쓴 것을 매우 싫어한다.

해설

目がない : 굉장히 좋아하다. 사물을 판단하는 능력이 없다. (⇔ 目が高い)

105 **일본어를 우리말로 가장 적절하게 옮긴 것을 고르세요.**

大工さんは、急にまじめな顔になっていいました。

① 공장장은, 갑자기 슬픈 표정으로 말했습니다.

② 미장이는, 갑자기 슬픈 표정으로 말했습니다.

③ 목수는, 갑자기 슬픈 표정으로 말했습니다.

④ 공장장은, 갑자기 진지한 표정으로 말했습니다.

⑤ 목수는, 갑자기 진지한 표정으로 말했습니다.

해설

大工 : 목수. 真面目 : 진지하다. 성실하다.

106 **주어진 글의 내용에 부합되지 않는 것을 고르세요.**

この間フランスで、あるデパートにはいっていたとき、びっくりさせられました。突然、店員たちが、出入り口に立ち、帰って行く客全員の身体検査を始めたのである。客が万引きをしていないかどうか調べるためで、客のバッグやポケットに無遠慮に手を突っ込んでいる。なおさらびっくりさせられたのは、客たちが別に怒りもせず、バッグを差し出したり、両手を広げたりして進んで検査に協力していたことである。

① フランスのデパートでは客のバッグまで調べることがある。

② フランスのデパートでは店員が万引きをする。

③ フランスのデパートで身体検査をすることもある。

④ フランスのデパートで客を調べるのを見てびっくりした。

⑤ フランスのデパートで客は身体検査に協力的である。

해설

② 프랑스의 백화점에서는 점원이 물건을 훔친다.

万引(まんび)き : 물건을 사는 체하며 훔침.

얼마 전 프랑스에서, 어떤 백화점에 들어갔을 때, 깜짝 놀랐다. 갑자기, 점원들이, 출입구에 서서, 귀가하는 손님의 신체검사를 했던 것이다. 손님이 물건을 훔쳤는지 훔치지 않았는지 조사하기 위해서, 손님의 가방이나 주머니에 함부로 손을 넣고 있었다. 더욱더 놀란 것은, 손님들이 특별히 화내지도 않고, 가방을 내밀거나, 양손을 펴서 자신해서 검사에 협력하고 있었던 것이다.

107 間違(まちが)っている読(よ)み方(かた)をそれぞれの中(なか)から一(ひと)つ選(えら)びなさい。

① 減税 (げんぜい)　　② 八百屋 (やおや)

③ 乳母 (うば)　　④ 七夕 (なないた)

⑤ 雪崩 (なだれ)

해설

➡ ④ 칠석. (七夕(たなばた)·七夕(しちせき))

① 감세.　　② 채소가게. 야채가게.

③ 유모. (古語(こご) : めのと)　　⑤ 눈사태. (雪崩(なだれ)を打(う)つ : 대세가 한 번에 기울다)

108 次の文の(　　)の中に最も適当なものを入れなさい。

よくわかることばがよいことばの条件(じょうけん)だ。これは当然(とうぜん)のことだが、よく忘(わす)れられるようだ。もちろんことばは美(うつく)しく上品(じょうひん)なほうがいい。(　　)そういうことよりもことばはまずよくわかるものでなければよいことばとは言(い)えないのである。

① つまり　　② そして

③ けれども　　④ ゆえに

⑤ ばかりに

해설

➡ ③ 그렇지만.

잘 이해하는 말이 좋은 말의 조건이다. 이것은 당연한 것이지만, 자주 잊어버리는 것 같다. 물론 말은 아름답고 품위 있는 것이 좋다. 그렇지만 그러한 것보다도 말은 우선 잘 이해하는 것이 아니라면 좋은 말이라고는 말할 수 없는 것이다.

① 요컨대. 말하자면.　　② 그리고.

④ ～이기 때문에. (논문체)

⑤ ～인 탓으로. ～이기 때문에. (어떤 것이 이유나 원인이 되어)

109 「この分なら心配はいらない。」의 올바른 의미를 고르세요.

① 이 정도라면 걱정은 필요 없다.

② 지금의 성과라면 걱정은 필요 없다.

③ 이렇게 완벽하다면 걱정은 필요 없다.

④ 지금의 상태라면 걱정은 필요 없다.

⑤ 이렇게 된 이상 걱정하지 않을 수 없다.

해설

この分 : 현재의 상태. 지금의 상태.

110 次の文の(　　)の中に最も適当なものを入れなさい。

警官が市民に暴行を加え、(　　)金まで奪うという事件が起きた。

① しかし　　② げれども

③ まるで　　④ からには

⑤ しかも

해설

➡ ⑤ 게다가. 그 위에. (然も · その上 · それに · お負けに · かつ)

경관이 시민에게 폭행을 하고, 게다가 돈까지 빼앗는 사건이 일어났다.

① 그러나. (역접)
② 그렇지만. (역접)
③ 마치.
④ ～인 이상은.

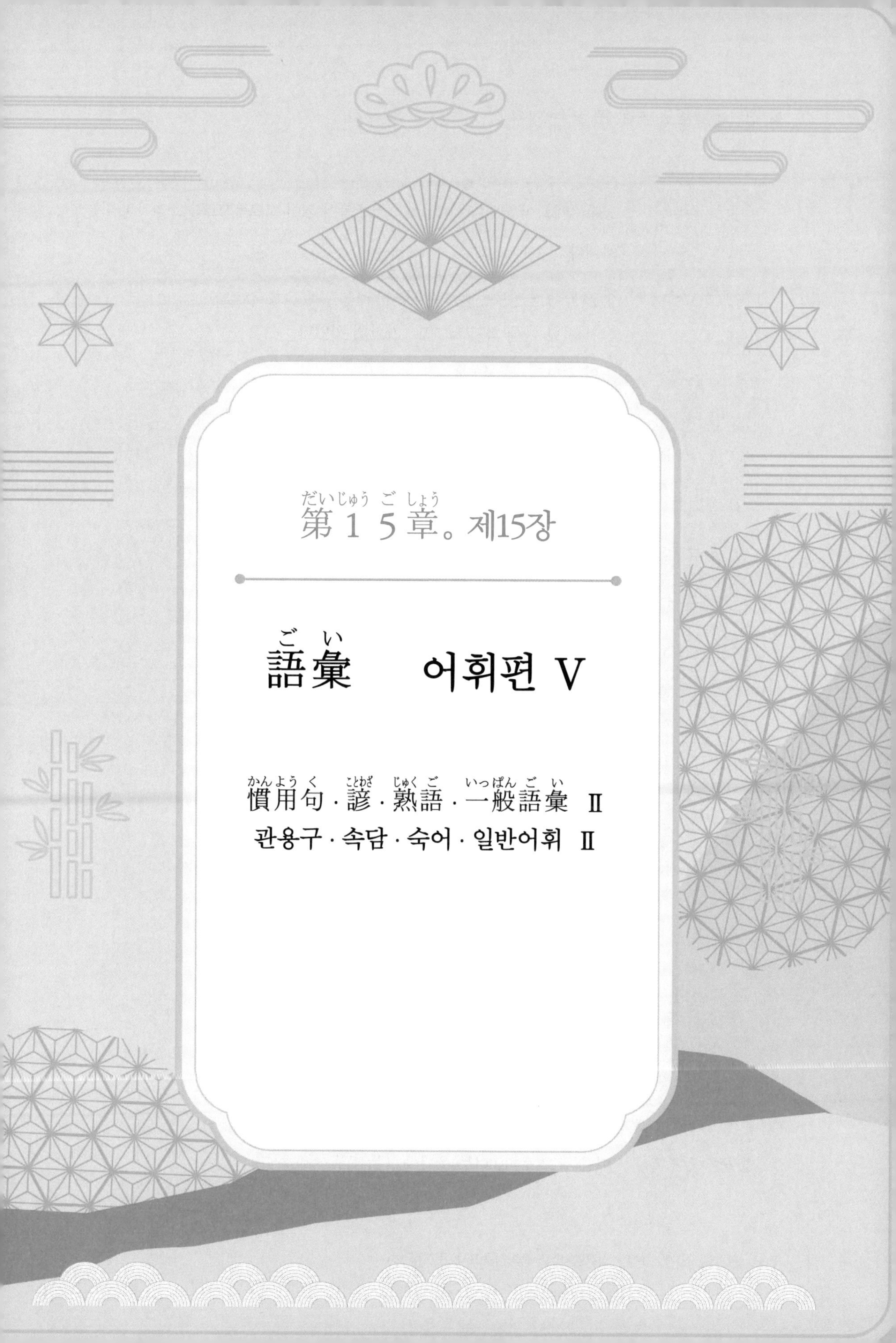

第１５章。제15장

語彙　어휘편 V

慣用句・諺・熟語・一般語彙 Ⅱ
관용구・속담・숙어・일반어휘 Ⅱ

▶ 신체에 관련된 속담 · 관용구 · 어휘 2

● 腹(はら)。(배)

腹(はら)が北山(きたやま)だ	공복(空腹(くうふく))이 되었다. (ぐうぐう : 공복이 되어 꼬르륵꼬르륵 소리가 나다)
腹(はら)が立(た)つ	화내다.
	彼(かれ)が言(い)ったことに腹が立ったけれど、黙(だま)っていた。
	그가 말한 것에 화가 났지만, 가만히 있었다.
腹(はら)が黒(くろ)い	속이 검다. (마음속이)
	彼(かれ)は親切(しんせつ)そうに見(み)えるが、本当(ほんとう)は腹が黒い。
	그는 친절하게 보이지만, 진심은 속이 검다.
腹(はら)が据(す)わる	사물에 동요하지 않다. 각오가 되어 있다.
腹(はら)を据(す)える	굳게 각오를 하다.
腹(はら)を召(め)す	귀인이 할복하다. 책임을 지다. (腹(はら)を切(き)る의 존경어)
腹(はら)を割(わ)る	마음을 터놓다. (腹を割って話(はな)し合(あ)う)
腹(はら)を決(き)める	결심하다.
腹(はら)を探(さぐ)る	돌려서(은근히) 상대의 의중(속마음) 을 떠보려고 하다.
腹(はら)を括(くく)る	각오를 하다. (覚悟(かくご)を決(き)める)
腹筋(はらすじ)をよる	배를 잡고 웃다. 너무 웃기다. (臍(へそ)で茶(ちゃ)を沸(わ)かす)
腹(はら)は借(か)り物(もの)	아이의 신분은 부모에 의해서 결정된다.
	子供(こども)の身分(みぶん)は父親(ちちおや)によって決(き)まる。
	자식의 신분은 부모에 의해서 결정된다.
腹(はら)も身(み)の内(うち)	배도 신체의 일부(적당히 먹어라). 조금은 사양하다.
腹(はら)に収(おさ)める	마음에 간직하다.
腹(はら)に一物(いちもつ)	마음속에 어떤 좋지 않은 생각을 갖고 있다.
腹(はら)を抱(かか)えて笑(わら)う	배를 잡고 웃다. 너무 웃기다. (臍(へそ)で茶(ちゃ)を沸(わ)かす)

腹が出来ている	결심이 서다.
腹に据えかねる	화를 참을 수 없다.
腹の虫が納まらない	화가 가라앉지 않다. 화를 참을 수 없다. 마음이 가라앉지 않다.

● 腰。(허리)

腰が低い	겸손하다. 붙임성이 좋다(愛想がよい). 彼は礼儀正しく腰が低い。 그는 예의가 올바르고 겸손하다.
腰が重い	좀처럼 행동으로 옮기지 않는다. 엉덩이가 무겁다.
腰が軽い	가볍게 행동하다. (気軽に立ち働く)
腰が砕ける	일을 하려고 하는 기세가 도중에서 없어지다. 좌절하다.
腰が強い	강하다. 상대에게 좀처럼 지지 않는다. (気が強い)
腰が弱い	약하다.
腰を上げる	행동으로 옮기다.
腰を入れる	본격적으로 일을 착수하다.
腰を抜かす	심하게 놀라 허리에 힘이 빠지다. 事故の知らせを聞いて、腰をぬかした。 사고 소식을 듣고, 깜짝 놀랐다.

● 腕。(팔뚝)

腕が立つ	기술이 뛰어나다. 실력이 뛰어나다.
腕が鳴る	실력을 자랑하고 싶어서 팔이 근질근질하다.
腕がいい	실력이 좋다. あの大工は腕がいい。 저 목수는 실력이 좋다.

腕が上がる	실력이 늘다.
	練習したのでテニスの腕が上がった。 연습했기 때문에 테니스 실력이 늘었다.
腕を磨く	실력을 연마하다.
	料理の腕をみがくためにフランスへ行った。 요리 실력을 키우기 위해 프랑스에 갔다.
腕を振るう	자신의 능력을 충분히 발휘하다.
腕を拱く	방관하다.
腕によりを掛ける	있는 솜씨를 다 부리다.

• 手。(손)

手がない	일손이 없다. 수단 · 방법이 없다.
手が長い	도벽이 있다.
手が出ない	자신이 갖고 있는 능력이나 돈으로는 부족해서 어쩔 수가 없다.
手が掛かる	노력(労力)이 많이 들다. 잔손질이 많이 가다.
	子供がまだ小さいので手がかかる。 아이가 아직 어리기 때문에 손이 많이 간다.
手が空く	한가하게 되다. (暇になる)
手が込む	기술이나 방법이 복잡해서 시간이나 노력(労力)이 많이 든다.
手が早い	이성(異性)과 곧바로 애정 관계를 갖는다(手早い). 무슨 일이 있으면 곧바로 폭력을 휘두른다. 일을 하는 것이 빠르다.
手が届く	충분히 신세를 지다(十分に世話をする). 어느 범위에 능력이 달하다. 연령이나 시기에 곧 가까워지다.
手が離れる	일이 완성이 되어서 그것과 관계가 없어지다. 아이가 성장해서 부모가 돌보아 줄 일이 줄다.

手が離せない	중단하면 곤란한 일을 하고 있다. 바빠서 여유가 없다. 今、手が離せない用事があるから、ちょっと待っててね。 지금, 바쁜 볼일이 있기 때문에, 잠깐 기다려라. 今手がはなせないから、あとにしてくれ。 지금 바쁘기 때문에, 나중에 해라.
手に乗る	상대의 책략에 속다. (相手の仕掛けた策略にだまされる)
手に掛ける	자살하다. 어떤 일을 몸소 하다. 돌보아 주는 것을 남에게 맡기다. 他人の手に掛けるよりは自分で看病したい。 남이 돌보는 것보다는 자신이 간병하고 싶다.
手に掛かる	직접 처리하다. 취급하다. 살해당하다. 도움을 받다. 신세를 지다. 의존하다. 彼の手に掛かれば簡単に片付け。 그가 처리하면 간단히 해결한다. 暗殺者の手に掛かる。 암살자의 손에 살해당하다.
手にする	내 것으로 만들다. 구하기 어려운 물건을 손에 넣었다. (手に入れる · 手に入る · 手に入る)
手に落ちる	남의 것이 되다. (人のものになる)
手に付かない	마음이 다른 데 팔려 일이 손에 잡히지 않다. 病気の子供のことを考えると、仕事が手につかない。 병에 걸린 아이를 생각하면, 일이 손에 잡히지 않는다.
手に汗を握る	보고 있으면 안절부절못하다. 손에 땀을 쥐다.
手に手を取る	같이 행동하다.
手を焼く	해결할 방법이 없어서 곤란하다. 애를 먹다. 고생하다. 질리다.
手を打つ	타결을 짓다.
手を取る	자세히 가르치다. 친근함을 갖고 손을 잡다. 세심하게 가르치다. (丁寧に教える)
手を上げる	능통하다(上達する). 때리다. 항복하다.

手を分かつ	의견이나 대립 등으로 관계를 끊다. (袂を分かつ)
手を付ける	착수하다. 사용하기 시작하다. 여자와 관계를 갖다.
手を負う	상처를 입다.
手に余る	힘에 벅차다. 나의 능력으로는 처리할 수 없다. (手強い · 手に負えない · 始末に負えない · 持て余す)
手を省く	노력(労力)이나 시간을 들이지 않다.
手を下す	실제로 스스로 행하다. 손수 하다.
手の裏を返す	변덕이 죽 끓듯 하다. 태도가 돌변하는 모습. (手の平を返す)
手当たり次第	손에 잡히는 대로. 닥치는 대로. 무엇이든지. (何でも彼でも : 전부. 뭐든지)
手取り足取り	친절하고 자세하게 가르치다.
手堅い	안정되다. 견실해서 위험이 없다. 착실하다.
手前	이쪽 방향. 예의(作法). 실력. 기량. 솜씨(腕前 · 技量). 체면. 겉모양(体裁). 자신의 바로 앞.
手際	사물을 처리하는 솜씨 · 실력. (出来栄え)
手取金	수입 중에서 세금을 제외한 순수익.
手付金	계약금. 착수금.
手掛かり	실마리. 단서(사건의). (足掛かり)
手間取る	의외로 시간이 많이 걸리다.
手前味噌	자기가 자신을 칭찬하는 것.
手前勝手	자기 좋은 대로만 생각하는 것. (自分勝手 · 身勝手)
大手筋	많은 금액의(多額)의 매매를 하는 사람, 또는 회사.
大手を振る	조용하지 않고 당당한 태도를 취하다.
手も足も出ない	자신의 능력으로는 도저히 어쩔 방법이 없다.

手塩に掛ける	손수 공들여 키우다.
喉から手が出る	몹시 갖고 싶은 욕망이 있다.
手を替え品を替え	이 수단 저 수단을 다 써 보다.
手答えがない	반응이 없다. (手応えがない)
とても手が届かない	도저히 될 것 같지도 않다. 어림도 없다. 도저히 미치지 못한다. 도저히 못 당하겠다. (及びもつかない · 到底及ばない · とてもかなわない)
お手間は取らせません	수고를 끼칠 수 없습니다. 번거롭지 않도록 하겠습니다.
手の舞い足の踏む所を知らず	기뻐서 어쩔 줄 모른다(有頂天になる). 당황하다.

- 指。(손가락)

指一本も差させない	남에게 비난받을 짓은 절대로 하지 않는다. 타인에게 조금의 비난 · 간섭도 못하게 하다.
指を詰める	손가락을 자르다. 깡패(やくざ) 등이, 사과나 책임지기 위해 손가락을 절단한다.

- 尻。(엉덩이)

尻が軽い	일을 빨리 하다.
	彼は尻が軽いから、頼むといいよ。 그는 부지런하기 때문에, 부탁하면 좋다.
	바람을 잘 피우다.
	彼女は尻が軽いから、心配だ。 그녀는 바람을 피우기 때문에, 걱정이다.
	촐랑거리다.
	彼は尻が軽くてよく考えないで仕事を引き受ける。 그는 덤벙대기 때문에 잘 생각하지 않고 일을 맡는다.

尻が重い	좀처럼 행동하려 들지 않다.
	私の娘は尻が重いので困る。 내 딸은 게으름을 피우기 때문에 곤란하다.
尻が割れる	나쁜 짓이 들통나다.
尻に敷く	가정에서 부인이 남편보다 세력이 큰 경우. (공처가)
	彼は奥さんの尻に敷かれているらしいよ。 그는 공처가인 것 같다.
尻馬に乗る	덩달아 떠들어 댐(野次馬). 남이 하는 일을 덩달아 따라 하다.
尻を叩く	일이나 공부를 열심히 하도록 말하는 모습.
	この子は尻を叩かないと、なかなか手伝いをしない。 이 아이는 엉덩이를 맞지 않으면, 좀처럼 일을 돕지 않는다.
尻足を踏む	주저하다. 뒷걸음치다. 망설이다.
尻毛を抜く	남의 허를 찔러 깜짝 놀라게 하다.
尻を持ち込む	고통을 말해서 뒤처리를 요구하다. 골치 아픈 뒤처리를 맡기다.
尻に帆を掛ける	재빨리 도망가다. 당황해서 도망가다.

● 足。(다리)

足が有る	달리기 등에서 동작이 재빠르다.
足が付く	꼬리가 잡히다. 단서가 잡히다. (행방불명된 사람이 있는 곳이나 경로가 꼬리 잡히다)
足が速い	발이 빠르다. 사물의 진행이 빠르다. 상하기 쉽다.
足が出る	손해보다. 적자가 나다(赤字になる). (黒字 : 흑자)
	買い物をしすぎて、足が出てしまった。 쇼핑을 너무해서, 적자가 났다.
足を運ぶ	일부러 찾아가다.
	何度も大使館に足を運んで、ビザをもらった。 몇 번씩이나 대사관에 일부러 찾아가서, 비자를 받았다.

足を伸ばす	예정보다 멀리 가다. 京都へ行くついでに大阪まで足をのばそう。 교또에 가는 김에 오오사까까지 가자.
足を出す	적자가 나다. 숨겼던 일을 밝히다. (襤褸を出す)
足を洗う	성실하게 살기 위해 지금까지의 일을 그만두다. 발을 씻다.
足を引っ張る	남의 성공이나 전진을 방해하다. 발목을 잡다. 방해가 되다. 彼はいつも我々のチームの足をひっぱっている。 그는 언제나 우리 팀을 방해한다.
足が棒になる	다리가 피곤하다. 長時間歩いたので足が棒になってしまった。 긴 시간 걸었기 때문에 다리가 피곤하다.
揚げ足を取る	남의 말꼬리를 잡아 비난하다.
足かせとなる	자유나 행동을 속박하다. (手かせ足かせとなる)
足手まとい	방해가 되다(같이 있어서). 거치적거리다.
足留めを食らう	금족당하다. 외출이나 통행을 금지하는 것.
足元に付け込む	약점을 잡히다.
足が地に着かない	마음이 뒤숭숭하다. 긴장과 흥분으로 마음이 안절부절못하다. 생각이나 행동이 들떠서, 불안정하다.
足下を見られる	약점을 잡히다. (足元を見る : 약점을 잡다)
足を向けられない	은혜를 잊을 수 없다.
足元から鳥が立つ	가까운 곳에서 돌연히 의외의 일이 발생하다.
足元にも及ばない	비교할 수 없다. (比べものにならない)
足元へも寄り付けぬ	비교할 수 없다. (比べものにならない)
足掛かり	발 디딜 곳. 실마리. 단서(사건의). (手掛かり)

拠り所	의지할 곳. 기댈 곳. 근거. 토대.

● 膝。(무릎)

膝を交える	친하게 이야기하다.
膝を叩く	갑자기 생각이 나거나 공감하는 동작.
膝を打つ	갑자기 생각이 나거나 공감하는 동작.
七重の膝を八重に折る	굉장히 정중하게 사죄하거나 공손히 부탁하다.

● 骨。(뼈)

骨	곤란. 고통. 걱정(気骨 · 心配 · 気遣い · 気苦労). 신념. 의지(意志).
骨が折れる	힘이 들다. 고생하다. (骨を折る · 苦労する · 手を焼く)
	それを作るのにはとても骨が折れた。 그것을 만드는 데는 대단히 고생했다.
骨と皮	몸이 굉장히 마른 상태.
骨に刻む	명심하다.
骨身に応える	뼈에 사무치다.
骨身に沁みる	뼈에 사무치다.
骨の髄まで	구석구석까지 썩은 인간(人間). 마지막까지.
骨までしゃぶる	철저하게 남을 이용하다. 착취하다.
骨を埋める	어떤 일에 일생을 바치다.
骨を惜しまず	수고를 아끼지 않다.
骨を拾う	뒤처리를 하다.

- 身(み)。(몸)

身(み)が入(はい)る	열중하다. 진지하게 되다.
身(み)の振(ふ)り方(かた)	지금 이후의 자신의 생활.
身(み)を寄(よ)せる	남의 집에 동거하면서 신세를 지다.
身(み)を以(もっ)て	직접. 스스로. (自分自身(じぶんじしん) · 自(みずか)ら)
身(み)を起(お)こす	출세하다.
身(み)を落(お)とす	출세하지 못하다. 전보다 생활이 힘들어지다.
身(み)を立(た)てる	사회에 나가 성공하다. 생활을 하는 수단으로 하다.
身(み)を粉(こな)にする	열심히 일하다.
身(み)も細(ほそ)る	대단히 고생하다. 고심해서 너무나 마르다.
身(み)になる	입장을 바꿔 보다. 몸에 좋다.
身(み)に付(つ)く	지식 · 습관 · 기술 등이 자기 것이 되다.
身(み)につまされる	남의 불행이 남의 일 같지 않아서 동정하다.
身上(しんしょう)を潰(つぶ)す	재산을 탕진하다.
身上(しんしょう)·身上(しんじょう)	신상. 일신상의 일. 자산. 재산. 밑천. 살림. 가계(家計(かけい)). 장점. 몸.
身上(しんしょう)·身上(しんじょう)	장점. (取(と)り柄(え) · 長所(ちょうしょ) · 美点(びてん))
身(み)から出(で)た錆(さび)	자신이 불러들인 불행. 자업자득.
身動(みじろ)ぎもせず	움직이지도 않다. 꼼짝달싹도 않다.

01 間違っている読み方をそれぞれの中から一つ選びなさい。

① 大文字 (だいもんじ)　② 身分 (みぶん)
③ 操作 (そうさ)　④ 著者 (しょしゃ)
⑤ 質屋 (しちや)

해설

④ ちょしゃ (저자. 저작자)
① 대문자. (大文字(おおもじ) ⇔ 小文字(こもじ))　② 신분. 신원. (身分(みぶん)を明(あ)かす : 신분을 밝히다)
③ 기계 등을 조작하다.　⑤ 전당포. (質店(しちみせ))

02 間違っている読み方をそれぞれの中から一つ選びなさい。

① 清水 (しみず)　② 小百合 (さゆり)
③ 小夜 (こよ)　④ 小羊 (こひつじ)
⑤ 小心者 (しょうしんもの)

해설

③ さよ (밤)
① 샘물. 약.　② 백합. (꽃)
④ 어린 양. 작은 양. 새끼 양. (子羊(こひつじ))　⑤ 겁쟁이. (臆病(おくびょう)な人(ひと))
初心者(しょしんしゃ) : 초보자. 초심자.
初心者(しょしんもの) : 세상 물정에 어두운 사람 (世慣(よな)れない人(ひと)). 순진한 사람 (初心(うぶ) · 初(うぶ) · 産(うぶ)な人(ひと)).

03 間違っている読み方をそれぞれの中から一つ選びなさい。

① 小切手 (こぎって)　② 小鳥 (ことり)
③ 小包　(こづつみ)　④ 小路 (こうじ)
⑤ 小児科 (こにか)

해설

➡ ⑤ しょうにか (소아과)

① 수표.

② 작은 새. (大鳥(おおとり) : 큰새)

③ 소포.

④ 좁은 골목. (小路(しょうじ) · 小路(こみち) ⇔ 大路(おおじ))

04 間違っている読み方をそれぞれの中から一つ選びなさい。

① 小父 (おじ)

② 小金 (こがね)

③ 小道 (こみち)

④ 小屋 (こおく)

⑤ 小人 (こびと)

해설

➡ ④ 小屋(こや) · 小屋(しょうおく) (오두막집)

① 아저씨. 주위의 연배(年配(ねんぱい)) 가 있는 남성을 부르는 말. (⇔ 小母(おば)). (叔父(おじ) · 伯父(おじ) : 숙부. 백부)

② 약간의 돈. 금액이 적은 돈.

③ 좁은 길. (小道(こみち) ⇔ 大道(おおみち))

⑤ 작은 사람. 난쟁이. 소인. (小人(しょうじん) · 小人(しょうにん) : 어린아이). 大人(だいにん) (대인). 中人(ちゅうにん) (중인).

05 下線(かせん)の部分(ぶぶん)の間違(まちが)っている文章(ぶんしょう)を一(ひと)つ選(えら)びなさい。

① こんな結果(けっか)で終(お)わってしまいましたが、それでも私なりに一生懸命(いっしょうけんめい)に考(かんが)えたんですよ。

② 彼(かれ)の病気(びょうき)はかなり悪(わる)いらしい。

③ いまさらいやだと言っても、もうやめられないよ。

④ 風邪(かぜ)を引(ひ)いたのか、どうも熱(ねつ)があるようだ。

⑤ あなたの家(いえ)は、駅(えき)からなお遠(とお)いんですね。

해설

➡ ⑤ なお → 随分(ずいぶん) (꽤. 상당히. 과분. かなり)

猶(なお) · 尚(なお) : 덧붙여. 더욱. 또한. (앞 문장의 말을 일단 끊고 다시 한 번 뒤 문장에 설명을 덧붙인다)

① 이런 결과로 끝나고 말았습니다만, 그래도 내 나름대로 열심히 생각했습니다.

それなりの価値がある。　　　　　　　그만큼의 가치가 있다.

人はその人なりの考え方がある。　　　사람은 그 사람대로의 사고방식이 있다.

ついて来るなり、帰るなり、好きなようにしなさい。

따라오든지, 돌아가든지, 좋을 대로 해라.

彼女は私の顔を見るなり、わっと泣き出した。

그녀는 내 얼굴을 보자마자, 돌연 큰소리를 내면서 울기 시작했다.

② 그의 병은 상당히 나쁜 것 같다.

③ 이제 와서 싫다고 해도, 이제는 그만둘 수 없어요.

④ 감기에 걸렸는지, 아무래도 열이 있는 것 같다.

⑤ 당신의 집은, 역에서 꽤(상당히) 머네요.

06 下線の部分の間違っているものを一つ選びなさい。

① 試合中は一概に話をしてはいけません。

② 急にスピーチをさせられて、すっかりあがってしまった。

③ まさにその通りです。

④ 病気の母にかわって、父が家事をしています。

⑤ 我々は貴社が今後も大いに発展されることを祈っています。

해설

➡ ① 一概に (한마디로. 반드시. 일률적으로) → 一切 (일절. 일체. 절대로)

① 시합 중에는 절대로 이야기를 해서는 안 됩니다.

② 갑자기 연설을 시켜서, 완전히 긴장하고 말았다.

③ 틀림없이 그대로입니다. (正に : 분명히. 마치. 당연히. 지금이라도. 곧)

④ 병든 어머니를 대신해서, 아버지가 집안일을 하고 있습니다.

⑤ 우리들은 귀사가 앞으로도 크게 발전되는 것을 기원하고 있습니다.

● 次の文の(　　　)の中に最も適当な言葉を入れなさい。 (7～10)

07 国(くに)を離(はな)れてから、もう5年(ごねん)(　　　)なる。

① が　　② に
③ へ　　④ で
⑤ は

해설

본국(고향)을 떠난 지도, 벌써 5년이 된다.
명사 · な형용사가 동사를 수식할 때는(단어) ＋ になる。

08 川上(かわかみ)さんはおもしろいことを言(い)って友(とも)だち(　　　)。

① が笑(わら)われた　　② を笑(わら)われた
③ が笑わせた　　④ を笑わせた
⑤ に笑われた

해설

가와까미씨는 재미있는 것을 말해서 친구를 웃겼다.

09 需要(じゅよう)がある(　　　)供給(きょうきゅう)はストップしないだろう。

① からには　　② ために
③ ものの　　④ どころか
⑤ くせに

해설

수요가 있는 이상 공급은 정지되지 않겠지.
① ～인 이상은.　　② ～이기 때문에(이유 · 원인). 위해서(목적).
③ ～하긴 하지만.　　④ ～이기는커녕.
⑤ ～이면서. ～인 주제에. 癖(ぐせ) : 버릇. 무의식적으로 나오게 되는, 편향된 취향이나 경향. 습관

화되어 있는, 별로 탐탁지 않은 언행.
爪を噛む癖。손톱을 물어뜯는 버릇. 怠け癖がつく。게으른 버릇이 들다.
無くて七癖。아무리 없어도 일곱 가지 버릇은 있다.
酒癖 : 술 버릇. 涙癖 : 눈물 글썽이는 버릇. 泣き癖 : 우는 버릇.

10 あんなに欲しがっていた(　　　)もうあきちゃったの。

① ものの　　② くせに
③ ものを　　④ からといって
⑤ からには

해설

그렇게 갖고 싶어 했으면서 벌써 싫증났니(질렸니).
① ~했긴 했지만.　　③ 것을.
④ ~라고 해서.　　⑤ ~인 이상은.

11 「お金を借りるのはなんとなく気がひける。」의 올바른 해석을 고르세요.

① 돈을 꿔 주는 일은 별로 좋아하지 않는다.
② 돈을 빌리는 것은 상당히 씁쓸하다.
③ 돈을 빌리는 것은 왠지 모르게 주눅이 든다.
④ 돈을 꿔 주는 것은 왠지 내키지 않는다.
⑤ 돈을 빌려주는 것은 왠지 모르게 부담이 된다.

해설

気が引ける : 상대에 대해서 사양할 필요를 느끼다. 기가 죽다. 머쓱하다. 열등감을 느끼다. 내키지 않다. 주눅이 들다. 꺼림칙하다. (気後れがする · 引け目を感じる)

● 次の文の(　　　)の中に最も適当な言葉を入れなさい。

12 自然とは愛、そのものよ。この木が大地に根を(　　　)いる意味がわかる。

① 落として　　② 伸ばして
③ 下ろして　　④ ついて
⑤ 張って

해설

자연이란 것은 사랑, 그 자체다. 이 나무가 대지에 뿌리를 뻗고 있는 의미를 이해한다.
(根を張る : 뿌리를 뻗다. 枝を伸ばす : 가지를 뻗다)

13 밑줄 친 부분의 의미가 올바른 것을 고르세요.

あのレストランは ⓐ 本場の味以上との ⓑ もっぱらの評判。

① ⓐ 고향　　ⓑ 평판이 좋다.
② ⓐ 산지　　ⓑ 소문은 정확하다.
③ ⓐ 본고장　　ⓑ 평판이 자자하다.
④ ⓐ 주산지　　ⓑ 평판이 좋다.
⑤ ⓐ 원조　　ⓑ 오로지 소문이다.

해설

저 레스토랑은 본고장의 맛 이상이어서 평판이 자자하다.
本場 : 본고장. 어떤 물건의 유명한 산지. 거래소에서 오전 중에 참여. (前場 : 전장)
専ら : 오로지 하나에만 일관하다. (只管 · 一途に)

14 「遠慮するにはおよばない。」의 올바른 해석을 고르세요.

① 사양하는 것은 실례입니다.　　② 걱정하는 것은 쓸데없는 참견입니다.
③ 거절하는 것은 있을 수 없다.　　④ 사양할 필요는 없다.
⑤ 거절하는 것은 핑계입니다.

해설

には及ばない：～할 필요가 없다. (までもない · ことはない)

• 次の文の(　　)の中に最も適当な言葉を入れなさい。 (15～21)

15 もしかしたらという不安が、たとえ無意識のうちに(　　)あったことは事実だ。

① ではあり　　② であろう

③ ではある　　④ ではあれ

⑤ である

해설

혹시나 하는 불안이, 비록(설령) 무의식중에 있을 수 있었던 일은 사실이다.

④ 설령, 가령 ～라고는 해도. ～있어도. (とはいえ · であっても)

16 家族に迷惑を(　　)として彼は老人ホームに入った。

① かけよう　　② かけず

③ かけない　　④ かけまい

⑤ かける

해설

가족에게 폐를 끼치지 않으려고 해서 그는 양로원에 들어갔다.

まい：부정추측 · 부정의지를 나타낸다.

동사Ⅰ(기본형) ＋ まい。　동사Ⅱ(ます形) ＋ まい。

동사Ⅲ する：しまい · すまい · するまい · せまい。

来る：来まい · 来まい · 来るまい · 来まい。

기본형을 대신할 수 있는 것은 ます이다.

동사Ⅲ은 모두 사용할 수 있지만 기본형으로 가장 많이 사용된다.

① 끼치자. (의지형)　　② 끼치지 않고. (부정형)

17 あんなひどいことを言ったのだから、許(ゆる)してもらえる(　　)。

① わけでしょう　　② わけでもないでしょう

③ わけがないでしょう　　④ わけがあるでしょう

⑤ ことがないでしょう

해설

그렇게 심한 말을 했기 때문에, 용서받을 수가 없겠지요.

わけがない · はずがない : 당연히 ～하지 않다. ～일 리가 없다.

용법 : 동사 (기본체) ＋ わけがない。

い형용사 · な형용사 (현재 · 과거형) ＋ わけがない。

의미 : 동작 또는 상태가 일어날 가능성이 전혀 없는 것.

앞의 문장이 부정문이면 의미는 긍정이고, 앞의 문장이 긍정문이면 의미는 부정이다.

② ～일 리도 없겠지요.　　③ ～일 리가 없다.

④ 이유가 있다.　　⑤ ～일 것이 없다.

18 やはり、１１月(じゅういちがつ)とも(　　)、寒(さむ)い日(ひ)が多(おお)くなりますね。

① あると　　② くると

③ すると　　④ なると

⑤ なる

해설

역시, 11월이 되면, 추운 날이 많아집니다.

やはり、１１月になると、寒い日が多くなりますね。

19 情報(じょうほう)の豊(ゆた)かさとは、情報(じょうほう)の数量(すうりょう)によってではなく、多様(たよう)さによって(　　)もたらされるものであると思う。

① こそ　　② から

③ まで　　④ ほど

⑤ だけ

해설

정보의 풍부함이라고 하는 것은, 정보의 수량에 의한 것이 아니고, 다양함에서 오는 것이라고 생각한다.

① 앞의 말을 특히 강조하는 경우에 사용한다.
からこそ・…てこその 형태로 그 이유를 강조하는 경우에 사용한다.

② ～이기 때문에. (이유나 원인이 주관적이다)

④ ～정도. (비교문에 사용한다)

⑤ ～만. (제한을 나타내며 뒤 문장은 긍정이 온다)

20 (　　　)のように疲(つか)れる。

① 木(き)　　② 綿(わた)
③ 布団(ふとん)　　④ 紙(かみ)
⑤ 毛布(もうふ)

해설

솜처럼 피곤하다. 녹초가 되다.

① 나무.　　② 목화. 솜. 무명. (綿(めん) : 면)
③ 이불.　　④ 종이.
⑤ 모포.

21 うまくうそをついたつもりでも、必(かなら)ずどこかで(　　　)。

① 腕(うで)が立(た)つよ　　② しっぽを出(だ)すよ
③ 羽(はね)を伸(の)ばすよ　　④ 尾(お)を引(ひ)くよ
⑤ 味(あじ)を占(し)めるよ

해설

능란하게 거짓말(嘘(うそ))을 했더라도, 반드시 어딘가에서 들통난다.

① 기술이 뛰어나다. 실력이 뛰어나다.　　② 탄로나다.

③ 자유를 얻다.　　　　　　　　④ 영향을 미치다. 길게 늘어지다. (流星(유성)이)

⑤ 과거에 좋았던 일을 잊지 못해 맛을 들이다.

22 다음 우리말을 일본어로 가장 바르게 옮긴 것을 고르세요.

놀기만 하고 공부를 하지 않으면, 시험에 붙기가 상당히 어려울 것이다.

① 遊んでばかりいて勉強しないと、試験に受かるのはなかなか難しいだろう。
② 遊びばかりして勉強せねば試験に付くのは間違いなく難しいだろう。
③ 遊びばかりで勉強しなければ、試験に合格するのはなかなか難しいだろう。
④ 遊んでばかりいて勉強しないと、試験につくのがかなり難しいだろう。
⑤ 遊んでいるだけで勉強しないと、試験に受けるのはなかなか難しいだろう。

해설

遊んでばかりいる：놀기만 하다. (동작의 상태를 나타낸다)
遊びばかり　：놀기만 하다. (명사＋ばかり・だけ・のみ：그것만하다)
試験に受かる：시험에 합격되다. 시험에 붙다. (試験を受ける：시험을 보다)

23 次の文の問いに答えなさい。

あなたはきのう何をしましたか。

① どこへも行きませんでした。　② いい天気です。
③ コーヒーを飲みます。　④ 友だちと遊びます。
⑤ 勉強したり遊んだりしました。

해설

당신은 어제 무엇을 했습니까.

24 다음 우리말을 일본어로 가장 바르게 옮긴 것을 고르세요.

그것은 아무리 찾아도 발견될 것 같지 않다.

① それはいくら探(さが)しても見(み)つかりそうにもない。
② それはいくら探しても見つかるようではない。
③ それはいくら探しても見つかりそうでもない。
④ それはいくら探しても見つかるそうではない。
⑤ それはいくら探しても見つかるようにもない。

해설

いくら(どんなに) …ても(でも) : 아무리 ~하더라도, 해도.
동사 · い형용사 · な형용사 · 명사 (て形) + も。
아무리 ~해도 소용없다. 아무리 ~해도 하겠다.
동사 (ます形) + そうです。
行きそうです。 갈 것 같습니다.
行きそうに (も) ないです。 갈 것 같지도 않습니다.

• 次(つぎ)の文(ぶん)の(　　)の中(なか)に最(もっと)も適当(てきとう)な言葉(ことば)を入(い)れなさい。

25 富士山(ふじさん)の高(たか)さは3376メートルも(　　)。

① いるそうです。
② あるそうです。
③ できるそうです。
④ するそうです。
⑤ とるそうです。

해설

후지산 높이는 3376미터나 된다고 합니다.
数詞(すうし)(숫자) + もある : ~나 되다. ~도 있다.

26 「母屋(おもや)。」の意味を一つ選びなさい。

① 방. ② 안방.

③ 안채. ④ 바깥채.

⑤ 어머니 방.

해설

母屋(おもや)・母屋(もや)：건물의 중요한 부분. 안채. (母屋(もや)・身屋(もや)・身屋(もや)・母家(おもや)・主屋(おもや))
(本家(ほんけ)・本店(ほんてん)・里方(さとかた)：장인댁. 처가. 친정)

27 다음 일본어를 우리말로 가장 바르게 옮긴 것을 고르세요.

お誕生日(たんじょうび)の贈(おく)り物(もの)がいろいろですよ。

① 생일 선물이 많이 있습니다.

② 생일에 선물을 많이 했습니다.

③ 생일 선물이 몇 가지 있습니다.

④ 생일 선물로 보내 준 선물이 여러 가지가 있습니다.

⑤ 생일 선물로 보내 준 선물이 많이 있습니다.

해설

いろいろ：종류가 많은 것. 여러 가지. (様々(さまざま))

28 たしかな品物(しなもの)。下線(かせん)の部分(ぶぶん)の反対語(はんたいご)を一(ひと)つ選(えら)びなさい。

① あいまいだ ② たいらだ

③ おだやかだ ④ あらただ

⑤ のどかだ

해설

확실하다. (確(たし)か)

① 애매하다. (曖昧(あいまい))

② 평평하다. (平(たい)ら)

③ 온화하다. (穏(おだ)やか)

④ 새롭다. (新(あら)た)

⑤ 화창하다. 한가롭다. (長閑(のどか))

29 **다음 일본어를 우리말로 가장 바르게 옮긴 것을 고르세요.**

これは、これはお久(ひさ)し振(ぶ)りですね。

① 이것은, 이것은 정말로 오래된 물건입니다.

② 아이고, 이것 참 오랜만이군요.

③ 이것이야말로 오랫동안 기다리던 것이군요.

④ 이거야, 이거야 정말 오래 살았군요.

⑤ 이것은 오랜 세월이 지난 것입니다.

30 **次(つぎ)の下線部分(かせんぶぶん)の正(ただ)しい日本語(にほんご)を一(ひと)つ選(えら)びなさい。**

한 시간이나 기다리고 있는데 <u>아직 오시지 않았습니다</u>.

① まだいらっしゃらない。

② まだ来ません。

③ まだ来られない。

④ まだ参りません。

⑤ まだおいでになりません。

해설

まだ뒤에는 과거형의 문장은 올 수 없다.

ている에 관해서는 일반적으로 ておられる를 사용한다.

来(き)ている。(오고 있다) → 来(き)ておられる。(오고 계시다)

31 **주어진 우리말을 일본어로 올바르게 옮긴 것을 고르세요.**

곧 돌아온다고 생각합니다. 들어오셔서 기다려 주십시오.

① ただいまおいでになると思います。どうぞお入りになってしばらくお待ちください。
② まもなくおいでになると思います。どうぞいらっしゃってひさしぶりにください。
③ まっすぐ来ると思います。どうぞおかまいなくおっしゃって下さい。
④ すぐ帰ると思います。どうぞお上がりになってお待ち下さい。
⑤ 束の間にいらっしゃると思います。どうぞお入りください。

해설

곧 : すぐ · もうすぐ · もうじき。
① 只今 · 唯今 : 지금 시간, 현재. 극히 가까운 과거, 조금 전, 이제 막. 극히 가까운 미래, 곧. 귀가했을 때의 인사. 다녀왔습니다 의 줄임말. (只今帰りました。⇔ お帰りなさい。)
② 間も無く : 이제 곧. 곧바로. (程無く · 直に · もうすぐ)
③ 真っ直ぐ : 직진. 똑바로. 조금도 휘어짐이 없는 것. 다른 곳에 들르지 않고, 직접 목적지로 향하는 것. 곧장. 숨김이 없는 것. 솔직한 것. 真っ直ぐな性格 : 솔직한 성격.
⑤ 束の間 · 束の間 : 극히 짧은 시간. 순간. 눈 깜빡할 시간. (ちょっとの間 · 瞬く間に · あっという間に)

32 **次の文のながらと意味 · 用法が違うものを一つ選びなさい。**

ソウルは昔の姿をとどめながらも、近代都市として発展を続けています。

① 体は小さいながらなかなか力が強い。
② このカメラは小型ながらよくうつります。
③ 音楽を聞きながら勉強します。
④ 注意をしていながら間違えました。
⑤ 日本人でありながら、日本の歴史を全く知らない。

해설

서울은 옛날 모습을 간직하면서도, 근대 도시로서의 발전을 계속하고 있습니다. (역접)

① 체격은 작으면서 꽤 힘은 세다. (역접)

② 이 카메라는 소형이면서 잘 찍힙니다. (역접)

③ 음악을 들으면서 공부합니다. (동작의 동시진행)

④ 주의를 하고 있으면서도 실수하고(틀리고) 말았습니다. (역접)

⑤ 일본인이면서도, 일본역사를 전혀 모른다. (역접)

33 彼(かれ)に直接(ちょくせつ)行か<u>せる</u>。밑줄 친 부분과 용법이 같은 것을 고르세요.

① その絵(え)をちょっと見(み)<u>せて</u>下さい。 ② 何(なに)も<u>せず</u>に黙(だま)って立(た)っている。

③ 知らないところは聞か<u>せる</u>ように。 ④ そういうことは<u>せぬ</u>ようにしなさい。

⑤ 言(い)われたからには<u>せざ</u>るを得(え)まい。

해설

그를 직접 보내다. (사역형)

① 그 그림을 잠깐 보여주세요.

② 아무것도 하지 않고 입을 다물고 서 있다.

③ 모르는 곳은 물어보도록.

④ 그러한 것은 하지 않도록 해라.

⑤ 들은 이상은 하지 않을 수 없을 것이다.

34 다음 문장의 올바른 해석을 고르세요.

それは棚(たな)に上(あ)げて、次(つぎ)の問題(もんだい)にとりかかった。

① 그것은 그럭저럭 해결하고 다음 문제로 들어갔다.

② 그것은 깨끗이 해결하고 다음 문제는 연기했다.

③ 그것은 선반에 올려놓고 다음 문제로 들어갔다.

④ 그것은 보류해 두고 다음 문제로 들어갔다.

⑤ 그것은 깨끗이 해결하고 다음 문제로 들어갔다.

해설

棚に上げる : 거론하지 않다. 문제로 삼지 않다.

取り掛かる : 시작하다. 착수하다(手を付ける · 着手する). 매달리다(縋り付く · 取り縋る). 맞붙다. 달라붙다. 공격하다. (組み付く · 打って掛かる)

35 다음 문장의 올바른 해석을 고르세요.

寝耳に水の知らせに気が動転する。

① 날벼락 같은 소식에 마음이 무겁다.

② 아닌 밤중에 홍두깨 같은 소식에 마음을 움직이다.

③ 너무 놀란 나머지 말이 안 나오다.

④ 너무 놀란 소식에 마음이 당황하다.

⑤ 한 귀로 듣고 한 귀로 흘려 보내다.

해설

動転する : 놀라다. 당황하다.

36 「旋毛を曲げる。」の意味を一つ選びなさい。

① 意志を曲げて他人の言いなりになること。

② 気に入らないことがあってわざと意地悪くする。

③ 気に入らないことがあっても妥協する。

④ 自分の都合のよいようにばかりすること。

⑤ 意志を曲げて会社をやめる。

해설

심술궂게 엇기대다. 고집 부리다. (邪鬼 : 사천왕상에 밟혀 있는 귀신)
(わざと、意地悪くする · 旋毛曲がり · へそ曲がり · 天の邪鬼 · 意地を張る · 天邪鬼)

① 의지를 굽히고 다른 사람이 말하는 대로 하는 것.
② 마음에 들지 않는 일이 있어 일부러 심술궂게 하다.
③ 마음에 들지 않는 일이 있어도 타협한다.
④ 자기 좋은 대로만 하는 것.
⑤ 의지를 굽히고 회사를 그만두다.

37 나머지 넷과 의미가 다른 것을 고르세요.

① 一寸(いっすん)の虫(むし)にも五分(ごぶ)の魂(たましい)。　② 弘法(こうぼう)も筆(ふで)の誤(あやま)り。
③ 猿(さる)も木(き)から落(お)ちる。　④ 河童(かっぱ)の川流(かわなが)れ。
⑤ 上手(じょうず)の手(て)から水(みず)が漏(も)る。

해설

➡ ① 아무리 작은 것이라도 바보 취급하면 안 된다. 지렁이도 밟으면 꿈틀한다.
②, ③, ④, ⑤ 누구나 실수할 수 있다. 원숭이도 나무에서 떨어진다.
(弘法(ぐほう) : 부처님의 가르침을 세상에 전파하는 것)

38 다음 문장의 밑줄 친 부분을 우리말로 바르게 옮긴 것을 고르세요.

どちらでもよいというような<u>いいかげんなこと</u>があってよいものだろうか。

① 미적지근한 것　② 알맞은 것
③ 좋은 상태의 것　④ 섭섭하지 않은 것.
⑤ 어지간한 것

해설

어느 쪽도 좋다고 하는 것 같은 미적지근한 것이 있어서 좋은 것일까.
(いい加減(かげん) : 적당히. 무책임한 것. 엉터리. 미적지근함)

39 숙어의 의미가 틀린 것을 고르세요.

① 食(く)い放題(ほうだい)。 : 음식을 많이 먹어 중독을 일으킴.
② 足留(あしど)めを食(く)らう。 : 금족당하다.
③ 芸(げい)は身(み)を助(たす)ける。 : 재미로 배웠던 재주가, 어려울 때 도움이 된다.
④ 叩(たた)けば埃(ほこり)が出(で)る。 : 털어서 먼지 안 나는 사람 없다.
⑤ 尻足(しりあし)を踏(ふ)む。 : 뒷걸음치다.

해설

① 먹고 싶은 만큼 먹다. (放題(ほうだい) : 마음껏. 실컷. 하고 싶은 대로 하다)
(食(く)い合(あ)わせ : 두 가지를 동시에 먹으면 중독을 일으킴. 상극)
⑤ 뒷걸음치다. 망설이다. 주저하다. (ためらう)
二(に)の舞(まい)い : 같은 실패를 되풀이하다. (二(に)の舞(ま)いを演(えん)じる)

40 다음 문장의 의미로서 맞는 것을 고르세요.

日本人(にほんじん)はものごとをはっきり言うのを不躾(ぶしつけ)と思う傾向(けいこう)がある。

① 日本人ははっきりしないことは言うべきではないと思う。
② 日本人ははっきりしたことは言うべきだと思う。
③ 日本人はどんなことがあっても言いたいことは言う。
④ 日本人ははっきりものを言うのを躾(しつけ)のいいことと思う。
⑤ 日本人は言いたいことがあってもはっきり言うのを良(よ)しとしない。

해설

일본인은 어떤 일을 확실하게 말하는 것을 불미스럽다(무례하다)고 생각하는 경향이 있다.
不躾(ぶしつけ)·不仕付(ぶしつ)け : 예의가 없는 것. 무례한 것. (失礼(しつれい)·失敬(しっけい)·無礼(ぶれい)·無作法(ぶさほう))

• 次の文の(　　)の中に最も適当な言葉を入れなさい。(41～47)

41 あの会社に入りたいので、あなたに(　　)もらいたいのですが。

① 口を出して
② 口をきいて
③ 気がさして
④ 気を入れて
⑤ 気をもんで

해설

저 회사에 들어가고 싶기 때문에, 당신에게 소개를 받고 싶습니다만.

① 참견하다. (口出し)
② 소개를 하다. 이야기를 하다. (口を利く)
③ 마음에 걸려 불안하다. (気が差す)
④ 다른 일을 생각하지 않고 오로지 한 가지 일에만 열중하다. (気を入れる)
⑤ 걱정되다. 걱정이 있어서 조마조마하다. (気を揉む)

42 あの先生はいつも女子の(　　)ので、男子にきらわれている。

① 肩上げが取れる
② 肩を持っている
③ 胸が一杯な
④ 肩を怒らす
⑤ 負うた子に教えられる

해설

저 선생님은 언제나 여자 편만 들기 때문에, 남자들이 싫어한다.

① 어른이 되다.
② 편을 들다.
③ 마음이 뿌듯하다.
④ 상대를 위압하는 태도.
⑤ 경험이 적은 사람에게도 배울 점이 있다. 업은 아이에게도 배울 점이 있다. (負うた子に教えられて浅瀬を渡る)

43 遅くなるかもしれないが、必ず会議には(　　)よ。

① 牛に引かれて善光寺参り
② 顔を出す
③ 目の保養
④ 心掛ける
⑤ 目に角を立てる

해설

늦을지도 모르겠지만, 반드시 회의에는 참석하겠다.

① 친구 따라 강남 간다. 牛の涎 : 소가 흘리는 침. (줄줄 가늘고 길게 계속되는 것.)
角を矯めて牛を殺す。 소의 굽은 뿔을 똑바로 고치려다, 오히려 소를 죽게 하는 것.
작은 결점을 고치려다가는, 오히려 전체를 망가뜨리는 것. (矯角殺牛)

② 참석하다. 방문하다. 사물의 일부가 나타나다.

③ 아름다운 경치나 사물을 보고 즐기는 것. 눈요기. (目の正月)

④ 항상 주의하다. 명심하다. 조심하다(心に刻む · 肝に銘ずる · 心に掛ける · 気をつける).
心に掛ける : 걱정하다. (心配する)

⑤ 눈에 불을 켜고 덤빌 듯이 하다.

44 私の前で、二度とその言葉を(　　　)ないでください。

① 口に合わ　　② 横車に押さ
③ 口にし　　④ 胡床をかか
⑤ 博打を打つ

해설

내 앞에서, 두 번 다시 그 말을 하지 말아 주세요.

① 입에 맞다. (음식)　　② 억지를 쓰다.

④ 현상에 만족하여 안일하게 지내다. (胡坐)

⑤ 성공할 가능성이 극히 희박한데도 굳이 하는 위험한 행위.
博打 : 도박. (賭博)

45 高校野球で母校が優勝して(　　　)。

① 鼻が高い　　② 腹に収める
③ 星が割れる　　④ 舌鼓を打つ
⑤ 腕が鳴る

해설

고교야구에서 모교가 우승해서 득의양양하다.

① 득의양양하다. ② 마음에 간직하다.

③ 범인이 판명나다. ④ 음식이 맛있어서 입맛을 다시다.

⑤ 실력을 자랑하고 싶어서 팔이 근질근질하다.

46 今、忙しくてちょっと(　　　)ので、後でもう一度電話します。

① 腹は借り物 ② 手が離せない

③ 手を貸す ④ 身になる

⑤ 手を打つ

해설

지금, 바빠서 좀 곤란하기 때문에, 나중에 다시 전화하겠습니다.

① 아이의 신분은 부모에 의해 결정된다.

② 하고 있는 일이 있어서 다른 일을 할 수 없다. 일손을 놓을 수가 없다. 중단하면 곤란하다.

③ 일손을 빌려주다. 조력하다. (労力を貸す · 助力する)

④ 몸과 마음에 도움이 된다. 그 사람에게 도움이 된다. 그 사람의 입장에 서서 생각하다. 마음으로 그 사람에 대한 것을 생각하다.

⑤ 타결 짓다. 손뼉을 치다. 이야기를 마무리 짓다(話をまとめる). 화해를 한다(仲直りをする). 言い値で手を打つ。파는 사람이 부르는 값으로 마무리 짓다. (⇔ 付け値)
예상되는 사태에 대해 필요한 처치를 취한다. (処置を取る : 처치(조치)를 취하다)

47 いやな顔ひとつせず、病人の世話をする彼女の態度には(　　　)。

① 鼻に掛ける ② 手を負う

③ 頭が下がる ④ 足下を見られる

⑤ 手も足も出ない

해설

싫은 표정 하나 없이, 환자를 돌보아 주는 그녀의 태도에는 머리가 숙여진다.

① 자랑스럽다. ② 상처를 입다.
③ 머리가 숙여진다. ④ 약점을 잡히다. (足元を見る)
⑤ 자신의 능력으로는 도저히 어쩔 방법이 없다.

• 次の文の(　　)の中に最も適当な言葉を入れなさい。 (48～53)

48 (　　)歯医者を紹介してあげましょう。

① 腕を磨く ② 腕が上がる
③ 腕のいい ④ 肩が張る
⑤ 足がつく

해설

실력이 좋은 치과의사를 소개해 드리지요.
① 실력을 연마(研磨)하다. ② 실력이 향상되다.
③ 실력이 좋다.
④ 신경이 쓰이다. 어깨 근육이 뭉치다. 중압감을 느껴 답답하다. (肩が凝る)
⑤ 단서가 잡히다. 행방불명된 사람이 있는 곳이나 경로가 꼬리 잡히다. (足が付く)

49 おばけ屋敷のゆうれいの姿を見て(　　)しまった。

① 腰が抜けて ② 七重の膝を八重に折って
③ 尻に敷いて ④ 所詮
⑤ 目尻を下げて

해설

도깨비 집의 유령(幽霊) 모습을 보고 깜짝 놀라고 말았다
① 하도 놀라 바로 서지 못하다.
② 굉장히 정중하게 사죄하거나 공손히 부탁하다.
③ 공처가. 여자에게 무르다(鼻の下が長い). (布団を敷く : 이불을 깔다. 잠자리를 보다)
④ 결국은. 결국. (つまるところ) ⑤ 여자에게 빠지다. 넋을 잃다.

50 彼は外では人に気ばかり遣っているのに、家では(　　　)。

① しゃくに障る　② 独活の大木
③ 大きな顔をしている　④ 子はかすがい
⑤ 持ちつ持たれつ

해설

그는 밖에서는 남에게는 신경만 써 주면서, 집에서는 잘난 체한다.

気を遣う : 실례가 되지 않도록 세세하게 배려하다.

① 마음에 안 들어서 화를 내다.
② 체격만 클 뿐 도움이 안 된다. (独活 : 땅두릅)
③ 잘난 체하는 모습. 거만한 태도. 태연한 태도.
④ 자식은 정을 잇는 역할을 한다.
⑤ 서로서로 돕다. (お互いに助け合う)

51 末の娘も結婚して、やっと(　　　)。

① 胸が騒いだ　② 負うた子より抱いた子だ
③ 肩の荷がおりた　④ きっとなった
⑤ 朱に染まった

해설

막내딸도 결혼해서, 드디어 마음이 홀가분하다.

① 마음이 설레다.
② 먼 사촌보다 가까운 이웃이 낫다.
③ 마음이 홀가분하다.
④ 엄한 태도를 취하다.
⑤ 피범벅이 되다. (血まみれになる · 血だらけになる)

52 次の２人の会話文を正しい順序にしたものを一つ選びなさい。

A : おまえ就職決まったか。

B : それが、きのうA物産の面接を受けたんだよ。

C：えっ、どうしたんだ。おまえ、日本に留学するって言ってたんじゃないか。

D：いや、まだなんだよ。おまえはいいな、就職しないんだから。

① A－B－D－C　　② A－D－B－C

③ B－A－D－C　　④ B－C－A－D

⑤ A－C－D－B

해설

② A－D－B－C

A : 너 취직 결정했니.

B : 그것이, 어제 A물산 면접을 보았어.

C : 아니, 왜 그랬니. 너, 일본에 유학 간다고 말하지 않았니.

D : 아니, 아직이야. 너는 좋겠다. 취직하지 않아도 되기 때문에.

53 彼女はその日の彼の笑い声が(　　　)寝られなかった。

① 噂をすれば影がさして　　② 一溜まりもなくて

③ 意を迎えて　　④ 耳に付いて

⑤ 猫の目で

해설

그녀는 그날의 그의 웃음소리(笑声)가 귀에 쟁쟁해서 잠을 잘 수가 없었다.

① 호랑이도 제말하면 나타난다.　　② 일각도 지체 않고.

③ 남의 비위를 맞추려고 하다. (迎合する : 영합하다. 아부하다)

④ 시끄럽다. 귀에 쟁쟁하다.

⑤ 상황에 따라 사물이 끊임없이 변하는 것. (변화무쌍)

54 意味の間違っているものを一つ選びなさい。

① 泥棒に追い銭。 : 손해에 손해를 보다.
② 石に布団は着せられず。 : 죽은 뒤에 후회하지 말고 살아생전 효도하자.
③ 目が出る。 : 화가 나다.
④ 目に留まる。 : 관심을 끌다.
⑤ 目を見張る。 : 놀라거나 하여 눈을 크게 뜨다.

해설

➡ ③ 행운이 돌아오다. (幸運が巡ってくる · 芽が出る)
① 盗人に追い銭 : 손해에 손해를 보다. (설상가상)
④ 관심을 끌다. 우연히 보고 그것을 알다. (目にも留まらぬ。 굉장히 빠르다)
お目に留まる。 인정받다. 주목받다의 겸양어.
⑤ 화를 내거나 놀라거나 감탄하기도 해서 눈을 크게 부릅뜨다. 휘둥그레지다.

55 次は韓国人と日本人との会話である。意味を通じるように順序を正しくしたものを一つ選びなさい。

A：金さん、いつごろ韓国に帰りますか。
B：はい、ありがとうございます。
C：そうですか。じゃあ、韓国に帰ってからは。
D：コンピューターのプログラマーです。
E：日本の会社で５年ぐらいはたらいてから、帰ろうと思います。
F：がんばってください。
G：今、日本でどんな仕事をしていますか。
H：今の仕事を続けようと思っています。それから、韓国の学生に日本語を教えたいと思います。

① A－E－F－C－G－H－B－D ② A－E－F－B－C－H－G－D
③ A－E－H－C－F－B－G－D ④ A－E－C－H－G－D－F－B
⑤ A－E－G－D－C－H－F－B

해설

➡ ⑤ A－E－G－D－C－H－F－B

A : 김씨, 언제쯤 한국에 돌아갑니까.

B : 예, 고맙습니다.

C : 그렇습니까. 그렇다면, 한국에 돌아가고 나서는.

D : 컴퓨터 프로그래머입니다.

E : 일본회사에서 5년 정도 일하고 나서, 돌아가려고 생각합니다.

F : 힘내 주세요. (頑張(がんば)る)

G : 지금, 일본에서 어떤 일을 하고 있습니까.

H : 지금의 일을 계속하려고 생각하고 있습니다. 그러고 나서, 한국학생에게 일본어를 가르치려고 생각합니다.

56 주어진 일본어를 우리말로 올바르게 옮긴 것을 고르세요.

これは性能(せいのう)はすぐれていても見(み)た目(め)はよくないですね。

① 이것은 성능은 뛰어나지만 별로 본 적이 없는 모델이군요.

② 이것은 성능은 뛰어나도 디자인은 볼품이 없군요.

③ 이것은 성능은 나빠도 디자인은 좋군요.

④ 이것은 성능도 나쁘고 겉모습도 안 좋다.

⑤ 이것은 성능은 뛰어나도 보는 것만으로는 잘 모르겠군요.

해설

勝(すぐ)れる · 優(すぐ)れる : 뛰어나다. 우수하다.

見(み)た目(め) : 겉모습. 외관. (外見(そとみ) · 外見(がいけん) · 外観(がいかん) · 上辺(うわべ))

57 주어진 일본어를 우리말로 올바르게 옮긴 것을 고르세요.

あたまきれて格好(かっこう)のいい主人公(しゅじんこう)が卑怯(ひきょう)な悪党(あくとう)に勝(か)つのはなんの変哲(へんてつ)もないパターンですね。

① 머리를 짧게 깎은 주인공이 비겁한 악당에게 이기는 것은 별반 특이할 것이 없는 패턴이군요.
② 존경받고 멋있는 주인공이 비겁한 악당에게 이기는 것은 별로 마음에 들지 않는 패턴이군요.
③ 머리 좋고 잘생긴 주인공이 비겁한 악당에게 이기는 것은 전혀 시대에 뒤떨어지는 패턴이군요.
④ 존경받고 멋진 주인공이 비겁한 악당에게 이기는 것은 매우 시대에 뒤떨어지는 패턴이군요.
⑤ 머리 좋고 멋있는 주인공이 비겁한 악당에게 이기는 것은 별반 특이할 것이 없는 패턴이군요.

해설

変哲(へんてつ)もない : 흔하다. 변함이 없다. 굳이 말할 필요가 없다. 평범하다. (平凡(へいぼん)である)

58 「table speech」の正(ただ)しい表記(ひょうき)を一(ひと)つ選(えら)びなさい。

① テーブル スピーチ　② テブール スーピチ
③ テーブル スーピチ　④ テブール スピーチ
⑤ テーブル スピチー

해설

회식 자리 등에서, 자기 자리에서 하는 간단한 이야기나 인사. 테이블 스피치. (table speech)

59 다음 문장의 (　　　)안에 들어갈 알맞은 말을 고르세요.

その話しは子どものころ(　　　)ほどよく聞いた。

① 耳にくぎができる　② 耳にたこができる
③ 耳にこぶができる　④ 耳につぶができる
⑤ 耳にたまができる

해설

그 이야기는 어렸을 때 귀에 못이 박힐 정도로 자주 들었다.

① 못. (釘)　　③ 혹. 나무의 혹. (瘤)

④ 둥글고 작은 알. (粒)　　⑤ 구슬. 옥. 보석. (玉)

60 よかれあしかれじっこうするほかない。下線の部分の意味を一つ選びなさい。

① みすみす　　② ただならぬ

③ いずれにせよ　　④ なんなく

⑤ とっさに

해설

어쨌든(善かれ悪しかれ · 良かれ悪しかれ) 실행(実行)할 수밖에 없다.

…ほかならない。　～일 수밖에 없다.

…ほか（は）ない。 ～외에 없다. 방법이 없다. 어쩔 수가 없다.

ここまで病状が進んだのでは、手術をするよりほかないだろう。

이렇게까지 병 상태가 진행되었다면, 수술을 하는 수밖에 없다.

何れにせよ。어쨌든. 어쨌거나. (どっちにしても · 善悪にかかわらず)

何れにしても、今日中に納入するのは無理だ。어쨌든 오늘 중으로 납품하는 것은 무리다.

① 빤히 보고도. 눈뜨고도.　　② 보통이 아니다. (普通ではない)

④ 아주 쉽게. 간단히.　　⑤ 아무것도 생각하지 않고. 곧바로.

61 顔から火が出る。目から火が出る。の意味を一つ選びなさい。

① 창피하다. 세게 부딪쳐 별이 보이다.

② 창피하다. 굉장히 바쁘다.

③ 햇볕에 다다. 아주 창피하다.

④ 비싸서 당황하다. 심하게 야단맞다.

⑤ 세게 부딪쳐 별이 보이다. 심하게 야단맞다.

해설

顔から火が出る。 부끄러워서 얼굴이 새빨개지다.

目から火が出る。 머리를 세게 부딪쳤을 때, 눈앞이 캄캄해지고 불이 번쩍 교차하는 것 같은 느낌이 드는 것을 말한다.

62 다음 문장이 잘못 짝지어진 것을 고르세요.

① あわよくば。 : 가능성은 적지만 잘 하면.

② 不首尾。 : 기대했던 결과를 얻지 못하는 것.

③ 意気地なし。 : 의지가 없다.

④ なにくれとなく。 : 이것저것.

⑤ こともなげに。 : 태연한 모습으로.

해설

➡ ③ 意気地 : 자존심. 패기. (意気地)

② 기대했던 결과를 이루지 못하는 것(不成功). 평판이 나쁘다. 보기 흉하다. (⇔ 上首尾)

④ 이것저것. 여러 가지. (あれこれ · いろいろ)

⑤ 아무렇지도 않은 듯이. 태연한 모습으로. (事も無げに · 平然とする)

63 こういう<u>手</u>もだんだん通じなくなるだろう。下線の部分の意味を一つ選びなさい。

① 手段　　② 論点

③ 意味　　④ 糸口

⑤ うそ

해설

이러한 방법도 점점 통하지 않게 되겠지. (手 : 방법. 수단. 일손)

④ 단서. 실마리. (手掛かり · 足掛かり)　⑤ 거짓말. (嘘をつく。 거짓말을 하다)

64 下線の部分の間違っているものを一つ選びなさい。

① あなたは旅行がきらいですか。 ② キムさんは手紙を書くのが上手です。
③ 私は日本語が分かります。 ④ あの人は歌が下手です。
⑤ 田中さんはお母さんが似ています。

해설

⑤ が → に 또는 と를 사용할 수 있다.

65 「掛け替えの無い。」의 의미로 볼 수 없는 것을 고르세요.

① あまりいらない。 ② それしかない。
③ 粗末にしない。 ④ 代わりになるものがない。
⑤ 肝心なさま。

해설

소중하다. 둘도 없다.

③ 粗末 : 조잡하다. (お粗末なものですが。 변변치 못한 것입니다만)
粗末にする : 무시하다. (大事にしない · 軽視する · 無駄に使う)

66 「御光来をお待ちいたします。」의 올바른 해석을 고르세요.

① 무사하기를 바랐습니다. ② 도와주시기를 기다리겠습니다.
③ 언제나 똑같이 기다리겠습니다. ④ 오랜 시간 기다리셨습니다.
⑤ 방문하시는 것을 기다리겠습니다.

해설

光来 : 방문하다. 왕림하다.

67 **다음 문장의 내용과 일치하는 것을 고르세요.**

あの奥さんは３年前に夫に死なれました。

① あの奥さんは３年前に死んだ。

② あの奥さんは３年前に夫に殺された。

③ ３年前に夫が奥さんを死なせた。

④ あの奥さんは３年前に夫に死なせられた。

⑤ あの奥さんの夫は３年前に死んだ。

해설

그 부인은 3년 전에 남편이 죽었습니다.

수동형인 경우 동작을 하는 사람은 조사 に를 받는 대상이 되고, 따라서 죽은 사람은 남편이 된다.

68 次の文の(　　)の中に最も適当な言葉を入れなさい。

きょうはとても暑くて、夏(　　)天気です。

① のように
② のような
③ のよう
④ そうな
⑤ みたい

해설

오늘은 매우 더워서, 여름 같은 날씨입니다.

69 次の文の(　　)の中に最も適当な言葉を入れなさい。

佐勝さんは(　　　　)人柄で、女の子のことや悩み事など気軽に相談にのってくれる。

① 気が知れない
② 気がつかない
③ 気が置けない
④ 株が上がる
⑤ 気が立たない

해설

사또씨는 친하기 쉬운 성품이기 때문에, 이성문제나 고민 등 부담 없이 상담해 준다.

① 그 사람의 기분이나 생각을 이해할 수 없다.

② 알지 못하다. 눈치채지 못하다. (気が付く)

③ 사양 · 긴장하지 않아서 친해지기 쉽다.

④ 그 사람의 평판이 좋아지다.

⑤ 気が立つ : 흥분하다. 신경이 곤두서다.

70 わき目も振らず一生懸命はしる。下線の部分の意味を一つ選びなさい。

① 一目置く。
② 一口乗る。
③ 一目散に。
④ 一肌脱ぐ。
⑤ 一日の長。

해설

한눈도 팔지 않고 열심히 달린다.

① 자기보다 실력이 뛰어난 것을 인정하다.

② 돈을 벌 것 같은 일에 참여하다. 한몫 끼다.

③ 쏜살같이. 뒤도 돌아보지 않고. (一散)

④ 웃통을 벗고 사람에게 도움을 줄 수 있도록 힘껏 도와주다.

⑤ 사람보다도 경험 · 지식 · 기능적으로 조금 뛰어난 것.

71 生きた心地もしない。の意味を一つ選びなさい。

① 생명이 있는 것은 어떻게든 살아간다.

② 무서운 경험을 해서 살아 있는 것 같지가 않다.

③ 살아갈 보람을 잃어버리다.

④ 살아온 보람을 잃어버리다.

⑤ 살아 있다는 것을 한 번도 느끼지 못하다.

해설

② 生きた空はない。

心地：외부로부터의 자극에 대해 일어나는 마음의 상태. 기분. 마음. (心持ち・気持ち・気分). 心地：마음을 대지에 비유한 말.

生きとし生けるもの。이 세상에 살아 있는 모든 생물. (あらゆる生物)

72 道理でつよいと思った。下線の部分の意味を一つ選びなさい。

① 筋道　② 当然

③ わけ　④ なるほど

⑤ 理由なし

해설

역시 강하다고 생각했다.

① 일의 도리. 순서. (筋道を踏む：절차를 밟다)

② 당연.　③ 이유. 원인. 당연.

④ 부사로서 과연. 역시(成る程). 그래서(それで)의 의미.

⑤ 이유 없다.

73 次の文の(　　)の中に最も適当な言葉を入れなさい。

無理をすると、(　　)。

① すぐ病気になります　② 楽しいですね

③ 楽になります　④ 十分おすすめできます

⑤ 元気になります

해설

무리를 하면 곧 병에 걸립니다.

③ 편안해집니다. 행복해집니다.　④ 충분히 권할 수 있습니다. 자신 있습니다.

74 다음 문장이 잘못 짝지어진 것을 고르세요.

① 眼中(がんちゅう)ひとなし。 : 사람을 깔보다.
② 影(かげ)が薄(うす)い。 : 심하게 병들다.
③ 尻(しり)を持(も)ち込(こ)む。 : 골치 아픈 뒷처리를 맡기다.
④ 腕(うで)によりを掛(か)ける。 : 있는 솜씨를 다 부리다.
⑤ 借(か)りて来(き)た猫(ねこ)。 : 매우 점잖다.

해설

➡ ② 평상시의 세력이 없어지다. 생기가(기운이) 없는 모습. 인기(존재감이)가 없다.
様(さま)はない : 보기 흉하다. (みっともない)
① 眼中人無し(がんちゅうひとな) : 남을 무시하고 제멋대로 행동하는 것. 안하무인.

75 「並々(なみなみ)ならぬ努力(どりょく)で成功(せいこう)した。」의 올바른 해석을 고르세요.

① 약간의 노력으로 성공했다.
② 보통의 노력으로 성공했다.
③ 대단히 노력해서 성공했다.
④ 당당히 노력해서 성공했다.
⑤ 꾸준히 노력해서 성공했다.

해설

並々(なみなみ) : 평범한 것. 당연한 것. 형식적인 것. (通り一遍(とおりいっぺん) : 지나가는 길에 들름. 일회. 한 번)
一偏(いっぺん) : 한쪽으로 기우는 것. 오로지 그것만.

76 다음 문장을 일본어로 바르게 옮긴 것을 고르세요.

이야기하고 있는 사람이 열심히 떠들어도 그것이 전부 전해진다고는 할 수 없다. 자연스레 기억에 되살아 남는 것만이 힘을 가진다.

① 話(はな)している人(ひと)が一所懸命(いっしょけんめい)しゃべってもそれが全部伝(ぜんぶつた)われるとは限(かぎ)らない。自然(しぜん)に記憶(きおく)によみがえるものが力(ちから)をもつ。
② 話している人が一所懸命しゃべってもそれが全部伝わるとは限らない。自然に記憶によみがえるものだけが力をもつ。

③ 話している人が一所懸命しゃべてもそれが全部伝えるとは限らない。
自然に記憶によみがえるものが力をもつ。

④ 話している人が一所懸命しゃべってもそれが全部伝わられるとは限らない。
自然に記憶によみがえるものだけが力をもつ。

⑤ 話している人が一所懸命しゃべてもそれが全部伝えるとは限らない。
自然に記憶へよみがえるものだけが力をもつ。

해설

一所懸命(いっしょけんめい) : 목숨을 걸(命(いのち)がけで) 정도로 열심인 것. 진지(真剣(しんけん))하게 열심히 하는 것.
(必死(ひっし)(필사적으로) · 一生懸命(いっしょうけんめい) : 일생을 걸 정도로 열심인 것)
よみがえる : 소생하다. 되살아나다. (蘇(よみがえ)る · 甦(よみがえ)る)
伝(つた)わる : 전달되다. 널리 퍼지다. 전승(伝承(でんしょう))되다. 전해지다.
伝える : 전달하다. 말로 알리다(伝言(でんごん)). 전수(伝授(でんじゅ))하다. 후세에 남기다.

77 다음 문장을 우리말로 바르게 옮긴 것을 고르세요.

ようやく気(き)が付(つ)いたようだ。

① 드디어 마음에 들어 하는 것 같다.
② 간신히 생각을 해낸 것 같다.
③ 겨우 마음을 놓은 것 같다.
④ 드디어 마음이 안정된 것 같다.
⑤ 마침내 의식을 되찾은 것 같다.

해설

ようやく · やっと : 드디어. 마침내. (기다리던 것이 이루어졌을 때)
気(き)が付(つ)く : 의식을 회복하다. 많은 곳에 주의를 골고루 미치다. 눈치채다.

78 다음 문장을 우리말로 바르게 옮긴 것을 고르세요.

京子(きょうこ)さんの彼氏(かれし)は本当(ほんとう)に世話(せわ)が焼(や)ける人(ひと)ですね。

① 교꼬씨의 애인은 정말로 수고를 아끼지 않는 사람이군요.

② 교꼬씨의 남자친구는 정말로 다루기 쉬운 사람이군요.

③ 교꼬씨의 애인은 정말로 시중들기 힘든 사람이군요.

④ 교꼬씨의 연인은 정말로 질투심이 많은 사람이군요.

⑤ 교꼬씨의 남자친구는 정말로 도움을 많이 주는 사람이군요.

해설

世話(せわ)を焼(や)く : 자진해서 남을 돌보아 주다. (世話(せわ)をする · 面倒(めんどう)を見(み)る)

世話(せわ)が焼(や)ける : 다른 사람의 도움이 필요하고, 손이 많이 간다. (面倒(めんどう)である · 手数(てかず)が掛(か)かる)

79 밑줄 친 부분의 의미로 볼 수 없는 것을 고르세요.

皆(みんな)が反対(はんたい)するなら 어쩔 수 없다。

① 是非(ぜひ)もない　　② 止(や)むを得(え)ない

③ 仕方(しかた)がない　　④ どうしようもない

⑤ どうせない

해설

是非(ぜひ)に及(およ)ばず · 止(や)む無(な)く。 어쩔 수 없이. 방법이 없다. (仕方(しかた)なく)

80 다음 문장을 우리말로 바르게 옮긴 것을 고르세요.

高橋(たかはし)さんは熊本(くまもと)さんの血(ち)を引(ひ)いた人(ひと)かもしれません。

① 구마모또씨는 다까하시씨의 자식일 것이다.

② 구마모또씨는 다까하시씨의 생명을 구했을지도 모른다.

③ 다까하시씨는 구마모또씨에게 수혈을 해 주었을지도 모른다.

④ 다까하시씨는 구마모또씨의 자식일지도 모른다.

⑤ 다까하시씨와 구마모또씨는 친한 친구 사이이다.

해설

血を引く : 선조 · 아버지의 혈통을 받은 사람.

• 次の文章を読んで、後の問いに答えなさい。(81〜87)

香りの時代だとよくいわれる。香りの商品がいろいろ出ている。花の香りの浴用剤は何十種とあるし、ペットのにおい消し芳香剤まである。❶香りへの関心は社会の成熟度の反映だ、などといわれたりする。

とりわけ注目されるのは、食べ物にまでどんどん取り入れられていることだ。香料は、そもそもは香水や化粧品に使うために作られていたが、いまでは食品用の方がはるかに多い。国内生産量は四倍近い。なかでも一番伸びたのが調理用香料だという。

•マツタケやシイタケの香りはもちろん、野菜をいためたときのにおい、焼き肉のにおい、さらには炊きたてのごはんや、せんべいのしょうゆの焼けた香りまでが作られる。香料の技術は進んで、作れない香りはないくらいだそうだ。

即席ラーメンのスープのもとにいためたモヤシのにおいが加えてあると、モヤシが入っていなくてもモヤシ入りを食べている気になる。ウナギのかば焼きのたれにウナギのかば焼きの香料が入れてあると、焼きたてでなくとも❷それらしい味がする。

❸食べ物の味と香りは切り離せない。•かば焼きに代表されるように、香りに誘われて食欲も増す。香りなくしておいしさはない。食品香料がよく使われるのは、ひとつには、加工食品が増えたことによる。加工すると、どうしても素材そのものの香りが❹とんでしまう。おいしさを出すため、あとでそれをつける。

香りを大切にすることは結構なことだ。花の品種改良がいい例だが、どちらかと言えば私たちは、見た目の美しさにとらわれすぎて、香りをおろそかにしたきらいがある。見えないものを大切(たいせつ)にすることは、生活(せいかつ)の豊(ゆた)かさにつながるだろう。

ただ気(き)をつけたいのは、❺そのために本物(ほんもの)の香りがどこかへとんでしまうことだ。天然(てんねん)の微妙(びみょう)な香りを忘(わす)れることだ。近(ちか)ごろは、•キンモクセイの香りに「あ、トイレのにおいだ」という子(こ)がいるそうだ。これは笑(わら)い話(ばなし)にとどめておきたい。

•マツタケ : 송이버섯(松茸(まつたけ)). シイタケ : 표고버섯(椎茸(しいたけ)·香蕈(しいたけ)).

•かば焼き : 꼬치구이.

•キンモクセイ : 향기가 좋은 꽃. 물푸레나무과의 떨기나무.

향기의 시대라고 말한다. 향기로운 상품이 여러 가지 나와 있다. 꽃향기의 목욕용품은 몇 십종이나 있고, 애완동물의 냄새를 없애는 방향제까지 있다. ❶향기에 대한 관심은 사회의 성숙도의 반영이다. 라고 말하기도 한다.

유난히 주목받는 것은, 음식물까지 점점 도입되는 것이다. 향료는, 원래 향수나 화장품에 사용하기 위해 만들어졌지만, 지금에 와서는 식품용이 훨씬 많다. 국내 생산량은 네 배에 가깝다. 그중에서도 가장 늘어난 것이 조리용 향료라고 말할 수 있다.

송이버섯이나 표고버섯 냄새는 물론이고, 야채를 볶을 때의 냄새, 불고기 냄새, 게다가 지금 막된 밥 냄새나, 전병(과자)의 간장을 태운 향기까지도 만들어 낼 수 있다. 향료의 기술은 발전되어서, 못 만드는 향수는 없을 정도라고 한다.

즉석라면 수프의 재료로 볶은 나물의 향기를(もやし : 콩나물, 숙주나물) 첨가하면, 나물이 들어가 있지 않아도 나물이 들어간 것을 먹는 것 같은 기분이 든다. 장어 꼬치구이의 양념장에 장어 꼬치구이의 향료가 넣어져 있으면 막 구운 것이 아니라도 ❷그런 것 같은 맛이 난다.

❸음식의 맛과 향은 떼어놓을 수 없다. 꼬치구이로 대표되듯이, 향기에 이끌려 식욕도 증가한다. 향기 없이 맛은 없다. 식품향료가 잘 사용되는 것, 한 가지로는, 가공식품이 증가한 것에 의한다. 가공하면, 어떻게 해도 소재 그 자체의 향기가 ❹없어져 버린다. 맛을 내기 위해서는, 나중에 그것을 넣는다.

향기를 중요하게 여기는 것은 바람직한 일이다. 꽃의 품종개량이 좋은 예지만, 어느 쪽이라고 말한다면 우리들은, 보는 아름다움에 정신을 너무 빼앗겨, 향기를 소홀히 하는 경향이 있다. 보이지 않는 것을 소중히 여기는 것은, 생활의 풍요로움과 연결할 수 있으리라.

다만 신경을 쓰고 싶은 것은, ❺그것 때문에 진짜 향기가 어디론가 사라져 버리는 것이다. 천연의 미묘한 향기를 잊어버리는 것이다. 요즈음은, 금목서향기에 「아, 화장실 냄새다」라고 하는 아이들이 있다고 한다. 이것은 우스갯소리로 머물렀으면 한다.

81 ❶「香りへの関心は社会の成熟度の反映だ」とあるが、筆者はどうしてこのように感じているのか。最も適当なものを一つ選びなさい。

① 香料が香水や化粧品にも使われるようになったから。
② 香料の技術が進んで、作れない香りはないくらいになったから。
③ 香りのように見えないものを大切にするようになったから。
④ トイレなどにも、におい消しが使われるようになったから。
⑤ マツタケとかシイタケをだれにでもたべるようになったから。

해설

③ 향기처럼 보이지 않는 것을 소중히 여기게 되었기 때문에.
① 향료가 향수나 화장품에도 사용되게끔 되었기 때문에.
② 향료의 기술이 발전하여, 만들 수 없는 향기는 없을 정도가 되었기 때문에.
④ 화장실 같은 곳에도, 악취 제거를 사용할 수 있게 되었기 때문에.
⑤ 송이버섯이나 표고버섯을 누구라도 먹을 수 있게 되었기 때문에.

82 ❷「それらしい」とはどんな意味か。最も適当なものを一つ選びなさい。

① かば焼きらしい　② かば焼きのような
③ 焼いたような　④ 焼きたてのような
⑤ ウナギのような

해설

④ 막 구운 것 같은.
① 꼬치구이 같다.　② 꼬치구이 같은.
③ 구운 것 같은.　⑤ 장어 같은.

83 ❸「<u>食べ物の味と香りは切り離せない</u>」とはどんな意味か。最も適当なものを一つ選びなさい。

① 香りに誘われて食欲も増す。
② 香りなくしておいしさはない。
③ おいしさを出すために香料を加える。
④ 加工すると素材そのものの香りがとんでしまう。
⑤ 食べ物には香りがあるから。

해설

➡ ② 향기 없이 맛은 없다.
① 향기에 이끌려 식욕도 증가한다.
③ 맛을 내기 위해 향료를 첨가한다.
④ 가공하면 소재 그 자체의 향기가 없어져 버린다.
⑤ 음식에는 향기가 있기 때문에.

84 ❹「<u>とんでしまう</u>」とはここではどういう意味か。同じ使い方のものを一つ選びなさい。

① 犯人は九州に<u>とんで</u>しまったらしい。
② 最初の章は<u>とばして</u>、第二章から読み始めます。
③ 知らせを聞いて病院へ<u>とんで</u>いった。
④ 酒を飲みすぎて、記憶が<u>とんで</u>しまった。
⑤ 青空を高く飛ぶ鳥のように私も<u>とんで</u>みたい。

해설

➡ ④ 술을 너무 마셔서 기억이 없어져 버렸다.
① 범인은 큐슈로 도망간 것 같다.
② 첫 장은 건너뛰고, 제2장부터 읽기 시작합니다.
③ 연락을 듣고 급히 병원으로 달려갔다.
⑤ 푸른 하늘을 높이 나는 새처럼 나도 날아 보고 싶다.

85 ❺「そのために」とは、どういう意味か。最も適当なものを一つ選びなさい。

① 見た目を大切にするために。 ② 香料の技術が進んだために。
③ 香りをおろそかにするために。 ④ 社会の成熟度を高めるために。
⑤ 香りの時代だと言われるから。

해설

➡ ② 향료기술이 진보했기 때문에.

① 외관만을 소중히 하기 때문에. ③ 향기를 소홀히 하기 때문에.
④ 사회의 성숙도를 높이기 위해. ⑤ 향기의 시대라고 말하기 때문에.

86 上の文章の内容と合っているものを二つ選びなさい。

① 香料はもともと食品用と香水の両方があったが、今は食品用のほうがはるかに多い。

② 香料の技術が進んだので、今ではどんな香りでも簡単に作り出すことが出来るようになった。

③ 食欲があまりないときでも、香りのおかげで食欲が増すこともある。

④ 食品は加工すると天然の香りが消えてしまうので、加工しないほうがいい。

⑤ 花の品種改良のように姿や形だけではなく、香りのように形がないものを大切にすべきだろう。

해설

➡ ③ 식욕이 그다지 없을 때에도, 향기 덕분에 식욕이 느는 일도 있다.

⑤ 꽃의 품종개량처럼 모습이나 형태뿐만이 아니라, 향기처럼 형태가 없는 것을 소중히 해야 할 것이리라.

① 향료는 원래 식품용과 향수 양쪽이 있었지만, 지금은 식품용이 훨씬 많다.

② 향료의 기술이 진보했기 때문에, 지금으로서는 어떠한 향기라도 간단하게 만들어 내는 것이 가능하게 되었다.

④ 식품은 가공하면 천연의 향기가 사라져 버리기 때문에, 가공하지 않는 것이 좋다.

87 この文章で筆者が最も言いたいことは何か。最も適当なものを一つ選びなさい。

① 香料の技術が進んで、たいていの香りが作れるようになったが、早く天然の微妙な香りの香料も作ってもらいたい。

② 食品などに香料が多く使われるようになったのは、人々が天然の微妙な香りを忘れてしまったからだ。もっと自然を大切にしたい。

③ 香りのように目に見えないものを大切にするのはとてもいいことだが、それらをすべて人工の香料に頼るのではなく、天然の香りも大切にしたい。

④ 人工の香料には、有害な物もたくさんあるので、あまり食品には使わないほうがいい。

⑤ 香りのように目に見えないものさえ大切にすることができるのはありがたいものだ。

해설

③ 향기처럼 눈에 보이지 않는 것을 소중히 하는 것은 매우 좋은 일이지만, 그러한 것을 모두 인공향료에 의존하지 말고, 천연의 향기도 소중하게 하고 싶다.

① 향료의 기술이 진보하여, 대부분의 향기가 만들 수 있게 되었지만, 빨리 천연의 미묘한 향기의 향료도 만들어 주었으면 한다.

② 식품 등에 향료가 많이 쓰이게 된 것은, 사람들이 천연의 미묘한 향기를 잊어버렸기 때문이다. 좀 더 자연을 소중히 하고 싶다.

④ 인공의 향료에는 유해한 물질도 많기 때문에, 식품에는 그다지 사용하지 않는 것이 좋다.

⑤ 향기처럼 눈에 보이지 않는 것조차 소중히 하는 것이 가능한 것은 고마운 일이다.

88 次の文章の内容を、最も よく表しているものを一つ選びなさい。

だれかと話をしながら道の曲がり角までくると何を話していても、話をやめて別れの挨拶に入る人がほとんどです。曲がり角へきたら別れるという形式の方が、話の中身に優先するのでしょう。

① 曲がり角で別れの挨拶に入るのは、話をやめようと思っているからだ。

② 曲がり角で別れの挨拶に入るのは、話の中身を優先させたいからだ。

③ 曲がり角で別れの挨拶に入るのは、形式より話の中身を優先するからだ。

④ 曲がり角で別れの挨拶に入るのは、話の中身より形式を大切にするからだ。

⑤ 曲がり角で別れの挨拶に入るのは、ほんのすこしの人たちのくせだ。

해설

➡ ④ 길모퉁이에서 작별인사를 하는 것은, 이야기의 내용보다 형식을 중시하기 때문이다.

누군가와 이야기를 하면서 길모퉁이까지 오면은 무엇을 이야기하고 있어도, 이야기를 그만 두고 작별인사를 하는 사람이 대부분입니다. 길모퉁이에 오면 작별한다고 하는 형식이, 이야기의 내용보다 우선하는 것이겠죠.

① 길모퉁이에서 작별인사를 하는 것은, 이야기의 그만두려고 생각했기 때문이다.

② 길모퉁이에서 작별인사를 하는 것은, 이야기의 내용을 우선으로 하고 싶기 때문이다.

③ 길모퉁이에서 작별인사를 하는 것은, 형식보다 이야기의 내용을 우선하기 때문이다.

⑤ 길모퉁이에서 작별인사를 하는 것은, 극소수 사람들의 버릇이다.

89 次の文章の内容を、最もよく表しているものを一つ選びなさい。

政治は本来、必要悪のようなもので一般民衆にとってはわずらわしいものである。だから簡単であればあるほど民衆に歓迎される。

① 民衆は、簡単な政治を歓迎する。

② 民衆は、政治は必要ないと思っている。

③ 民衆は、もともとわずらわしさを歓迎しないわけではない。

④ 民衆は、簡単であってもわずらわしいと感じる。

⑤ 民衆は、ほとんど必要だと思っている。

해설

➡ ① 민중은, 간단한 정치를 환영한다.

정치는 본래 필요악 같은 것이어서, 일반 민중으로서는 번거로운 것이다. 그렇기 때문에 간단하면 간단할수록 민중에게 환영받는다.

② 민중은, 정치는 필요 없다고 생각하고 있다.

③ 민중은, 원래 번거로운 것을 환영하지 않는 것은 아니다.

④ 민중은, 간단하더라도 번거로움을 느낀다.

⑤ 민중은, 거의 다 필요하다고 생각하고 있다.

90 次の文章の内容を、最もよく表しているものを一つ選びなさい。

「病は気から」というが、これは病気の知識が乏しかった昔だけのことではない。情報過多の現代社会の方がむしろそうなりやすい。

① 知識は現代でも乏しいので、大問題だ。

② 「病は気から」とは、知識が乏しくても多すぎても言えることだ。

③ 「病は気から」というが、情報が多すぎると病気になってしまう。

④ 現代社会の方が病気になる人が多い。

⑤ 病気は知識の乏しさから発生するものだ。

해설

② 「병은 마음으로부터」라고 하는 것은, 지식이 부족해도 너무 많다고 말할 수 있는 것이다.
「병은 마음으로부터라고」하지만, 이것은 병에 대한 지식이 부족했던 옛날만의 일은 아니다. 정보과다의 현대사회도 오히려 그렇게 되기 쉽다.

① 지식은 현대에도 부족하기 때문에, 큰 문제다.

③ 「병은 마음으로부터」라고 하지만, 정보가 과다하면 병에 걸리고 만다.

④ 현대사회가 병에 걸리는 사람이 많다.

⑤ 병은 지식의 부족으로부터 발생하는 것이다.

91 **다음 문장의 설명에 맞지 않는 것을 고르세요.**

お箸を数えることば。

① 一膳　② 一揃い

③ 一隻　④ 一組

⑤ 一具

해설

③ 一隻(큰 배). 一艘(작은 배. 보트).

젓가락을 세는 수사(一膳 · 一揃い · 一組 · 一具 · 一本).

나무 젓가락(割り箸)은 膳으로 읽으면 됩니다.

組(이불, 식기). 台(기계류. 자동차. 전화. 라디오. TV. 택시)

92 (　　　) 안에 들어갈 가장 적당한 말을 고르세요.

よくわかりもしない(　　　)、そんなことを言うものではない。

① おかげで　　② かわりに

③ せいで　　④ ほかに

⑤ くせに

해설

잘 알지도 못하면서, 그런 말을 하는 게 아니다.

① 덕분에. (お陰で)　　② 대신해서. (代わりに)

③ ～탓에. ～책임으로. (책임을 타인(他人) · 다른 일(他事)에 전가할 때 사용한다)

④ 그 외에.　　⑤ ～인 주제에. 나쁜 버릇.

93 (　　　) 안에 들어갈 가장 적당한 말을 고르세요.

彼女は電気釜の予約(　　　)できないぐらいだから、コンピューターなんてとてもじゃないけど無理だ。

① さえ　　② だけ

③ のみ　　④ ほど

⑤ やら

해설

그녀는 전기밥솥(電気炊飯器) 예약조차도 할 수 없을 정도이기 때문에, 컴퓨터 같은 것은 도저히 무리다.

① さえ : ~까지도. ~조차. ~마저. ~만. ~뿐.

용법 : 명사(단어) · 동사 (ます形) ＋ さえ · すら。

의미 : 특별한 예를 들어 ~이기 때문에 다른 것은 물론이라고 하는 의미를 나타낼 때(すら).

「…でさえ」·「…ですら」의 형으로 사용하는 일도 많다.

~한테 마저도(게다가)라고 하는 의미를 나타낸다. (すら)

「…さえ …ば」의 형으로 그것만으로도 충분(それだけでじゅうぶん) 하다고 하는 의미를 나타낸다.

③ ~만. ~뿐. (だけ · ばかり)

94 (　　　) 안에 들어갈 가장 적당한 말을 고르세요.

A : 運転、つかれただろう。代わって(　　　)か。

B : うん、じゃ、頼むよ。

① あげたい　　② くれよう

③ くれたい　　④ あげよう

⑤ やりたい

해설

④ ~해 주자.

A : 운전, 피곤하지. 바꿔줄까.

B : 응, 그러면, 부탁한다.

95 다음 문장의 밑줄 친 부분과 의미가 가장 가까운 표현을 고르세요.

医学が年ごとに進歩して、人間の寿命を伸ばしつつあるという。それなら、人間の寿命も無限にのびて、「不死」が達成できるのであろう。もしそうなれば、子の誕生をめでたいとはいっていられなくなる。目の色を変えて、出生を防止せねば、地球上立錐の余地もなくなる。しかも、老人ばかりが増えてしまうだろう。

① 機会をとらえて　② 真剣に夢中になって
③ やり方を変えて　④ 方向を変えて

해설

➡ ② 진지하게 골몰하고

目の色を変える : 분노 · 놀람이나, 무엇인가에 열중하고 있을 때. (目つきを変える)
目の色を変えて課題に取り組む : 진지하게 과제에 몰두하다(골몰하다).
出生 · 出生 : 출생. 사람이 태어나는 것.
立錐の余地もない : 여기서 입추(立錐)란 송곳을 세운다는 뜻이다. 그래서 송곳을 세울 틈도 없을 만큼 많은 사람이나 물건이 가득 들어차 있는 상황을 가리켜 관용적으로 '입추의 여지가 없다'고 한다.

의학이 해마다 진보해서, 인간의 수명을 늘려가고 있다고 한다. 그렇다면, 인간의 수명도 무한대로 연장되어, 「불사(영원히 죽지 않는)」를 달성할 수 있을 것이다. 만약 그렇게 된다면, 아이의 탄생을 축하한다고는 말할 수 없게 된다. 진지하게 골몰해서, 출생을 방지하지 않으면, 지구상은 입추의 여지도 없게 된다. 게다가, 노인만이 늘어날 것이다.

① 기회를 포착하고　③ 하는 방법을 바꿔
④ 방향을 바꿔

96 다음 문장의 내용과 일치하는 것을 고르세요.

「環境汚染と私たちの未来」という題で３月15日に市民センター４階でシンポジウムを開催します。シンポジウムに参加をご希望の方は以下のフォームにご記入してください。書き終わったら必ず完了ボタンを押してください。ご入力いただいたデータは、個人情報の保護に関する法律に基づき管理します。参加申し込み完了後、ご入力いただいたメールアドレス宛に確認のメールを送信いたします。

① 申し込みの締め切りは３月15日までである。

② 申し込みの際フォームをダウンロードして作成する。

③ 個人情報に関するデータはむやみに公開されない。

④ 申し込みは電話でもかまわないが、メールで確認しなければならない。

해설

③ 개인정보에 관한 데이터는 무턱대고(함부로) 공개되지 않는다.

「환경오염과 우리의 미래」라고 하는 주제로 3월 15일에 시민센터 4층에서 심포지엄(symposium)을 개최합니다. 심포지엄 참가를 희망하시는 분은 아래의 양식에 기입해 주세요. 다 쓰면 반드시 완료 버튼을 눌러 주세요. 입력해 주신 데이터는, 개인정보 보호에 관한 법률에 의거하여 관리합니다. 참가 신청 완료 후, 입력해 주신 이메일 주소로 확인 메일을 보내드립니다.

① 신청 마감은 3월 15일까지다.

② 신청할 때 양식(form)을 다운로드하여 작성한다.

④ 신청은 전화로도 상관없지만, 메일로 확인하지 않으면 안 된다.

97 다음 문장의 내용과 가장 가까운 것을 고르세요.

健康病の恐ろしさは、伝染性をもつことであるし、そもそも健康病の人は他人に伝染させることを生き甲斐にしているようなふしがある。煙草はよくないとか、酒はほどほど飲むべきだなどと、いかにも親切そうに伝染を試みてくる。他人のことはほっといてくれ、と言いたいが、なかなかそうはさせてくれない。それは健康第一にしがみついていても、自分のことが何となく不安なので、どうしても仲間をつくり、しがみつく相手を増やしたいからだ。

① 건강병은 남이 건강한 생활을 하는 데 많은 도움을 준다.

② 건강병을 가진 사람은 오히려 자신의 건강에 불안을 느낀다.

③ 건강병을 가진 사람은 건강하지 못한 경우가 대부분이다.

④ 건강병은 남에게 피해를 주기 때문에 빨리 고쳐야 한다.

해설

② 건강병 : 건강염려증. 건강신경증. 건강 집착. (health neurosis, health obsession)
節(ふし)がある : ~한 곳이 있다. ~한 점이 있다. 예감이 든다. 낌새가 있다. 불안한 예감. 촉이 온다. 연결이 되다.

건강병의 두려움은, 전염성을 갖는 것이며, 최초로 건강병에 걸린 사람은 타인에게 전염시키는 것을 보람으로 생각하고 있는 듯한 곳이 있다. 담배는 좋지 않다거나, 술은 적당히 마셔야 한다 등등, 정말로 친절하게 전염을 시도한다. 다른 사람은 신경쓰지마, 라고 말하고 싶지만, 좀처럼 그렇게는 해 주지 않는다. 그것은 건강 제일에 매달리고 있어도, 자신이 왠지 모르게 불안하기 때문에, 어떻게든 편을 만들어, 매달리는 상대를 늘리고 싶기 때문이다.

98 다음 문장의 내용과 일치하지 않은 것을 고르세요.

狭(せま)い共同体(きょうどうたい)の中(なか)で、その構成員同士(こうせいいんどうし)が平和(へいわ)に仲よく暮(く)らさなければならないという、日本の地理的(ちりてき)·歴史的(れきしてき)な条件(じょうけん)は、人間関係(にんげんかんけい)の在(あ)り方(かた)にも大(おお)きく影響(えいきょう)を与(あた)えている。例(たと)えば、本音(ほんね)を言(い)えば相手(あいて)を傷付(きずつ)けたり怒(おこ)らせたりする時(とき)は、建前(たてまえ)を言(い)うことで、共同体(きょうどうたい)の平和(へいわ)を保(たも)つことができる。日本人(にほんじん)は自己主張(じこしゅちょう)より和(わ)を尊(とうと)ぶために本音(ほんね)を控(ひか)えていると言(い)える。しかし、国際社会(こくさいしゃかい)では通用(つうよう)しないそのような態度(たいど)は、日本の国際化(こくさいか)とともに徐々(じょじょ)に変(か)わってきつつある。

① 日本人は自己主張(じこしゅちょう)より和(わ)を尊(とうと)ぶために本音(ほんね)を控(ひか)えていると言(い)える。
② 日本人は相手(あいて)を傷付(きずつ)けたり怒(おこ)らせたりする時(とき)に本音(ほんね)を言う。
③ 日本人の人間関係(にんげんかんけい)の在(あ)り方(かた)も日本の国際化(こくさいか)とともに徐々(じょじょ)に変(か)わってきつつある。
④ 日本の地理的(ちりてき)·歴史的(れきしてき)な条件(じょうけん)は、人間関係(にんげんかんけい)の在(あ)り方(かた)にも大(おお)きく影響(えいきょう)を与(あた)えている。

해설

② 일본인은 상대방을 상처 입히거나 화를 낼 때에 본심을 말한다.
在(あ)り方(かた)·有(あ)り形(かた) : 방식. 본연의 자세. 이상적인 상태. 어떤 사물이, 당연히 그렇지 않으면 안 될 것 같은 형태나 상태. 사물의 올바른 존재 방법.

(会議の在り方 : 회의 방식. 福祉の在り方 : 복지 방식.

현실에(실제로) 있다. 존재하는 방법. 있는 모습. 있는 형태.

(現にある · 存在の仕方 · 有り様 · 有り形)

和 : 일본. 일본어. 大和 : 옛날 국명의 하나.

尊ぶ : 귀한 것으로 숭상하다. 공경하다. 존경하다. (尊ぶ)

가치 있는 것으로 소중히 여기다. 존중하다. (尊重する)

좁은 공동체 안에서, 그 구성원끼리 평화롭고 사이좋게 생활하지 않으면 안 된다고 하는, 일본의 지리적 · 역사적인 조건은, 인간관계의 본연의 모습에서도 큰 영향을 주고 있다. 예를 들어 본심을 말하면 상대를 상처 입히기도 하고 화나게 하기도 할 때는, 가식을 말하는 것으로, 공동체의 평화를 유지할 수 있다. 일본인은 자기주장보다 화합을 존중하기 위해 본심을 자제하고 있다고 말할 수 있다. 그러나, 국제사회에서는 통용되지 않는 그와 같은 태도는, 일본의 국제화와 함께 서서히 바뀌고 있다.

① 일본인은 자기주장보다 화목을 존중하기 때문에 본심을 삼가고 있다고 말할 수 있다.

③ 일본인의 인간관계 본연의 모습도 일본의 국제화와 함께 서서히 바뀌고(변하고) 있다.

④ 일본의 지리적 · 역사적인 조건은, 인간관계의 본연의 모습에서도 큰 영향을 주고 있다.

99 次の文章はどんなことを言っているのか。最も適当なものを選びなさい。

今の教育は、教材も至れり尽くせりで、先生の教え方も懇切丁寧である。カリキュラムも整備され、生徒は自然に知識を身につけられる。しかし、ろくに努力もせずに、先生に何から何まで教えられるとしたら、教えられるほうはただ知識を受け入れるだけになってしまう。

① 今の教育は、教材もそろっており、教え方も丁寧で、生徒は知識を楽に身につけられる。

② 今の教育は、生徒を受け身にしている。

③ 今の教育は、生徒が努力しないで知識を身につけられるよい教育だ。

④ 今の教育は、生徒にただ知識を受け入れさせるだけだ。生徒は自発的に知識を身につけていない。

⑤ 今の教育は、教材もありふれていて、教えられる生徒たちは何もかも身につけられるようになった。

해설

④ 지금의 교육은, 학생에게 그저 지식을 주입시킬 뿐이다. 학생은 자발적으로 지식을 자기 것으로 만들지 못하고 있다.

至れり尽くせり : 배려가 잘 되어 나무랄 데가 없다. 극진함. 더할 나위 없음. 빈틈없음.

至れり尽くせりの接待 : 극진한 접대.

懇切 : 친절하고 자상함.

懇切丁寧 : 세세한 부분까지 주의가 미치고 있어 대단히 친절한 것. 친절하고 공손함.

陸に : 뒤 문장에 부정의 말을 동반하여 사용한다.
정상적인 것. 만족할 수 있는 상태인 것. 제대로. 땅이나 물건이 평평한 것.
기분이 편안한 것.

ろくな品物がない。 정상적(제대로)인 물건이 없다.

ろくに休みもとれない。 정상적으로(제대로) 쉬지도 못한다. (휴가를 받을 수 없다)

身に付ける : 지식 · 습관 · 기술 등을 자신의 것으로 만들다. 체득하다. 습득하다.

お守りを身に付ける。 부적을 몸에 지니다. (갖고 다니다)

지금의 교육은, 교재도 더할 나위 없이 훌륭하여, 선생님의 가르치는 방법(교수법)도 친절하고 자세하다. 커리큘럼(교육과정)도 정비되어, 학생은 자연스럽게 지식을 몸에 익힐 수 있다. 그러나, 제대로 노력도 하지 않고, 선생님에게 하나부터 열까지 가르침을 받을려고만 한다면, 가르침을 받는 쪽(학생)은 그저 지식을 받아들일 뿐이다.

① 지금의 교육은, 교재도 갖추어져 있고, 가르치는 방식도 자세하여, 학생은 지식을 편안하게 익힐 수 있다.

② 지금의 교육은, 학생을 수동으로 하고 있다.

③ 지금의 교육은, 학생이 노력하지 않고 지식을 익힐 수 있는 좋은 교육이다.

⑤ 지금의 교육은, 교재도 넘쳐나서, 가르침을 받는 학생들은 뭐든지 몸에 익힐 수 있게 되었다.

100 (　　　) 안에 들어갈 가장 적당한 말을 고르세요.

司法試験に合格するためには、そんなことは我慢(　　　)を得ません。

① しなくても　　② する

③ せざる　　④ すべき

⑤ するが

해설

사법시험에 합격하기 위해서는, 그 정도의 일은 참을 수밖에 없습니다.

③ ざるを得(え)ない : ～하지 않을 수 없다.

의미 : ～하지 않으면 안 된다. 어쩔 수 없다 라고 하는 기분이 포함되어 있다.

용법 : 동사 (부정형 ない에서 い만 빼고) ＋ ざるを得ない。

동사 I (あ段) ＋ ざるを得ない。　동사 II (ます形) ＋ ざるを得ない。

동사III (する) → せざるを得ない。　来(く)る → 来(こ)ざるを得(え)ない。

④ べし(べき) : 당연히 ～해야만 된다.

용법 : 동사(기본형) ＋ べき。 (する는 すべき로 많이 사용된다)

의미 : 실현이 될지 안 될지는 모르지만, 그렇게 하는 것이 또는 그렇게 되는 것이 당연하다고 하는 moral(도덕 · 윤리)이나 상식을 나타낸다.

하는 것이 당연하다(するのが当然(とうぜん)だ). 하지 않으면 안 된다(ねばならない · なければならない). 또, ～해라(また、～せよ)라고 하는 의미를 나타낸다.

101 다음 대화의 밑줄 친 부분의 의미와 가장 가까운 것을 고르세요.

A : あの、田中(たなか)さんはいらっしゃいますでしょうか。

B : 田中(たなか)さんですか。あ、今(いま)、ちょっと<u>席(せき)を外(はず)しておりますが</u>。

① 帰宅(きたく)したばかりですが　② ここにおりませんが

③ 席(せき)を取(と)りに行(い)きましたが　④ いすを修理(しゅうり)していますが

⑤ こちらに来(き)ていますが

해설

➡ ② 여기에 없습니다만.

A : 저, 다나까씨는 계십니까.

B : 다나까씨 말입니까.

예, 지금, 잠깐 외출했습니다만.

102 다음 글의 밑줄 친 부분을 우리말로 바르게 옮긴 것을 고르세요.

電話口でいきなり「○○です」と切口上で言うのは、無神経に似たところがある。ひどいのになると、「○○です」とも、何とも言わないで、<u>用件にかかる</u>人もいる。

① 용건을 묻는
② 용건에 들어가는
③ 용건을 보류하는
④ 용건을 결정하는
⑤ 용건을 취소하는

해설

➡ ②

전화상으로 느닷없이 「○○입니다」라고 딱딱한 말투로 말하는 것은, 무신경한 것 같은 구석이 있다. 좀 더 심해지면, 「○○입니다」라고도, 아무 말도 하지 않고, 용건에 들어가는 사람도 있다.

103 우리말을 일본어로 가장 적절하게 옮긴 것을 고르세요.

자든 안 자든 너의 자유이지만, 되도록 다른 사람에게 폐를 끼치지 않도록 해라.

① 寝ようと寝ないと君の勝手だが、なるべくほかの人に迷惑がかからないようにしなさい。
② 寝ようと寝ないと君の勝手だが、できるだけほかの人の迷惑になれないようにしなさい。
③ 寝ようと寝られないと君の勝手だが、なるべく別の人に迷惑をかけないようにしなさい。
④ 寝ようと寝まいと君の勝手だが、なるべく人の迷惑にならないようにしなさい。
⑤ 寝ようと寝ないと君の勝手だが、できるかぎり人に迷惑を与えないようにしなさい。

해설

まい : 부정추측·부정의지를 나타낸다.

동사 I (기본형)＋まい。　　동사 II (ます形)＋まい。

동사III (する) : しまい·すまい·するまい·せまい。

　　　(くる) : きまい·くまい·くるまい·こまい。

동사 I 의 기본형을 대신할 수 있는 것은 ます이다.

동사III은 모두 사용할 수 있지만 기본형으로 가장 많이 사용된다.

104 우리말을 일본어로 가장 적절하게 옮긴 것을 고르세요.

커피로 하겠습니까? 그렇지 않으면 홍차로 하겠습니까?

① コーヒーにしますか。それとも、紅茶(こうちゃ)にしますか。

② コーヒーにしますか。そして、紅茶にしますか。

③ コーヒーにしますか。また、紅茶にしますか。

④ コーヒーにしますか。それに、紅茶にしますか。

⑤ コーヒーにしますか。しかも、紅茶にしますか。

해설

にする : ～하다. ～를 먹다. 마시다.

それとも : 또는. 두 개 중에 하나를 선택할 때. (或(ある)は·または·乃至(ないし)は·若(も)しくは)

105 우리말을 일본어로 가장 적절하게 옮긴 것을 고르세요.

그가 왜 화를 내고 있는지 도무지 짐작이 안 간다.

① 彼がなぜ怒(おこ)っているのか、どうしても思(おも)い当(あ)たらない。

② 彼がなぜ怒っているのか、どうでも斟酌(しんしゃく)が行かない。

③ 彼がなぜ怒(おこ)っているのか、どうしても思(おも)い出(だ)せない。

④ 彼がなぜ怒っているのか、どう考(かんが)えても分(わ)かりそうでもない。

⑤ 彼がなぜ怒(おこ)っているのか、いくら考えても見(み)当(あ)たりが行(い)かない。

해설

짐작하다. (見当をつける · 目星をつける · 目当てをつける · 心当たり)

斟酌 : 상대의 사정이나 심정을 헤아리는(짐작하는) 것. 짐작해서 적당히 하는 것. 참작하다. 감안하다. 말과 행동을 삼가는 것. 사양하는 것. 거리낌. 이것저것 비교하여 취사(取捨 : 쓸 것은 쓰고 버릴 것은 버림) 하는 것.

若年であることを斟酌して責任は問わない。

젊은이라는 점을 감안해서 책임은 묻지 않겠다. (弱年)

斟酌のない批評。 거리낌 없는 비평.

若年 : 정월 대보름(小正月). 신년(新年).

106 주어진 글의 내용에 부합되지 않는 것을 고르세요.

「ばい煙の排出の規制等に関する法律」いわゆる「スモッグ法」は昨年からスタートしたが、この法律はまだまだ手ぬるい。煤などの粉塵はある程度おさえても、有毒ガスの規制にはほとんど効果がない。無茶に煙を出しているところがあっても、減らしてくれと要請できるだけで、罰則がない。工場主の良識と協力をまつやり方では、住民は百年スモッグを吸わされそうだ。工場地帯の煤煙、都心のビル暖房の煙、自動車の排気ガス、これがきたないスモッグをつくる三役格だが、熱管理の技術をもっと用い、有害物質を空気中に出さぬ設備をつくることを経営者、技術陣に強くのぞみたい。

① 有毒ガスを減らすには、工場主の良識と協力を待つしかない。
② 熱管理の技術で、有害物質を空気中に出さぬ設備をつくることがのぞまれる。
③ 工場地帯の煤煙、都心のビル暖房の煙、自動車の排気ガスがスモッグをつくる。
④ いわゆる「スモッグ法」は有毒ガスの規制にほとんど効果がない。
⑤ 現在の「スモッグ法」で煤などの粉塵はある程度おさえることができる。

해설

① 유독가스를 줄이기 위해서는, 공장주의 양식과 협력을 기다릴 수밖에 없다.

「매연(煤煙)의 배출의 규제 등에 관한 법률」, 소위 「스모그법」은 작년부터 시작되었지만, 이 법률은 아직까지는 미온적이다. 그을음 등의 분진은 어느 정도 억제해도, 유독가스의 규제에는 거의 효과가 없다. 아무렇게나 연기를 내뿜는 곳이 있어도, 줄여 줘, 라고 요청할 수 있는 것뿐으로, 벌칙이 없다. 공장주의 양식과 협력을 기다린다는 방식으로는, 주민은 백년 동안 스모그를 마셔야 될 것 같다. 공장지대의 매연, 도심의 빌딩 난방의 연기, 자동차의 배기가스, 이것이 더러운 스모그를 만드는 "3대 요소"이지만, 열관리의 기술을 좀 더 이용해, 유해물질을 공기 중으로 내보내지 않는 설비를 만드는 것을 경영자, 기술진에게 강하게 희망하고 싶다.

② 열관리 기술로, 유해물질을 공기 중으로 내보내지 않는 설비를 만드는 것을 희망한다.

③ 공장지대 매연, 도심 빌딩난방 연기, 자동차 배기가스가 스모그를 만든다.

④ 소위 「스모그법」은 유독가스 규제에 거의 효과가 없다.

⑤ 현재의 「스모그법」으로 그을음 등의 분진은 어느 정도 줄일 수 있다.

107 間違っている読み方をそれぞれの中から一つ選びなさい。

① 足袋 (あしぶくろ)　② 健気 (けなげ)

③ 貿易 (ぼうえき)　④ 身分 (みぶん)

⑤ 出店 (でみせ)

해설

① 버선 (足袋). (手袋 : 장갑)

② 갸륵하다.　③ 무역.

④ 신분.　⑤ 지점.

108 다음 중 「ひく」가 잘못 사용된 것을 고르세요.

① 彼はピアノもバイオリンも上手にひく。

② 山道を口笛をひきながら、歩いた。

③ 道路の中央に黄色い線がひいてあるところは追い越し禁止です。

④ 漢字がわからなければ辞書をひきなさい。

⑤ この店はまとめて買うと、一割ひいてくれる。

해설

➡ ② ひき → ふき (吹く : 입김으로 불다. 바람이 불다. 피가 솟다. 싹이 나오다)

① 그는 피아노도 바이올린도 잘 친다. (弾く)

② 산길(山道)을 휘파람을 불면서, 걸었다. (吹く)

③ 도로 중앙에 황색선이 그어져 있는 곳은 추월금지입니다. (引く)

④ 한자를 모르면 사전을 찾아보아라. (引く)

⑤ 이 가게는 한꺼번에 사면은, 일 할을 깎아준다. (引く)

109 次の文章を読んで、それぞれの問いに対する答えとして最も適当なものを一つ選びなさい。

理論上はそういうことになるとわかってても、事実の裏付けがないうちはどうしても納得できないというのは、まあ、仕方のないことでしょうね。

【問い】上の文と同じ意味の文は次のどれか。

① 頭では理解していても、裏の事情を知らないうちに賛成するのは無理ですね。

② 頭では理解していても、それを納得させる事実がなければ認めにくいのはもっともですね。

③ 頭では確かにそうだと思っても、現実が理解できないのだから仕方がないでしょうね。

④ 頭では確かにそうだと思っても、納得できない現実だからですね。

⑤ 頭ではわからなくても、実現が違えば納得せざるをえないでしょうね。

해설

➡ ② 머리로는 이해하고 있어도, 그것을 납득시키는 사실이 없다면 인정하기 어려운 것은 지당합니다.

이론상은 그렇게 된다고 알고 있어도, 사실의 증거가 없는 동안은 도저히 납득할 수 없다고 하는 것은, 어쨌든, 방법이 없는 것이겠지요.

① 머리로는 이해하고 있어도, 내막의 사정을 모르는 동안에 찬성하는 것은 무리입니다.

③ 머리로는 확실히 그렇다고 생각해도, 현실을 이해할 수 없기 때문에 방법이 없겠지요.

④ 머리로는 확실히 그렇다고 생각해도, 납득할 수 없는 현실이기 때문입니다.

⑤ 머리로는 이해가 안 돼도, 현실이 다르다면 납득하지 않을 수 없겠지요.

110 次の文の(　　)の中に最も適当なものを入れなさい。

彼(かれ)は政治家(せいじか)というより(　　)実業家(じつぎょうか)だ。

① ほう　② かえって

③ むしろ　④ まさか

⑤ まさに

해설

그는 정치가보다 오히려 사업가다.

① ～쪽이. ～하는 것이.　② 차라리. 오히려. (생각했던 것과는 반대로)

③ 오히려. 차라리. 두 개를 비교하여 어느 쪽인가 말한다면. (むしろ는 단순 비교문장에 사용되고, 앞 문장은 주로 より를 동반한다)

④ 설마. 아무리 그렇다고 하더라도. 그런 일은 있을 리가 없다. (よもや·いくらなんでも)

⑤ 확실히. 틀림없이. 마치. 마침 그때. 당연히. 지금이라도. 바로. (正(まさ)に)

第16章。제16장

語彙 어휘편 VI

慣用句・諺・熟語・一般語彙 Ⅲ
관용구・속담・숙어・일반어휘 Ⅲ

▶ 속담 · 관용구 · 어휘 3

- 気。(기운. 기력. 마음. 성질. 마음씨. 기분. 숨)

気が済む	걱정이 없어지다. 만족하다.
気が多い	관심을 갖는 대상이 많다. (여자의 마음은 갈대)
気が利く	눈치가 빠르다. 彼女はよく気がきく素敵な女性です。 그녀는 눈치가 빠른 멋있는 여성입니다.
気が付く	의식을 회복하다. 많은 곳에 주의(注意)를 골고루 미치게 하다.
気が強い	강하다. (腰が強い : 상대에게 좀처럼 지지 않는다)
気がいい	마음씨가 곱고 친절하다. 彼は気がいいので、皆から好かれている。 그는 착하기 때문에, 모두가 좋아한다.
気が重い	고민하는 모습. 마음이 무겁다. そのことを考えると気が重くなる。 그 일을 생각하면 부담이 된다.
気が短い	성질이 급하다. (気の早い · せっかちだ · 短気) あの社長は気が短いからあまり待たせてはいけません。 그 사장은 성격이 급하기 때문에 너무 기다리게 해서는 안 됩니다.
気が揉める	걱정되다. 걱정이 있어서 조마조마하다.
気が滅入る	풀이 죽다.
気が引ける	내키지 않다. 주눅 들다.
気味が悪い	왠지 모르게 무섭다. 불길하다. (無気味 · 不気味)
気味がいい	남이 실패하는 것을 좋아하는 것. (いい気味 · それ見たことか).
気を配る	마음을 배려하다. 母親は家族の健康にいつも気を配っている。 어머니는 가족 건강에 언제나 마음을 쓰고 있다.

気に障る	불쾌한 기분이 되다. 감정을 상하다.
気に入る	마음에 들다. (気に入る · 気に入る · 心にかなう)
気になる	마음에 걸리다. 신경 쓰이다. 걱정되다. (心配になる · 気に掛かる)
気にする	걱정하다. (心配する)
	私の怪我、たいしたもんじゃないですから気にしないでね。 그 상처, 대단한 것이 아니기 때문에 걱정하지 말아라.
気を紛らせる	기분을 달래다.
気を付ける	조심하다. 주의하다.
本気になる	진지해지다. 본격적으로 하다.
意気地がない	자존심(pride)이 없다. 패기가 없다.
気骨が折れる	이것저것 걱정이 겹쳐서 정신적으로 피곤하다. (気疲れする)
機嫌が悪い	불쾌하다. 비위가 상하다. (표정 · 태도)
機嫌伺い	안부를 묻다.
機嫌買い	변덕쟁이(お天気屋 · お天気者). 변덕이 심한 사람. 아첨꾼.
機嫌を取る	눈치를 보다. 비위를 맞추다. (気づまを取る)
嫌気が差す	싫어지다.
嫌みを言う	빈정거리다.
気っ風がいい	쩨쩨하지 않다. 시원시원하다.
気軽に	부담 없이.
気の毒	마음의 독이다. 안됐다. 남에게 폐나 걱정을 끼치다.

● 思い。(생각)

思い遣る	동정하다(はるかに思う). 생각하다(考えを及ぼす).
思い切る	단념하다. (諦める)
思い知る	절실히 느끼다. 통감하다.
思い上がる	잘난 체하다. 우쭐하다. (つけ上がる・うぬぼれる・天狗になる・自慢する・いい気になる・図に乗る・調子に乗る)
思いを焦がす	애를 태우다.
思いを晴らす	원한을 풀다(恨みを晴らす). 소원을 이루다. 화풀이하다(술에).
思いを起こす	생각해 내다.
思考を深める	깊게 생각하다.
思いを巡らす	이것저것 생각하다. 곰곰이 생각하다. (つくづくと考える)
思いに沈む	걱정하다. (心配する)
思いに耽る	골몰하다. 집중하다. (考えに耽る)
思い思いに	각자의 생각대로.
思う存分	마음껏. 실컷. (心行くまで)
思わせ振り	특별한 의미가 있는 듯이 생각하게 하는 언어나 태도.
思いに措く	중지하다. 놓다.
思い設ける	미리 생각해 두다. 예측하다. 마음의 준비를 해 두다.
思いも掛けない	생각 외. 의외로. (思いの外)
思い半ばに過ぎる	짐작이 가다.
思い立つ日が吉日	생각난 날이 길일이라서 빨리 시작하는 것이 좋다. (吉日)

● 暇。(여유. 짬)

暇を出す	종업원을 해고하다. 이혼하다.
暇に飽かす	충분히 시간을 들여서 일을 행하다.
暇を割く	특별히 시간을 만들다. (무엇을 하기 위해서)
暇を取る	스스로 직장을 그만두다. 부인한테 이혼 당하다. (妻の方から離婚する)
暇を盗む	바쁜 중에 시간을 내다.
暇を潰す	시간을 보내다.

● 人。(사람)

人目に立つ	남의 눈에 띄다(目立つ). 남의 주의를 끌다(人目に付く).
人目を忍ぶ	남이 모르도록 마음을 배려하다. 남에게 들키지 않도록 몸을 숨기다. (身を隠す)
人手に渡る	남의 소유물이 되다. 남의 손에 넘어가다. (집(家)이)
人を食う	깔보다. 얕보다. (侮る · 甘く見る · 見縊る · 嘗める · 高を括る)
人見知りをする	낯을 가리다.
人手に掛かる	남의 손에 죽다.

● 恩。(은혜)

恩に着せる	은혜를 베푼 상대에게 감사를 강요하다.
恩を売る	감사 받으려고 고의로 은혜를 베풀다.
恩に着る	은혜 받은 것을 고마워해서 잊지 않다
恩をあだで返す	은혜를 받았는데도 고마워하지 않고 반대로 해를 입히다.

• 星。(별. 범죄. 승부)

星を頂く	아침부터 밤늦게까지 일하다.
星を落とす	승부에 지다.
星が割れる	범인이 판명나다.
星を挙げる	범인을 잡다.
目星を付ける	짐작하다. 지목하다. (見当を付ける · 目を付ける · 目当てを付ける). 목표로 하다(目標にする).
図星を指す	(넘겨짚은 말이) 핵심을 찌르다. 급소를 찌르다.
目星	목표. 표적. (当たり · 目当て · 見当 · 見込み)

• 懐。(주머니. 품. 소지금. 내부. 내막. 마음속. 心の中)

懐具合	주머니 사정(懐都合). (懐具合がいい : 주머니 사정이 좋다)
懐が暖かい	돈이 많이 있다.
懐が痛む	자신의 돈을 사용하다. (懐を痛める)
懐が寂しい	돈이 조금 있다. (懐が寒い)
懐を肥やす	부당한 방법으로 재산을 증식하다. (私腹を肥やす · 懐を暖める)
懐が深い	도량(度量)이 넓다. 관용(寛容)이 많다.
懐にする	자기 것으로 만들다. (自分のものにする)

• 勝手。(멋대로. 형편)

勝手が悪い	형편이 안 좋다. (都合が悪い)
勝手が違う	당황하다. (面食らう · 慌てる)
勝手次第	남이야 어떻게 생각하든 자기 좋은 대로만 하다. (好き勝手)

● 袖。(소매)

袖を絞る	너무 슬퍼서 울다.
袖を引く	살짝 주의하다. 남을 유혹하다.
袖の下	ワイロ. 뇌물.
袖にする	무시하다. 방해자 취급을 하다.
無い袖は振れぬ	주고 싶어도 없으면 못 준다.

● 世。(세상. 체면)

世間を張る	사치 부리다. (見栄を張る · 贅沢する · 上辺を飾る · 外観を繕う)
世話を焼く	자진해서 남을 돌보아 주다. (面倒を見る · 世話をする)
世話をする	돌보아 주다.
世間並	보통.
世話がない	다루기 쉽다. (手数が掛からない) 어처구니가 없다. (呆れ果ててどうしようもない)
お世話になる	신세를 지다.

● 見 · 見。(예측. 전망)

見通し	예측하다. 멀리까지 바라보다(見渡す). 마음속을 꿰뚫어 보다.
見抜く	장래를 내다보다. 전망하다.
見掛けによらず	사람 · 사물의 실제가 다르다. (見掛けによらぬ)
見通しが甘い	우습게 보다. 얕보다.
見通しが利かない	멀리까지 한눈에 보이지 않다.
見向きもしない	전혀 관심이 없다.

見込みが違う	예상대로 되지 않다. (当て外れ)
見当違い	도리에 맞지 않다. (道理に合わない · 筋が違う)

• 仕。

仕打ち	처사. 취급.
仕向け	대우. 취급. 상품을 발송.
仕付け	가정교육 · 예의를 가르쳐서 몸에 붙게 가르치는 것. 시침질.
仕種	무대 위에서의 배우의 동작 또는 표정. (仕草)
仕込む	기술(技術) · 지식(知識) 등을 가르쳐서 몸에 붙게 가르치는 것. 물건을 사들이다.
仕組み	계획(企む). 연구(工夫). 구조(絡繰り).
仕業	행위.
仕様がない	어쩔 수 없다. 방법이 없다.
仕方がない	방법이 없다.
仕上げが肝心	마무리가 중요.

• 水。(물)

水入らず	남이 섞이지 않은 집안 식구.
水掛け論	쌍방이 서로 자기에게 유리한 이론만 내세워 결말이 나지 않는 의논.
水に流す	과거에 있던 나쁜 일들을 모두 잊다.
水を差す	물을 끼얹다. 옆에서 방해하다.
水を向ける	권유하다. (持ち掛ける · 誘い掛ける)
焼け石に水	언 발에 오줌누기. 별 효과가 없다.

湯水のように使う	금전 등을 아끼지 않고 함부로 사용하다. 낭비하다.

● 心。(마음)

心を砕く	여러모로 마음을 쓰다. 고심하다.
心に掛ける	걱정하다. (心配する)
心を労する	마음 고생을 하다.
心にかなう	마음에 들다. (気に入る)
心に任せぬ	생각대로 되지 않다.
心を遣う	고심하다. (気に掛ける · 心を砕く)
心掛け	걱정이 되어서 미리 준비해 두다.
心掛ける	항상 주의하다.
心に刻む	명심하다. (肝に銘ずる · しっかり覚える)
心付け	마음씀. 배려. 팁.
心付く	생각하다. 깨닫다. 눈치가 빠르다. 빈틈이 없다.
心中	같이 자살하다. (연인이)
後追い心中	따라서 죽다. 동반자살.
心を入れ替える	새사람이 되다.

● 脂。(기름)

脂が乗る	절호의 컨디션이 되다. (絶好調になる)
脂を絞る	과실을 엄하게 나무라다.

• 張り合い。(경쟁. 보람)

張り合い	경쟁. 보람. (遣り甲斐)
張り合いがない	만족하지 못하다. 보람이 없다.
張り合い抜け	실망하다(がっかりする). 김빠지다. 맥이 풀리다(拍子抜け)

• 図。(그림 · 지도 · 도면)

図に乗る	생각대로 되어서 우쭐해지다. (天狗になる · 自慢する · 己惚れる · いい気になる · 思い上がる · つけ上がる)
図に当たる	생각대로 일이 진행되다.

• 月。(달)

月とすっぽん	달과 자라는 둥근 것은 같지만 본질은 차이가 많다.
月夜に提灯	필요 없는 것. 달밤에 초롱불. 무익하다.
月夜に釜を抜かれる	지나치게 방심하다.
月に叢雲花に風	좋은 일은 계속해서 이어지지 않는다. 호사다마.

• 角 · 角。(모퉁이. 뿔)

角が立つ	성격이 모가 나다. 고집 피우는 언동으로 인해 타인과의 사이가 원만치 못하다. 어떤 사건이 계기가 되어 다툼이 일어나는 것. (角張る · わざとらしく改まる · 荒立つ · 荒が立つ · 刺々しくなる)
角が取れる	원만해지다. (丸くなる · 円満)
圭角が取れる	인격이 원만하게 되다.
角を出す	질투하다. (焼き餅を焼く · (嫉妬する · 妬み · 角を生やす)
甚助を起こす	질투하다.

物(もの)も言(い)いようで角(かど)が立(た)つ	말하는 방법에 따라 사람을 화나게도 한다. 아 다르고 어 다르다.

- 遠慮(えんりょ)。(사양)

遠慮(えんりょ)するには及(およ)ばない	사양할 필요는 없다.
遠慮会釈(えんりょえしゃく)もなく	조금도 사양하지 않다. 남의 기분이나 입장을 생각하지 않고 생각대로 진행.

01 다음 문장의 (　　) 안에 들어갈 가장 적당한 것을 고르세요.

話(はな)してはいけないと言(い)われていたのに、(　　)しゃべってしまった。

① うっかり　　② がっかり
③ すっかり　　④ しっかり
⑤ きっかり

해설

이야기해서는 안 된다고 말을 들었는데도, 무심결에 떠들고(말하고) 말았다. (喋(しゃべ)る)

① 깜빡 잊고. 멍청하게. 멍하니. (건망증. 넋을 잃다)

② 실망하다.　　③ 완전히. 깨끗이.

④ 내적으로 견실한 모습. 빈틈이 없는 모습. (충분히. 틀림없이)
기분 · 성질 · 행위 등이 견실하고 확실해서 신용할 수 있는 모습.

⑤ 시간 · 수량이 과부족 없이 일치하는 상태. 정확히. (きっちり)
시간 · 수량을 나타내는 말에 붙어 정확히. (ちょうど)

02 間違(まちが)っている読(よ)み方(かた)をそれぞれの中(なか)から一(ひと)つ選(えら)びなさい。

① 浮気 (うわき)　　② 建前　(けんぜん)
③ 問屋 (とんや)　　④ お神酒 (おみき)
⑤ 発揮 (はっき)

해설

➡ ② 建前(たてまえ) · 立前(たてまえ) : 진심이 아닌 겉마음. 가식된 마음(⇔ 本気(ほんき) · 本音(ほんね)). 건물의 상량식. 방침.

① 바람기. 변덕.

③ 도매상. (問屋(といや) : 자기 이름으로 타인을 위해, 물품의 판매나 매입하는 것을 업으로 하는 사람)

④ 신전에 바치는 술.　　⑤ 발휘.

03 間違っている読み方をそれぞれの中から一つ選びなさい。

① 神楽 (かぐら)　　② 桟敷 (さじき)
③ 蚊帳 (かや)　　④ 生水 (せいすう)
⑤ 早苗 (さなえ)

해설

➡ ④ 生水(なまみず)・生水(きみず) (생수)
① 신에게 제사 지낼 때 연주하는 춤과 음악. (舞楽(ぶがく) : 무악)
② 극장에서 지면보다 높게 만든 관람석. 축제 · 불꽃놀이의 구경을 위해 도로나 강 등에 임시로 만든 자리. (桟敷(さんじき))
③ 방충망. 모기장. (蚊屋(かや))　　⑤ 어린 벼. 모.

04 間違っている読み方をそれぞれの中から一つ選びなさい。

① 三味線 (しゃみせん)　　② 数寄屋 (すきや)
③ 数珠　(じゅず)　　④ 師走　(しわす)
⑤ 家柄　(かがら)

해설

➡ ⑤ いえがら(가문). (家柄(いえがら)より芋幹(いもがら) : 가문보다는 식용이 되는 토란이 낫다) 세력이 없는 허울뿐인 명문가(名家(めいか))를 비웃으며 하는 말.
① 현악기의 하나. 일본 고유의 삼현악기. (三味線(さみせん))
② 다실(茶室(ちゃしつ)) 또는 다실풍의 건물.　　③ 염주. (数珠(ずず))
④ 음력 12월의 다른 말. (師走(しはす)・師走(しわす))

• 次(つぎ)の文(ぶん)の(　　)の中(なか)に最(もっと)も適当(てきとう)な言葉(ことば)を入(い)れなさい。 (5〜6)

05 電車(でんしゃ)が動(うご)かないのなら仕方(しかた)がない。歩(ある)いて帰(かえ)る(　　)だ。

① から　　② ので
③ より　　④ もの
⑤ まで

해설

전차가 움직이지 않는다면 방법이 없다. 걸어가야만 된다.

① ～이기 때문에. (이유나 원인이 주관적이다)

② ～이기 때문에. (이유나 원인이 객관적이다)

③ ～보다. (비교문에 사용한다)　④ 설명문에 사용.

⑤ 이것 외에는 방법이 없다. 오로지 남은 것은 이것뿐이다.

06 山下さんがきのう(　　)ケーキはおいしかったです。

① 作ります　② 作りました

③ 作る　④ 作った

⑤ 作って

해설

야마시따씨가 어제 만든 케이크는 맛있었습니다. (美味(おい)しい ⇔ 不味(まず)い)

07 「今、何時ですか。」의 대답으로 올바르지 않은 것을 고르세요.

① また、6時(ろくじ)です　② 午前4時(ごぜんよじ)です

③ ちょうど6時です　④ 3時半(さんじはん)です

⑤ 7時10分(しちじじゅっぷん)でございます

해설

지금 몇 시입니까.

• な형용사(감정 · 감각 な형용사 및 자신과 그 주위의 것에 대해서 언급하는 경우는 겸양표현이 된다)

용법 : な형용사 · 명사(단어)＋でございます。

私は田中でございます。(私は田中です。)　저는 다나까입니다.

鉛筆(えんぴつ)はございません。　(鉛筆はありません。)　연필은 없습니다.

• い형용사 · な형용사의 존경표현.

い형용사(て形) ＋ いらっしゃる。

な형용사(で形) ＋ いらっしゃる。의 두개가 있다.

い형용사의 て形은(기본형에서 い만 빼고)＋くて。

な형용사 · 명사의 で形은(단어)＋で。

	존경어 (て形＋いらっしゃる)	정중어 (です)	겸양어 (て形＋ござる)
い형용사	忙(いそが)しくていらっしゃいます。	忙しいです。	忙しゅうございます。
な형용사	元気(げんき)でいらっしゃいます。	元気です。	元気でございます。
명 사	金さんでいらっしゃいます。	金です。	金でございます。

• い형용사 · な형용사의 겸양표현.
い형용사(감정 · 감각 い형용사 및 자신과 그 주위의 것에 대해서 언급하는 경우는 겸양표현이 된다). 다음의 3종류의 형이 있지만 사용하는 빈도는 적다.

• 기본형(い자 앞의 글자가) 이 あ段(あかい) · お段(あおい) 으로 끝나는 것은 お段＋うございます。(예를 들어 あおい처럼 い자 앞의 글자가 お단일 경우는 그대로 사용한다)

赤(あか)いです → あこうございます。빨갛습니다. (お단＋う)
近(ちか)いです → ちこうございます。가깝습니다. (お단＋う)
青(あお)いです → あおうございます。파랗습니다. (お단＋う)
強(つよ)いです → つようございます。강합니다. (お단＋う)

• 기본형의 끝 글자가 しい로 끝나는 것은 しい만 빼고 しゅうございます。

美(うつく)しいです → 美しゅうございます。 아름답습니다.

• 기본형(い자 앞의 글자가) 이 う段 (あつい) 로 끝나는 것은 うございます。
(기본형에서 い만 빼고 うございます)

熱(あつ)いです → あつうございます。 뜨겁습니다.

• 良(い)い · 大(おお)きい · 可愛(かわい)い는 겸양어를 사용하지 않는다.
• 과거를 나타낼 때는 赤かったです가 あこうございました。로 된다.

08 次(つぎ)の文(ぶん)の問(とい)いに答(こた)えなさい。

ごくろうさまでした。

① いいえ、大丈夫(だいじょうぶ)です。 ② おかげさまで。
③ お変(か)わりありません。 ④ お疲(つか)れさまでした。
⑤ どうぞこちらへ。

해설

수고하셨습니다. (御苦労さまでした). 동년배나 연하에게.

(배움의 장소에서는 : ありがとうございまぎた。)

① 아니요, 괜찮습니다. ② 덕분에. (お陰様で)

③ 잘 지냅니다. 별고 없습니다. ④ 수고하셨습니다. (윗사람에게)

⑤ 자 어서 이쪽으로. (안내할 때)

09 下線の部分の間違っているものを一つ選びなさい。

① 今建設中の新しいビルはおよそ完成している。

② 子どもたちの言動にもっと関心をはらえば、非行などの問題は減少するはずだ。

③ 道順がややこしいので、地図を見ながら説明しましょう。

④ 野球部は、練習がきつくてやめる生徒が多い。

⑤ 古くさいことばかり言っていると、若い人に嫌われる。

해설

➡ ① 凡そ · 大凡 (대강. 대충) → 略 · 粗 (거의 다)

① 지금 건설 중인 새 빌딩은 거의 완성되고 있다.

② 아이들의 언행에 좀 더 관심을 갖는다면, 비행 등의 문제는 감소할 것이다.

③ 길이 복잡하기 때문에, 지도를 보면서 설명합시다.

④ 야구부는, 연습이 엄해서 그만두는 학생이 많다.

⑤ 지나간 옛날 이야기만 하면, 젊은 사람들에게 미움을 받는다.

10 下線の部分の間違っているものを一つ選びなさい。

① 彼は真面目で、めったに授業を休まない。

② もうすぐ川の水があふれますから、この近くの住民はたちまち避難してください。

③ 同じような傘がたくさんあって、まぎらわしいから名前を書いておこう。

④ この夏は、病人には耐えがたい暑さが続いている。

⑤ 社会の目まくるしい変化についていけず、時代遅れになる会社も多い。

해설

➡ ② 忽ち → 直ちに (지금 바로. 곧바로)

たちまち : 순간. 금새. 갑자기. 즉각. (にわかに · 直ぐに · 即刻)
매우 짧은 시간 안에 동작이 이루어지는 것. 생각지도 않은 어떤 사태가 발생하는 것. 많이 たちまちに의 형으로 실제로. 확실히. (現に · 確かに · 正に)

ただちに : 시간을 두지 않고 곧바로 행동으로 옮기는 것. 직접 하는 것. (直接)

① 그는 성실해서, 좀처럼 수업에 빠지지 않는다.

② 곧 하천이 범람하기 때문에, 이 근처의 주민은 즉시 피난해 주세요.

③ 똑같은 우산이 많이 있어서, 구별하기 어렵기 때문에 이름을 써 두자.

④ 올 여름은, 환자에게는 견디기 힘든 더위가 계속되고 있다.

⑤ 사회의 빠른 변화에 따라가지 못하고, 시대에 뒤떨어지는 회사도 많다.

11 下線の部分の間違っているものを一つ選びなさい。

① 苦労が多かっただけに、終わった時の喜びは大きいようだ。

② 自分の個性を生かせる職業を選びたい。

③ 行き先も言わずに出かけてしまった。

④ この写真を見るなら田舎にいたときを思い出す。

⑤ こんなことをするには、何か深いわけがあるにちがいない。

해설

➡ ④ なら (~하는 것이라면) → と (~하면)

① 고생이 많았던 만큼, 끝났을 때의 기쁨은 큰 것 같다.

② 자신의 개성을 살릴 수 있는 직업을 고르고 싶다.

③ 행선지도 말하지 않고 외출하고 말았다.

④ 이 사진을 보면 시골에 있던 때가 생각난다.

⑤ 이런 일을 하는 것을 보면, 무언가 깊은 이유가 있는 것이 틀림없다.

12 다음 문장과 내용이 다른 것을 고르세요.

小学校３年生の時だから９歳の時だったと思う。学校の帰りに道草を食っていたら先生に見つかって叱られてしまった。それ以後、「まっすぐうちに帰りなさい」という言葉を毎日聞くことになった。それがもう25年前のことである。ところが今もその習性はほとんど変わっていない。会社が終わってまっすぐうちに帰らないのはどうやらその時かららしい。

① 25年が経った今もまっすぐ帰らない時が多い。
② 会社が終わってから道草を食うのは恐らく小学校３年生の時からのようだ。
③ 学校の帰りにまっすぐ歩かなかったから先生に叱られてしまった。
④ 学校の帰りに寄り道をして先生に叱られたのは25年前のことである。
⑤ 今は34歳の会社員である。

해설

③ 학교에서 돌아가는 길에 똑바로 걷지 않았기 때문에 선생님에게 혼나고 말았다.

초등학교 3학년 때부터 9살 때였다고 생각한다. 학교에서 돌아오는 길에 딴전 피웠기 때문에 선생님에게 들켜서 혼나고 말았다. 그 이후, 「곧바로 집에 돌아가라」라고 하는 말을 매일 듣게 되었다. 그것이 벌써 25년 전의 일이다. 그러나 지금도 그 습성은 거의 변하지 않았다. 회사가 끝나고 곧바로 집에 돌아가지 않은 것은 아마 그때부터인 것 같다.

道草を食う : 도중에서 딴짓하고 게으름 피우다.

真っ直ぐ : 직선. 직진. 똑바로. 정직한 것. 여기저기 들르지 않고 직접 목적지로 가는 것.

右に曲がる : 우측으로 돌다(우회전). 左に曲がる : 좌측으로 돌다(좌회전).

① 25년이 지난 지금도 곧바로 집에 돌아가지 않을 때가 있다.
② 회사가 끝나고 나서 딴전 피우는 것은 아마 초등학교 3학년 때부터인 것 같다.
④ 학교에서 돌아오는 길에 딴전 피워서 선생님에게 혼난 것은 25년 전의 일이다.
⑤ 지금은 34세의 회사원이다.

13 다음 문장을 우리말로 바르게 옮긴 것을 고르세요.

あの人はいつも張り切って働いている。

① 저 사람은 늘 긴장하면서 일하고 있다.

② 저 사람은 언제나 분명하게 일하고 있다.

③ 저 사람은 항상 힘을 내서 일하고 있다.

④ 저 사람은 언제나 바보같이 일하고 있다.

⑤ 저 사람은 늘 확실하게 일하고 있다.

해설

張り切る : 힘이 넘치다. 힘을 내다.

14 下線の部分の間違っているものを一つ選びなさい。

① 好き勝手なことをする。

② 今年の夏はまったく暑いですね。ええ、本当に、それはそうと今度大学の時のクラスの同窓会があるそうですよ。

③ 子どもに暴力を振るってはいけないとわかりつつも、どうしても手が出てしまう。

④ ご主人が医者だから彼女も病気について詳しいべきだ。

⑤ 彼はきまって約束の時間に遅れて来る。

해설

➡ ④ べき → はず (당연히 ~일 것이다. 당연하다)

べし (べき) : 당연히 ~해야만 된다.

용법 : 동사(기본형)＋べき。(するは すべき로 많이 사용된다)

의미 : 실현이 될지 안 될지는 모르지만, 그렇게 하는 것이 또는 그렇게 되는 것이 당연하다고 하는 moral(도덕 · 윤리)이나 상식을 나타낸다.

하는 것이 당연하다(するのが当然だ). 하지 않으면 안 된다(ねばならない · なければならない). 또, ~해라(また、…せよ)라는 의미를 나타낸다.

- 어떠한 실현이 거의 확실하다고 추측되는 것을 의미한다.
- べからず의 형으로 금지, 불가능을 나타낸다.
- べくして의 형으로 ~하는 것은 당연하다는 의미를 나타낸다.

① 자기 좋을 대로만 한다. (勝手次第)

自分勝手 : 자기 멋대로 생각하다. (手前勝手 · 身勝手 · 我がまま)

手前味噌 : 스스로 자기의 일을 칭찬하는 것.

② 올 여름은 정말 덥군요. 예, 정말로, 그건 그렇고 이번에 대학교 과 동창회가 있다고 합니다.

③ 아이에게 폭력을 휘두르면 안 된다고는 알고 있으면서도, 나도 모르게 손을 대고 만다.

④ 남편이 의사이기 때문에 부인도 병에 대해서 상세히 알 것이다.

⑤ 그는 언제나 약속 시간에 늦게 온다.

15 次の文の(　　　)の中に最も適当な言葉を入れなさい。

私のために傷(　　　)になった彼女の手を見て私はつい泣いてしまった。

① まみれ　　② だらけ

③ たらい　　④ だるま

⑤ ちぎり

해설

나를 위해 상처투성이가 된 그녀의 손을 보고 나는 그만 울고 말았다.

① 흙 범벅.　　② 투성이.

③ 대야.　　④ 오뚝이.

⑤ 부부로서의 약속. 인연. 서로 약속하는 것. (契り)

16 下線の部分の間違っているものを一つ選びなさい。

① どんなにいい本を買ったところで、最後まで読まなければ本当のよさはわからない。

② 今度の旅行にかかる費用をざっと計算してみました。

③ あと10年もすれば娘も結婚して、人の親になっているだろう。

④ きらいだからといって、野菜を全然食べないのは体によくない。

⑤ 田中さんは以前、酒をよく飲んだ。そして結婚してからは一滴も飲まなくなった。

해설

⑤ そして (그리고. 앞 문장에 뒤 문장을 덧붙일 때) → それが (그것이)

それが : 앞 문장에서 생각할 때 의외의 경우가 된 경우.

① 아무리 좋은 책을 사 보았자, 마지막까지 읽지 않는다면 정말로 좋은 점은 알 수 없다.

② 이번 여행에 드는 비용을 대충 계산해 보았습니다.

③ 앞으로 10년만 지나면 딸도 결혼해서, 어머니가 되어 있겠지.

④ 싫다고 해서, 야채를 전혀 먹지 않는 것은 몸에 좋지 않다.

⑤ 다나까씨는 이전, 술을 자주 마셨다. 그러던 것이 결혼하고부터는 한 방울도 안 마시게 되었다.

17 丁寧(ていねい)な<u>おじぎ</u>。밑줄 친 부분과 가장 가까운 단어를 고르세요.

① 引(ひ)っ越(こ)し　　② 会釈(えしゃく)

③ 心遣(こころづか)い　　④ 廊下(ろうか)

⑤ 背広(せびろ)

해설

정중한 인사. (御辞儀(おじぎ))

① 이사.　　② 목례.

③ 마음의 배려.　　④ 복도.

⑤ 양복.

18 次の文の(　　)の中に最も適当な言葉を入れなさい。

一家(いっか)をあげてお客様(きゃくさま)を(　　)。

① 持(も)てた　　② 持(も)て余(あま)した

③ 持(も)て成(な)した　　④ 持(し)って遊(あそ)んだ

⑤ 持てなかった

해설

온 가족이 함께 손님을 접대했다.

① 인기가 있다. 가질 수 있다. 들 수 있다. 견딜 수 있다. 유지할 수 있다. (持てる)

② 어찌할 수가 없다. 처치곤란.

③ 환대하다. 접대하다.

④ 가지고 놀았다.

⑤ 인기가 없었다.

● 次の文の(　　　)の中に最も適当な言葉を入れなさい。

19 ここでたばこを(　　　)はいけません。

① やいて

② もえて

③ もえついて

④ すって

⑤ すいて

해설

여기서 담배를 피워서는 안 됩니다. (煙草(たばこ)・タバコを吸(す)う)

① 태우다. 굽다. (焼(や)く)

② 불・스토브를 피우다. (燃(も)える)

③ 불붙다. 불길이 번지다. (燃(も)え付(つ)く)

⑤ 배・길이 텅텅비다 (空(す)く). (空(あ)く : 공간이 있다. 창문이 열리다)

20 다음 문장을 일본어로 바르게 옮긴 것을 고르세요.

저의 아버님은 제가 다섯 살 때에 돌아가셨습니다.

① 父(ちち)は私が５歳(さい)の時(とき)に亡(な)くなりました。

② 父は私が５歳の時にお亡くなりになりました。

③ お父さんは私が５歳の時にお亡くなりになりました。

④ お父さんは私が５歳の時に亡くなりました。

⑤ おやじは私が５歳の時にお亡くなりになりました。

해설

자기 가족을 남에게 이야기할 때는 존경어를 사용할 수 없다.

亡くなる : 일반인이 죽다. お隠れになる : 신분이 높은 사람 또는 윗사람이 세상을 뜨시다.

21 色の意味が他の文と違うものを一つ選びなさい。

① 彼女は色気がない。

② どの色がいいかしら。

③ きれいな色ですね。

④ 白い色の洋服だった。

⑤ 空の色は私を慰める。

해설

➡ ① 그녀는 성적 매력이 없다.

② 어느 색이 좋을까.

③ 예쁜 색이네요.

④ 하얀색의 양복이었다.

⑤ 하늘빛은 나를 위로했다.

● 次の文の(　　　)の中に最も適当な言葉を入れなさい。 (22～25)

22 彼は財界の(　　　)である。

① 有頂天

② 大立者

③ 大人しい

④ 土性骨

⑤ 無頓着

해설

➡ ② 어느 분야의 실력자.

① 기쁨이나 득의(得意)로 절정에 이르다. 기뻐서 어쩔 줄 모르다.

③ 점잖다.

④ 타고난 성질.

⑤ 무던한 성격. (無頓着)

23 引っ越しの時、弟(　　　)に行かせましょうか。

① を手伝う　② を手伝い
③ が手伝わせ　④ を手伝われ
⑤ が手伝い

해설

이사할 때, 동생을 도우러 보낼까요.

동사(ます형) + に行く : ~하러 가다. (목적을 나타낸다)

24 テープレコーダーにテープ(　　　)。

① が入れています　② が入れます
③ が入りそうです　④ が入っています
⑤ が入れてようです

해설

카세트에 테이프가 들어 있습니다.

- 타동사의 상태의 문장은 타동사(て形) + ある。
  타동사의 상태의 문장　(かばんに本が入れてあります。)
  타동사의 현재진행형은 타동사(て形) + いる。
  타동사의 현재진행형　(かばんに本を入れています。)
- 자동사의 상태의 문장은 자동사(て形) + いる。
  자동사의 상태의 문장　(かばんに本が入っています。)
  자동사의 현재진행형은 자동사(て形) + いる。
  자동사의 현재진행형　(今雨が降っています。)

25 田中さんは、去年(　　　)。

① 結婚しています　② 結婚するはずです
③ 結婚しました　④ 結婚するようです
⑤ 結婚するつもりです

해설

다나까씨는, 작년에 결혼했습니다.

상태의 문장이라면 ①번이 정답이지만, 과거형이 되기 때문에 ③번이 된다.

② はず : 당연히 ～이다.　　④ よう : ～일 것 같다. (추측)

⑤ つもり : 할 생각입니다.

26 다음 문장 중 밑줄 친 부분이 틀린 것을 고르세요.

① 雨が<u>降れば</u>、泳ぎに行きます。
② 国へ<u>帰ったら</u>、手紙をください。
③ 毎年12月に<u>なると</u>、国へ帰りたくなります。
④ みんなが協力して<u>くれれば</u>、もっと早くできただろう。
⑤ 日本語を<u>習うのなら</u>、ひらがなから始めたほうがいい。

해설

➡ ① 降れば (내린다면) → 降っても (내려도)

① 비가 와도, 수영하러 갑니다.

② 본국(고향)으로 돌아가면, 편지해 주세요.

③ 매년 12월이 되면, 고향에 돌아가고 싶어집니다.

④ 모두가 협력해 준다면, 좀 더 빨리 완성할 수(끝낼 수) 있었겠지.

⑤ 일본어를 배우는 거라면, 히라가나부터 시작하는 것이 좋다.

27 次の(　　)の中に身体の部分を表わす漢字一字を①、⑤から選び、慣用句を完成しなさい。

(　　)が地についた生活。

① 腹　　② 手
③ 足　　④ 腰
⑤ 歯

해설

안정된 생활. (足が地につかない : 불안하다. 안정되지 않다)

① 배. ② 손.

③ 다리. ④ 허리.

⑤ 이. 치아.

28 다음의 한국어를 일본어로 옮긴 것 중 자연스럽지 못한 것을 고르세요.

① 혼날까 생각했었는데, 오히려 칭찬받았다.
(しかられると思ったところが、かえって誉められた。)

② 이젠 이 이상 서로 이야기해 봤자 소용없습니다.
(もうこれ以上話し合ったところでむだですよ。)

③ 칭찬 받기는커녕 혼나기만 했다.
(ほめられるどころで叱られるだけだった。)

④ 해봤더니 의외로 쉬웠다.
(やってみたところが意外にやさしかった。)

⑤ 늦었나 생각하고 가 보았는데, 아직 아무도 오지 않았다.
(遅れたと思って行ってみたところが、まだだれも来ていなかった。)

해설

➡ ③ 誉められるどころか叱られるだけだった。

どころか : ～뿐만 아니라. (は疎か · も疎か · 勿論 · 無論 · 元より · 言うまでもなく)
(앞 문장에 비해 뒤 문장은 정도가 심한 문장이 온다)

① ところが : 그러나(역접). かえって : 오히려. (생각했던 것과는 반대로)
逆に · 反対に로 바꿀 수는 있으나 순서나 방향이 반대일 경우 かえって는 쓸 수 없다.

むしろ : 2개를 비교하여 어디라고 말한다면. (오히려 · 차라리)

② ところで : 그런데(화제전환). ～해 봤자. ～해 본들.

29 次のうち、解釈が間違っているものを一つ選びなさい。

① 犯人の顔はしっかり覚えている。
(범인의 얼굴은 똑똑히 기억하고 있다)

② 友だちに疑われて、頭に来た。
(친구에게 의심받아서 화가 났다)

③ 体力が衰えたとはいえ、まだ彼にはまけない。
(체력이 떨어졌다고는 하지만, 아직 그에게는 지지 않는다)

④ このごろ彼はなんとなく元気がないようだ。
(요즈음 그는 어쩐지 기운이 없는 것 같다)

⑤ この仕事は私の手にあまる。
(이 일은 나에게는 쉬운 일이다)

해설

⑤ 이 일은 저로서는 감당하기 어렵습니다.
手に余る : 벅차다. 나의 능력 이상이다. (手が付けられない · 手強い · 手に負えない · 始末に負えない · 歯が立たない · 手が出ない)
② 頭に来る : 화가 난다. 화내다. (かんしゃくを起こす · 青筋を立てる · 腹を立てる · 腹が立つ · 雷が落ちる · かんかんする)
③ ~라고는 말했지만. 그렇지만 (とは言え · とは言うものの · けれども · といっても). (A는 정말이지만, 그러나 B는). (とは言えやはり勝ちたい。 그렇지만(그래도) 역시 이기고 싶다)

- 次の文の(　　)の中に最も適当な言葉を入れなさい。

30 あした会議があることを(　　)。

① わかりますか　② かしこまりますか
③ 御存じですか　④ お知りますか
⑤ いらっしゃいますか

해설

내일 회의가 있는 것을 알고 계십니까.

① 알다. 이해하다. (分かる)
② 分(わ)かる・引(ひ)き受(う)ける의 겸양어(承知(しょうち)する・かしこまる).
③ 知る의 존경어. (ご存(ぞん)じ) ⑤ 行く・来る・いる의 존경어.

31 다음 우리말을 일본어로 바르게 옮긴 것을 고르세요.

머리도 좋을 뿐만 아니라 몸도 튼튼하다.

① 頭(あたま)がよいし体(からだ)も健康(けんこう)である。
② 頭もよいばかりに体も健康である。
③ 頭がよいばかりか体も健康である。
④ 頭もよいどころか体も健康である。
⑤ 頭がよくて体も健康である。

해설

ばかりか : ~뿐만 아니라. (그것만에 한정되지 않고, 더욱더 상회하는 사태가 발생하는 관계를 나타낸다). (ばかりでなく・のみならず・だけでなく・のみでなく)

32 다음 문장과 용법이 같은 것을 고르세요.

やわらかいから子どもにもたべられる。

① 人(ひと)に見(み)られると困(こま)るのです。 ② ある人(ひと)が道(みち)をたずねておられる。
③ それなら私にも答(こた)えられる。 ④ 子供(こども)に泣(な)かれてこまった。
⑤ 私は母(はは)に起(お)こされました。

해설

부드럽기(柔(やわら)かい) 때문에 아이들도 먹을 수 있습니다. (가능)

① 남에게 들키면(보면) 곤란합니다. (수동)

② 어떤 사람이 길을 물으셨다. (상대의 입장에서는 존경, 본인의 입장에서는 겸양)
(ている에 대해서는 일반적으로 ておられる를 사용한다)

③ 그것이라면 나도 대답할 수 있다. (가능)

④ 아이가 울어서 곤란했다. (수동)

⑤ 나는 어머니에게 깨워졌습니다. (수동)

33 次の文の(　　　)の中に最も適当な言葉を入れなさい。

乗り掛かった(　　　)。

① 上　　② 道

③ 歩き　　④ 船

⑤ 地

해설

내친걸음에 가다. 일을 시작한 이상 도중에 그만둘 수는 없다.

• 次の文章を読んで質問に答えなさい。 (34～37)

こわいものと聞いたときに、連想するのは、むかしは「地震・雷・火事・親父」であった。これらは、いわゆる「こわいもの」の代表だった。

今も地震や火事はこわいが、今の父親は「こわいもの」ではなくなった。むかしの父親は頑固で、一度決めたことは絶対に変えず、子供が悪いことをすると、子供の顔を(Ⓐ)見すえて、厳しく叱ったものだった。(Ⓑ)むかしの父親には威厳というものがあった。ところが、今の父親には、頑固さや厳しさがない。そしてたいした威厳もない。子供にばかにされたりもする。「おやじよ、どうした。威厳とこわさを取り戻せ。」と、思わず(Ⓒ)なる

34 (Ⓐ) の中に正しいものを一つ選びなさい。

① しっかり　　② あっさり

③ はっきり　　④ くっきり

⑤ てっきり

해설

① 내적으로 견실한 모습. 빈틈이 없는 모습(충분히 · 틀림없이).
기분 · 성질 · 행위 등이 견실하고 확실해서 신용할 수 있는 모습.
무서운 것이라고 들었을 때, 연상하는 것은, 옛날에는 「지진 · 번개 · 화재 · 아버지」였다. 이것 들은, 소위 「무서운 것」의 대표였다.
지금도 지진이나 화재는 무섭지만, 지금의 아버지는 「무서운 것」이 아니게 되었다. 옛날의 아버지는 완고해서, 한 번 결정한 것은 절대로 번복하지 않고, 아이가 나쁜 짓을 하면, 아이의 얼굴을 똑바로 쳐다보고, 지엄하게 혼냈다. 게다가 옛날의 부모는 위엄이라는 것이 있었다. 그러나, 지금의 아버지는, 완고함이나 지엄함이 없다. 그리고 이렇다 할 위엄도 없다. 아이에게 바보 취급을 당하기도 한다. 「아버지, 왜 그래. 위엄과 무서움을 다시 보여라」라고, 무의식 중에(엉겁결에) 격려하게 된다.

② 맛 · 성격 등이 시원스러운 모습. 간단히. (게임에 지다)

③ 분명히. 똑똑히. 확실히.　　④ 선명하고 뚜렷하게 보이는 모습.

⑤ 틀림없이.

35 (Ⓑ) の中に正しいものを一つ選びなさい。

① これに　　② それに

③ あれに　　④ どれに

⑤ なにに

해설

② 게다가. (その上(うえ) · それに · お負(ま)けに · かつ)

36 (ⓒ) の中に正しいものを一つ選びなさい。

① かくしたく　　② ゆるしたく
③ はげましたく　　④ ごまかしたく
⑤ さがしたく

해설

➡ ③ 격려하다. 북돋다. (励ます)
① 숨기다. (隠す)　　② 용서하다. (許す)
④ 속이다. 얼버무리다.　　⑤ 찾다. (探す · 捜す)

37 「たいした」の意味として正しいものを一つ選びなさい。

① これといった　　② まったく
③ すぐれた　　④ さすがに
⑤ すっきりした

해설

➡ ① 이렇다 할. 이것이라고 한.
② 전적으로. 어이없다. (全く)　　③ 우수하다. 뛰어나다. (優れる · 勝れる)
④ 역시. 과연. 당연한 귀결의 문장에 사용한다.
⑤ 모든 것이 마무리되어 기분이 좋은 모습.

38 次の文の(　　)の中に最も適当な言葉を入れなさい。

(　　)の手も借りたい。

① へぼ　　② 子供
③ 猫　　④ 鬼
⑤ 奥

해설

일손이 부족해서 곤란한 상태. 굉장히 바쁠 때.
猫に小判 : 돼지 목에 진주. (豚に真珠)
① 일이 서투른 사람. 돌팔이. ⑤ 奥の手 : 비장의 수.

• 次の文の( )の中に最も適当な言葉を入れなさい。

39 彼女は、男の人を( )、いつもだまされている。

① 見る目がなくて
② 相撲にかって勝負に負けて
③ 恋に芽生えて
④ 高飛車に出て
⑤ 腕を振るって

해설

그녀는 남자를 보는 눈이 없어서, 언제나 속고 있다. (騙す)
① 보는 눈이 없다.
② 씨름에 이기고 승부에 지다.
③ 사랑이 싹트다.
④ 고자세로 나오다.
⑤ 자신의 능력을 충분히 발휘하다.

40 次の文の組み合わせのうち、間違っているものを一つ選びなさい。

① 粋は身を食う。 : 풍류에 빠지면 패가망신한다.
② 余所行き。 : 예의 바른 말투나 태도.
③ ぜんは急げ。 : 악은 급하게 탄로 난다.
④ 骨の髄まで。 : 구석구석까지.
⑤ 耳をそばだてる。 : 소리가 나는 쪽으로 귀를 기울이다.

해설

➡ ③ 좋은 일은 빨리 서둘러라. 쇠뿔도 단김에 빼라. (善は急げ)
② 외출. 나들이옷. 예의 바른 말투나 태도. (畏まった言葉遣いや態度)

畏まる : 신분이 높은 사람. 손윗사람 앞에서, 존경하는 기분을 나타내며 공손한 태도를 취함. (かしこまって挨拶する。 공손히 인사하다)

예의 바른 경직된 자세를 편안한 자세로 앉다. (正座 · 正座する)

畏まっていないで、膝をお崩しなさい。

무릎 꿇지 말고, 편안한 자세로 앉으세요.

膝を折る。 무릎 꿇고 앉다. 상대방 앞에서 몸을 엎드리고 상대에게 머리를 숙인다.

명령 · 의뢰 등을 승낙할 때의 의미를 나타낸다. 네, 알겠습니다. (承(うけたまわ)る)

어려운 느낌이 든다 (窮屈である). 황공하고 감사하다. (恐縮して感謝する)

사죄를 하다. (詫を言う · 言い訳をする)

말이나 행동을 삼가고 조심하다. 근신하다. (謹慎する)

④ 구석구석까지(썩은 인간. 人間). 마지막까지.

41 次の文の組み合わせのうち、間違っているものを一つ選びなさい。

① 身を立てる。 : 사회에 나가 성공하다.

② 身の振り方。 : 지금 이후의 자신의 생활.

③ 大きい口をたたく。 : 잘난 것같이 말하다.

④ 石を以て追わるる如く。 : 많은 사람들로부터 비난받아 추방되듯이 떠나는 모습.

⑤ 猫の子を貰うよう。 : 고아로 쓸쓸히 자라다.

해설

➡ ⑤ 고양이 새끼를 받는 것처럼, 결연(양자. 양녀) 등이 가볍게 이루어지는 모습. 무책임한 사람의 아이를 떠맡다.

① 생활을 하는 수단으로 하다. 생계를 꾸리다.

② 처신. 장래의 생활에 관한 방침.

③ 허풍 떨다. 과장되게 말을 하다. 잘난체 하다.
(大口を叩く · 大げさな物言いをする · 偉そうなことを言う · 大きな口を聞く)
(大口 · 大口 : 큰 입. 입이 크다)

● 次の文の(　　)の中に最も適当な言葉を一つ選びなさい。(42〜43)

42 明日の取り引き先との交渉のことを考えると(　　)。

① 気が重くなる　② 盗人の昼寝
③ 泥棒にも三分の道理　④ 猫撫で声
⑤ けりを付ける

해설

내일 거래처와의 교섭을 생각하면 부담이 된다.
① 부담이 되어 마음이 무거워진다.
② 어떤 일이든지 그만큼의 이유 · 목적은 있다.
③ 핑계 없는 무덤은 없다. 무엇이건 이유를 붙이자면 붙일 수 있다.
처녀가 아이를 낳아도 할 말이 있다. (盗人にも三分の理)
④ 비위를 맞추기 위해 부드럽게 내는 목소리.
⑤ 결판을 내다. 결말을 짓다. 종료하다. (締め括る)

43 いつもにぎやかな山田さんがいないと(　　)ように静かだ。

① 万事休した　② 意地が汚い
③ 火が消えた　④ ああいえばこういう
⑤ 血が通った

해설

언제나 시끄러운(賑やか) 야마다씨가 없으면 불이 꺼진 것처럼 조용하다.
① 손을 써 봤지만 모든 일이 수포로 돌아가다. 모든 것이 끝장나다.
② 욕심이 많다. (음식 · 금전)
③ 시끄럽던 상황에서 갑자기 조용해져 외로운 모습.
④ 이렇게 말하면 저렇게. (고집 부리다 · 심술궂다)
⑤ 살아있다. 인정미가 있다.

44 間違っている読み方をそれぞれの中から一つ選びなさい。

① 心地 (ここちじ)　② 仲人 (なこうど)

③ 海女 (あま)　④ 行方 (ゆくえ)

⑤ 意気地 (いくじ)

해설

➡ ① ここち (기분. 마음). (心地(しんじ) : 불교 용어로서 마음을 대지에 비유한 말)
心地損なう(ここちそこなう) : 건강을 해치다. 병에 걸리다. (健康を損ねる(けんこうをそこねる) · 病気になる(びょうきになる))

② 중매인 (仲人(なかうど) · 仲人(なこうど) · 仲人(なかびと) · 仲人(ちゅうにん)). (若人(わこうど) · 若人(わかうど) · 若人(わかびと) · 若者(わかもの) : 젊은 사람)

③ 해녀. (海女(あま) · 海人(あま)). 해녀(漁師(りょうし)). 한자(漢字(かんじ)) 는 남자를 海士(あま)、여자를 海女(あま) 라고 쓴다.

④ 행방불명. (行方不明(ゆくえふめい) · 行方知らず(ゆくえしらず))

⑤ 고집. 자존심. 패기. (意気地(いくじ) · 意気地(いきじ)) (意気地を立てる(いくじをたてる) : 고집을 부리다)

45 次の文はどんな意味か。最も適当なものを一つ選びなさい。

山下さん、今日は元気がなかったけれどどうしたのかな。彼はお天気屋だから、気にすることはないよ。

① そうだね。明るい性格だから、すぐに元気になるね。

② いつも悲しそうだし、今日だけ元気がないわけじゃないよ。

③ 山下さんは気分が変わりやすい人だから、たいしたことはないよ。

④ あしたも雨が降るかもしれない。

⑤ 人の悪口はしないほうがいい。

해설

야마시따씨, 오늘은 기운이 없어 보였는데 어떻게 된 걸까. 그 사람은 변덕쟁이이기 때문에, 걱정할 필요는 없어.

① 맞아. 밝은 성격이기 때문에, 곧 좋아질 거야.

② 언제나 슬픈 것 같고, 오늘만 기운이 없는 것은 아니다.

③ 야마시따씨는 기분이 변하기 쉬운 사람이기 때문에, 큰일은 아니다.

④ 내일도 비가 올지 모르겠다.

⑤ 남 욕은 하지 않는 것이 좋다(悪口). (悪口 : 불교용어. 10악중 하나. 악담)

• 次の文の(　　　)の中に最も適当な言葉を一つ選びなさい。(46～49)

46 (　　　)ほど欲しいものがあるが、高くてとても買えない。

① 腑に落ちる　　② のどから手が出る

③ 猫にかつおぶし　　④ 盗人猛々しい

⑤ 涙に暮れる

해설

광장히 갖고 싶은 물건이 있지만, 비싸서 도저히 살 수 없다.

① 납득이 가다.　　② 굉장히 갖고 싶은 모습. 목구멍에서 손이 나오다.

③ 고양이 옆에 아주 좋아하는 가다랑어포를 놓는 것. 안심·방심할 수 없는 것. (猫に鰹節)

④ 도둑질을 하면서도 태연하게 나쁜 짓을 한 사람을 거꾸로 꾸짖는 것. 적반하장도 유분수다. 뻔뻔스럽다. (盗人猛々しい·図々しい·図太い·厚かましい·恥を知らない)

⑤ 눈물로 나날을 보내다. 굉장히 슬프다.

47 彼はいつも(　　　)ような話ばかりしていて、ちっとも現実的じゃない。

① 雲をつかむ　　② 泣く子と地頭には勝てぬ

③ 輪を掛ける　　④ 舌を巻く

⑤ 二八ブタ

해설

그는 언제나 뜬구름 잡는 이야기만 하고 있어서, 조금도 현실적이지 않다.

① 뜬구름 잡다. 비현실적이다.

② 아기와 권력자처럼 도리가 통하지 않는 사람에게는 싸워도 소용없다.

③ 증폭하다. 정도를 심하게 하다. 과장하다.

④ 매우 놀라다. (非常に驚く·感心する)

⑤ 2월과 8월로 일 년 중에서 경기가 가장 저조한 달. (불경기 두 달)
(其々年間で商売が振るわない月とされる。그해 동안에 장사가 부진한 달이다)

48 彼は大学教授だが、政界にも(　　　)。

① とうとい体験だ　② 案外なことだ
③ 退っ引きならない　④ 打っ付け本番だ
⑤ 顔が広い

해설

그는 대학교수이지만, 정계에서도 유명하다. (얼굴이 알려져 있다)

① 소중한 체험. (貴い · 尊い : 존경해야만 되는 것. 신분이 높다. 가치가 있다. 값지다)

② 의외이다.

③ 빼도 박도 못하다. 어떻게 할 수가 없다. 진퇴양난. (退っ引きならぬ · 進退きわまる · 板挟み)

④ 연습이나 타협 없이 갑작스럽게 시작하는 것.

49 もう一度(　　　)が、絶対に集合時間に遅れないでください。

① 念を押します　② 愛のむちになります
③ 可愛い子には旅をさせよ　④ グループになります
⑤ 株を守ります

해설

다시 한 번 다짐해 두지만, 절대로 집합시간에 늦지 말아 주세요.

① 재차 다짐해 두다. (釘を刺す · 念を押す · 駄目を押す)

② 사랑의 매(채찍). 사랑하기 때문에 엄하게 혼낼 것. (愛の鞭)

③ 사랑하는 자식일수록 고생을 시켜라. 사랑하는 자식에게는 여행을 시켜라.

④ 한패가 되다. (仲間になる · 同志になる · 連中になる · 連中になる)

⑤ 융통성이 없다. (株を守る · 株を守る · 杓子定規 · 片意地(외고집) · 頑固(완고) · 一徹 · 石頭)

50 下線の部分の間違っているものを一つ選びなさい。

① 彼は彼女に気があるようだ。
② いくら君が親身になって忠告しても、相手が彼では馬の耳に念仏だよ。
③ 金賞と銀賞の作品の差は紙一重。
④ 皆の前で失敗して、穴があったら入りたかった。
⑤ そんな暗い思いはすべて水を差して、また始まりましょう。

해설

➡ ⑤ 그런 어두운 과거는 모두 잊어버리고, 다시 시작합시다.
水を差す : 방해하다. (邪魔する · 水を掛ける)
水に流す : 과거에 있던 나쁜 일들을 모두 잊다.
① 그는 그녀에게 마음이 있는 것 같다.
② 아무리 자네가 친절하게(가족처럼 생각하고) 충고해도, 상대가 그 사람이라면 소귀에 경 읽기다.
③ 금상과 은상의 작품의 차이는 종이 한 장이다.
④ 모든 사람 앞에서 실패해서, 구멍이 있으면 들어가고 싶다.

51 次の文の(　　)の中に最も適当な言葉を入れなさい。

子供の教育のことを考えると(　　　)。

① 頭を丸める
② 頭が痛い
③ 眉を開く
④ 手間を取る
⑤ 揚げ足を取る

해설

아이들의 교육을 생각하면 골치가 아프다.
① 승려가 되다. 반성 · 사죄하다.
② 골치가 아프다.
③ 걱정이 없어져서 안심하는 표정.
④ 의외로 시간이 걸리다.
⑤ 말꼬리를 잡고 늘어지다.

52 다음 문장을 우리말로 바르게 옮긴 것을 고르세요.

彼(かれ)の仕事(しごと)を引(ひ)き受(う)けたばかりに、ひどい目(め)にあった。

① 그의 일을 인수한 나머지 많은 손해를 보았다.

② 그의 일을 떠맡은 바람에 혼났다.

③ 그의 일을 떠넘기느라 애를 먹었다.

④ 그의 일을 떠넘긴 탓에 지독한 비난을 받았다.

⑤ 그의 일을 인수한 덕에 큰 이익을 보았다.

해설

그의 일을 인수했기 때문에, 심한 고생을 했다.

ばかりに : ～인 탓으로. ～이기 때문에. (그것만이 원인 · 이유가 있다고 하는 의미를 나타내며 부정적인 문장에 사용한다)

(심한 경험(고생)을 하다 : 辛(つら)く苦(くる)しい · 辛(つら)い目(め)に遭(あ)う · 苦(くる)しい経験(けいけん)をする · 苦(くる)しい思(おも)いをする · 苦(くる)しみを嘗(な)める · 辛(つら)いことを経験(けいけん)する · 苦(くる)しい目(め)に遭(あ)う · 酷(ひど)い目(め)に遭(あ)う · 非道(ひど)い目(め)に遭(あ)う)

53 다음 문장의 의미가 순서대로 바르게 된 것을 고르세요.

「水(みず)いらず。」「猫(ねこ)いらず。」

① 남이 끼지 않은 집안끼리. 고양이가 많은 집.

② 결말이 나지 않는 이론. 관계가 없다.

③ 결말이 나지 않는 이론. 본질과 다름.

④ 남이 끼지 않는 집안끼리. 쥐약.

⑤ 물을 넣지 않은 원액. 남 몰래.

해설

쥐약. (殺鼠剤(さっそざい))

54 次の文の(　　)の中に最も適当な言葉を一つ選びなさい。

友達の木村君がぼくに傘を貸して(　　)。

① あげました　　② もらいました
③ やりました　　④ くれました
⑤ いただきました

해설

친구인 기무라군이 나에게 우산을 빌려주었습니다.

友達に傘を貸してもらう。 친구에게 우산을 빌려받다. (いただく)

友達が傘を貸してくれる。 친구가 우산을 빌려주다. (くださる)

55 次の文章を読んで、後の問いに答えなさい。

佐藤：あのう、コピーの取り方を教えていただけませんか。

田中：いいですよ。何をコピーするんですか。

佐藤：この資料ですが、ちょっと字が小さすぎて、大きくしたいんですが。

田中：ここを押して、スタートですね。

【問い】佐藤さんはコピーのどんな機能を教えてもらいましたか。

① 濃度　　② 拡大
③ 縮小　　④ カラー
⑤ 用紙選択

해설

【질문】사또씨는 복사기의 어떤 기능을 가르쳐 받았습니까.

佐藤：저, 복사기 취급방법을 가르쳐 주지 않겠습니까.

田中：좋습니다. 무엇을 복사합니까.

佐藤：이 자료입니다만, 좀 글씨가 작아서, 크게하고 싶습니다만.

田中：여기를 누르고, 스타트하면 됩니다.

① 농도. ② 확대.
③ 축소. ④ 칼라.
⑤ 용지선택.

56 次(つぎ)の動詞(どうし)の「て」形(けい)が正(ただ)しくないものを一(ひと)つ選(えら)びなさい。

① 切る → 切て ② 帰る → 帰って
③ 集める → 集めて ④ 知る → 知って
⑤ 落ちる → 落ちて

해설

➡ ① 切(き)る → 切って (동사 I).

① 자르다. 스위치를 끄다. ② 집 · 고향 · 본국으로 돌아가다. (帰(かえ)る)
③ 모이다. 집합하다. (集(あつ)める) ④ 알다. (知(し)る)
⑤ 나뭇잎 · 시험에 떨어지다. 해가 지다. 속도가 떨어지다. 옷에 묻은 것이 지워지지 않는다. 이름이 빠져 있다. (落(お)ちる)

57 다음 문장을 우리말로 바르게 옮긴 것을 고르세요.

自分(じぶん)の愚(おろ)かさは棚(たな)に上(あ)げて私に能天気(のうてんき)だと。

① 자신의 바보스러움은 거론하지 않고 나보고 미련하다고.
② 자신의 바보스러움은 보류하고 나보고 변덕쟁이라고.
③ 자신의 바보스러움은 선반에 두고 나보고 태평하다고.
④ 자신의 어리석음은 문제 삼지 않고 나보고 경박하다고.
⑤ 자신의 게으름은 깨닫지 못하고 나보고 태평하다고.

해설

能天気(のうてんき) · 能転気(のうてんき) · 脳天気(のうてんき) : 경박한 모양. 또는 그런 사람.
脳天(のうてん) : 뇌천. 정수리(頭の天辺(てっぺん)). 棚(たな)に上(あ)げる : 보류하다. 문제 삼지 않다. 거론하지 않다.

58 다음 문장의 의미와 가장 가까운 것을 고르세요.

あと50万(まん)ウォンあればあの車(くるま)が買(か)える。

① この人は50万ウォンあるから、今その車が買える。

② この人は50万ウォンたりないが、今その車が買える。

③ この人は50万ウォンたりないから、今その車が買えない。

④ この人は50万ウォンしかないから、今その車が買えない。

⑤ この人は50万ウォンあるから、今その車を買えない。

해설

앞으로 50만원 있으면 저 차를 살 수 있다.

① 이 사람은 50만원 있기 때문에, 지금 저 차를 살 수 있다.

② 이 사람은 50만원 부족하지만, 지금 저 차를 살 수 있다.

③ 이 사람은 50만원 부족하기 때문에, 지금 저 차를 살 수 없다.

④ 이 사람은 50만원밖에 없기 때문에, 지금 저 차를 살 수 없다.

⑤ 이 사람은 50만원 있기 때문에, 지금 저 차를 살 수 없다.

59 다음 문장을 우리말로 바르게 옮긴 것을 고르세요.

語学(ごがく)にかけては彼(かれ)の右(みぎ)に出(で)るものがない。

① 어학만큼은 그보다 열심히 하는 사람이 없다.

② 어학만큼은 그보다 실력이 나은 사람이 없다.

③ 어학에 걸쳐서는 그의 실력을 따라잡을 수가 없다.

④ 어학에 관한 한 그를 믿고 따를 수밖에 없다.

⑤ 어학에 한해서는 그에게 도움을 받지 않으면 안 된다.

해설

右(みぎ)に出(で)るものがない : 뛰어난 사람이 없다. 능가할 사람이 없다.

にかけては : ~에 관해서는 (…に関(かん)しては). ~그 기간 중에, ~걸쳐서. (주로 긴 시간에)

60 身に生まれ付いた芸。の意味を一つ選びなさい。

① 着た着物などがいい。 ② その人の分際にとって充分すぎる。
③ 体にしっかりとすがり付く。 ④ 生まれながらに身に付いた芸。
⑤ 見慣れた顔が揃う。

해설

生まれ付き : 성질 · 능력이 태어날 때부터 갖추어진 것. 천성 (天性). 分際 : 신분.

① 입은 옷이 좋다. ② 그 사람의 신분으로서 충분하다.

③ 몸에 정확히 매달리다. (縋り付く : 의지해서 꽉 붙잡다. 의지하다. 頼る)

④ 태어나면서부터 갖는 재주. ⑤ 익숙한 얼굴(낯익은 얼굴)이 모여 있었다.

何もかも変わってしまった世界で、見慣れた顔があるのは落ち着く。

모든 것이 변해 버린 세계에서, 익숙한 얼굴이 있는 것은 마음이 안정이 된다.

61 다음 문장의 의미로서 가장 잘 표현한 것을 고르세요.

少しばかりの援助では効果がないこと。

① あとの祭り。 ② 焼け石に水。
③ 餅は餅屋。 ④ 右から左。
⑤ 釣り合わぬは不縁の基。

해설

조금의 원조로는 효과가 없는 것.

① 행차 뒤의 나팔. 이미 늦다. (泥棒を捕らえて縄を綯う · 手遅れ · 後の祭り)

② 언 발에 오줌 누기. 별 효과가 없다.

③ 모든 일에는 전문분야(전문가)가 있다. 떡은 떡집. (餅屋は餅屋)

④ 지식 · 금품 등을 곧 써 버리다.

④ 결혼은 서로 신분 · 가문 등이 비슷하지 않으면 이혼의 원인이 된다.

62 「국장님은 지금 우체국으로 가셨습니다.」의 올바른 일본어를 고르세요.
(외부에서 국장을 찾는 전화가 걸려 왔을 때의 대답으로)

① 局長はいま郵便局へいらっしゃっています。
② 局長さまはいま郵便局へいらっしゃいました。
③ 局長はいま郵便局へ行っています。
④ 局長はいま郵便局へおいでになっています。
⑤ 局長はいま郵便局へいらっしゃるつもりです。

해설

가다의 존경어는 (いらっしゃる · おいでになる · お越しになる · 御座します)

● 次の文の(　　)の中に最も適当な言葉を入れなさい。(63〜64)

63 隣の方が(　　)から、お静かに願います。

① ご迷惑なさいます　② ご迷惑いたします
③ ご迷惑されます　④ 迷惑いたします
⑤ 迷惑します

해설

옆 분이 피해가 되기 때문에, 조용히 해주십시오.
① 존경어가 없는 경우는 お · ご ＋ (명사 · 명사형) ＋ になる · なさる가 된다.
드시다. (お飲みになる · お飲みなさる)
폐가되다. (ご迷惑になる · ご迷惑なさる)

64 壁に(　　)あり、障子に(　　)あり。

① 目。耳　② 耳。口
③ 眼。耳　④ 耳。目
⑤ 眼。口

해설

낮말은 새가 듣고 밤말은 쥐가 듣는다.

65 괄호 안에 「花」가 들어갈 수 없는 것을 고르세요.

① 言わぬが(　　)。　② (　　)より団子。

③ 両手に(　　)。　④ 雨後の(　　)。

⑤ 鬼も十八番茶も出(　　)。

해설

➡ ④ 우후죽순. (雨後の筍 · 雨後の竹の子)

① 침묵은 금이다.　② 금강산도 식후경.

③ 아름다운 것이나 갖고 싶은 것을 동시에 얻다. 행운을 독차지함.

⑤ 시집 갈 나이가 되면 누구나 예뻐진다. 못생겼어도 나이가 차면 조금은 여성다운 매력이 생긴다는 것. (鬼も十八番茶も出花)

66 다음 문장의 대답으로 올바르지 않은 것을 고르세요.

そんなに強かった矢島さんがまけたなんて信じられない。

① 彼にもいい薬になるんでしょう。　② 油断したせいでしょう。

③ 相手を甘く見すぎたんだよ。　④ 矢島さん、気の毒だな。

⑤ 矢島さんが本気だったせいよ。

해설

그렇게 강했던 야지마씨가 지다니 믿을 수가 없다.

① 그에게도 좋은 약이 되겠지요.　② 방심한 탓이겠지요.

③ 상대를 너무 얕봤다.　④ 야지마씨, 안됐어. (가엾다)

⑤ 야지마씨가 진심이었던 탓이다.

67 気がむくと手伝ってくれる。下線の部分の意味を一つ選びなさい。

① 긴장이 풀리면 ② 관심을 가지면

③ 걱정이 없어지면 ④ 시간이 있으면

⑤ 마음의 여유가 생기면

해설

気が向く : 관심을 갖다. 어떤 일을 하고 싶은 마음이 들다. (気が乗る)

68 水掛け論に終わる。下線の部分の意味を一つ選びなさい。

① 아무 문제없이 무사히 끝을 맺는 이론.

② 언제나 같은 이론만 반복하는 이론.

③ 자신의 주장을 굽히지 않아 해결의 결말이 나지 않는 이론.

④ 물에 물 탄듯, 술에 술 탄듯 흐지부지한 이론.

⑤ 남의 것을 짜깁기해 도무지 특색이 없는 이론.

69 다음 문장을 일본어로 바르게 옮긴 것을 고르세요.

시골 사람이 서울 사람보다 친숙해지기 쉽습니다.

① 田舎の人の方が、ソウルの人より、親しみやさしいです。
② 田舎の人の方が、ソウルの人より、親しみやすいです。

③ 田舎の人の方が、ソウルの人ほど、親しみにくいです。

④ 田舎の人の方が、ソウルの人ほど、親しさやすいです。

⑤ 田舎の人が、ソウルの人より、親しいやさしいです。

해설

동사(ます形) + やすい : ~하기 쉽다.

동사(ます形) + にくい · がたい : ~하기 어렵다.

70 資金をつごうする。の意味を一つ選びなさい。

① 자금을 마련하다. ② 자금을 돌려주다.
③ 자금의 출처를 캐다. ④ 자금을 보충하다.
⑤ 자금의 상태를 체크하다.

해설

都合 : 마련. 준비. 변통. (遣り繰り · 繰合せ · 工夫 · 工面する)
都合を付ける : 변통하다. 마련하다. 조달하다. 융통하다. (부사(副詞) : 합계해서. 전부)

71 다음 문장을 우리말로 바르게 옮긴 것을 고르세요.

こんな土壇場まできて意地を張っても無駄だ。

① 이런 흙탕길에선 고집을 부려 봤자 소용없다.
② 이런 막다른 곳까지 와서 고집을 부려 봤자 소용없다.
③ 이런 진흙탕에선 아무리 발버둥쳐 봐야 소용없다.
④ 이런 진흙탕까지 와서 멋을 내봤자 무슨 소용이냐.
⑤ 이런 막다른 곳까지 와서 멋 부려 봐도 소용없다.

해설

土壇場 : 결단을 내려야 하는 마지막 장면. 사형장. 막다른 곳. 진퇴양난에 빠진 상태. (土壇)
土壇場でびびる。마지막에 겁먹다. 마지막에 움츠러들다.

72 다음 문장을 일본어로 바르게 옮긴 것을 고르세요.

여동생에게 사 주고 싶은 것이 많습니다.

① 妹に買ってやりたいものがたくさんあります。
② 妹に買ってもらいたいものがたくさんあります。
③ 妹に買ってさせたいものがたくさんあります。
④ 妹に買ってくれたいものがたくさんあります。
⑤ 妹に買って売ってもらいたいものがたくさんあります。

해설

妹に買ってやる。 여동생에게 사 주다. (妹に買ってあげる)

妹に買ってもらう。 여동생에게 사 받다.

妹が買ってくれる。 여동생이 사 주다.

• 次の文の(　　)の中に最も適当な言葉を入れなさい。

73 テストの結果が発表された時、一瞬の教室は(　　)ように静かになった。

① 火が消えた　　② 穴の開くほど

③ 風を食らう　　④ 水を打った

⑤ 上手を行く

해설

➡ ④ 아주 조용한. (찬물을 끼얹은 듯이)

① 시끄럽던 상황에서 갑자기 조용해져 외로운 모습.

② 뚫어지게 바라보다.

③ 나쁜 일이 탄로날 것 같아서 도망치다. 어느 순간 없어지다.

⑤ 능력 · 기술 등이 다른 사람보다 뛰어나다.

74 다음 단어 중 잘못 읽고 있는 것을 고르세요.

① 出納 (でとう)　　② 黒字 (くろじ)

③ 係長 (かかりちょう)　　④ 貿易 (ぼうえき)

⑤ 輸出 (ゆしゅつ)

해설

➡ ① 出納(すいとう) · 出納(しゅつのう) (출납. 지출과 수입)

② 흑자. (赤字(あかじ) : 적자)　　③ 계장. (회사의 직위)

④ 무역.　　⑤ 수출. (輸出(ゆしゅつ) · 輸出(しゅしゅつ) ⇔ 輸入(ゆにゅう) · 輸入(しゅにゅう))

75 다음 문장의 의미를 가장 잘 표현한 것을 고르세요.

「いくら値打ちのあるものでも、それがわからないものには無用であること。」

① 猫に木天蓼。 ② 立て板に水。
③ 埒も無い。 ④ 猫に小判。
⑤ 面構え。

해설

➡ ④ 돼지 목에 진주. 개발에 편자. (豚に真珠)

① 매우 좋아하다. 대단히 효과가 있는 것. (猫に木天蓼 · お女郎に小判)

② 달변가. 말을 굉장히 잘하다. (⇔ 横板に雨垂れ)

③ 난잡하다. 하찮다. 두서없다. (埒が明かない · 決まりが付かない : 결말이 나지 않다) (捗らない : 사물이 잘 진행되지 않다)

⑤ 위압하는 듯한 얼굴 모습. 얼굴 형태. (顔つき · 面つき · 顔の格好)

76 다음 중 의미가 나머지 넷과 다른 것을 고르세요.

① うらぎる。 ② 寝返りを打つ。
③ うわごと。 ④ はいはん。
⑤ 飼い犬に手を噛まれる。

해설

➡ ③ 헛소리. 방언. (うわ言)

① 배신하다. (裏切る) ② 배신하다.

④ 배반. (背反)

⑤ 기르는 개에게 손을 물리다. 믿는 도끼에 발등 찍히다.

77 次の文の問いに答えなさい。

お母さんはお宅にいらっしゃいますか。

① はい、母はうちにいらっしゃいます。
② いいえ、お母さんはうちにいらっしゃいません。
③ はい、お母さんはうちにいます。
④ いいえ、母はうちにいません。
⑤ いいえ、お母さんはうちにおりません。

해설

어머님은 계십니까.

➡ ④ 아니요, 엄마는 없습니다. (いいえ、母はうちにおりません。)

78 次のうち、＿＿＿線の長音の表記が間違ったものを一つ選びなさい。

① おに<u>い</u>さん　② おば<u>あ</u>さん
③ おね<u>え</u>さん　④ おか<u>あ</u>さん
⑤ おと<u>お</u>さん

해설

➡ ⑤ お父さん (아버님)

① 형님. 오빠. (お兄さん)　② 할머님. (お祖母さん)
③ 누님. 언니. (お姉さん)　④ 어머님. (お母さん)

79 다음의 한국어를 일본어로 옮긴 것 중 자연스럽지 못한 것을 고르세요.

① 이 커피는 매우 향기가 좋군요.
(このコーヒーはとてもいい香りがしますね。)
② 이 요리는 매우 맛이 좋군요.
(この料理はとてもいい味がしますね。)

③ 아까부터 줄곧 이상한 소리가 나는군요.
(さっきからずっと変な音がしていますね。)

④ 이 시계는 모양이 재미있군요.
(この時計はおもしろい形がしますね。)

⑤ 왠지 오늘은 이길 것 같은 느낌이 드는군요.
(何となく今日は勝つ気がしますね。)

해설

➡ ④ この時計はおもしろい形ですね。

80 다음 문장을 일본어로 바르게 옮긴 것을 고르세요.

わざわざ出掛けて行くのも面倒臭い。

① 일부러 나가게 해서 면목이 없다.
② 일부러 나가는 것도 번거롭기 짝이 없다.
③ 일부러 나가는 것도 신경 쓰이는 일이다.
④ 일부러 나가는 것도 때로는 재미있다.
⑤ 일부러 나가는 것도 면목이 없다.

해설

面倒臭い。 성가시다. 귀찮다. 번거롭다. (煩わしい)
食事を作るのが面倒臭いので、ほとんど外食で済ましている。
식사를 만드는(준비하는) 것이 성가시기 때문에, 대부분 외식으로 끝낸다.

• 次の文章を読んで、後の問いに答えなさい。 (81〜90)

史上空前のゴルフ場建設ブームである。これを支えているのはゴルフ愛好者の急増である。ゴルフ人口がふくれるに従ってゴルフ場が増え

る。当然の成り行きでもあるが、[1]、それらによる様々な被害を心配する声が高まっているのは無視できない。[A]

その心配の最たるものは、ゴルフ場によっては水田に比べて二、三倍もの農薬を使っているのがわかったことである。全国的に農薬汚染問題が急浮上するきっかけとなった奈良県山添村の例では、❶人口六千人足らずのこの村にゴルフ場が三つあり、[2] 三つ計画されている。そこで既設の一か所が使う[①]の量が村内の全農協が扱う量より多いという。同村のゴルフ場排水から昨年、人体への危険が高いため農家が使っていない有機リン系の殺虫剤が検出されてから、農水省は初めて規制に乗り出した。[B]

農薬はまた、水源を汚染する。ゴルフ場開発は、より遠い僻地へ移り、❷大規模になりつつある。そんな山地はたいてい地元住民の簡易水道の水源林となっている。住民は不安を抱きながら水を飲むしかない。[C]

住民がもう一つ心配しているのは山林の環境破壊である。自然林を切り開いてゴルフ場を造ると、山林の保水力が低下する。谷あいのわき水に頼っている農村では、すでに雨の少ない年は異常渇水で農業用水の[②]に見舞われている。やむを得ずゴルフ場排水に頼ることになるが、赤く濁っているところが多い。ゴルフ場が肥料をたくさん使うせいもあろうが、赤いのは造成のときに埋めた草木が土中の鉄やマンガンと科学変化を起こしたためとみられている。急な傾斜地の木を切り払って造成したところでは、土砂崩れなど❸思わぬ災害を招く恐れもある。[D]

過疎地はいま、地域振興策を模索している。税収が増え、雇用が生まれるという期待が開発ブームの一端を支えている。[③] に代わる「むらおこし」となると、現実にはそう簡単に知恵は出ないかもしれない。[E]

[3]ふるさとの環境と、それ以上に住民の健康を犠牲にする心配を残しては「村起こし」とは言えまい。

사상 유례없던 골프장 건설붐이다. 이것을 지탱하고 있는 것은 골프 애호가의 급증이다. 골프인구가 증가함에 따라 골프장이 늘어난다. 당연한 결과이지만, [1]한편으론 그에 따른 각종 피해를 걱정하는 소리가 높아지고 있는 것은 무시할 수 없다. [A]

그 걱정의 으뜸가는 것은, 골프장에 따라서는 논에 비해서 2, 3배나 되는 농약을 사용하고 있다는 것을 알 수 있던 것이다. 전국적으로 농약오염문제가 급부상하는 계기가 되었던 나라겐 야마조에무라의 예에서는, ❶인구 6천명이 안 되는 이 마을에 골프장이 세 개 있고, [2]게다가 3개가 더 계획되고 있다. 거기에 이미 설치된 한 곳에서 사용하는 [①]농약의 양이 마을의 전체 농협이 취급하는 양보다 많다고 한다. 같은 마을의 골프장 배수로에서 작년, 인체에의 위험이 높기 때문에 농가가 사용하지 않는 유기인계의 살충제가 검출된 뒤로, 농림수산성은 처음으로 규제에 나서기 시작했다. [B]

농약은 또, 수원을 오염시킨다. 골프장 개발은, 보다 먼 벽지(외진 곳)로 옮겨 가고, ❷대규모화되어 가고 있다. 그런 산지는 대개 지역주민의 간이수도의 수원림이 되고 있다. 주민은 불안을 안고 있으면서 물을 마실 수밖에 없다.[C]

주민이 또 하나 걱정하고 있는 것은 산림의 환경파괴이다. 자연림을 베어내어 골프장을 만들면, 산림의 보수력이 저하된다. 골짜기 사이의 샘물에 의존하는 농촌으로서는, 이미 비가 적은 해에는 이상갈수로 농업용수의 [②]부족에 직면하고 있다. 어쩔 수 없이 골프장 배수에 의존하게 되지만, 붉게 흐려 있는 경우가 많다. 골프장이 비료를 많이 사용하는 탓인지, 빨간 것은 골프장을 조성할 때 파묻어 버린 풀과 나무가 흙 속에서 철이나 망간하고 화학변화를 일으켰기 때문이라고 보인다. 가파른 경사지의 나무를 베어내 조성한 곳에서는, 산사태 등의 ❸생각지 못한 재해를 초래할 무서움도 있다. [D]

인구가 적은 곳은 지금, 지역 진흥책을 모색하고 있다. 세수가 늘고, 일자리가 생길 것이라는 기대가, 개발붐의 한쪽을 지탱하고 있다. [③]골프장을 대신할 「마을진흥」이 되면, 현실적으로는 그렇게 간단히 지혜가 나오지 않을지도 모르겠다. [E]

[3]그러나 고향의 환경과, 그 이상의 주민의 건강을 희생하는 걱정을 남겨서는 「마을진흥」이라고는 할 수 없을 것이다.

• [1]、[2]、[3]にはどんな言葉を入れたらよいか。最も適当なものを一つ選びなさい。(81～83)

81 [1]

① 従(したが)って　　② おおよそ
③ 決(けっ)して　　④ 一方(いっぽう)で
⑤ おそらく

해설

④ 한편으론.
① 따라서.　　② 대략. 대충.
③ 절대로.　　⑤ 아마.

82 [2]

① 反対(はんたい)に　　② さらに
③ つまり　　④ やがて
⑤ 決(けっ)して

해설

② 게다가. 더욱더. 점점 더. 한층 더. (부정을 동반 : 조금도. 전혀)
① 반대로.　　③ 말하자면. 설명하자면.
④ 곧. 조만간에.　　⑤ 절대로.

83 [3]

① そして　　② しかも
③ しかし　　④ すなわち
⑤ また

해설

➡ ③ 그러나.

① 그리고. ② 게다가.

④ 즉. (설명문에) ⑤ 또. (반복)

• ①~③の説明として最も適当なものを一つ選びなさい。 (84~86)

84 ❶ 六千人足らず。

① 六千人よりかなり多い人数 ② 少なくとも六千人

③ 六千人より少し少ない人数 ④ ちょうど六千人ぐらい

⑤ 六千人の二倍

해설

➡ ③ 6000명보다 조금 적은 수.

① 6000명보다 꽤 많은 수. ② 적어도 6000명.

④ 딱 6000명 정도. ⑤ 6000명의 2배.

85 ❷ 大規模になりつつある。

① 大規模になろうとしている。 ② 大規模になってしまった。

③ 大規模になってはいけない。 ④ 大規模になるかもしれない。

⑤ 大規模にならないようにしている。

해설

➡ ① 대규모가 되려고 하고 있다.

② 대규모가 되고 말았다. ③ 대규모가 되어서는 안 된다.

④ 대규모가 될지도 모르겠다. ⑤ 대규모가 되지 않도록 하고 있다.

86 ❸ 思わぬ災害を招く恐れもある。

① 予想しない災害は特に恐ろしい。

② 予想できない災害を招いても困る。

③ 予想しない災害が起こる心配もある。

④ 予想できない災害になっても恐ろしい。

⑤ 予想できない災害になっても始まらない。

해설

➡ ③ 예상치 않은 재해가 일어날 염려도 있다.

① 예상치 않은 재해는 특히 무섭다. ② 예상치 못한 재해를 초래해도 곤란하다.

④ 예상할 수 없는 재해가 되어도 무섭다. ⑤ 예상할 수 없는 재해가 되어도 어쩔 수 없다.

87 ゴルフ場建設ブームの原因は何か、最も適当なものを一つ選びなさい。

① 美しい自然と「むらおこし」 ② あざやかなグリーン

③ 水不足と農薬の使用 ④ 水田の減少と村の過疎化

⑤ ゴルフ愛好者の急増と「むらおこし」

해설

➡ ⑤ 골프 애호가의 급증과 「마을진흥」.

① 아름다운 자연과 「마을진흥」 ② 산뜻한 그린.

③ 물 부족과 농약의 사용. ④ 논의 감소와 마을의 과소화.

88 次の文章は、本文のどの部分に入るか、次の中から一つ選びなさい。

あざやかなグリーンは、殺菌、殺虫、除草剤などの薬漬けで保たれている。ゴルフ場周辺でトンボや魚が姿を消した、という指摘は前からあった。無風のゴルフ日和には、ゴルファーは農薬を胸いっぱい吸い込んでいるようなものだ、と警告する学者もいる。

선명한 그린은, 살균, 살충, 제초제 등의 약물에 보호되고 있다. 골프장 주변에서 잠자리나 물고기의 모습이 사라졌다, 라고 하는 지적은 전부터 있었다. 바람이 불지 않는 좋은 날씨에 하는, 골프는 농약을 가슴 가득히 들이키는 것이다, 라고 경고하는 학자도 있다.

① [A] の後　　② [B] の後
③ [C] の後　　④ [D] の後
⑤ [E] の後

• [①]、[②]、[③]にはどんな言葉を入れたらよいか。最も適当なものを一つ選びなさい。同じものは一度しか使えません。

[①] : (　　)。　[②] : (　　)　[③] : (　　)

① 汚染　② 環境　③ ゴルフ場　④ 農薬
⑤ 不足　⑥ 工場建設　⑦ 農業　⑧ 水田

해설

工場 : 큰 규모의 공장. 水田 : 수전. 수답. 논.

① 오염. ② 환경. ③ 골프장. ④ 농약. ⑤ 부족. ⑥ 공장건설. ⑦ 농업.

89 慣用句의 의미가 잘못 짝지어진 것을 고르세요.

① 手が込む　　: 技術や方法が複雑で時間や労力が多くかけられる。
② 手が早い　　: 異性とすぐに恋愛関係を持つ。
③ 手に落ちる　: 人のものになる。
④ 手に掛かる　: 自分で殺す。
⑤ 手に手を取る : 一緒に行動する。

해설

④ 날조(조작) 하다(でっち上げる). 관여하다. 사람을 죽이다. (～의 손에 죽다)

手に掛ける : 자살하다. 일을 자신이 하다. 수고(世話)를 맡기다.

手を掛ける : 자기 스스로 행하다. 나쁜 짓을 하다. 시간 · 품이 들다. 남의 물건에 손을 대다.

② 무슨 일이 있으면 곧바로 폭력을 휘두른다. 일을 하는 것이 빠르다.

⑤ 자세히 가르치다. 세심하게 가르치다. 친근함을 갖고 손을 잡다. (手を取る)

90 「彼の手に掛かっては台無しだ。」의 올바른 해석을 고르세요.

① 그가 처리하면 엉망진창이 된다.

② 그의 손에 걸리면 헤어날 수 없다.

③ 그가 묘수를 생각하면 가망이 없다.

④ 그의 손에 죽은 사람은 헤아릴 수 없다.

⑤ 그의 농간에 걸려들어 신세를 망쳤다.

해설

台無し : 아주 망그러짐. 엉망이 됨. 못쓰게 됨. 허무하게 보내다. 많은 부정을 동반하여 전혀.

手に掛かる : 직접 처리하다. 취급하다. 살해당하다. 도움을 받다. 신세를 지다. 의존하다.

彼の手に掛かれば簡単に片付け。 그가 처리하면 간단히 해결한다.

暗殺者の手に掛かる。 암살자의 손에 살해당하다.

91 (　　　) 안에 들어갈 가장 적당한 말을 고르세요.

死んだ息子によく似た男の子に出会い、彼女は驚きの(　　　)声も出なかった。

① あまり　　② ほど

③ ことで　　④ かぎり

⑤ ところで

해설

죽은 아들을 꼭 닮은 남자아이를 만나, 그녀는 놀란 나머지 소리도 안 나왔다.

① ～나머지.　　② 정도.

④ ～한. (한정을 나타낸다)　　⑤ 그런데. (화제 전환)

92 (　　　) 안에 들어갈 가장 적당한 말을 고르세요.

ダイナマイトや無煙火薬を発明したノーベルは、その火薬が戦争などでたくさんの人々の殺傷に使われたことを悔やみ、遺言で「ノーベル賞」を作ったといわれる。火薬に限らず、すべての発明や発見、(　　　)科学技術は、それを使う人間次第で善にも悪にもなる。

① なるべく　　② すなわち

③ しからば　　④ ただし

⑤ ぎゃくに

해설

➡ ② 즉. 말하자면. (자세한 설명문에 사용)

다이너마이트나 무연화약을 발명한 노벨은, 그 화약이 전쟁 등에서 많은 사람들의 살상에 사용된 것을 후회하여, 유언으로 노벨상을 만들었다고 말하고 있다. 화약에 한정하지 않고, 모든 발명이나 발견, 즉 과학기술은, 그것을 사용하는 인간에 따라서 좋게도 나쁘게도 된다.

① 가능한 한. 될 수 있는 한. 여하튼 간에. (成る可く・なるたけ・できるだけ)

③ 然らば : 그렇다면. 그러면(そうであるならば・それならば).

計画は失敗か。然らば次なる方策を考えよう。

계획은 실패인가. 그렇다면 다음 방책을 생각하자.

헤어질 때 인사로도 사용된다. (さようなら・然らば)

然らば : 그러면. 그렇다면(それならば・それでは).

뒤에 부정의 말을 동반하여 그렇다고 해서. 그러나(しかし).

求めよ、然らば与えられん。구하라 그러면 얻을 것이다.

헤어질 때 인사로도 사용된다. (さようなら)

④ 단. (但し)　　⑤ 거꾸로. (逆に)

93 (　　　) 안에 들어갈 가장 적당한 말을 고르세요.

とても(　　　)庭だと聞きました。

① きれいだ　　② きれいに
③ きれいな　　④ きれい
⑤ きれいで

해설

대단히 아름다운 정원이라고 들었습니다. (な형용사가 명사를 수식하면 な가 온다)
きれいな公園 : 깨끗한(아름다운) 공원.　きらいな人 : 싫은 사람.

94 다음 설명에 부합하는 어휘를 고르세요.

人のよくない態度や行いに対して、よい方向に導こう、直させようと強く注意すること。「怒る」よりも理性的な感じで、必ず特定の相手がある。

① しかる　　② しらせる
③ おしえる　　④ おさえる
⑤ かぞえる

해설

남의 좋지 않은 태도나 행동에 대해, 좋은 방향으로 이끌어, 고치도록 강하게 주의할 것. 「화내는」 것보다 이성적인 느낌으로, 반드시 특정한 상대가 있다.

① 언동이나 좋지 않은 점을 지적해서 강하게 꾸짖다. 혼내다. (叱る)
② 알다. 존재하는 사물을 알다. (知る)　③ 가르치다. (教える)
④ 억압하다. 누르다. 억제하다. 확보하다. 이해하다. 파악하다. (抑える)
⑤ 숫자를 세다. (数える)

95 **다음 문장의 밑줄 친 부분에 들어갈 알맞은 내용을 고르세요.**

コンピュータが導入され、職場や仕事の現場が変わりつつあります。アニメーション製作を例にとれば、コンピュータが得意とする、色を塗ったり、動画と背景を合成したりするような作業はコンピュータに任せて、人間は色やデザインを決めたり、もとになる動きや効果音を考えるといった＿＿＿＿＿＿＿＿。

① これまでよりも単純な仕事を受け持つようになりました。
② より創造的で判断力を必要とする領域を受け持つようになりました。
③ 時間のかからない仕事を受け持つようになりました。
④ 体力を必要とする仕事を受け持つようになりました。

해설

➡ ② 보다 창조적이고 판단력을 필요로 하는 영역을 맡을 수 있게 되었습니다.

컴퓨터가 도입되어, 직장이나 일터의 현장이 바뀌고 있습니다. 애니메이션 제작을 예로 들면, 컴퓨터가 잘하는, 색칠이나 동영상과 배경을 합성하는 것 같은 작업은 컴퓨터에 맡기고, 인간은 색깔이나 디자인을 결정하거나, 바탕이 되는 움직임이나 효과음을 생각하는 것보다 창조적이고 판단력을 필요로 하는 영역을 맡을 수 있게 되었습니다.

① 지금까지보다도 단순한 일을 맡을 수 있게 되었습니다.
③ 시간이 걸리지 않는 일을 맡을 수 있게 되었습니다.
④ 체력을 필요로 하는 일을 맡을 수 있게 되었습니다.

96 **다음 문장의 내용과 일치하지 않은 것을 고르세요.**

つぎの春からこのアリたちは、地上に出ても働こうとせず、キリギリスのバイオリンにあわせて踊りまわるだけだった。ただ、おじいさんアリだけが慨嘆する。「なんたることだ、この堕落。このままだと遠からず……」

そして、若いアリたちを理論で説得すべく、食糧の在庫を調べ、あとどれくらいでそれが底をつくか計算しようとした。だが、あまりに貯蔵量が多すぎ、どうにも手におえない。あと数十年を踊りくらしたって、なくなりそうにはないのだ。そこでつぶやく。

「世の中が変わったというべきなのか。わしにはわけがわからなくなった……」

おじいさんアリは信念と現実との矛盾に悩み、その悩みを忘れようと、酒を飲み、若い連中といっしょに踊りはじめるのだった。

① 할아버지 개미의 신념은 힘껏 일해야 한다는 것이다.

② 봄이 되어 지상에 나와도 젊은 개미들은 춤만 춘다.

③ 식량 저장량이 많아도 십수 년 지나면 식량이 고갈 된다.

④ 할아버지 개미는 술을 마시고 춤추는 것으로 고민을 잊으려 한다.

해설

➡ ③

連中(れんちゅう)·連中(れんじゅう) : 동료. 동아리. 패거리. 친근감 또는 경멸을 말함. (仲間(なかま))

다음 봄부터 이 개미들은, 지상으로 나가도 일하려 하지 않고, 베짱이의 바이올린에 맞춰 춤을 추기만 했다. 그저, 할아버지 개미만 개탄(분하거나 안타깝게 생각)했다.「이게 웬일이야, 이 타락. 이 상태라면 머지않아……」그리고, 젊은 개미들을 이론으로 설득하기 위해, 식량 재고를 조사하고, 앞으로 어느 정도 후에 그것이 바닥날지 계산하려고 했다. 그러나, 저장량이 너무 많아, 도저히 어쩔 수가 없었다. 앞으로 수십 년을 더 춤을 춘다고 해서, 없어질 것 같지는 않은 것이다. 거기서 혼잣말로 속삭였다.「세상이 변했다고 해야 하나. 나는 이유를 모르겠다……」할아버지 개미는 신념과 현실과의 모순에 고민하고, 그 고민을 잊으려고, 술을 마시고, 젊은 동료(패거리) 들과 함께 춤을 추기 시작했다.

97 다음 문장의 문맥상 가장 자연스럽게 배열한 것을 고르세요.

㉠. 昔、日本人は大人も子供もみんな毎日着物を着て生活していた。

㉡. また歩く時や、仕事をする時も、着物は不便なので、みんな洋服を着るようになった。

ㄷ. 洋服を着るのが簡単だし、それに日本人の生活も西洋化したので、着物より洋服のほうが生活に合う。

ㄹ. 今では、着物は結婚式、葬式、成人式、正月など特別な機会だけに着る物になってしまった。

ㅁ. しかし、着物を着るのは難しいし、時間もかかって大変だ。

① ㉠ → ㉣ → ㉡ → ㉢ → ㉤　　② ㉠ → ㉣ → ㉤ → ㉢ → ㉡

③ ㉠ → ㉤ → ㉡ → ㉢ → ㉣　　④ ㉠ → ㉤ → ㉣ → ㉡ → ㉢

해설

➡ ③

ㄱ. 옛날, 일본 사람들은 어른도 아이도 모두 매일 기모노를 입고 생활했다.

ㄴ. 또 걸을 때나, 일을 할 때도, 기모노는 불편하기 때문에, 모두 양복을 입게 되었다.

ㄷ. 양복을 입는 것이 간단하고, 게다가 일본인의 생활도 서양화되었기 때문에, 기모노보다 양복이 생활에 맞다.

ㄹ. 지금에 와서는, 기모노는 결혼식, 장례식, 성인식, 설날 등 특별한 기회에만 입는 것이 되어 버렸다.

ㅁ. 그러나, 기모노를 입는 것은 어렵고, 시간도 많이 걸려 대단히 힘들다.

98 다음 문장의 내용과 일치하지 않은 것을 고르세요.

よく知られているように、「国語」という制度が近代国民国家を支える必須項目として出現したのは、フランス革命の時であろう。そこにおいてはじめて、フランス語は「国語」として「国民」の精神的統合の象徴となった。しかしその時、フランスにおいては、ヴィレールコトレの勅令やアカデミーフランセーズなどが作り上げたフランス語そのものの同一性の意識がすでに自明の公理となっていた。

ところが、あらゆる場合において、このように「言語」そのものの同一性、また「言語共同体」の同一性がすでに確立されていて、そこに国家意識あるいは国家制度が注入された結果、「国語」が生まれるわけではない。

近代日本においては、「日本語」という地盤が確固として存在した上に「国語」という建築物が建てられたのではない。むしろ、「国語」というはでやかな尖塔が立てられた後に、土台となる「日本語」の同一性を大急ぎでこしらえたという方が真相にちかいだろう。

① 일본과 프랑스는 「국어」이데올로기의 형성과정이 다르다.
② 모든 국가가 그 나라의 「국어」가 성립하기 이전에 언어 공동체의 동일성을 확보하고 있는 것은 아니다.
③ 일본은 일본어의 동일성을 급조한 후에 「국어」이데올로기가 형성되었다.
④ 프랑스는 프랑스 혁명 이전에 「국어」에 대한 전통적인 기반이 있었다.

해설

➡ ③

잘 알려진 것처럼, 「국어」라고 하는 제도가 근대 국민 국가를 지탱하는 필수 항목으로서 출현했던 것은, 프랑스 혁명 때일 것이다. 그곳에서 시작해, 프랑스어는 「국어」로서 「국민」의 정신적 통합의 상징이 되었다. 그러나 그때, 프랑스에서는, 빌레르코트레의 칙령이나 아카데미 프랑세즈 등이 만들어 낸 프랑스어 그 자체의 동일성의 의식이 이미 자명한(분명한) 공리(일반적으로 널리 통용되는 진리나 도리)가 되어 있었다.

그러나, 모든 경우에서, 이처럼 「언어」 그 자체의 동일성, 또 「언어공동체」의 동일성이 이미 확립되어 있고, 거기에 국가의식 혹은 국가제도가 주입된 결과, 「국어」가 생겨나는 것은 아니다. 근대 일본에서는, 「일본어」라고 하는 지반이 확고하게 존재한 위에 「국어」라고 하는 건축물이 세워진 것은 아니다. 오히려, 「국어」라는 화려한 첨탑(뾰족한 탑)이 세워진 뒤에, 토대가 되는 「일본어」의 동일성을 서둘러 만들었다고 하는 편이 진상(진실)에 가까울 것이다.

99 次の文章はどんなことを言っているのか。最も適当なものを選びなさい。

民主主義とはまず第一に、個々の人間が最も大切なもの、国よりも富よりも、どんなものよりも大切なものだという考え方である。第二に、人間は平等であるという考え方であるが、これは各人がすべて同じという意味ではなくて、すべての人が同じ機会を与えられるべきだという意味である。

① 民主主義とは、すべての人は同じであり、また大切だという考え方である。
② 民主主義とは、すべての人に国が富を与えるべきだという考え方である。
③ 民主主義とは、個人を大切にし、すべての人に同じ機会を与えるべきだという考え方である。
④ 民主主義とは、個人は大切だが、国や富のためには同じように尽くすべきだという考え方である。
⑤ 民主主義とは、個人にだけ、機会を与えるべきだという考え方である。

해설

➡ ③ 민주주의라고 하는 것은, 개인을 소중히 하고, 모든 사람에게 같은 기회를 수여하여야만 된다고 하는 사고방식이다.
민주주의란 우선 첫째로, 개개인이 가장 소중한 것, 국가보다도 재산보다도, 그 어떠한 물건보다도 소중하다고 하는 사고방식이 있다. 둘째로, 인간은 평등하다고 하는 사고방식이지만, 이것은 각자가 전체가 같다고 하는 의미는 아니고, 모든 사람이 똑같은 기회가 주어질 수 있어야 한다는 의미이다.

① 민주주의란 것은, 모든 사람은 똑같고, 또 소중하다고 하는 사고방식이다.
② 민주주의란 것은, 모든 사람에게 국가가 재산을 주어야 한다는 생각이다.
④ 민주주의란, 개인은 소중하지만, 국가나 재산을 위해서는 똑같이 노력해야 된다는 사고방식이다.
⑤ 민주주의란, 개인에게만, 기회를 줘야만 한다는 사고방식이다.

100 (　　　) 안에 들어갈 가장 적당한 말을 고르세요.

新車の乗り心地を試すため、秋の信州に行った。(A) 快適なドライブであった。
(B) 車を止めて、日本アルプスの山々を (C) 眺めた。

	A	B	C
①	なかなか	ときどき	ゆっくり
②	ときどき	ゆっくり	しばらく
③	しばらく	なかなか	ゆっくり
④	かならず	ときどき	なかなか
⑤	かならず	なかなか	ときどき

해설

➡ ① なかなか (대단히. 상당히. 꽤). 時々 (가끔. 때때로). ゆっくり (천천히).
신차의 승차감을 시험하기 위해, 가을의 신슈에 갔다. 상당히 쾌적한 드라이브였다. 가끔 차를 세우고, 일본 알프스의 산들을 천천히 바라보았다.

101 밑줄 친 곳에 들어갈 가장 적당한 것을 고르세요.

あの二人は、親の猛烈な反対を________結婚した。

① 押し掛けて　　② 押し込んで
③ 押し倒して　　④ 押し切って
⑤ 押し通して

해설

저 두 사람은, 부모의 맹렬한 반대를 무릅쓰고 결혼했다.

① 초대받지도 않았는데, 멋대로 나가다. 많은 사람들이 몰려오다. 밀어닥치다. 덤벼들다.

② 무리하게 들어오다. 강도가 들어오다. 무리하게 집어넣다. 쑤셔 넣다(無理に入れる · 詰め込む). 무리하게 끼어들다. 밀어닥치다(押し掛ける). 강도질을 하다(強盗に入る).
いきなり細君が押し込んで来た。 별안간(갑자기) 아내가 들이닥쳤다.
細君 · 妻君 : 친한 사람에게 자기 아내를 가리키는 말. 동년배 이하의 남의 부인을 말한다.

③ 밀어서 쓰러(넘어)트리다.

④ 반대 · 저항 · 곤란 등을 무리하게 강행하다. 물건을 단번에 자르다. 곤란을 극복하다.

⑤ 무리하게 강행하다. 주장을 억지로 관철하다. 무리하게 밀고 나아가다. 억지로 통과시키다.
法案を押し通す。 법안을 통과시키다. わがままを押し通す。 멋대로 관철시키다.

102 밑줄 친 곳에 들어갈 가장 적당한 것을 고르세요.

松岡は仕事はよくできるが、同僚との＿＿＿＿＿が多い。

① ショック　　② リストラ
③ ノイローゼ　　④ トラブル
⑤ プログラム

해설

마쯔오까는 일은 잘 하지만, 동료와의 트러블이 많다.

① 쇼크. 갑작스럽게 당하는 타격. 충격. (shock)

③ 주로 정신적인 원인에 의해 일어나는 신경 기능의 질환. (Neurose)

④ 트러블. 근심. 곤란. 다툼. 분쟁. (trouble)

⑤ 프로그램. 순서. 예정표. 계획표. (program)

103 밑줄 친 곳에 들어갈 가장 적당한 것을 고르세요.

バスは待っても＿＿＿＿＿5分ぐらいでしょう。

① なるべく　　② わりに
③ せいぜい　　④ よほど
⑤ すこし

해설

버스는 기다려도 기껏해야 5분 정도겠지요.

① 가능한 한. 될 수 있는 한. (成る可く · できる限り · 成る丈 · 成る丈)

② 비교적. 생각보다는. (割に · 思ったよりも · 比較的 · 割合 · 割と)

③ 고작. 힘껏. 최대한으로. (関の山 · 精一杯 · 精々)

④ 굉장히. 상당히. (余程 · よっぽど · かなり)

⑤ 조금. 약간. (少し)

104 밑줄 친 곳에 들어갈 가장 적당한 것을 고르세요.

きのうはとても忙(いそが)しくて＿＿＿＿ほどだった。

① 目(め)が覚(さ)める　　② 目(め)が回(まわ)る

③ 目(め)がさえる　　④ 目が肥(こ)える

⑤ 目(め)がない

해설

어제는 매우 바빠서 눈이 빙글빙글 돌 정도였다.

① 잠에서 깨어나 의식이 확실해지다. 깜짝 놀라다. 잘못을 알고 반성하다.

② 빙글빙글 돌다. 현기증이 나다. 어지럽다(目眩(めまい)がする · 目(め)が眩(くら)む). 굉장히 바쁜 모습.

③ 눈 움직임이 확실해지다. 冴(さ)える · 冱(さ)える : 추위가 매서워지다. 추워지다. 또렷이 맑아지다. 확실하게 보이다. 악기 소리 등이 탁하지 않고 선명하다. 색이 선명하다. 안색이 좋지 않다. 머리의 움직임이나 몸의 상태 등이 확실하다. 머리가 맑다. 실력이나 솜씨 등이 훌륭하고 뛰어나다. 많은 부정의 말을 동반하여 만족할 수 없다. 시원치 않다.

④ 좋은 것을 보고 판단하는 능력이 있다.

⑤ 굉장히 좋아하다. 사물을 판단하는 능력이 없다(⇔ 目が高い).

105 밑줄 친 곳에 들어갈 가장 적당한 것을 고르세요.

天気予報(てんきよほう)によると、今日は午後(ごご)から大雪(おおゆき)がふるそうで、登山(とざん)は＿＿＿＿方(ほう)がよさそうだ。

① 言(い)い合(あ)わせた　　② 語(かた)り合(あ)わせた

③ 見合(みあ)わせた　　④ 考(かんが)え合(あ)わせた

⑤ やり合(あ)わせた

해설

일기예보에 의하면, 오늘은 오후부터 큰 눈이 내린다고 하기 때문에, 등산은 보류하는 것이 좋을 것 같다.

① 서로 말하다. 말다툼하다.　　② 이야기하다. 상담하다.

③ 보고 비교하다. 서로 마주 보다. 보류하다. 실행을 미루다. 가늠하다.

⑤ 서로 같이 하다. 서로 다투다. (遣り合う)

106 다음 글의 밑줄 친 부분과 용법이 같은 것을 고르세요.

動物の探索本能は食べ物を探し出すという目的から備わったものであろう。しかし、必ずしもそれだけではない。彼らは探索そのものを楽しんでいる<u>ふし</u>があるという。動物学者によれば、「チャンパンジーに探索を禁止すると、退屈のあまり精神的な障害をきたし、病気になったり異常な行動を始めたりして死んでしまう」のだそうである。

① この板はふしが多くてけずりにくい。

② 彼の態度には普通の学生とは思えないふしがある。

③ バスのガイドは普通の言葉にふしをつけて説明する。

④ 竹をひとふし切って花びんを作った。

⑤ この歌のふしは聞いたことはあるが、私には歌えない。

해설

➡ ② 그의 태도는 일반적인 학생이라고는 생각할 수 없는 곳이 있다.

節 : 곳. 옹이. 관절. 멜로디. 가락. 마디(대나무. 손가락). 그때. 때마침. 군데. 점. 단락. 기회. 독특한 말투. 아무렇게나. 트집. 실마리.

節がある : ~한 곳이 있다. ~한 점이 있다. 예감이 든다. 낌새가 있다. 불안한 예감. 촉이 온다. 연결이 되다.

동물의 탐색본능은 먹이를 찾아낸다 라는 목적으로부터 갖추어진 것일 것이다. 그러나, 반드시 그것만은 아니다. 그들은 탐색 그 자체를 즐기는 것에 있다고 한다. 동물학자에 의하면, 「침팬지에 탐색을 금지시키면, 따분한 나머지 정신적 장애를 일으키고, 병에 걸리든지 이상한 행동을 시작해서 죽어 버린다」고 한다

① 이 판자는 마디가 많아 잘 깎이지 않는다.

② 그의 태도에는 보통 학생이라고는 생각할 수 없는 곳이(점이) 있다.

③ 버스의 가이드는 일반적인 말에 가락(멜로디)을 붙여 설명한다.

④ 대나무를 한 마디 잘라 꽃병을 만들었다.

⑤ 이 노래의 멜로디는 들어 보기는 했지만 나는 부를 수 없다.

107 다음 글의 내용과 일치하지 않는 것을 고르세요.

産業の発展にともなって都市化がすすみ、人々の生活が規格化され、巨大な行政組織によって効率よく管理される状態が増やしてくると、個性喪失の危険性はさらに強まっていく。その結果、自主的に考え判断する力は弱まり、社会の変動や自分の人生に対して漠然とした不安感や無力感を抱くようになる。そのためにまた、感情に流れやすく、責任感に他人と同調する傾向が強くなる。こうして、個々人の生活や意識などが画一化され、一人ひとりの主体性が失われていく状況が、個人が大衆化していくといわれる現象である。

① 人は、自主的に物事を判断したりする力が弱くなると、社会の変動や自分の人生に対して不安感や無力感を抱くようになる。
② 個人の大衆化とは、個人個人が主体性を失い、責任感に大衆に、同調したりして意識や生活などが画一化されてしまうことを指す。
③ 人は、巨大な行政組織によって管理されると、それぞれが持つ個性を失っていく危険性が高まっていく。
④ 産業が発展し都市化が進むと個人の大衆化という現象が起こるが、すべての人がそのような傾向を見せるのではない。
⑤ 産業が発展すると都市化に拍車がかかり、結果的に人々の生活は規格化・画一化されてしまう。

해설

➡ ④ 산업이 발전하고 도시화가 진행되면 개인의 대중화라는 현상이 일어나지만, 모든 사람이 그러한 경향을 보이는 것은 아니다.

산업의 발전에 동반되어 도시화가 진행되고, 사람들의 생활이 규격화되고, 거대한 행동조직에 의해서 효율 좋게 관리되는 상태가 증가해 오면, 개성상실의 위험성은 더욱더 높아져 간다. 그 결과, 자주적으로 생각해서 판단하는 힘은 약해지고, 사회의 변동이나 자신의 인생에 대해서 막연한 불안감이나 무력감을 품게 된다. 그렇기 때문에 또, 감정에 치우치기 쉽고, 책임감이 타인과 동조하는 경향이 강해진다. 이렇게 해서, 개개인의 생활이나 의식 등이 획일화되고, 한 명 한 명의 주체성을 잃어 가는 상황이, 개인이 대중화되어 간다고 말하는 현상이다.

① 사람은, 자주적으로 사물을 판단하기도 하는 힘이 약해지면, 사회의 변동이나 자신의 인생에 대해 불안감이나 무력감을 품게 된다.

② 개인의 대중화란, 개인 개인이 주체성을 잃고, 책임감으로 대중에게, 동조하기도 하고 의식이나 생활 등이 획일화되어 버리는 것을 가리킨다.

③ 사람은, 거대한 행정조직에 의해서 관리되면, 각각 가진 개성을 잃어 갈 위험성이 높아져 간다.

⑤ 산업이 발전하면 도시화에 박차를 가하고, 결과적으로 사람들의 생활은 규격화 · 획일화된다.

108 次の文の(　　)の中に最も適当なものを入れなさい。

一生懸命(いっしょうけんめい)やったからといって、(　　)みんなに認(みと)められるとは限(かぎ)らない。

① こそ　　② かならずしも

③ でも　　④ すら

⑤ ほかならない

해설

② 반드시. (뒤 문장은 반드시 부정 동반)

열심히 했다고 해서, 반드시 모두에게 인정받는다고는 할 수 없다.

① ~야 말로. (앞의 말을 특히 강조하는 경우에 사용한다)

からこそ · …てこその 형태로 그 이유를 강조하는 경우에 사용한다.

④ 특별한 예를 들어 ~이기 때문에 다른 것은 물론이라고 하는 의미를 나타낼 때. (すら)

「…でさえ」「…ですら」의 형으로 사용하는 일도 많다.

~한테마저도(게다가)라는 의미를 나타낸다. (すら).

「…さえ …ば」의 형으로 그것만으로도 충분 (それだけでじゅうぶん) 하다고 하는 의미를 나타낸다.

⑤ ほかならない : ~임이 틀림없다. ~와 다를 바 없다.

(大切(たいせつ)な · ほかとは違(ちが)って特別(とくべつ)の · その物(もの)である · それ以外(いがい)の何物(なにもの)でもない)

ほかでもない : 다름이 아니라. (それ以外(いがい)のことではない · あなたも知(し)っていることだが)

109 下線の部分の間違っているものを一つ選びなさい。

① 最近の若い女性はおそらく男性のような話し方をする。

② 国民のみならず政治家までも脱税する。

③ 科学を悪用させてはならぬことは言うまでもない。

④ 預金もないのだから、借金するのもやむをえない。

⑤ 帰りに道にまよって大変でした。

해설

➡ ① おそらく (아마) → まるで (마치) (あたかも · さながら · ちょうど)

① 최근의 젊은 여성은 마치 남성같은 말투를 한다.

② 국민뿐만 아니라 정치가까지도 탈세한다.

③ 과학을 악용해서는 안 되는 것은 말할 필요도 없다.

④ 예금도 없기 때문에, 빚을 내는 것도 어쩔 수 없다.

⑤ 돌아오는 길에 길을 헤매서 힘들었습니다. (道に迷う : 길을 헤매다)
道が混んでいる : 길이 혼잡하다. (혼잡한 모습 : ぎゅうぎゅう)
道が空いている : 길이 한가하다. (한가한 모습 : がらがら)

110 다음 문장을 일본어로 가장 잘 표현한 것을 고르세요.

나는 말을 해서는 안 되는 것을 말해 버리고 말았다.

① 私は、言ってもいいことを言ってしまった。

② 私は、言わないわけにはいかないことを言ってしまった。

③ 私は、言わざるを得ないことを言ってしまった。

④ 私は、言わずにはいられないことを言ってしまった。

⑤ 私は、言うべからざることを言ってしまった。

해설

⑤ 言うべからざる。~해서는 안 되는 것. 금지를 나타낸다.

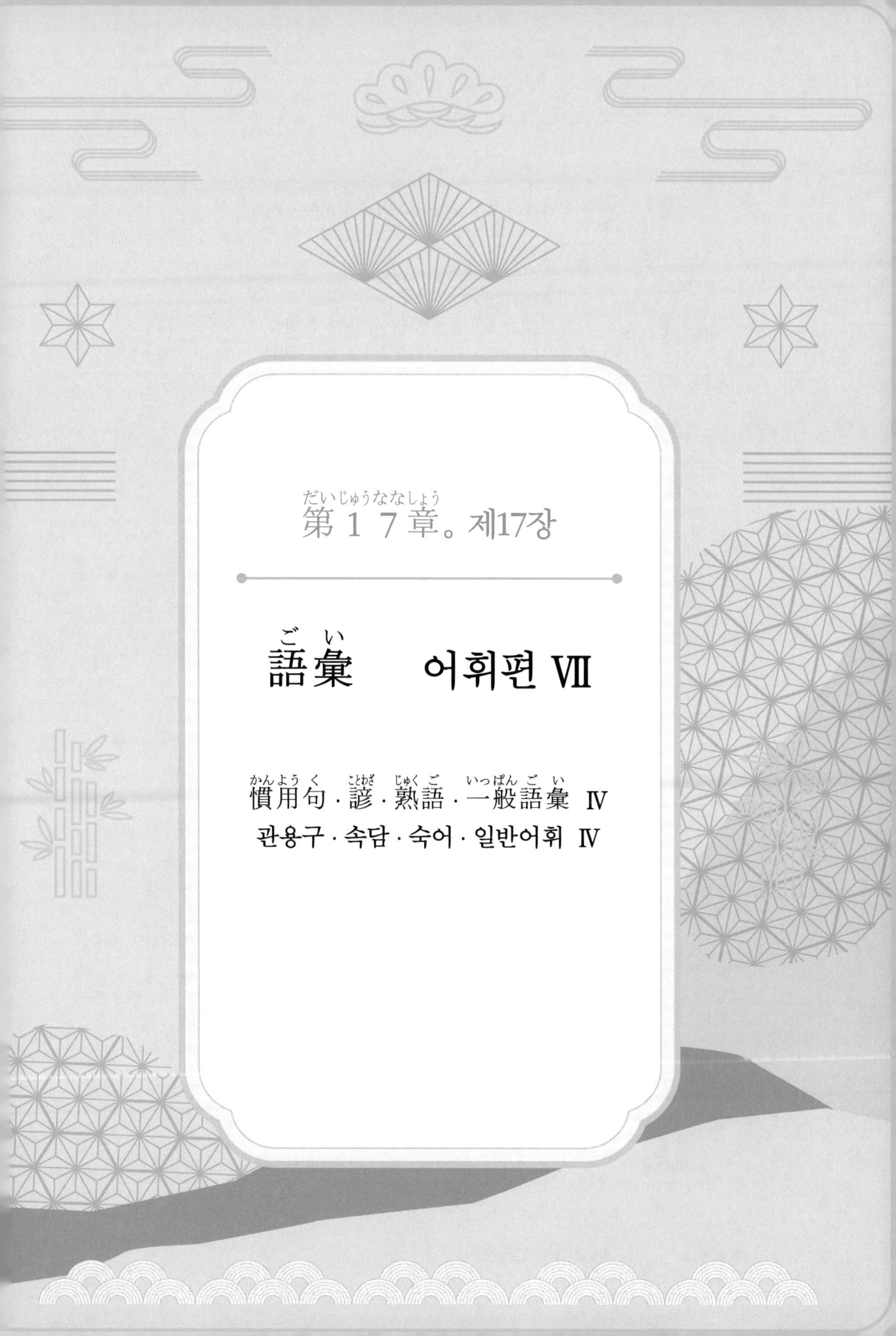

第１７章。제17장

語彙　어휘편 Ⅶ

慣用句・諺・熟語・一般語彙 Ⅳ
관용구 · 속담 · 숙어 · 일반어휘 Ⅳ

▶ 속담 · 관용구 · 어휘 4

● 堪能(かんのう)。(아주 잘함)

堪能(かんのう)	잘하다(上手(じょうず)). 기능이나 학예가 뛰어난 사람.
堪能(かんのう)する	만족하다.
堪能(かんのう)し兼(か)ねる	만족할 수 없다. 동사(ます形) ＋ かねる　：～할 수 없다. 동사(ます形) ＋ かねない：～할 수 있다.

● 粗末(そまつ)。(조잡함)

お粗末(そまつ)	조잡하다.
お粗末(そまつ)さまでした	변변치 못했습니다.
粗末(そまつ)にする	무시하다. 경시하다. 쓸데없이 사용하다. (無駄(むだ)に使(つか)う)
お粗末(そまつ)なものですが	변변치 못한 것입니다만. (つまらないものですが)

● 沙汰(さた)。(소식. 소문. 행위. 평판)

沙汰(さた)	소식(知(し)らせ · 便(たよ)り). 행위(仕業(しわざ)). 소문(噂(うわさ)). 평판(評判(ひょうばん)). 시비를 논하다. 이야기가 되는 사건.
沙汰止(さたや)み	계획이 중지되다. (取(と)り止(や)め)
沙汰(さた)の限(かぎ)り	당치도 않다. 범위외다.
地獄(じごく)の沙汰(さた)も金次第(かねしだい)	지옥의 재판도 돈의 힘으로 유리해진다. 돈만 있으면 귀신도 부릴 수 있다. 이 세상은 모두 돈의 힘으로 좌우(左右(さゆう))된다는 예.

● 余所(よそ)。(다른 지방. 타관)

余所(よそ)にする	소홀히 하다. 무시하다. (いい加減(かげん)にする · 無視(むし)する)
余所行(よそゆ)き	외출(外出(がいしゅつ)). 나들이옷. 예의 바른 말투나 태도. (余所行(よそい)き)

● 体裁・間・決まり。(체면. 재수. 결정)

体裁	겉모습(外見・見掛け). 체면(世間体・見栄え).
体裁振る	사치하다. 허세 부리다. (見栄を張る・上辺を飾る・外観を繕う)
体裁が悪い	창피하다. (決まりが悪い・間が悪い)
間がいい	좋은 기회다. 운이 좋다.
間が悪い	어색하다(그 장소에 어울리지 않다). 운이 나쁘다. 창피하다. 체면이 안 서다.
決まりが悪い	창피하다. 체면이 말이 아니다. (体裁が悪い・間が悪い)

● 棒。(몽둥이)

棒に振る	헛되게 하다. (無駄にする・手に入れ損なう)
棒を折る	도중에서 중단하다.

● 愛想。(붙임성. 계산. 계산서)

愛想・愛想	붙임성. 계산(勘定). (勘定書 : 계산서).
愛想笑い	아부하기 위해 웃는 웃음. 비위를 맞추기 위해 웃는 웃음. (お世辞笑い)
愛想が尽きる	정나미 떨어지다.
愛想尽かし	정나미 떨어지다.

● 筋。(줄기. 뿌리)

筋がいい	소질이 있다. 감각이 있다.
筋道を踏む	절차를 밟다.
筋が違う	도리에 맞지 않다. (見当違い・道理に合わない)

- 当て。(목표. 목적)

人当たり	愛想. (붙임성)
当てもなく	희망. 가망. 목표. 기대. (見込み · 目当て · 頼りにする · 目標もなく · 希望もなく · 目的もなく · 期待もなく)
当てが外れる	예상이 빗나가다. (当て : 見込み · 目当て)
当たりがいい	붙임성이 좋다(愛想がいい). 当たり : 목표. 표적(目当て · 目星).
当たりを取る	성공하다. 히트 치다.
当たり散らす	자신의 화를 참지 못하고 주위의 사람이나 물건에 무턱대고 분풀이하다. (八つ当たり)
当て付ける	빈정거리다.
当を得る	요점을 확실히 파악하다.
当てこすりを言う	멀리 돌려 욕하거나 빈정거리다. (皮肉を言う · 嫌みを言う · 当て付け · 当てこすり)
当たり障りのない話	남에게 나쁜 영향을 주지 않는 이야기. (差し支え · 差し障り : 지장. 나쁜 영향). (他のものへ与える悪い影響)

- 泡。(거품)

泡を食う	놀라 당황하다.
泡を吹かせる	상대를 몹시 당황하게 하다.
口角泡を飛ばす	심하게 논의하다. (激しく議論をする)

- 裏。(뒤. 내막)

裏をかく	의표를 찌르다. (裏の裏を行く)
裏を取る	범죄. 사건 등에서 증거를 찾기 위해 진위를 확인하다.

裏を返す	여자와 다시 관계하다. 똑같은 일을 되풀이하다.
裏目に出る	엉뚱한 결과를 낳다. 빗나가다.
裏には裏がある	뒤에는 내막이 있다.

• 山。(산)

山を掛ける	모험을 걸다.
山を張る	모험을 걸다.
山を当てる	예상을 적중시키다. 금맥을 찾다.
山を踏む	범죄를 저지르다.
お山の大将	좁은 분야에서 자기가 가장 뛰어나다고 뽐내는 사람.

• 臍。(배꼽)

へそで茶を沸かす	배를 잡고 웃다. 너무 웃기다. (腹筋をよる)
へそが宿替えする	배를 잡고 웃다. 너무 웃기다. (へそで茶を沸かす · 腹筋をよる)
へそを曲げる	토라져서 심통을 부리다.
へそ曲がり	심술부리다. 고집 피우다. (旋毛曲がり · 天の邪鬼 · 意地を張る)

• 大。(크다. 과장)

大きなお世話だ	걱정도 팔자다. 쓸데없는 참견.
大げさに言う	과장되게 말하다.
大けさな話し	과장된 이야기.
御節介	걱정도 팔자다. 쓸데없는 참견(余計な世話を焼く).
大きい口を叩く	잘난 것같이 말하다. (大口を叩く)

大きな顔をする	잘난 듯한 얼굴이나 태도. 태연한 태도. 彼は新入社員のくせに、大きな顔をしている。 그는 신입사원인데도, 건방지다.

● 油。(기름)

油を売る	쓸데없이 시간을 보내다. 빈둥거리며 시간을 보내다.
油を絞る	과실을 엄하게 나무라다. (責める)
油紙に火の付いたよう	잘 지껄이다. (ぺらぺらとよくしゃべる)

● 肝。(간)

肝を冷やす	간담이 서늘하다.
肝に銘ずる	깊이 명심하다.
肝腎	중요하다. (肝心)
仕上げが肝心	마무리가 중요.

● 了見。(생각)

了見	생각. 사안(思案). 곰곰이 생각하다(思いを巡らす). 참다. 견디다(堪える : 용서하다. 許す).
了見違い	올바르지 않은 생각. (考え違い · 思い違い · 心得違い)
不心得な了見	무분별한 생각. 잘못된 생각.
けちな了見	융통성이 없는 생각(ゆとりのない考え).

● 一(ひと)·一(いち)。(하나)

一口乗る(ひとくちのる)	돈을 벌 것 같은 일에 참여하다. 한몫 끼다.
一足違い(ひとあしちがい)	간발의 차이.
一目置く(いちもくおく)	자기보다 실력이 뛰어난 것을 인정하다.
一目散に(いちもくさんに)	한눈도 팔지 않고 열심히 달리다.
一肌脱ぐ(ひとはだぬぐ)	힘껏 도와주다.
一悶着を起こす(ひともんちゃくをおこす)	한바탕 말썽을 일으키다.
一方ならず(いっぽうならず)	대단히. (一通り(ひととおり)でなく · 並々(なみなみ)ではなく)
一も二もなく(いちもにもなく)	두말없이. 이것저것 말할 필요도 없이.
一線を画する(いっせんをかくする)	구분을 짓다. 매듭을 짓다. (区分(くぶん)を付(つ)ける · 区切(くぎ)りを付(つ)ける)
一籌を輸する(いっちゅうをゆする)	지다. (負(ま)ける · 引(ひ)けを取(と)る · 一歩(いっぽ)を譲(ゆず)る · 遅(おく)れを取(と)る · 劣(おと)る)
一溜まりもない(ひとたまりもない)	일각도 지체 않고.
一頭地を抜く(いっとうちをぬく)	다른 것보다 뛰어나다.
一日の長(いちじつのちょう)	사람보다는 경험이 조금 뛰어나다.
一議に及ばず(いちぎにおよばず)	말도 되지 않는다.
一筋なわでは行かぬ(ひとすじなわではいかぬ)	보통의 방법으로는 처리하기 힘들다.
一寸の虫にも五分の魂(いっすんのむしにもごぶのたましい)	지렁이도 밟으면 꿈틀한다. 아무리 작은 것이라도 바보 취급하면 안 된다.
一寸毒気を抜かれる(いっすんどっけをぬかれる)	어안이 벙벙해지다. (呆気(あっけ)に取(と)られる)

● 二(に)。

二番煎じ(にばんせんじ)	새로운 맛이 없다. 재탕한 차.
二つ返事(ふたつへんじ)	흔쾌한 대답. (生返事(なまへんじ) : 건성으로 대답하다)
二の舞(にのまい)	똑같은 실패를 되풀이하다. 남이 한 후에 나와서 흉내를 내는 것.
二の舞を演じる(にのまいをえんじる)	똑같은 실패를 되풀이하다.
二の足を踏む(にのあしをふむ)	주저하다. (躊躇う(ためらう))
二の句が継げない(にのくがつげない)	질려서 말이 안 나오다. 呆れ果てて、次にいう言葉が出ない。(あきれはてて、つぎにいうことばがでない。) 너무 질려서, 다음 말이 나오지 않는다.
二股をかける(ふたまたをかける)	양다리를 걸치다. 彼女は二またをかけていたと言う噂だ。(かのじょはふたまたをかけていたというううわさだ。) 그녀는 양다리를 걸치고 있었다는 소문이다
二枚舌(にまいじた)	모순된 것을 말하다. 거짓말하다. 일구이언하다. 二枚舌を使う。(にまいじたをつかう。) 한 입 가지고 두 말 한다.
三枝の礼(さんしのれい)	아이가 부모를 공경하다. (비둘기는 어미를 공경해서 어미새보다 세 개 밑에 있는 가지에 앉는다)

● 生. (삶. 신선함. 활기. 생생함)

生返事(なまへんじ)	건성으로 대답함. (二つ返事(ふたつへんじ) : 흔쾌한 대답)
生半可(なまはんか)	어설픈. 불충분한. 어중간함. (中途半端(ちゅうとはんぱ))
生意気(なまいき)	건방지다.
生きがいい(いきがいい)	신선하다.
生地が出る(きじがでる)	본성이 드러나다.
生き馬の目を抜く(いきうまのめをぬく)	눈 감으면 코 베어 간다. 동작 빠르게 행동하다. 방심할 수 없는 것.
生唾を飲み込む(なまつばをのみこむ)	군침을 삼키다. 눈앞에 있는 것을 갖고 싶어 견딜 수가 없다.

● いや。

いやに	보통과 틀려. 상태가 이상한 것. 묘하게. (妙に · 変に · ひどく · 自棄に)
弥が上に	더욱더. 점점. (弥が上にも · さらにますます)
否も応もない	무슨 일이 있어도. 이 일은 좋고 싫음이 없다. 무리하게. 자기 마음대로.
有無を言わせず	상대의 허락 불허에 관계없이. 자기 마음대로. 무리하게. (無理やり)

● 取。

取り締まり	감독하다.
取り組む	씨름하다. 대전하다. (해결이나 처리하려고 노력하다)
取り払う	지불하다. 제거하다. 철거하다.
取り柄がない	가치가 없다. 장점이 없다.
取り乱す	태도가 흐트러지다. 허둥대다. 난잡하다. 이성을 잃어 보기 흉한 태도를 하다.

● 我 · 我。(본인)

我を張る	자신의 의견을 관철시키다. 고집피우다. (押し通す)
我を通す	자신의 의견을 관철시키다. 고집피우다. (押し通す)
我を折る	자신의 의견을 굽히고 남을 따라가다.
我が強い	고집이 세다. (強情だ)
我慢する	참다.
我慢強い	참을성이 많다. (辛抱強い)
痩せ我慢を張る	일부러 아무렇지 않은 척하다.

我が意を得たり	자신의 생각대로 되다. 자신의 생각과 같다.
我が身を抓って人の痛さを知れ	내 몸을 꼬집어 남의 아픔을 알라.

● 後・後れ。(뒤. 늦음)

後指を指される	남에게 욕을 먹기도 하고 비난받기도 한다.
後家を立てる	미망인으로 살아가다. 수절하다.
後釜に据える	전임자를 대신해서 그 지위 · 위치에 앉다.
後の祭り	이미 늦다. 때늦은 후회. 행차 뒤의 나팔. (手後れ)
後れを取る	공부 · 일등으로 남에게 뒤지거나 지다.
後は野となれ山となれ	나중에야 삼수갑산을 가더라도 알 바 아니다.

● 面。(얼굴. 표면)

面を伏せる	체면을 잃다.
面構え	얼굴 형태. (顔付き · 面付き · 顔の恰好). 위압하는 듯한 얼굴을 말함.
面を起こす	체면 · 면목(面目 · 面目)을 세우다. 명예를 드높이다. (面目を施す · 名誉をあげる)
面食らう	당황하다. 허둥대다.
面倒を見る	돌보아 주다. (世話をする · 世話を焼く)
面も振らず	한눈도 팔지 않고.
面の皮が厚い	뻔뻔하다. (図々しい · 厚かましい · 恥知らず)
面当てを言う	빈정거리다. 빗대어 욕함. 비꼬다. (皮肉を言う · 嫌みを言う · 当て付け · 当て擦り)
面が割れる	범인이 판명 나다. 신원이 판명 나다.

● 石。(돌)

石に針	반응이 없다. 효과가 없다. 돌에 침 놓기. (石に灸)
焼け石に水	언 발에 오줌 누기. 별 효과가 없다.
石に立つ矢	돌도 10년을 보면 구멍이 뚫린다. 신념을 갖고 하면, 어떤 일도 할 수 있다.
石にかじり付いても	아무리 힘든 일이 있더라도 참고 견디다.
石に布団は着せられず	죽은 뒤에 후회하지 말고 살아생전 효도하자.
石の上にも三年	참고 견디면 성공할 날이 있다.
石以て追わるる如く	죄가 없는데도 많은 사람들로부터 비난을 받아 물러나다. 石以て追わるる如く住み慣れるすみなれた故郷を出た。 많은 사람들로부터 비난받아 정든 고향을 떠났다.

● けち (구두쇠) · けり (결말) · けじめ (구분 · 구별)

けちを付ける	트집을 잡다. 흠을 잡다. (言い掛かりを付ける) 彼はいつも、僕の意見にけちをつける。 그는 언제나, 내 의견에 트집을 잡는다.
言い掛かりを付ける	근거도 없는 것을 말해서 트집을 잡다.
けじめを付ける	매듭을 짓다. 결말을 짓다. 公私のけじめを付けなければならない。 공사의 구분을 분명히 하지 않으면 안 된다.
けじめがある	구별이 있다. 구분이 있다. 예의가 있다. (折り目正しい)
けちが付く	재수 없다. 불길하다.
けりが付く	종료하다.
けりを付ける	결말을 짓다.

01 次の文の(　　　)の中に最も適当な言葉を入れなさい。

彼は新入社員なのに(　　　　　)。遅刻をしても何も言わないし、部長のことを「田中部長」と呼ばないで「田中さん」と呼ぶし、先輩の女子社員に「お茶を入れてくれ」などと言う。少し注意してやらないといけないようだ。

① 大きな顔をしている　　② 仕事に腕を振るっている
③ 頭がさがる人である　　④ 目に入れても痛くない
⑤ 手の早い人である

해설

그는 신입사원인데도 거만한 얼굴을 하고 있다. 지각을 해도 아무 말 없고, 부장님을 「다나까 부장님」이라고 부르지 않고 「다나까씨」라고 부르고, 선배여자사원에게 「차 좀 끓여줘」라고 말한다. 조금 주의하지 않으면 안 될 것 같다.

① 잘난 체하다. 건방지다.　　② 일에 기량을 충분히 발휘하다.
③ 존경하고 싶은 사람이다.　　④ 눈에 넣어도 아프지 않다.
⑤ 일을 하는 것이 빠르다. 폭력을 휘두르다.

02 間違っている読み方をそれぞれの中から一つ選びなさい。

① 色彩 (しきさい)　　② 金色 (きんいろ)
③ 色紙 (いろがみ)　　④ 原色 (はらいろ)
⑤ 書道 (しょどう)

해설

➡ ④ げんしょく (원색. 색의 기본색)

① 색채.　　② 금색. (金色(かないろ) · 金色(きんしょく) · 金色(こんじき) · 金色(きんいろ))
③ 색종이. (色紙(しきし))　　⑤ 서예. (習字(しゅうじ))

03 間違っている読み方をそれぞれの中から一つ選びなさい。

① 侍 (さむらい)　② 耳鼻科 (じびか)
③ 歯科 (はか)　④ 小児科 (しょうにか)
⑤ 眼科 (がんか)

해설

➡ ③ しか (치과). (歯科医(しかい) : 치과의사. 眼科医(がんかい) : 안과의사)
① 무사. (侍(さむらい))　② 이비인후과.
④ 소아과.　⑤ 안과.

04 間違っている読み方をそれぞれの中から一つ選びなさい。

① 跡始末 (あとしまつ)　② 納屋 (なや)
③ 老若男女 (ろうにゃくなんにょ)　④ 結納 (ゆいのう)
⑤ 納入 (なつにゅう)

해설

➡ ⑤ のうにゅう (납입. 납품. 물건이나 금전을 납입하는 것)
① 사후 처리. (片付(かたづ)け · 後始末(あとしまつ))　② 창고. 헛간.
③ 성별에 관계없이 모든 사람. (老若(ろうじゃく) · 老若(ろうにゃく))
④ 약혼의 증거로 예물을 교환하는 일. (結納(ゆいいれ))

05 下線の部分の間違っているものを一つ選びなさい。

① <u>どうせ</u>やらなければならないのだから、早(はや)くやってしまいなさい。
② 山田(やまだ)さんは<u>まるで</u>気(き)の弱(よわ)そうな声(こえ)で「僕(ぼく)にはできません」と言った。
③ <u>わずか</u>なお金(かね)で生活(せいかつ)している。
④「彼女(かのじょ)、あの試験(しけん)100点(ひゃくてん)だったんだって。」「へえ、<u>さすが</u>だね。」
⑤ 今年(ことし)の冬(ふゆ)は異常気象(いじょうきしょう)で雪(ゆき)は<u>おろか</u>雨(あめ)も降(ふ)らない。

해설

➡ ② まるで (마치. 전혀) → いかにも (정말로. 자못)

① 어차피 하지 않으면 안 되기 때문에, 빨리 해서 끝내라.

② 야마다씨는 정말로 마음 약한 목소리로 「저는 할 수 없어요」라고 말했다.

③ 적은 돈으로 생활하고 있다.

④ 「그녀, 그 시험 100점 맞았대.」「예, 역시 잘하는군요.」

⑤ 올 겨울은 이상기상으로 눈은 물론이고 비도 내리지 않는다.

06 次(つぎ)の文章(ぶんしょう)と内容(ないよう)が一致(いっち)するものはどれか。

この学校(がっこう)で金君(キムくん)ほど頭(あたま)のいい生徒(せいと)はいない。

① 이 학교 학생은 김군을 포함해 모두 머리가 나쁜 학생뿐이다.

② 이 학교 학생은 김군을 포함해 모두 머리가 좋다.

③ 이 학교 학생 중 김군이 가장 머리가 좋다.

④ 이 학교 학생 중 김군보다 머리가 나쁜 학생은 없다.

⑤ 이 학교 학생은 김군만큼 모두 머리가 좋다.

해설

이 학교에서 김군 정도로 머리가 좋은 학생은 없다.

「ほど …はない」의 형으로 그것이 제일이라고 하는 의미를 나타낸다.

07 다음 중 의미가 올바르지 않은 것을 고르세요.

① 相場 (상장)

② 取締り (단속)

③ 取引 (거래)

④ 値段 (값)

⑤ 為替 (환)

해설

➡ ② とりしまり (감독하다)

① そうば　③ とりひき (取引所 : 거래소)
④ ねだん (가격)　⑤ かわせ　(어음)

08 次の文の(　　　)の中に最も適当な言葉を入れなさい。

ほかのことは別として、走ること(　　　)だれにも負けないと思います。

① にたいして　② にかけては
③ によると　④ にとっては
⑤ によっては

해설

다른 일은 제처 놓고, 달리는 것만큼은 누구에게도 지지 않는다고 생각합니다.

① に対して　: ～에 대해서. ～에 비해서. ～로 향하다는 의미이다.
(다른 사람에 대한 태도, 어떤 대상을 갖는 관계를 나타낸다)

② にかけては : ～만큼은. ～에 관해서는(…に関しては).
にかけて　: ～그 기간 중에. ～걸쳐서. (주로 긴 시간에)

③ ～의하면. (전문(伝聞)에 사용)

④ にとって　: ～로서는. ～있어서. ～의 입장으로서는.
(기분(気持ち)이나 마음(心)적인 표현이 나타난다)
にとっての : ～있어서의. (명사＋にとっての＋명사)
母にとっての楽しみは、子供を育てることだけだった。
어머니로서의 즐거움은, 아이를 키우는 것뿐이었다.

⑤ によっては : ～하다면.
によって　: ～따라서. (앞 문장은 판단의 기준이 와서 のため · で 하고 같은 의미이고,
수단 · 원인의 문장에 사용된다.
～에 의해서. (권위를 나타내며 뒤 문장은 수동형을 동반한다)

09 次の文の(　　)の中に最も適当な言葉を入れなさい。

あの人(ひと)は女性(じょせい)ですが、背(せ)が高(たか)くて合(あ)う服(ふく)がないので(　　　)服(ふく)を着(き)ています。

① 男性的(だんせいてき)な　　② 男性みたいな
③ 男(おとこ)らしい　　④ 男性用(だんせいよう)の
⑤ 男性のような

해설

저 사람은 여성입니다만, 키가 커서 맞는 옷이 없기 때문에 남성용의 옷을 입고 있습니다.

② 남성 같은.　　③ 남자답다.
⑤ 남성 같은.

10 <u>おせっかい</u>な人。下線の部分の意味を一つ選びなさい。

① すれちがう　　② 一徹(いってつ)
③ 占(うらな)い師(し)　　④ 繰(く)り言(ごと)
⑤ 大(おお)きなお世話(せわ)だ

해설

➡ ⑤ 쓸데없는 참견. 걱정도 팔자다. (余計(よけい)な御節介(おせっかい) · 余計(よけい)なお世話(せわ) · 御節介(おせっかい))

① 접촉할 정도로 아주 가깝게 스쳐 지나가다. 엇갈리다. (擦(す)れ違(ちが)う)
彼とは擦れ違ってばかりいる。 그와는 엇갈리기만 한다.
의논(議論(ぎろん)) 등에서, 논점(論点(ろんてん)) · 의견(意見(いけん)) · 생각이 서로 맞지 않다 (噛(か)み合(あ)わない).
話が擦(す)れ違(ちが)って結論(けつろん)が出(で)ない。 말이 서로 달라 결론이 나지 않는다.

② 융통성이 없다. 외고집. (片意地(かたいじ))　　③ 점쟁이.

④ 푸념을 반복해서 이야기하는 것.

11 間違っている送り仮名を一つ選びなさい。

① 輝かしい　　② 勇ましい
③ 浅ましい　　④ 懐かしい
⑤ 麗わしい

해설

➡ ⑤ 麗しい · 美しい : 아름답다. 곱다. 명랑하다.

같은 한자에 동사 형용사가 있는 경우의 형용사는 동사(기본형)에서 あ단+しい가 된다.	
동 사	い형용사
輝く (빛나다)	輝かしい
勇む (용기가 나다. 기운이 솟다)	勇ましい
浅む (질리다. 무시하다. 깔보다)	浅ましい
懐く (잘 따르다)	懐かしい

① 훌륭하다. 빛나다.　　② 활발하다. 용기가 있다. 용감하다.
③ 모습 · 태도가 비참하다. 한심하다. 하는 짓이 비열하다. 야비하다.
④ 그립다. 반갑다. 귀엽다.

12 次の文の助詞「で」と同じ意味で使われているものを一つ選びなさい。

病気で休んだ。

① 部屋でお待ちなさい。　　② 台風で家が倒れる。
③ 10日でしめきります。　　④ 木で家を建てる。
⑤ 軍事政権下でのデモ。

해설

で : ~이기 때문에. ~으로. (이유나 원인의 문장에 사용한다)
① 방에서 기다려 주세요. (동작이 행하여지는 장소)
② 태풍 때문에(으로) 집이 쓰러졌다. (이유나 원인)

③ 10일로 마감(締め切り) 입니다. (시간 · 수량 · 단위 사물의 기준)

④ 나무로 집을 짓다. (수단 · 방법 · 재료 · 도구)

⑤ 군사 정권하에서의 데모. (동작이 행하여지는 장소)

13 次の文の(　　　)の中に最も適当な言葉を入れなさい。

こんなに大きな魚は日本では(　　　)。

① 見ます　　② 見ません

③ 見えません　　④ 見られません

⑤ 見られます

해설

이렇게 큰 생선은 일본에서는 볼 수 없습니다.

③ 보이지 않는다. (가능동사)　　④ 볼 수 없다. (가능형)

14 下線の部分の間違っているものを一つ選びなさい。

① おかげさまで、体の方は、そっくりよくなりました。

② 授業中、彼はしょっちゅう居眠りをしている。

③ さては、あいつが犯人か……。

④ 私は決してうそは言っていません。

⑤ その子供はさもうれしそうに飛びながら喜んだ。

해설

➡ ① そっくり (통째로) → すっかり (완전히)

そっくり : 아주 많이 닮은 것. 흠잡을 것이 없는 것. 통째로. 그대로. 전부. 남김없이. 몽땅. 고스란히

すっかり : 남김없이 모두. 깨끗이. 완전히 정말로.

① 덕분에, 몸은, 깨끗이 나았습니다.　　② 수업 중, 그는 계속 앉아서 졸고 있다.

③ 그렇다면, 그 자식이 범인인가. ④ 저는 절대로 거짓말은 하지 않습니다.
⑤ 그 아이는 실로(実に) 기쁜 듯이 뛰면서 기뻐했다.

15 下線の部分の間違っているものを一つ選びなさい。

① ろうそくの火が、ひとりでに消えた。
② ひっきりなしに運動をしていなければ、体が固くなりますよ。
③ パソコンはもう現代では生活にかかせないものになった。
④ 出発までに時間はたっぷりある。
⑤ この夏のボーナスは、たったこれだけです。

해설

➡ ② 引っ切り無しに (끊임없이) → 常に (늘, 항상, 언제나)
(引っ切り無しに · 絶え間なく · 切れ目のない : 끊임없이, 계속)
① 촛불이, 저절로 꺼졌다.
② 늘(항상) 운동을 하지 않으면, 몸이 굳어집니다.
③ 컴퓨터는 이미 현대생활에서는 빼놓을 수 없는 것이 되었다.
④ 출발까지 시간은 충분히 있다.
⑤ 이번 여름 보너스(상여금)는, 겨우 이것뿐입니다.

16 次の文の(　　)の中に最も適当な言葉を入れなさい。

君の努力はほめてやろう。ところで(　　)では何がほしい。

① ほうび ② おわび
③ つぐない ④ ばっする
⑤ ほほえみ

해설

자네의 노력은 칭찬해(誉める) 주지. 그런데, 상으로는 무엇을 갖고 싶니.

① 상. (褒美)　　② 사과. (お詫びを入れる。사죄하다)

③ 속죄의 보상. (償い)　　④ 처벌. 징벌. (罰する)

⑤ 미소. (微笑み)

17 다음 문장을 우리말로 바르게 옮긴 것을 고르세요.

彼はつい山を踏んでしまった。

① 그는 결국 범죄를 저지르고 말았다.

② 그는 결국 도박에 지고 말았다.

③ 그는 결국 함정에 빠지고 말았다.

④ 그는 결국 시험에 떨어지고 말았다.

⑤ 그는 결국 실망하고 말았다.

18 次の文の(　　)の中に最も適当な言葉を入れなさい。

結婚とは別々の二人を血より強い「愛」という(　　)でつなぐことです。

① 肩書き　　② きずな

③ てみじか　　④ 結び

⑤ 型

해설

결혼이라고 하는 것은 서로 다른 두 사람을 피보다 강한 「사랑」이라고 하는 정으로 연결하는 것입니다.

① 명함이나 인쇄물 등의 이름 위나 오른쪽 위에 성명이나 직함 · 직명 등을 첨가해서 쓰는 것. 사회적 지위나 신분. 전과. 못된 짓이나 나쁜 평판.

② 고삐. 끊기 어려운 정.　　③ 이야기 등을 간단히 끝내는 모습. (手短)

④ 하나로 연결하다. 맺다. 묶다. (結ぶ)　　⑤ 물건의 형태나 모습.

19 下線の部分の意味を一つ選びなさい。

生半可な知識と学習では、この試験は突破できない。

① 生酔い　　② 生々しい

③ いびきこえ　　④ 情けない

⑤ 中途半端

해설

어설픈 지식과 학습으로는, 이 시험을 돌파할 수 없다. (生半可 : 어설픈. 불충분한)

① 설취하다.　　② 생생하다.

③ 코고는 소리.　　④ 한심하다.

⑤ 어설프다. 어중간하다.

20 高級品を万引きされる。下線の部分の意味を一つ選びなさい。

① 속여서 판다.　　② 모두가 선호하게 되다.

③ 손님으로 가장해서 물건을 훔치다.　　④ 특별히 할인해 주다.

⑤ 특별한 손님한테만 싸게 팔다.

해설

고급품을 도둑맞다.

21 彼はけちのくせに口は肥えている。下線の部分の意味を一つ選びなさい。

① わんぱく　　② しわんぼう

③ ふぞろい　　④ 野次馬

⑤ 気難しい

해설

그는 구두쇠이면서 입은 고급이다. (구두쇠 : 吝ん坊・しみったれ・けちん坊・吝嗇家)

けち : 구두쇠. 인색하다(吝嗇). 옹졸하다. 초라하다. 가치가 없다. 빈약하다. 불길하다.

吝ん坊の柿の種。 감씨 같은, 쓸모없는 것까지 아까워하는 지독한 구두쇠. 인색한 사람을 욕하는 말. (罵る : 욕을 퍼부으며 떠들다. (⇔ 誉める : 칭찬하다)

① 개구쟁이. (腕白)

③ 가지런하지 않음. 고르지 않음. (不揃い)

④ 덩달아 떠들어 댐.

⑤ 취급하기 어렵다. 신경질적이다.

22 次の文の下線の部分の正しい意味を一つ選びなさい。

日本人の多くは仕事に対して「<u>生き甲斐</u>」を感じている傾向があります。

① 선택의 후회.

② 사는 보람.

③ 좌절감.

④ 허무한 인생.

⑤ 적성과는 다른 일을 함.

해설

많은 일본인은 직업에 대해서 「삶의 보람」을 느끼고 있는 경향이 있습니다.

23 다음 문장에 들어갈 적당한 조사로 짝지어진 것을 고르세요.

私は運動(　　)好きで、運動会の日を待ち(　　)待っています。

① の － て

② を － で

③ が － に

④ が － で

⑤ を － に

해설

나는 운동을 좋아해서, 운동회 날을 기다리고 기다렸습니다.

好き 앞에서의 조사는 が를 사용한다.

동사(ます形) ＋ に ＋ 동사 (기본형. 과거형) 반복을 나타낸다.

24 「結構」의 의미로 볼 수 없는 것을 고르세요.

① 結構なものをいただきました。 ② 結構やるじゃない。

③ お酒はもう結構です。 ④ 建物の結構。

⑤ そんなに結構を付けなくてもいいです。

해설

➡ ⑤ 結構 → 格好・恰好

格好 : 밖에서 본 사물의 형태. 모습. 옷차림. 복장. 남들에게 창피하지 않은 반듯한 모습. 체면. 사물의 상태. ～와 같은 모습. 잘 어울리는 것. 적합한 것. 가격이 적당한 것. 나이를 나타내는 말에 붙어서, 나이가 대략 그 정도인 것. 딱 그 나이 정도의 모습.

びりでは格好が悪い。 꼴찌로는 체면이 안 선다.

格好をつけて歩く。 멋을 내고 다닌다.

親に忘れられた格好で育った。부모에게 잊혀진 모습으로 자랐다(성장했다).

格好の夫婦。 잘 어울리는 부부. 멋진 부부.

格好な値段。 딱 적당한 값. 더할 나위 없이 좋은 가격.

手土産に格好な (の) 品。 간단한(손에 드는) 선물로 안성맞춤인(딱 좋은) 물건. (土産)

四十格好の男。 마흔 살쯤 된 남자. (四十・四十・四十・四十・四十路)

나이 : 十・十・二十・二十・三十・四十・五十・六十・七十・八十・九十。
十・十・二十・二十路・三十路・四十路・五十路・六十路・七十路・八十路・九十路。

結構 : 구조. 뛰어나서 흠이 없는 것(申し分のない). 충분히 만족하다.
충분하지는 않지만 꽤(なかなか). 結構ずくめ : 좋은 일만 있는 것.

① 대단히 좋은 것을 받았습니다. ② 꽤 잘하지 않나.

③ 술은 이제 충분합니다. ④ 건물의 구조.

⑤ 그렇게 멋 부리지 않아도 좋습니다.

25 다음 밑줄 친 부분이 올바르지 않은 것을 고르세요.

① その絵はまるで本物のように、細かいところまでていねいにかいてあった。

② 田舎の家におそらくあったかもしれません。

③ さながら昼のような明るさ。

④ 昨日の事はちょうど夢のようだ。

⑤ 夫婦とはあたかも天と地のようなものだ。

해설

마치 : まるで · さながら · あたかも · ちょうど。(뒤 문장은 よう가 온다)

① 저 그림은 마치 진본처럼, 세세한 부분까지 자세히 그려져 있었다.

② 시골집에 있었을지도 모릅니다. (田舎の家にあったかもしれません。)

③ 마치 낮과 같은 밝기.

④ 어제 일은 마치 꿈만 같았다.

⑤ 부부란 마치 하늘과 땅 같은 것이다.

26 次の文の(　　)の中に最も適当な言葉を入れなさい。

そのことについて本を読んだり、人に聞いたりしました。(　　　)分かりません。

① それゆえ
② それでも
③ それだから
④ それですから
⑤ そのように

해설

그것에 대해서 책을 읽기도 하고, 남에게 물어보기도 했습니다. 그런데도 모르겠습니다.

①, ③ 그러므로. 그렇기 때문에. (だから)
② 그래도. 그런데도.
④ 그렇기 때문에.
⑤ 그와 같이.

27 食欲をそそられる。の意味を一つ選びなさい。

① 食べることをとめられる。　② 食べたくなくなる。

③ 食べることをすすめる。　④ 食べたくなる。

⑤ 食べたいのをがまんする。

해설

식욕을 돋우다. (そそる : 어떤 감정 · 행동을 일으키게 하다. 유혹하다. 식욕을 돋우다)

① 먹는 것을 제지당하다.　② 먹기 싫어지다.

③ 먹는 것을 권하다.　④ 먹고 싶어지다.

⑤ 먹고 싶은 것을 참다.

28 災害のあとを目の当たりに見る。下線の部分の読み方を一つ選びなさい。

① もくのあたり　② ひのあたり

③ めのあたり　④ ぼくのあたり

⑤ まのあたり

해설

재해의 흔적을 눈앞에서 보다. (目の当たり(辺り)に見る : 눈앞에서 보다)

29 間違っている文章を一つ選びなさい。

① あの人は財産がたくさんある。したがってお金には困らない。

② あの事件の犯人たちが芋づる式に検挙された。

③ 昨日は勉強をしようとしたものの、疲れて疲れてどうしても身が入らなかった。きのうはなにも得るものなかった。

④ 彼もこのごろ物心が付いて、おもちゃをほしがっている。

⑤ A : 由貴ちゃんはほんとうに無邪気な人ですね。

B : 猫をかぶっていると思わないの。

A : いいえ、由貴ちゃんは箱入り娘、そのものですもん。

해설

➡ ④ 그도 요즘 철이 들어서, 장난감(玩具)을 갖고 싶어 한다.

① 저 사람은 재산이 많이 있다. 따라서 돈에는 곤란하지 않다.

② 그 사건의 범인들이 줄줄이 검거되었다.

③ 어제는 공부를 하려고 하기는 했지만, 너무나 피곤해서 도저히 열중할 수 없었다. 어제는 무엇도 얻은 게 없었다.

⑤ A : 유끼양은 정말로 순진한 사람이군요.
B : 내숭 떨고 있다고 생각하지 않니. (猫を被る · 大人しく見せかける)
A : 아니오, 유끼양은 箱入り娘(세상의 때가 묻지 않은), 그 자체입니다.

• 次の文の(　　　)の中に最も適当な言葉を入れなさい。(30～31)

30 昨日は友達と一緒に先生のお宅に(　　　)。

① きました　　② いらっしゃいました
③ 居りました　　④ おいでになりました
⑤ うかがいました

해설

어제는 친구와 같이 선생님 댁을 방문했습니다.
② 行く · 来る · 居る 의 존경어.　　③ 居る 의 겸양어.
④ 行く · 来る · 居る 의 존경어.　　⑤ 伺う : 聞く · 質問する · 訪ねる 의 겸양어.

31 ご両親にあなたの考えを(　　　)どうですか。

① 話したら　　② 話されたら
③ もうしたら　　④ 言わせたら
⑤ おっしゃると

해설

부모님에게 당신의 생각을 말씀드린다면 어떻겠습니까.

32 下線(かせん)の部分(ぶぶん)の間違(まちが)っている文章(ぶんしょう)を一(ひと)つ選(えら)びなさい。

① きのう山(やま)の上(うえ)に登(のぼ)ったら町(まち)が見(み)えました。
② 田中さんにあったらよろしく伝(つた)えてください。
③ 毎年(まいねん)４月(しがつ)になったら新学期(しんがっき)が始(はじ)まります。
④ 分(わ)からなかったら私に聞(き)いてください。
⑤ 荷物(にもつ)が重(おも)かったら持(も)ってあげますよ。

해설

➡ ③ 매년 3월이 되면 새 학기가 시작됩니다. (毎年４月になると新学期が始まります。)

たら(ば)：～한다면. ～했더니.

용법：동사 · い형용사 · な형용사 · 명사(과거 · 과거부정형) ＋ ら。

たらば로도 사용할 수 있다. (미래가정형과 과거가정형을 취한다)

- 앞 문장의 조건이 성립한 시점에서 굳이 뒤 문장을 진술한다.
  가정조건(ば)과 같고 뒤 문장에서는 상대의 희망 · 의지 · 명령 · 추량 등이 나타난다.
- 이유(理由(りゆう))나 동기를 나타낸다. (과거 가정형이며 문장 끝에는 과거형이 온다)
  (と와 같이 사용할수 있다)
- 마침 그때 또는, 그후에 라는 의미를 나타낸다.
  앞 문장과 뒤 문장에는 위의 2번과 같은 인과관계(원인과 결과)는 없다.
- 어떤 행동의 결과를 알고 있었던 것을 나타낸다. (발견)
  뒤 문장은 말하는 상대의 의지하고는 관계없는 사실이 계속된다. (문장 끝에는 과거형이 온다)
- たら는 そうしたら · そしたら로 바꿔 사용할 수 있다.
  したらどうですか。 ～한다면 어떻겠습니까는 상대에게 어떤 행동을 권할 때 사용한다.

① 어제 산 정상에 올라갔더니 마을이 보였습니다.
② 다나까씨를 만나면 안부 전해 주세요.
④ 모르면 저에게 물어봐 주세요.　　⑤ 짐이 무거우면 들어드릴게요.

33 この機械は誰にでも組み立て<u>られる</u>。のられると意味が同じものを一つ選びなさい。

① 私も試験が受け<u>られる</u>。　② 先生は明日来<u>られる</u>。
③ 先生が新しい車を買<u>われた</u>。　④ 柳君は先生にほめ<u>られる</u>。
⑤ 田舎の母親のことが案じ<u>られる</u>。

해설

이 기계는 누구라도 조립할 수 있다. (가능)

れる · られる는 가능 · 수동 · 존경 · 자발(남에게 영향을 받지 않고 스스로 느끼는 것)의 형태가 있지만, 문장변형은 똑같다.

可能 가능	一人で東京まで行か<u>れる</u>。	혼자서 도꾜까지 갈 수 있다.
	一人で東京まで行ける。	혼자서 도꾜까지 갈 수 있다.
	一人で東京まで行くことが出きる。	혼자서 도꾜까지 갈 수 있다.
受け身 수동	人にお酒を飲ま<u>れる</u>。	남이 술을 먹이다.
尊敬 존경	先生は先日新しい本を書き終えら<u>れた</u>。	선생님은 지난번에 새 책을 다 쓰셨다.
自発 자발	古里にいる母のことが案じら<u>れる</u>。	고향에 있는 어머니가 걱정이 된다.
	자발의 대표적인 동사들은 다음과 같다. 案じられる (걱정이 되다) · 感じられる (느껴지다) · 忍ばれる (그리워지다) · 待たれる (기다려지다) · 思い出される (기억이 나다).	

① 나도 시험에 합격할 수 있다. (가능)　② 선생님은 내일 오신다. (존경)
③ 선생님이 새 자동차를 사셨다. (존경)　④ 야나기군은 선생님에게 칭찬받았다. (수동)
⑤ 시골에 계신 어머니가 걱정이 된다. (자발)

34 下線の部分の間違っているものを一つ選びなさい。

① 君のためを思っている<u>からこそ</u>、あえて忠告しているんだ。
② 君<u>さえ</u>私のそばにいてくれれば、他に何もいらない。

③ さすが高い山だけあって、夏でも寒い。

④ 京都まで行ったながら金閣寺は見ませんでした。

⑤ 米国では、相手が話している間はあまり相づちを打たない。

해설

④ ながら → ものの (~하기는 했지만)

ものの : 앞 문장은 인정하고, 뒤 문장에서는 그것에 반한 내용을 말한다.

ながら : ~하면서. (두 가지 동작을 동시에 진행할 때).

~이면서도. (앞 문장과 뒤 문장이 서로 다른 것을 나타낸다).

ながらも · つつも의 형태로도 많이 사용한다. (つつ는 ながら의 문어체)

① 너를 위한 것이라고 생각하기 때문에, 감히(敢えて) 충고한다.

② 너만 내 곁에 있어 준다면, 다른 것은 아무것도 필요 없다.

③ 역시 높은 산이기 때문에, 여름에도 춥다.

④ 교또까지 가긴 했지만 깅까꾸지는 보지 못했습니다.

⑤ 미국에서는, 상대가 이야기하고 있는 동안은 그다지 맞장구를 치지 않는다.

(相づちを打つ : 상대의 이야기에 맞장구를 치다)

35 다음 한자의 읽기가 나머지 넷과 다른 것을 고르세요.

① 日記　② 日課

③ 日程　④ 日常

⑤ 日当

해설

④ にちじょう (일상. 항상)

① にっき (일기)　② にっか (일과)

③ にってい (일정)　⑤ にっとう (일당. 하루 수당)

36 具合が悪い。の意味を一つ選びなさい。

① 計算が合わない　　② 都合が悪い
③ 計画どおりにならなかった　　④ 病気に掛かった
⑤ からすの行水

해설

체면이 안서다. 병에 걸리다. 몸 상태(건강상태)가 좋지 않다.
具合·工合 : 사물의 진행되는 상태. 모습. 또는 방법. 신체·기계 등의 상태. 물건의 운반 방법. 체재(体裁 : 겉모습·세상 이목). 체면(体面).

① 계산이 안 맞다.　　② 형편이 안 좋다. (시간, 돈)
③ 계획대로 되지 않았다.　　④ 병에 걸렸다. (病気になる)
⑤ 까마귀(烏) 목욕하듯. 입욕시간이 짧은 것.
烏金 : 하루 이자로 빌리는 고리의 돈. 다음 날 아침 까마귀가 울자마자 갚아야 되는 돈.

37 地金を出す。の意味を一つ選びなさい。

① 自慢する　　② 生意気
③ 本性を現す　　④ 腹を据える
⑤ 無様

해설

➡ ③ 본성을 나타내다. (本性を現す). 地金が現れる·地金が出る : 본성이 나오다. (地金)
① 자만하다.　　② 건방지다.
④ 굳게 각오를 하다. 사물에 동요하지 않다.
⑤ 보기 흉하다. (体裁が悪い·見苦しい·みっともない)

• 次の文の(　　)の中に最も適当な言葉を入れなさい。(38~39)

38 あんなにおしゃべりだった彼女が、あの悲しい事件以来、すっかり(　　　)なってしまった。

① 耳が痛く　　② 口が重く
③ 口が軽く　　④ 口が堅く
⑤ けたが違く

해설

그렇게 잘 떠들던 그녀가, 그 슬픈 사건 이후, 완전히 말이 없어졌다.

① 귀가 따갑다.　　② 말이 없다.
③ 입이 가볍다.　　④ 입이 무겁다.
⑤ 수준이 틀리다.

39 有無を(　　)引きずっていく。

① 抜けず　　② 埋め合わせず
③ いかず　　④ 言わせず
⑤ ためらわず

해설

무리하게 데리고 가다. (끌고 가다)
有無を言わせず : 상대의 의견은 어떻든 자기 생각대로 함. (無理やりに : 무리하게)
② 손실 · 실패 등을 다음 기회나 다른 것으로 보충하다.
⑤ 망설이지 않고, 주저하지 않고.

40 **다음 문장을 우리말로 바르게 옮긴 것을 고르세요.**

何の風情もございませんが。

① 아무 일 없이 끝나 잘되었군요.　　② 아무 대접도 못해서 미안합니다.
③ 이곳은 경치가 좋지 않군요.　　④ 아무런 모양도 없군요.
⑤ 어떠한 인정도 느껴지지 않는다.

해설

風情・風情 : 분위기. 풍치. 운치. 접대. 낌새. 기색. 정서. 모습.

사람・인명・신분을 나타내는 명사・대명사에 붙어서 ～같은 것. (겸손・경멸의 의미를 나타낸다). 명사에 붙어서 ～와 같은 것, ～와 닮은 것 과 비슷한 것 등의 의미를 나타낸다.

私風情にはとても理解することができません。저로서는 도저히 이해할 수가 없습니다.

• 次の文の(　　)の中に最も適当な言葉を入れなさい。 (41～46)

41 欲しかった本が、やっと(　　)。

① 手に入った
② 手につかない
③ 他人の飯を食う
④ 手が長い
⑤ 手取り足取り

해설

갖고 싶었던 책을, 드디어 손에 넣었다.

① 손에 넣다. (手にする・手に入る・手に入る・手に入れる)

② 일이 잡히지 않다.

③ 자신의 집을 나와, 다른 사람 집에서 생활하는 것으로, 실사회(実社会)의 고생을 경험하다.

④ 도벽이 있다.
⑤ 친절하고 자세하게 가르치는 것.

(手がない : 일손이 없다. 수단・방법이 없다)

42 どんなに忙しくても、子どもの話には(　　)あげよう。

① 耳を傾けて
② 差し出口
③ 耳を貸す
④ 血相をかえて
⑤ 水を向けて

해설

아무리 바빠도, 아이들의 이야기에는 귀를 기울여 주자.

① 귀를 기울이다. 경청하다.
② 참견하다. (口出し・出しゃばり)

③ 남이 이야기하는 것을 듣다(충고를). 상담하다(相談(そうだん)に乗(の)る).
④ 얼굴빛을 바꾸다. 놀라거나 화난 얼굴. (血相(けっそう)を変(か)える)
⑤ 권유하다. (持(も)ち掛(か)ける)

43 本当(ほんとう)はよくしゃべるうるさい山田(やまだ)さんだが、先生(せんせい)の前(まえ)では(　　)。

① 油(あぶら)を絞(しぼ)る
② 危(あぶ)ない橋(はし)を渡(わた)る
③ 猫(ねこ)をかぶっている
④ じたばたしている
⑤ めでたく終(お)わる

해설

사실은 시끄러운 야마다씨이지만, 선생님 앞에서는 조용한 척한다.
① 과실을 엄하게 나무라다.
(頭(あたま)を絞(しぼ)る : 가능한 한 머리를 써서 생각하다. 지혜를 짜내다. (頭(あたま)を搾(しぼ)る · 知恵(ちえ)を絞(しぼ)る)
② 위험을 알고도 행하다.
③ 내숭을 떤다. (猫(ねこ)を被(かぶ)る)
④ 발버둥치고 있다.
⑤ 원만히 끝나다. (目出度(めでた)い · 芽出度(めでた)い : 경사스럽다. 축하할 만하다. 평가 · 평판 등이 좋다)

44 去年(きょねん)の夏(なつ)ごろから、彼(かれ)の成績(せいせき)は(　　)よくなってきた。

① 頭(あたま)がきれて
② 目(め)をぬすんで
③ 目(め)に見(み)えて
④ 男(おとこ)が立(た)つ
⑤ 数(かず)をこなす

해설

작년 여름부터, 그의 성적은 눈에 띄게 좋아졌다.
① 머리가 날카롭다.
② 눈을 피하다. (目(め)を盗(ぬす)む)
③ 눈에 띄다.
④ 남자로서의 체면을 지키다.
⑤ 많은 사물(물건)을 처리하다. 数(かず)を尽(つ)くす : 있는 한. 남기지 않고. (ある限(かぎ)り · 残(のこ)らず)

45 あの選手は、ここ3か月ほど(　　　)いるらしく、不調だ。

① 壁にぶつかって　　② 勝手が悪くなって
③ 気が済んで　　④ 大台に乗って
⑤ お安くないで

해설

저 선수는, 요즈음 3개월 정도 슬럼프인지, 몸 상태가 좋지 않다.

① 벽에 부딪히다. (슬럼프)　　② 형편이 안 좋다. (都合が悪い)

③ 걱정이 없어지다. 만족하다.

④ 넘다. 수량이나 금액이 크게 초과하다.
(大台 : 주식 · 상품의 상장에서 100엔의 단위. 큰 구분이 되는 수량이나 금액)

⑤ 남녀가 특별한 관계에 있는 것, 또는, 그것을 야유하는 말. 보통 사이가 아니다.

46 そんなところで、(　　　)いるとまた叱られるよ。

① 油を売って　　② 波に乗って
③ 解語の花で　　④ 他人の空似で
⑤ 手を付けて

해설

그런 곳에서, 놀고 있으면 또 야단맞는다.

① 쓸데없이 시간을 보내다. 할 일 없이 빈둥대다. (油を売る · うろうろ · ごろごろ)

② 波に乗る　: 시대의 추세에 맞추어 번영하다. 기세를 타다. 시간 · 시대의 흐름을 잘 타다.
경기의 흐름을 타다.
彼の会社は今景気の波に乗っている。
그의 회사는 지금 경기의 흐름을 잘 타고 있다. (회사가 잘 되고 있다)

調子に乗る : 일 등에 탄력이 붙어서 순조롭게 진행된다. 신이 나서 일을 하다. 우쭐해져서
경솔한 행동을 하다. (事業が調子に乗る。 사업이 순조롭게 진행되다)

③ 미인. (解語 : 단어의 의미를 이해하는 것)

④ 혈연관계가 없는 사람인데도 얼굴이 닮은 것.

⑤ 착수하다. 사용하기 시작하다. 여자와 관계를 갖다.

47 次の文の下線の部分の正しい意味を一つ選びなさい。

美術界の話題や社会的事件をいろいろな切り口で報道したことはとてもよい勉強になりました。

① 시점에서　　② 계기로

③ 세밀하게　　④ 우선적으로

⑤ 시작으로

해설

미술계의 화제나 사회적 사건을 여러 가지 시점(단면)에서 보도했던 것은 대단히 좋은 공부가 되었습니다.

切口 : 절단면 (小口). 베인 상처. 자르는 솜씨나 방법(手並み · 腕前 : 솜씨). 사물을 비판하거나 분석하거나 할 때의, 착안(어떤 일을 주의하여 봄)이나 발상의 방법.
껌이나 담뱃갑 등에 비닐을 뜯어내는 곳의 표시. 뜯는 곳.

48 下線の部分の間違っているものを一つ選びなさい。

① この部屋は暑さとたばこのけむりで息がつまりそうだ。

② 一般的に、女性は気が多いと言われている。

③ 大人しいふりをしていても、いつかはしっぽを出すよ。

④ 彼は、新しいゲームにすぐ熱を上げるが、熱が冷めるのも早い。

⑤ これはもろいものですから、思わせぶりに扱って下さい。

해설

➡ ⑤ 이것은 깨지기 쉬운 물건(脆い物 · 壊れやすい · 割れ物)이기 때문에, 조심스럽게 취급해 주세요. (これはもろいものですから、気をつけて扱って下さい。)
(思わせ振り : 특별한 의미가 있는 듯이 생각하게 하는 언어 · 태도)

① 이 방은 더위와 담배연기(煙草の煙)로 숨이 막힐 것 같다.

② 일반적으로, 여성의 마음은 갈대라고 한다. (気が多い : 관심을 갖는 대상이 많다)

③ 얌전한 체하고 있어도, 언젠가는 탄로 난다. (ふりをする : ～인 척하다)

④ 그는, 새로운 게임에 곧 열중하지만, 식는 것도 빠르다.

● 次の文の(　　)の中に最も適当な言葉を入れなさい。(49~50)

49 ことしの寒(さむ)さは去年(きょねん)(　　)ではない。

① だけ　② より
③ まで　④ ほど
⑤ しか

해설

올해의 추위는 작년 같지 않다.

① ~만. ~뿐. (그 이외에는 없다고 하는 한정의 의미를 나타낸다)
② ~보다. (비교문에 사용한다)　④ ~정도.
⑤ ~밖에. (뒤 문장은 반드시 부정을 동반한다)

50 現代生活(げんだいせいかつ)の中(なか)では、心(こころ)の(　　)が大切(たいせつ)です。

① ひま　② すき
③ ゆるし　④ ゆとり
⑤ ゆるみ

해설

현대생활에서는, 마음의 여유가 중요합니다.

① 여유. 짬. (暇(ひま))　② 공간. (空(す)き)
③ 용서. (許(ゆる)し)　⑤ 해이하다. 느슨하다.

51 다음 문장의 올바른 의미를 고르세요.

彼(かれ)は何(なん)でもしゃくしじょうぎに考(かんが)えるので良(よ)くない。

① 他人(たにん)の真似(まね)ばかりしないで、自分(じぶん)の頭(あたま)で考(かんが)えればいいのに。
② それぞれの場合(ばあい)に合(あ)わせて、もっと自由(じゆう)に考(かんが)えればいいのに。

③ あんなに深刻になることはないのに。

④ 少しは彼女の気持ちも分かってくれればよいのに。

⑤ 人をいじめてはいけないのに。

해설

그는 뭐든지 융통성이 없게 생각하기 때문에 좋지 않다.

杓子定規 : 융통성이 없다. 一徹 · 石頭 · 片意地(외고집) · 頑固(완고).

① 남의 흉내만 내지 말고, 스스로 생각하면 좋을 텐데.

② 그때그때 상황에 맞춰, 좀 더 자유롭게 생각하면 좋을 텐데.

③ 그렇게 심각할 필요는 없는데.

④ 조금은 그녀의 기분도 이해해 주었으면 좋겠는데.

⑤ 남을 괴롭히면은 안 되는데. (苛める · 虐める : 학대하다. 괴롭히다. 따돌림하다)

52 **다음 문장과 의미가 다른 것을 고르세요.**

弱り目に祟り目。

① 不運が重なること
② 糅てて加えて
③ 泣き面に蜂
④ その上に
⑤ 泥縄式

해설

불운에 불운이 겹치는 것. 설상가상. (重荷に小付け · 痛む上に塩を塗る)

⑤ 벼락치기. (공부)

53 **다음 한자 「正」의 읽기가 나머지 넷과 다른 것을 고르세요.**

① 止月
② 正式
③ 正直
④ 正午
⑤ 正面

해설

② 정식. (正式)

① 정월. 설날. (正月)
③ 정직. (正直 · 正直)
④ 정오. 낮 12시. (正午)
⑤ 정면. 바로 앞. (正面 · 正面 · 真面)

54 다음 문장을 우리말로 바르게 옮긴 것을 고르세요.

さすがの原先生も中村さんには一目置いています。

① 과연 하라 선생님도 나까무라씨에게는 뒤쳐지는군요.
② 그 대단한 하라 선생님도 나까무라씨를 목표로 삼고 있습니다.
③ 그 대단한 하라 선생님도 나까무라씨에게는 한번에 당하고 있습니다.
④ 과연 하라 선생님도 나까무라씨에게는 어쩔 수 없습니다.
⑤ 그 대단한 하라 선생님도 나까무라씨에게는 경의를 표하고 있습니다.

해설

流石 : 역시. 정말로. 듣던 대로. 뒤 문장은 당연한 귀결이 온다. (さすが …だけあって) さすがの …も의 꼴로 앞 문장을 일단은 긍정하면서도, 이야기의 내용이 모순된 것을 말한다. (も앞에는 반드시 대상이 온다). (一目置く : 자기보다 실력이 뛰어난 것을 인정하다)

55 다음 문장을 우리말로 바르게 옮긴 것을 고르세요.

ひたすら学問に打ち込んでいる。

① 너무 학문에 열을 올리고 있다.
② 최근에는 학문에 열중하고 있다.
③ 오로지 학문에 열중하고 있다.
④ 그다지 학문에 신경쓰지 않고 있다.
⑤ 유난히 학문에만 매달리고 있다.

해설

打ち込む : 어떠한 일에 열중하다. (取り組む · 夢中になる · 身が入る · 一所懸命になる)

ひたすら : 오로지 하나에만 일관하다. (只管(ひたすら) · 一途(いちず)に · 専(もっぱ)ら · 偏(ひとえ)に · 直向(ひたむ)き · 一筋(ひとすじ))
ひたすら神(かみ)に祈(いの)る。 오로지 신에게 기원하다.

• 次の文の(　　　)の中に最も適当な言葉を入れなさい。 (56～59)

56 あなたは何(なに)も悪(わる)くないのだから、あなたが責任(せきにん)をとる(　　　)。

① ものはない　　② ことはない
③ ほうはない　　④ はずはない
⑤ くせがない

해설

당신은 아무것도 나쁘지 않기 때문에, 당신이 책임질 필요는 없다.
(責任(せきにん)を取(と)る · 責任を負(お)う · 責任を持(も)つ : 책임을 지다)
(には及(およ)ばない · までもない : ～할 필요가 없다)
④ ～일 리가 없다.　　⑤ 나쁜 버릇이 없다.

57 あなたは食(た)べ物(もの)のなかで、(　　　)が一番(いちばん)好(す)きですか。

① どれ　　② どちら
③ だれ　　④ なに
⑤ どっち

해설

당신은 음식 중에서, 무엇을 제일 좋아합니까.
どこ : 어디 (장소). いつ : 언제 (시간).
① 어느 것이. (3개 이상의 물건 중에서 하나를 선택할 때)
② 어느 쪽이. (2개 중에서 하나를 선택힐 때)
③ 누가. (사람)
④ 무엇이. (전체 중에서 하나를 선택할 때)
⑤ 어느 쪽이. (2개 중에서 하나를 선택할 때)

58 きょうは本当に(　　　)とはれて、気持ちがいい天気です。

① ちらり　② ひらり
③ ころり　④ きちん
⑤ からり

해설

오늘은 정말로 맑게 개여서, 기분 좋은 날씨입니다.
① 일순간 희미하게 보이다. 소문이 들리다.
② 가볍고 재빠르게 몸을 움직이는 모습.
③ 가벼운 물건이 굴러가는 모습. 간단히. 상태가 급히 변하는 모습.
④ 확실하다. 분명하다. 깨끗하다. 정확하다.
⑤ 밝고 맑은 모습. 명랑하다. (からりと晴れる)

59 手塩に掛けて(　　　)。

① ゆずった子　② 育てた子
③ ためらった者　④ 尽きる
⑤ 替える

해설

손수 공들여 키우다. (蝶よ花よ : 금이야 옥이야 기르다)
① 물려받은 아이.　② 키운 아이.
③ 주저하다.　④ 다하다.
⑤ 바꾸다.

60 **다음 문장을 우리말로 바르게 옮긴 것을 고르세요.**

かくなるうえは是非もない。

① 결과가 밝혀진 이상 시비를 가릴 필요가 없다.
② 병세가 호전된 이상 슬퍼할 필요는 없다.
③ 확인된 이상 숨길 필요가 없다.

④ 이렇게 된 바에는 어쩔 수 없다.

⑤ 결정된 이상은 어쩔 수 없다.

해설

어쩔 수 없다. (止むを得ない · 仕方がない · 是非に及ばず · やむなく)

斯くなる上は : 이렇게 된 바에는. 이렇게 된 이상은.

斯くながら : 이 상태로. 이 상태 그대로.

61 다음 글의 밑줄 친 뜻이 다른 것을 고르세요.

試験におちても、彼はぜんぜん<u>気にしない</u>。

① 気にかけない ② 気がつかない

③ 心配しない ④ 気に病まない

⑤ 案じていない

해설

시험에 떨어져도(落ちる) 그는 전혀(全然) 걱정하지 않는다.

気になる : 마음에 걸리다. 신경 쓰이다. 걱정되다. (心配になる · 気に掛かる)

気にする : 걱정하다. (心配する)

② 의식을 회복하다. 많은 곳에 주의를 골고루 미치게 하다. 눈치채다. 알다. (気が付く)

④ 걱정으로 괴로워하다. (気に病む)

62 다음 중 경어의 사용이 바르게 연결된 것을 고르세요.

私はあとで「㉠ あがります ㉡ おたべにならます ㉢ めしあがります ㉣ いただきます ㉤ くいます」からどうぞおさきに「㉠ たべて ㉡ くって ㉢ めしあがって ㉣ おたべになって ㉤ いただいて」ください。

① ㉢, ㉤ ② ㉠, ㉡

③ ㉣, ㉤ ④ ㉣, ㉢

⑤ ㉤, ㉡

해설

저는 나중에 먹을 테니까 어서 먼저 드십시오. (겸양어 뒤에는 くださいが 올 수 없다)

63 次の文の(　　　)の中に最も適当な言葉を一つ選びなさい。

道は(　　　)急な上り坂になった。

① ときどき　　② のろのろ

③ くうくう　　④ ちかぢか

⑤ ますます

해설

길은 점점 급한 오르막 길(登り坂)이 되었다.

① 가끔. 이따금.　　② 움직임이 둔한 모습. 느릿느릿. (거북이. 달팽이)

③ 아무것도 없는 모습. 공허한 모습. 아무 생각 없이 멍청한 모습. 텅 빈 공간.

④ 그리 멀지 않은 장래. 조만간에(近いうちに). 가까운 지점.

⑤ 계속해서 발전하는 모습. 점점. (どんどん · だんだん)

64 次の文の(　　　)の中に最も適当な言葉を入れなさい。

シンデレラは意地悪なまま母に今日も部屋のそうじを(　　　)。

① ふかされました　　② させました

③ させられました　　④ しました

⑤ ふきました

해설

신데렐라는 심술궂은 계모가 오늘도 방 청소(掃除)를 시켜서 했습니다.

➡ ③ 사역수동형은 하기는 싫지만 강제적으로 당하는 것이 된다.

65 次の文の(　　)の中に最も適当なものを入れなさい。

A：何もありませんが、どうぞ召し上がってください。
B：はい、(　　Ⓐ　　)。
A：あ、おいしかった。ごちそうさまでした。
B：いいえ、どういたしまして。(　　Ⓑ　　)。

	Ⓐ	Ⓑ
①	ありがとうございます。	おつかれさまでした。
②	いってまいります。	ごくろうさまでした。
③	いただきます。	おそまつさまでした。
④	あけましておめでとうございます。	おまちどおさまでした。
⑤	ごしゅうしょうさまでした。	おまたせいたしました。

해설

A：아무것도 없습니다만, 어서 드십시오.
B：잘 먹겠습니다. (밥을 먹기 전에)
A：아, 맛있었다. 잘 먹었습니다. (밥을 먹고 나서)
B：아니요, 천만에요. 변변치 못했습니다. (대접한 사람이)

	Ⓐ	Ⓑ
①	고맙습니다.	수고하셨습니다. (お疲れさまでした)
②	다녀오겠습니다. (行って参ります)	수고하셨습니다. (ご苦労さまでした)
③	잘 먹겠습니다.	변변치 못했습니다. (お粗末さまでした)
④	새해 복 많이 받으세요.	많이 기다리셨습니다. (お待ち遠さまでした)
⑤	얼마나 애통하십니까. (御愁傷様でした)	많이 기다리셨습니다.

66 次の文章を読んで、それぞれの問いに対する答えとして最も適当なものを一つ選びなさい。

頭のいい人には他人の仕事のあらが目につきやすい。その結果として自然に他人のすることが愚かに見え、したがって自分が誰よりも賢いというような錯覚に陥りやすい。そうなると自然の結果として自分の向上心にゆるみが出て、やがてその人の進歩が止まってしまう。

【問い】「頭のいい人」についての内容と違うものを選びなさい。

① 他人の仕事の欠点をすぐ探し出す。
② 他人の仕事のあらを大目に見てあげる。
③ 自分は賢いと思い込む。
④ 他人のすることは愚かだと考えやすい。
⑤ 結局進歩が止まる恐れがある。

해설

「머리가 좋은 사람」에 대해서의 내용과 다른 것을 고르세요.

머리가 좋은 사람에게는 남의 결점이 눈에 띄기 쉽다. 그 결과로서 자연히 남이 하는 것이 바보스럽게 보이고, 따라서 자신이 누구보다도 똑똑하다고 착각에 빠지기 쉽다. 그렇게 되면 자연의 결과로서 자신의 향상심에 해이해져, 조만간에 그 사람의 진보가 멈추고 만다.

① 남의 결점을 곧 찾아내다. ② 남의 결점을 용서해 주다.
③ 자신은 현명하다고 생각한다. ④ 다른 사람이 하는 것은 바보스럽다고 생각하기 쉽다.
⑤ 결국 진보가 멈추는 무서움이 있다.

67 次の文章を読んで、それぞれの問いに対する答えとして最も適当なものを一つ選びなさい。

言うべきことをはっきり言うという面では韓国人は日本人と大きく違っている。日本で生まれ育った韓国人の友人がソウルで一年間、留学して一時帰国した。ソウルで日本人と韓国人の違いを一番強く感じたのは、韓国人は腹の中にある思いをストレートに言うことだと言っていた。日本人の社会ではなかなか本音を言わない。本音ではいやだと思っていることも、はっきりいやだと言わない。あいまいなどうにでも(　　　)ことを言ったり、意志を明確に表示しない。ところが、韓国人の中で生活すると本音がぽんぽん口に出される。

【問い】(　　　)の中にもっとも正しいものを一つ選びなさい。

① いける　② きける
③ される　④ とれる
⑤ まける

해설

④ 수확하다. 포획하다. 생산되다. 해석되다. 피곤이 풀리다. 조화되다. (取れる)
말해야만 하는 것을 확실하게 말한다고 하는 면에서는 한국인은 일본인과 크게 차이가 있다. 일본에서 태어나 일본에서 자란 한국인 친구가 서울에서 일 년간, 유학하고 잠시 귀국했다. 서울에서 일본인과 한국인의 차이를 제일 강하게 느낀 것은, 한국인은 속마음에 있는 생각을 직선적으로 말한다고 하는 것이었다. 일본인의 사회에서는 좀처럼 속마음을 말하지 않는다. 속으로는 싫다고 생각하고 있는 것도, 확실히 싫다고 말하지 않는다. 듣기에 따라서는 애매하게 해석되기도 하고, 의지를 명확하게 나타내지 않는다. 그러나, 한국인과 같이 생활하면 속마음이 서슴없이 나온다.

① 잘할 수 있다. 꽤 좋다. 술을 많이 마신다. (行ける)
② 효과가 있다. (効く)　③ 당하다. (する의 수동형)
⑤ 게임에 지다. 값을 깎아주다. (負ける)

68 次の文の(　　　)の中に最も適当な言葉を入れなさい。

手を替え(　　　)を替え子供の機嫌をとる。

① 足　② 頭
③ 品　④ 手下
⑤ 腕

해설

온갖 방법을 동원하여 아이 비위를 맞추다.

手を替え品を替え : 여러 가지 방법과 수단을 써 보다.

機嫌を取る : 비위를 맞추다. 아부하다. 사람의 기분을 위로하고 누그러뜨릴 수 있도록 하다. 남의 마음에 드는 듯한 언동(言動)을 한다.

③ 물건. 상품. 품질. 종류. 격. ④ 부하.

⑤ 팔뚝.

69 다음 문장을 우리말로 바르게 옮긴 것을 고르세요.

口火を切らせていただきます。

① 의견에 불꽃을 튀기겠습니다. ② 굳게 결심하겠습니다.

③ 위험을 알고도 시켰습니다. ④ 배신당하고 말았습니다.

⑤ 제일 먼저 일을 시작하겠습니다.

해설

口火を切る : 어떤 일을 다른 것보다 앞서서 시작한다.

火蓋を切る : 전쟁 · 시합 등을 개시하다.

70 다음 문장을 우리말로 바르게 옮긴 것을 고르세요.

かろうじて口をぬらしています。

① 역시 비밀이 새어 나갔습니다. ② 간신히 털어놓았습니다.

③ 결국 말해 버리고 말았습니다. ④ 간신히 입에 풀칠을 하고 있습니다.

⑤ 겨우 입을 막았습니다.

해설

드디어. 마침내. (やっと · ようやく)

겨우. 간신히. (やっと · ようやく · どうにか · かろうじて)

(辛うじて合格しました。 겨우 합격했습니다)

71 다음 문장의 밑줄 친 부분과 의미가 같은 것을 고르세요.

同級生の小遣いを<u>引き合いに出して</u>、小遣いを上げてもらった。

① 生唾を飲み込む。 ② 取り乱す。

③ あれこれ言うまでもない。 ④ 腹の虫が納まらない。

⑤ 証拠になるものとして提示する。

해설

동급생의 용돈을 증거로 제시해서, 용돈을 올려 받았다.

引き合いに出す : 증거나 참고가 되는 것을 제시하다. 사건 등의 참고인.

① 군침을 삼키다. ② 이성을 잃어 보기 흉한 태도를 하다.

③ 두말없이. 이것저것 말할 필요도 없이. (一も二もなく・決まり切っている)

④ 화가 가라앉지 않다. 화를 참을 수 없다. 마음이 가라앉지 않다.

(虫の知らせ。 좋지 않은 예감)

72 다음 문장의 대답으로 가장 적당한 것을 고르세요.

あいつちょっと変よ。まるで空気を打つような感じだもん。

① 彼女はみっともない姿をしているよ。

② そんなに手ごたえがないのか。

③ そうだといっていい気になってはならない。

④ あなたも物心が付く年よ。

⑤ あれほど口をすっぱくして言ったのに。

해설

저 녀석 조금 이상하다. 마치 공기를 때리는 듯한 느낌인걸.

① 그녀는 보기 흉한 모습을 하고 있다.
② 그렇게 반응이 없어.
③ 그렇다고 해서 우쭐해지면 안 된다.
④ 당신도 철들 나이가 되었다. (物心(ものごころ)が付(つ)く : 物事(ものごと)のわけがわかるようになる)
⑤ 그 정도로 입이 닳도록 말했는데.

• 次の文の下線をつけたことばは、ひらがなでどう書きますか。同じひらがなで書くことばを一つ選びなさい。 (73～76)

73 留学生(りゅうがくせい)の受(う)け入(い)れ<u>態勢</u>を整(ととの)える。

① 大衆　② 滞在
③ 対戦　④ 大漁
⑤ 体制

해설

유학생을 맞이할 태세(態勢(たいせい))를 갖추다. (준비하다)
① 대중. (たいしゅう)　② 체재. 체류. (たいざい)
③ 대전. 적과 아군이 상대하여 싸우는 것. (たいせん)
④ 어획이 많은 것. (たいりょう)　⑤ 체제. 정권의 체제가 흔들리다. (たいせい)

74 税務署(ぜいむしょ)に所得(しょとく)を<u>申告</u>する。

① 神経　② 真空
③ 真個　④ 深刻
⑤ 新興

해설

세무서에 소득을 신고(申告(しんこく))하다.
① 신경. (しんけい)　② 진공. 진공상태. (しんくう)

③ 진실. (しんこ)

④ 심각하다. (しんこく)

⑤ 새롭게 일어나는 것. 신흥세력. (しんこう)

75 <u>官僚</u>の任命権(にんめいけん)は大臣(だいじん)にある。

① 元来

② 慣例

③ 勧誘

④ 慣用

⑤ 完了

해설

관료(官僚(かんりょう))의 임명권은 대신에게 있다.

① 원래. (がんらい)

② 관례. (かんれい)

③ 권유하다. (かんゆう)

④ 관용. (かんよう)

⑤ 완료. (かんりょう)

76 聴講(ちょうこう)するためには<u>正規</u>の手続(てつづ)きが必要(ひつよう)です。

① 将棋

② 定規

③ 証拠

④ 整理

⑤ 世紀

해설

청강하기 위해서는 정규(正規(せいき)) 수속이 필요합니다.

① 장기(しょうぎ). 将棋(しょうぎ)を指(さ)す : 장기를 두다. 碁(ご)を打(う)つ : 바둑을 두다.

② 자. 줄자. 눈금자. (じょうぎ)

③ 증거. (しょうこ)

④ 정리. 물건을 정리하다. (せいり)

⑤ 세기. 21세기. (せいき)

77 **腹も身の内。の意味を一つ選びなさい。**

① 流行る　　② 片腹痛い
③ 腹八分目　　④ 腹をさぐる
⑤ 後は野となれ山となれ

해설

배도 신체의 일부. (적당히 먹어라)

① 유행하다.　　② 가소롭다.
③ 조금은 사양하다.　　④ 슬며시(넌지시) 남의 의중을 떠보려고 하다.
⑤ 나중에 삼수갑산을 가더라도. 눈앞의 일만 어떻게든 잘 끝나면, 나머지는 어떻게 되어도 상관없다.

78 **다음 문장의 밑줄 친 부분을 우리말로 바르게 옮긴 것을 고르세요.**

ひとつ間違うと、とんでもないことに<u>なりかねない</u>。

① 되서는 안 된다.　　② 되기 어렵다.
③ 될지 모른다.　　④ 되는 것이 좋다.
⑤ 되는 것이 당연하다.

해설

하나 실수하면, 어처구니없는 일이 될지 모른다.

동사 (ます形) + 兼ねる　：~할 수 없다.
동사 (ます形) + 兼ねない　：~할 수 있다.

79 **다음 문장을 우리말로 바르게 옮긴 것을 고르세요.**

人口は増える一方だ。

① 인구는 늘어나기만 한다.
② 인구는 한편으론 늘어난다.
③ 인구는 늘어나는 편이다.
④ 인구는 늘어나는 모양이다.
⑤ 인구는 늘어나기 마련이다.

해설

一方 : 한편. 일방. 그것만 하다. (それだけ)

不景気で生活がだんだん苦しくなる一方です。불경기 때문에 생활이 점점 고통스럽기만 합니다.

80 다음 글의 밑줄 친 부분을 우리말로 바르게 옮긴 것을 고르세요.

その事件については、<u>いちおうの</u>結論に達した。

① 완전한
② 훌륭한
③ 대체적인
④ 일치된
⑤ 부당한

해설

그 사건에 대해서는, 대체적인 결론에 달했다. (一応 : 일단은. 우선은. 대체적으로)

• 次の文章を読んで、後の問いに答えなさい。 (81～90)

学者はいう。「この地方に数年あるいは数十年ごとに津波の起こるのは既定の事実である。(1)、これに備えることもせず、うかうかしているというのは、(2)不用意千万なことである。」

被災者側にいわせれば「それほど分かっていることなら、なぜ津波の前に間に合うように警告を与えてくれないのか。」

これは、昭和八年に三千八人の死者を出した三陸地震津波の際、寺田寅彦が書いた随筆「津波と人間」の一節である。五十五年を経った今日も、状況はそれほど変わっていないのではないか。

災害は、自然界の法則に従って、忘れずに必ずやってくる。❸それが「忘れたころ」になるところに、人間界の弱みがある。

東海地震の切迫が警告され、大規模地震対策特別措置法ができてから十年になる。

静岡県を中心とした指定地域では当初、住民の防災意識が盛り上がったが、最近では、「こないじゃないか」と、警戒心が薄れ、備蓄品の更新などを怠る傾向が出てきたことを防災関係者は心配している。この夏、伊豆半島東方沖で起きた記録的な群発地震で、ノイローゼ状態になったのはイヌやネコで、人間の方はそれほど気にしていなかったそうだ。❹笑い話としてすませられるだろうか。

自然は先を急いでいないだけで、危険が減ったわけではない。(5)、人間には、危険な情報は無視したいという心情がある。社会心理学では ❻「正常化の偏見」というが、これが、警告や警報の軽視につながり、災害を大きくする要素になる。

- 津波 : 해일.

학자는 말한다.「이 지방에 수년, 또는 수십 년마다 해일이 일어나는 것은 기정사실이다. (1)그런데도, 이것에 대비하지 않고, 멍하니 있는 것은, (2)도대체 부주의하기 짝이 없는 일이다.」

피해자 측에게 말을 시켜 보면「그렇게 잘 알고 있는 것이라면, 왜 해일전에 시간에 맞춰 경고해 주지 못하는 것일까.」

이것은, 쇼와 8년에 3,008인의 사망자를 낸 산리꾸지진 해일 때, 데라다도라히꼬가 쓴 수필「해일과 인간」의 일부분이다. 55년이 지난 지금도, 상황은 그다지 변하지 않은 게 아닐까.

재해는, 자연계의 법칙에 따라서, 잊지 않고 반드시 찾아온다. ❸그것이「잊힐 즈음」이 될 때에, 인간 세계의 약점이 된다.

동해지진의 절박함이 경고되고, 대규모 지진대책 특별조치법이 만들어진 지 10년이 된다.

시즈오카겐을 중심으로 한 지정지역에서는 당초, 주민의 방재의식이 드높았으나, 최근에는 「오지 않지 않을까」하고, 경계심이 흐려지고, 비축품의 갱신등을 게을리하는 경향이 나오고 있는 것을 방재관계자는 걱정하고 있다. 이번 여름, 이즈반도 동쪽해역에서 일어난 기록적인 군발지진(지역적, 시간적으로 집중하여 일어나는 지진)으로, 노이로제 상태가 되었던 것은 개나 고양이로, 사람들은 그 정도로 걱정하지 않았다고 한다. ❹우스갯소리로 해서 끝내고 싶은 것일까.

자연은 서두르지 않고 있을 뿐이지, 위험이 줄어든 것은 아니다. (5)그러나, 사람에게는, 위험한 정보는 무시하고 싶다고 하는 심정이 있다. 사회심리학에서는 ❻「정상화의 편견」이라고 하지만, 이것이, 경고나 경보, 경시에 연결되어, 재해를 크게 하는 요소가 된다.

• (1), (2), (5)の中にはどんな言葉を入れたらよいか。最も適当なものをそれぞれの中から一つ選びなさい。(81～83)

81 (1)

① それだのに　② それだから
③ それでも　④ そればかりか
⑤ それから

해설

➡ ① 그런데도.
② 그렇기 때문에.　③ 그래도.
④ 그뿐만 아니라.　⑤ 그러고 나서.

82 (2)

① さぞかし　② もともと
③ そもそも　④ むしろ
⑤ たぶん

해설

➡ ③ 도대체. 원래. 최초로.

① 틀림없이. 필시. (さだめし)　　② 원래.

④ 오히려. 차라리.　　⑤ 아마.

83 (5)

① ただし　　② だから

③ すなわち　　④ ところが

⑤ すると

해설

➡ ④ 그러나.

① 단.　　② 그렇기 때문에.

③ 즉. 말하자면. (설명문)　　⑤ 그러면. 그러자.

84 三陸地震津波の時の、 津波に対する学者と被災者はそれぞれどう言っているか。それぞれの中から一つ選びなさい。(84~85)

学者

① この地方にはめったに津波が起こらないが、備えはしておくべきだ。

② この地方に津波が起こることは予測できなかった。

③ この地方に津波が起こりやすいことは皆わかっているはずだ。

④ この地方に津波が起こりやすいことが今回実証された。

⑤ この地方に別にあやしいことはなかった。

해설

➡ ③ 이 지방에 해일이 일어나기 쉬운 것은 모두 알고 있다.

① 이 지방에는 좀처럼 해일이 일어나지 않지만, 준비는 해 둬야 한다.

② 이 지방에 해일이 일어나는 것은 예측할 수 없었다.

④ 이 지방에 해일이 일어나기 쉬운 것은 이번에 확증되었다.

⑤ 이 지방에 별로 수상한 것은 없었다.

85 被災者。

① 避難できるように津波が起こる前に警告してほしい。

② 津波が起こりやすいことを常に警告していてほしい。

③ 津波の直前になって警告されても、どうしようもない。

④ 津波に対処するため、待っている情報は何でもあたえてほしい。

⑤ 学者たちが自分たちの義務を怠けている。

해설

① 피난할 수 있도록 해일이 일어나기 전에 경고해 주었으면 한다.

② 해일이 일어나기 쉬운 것을 항상 경고해 주었으면 한다.

③ 해일 직전이 되어서 경고 받아도, 어찌할 수가 없다.

④ 해일을 대처하기 위해, 갖고 있는 정보는 무엇이든지 주었으면 한다.

⑤ 학자들이 자신들의 의무를 게을리하고 있다.

86 文中の ❸「それ」は何を指しているか。次の中から適当なものを一つ選びなさい。

① 災害の発生　② 自然界の法則

③ 津波の発生　④ 災害の警告

⑤ 三陸地震

해설

① 재해의 발생.

② 자연계의 법칙.　③ 해일의 발생.

④ 재해의 경고.　⑤ 산리꾸지진.

87 文中の ❹「<u>笑い話</u>」とは何のことか。次の中から適当なものを一つ選びなさい。

① 来ない地震におびえて、防災に夢中になったこと。
② 群発地震でノイローゼ状態になったのは人間ではなく犬や猫だったこと。
③ 地震が心配でノイローゼになる人がいること。
④ 法律を作って地震対策を進めたが、十年たっても何も起きなかったこと。
⑤ 今まで地震が起きていなかった伊豆で地震が起きたこと。

해설

➡ ② 군발지진에서 신경쇠약상태가 되었던 것은 인간이 아니라 개와 고양이였던 것.
① 오지 않는 지진을 무서워하여, 방재에 열중한 것.
③ 지진이 걱정이 되어 신경쇠약이 된 사람이 있는 것.
④ 법률을 만들어 지진대책을 추진했지만, 10년이 지나도 아무것도 일어나지 않았던 것.
⑤ 지금까지 지진이 일어나지 않았던 이즈에서 지진이 일어난 것.

88 文中の ❻「<u>正常化の偏見</u>」とはどういうことか。次の中から適当なものを一つ選びなさい。

① 危険を知らされても、大丈夫だ、平常と変わりないと信じたがる気持ち。
② 常に危険だと言われ続けると、それが普通の状態になって、危険を感じなくなってしまうこと。
③ 危険を警告されると、日常生活がみだされるので、そのようなことは知りたくないと思うこと。
④ 自然界は危険に満ちていて、それが普通の状態なのだから、多少の危険は当然だと思うこと。
⑤ いつも、だれの話も信じないこと。

해설

➡ ① 위험을 알려 줘도, 괜찮다. 평상시와 다름없다고 믿고 싶어 하는 기분.
② 항상 위험하다고 계속 말하면, 그것이 보통의 상태가 되어, 위험을 느끼지 못하게 되어 버리는 것.

③ 위험을 경고 받으면, 일상생활이 흐트러지기 때문에, 그러한 것은 알고 싶지 않다고 생각하는 것.

④ 자연계는 위험에 차 있어, 그것이 보통의 상태이기 때문에 다소의 위험은 당연하다고 생각하는 것.

⑤ 언제나, 누구의 이야기도 믿지 않는 것.

89 **現在の防災対策の状況はどうなっていると言っているか。次の中から適当なものを一つ選びなさい。**

① 防災意識が高まり、対策は順調に進んでいる。

② 災害が予知できるようになり、対策がたてやすくなった。

③ 国の対策が非常に進んだので、かえって個人の警戒心がゆるんでしまった。

④ 災害が起こることはわかっているが、対策はなかなか進まない。

⑤ ますます防災意識が高まっている。

해설

➡ ④ 재해가 일어나는 것은 알고 있지만, 대책은 좀처럼 나아가지 않는다.

① 방재의식이 높아, 대책은 순조롭게 진행되고 있다.

② 재해를 예지할 수 있게 되어, 대책을 세우기 쉽게 되었다.

③ 국가의 대책이 대단히 진전되었기 때문에, 오히려 개인의 경계심이 느슨해지고 말았다.

⑤ 점점 더 방재의식이 높아지고 있다.

90 **筆者は災害に対し、我々にどうしろと言っているか。次の文の中から適当なものを一つ選びなさい。**

① 常に災害に対し備えを忘れるな。

② 災害に対しあまり神経質になるな。

③ 悲惨な災害は早く忘れてしまったほうがいい。

④ 自然界の法則に逆らおうとしてはいけない。

⑤ 伊豆半島は地震がおこりやすいから徹底的な備えが必要だ。

해설

① 늘 재해에 대한 준비를 잊지 말아라.

② 재해에 대해 너무 신경질적이 되지 말아라.

③ 비참한 재해는 빨리 잊는 것이 좋다.

④ 자연계의 법칙을 거스르려고 해선 안 된다.

⑤ 이즈반도는 지진이 일어나기 쉽기 때문에 철저한 준비가 필요하다.

91 밑줄 친 「のに」의 용법이 나머지 넷과 다른 것을 고르세요.

① 品物はたくさんある<u>のに</u>、気に入るものはひとつもない。

② 静かにしろと何度も言った<u>のに</u>、全然言うことを聞かない。

③ まだ秋な<u>のに</u>朝晩は少し冷えこみますね。

④ こんなにむしあつい<u>のに</u>、外で遊んでいるのは誰だ。

⑤ 辞書はわからないことばを調べる<u>のに</u>使います。

해설

⑤ 사전은 모르는 단어를 찾는 데 사용합니다. (목적)

のに : ~인데도. ~했는데도. (역접의 확정조건)

용법 : 동사 · い형용사 · な형용사 · 명사 (기본체) ＋ のに。

な형용사 · 명사의 현재형은 なのに 로 연결된다.

(賑やか＋なのに · 田中さん＋なのに)

의미 : 예상하지 않았던 결과가 발생해서 원래의 상태로 돌아갈 수 없을 때, 비난이나 불만, 안타까움의 뜻을 나타낸다. 불만이나 불평을 나타낼 때는 くせ를 사용한다.

① 물건은 많은데, 마음에 드는 것은 하나도 없다. (역접). (気に入る : 마음에 들다. 아부하다)

② 조용히 하라고 몇 번씩이나 말했는데도, 전혀 말을 듣지 않는다. (역접)

③ 아직 가을인데도 아침저녁으로는 조금 쌀쌀하네요. (역접)

④ 이렇게 더운데, 밖에서 놀고 있는 사람은 누구야? (역접)

92 **보기의 밑줄 친 부분과 용법이 같은 것을 고르세요.**

田中さんはもうすぐ国へ帰る<u>そうです</u>。

① 何よりも意味のある夏休みになり<u>そう</u>ですね。

② ニュースによると、日本ではもうさくらが咲いた<u>そう</u>です。

③ 山本さんはいつも元気<u>そう</u>ですね。

④ きょうは天気が悪くて、今にも雨がふり<u>そう</u>です。

⑤ この写真を見ると、ソウルは車が多<u>そう</u>です。

해설

다나까씨는 곧 본국으로 돌아간다고(귀국한다고)합니다. (전문)

そう : ~인 것 같다. (様態 : 양태)

의미 : 외관상으로 판단해서, 실제로 확인한 것은 아니지만, 어떤 상태 · 모습의 징조가 인정되는 것을 나타낸다. 말하는 상대, 그 외의 사람의 기분을 추측할 때도 사용한다.
(そう 뒤에 명사가 오면 문장 연결은 な형용사와 같다)

용법 : 동사(ます形) · い형용사 · な형용사 (어간) ＋ そうです。
부정형 (ない형) 에서는 い를 빼고 なさ) ＋ そうです。

そう : ~라고 한다. (伝聞 : 전문)

의미 : 방송 · 신문 · 다른 것으로부터 전해들은 것을 남에게 전달할 때 사용한다.

용법 : 동사 · い형용사 · な형용사 · 명사 (기본체) ＋ そうです。

① 무엇보다 의미 있는 여름방학이 될 것 같습니다. (양태)

② 뉴스에 의하면, 일본에서는 벌써 벚꽃이 피었다고 합니다. (전문)

③ 야마모토씨는 언제나 건강해 보입니다. (양태)

④ 오늘은 날씨가 나빠서, 지금이라도 비가 내릴 것 같습니다. (양태)

⑤ 이 사진을 보면, 서울은 자동차가 많은 것 같습니다. (양태)

93 (　　　) 안에 들어갈 가장 적당한 말을 고르세요.

A：あの、これ、どうもありがとうございました。

B：いいえ。もう全部(ぜんぶ)読(よ)んでしまったんですか。

A：いいえ、まだ読(よ)み終(お)わってないんですけど、あまり長(なが)くなると(　　　)。

① いけるのでお返(かえ)しします　② いけないのでお貸(か)しします

③ いけないのでお返(かえ)しします　④ いけないのでお借(か)りします

⑤ いけないのでお返しになります

해설

안 되기 때문에 돌려드리겠습니다. (行(い)ける : 잘할 수 있다. 꽤 좋다. 술을 많이 마신다)

A : 저, 이거, 정말 고마웠습니다.

B : 아니오. 벌써 다 읽었습니까.

A : 아니요, 아직 다 읽지 않았습니다만, 너무 길어지면 안 되기 때문에 돌려드리겠습니다.

94 (　　　) 안에 들어갈 가장 적당한 말을 고르세요.

太郎(たろう)：このジュースちょっとすっぱくないですか。

花子(はなこ)：そうですか。ちょっと飲んでみましょうか。

…… 花子がジュースを飲む ……。

花子：そうですね、ちょっと(　　　　　)。

① すっぱいようですね　② すっぱいらしいですね

③ すっぱいそうですね　④ すっぱそうですね

⑤ すっぱいためですね

해설

➡ ① 신(시큼한) 것 같습니다.

よう　: ～인 것 같다. (사물의 사정이나 사람의 심정 등을 추측)

みたい : ～인 것 같다. (よう의 회화체)

불확실한 판단 · 추측을 나타낸다. 말하는 사람의 감각에 기초를 둔 주관적, 또는

직감적인 판단이고, 추량의 조동사 (らしい) 와 같이 사용하는 일이 많다.

太郎(たろう) : 이 주스 좀 시지 않습니까.

花子(はなこ) : 그렇습니까. 좀 마셔 볼까요.

…… 하나코가 주스를 마신다 …………。

花子(はなこ) : 그러네요, 좀 신 것 같습니다.

② 시큼한 것 같습니다. (이 문장에서 らしい는 시다의 의미가 되기 때문에 사용할 수 없다)

③ 시큼하다고 합니다. (방송 · 신문 · 사람으로부터 들은 것을 남에게 전달할 때 사용한다)

④ 시큼한 것 같습니다. (보고 느낀 것)

95 다음 문장의 밑줄 친 부분의 해석이 올바른 것을 고르세요.

世界(せかい)には傑作(けっさく)といわれる詩(し)や劇(げき)や小説(しょうせつ)がたくさんある。しかし、これは傑作(けっさく)だからぜひ読(よ)んでおきたまえ、と人(ひと)に言(い)われるものを読(よ)んでみたけれど、全然(ぜんぜん)おもしろくなかったという経験(けいけん)をすることは少(すく)なくない。<u>退屈(たいくつ)して投(な)げ出(だ)してしまう</u>ということはしばしばある。

① 지쳐서 내던져 버리다. ② 피곤해서 내던져 버리다.

③ 지루해서 내던져 버리다. ④ 지저분해서 내던져 버리다.

해설

➡ ③

세계에는 걸작이라고 불리는 시나 연극이나 소설이 많이 있다. 그러나, 이것은 걸작이기 때문에 꼭 읽어 봐라, 라고 남이 말한 것을 읽어 보았지만, 전혀 재미없었던 경험을 한 것은 적지 않다. 지루(따분)해서 내던져 버리는 일은 자주 있다.

96 다음 문장의 밑줄 친 부분의 해석이 올바른 것을 고르세요.

相手(あいて)を<u>信用(しんよう)し切(き)っているが故(ゆえ)に秘密(ひみつ)にせざるを得(え)ないこと</u>があっても少(すこ)しも不思議(ふしぎ)ではない。

① 완전히 신용하기 때문에 비밀로 하지 않는 일.

② 완전히 신용하기 때문에 비밀로 해 둘 수밖에 없는 일.

③ 신용하지 못하기 때문에 비밀로 하지 않는 일.

④ 신용하지 못하기 때문에 비밀로 해 둘 수밖에 없는 일.

해설

➡ ②

不思議 : 불가사의. 이상한 것. 수상한 것. (怪しいこと · 不審に思うこと)

故に : 따라서. ~이기 때문에. (문어체 논문 등에 주로 사용)

상대를 너무 신용하기 때문에 비밀로 하지 않을 수 없는 것이 있어도 조금도 이상한 일은 아니다.

97 다음 문장의 내용과 일치하는 것을 고르세요.

日本で、ベンチャービジネスを立ち上げようとした場合、なかなか出資してくる人が見つかりません。日本では、銀行融資を中心とする間接金融が金融の主流を占めていました。銀行は基本的に借金の担保がなければ、お金を貸してくれません。「土地などの担保がないけれど、君の才能にかけてみよう」と考える銀行はほとんどないのが現状です。理想的には、担保がなくても充分な意欲と才能があり、事業の将来性に魅力があると見なされるところに資金が集まり、新しいビジネスが次々に立ち上がっていくというようになることが必要です。

① 담보가 없어도 능력을 믿고 돈을 빌려주는 은행은 거의 없다.

② 사업의 장래성을 인정받아서 은행의 융자를 받는 경우가 늘어났다.

③ 자금을 모으기 위해서는 새 사업을 시작할 수밖에 없는 것이 일본의 현실이다.

④ 일본에서 벤처산업이 활기를 띠는 이유는 간접금융이 금융의 주류를 점하고 있기 때문이다.

해설

➡ ①

일본에서, 벤처 비즈니스를 시작하려고 한 경우, 좀처럼 출자해 주는 사람을 찾을 수가 없습니다. 일본에서는, 은행 융자를 중심으로 하는 간접금융이 금융의 주류를 차지하고 있었습니다. 은행은 기본적으로 대출(빚) 담보가 없으면, 돈을 빌려주지 않습니다. 「토지 등의 담보가 없지만, 너의 재능에 걸어보자」라고 생각하는 은행은 거의 없는 것이 현 상황입니다. 이상적으로는, 담보가 없어도 충분한 의욕과 재능이 있고, 사업의 장래성에 매력이 있다고 여겨지는 곳에 자금이 모이고, 새로운 비즈니스를 차례차례로 시작하게끔 되게 하는 것이 필요합니다.

98 다음 문장의 밑줄 친 부분에 들어갈 알맞은 표현을 고르세요.

エディがアルバイトをしているレストランで、お客さんが手袋を忘れて帰りました。エディが気づいて、すぐに追いかけました。そして大声でいいました。

「あなたは手袋を忘れましたよ。」

お客さんは、お礼を言って受け取りましたが、ほんの少し不愉快そうでした。ではどう言えばよかったのでしょうか。

この場合は「＿＿＿＿＿＿」の方がよりやさしくて丁寧です。

① 手袋を忘れましたよ。　　② お忘れ物ですよ。
③ お忘れましたよ。　　④ お忘れになりましたよ。

해설

➡ ② 분실물입니다. 잊어버린 물건입니다. (잊어버린 물건을 상대에게 건네면서 사용)

에디가 아르바이트를 하는 레스토랑에서, 손님이 장갑을 잊어버리고 돌아갔습니다.

에디가 눈치를 채고, 바로 쫓아갔습니다. 그리고 큰소리로 말했습니다.

「당신은 장갑을 잊어버렸습니다.」

손님은, 고맙다는 인사를 하고 받았습니다만, 아주 조금 불쾌했습니다. 그러면 어떻게 말하면 좋았을까요?

이 경우는 「분실물입니다」라고 하는 것이 보다 쉽고 공손합니다.

① 장갑을 잊어버렸습니다.　　③ 잊어버리셨네요.

④ 잊어버리셨습니다. (잊은 것을 말할 때 사용)

99 次の文章を読んで後の問いに答えなさい。

「つらいことや、困難にぶつかったとき、いつも思うのです。あの練習に僕は勝ったものだ。こんなことなどなんでもないと。実は夕べ、僕は眠っていません。皆さんに、こんな上手でもない話をするのに、準備をしたためです。この程度の苦労は、僕はなんでもありません。僕は幸運にも、県大会で優勝し、全国大会にも参加できました。しかし、このことがなくとも、自分をとことん鍛えぬく経験をもつ、それほどに打ち込める何かをもつことを、みなさんに訴えたいのです。」

和田先生のときどき目をうるませながらの話は青年らしい迫力と緊張があり、子供たちをひきつけてはなさなかった。

【問い】和田先生の一番言いたいことは何か。

① 困難にぶつかったときにがんばってほしいということ
② 話をするために眠らないで準備をしたこと
③ 自分をとことん鍛えぬくためにスポーツをしてほしいということ
④ 幸せに近づくためには、どうしてもがんばっていってほしいということ
⑤ 打ち込める何かを持って自分を鍛えてほしいということ

해설

⑤ 어떠한 것에 열중할 수 있는 무엇인가를 갖고 자기 자신을 단련했으면 좋겠다고 하는 것.
「고통스러운 일이나, 곤란에 부딪혔을 때, 항상 생각하는 것입니다. 그 연습에서 나는 승리한 것이다. 이런 일 같은 거는 아무것도 아니다 라고. 실은 어젯밤에, 나는 잠 못 이루었습니다. 여러분에게, 이런 잘하지도 못하는 이야기를 하기 위해, 준비를 했기 때문입니다. 이 정도의 고생은, 나는 아무것도 아닙니다. 나는 다행히, 껜(県) 대회에서 우승하고, 전국대회에도 참가할 수 있었습니다. 그러나, 이런 일이 없더라도, 자기 자신을 철저히 단련한 경험을 갖고 있고, 그 정도로 몰입할 수 있는 무언가를 갖는 것을, 여러분에게 호소하고 싶습니다.」 와다 선생님의 가끔 눈시울을 적시면서 하는 이야기는 청년다운 박력과 긴장이 있고, 아이들을 끌어안고 놓지(放す)않았다. (引き付ける : 가까운 곳으로 끌어당기다)

① 곤란이 부딪혔을 때 힘냈으면 하는 것.
② 이야기를 하기 위해서 잠들지 않고 준비를 했던 것.

③ 자기 자신을 철저히 단련하기 위해 스포츠를 했으면 하는 것.

④ 행복에 다가가기 위해서는, 어떻게 해서라도 힘냈으면 하는 것.

100 밑줄 친 부분과 같은 의미로 바꾸어 쓸 수 있는 것을 고르세요.

この単語(たんご)の意味(いみ)を日本語(にほんご)で書(か)いてもらえませんか。

① 書いてあげましょうか　② 書いてくれましたか

③ 書いてくれませんか　④ 書いてもいいですか

⑤ 書かなければなりませんか

해설

이 단어의 의미(뜻)를 일본어로 적어 주시지 않겠습니까.

③ 써 주지 않겠습니까. (書(か)いてくださいませんか。書(か)いていただけませんか)

101 밑줄 친 곳에 들어갈 가장 적당한 것을 고르세요.

• 決勝戦(けっしょうせん)を三日後(みっかご)に＿A＿、選手(せんしゅ)たちの緊張(きんちょう)は高(たか)まってきた。

• 直接指名(ちょくせつしめい)されるまで、わたしは発言(はつげん)を＿B＿と思っていた。

① A：おいて ── B：おこう　② A：せまって ── B：せまろう

③ A：おさえて ── B：おさえよう　④ A：つつしんで ── B：つつしもう

⑤ A：ひかえて ── B：ひかえよう

해설

⑤ 대기하다. 가까이 위치하다. 공간적 · 시간적으로 다가오다. 앞두다. 잡아끌다. 제한하다. 절제하다. 보류하다. 기록하다. 메모하다. (控(ひか)える)

を控えて：～을 앞두고. (시간이나 장소를 나타낸다)

控え目にする：절제하다. 사양하다.

• 결승전을 3일 후로 앞두고, 선수들의 긴장은 높아져 왔다.

• 직접 지명될 때까지, 나는 발언을 보류하려고 생각하고 있었다.

① 놓다. 두다. 사람을 고용하다. 설치하다. 이슬 · 서리 등이 내리다. 계산하다. (置く)

② 날짜 · 기일 · 귀국 · 위험이 다가오다. 결단을 재촉하다. 가까워지다. 호흡이 고통스러워지다. 강하게 요구하다. (迫る)

③ 억누르다. 억압하다. 참다. 상처 · 눈을 가리다. (押える · 抑える)

④ 근신하다. 조심하다. 신중히 하다. 도를 지나치지 않도록 절제하다(慎む). 경의의 말이나 태도를 나타내다(謹む).

102 밑줄 친 곳에 들어갈 가장 적당한 것을 고르세요.

「このことはだれにも言わないでね」と、彼女はもう一度＿＿＿＿。

① 首を横に振った　② 念を押した
③ 胸を打った　④ 気が利いた
⑤ 顔が立った

해설

「이 일은 누구에게도 말하지 마라」라고, 그녀는 다시 한 번 다짐했다.

① 부정하다. 승낙하지 않다.

② 실수하지 않도록 다짐해 두다. (駄目を押す · 釘を刺す · 念には念を入れよ)

③ 강하게 감동시키다.　④ 눈치가 빠르다.

⑤ 체면은 지키면서 창피하지 않게 끝내다. 체면이 서다.

103 밑줄 친 곳에 들어갈 가장 적당한 것을 고르세요.

現在、世界の経済はますますソフト化して＿＿＿＿。

① なりつつある　② いくつつある
③ いかつつある　④ なるつつある
⑤ いきつつある

해설

현재, 세계의 경제는 점점 소프트화되어 가고 있다.
동사(ます形)＋つつある 의 형으로 계속해서 발전하고 있는 모습을 나타내는 관용적인 표현이다.

104 밑줄 친 곳에 들어갈 가장 적당한 것을 고르세요.

大切(たいせつ)な客(きゃく)に、彼(かれ)が変(へん)なことばかり言うので、心配(しんぱい)で＿＿＿＿。

① 見ていられなかった　② 見てもならなかった
③ 見てあげなかった　④ 見てくれなかった
⑤ 見てもらわなかった

해설

중요한 손님에게, 그가 이상한 것만 말하기 때문에, 걱정이 되어서 보고 있을 수가 없었다.
いられない：～일 수는 없다. ～할 수는 없다.
笑わずにはいられない。 웃지 않을 수 없다. (웃는다)
笑ってはいられない。 웃을 수는 없다. (웃지 않는다)

105 밑줄 친 곳에 들어갈 가장 적당한 것을 고르세요.

最初(さいしょ)は、何(なに)もわからないくらいにうす暗(くら)かった店(みせ)の中(なか)が、目(め)が慣(な)れるにつれて＿＿＿。

① いぜんとしてはっきりと見えてきた　② しだいにはっきりと見えてきた
③ うす暗く見えなかった　④ なかなか見えなかった
⑤ より暗く見えてきた

해설

に連(つ)れて。～에 따라서. (동사 (ます形) ＋ 次第：～하는 대로)
처음에는, 아무것도 못 알아볼 정도로 어두웠던 가게 안이, 눈이 익숙해짐에 따라서 서서히 확실하게 보였다.

106 대화가 자연스럽지 못한 것을 고르세요.

① A：近いうちにお邪魔したいと思います

B：はい、いいです。ぜひ来てください。

② A：先日はいろいろとお世話になりました。

B：いいえ、とんでもありません。

③ A：いつもご迷惑をお掛けしております。

B：はい、そんなにかまわないでください。

④ A：ハンさんはいらっしゃいますでしょうか。

B：はい、おります。少々お待ちください。

⑤ A：お電話、変わりました。田中です。

B：こんにちは、田中さん。私、韓国のハンです。

해설

③ A：いつもご迷惑をお掛けしております。

언제나 폐를 끼치고 있습니다.

B：こちらこそ。お世話になっております。

저야말로. 신세가 많습니다.

107 일본어로 옮긴 것 중 가장 올바른 것을 고르세요.

어떤 어려운 문제일지라도 그라면 풀 수 있을 것이다.

① どんな難しい問題であろうと、彼なら解けるはずだ。

② いくら難しい問題であって、彼だから解けるだろう。

③ どれほど難しい問題だが、彼なら解けるはずだ。

④ どんなに難しい問題であれ、彼なら解けるものだ。

⑤ ある難しい問題といえ、彼が解かないわけがない。

해설

➡ ①

④ どんな難しい問題であれ、彼なら解けるはずだ。(であれ：모두)

108 다음 글의 내용과 일치하는 것을 고르세요.

日本銀行の統計によると、日本の経済力は世界のトップレベルであると言う。たしかに、日本人の多くが中流意識を持っており、また、経済力という点でも日本が国際経済の中で重要な役割を担うようになったことは否定できない。しかし、実際に日本が豊かになったかというと、そうではない。国民は、高い生活費、長い労働時間、狭い家などに相変わらず不満をいだいており、豊かさを実感しているとはいえない。

① 統計とは違って、日本の国民はそう豊かさを実感していない。
② 日本が国際経済の中で重要な役割を担うようになったとはいえない。
③ 日本人の大半は生活に満足している。
④ 日本人の多くは生活費が高いのにもかかわらず不満をおぼえていない。
⑤ 実生活における満足度には家の狭さなどは何の問題にもならない。

해설

➡ ① 통계와는 다르게, 일본의 국민은 그런 풍요로움을 실감하지 못하고 있다.

일본은행의 통계에 의하면, 일본 경제력은 세계의 톱 레벨이라고 말한다. 확실히, 많은 일본인이 중류의식을 갖고 있고, 또, 경제력이라고 하는 점에서도 일본이 국제경제 중에서 중요한 역할을 담당하게 된 것은 부정할 수 없다. 그러나, 실제로 일본이 풍부하게 되었을까 라고 하면은, 그렇지는 않다, 국민은, 높은 생활비, 긴 노동시간, 좁은 집 등에서 변함없이 불만을 품고 있고, 풍부함을 실감하고 있다고는 말할 수 없다.

② 일본이 국제경제 속에서 중요한 역할을 담당하게 되었다고는 말할 수 없다.
③ 일본인의 반 이상은(과반은) 생활에 만족하고 있다.
④ 많은 일본인은 생활비가 비싼데도 불구하고 불만을 기억하고 있지 않다.
⑤ 실생활에서의 만족도는 집의 좁음 등은 아무 문제가 되지 않는다.

• 次の文の(　　　)の中に最も適当なものを入れなさい。(109〜110)

109 毎日雨で、家の中は、たたみも布団も(　　　)している。

① じめじめ　② ぬるぬる
③ ころころ　④ つるつる
⑤ にこにこ

해설

매일 비 때문에, 집 안은, 돗자리도 이불도 축축하다.

梅雨の間は雨が続くので、畳がじめじめする。

장마 기간에는 비가 계속되기 때문에, 다다미가 축축하다.

① 습기로 축축한 모습. (じとじと)

② 표면이 액체 상태로 미끄러운 모습. 뱀장어가 미끌미끌. (ぬらぬら)

③ 작은 것이 굴러가는 모습. 여자의 웃음소리. 계속해서 변하는 모습. 두리뭉실 살찐 모습.

④ 표면이 미끄럽고 광택이 나는 모습. 우동 같은 것을 빨아들여 먹을 때(吸入).
잘 미끄러지는 모습.

⑤ 미소 지으며 웃는 모습.

110 戦争のため、一時期、私の家族は(　　　)なった。

① ぶらぶらに　② ばらばらに
③ くしゃくしゃに　④ いらいらに
⑤ ふらふらに

해설

전쟁 때문에, 한때(일시적으로), 우리 가족은 흩어져 있었다.

① 목적지 없이 천천히 걷는 것. 일하지 않고 집에서 빈둥빈둥. 나뭇가지가 흔들리다.

② 비 · 우박 떨어지는 소리. 돌 · 탄환이 날아오는 소리. 모여 있던 것이 흩어진 모습.
전차에서 사람이 우르르.

③ 꾸깃꾸깃(종이 · 옷). 형태가 흐트러져 어지러운 모습.

④ 자기 생각대로 되지 않아서 마음이 안정되지 않는 모습. 초조해하다.
상처가 아픈 모습(따끔따끔 · ちくちく).

⑤ 병 등으로 힘없이 불안전하게 서 있는 모습. 목적지도 없이 걷는 모습.
기분 · 태도가 확실하지 않고 갈팡질팡하는 모습. 많이 피곤한 모습.
충분히 생각하지 않고 행동하는 모습.

第１８章。제18장

語彙　어휘편 Ⅷ

慣用句・諺・熟語・一般語彙 V
관용구・속담・숙어・일반어휘 V

▶ 속담 · 관용구 · 어휘 5

● 涙。(눈물)

涙を振るって	흐르는 눈물을 참고. 눈물을 머금고. 사사로운 정을 버리고.
涙に暮れる	눈물로 나날을 보내다.
雀の涙	참새의 눈물. 새발의 피.
雀百まで踊り忘れず	세 살 버릇 여든까지 간다. 참새는 죽을 때까지 뛰어다니는 버릇이 사라지지 않듯이, 사람이 어릴 때의 몸에 익힌 습관은, 나이를 먹어도 고쳐지지 않는다.

● 上手 · 下手。(잘하다. 서투르다)

上手ごかし	발림말로 위하는 척하면서 자기 실속을 차림.
お上手者	발림말을 잘하는 사람. 아부를 잘하는 사람. (お世辞)
上手に出る	고자세로 나오다.
下手に出る	겸손하게 나오다.
下に出る	겸손하게 나오다.
下手をする	선불리 하다가는. (事によると)
下戸	술을 못 먹는 사람. (右党)
上戸	술을 잘 먹는 사람. (左党 · 左党)
下にも置かない	소중히 하다. 정중히 대접하다.
下駄を預ける	일처리를 상대에게 모두 맡기는 것.

● 馬鹿。(바보)

馬鹿を見る	손해를 보다.
馬鹿にならない	경시할 수 없다. 무시할 수 없다.

• ひいき。(편애함. 후원함. 특히 좋아함. 후원자. 단골)

ひいき目	호의적으로 보다.
ひいきにする	편들다. (応援する · 肩を入れる · 肩を持つ)
ひいきの引き倒し	너무 편을 들어 오히려 불리하게 되다.

• 茶。(차. 녹차)

茶毘に付す	사람이 죽어서 화장하다.
茶々を入れる	방해하다. (冷やかし · 邪魔)
お茶を濁す	적당히 얼버무려서 자리를 모면하다.
へそで茶を沸かす	이상해서 참지 못하고 배를 잡고 웃다. 너무 웃기다. (腹を抱えて笑う)

• 根。(한. 뿌리)

根も葉もない	근거가 없다.
根に持つ	원한을 품다.
根を下ろす	사회에 정착하다. 뿌리를 내리다.
根が生える	한 장소에서 움직이지 않다. (居続ける)

• 泥。(흙)

泥を被る	남의 실패를 책임지다.
泥を塗る	명예를 손상시키다. 실추시키다.
泥を吐く	숨김 없이 나쁜 일을 자백하다.

● 高。(높음. 비쌈)

高みの見物	강 건너 불 구경. 제삼자의 입장에서 사물을 방관함.
高飛車	장기에서 차를 말함. 상대에 대하여 고압적인 태도를 취하는 것. 高飛車な物言い。고자세의 말투. 高飛車に出る。고자세로 나오다.
高く付く	비용이 비싸게 들다. (安く付く : 비용이 싸게 들다)

● 泥棒・盗人。(도둑) (盗人(ぬすびと)・盗人(ぬすっと)・盗人(ぬすと)・盗人(とうじん))

泥縄式	벼락치기 공부.
泥棒に追い銭	손해에 손해를 보다. (설상가상)
盗人に追い銭	손해에 손해를 보다. (설상가상)
盗人の昼寝	어떤 일이든지 그만큼의 이유 · 목적은 있다.
盗人猛々しい	적반하장도 유분수다. 뻔뻔스럽다.
泥棒にも三分の道理	핑계 없는 무덤은 없다. 무엇이건 이유를 붙이자면 붙일 수 있다.
盗人にも三分の理	핑계 없는 무덤은 없다. 처녀가 아이를 낳아도 할 말이 있다.
泥棒を捕らえて縄をなう 盗人を捕らえて縄をなう	도둑을 보고 새끼를 꼰다. 일에 당면하여 황급히 서두르다. 준비를 게을리하여, 일이 터지고 나서 황급히 준비하는 것. (後の祭り). 泥縄 : 소 잃고 외양간 고친다.
盗人を捕らえてみれば我が子なり	의외의 사태를 만나 대응에 고심하다. 가까운 사람일지라도 용서할 수 없다.

● 煮。(미적지근함)

煮え切らないやり方	미적지근한 방법.
煮え切らない返事	애매한 대답.
煮え切らない男	분명치 않은 남자.

煮え湯を飲まされる	믿는 도끼에 발등 찍히다.
煮え切らない	태도가 확실하지 않다.

● 猫。(고양이)

猫舌	뜨거운 것을 못 먹는 사람.
猫の額	토지가 굉장히 좁다.
猫の目	상황에 따라 사물이 끊임없이 변하는 것. (변화무쌍)
猫撫で声	비위를 맞추기 위해 부드럽게 내는 목소리.
猫を被る	내숭 떨다. 얌전한 체하다. (大人しそうに見せ掛ける)
猫に小判	고양이에 금돈. 개발에 편자. 돼지 목에 진주. (豚に真珠)
猫も杓子も	너나할 것 없이 누구나. (誰も彼も · 何も彼も · どれもこれも · 凡て)
猫に木天蓼	매우 좋아하다. (猫に木天蓼 · お女郎に小判。 굉장히 좋아하다)
猫に鰹節	고양이에게 생선을 맡김. 안심 · 방심할 수 없다.
猫の手も借りたい	고양이 손을 빌리고 싶을 정도로 바쁘다.
猫の子一匹いない	주위에 아무도 없어서 조용해진 모습.
猫の子をもらうよう	무책임한 사람의 아이를 떠맡다.

● 縁起。(길흉의 조짐. 재수. 유래)

縁起でもない	불길하다. 가당치도 않다. 재수 없다. (とんでもない · 幸先が悪い)
縁起が悪い	징조가 언짢다. 재수가 없다.
縁起を祝う	행운이 오게 기도하다.

● 息。(숨)

息が掛かる	힘 있는 자의 지배나 보호 등의 영향을 받다.
息を呑む	공포나 놀람으로 한순간 숨을 멈추다. 매우 감동하거나 놀라다.

● 鬼。(귀신)

鬼が笑う	말도 되지 않는 상래를 예측하다.
鬼に金棒	강한 사람이 더욱더 강해지다.
鬼の念仏	냉혹한 자가 격에도 맞지 않게 기특한 거동을 함.
心を鬼にする	마음을 모질게 먹다.
鬼の目にも涙	목석에도 눈물이 있다.
鬼の居ぬ間の洗濯	무서운 사람이 없는 동안에 활개를 친다.
鬼の首を取ったよう	득의양양하다. (得意である)
鬼も十八番茶も出花	귀신(도깨비)도 시집 갈 나이가 되면 예뻐진다. 못생겼어도 나이가 차면 조금은 여성다운 매력이 생긴다는 것.
鬼が出るか蛇が出るか	무엇이 어떻게 일어날지 모른 상태.
渡る世間に鬼はない	세상은 살기 어렵고 무정한 사람만 있다고 생각할 수 있지만 정이 있는 사람도 반드시 있다.

● 虫。(벌레)

虫の息	끊어질 듯한 호흡.
虫がいい	뻔뻔스럽다. 자신의 이익만 생각하다.
虫が付く	미혼의 여성이 원하지 않는 상대가 생기다. 벌레가 좀먹다.
虫も殺さぬ	성실하고 점잖다.
虫が起こる	아이가 복통을 일으키기도 하고 신경질적으로 울기도 한다. 짜증을 부리다. 욕망이 생기다.

虫が好かない	이유는 없지만 왠지 모르게 밉다.
虫が知らせる	어쩐지 그런 예감이 들다. 불길한 예감이 든다.
虫の知らせ	좋지 않은 예감.
虫が納まる	화가 가라앉다.
虫が納まらない	화가 가라앉지 않다. (気が済まない)
虫の居所が悪い	기분 나빠서 화난 상태가 되다. (不機嫌である)

● 意. (의미. 뜻. 마음)

意に介さない	걱정하지 않다. (気にしない)
意に適う	희망이나 생각에 적합하다. 마음에 들다. (気に入る)
意に満たない	만족할 수 없다.
意のある所	진짜의 마음. 성의 (誠意).
意を致す	명심하여 마음을 배려하다. 명심하여 열심히 하다.
意を受ける	상대의 지시나 의향을 받아들이다.
意を汲む	남의 기분이나 생각을 꿰뚫어 보다.
意を決する	확실히 마음을 결정하다.
意を体する	상대의 의견이나 생각을 따라 행동하다.
意を尽くす	자신의 생각을 충분히 나타내다.
意を迎える	남의 비위를 맞추려고 하다.
意を強くする	남이 자기의 의견 · 생각을 지지해 주어서 자신을 갖다.

• 芋。(고구마)

芋を洗うよう	사람이 많이 모여 혼잡한 모습.
芋蔓式に	고구마 덩굴을 잡아당기면 연달아 고구마가 붙어 나오듯 하나의 내용에서, 거기에 관련된 것이 계속해서 나타나는 것. (줄줄이)
芋の煮えたも御存じない	세상 물정을 모르는 사람을 비웃으며 하는 말. 바보. 멍청이.

• 爪。(손톱)

爪に火を灯す	손톱에 불을 밝히다. 극히 빈약한 생활을 하다. 아주 인색하다.
爪を研ぐ	야심(野心)을 품고 기회를 노리다.
爪の垢を煎じて飲む	훌륭한 사람을 닮았으면 해서, 그 사람의 언행을 조금이라도 흉내내는 것.

• 歯. (이, 치아)

歯が浮く	이가 뜬 것같이 불안전한 상태가 되다. 경박한 언동을 접하고 불쾌한 기분이 되다.
歯が立たない	너무나 어려워 자신의 능력으로는 할 수 없다. 딱딱해서 씹을 수가 없다.
歯に衣着せぬ	자기의 생각대로 솔직히 말하다.
歯を食いしばる	이를 악물다. 고통 · 괴로움 · 화를 꾹 참다.
歯の根が合わない	추위나 공포 때문에 몸이 떨리다.
歯切れがいい	씹히는 맛이 좋다. 말이 시원시원하고 또렷하다.
奥歯に物が挟まったよう	어금니에 무엇이 낀 듯 무엇인가를 숨기는 듯한 모습. 생각하고 있는 것, 말하고 싶은 것을 확실히 말하지 않고, 어딘지 모르게 얼버무리고 있는 느낌.

• 雨。(비)

雨降って地固まる	비 온 뒤 땅이 굳는다. 분규 뒤에 오히려 사태가 호전된다.
雨後の筍	우후죽순. 비가 온 뒤에 여기저기 돋아나는 죽순이라는 뜻으로, 어떤 일이 한 번에 많이 생겨남을 비유적으로 이르는 말.
雨が降ろうが槍が降ろうが	어떠한 일이 있더라도. 어떤 어려움이 있더라도 해내겠다는 굳은 결의. (石に齧りついても · 是が非でも)

• 어류 · 조류 · 동물 · 곤충.

馬が合う	마음이 맞다. (気が合う · しっくりする)
馬の耳に念仏	소귀에 경 읽기.
馬鹿の一つ覚え	어리석은 자가 한 가지 지식만 사용하려 들어 우쭐해지는 것.
馬子にも衣装	옷이 날개.
牛は牛連れ馬は馬連れ	유유상종.
牛を馬に乗り換える	보다 편리하고 유리한 쪽으로 바꾸다.
馬を牛に乗り換える	우수한 것을 버리고 나쁜 것을 취하다.
張り子の虎	호랑이 모양의 목이 움직이는 종이 장난감. 고개를 흔드는 버릇이 있는 사람, 또는 허세 부리는 사람 등을 비웃는 말.
鶴の一声	권력자의 한마디. 많은 사람들의 토론과 의견을 억누르는 유력자 · 권위자의 한마디.
蛇の道は蛇	뱀길은 뱀이 안다. 같은 부류끼린 사정을 잘 안다.
掃き溜めに鶴	개천에서 용 나다. 더러운 곳에도 뛰어난 것이나 아름다운 것이 있다.
魚心あれば水心	오는 정이 있어야 가는 정이 있다.
虎の威を借る狐	호랑이 없는 데서 토끼가 왕이다.
梯子を外される	믿는 도끼에 발등 찍히다.
能ある鷹は爪を隠す	능력 있는 매는 발톱을 감춘다.

鳥なき里のこうもり	새 없는 곳에서 박쥐. 호랑이 없는 곳에서 토끼가 왕.
立つ鳥跡を濁さず	떠나는 사람은, 뒤가 보기 싫지 않도록 해야 한다는 것. 물러날 때는 뒤처리를 깨끗이 한다.
飼い犬に手を噛まれる	믿는 도끼에 발등 찍히다.
いわしの頭も信心から	하찮은 것도 믿으면 존귀하게 느껴진다.
猿も木から落ちる	원숭이도 나무에서 떨어질 수 있다.
雉も鳴かずば打たれまい	모난 돌이 정 맞는다.
鳶に油揚げを攫われる	자신의 중요한 것을 불의(不意)로 타인에게 빼앗기다.
馬には乗ってみよ人には添うてみよ	그 어떠한 일도 경험해서 직접 확인해 보지 않으면 모른다. 물은 건너봐야 알고 사람은 지내봐야 안다.

01 다음 문장을 우리말로 바르게 옮긴 것을 고르세요.

行き掛けの駄賃。

① 쓸데없이 돈을 낭비하는 것.
② 가는 도중에 없어지는 것.
③ 가자마자 손해를 보다.
④ 일을 하는 김에 조금 이익을 얻는 것.
⑤ 관계없는 일에 봉변을 당하다.

해설

무엇인가를 하는 김에 다른 일을 하는 것.

02 다음 문장의 밑줄 친 부분의 의미로서 올바른 것을 고르세요.

こうなってはもう<u>御手上げだ</u>。

① 合点
② 峠
③ 失敬する
④ どうにもならなくなる
⑤ 行き当たりばったり

해설

이렇게 된다면 이제는 어쩔 수가 없다.

➡ ④ 질리다. 곤란하다. (参る · 閉口する · 困り切る · 困り果てる · 降参する)
① 납득하다. 이해하다. 동의하다. (納得する · 承知する · 首肯く · 頷く · 合点)
② 고개. (丘 : 언덕)
③ 남의 물건을 쓸데없이 훔치거나 사용하는 것.
⑤ 미리 계획하지 않고, 되는 대로 맡기는 것.

03 다음 문장을 일본어로 바르게 옮긴 것을 고르세요.

입학한 지 1년이 되었습니다.

① 入学(にゅうがく)したから1年(いちねん)がなりました。 ② 入学の1年がなりました。

③ 入学したから1年になりました。 ④ 入学してから1年になりました。

⑤ 入学してから1年がなりました。

해설

동사(て形) + から : 어떤 동작을 하고 나서.

동사 · い형용사 · な형용사 · 명사(기본체) + から : 이유나 원인을 나타낸다.

04 다음 중 「皿(さら)」를 셀 때 쓰는 단위로 맞는 것을 고르세요.

① 四足(よんそく) ② 二本(にほん)

③ 三着(さんちゃく) ④ 一枚(いちまい)

⑤ 五匹(ごひき)

해설

➡ ④ 얇은 것. (와이셔츠 · 돈 · 종이. 접시)

① 한 켤레. (구두 · 양말) ② 긴 것. (병 · 담배 · 꽃 · 홈런 · 이빨 · 꽃 · 강 · 우산)

③ 옷 한벌. (양복) ⑤ 마리. (작은 동물 · 고양이 · 생선)

05 次(つぎ)の文(ぶん)の下線(かせん)の部分(ぶぶん)の正(ただ)しい意味(いみ)を一(ひと)つ選(えら)びなさい。

あんなことを根(ね)に持(も)ったりしてはいけないです。

① 낙담해서는 ② 근거로 해서는

③ 미워해서는 ④ 원한을 품어서는

⑤ 잊어버려서는

해설

그러한 것에 원한을 품어서는 안 됩니다.

- 次の文の(　　)の中に最も適当な言葉を入れなさい。 (6～10)

06 歯が痛くて(　　)にも食べられない。

① 食べた　② 食べない
③ 食べたい　④ 食べよう
⑤ 食べろ

해설

이(치아)가 아파서 먹으려고 해도 먹을 수가 없다.

07 この仕事を終える(　　)お世話になった方々に一言お礼を申し述べたい。

① にあたって　② にあって
③ にたいして　④ にかけて
⑤ によって

해설

이 일을 끝내는 것에 맞춰, 신세진 분들에게 한마디 인사말씀을 드리고 싶다.

① 어떤 상황에 맞춰서.

② ～에서. ～에 있어서. (にあって · において는 で의 의미. にあって를 において로 바꿔 말할 수 있는 경우는 많지만, 그 반대로 사용하는 것은 적다.

③ ～에 대해서. (대상을 나타낸다)

④ ～그 기간 중에. ～걸쳐서. (にわたって : ～에 걸쳐서(주로 짧은 시간).

⑤ ～따라서 (앞문장은 판단의 기준이 와서 のため で하고 같은 의미이고, 수단 · 원인의 문장에 사용된다). ～에 의해서. (권위를 나타내며 뒤 문장은 수동형의 문장이 온다)

08 趣味もいろいろある。洗濯の好きな人も(　　　)料理が趣味という人もいる。

① いても　　② いたら
③ いると　　④ いれば
⑤ いる

해설

취미도 여러 가지가 있다. 빨래를 좋아하는 사람도 있다면, 요리가 취미라고 말하는 사람도 있다.
(…も …ば …も : ~도 ~이라면 ~도)

09 そうなることは初めからわかっていた(　　　)実際に経験してみると、やはりつらい。

① といえば　　② といって
③ といったら　　④ とはいえ
⑤ と

해설

그렇게 된다는 것은 처음부터 알고 있었다고는 말했지만, 실제로 경험해보면, 역시 고통스럽다.
(辛い)

➡ ④ A는 정말이지만, 그러나 B는.

10 次の文の(　　　)の中に最も適当な言葉を入れなさい。

だれだって年を取るのだから、老人問題なんて自分とは関係がないなどと言ってはいけない(　　　)です。

① はず　　② べき
③ らしい　　④ よう
⑤ わけ

해설

누구라도 나이를 먹기 때문에, 노인문제 같은 것은 자신하고는 관계가 없다라고 말해서는 안 됩니다.

① 생각할 필요도 없는 당연한 문장에 사용한다.

② 실현이 될지 안 될지는 모르지만, 그렇게 하는 것이 또는 그렇게 되는 것이 당연하다고 하는 moral(도덕 · 윤리)이나 상식을 나타낸다.

③ ～인 것 같다(추측). ～답다(명사＋らしい).

④ ～인 것 같다. (추측의 문장에 사용한다)

⑤ 이유. 당연하다.

11 (　　)の中(なか)に、助詞(じょし)「に」を入(い)れない方(ほう)がいいものを一つ選びなさい。

① 田中(たなか)さんは今年(ことし)の１月(いちがつ)(　　)韓国(かんこく)へ来(き)ました。

② 今日は午前中(ごぜんちゅう)(　　)買(か)い物(もの)をすませた。

③ 今日は１日中(いちにちじゅう)(　　)英語(えいご)の勉強(べんきょう)をしていました。

④ 何年(なんねん)(　　)学校(がっこう)を卒業(そつぎょう)しましたか。

⑤ 今年中(ことしじゅう)(　　)大学(だいがく)の問題(もんだい)は解決(かいけつ)されると思(おも)います。

해설

に : 정해진 정확한 시간을 나타낼 때 사용한다.

① 다나까씨는 올해 1월에 한국에 왔습니다.

② 오늘은 오전 중에 쇼핑을 끝냈다. (済(す)ませる)

③ 오늘은 하루종일 영어공부를 하고 있었습니다.

④ 몇 년도에 학교를 졸업했습니까.

⑤ 올해 중(今年中(ことしちゅう))으로 대학의 문제는 해결된다고 생각합니다.

- 中(じゅう)。(시간 · 장소를 나타내는 말로 그 전체를 포함한다)

- 어느 범위의 전체, 또는 남김 없이 전부. 모든 것에 걸쳐서.
  장소를 나타내는 말에 붙어서, 그 전체를 포함하는 말.
  世界中(せかいじゅう)(세계 전체). 東京中(とうきょうじゅう)(도꾜 전체). 学校中(がっこうじゅう)(학교 전체). 町中(まちじゅう)(마을 전체).

• 시간을 나타내는 말에 붙어서, 어느 한동안 계속되는 상태.

그 期間(기간) 중에, 또는, ～하는 사이에.

今日中(오늘 중). 一晩中(밤새도록). 一年中(일 년 내내). 夏休み中(여름 방학 중)

◆ 中。

• 어디에도 치우치지 않는 위치.

中央(중앙). 中心(중심). 中天(중천, 하늘의 중심, 천심)

• 시간이나 공간의 사이.

中旬(중순). 中年(중년). 途中(도중)

• 태도가 한쪽으로 치우치지 않는 것.

中道(중도). 中立(중립). 中正(공정함).

• 사물에 집중하는 것.

夢中 (꿈 속). 中間 (중간). 意中 (의중). 外出中 (외출 중). 不在中 (부재중).
熱中 (열중). 集中 (집중). 水中 (수중). 授業中 (수업 중).

12 下線の部分の間違っているものを一つ選びなさい。

① 彼は、<u>たいして</u>働かないのに、給料はたくさんもらっている。

② 10月に入ると北海道はもう冬の季節になり、<u>そろそろ</u>雪が降るようになる。

③ 子供の時から住んでいるから、このあたりは、<u>いわば</u>私の庭のようなものです。

④ 医学は今後も<u>実に</u>進歩していくだろう。

⑤ <u>まさか</u>、うちの子がそんな悪いことをするはずがありません。

해설

④ 実に (실로, 정말로) → さらに

更に : 점점 더. 더욱더(ますます · もっと). 다시. 거듭. 새로이. (その上に)

① 그는, 그다지 일도 하지 않는데, 급료는 많이 받는다.

② 10월에 들어서면 홋까이도는 이미 겨울의 계절이 되고, 슬슬 눈이 내리게 된다.

③ 아이 때부터 살고 있기 때문에, 이 근처는, 말하자면 우리 집 정원 같은 곳입니다.

④ 의학은 이후로도 더욱더 발전하겠지.
⑤ 설마, 우리 아이가 그런 나쁜 짓을 할 리가 없습니다.

13 次の文の問いに答えなさい。

すみませんが、お手洗いはどこですか。

① はい、そうです　② あそこです
③ どこです　④ どちらです
⑤ あそこではありません

해설

미안합니다만, 화장실은 어디에 있습니까.

14 次の文の問いに答えなさい。

お子さんはおいくつですか。

① 二枚です　② 五台です
③ 東京です　④ 20日です
⑤ 20才です

해설

자제 분은 몇 살입니까. (10살 이내는 ひとつ · ふたつ로도 센다)
① 두 장입니다. (얇은 것 · 종이 · 접시)　② 다섯대입니다. (기계)
③ 도쿄입니다.　④ 20일입니다. (날짜)
⑤ 20살입니다. (나이)

15 밑줄 친 부분이 올바르지 않은 것을 고르세요.

① 雪がごろごろ降ってきた。
② 約束の時間がすぎると彼女はいらいらしている。
③ 歩き疲れて、もうへとへとです。
④ 他人の家をじろじろのぞきこむのは失礼だ。
⑤ 雨がしとしと降っていて静かな夜だ。

해설

① ごろごろ → ちらちら

ごろごろ : 큰 것이 굴러가는 모습. 천둥 치는 소리. 여기저기 많이 있는 모습. 아무것도 안 하고 지내는 모습(빈둥빈둥). 고양이가 우는소리.

ちらちら : 눈꽃이 흩날리는 모습. 소문 등이 이따금 들리는 모습. 사물이 나타났다 사라졌다하는 모습(그림자). 작은 빛 등이 깜박거리며 보이는 모습(별).

① 눈이 펄펄 내렸다. ② 약속 시간이 지나자 그녀는 초조해하고 있다.
③ 너무 걸어서, 이제는 지쳤습니다.
④ 다른 사람 집을 계속 엿보는 것(覗き込む)은 실례다.
⑤ 이슬비가 내리고 있어서 조용한 밤이다.

16 次の文の(　　　)の中に最も適当な言葉を入れなさい。

ほかにだれもこの仕事をしないなら、私が(　　　)。

① してはいけない ② せざるを得ない
③ するに違いない ④ するところではない
⑤ するはずがない

해설

그 누구도 이 일을 하지 않는다면, 내가 할 수밖에 없다.
① 해서는 안 된다. ② 하지 않을 수 없다.
③ 한 것이 틀림없다. ④ 할 때가(계재가) 아니다.
⑤ 할 리가 없다.

17 **다음 문장을 우리말로 바르게 옮긴 것을 고르세요.**

彼に頼んだところでどうにもならないよ。

① 그에게 부탁하면 무엇이든지 가능하다.

② 그가 의뢰했던 것은 아무 일도 아니다.

③ 그에게 부탁하면 아무것도 되지 않는다.

④ 그에게 빠지면 아무것도 되지 않는다.

⑤ 그에게 의논하면 가능할지도 모른다.

해설

ところで : ~해 봤자. ~해 본들.

所変われば品変わる : 장소나 지방에 따라서, 풍속 · 습관 등이 다른 것.

18 **意味の間違っているものを一つ選びなさい。**

① 骨身に応える。 : 뼈에 사무치다.

② 骨を埋める。 : 어떤 일에 일생을 바치다.

③ 骨までしゃぶる。 : 철저하게 남을 이용하다.

④ 骨身にしみる。 : 뼈와 몸이 부서지도록 일만 하다.

⑤ 骨を拾う。 : 뒤처리를 하다.

해설

➡ ④ 뼈에 사무치다. 온몸 · 마음에 강하게 느껴지다. (骨身に応える · 骨身に沁みる)

寒さが骨身に応える。 추위가 뼛속까지 스며들다.

忠告が骨身に沁みた。 충고가 뼈에 사무쳤다.

③ 착취하다. (食い物にする。자신의 이익을 위해 남을 이용하다)

⑤ 유골을 수습하다(遺骨を拾い収める). 사후에 돌보아주다(死後の面倒を見る).

타인의 뒤처리를 하다(他人の後始末をする).

19 다음 문장 중 밑줄 친 부분이 틀린 것을 고르세요.

① 世の中にはお金の少ない人の<u>方がおおい</u>。

② <u>やさしくてきれいで</u>背の高い女性がすきです。

③ この部屋は<u>思ったより</u>あかるい。

④ こんどの問題は<u>やすかった</u>。

⑤ そんなにすばらしい人は<u>めったに</u>いませんよ。

해설

➡ ④ こんどの問題は<u>やさしかった</u>。(易しい : 쉽다)

① 세상에는 돈이 적은 사람이 많다.

② 다정하고(優しい) 예쁘고 키 큰 여성을 좋아합니다.

③ 이 방은 생각보다 밝다. ④ 이번 문제는 쉬었다.

⑤ 그렇게 훌륭한(素晴らしい·立派な) 사람은 좀처럼 없습니다.

20 다음 밑줄 친 부분의 단어가 바르게 사용되지 않은 것을 고르세요.

① <u>どうして</u>暴力を許せるだろうか。

② 彼は今日は<u>あたかも</u>来ないでしょう。

③ <u>なにとぞ</u>お許しください。

④ これでは<u>とても</u>五十代とは思わないだろう。

⑤ <u>さも</u>つかれたように歩いている。

해설

➡ ② 彼は今日は<u>たぶん</u>来ないでしょう。

① 어째서 폭력을 용서하는 것일까. ② 그는 오늘은 아마 오지 않겠지요.

③ 제발 용서해 주십시오. ④ 이렇게 하면은 도저히 50대로는 생각하지 않겠지.

⑤ 정말 피곤한 듯이 걷고 있다.

21 다음 밑줄 친 단어가 바르게 사용되지 않은 것을 고르세요.

① これはまことにお気の毒です。

② たとい除名されようが正しい事は言う。

③ どうかよろしくお願いします。

④ 日ざしが暖かでまるで春のようだ。

⑤ これからはとうていなまけるな。

해설

⑤ 지금부터는 도저히 게으름 피우지 마라.

こんなにたくさんの宿題は１日ではとうていできません。

이렇게 많은 숙제는 도저히 하루에는 못합니다.

到底 (とても) : 도저히. (뒤 문장은 실현 불가능한 문장이 온다)

① 이것은 정말로 안됐습니다. (마음의 독)

② 가령(설령) 제명당하더라도 바른말은 한다. (たとい除名されたとしても正しい事は言う。)

③ 아무쪼록 잘 부탁합니다.

④ 햇살(日差し)이 따뜻해서 마치 봄 같습니다.

日差しが強い : 햇살이 따갑다. 日差しを浴びる : 햇살을 쬐다

22 다음 문장을 우리말로 바르게 옮긴 것을 고르세요.

抜き差しならない事態。

① 예상할 수 없는 사태.　② 매우 억울한 사태.

③ 방관할 수 없는 사태.　④ 돌발적인 사태.

⑤ 어쩔 수 없는 사태.

해설

抜き差しならない : 빼도 박도 못하다. 꼼짝 못하다. (動きがとれない·退っ引きならない)

23 次の文章の内容として最も適当なものを一つ選びなさい。

エジプトの文化は現代の我々には信じられないほど、死と死の世界に真剣に取り組んでいたようだ。それは時代こそ少し下がるものの、すぐ隣のヘブライ文化が死を全く無視したのとよい対応を示めしている。古代のユダヤ人の世界観には「あの世」存在しない。

① エジプト文化に対する現代人の信頼。
② 死後世界に対する現代人の態度。
③ 死後世界に対するエジプト文化とヘブライ文化の違い。
④ ユダヤ人とエジプト人の人種的な違い。
⑤ エジプト文化とヘブライ文化の時代的な違い。

해설

③ 사후세계에 대한 이집트문화와 히브리문화의 차이점.

이집트문화는 현대의 우리들에게는 믿을 수 없을 정도로, 죽음과 죽음의 세계를 진지하게 연구한 것 같다. 그것은 시대만큼 조금 이동하긴 하지만, 바로 옆의 히브리문화(이스라엘 민족을 부를 때 쓰던 말)가 죽음을 전혀 무시했던 것과 좋은 대응을 나타내고 있다. 고대 유대인의 세계관에는 「저 세상」이 존재하지 않는다.

取り組む : 대전하다. 해결 · 처리하려고 노력하다. 씨름하다.

打ち込む · 夢中になる · 身が入る · 一所懸命になる : 열중하다. 몰두하다.

24 次の文章の中の「喜ばせた」は誰を喜ばせたことになるのか。

手塚さんはいつ会ってもにこにこしていた。やさしさにほれこんで結婚、悦子夫人が語ったことがある。仕事もつきあいも、人任せにせず、サービス精神に富んでいた。国際会議などでは黒板に大きな漫画を描きながら説明し、喜ばせた。

① 筆者
② 国際会議などに参加した人々
③ 悦子夫人
④ 手塚さん
⑤ 読者

해설

② 국제회의 등에 참가한 사람들.

데즈까씨는 언제 만나도 미소를 짓고 있었다. 착한 마음에 반해서 결혼했다고, 에츠꼬부인이 이야기했던 적이 있다. 일도 대인관계도, 남에게 맡기지 않고, 서비스정신으로 넘쳐 있었다. 국제회의 등에서는 칠판에 크게 만화를 그리면서 설명해, 기쁘게 했다.

25 次の文は何に関する説明であるか。

文化的同一に基づく集団と考えられている。すなわち、長く住居地を一つにしている間に、しぜんにその集団の中に言語、宗教、風俗、習慣など文化的共通性が生まれるのである。なかでも言語の特性がもっとも系統的にあらわれている。

① 人種　　② 民族
③ 国境　　④ 国民
⑤ 市民

해설

② 민족.

문화적 동일에 기초를 둔 집단이라고 생각할 수 있다. 즉, 오랫동안 주거지를 하나로 하고 있는 동안에, 자연히 그 집단 중에 언어, 종교, 풍속, 습관 등 문화적 공통성이 생겨나는 것이다. 그중에서도 언어의 특징이 가장 계통적으로 나타나 있다.

① 인종.　　③ 국경. (国境)
④ 국민.　　⑤ 시민.

26 次の文の(　　)の中に最も適当な言葉を入れなさい。

年を取ると寒さが体に(　　)ます。

① かかり　　② おうじ
③ たまり　　④ つき
⑤ こたえ

해설

나이를 먹으면 추위가 몸에 절실하게 느껴집니다.

① 시간이 걸리다. 비용이 들다. (掛かる) ② 응하다. (応じる)

③ 스트레스·먼지가 쌓이다(溜まる). 저금이 늘다. 숙제가 쌓이다(貯まる).

④ 다하다. 연료가 바닥나다. 이야기가 끝나다. 흥미가 없어지다. (尽きる)

⑤ 사무치다. 절실하게 느끼다. 그 상태가 지속되는 것. (堪える)

27 田中さんが持っている切手は<u>本物</u>です。下線の部分の反対語を一つ選びなさい。

① うそもの ② にるもの

③ はんもの ④ にせもの

⑤ いるもの

해설

진품(オリジナル、original). 모조품. 가짜. (偽物・イミテーション、imitation)

28 着物は狭義では次の中どれを指しますか。

① 着る物 ② 衣服

③ 和服 ④ 洋服

⑤ 服

해설

➡ ③ 和 : 일본인들이 자기 나라를 가리키는 말. (着物 : 입는 것의 총칭. 의복. 옷)
특히 긴 일본의 전통의상. (長着)
和風 : 일본의 독특한 방법이나 일본양식. 和食 : 일식.

① 입는 것. ② 의복.

④ 양복.

29 <u>不精</u>を決め込む。밑줄 친 부분과 의미가 다른 것을 고르세요.

① 物臭(ものぐさ) ② ずぼら
③ 面倒(めんどう)がる ④ 無情(むじょう)
⑤ おっくうがること

해설

게으름을 피우기로 작정하다. (不精(ぶしょう) · 無精(ぶしょう) : 게으르다. 귀찮아 하다)

決(き)め込(こ)む : 혼자서 결정하다. 멋대로 생각하다. 완전히 믿다. 작정하다.

➡ ④ 무정. 정이 없다. (思(おも)い遣(や)りのないこと)

⑤ 億劫(おっくう) · 億劫(おくこう) · 億劫(おっこう) : 귀찮아서 마음이 내키지 않는 것.

30 다음 문장을 우리말로 바르게 옮긴 것을 고르세요.

ご迷惑(めいわく)になるといけませんので、また掛(か)け直(なお)します。

① 혼자서도 갈 수 있기 때문에, 따라오지 마세요.
② 남을 괴롭히는 것은, 좋지 않은 것이다.
③ 부서지면 안 되기 때문에, 다시 고치겠습니다.
④ 폐가 되면 안 되기 때문에, 다시 걸겠습니다.
⑤ 유혹당하면 안 되기 때문에, 같이 가야 됩니다.

해설

迷惑 : 어떤 행위로 인해, 다른 사람이 불이익을 받거나, 불쾌함을 느끼는 것. 폐가 되다.
어떻게 해야 좋을지 망설이는 것. 주저하는 것. (戸惑(とまど)う)
人に迷惑をかける。 남에게 폐를 끼치다.
迷惑な話。 귀찮은 이야기. 폐가 되는 이야기.
一人(ひとり)のために全員(ぜんいん)が迷惑(めいわく)する。 한 사람 때문에 모든 사람이 피해를 입는다.

동사(ます형)＋直す : 더 나아질 수 있도록 다시 한 번 하겠다는 의미를 나타낸다.
何度も見直す。 반복해서 재검토하다. 몇 번이나 다시 보다.
やり直す。 다시 하다.

31 次の文の(　　)の中に最も適当な言葉を入れなさい。

森(もり)の中(なか)は、さびしい(　　)、かえって虫(むし)の声(こえ)でにぎやかだ。

① ので　② のに
③ どころか　④ くらい
⑤ ばかりか

해설

숲속은, 적적하기는커녕, 오히려 벌레소리로 시끄럽다. (賑(にぎ)やか)
① ～이기 때문에. (이유나 원인이 객관적으로 명백한 경우에 사용한다)
② ～인데도. (예상하지 않았던 결과가 발생해서 원래의 상태로 돌아갈 수 없을 때, 비난이나 불만, 안타까움의 뜻을 나타내는 역접이다)
③ ～는커녕. ～는 물론이고. (앞 문장을 부정하고, 뒤 문장에서 앞 문장과는 서로 다른 내용을 강하게 말한다). (は疎(おろ)か)
⑤ ～뿐만 아니라. (그것에만 한정되지 않고, 더욱더 상회하는 사태가 발생하는 관계를 나타낸다). (ばかりでなく · のみならず · だけでなく · のみでなく)

32 次の文の(　　)の中に最も適当な言葉を入れなさい。

人(ひと)にはやさしく、自分(じぶん)には(　　)接(せっ)する、簡単(かんたん)なことのようで、難(むずか)しいことはありません。

① おだやかに　② やわらかく
③ ほがらかに　④ はずかしく
⑤ きびしく

해설

남에게는 다정하고(優(やさ)しい), 자신에게는 엄격하게 대하듯(외유내강), 간단한 것처럼, 어려운 것은 없습니다. (外柔内剛(がいじゅうないごう) : 겉으로 보기에는 부드러우나 속은 강함)
① 온화하다. 조용하다. (穏(おだ)やか)　② 부드럽다. (柔(やわ)らかい)
③ 명랑하다. 밝다(朗(ほが)らか). (晴(はれ)やか : 날씨가 맑다. 성격이 명랑하다)

④ 창피하다. 부끄럽다. (恥ずかしい · 決まりが悪い)

⑤ 엄하다. 엄격하다. (厳しい)

33 다음 문장의 밑줄 친 부분과 의미가 같은 것을 고르세요.

おばあさんは、こしがいたいの、うでがしびれるのと<u>こぼしている</u>。

① きびしく非難している　② 残念がっている

③ 文句を言っている　④ 計が行く

⑤ 目くそ鼻くそを笑う

해설

할머니는, 허리가 아프네, 팔이 저리다라고 불평을 말하고 있다(零す).
(腰が痛い : 허리가 아프다. 腕がしびれる : 팔이 저리다)

① 엄하게 비난하고 있다.　② 유감스러워하다. 안타까워하다.

③ 불평을 말하고 있다.　④ 일이 잘 진행되다. 일의 능률이 오르다. (果が行く)

⑤ 똥 묻은 개가 겨 묻은 개 나무란다. (目糞鼻糞を笑う)

34 食事に出掛ける。の助詞「に」の意味、用法と同じものを一つ選びなさい。

① 病気になる　② 母に手紙を書く

③ 本を買いに行く　④ 雨に濡れる

⑤ 部屋に人がいる

해설

식사하러 가다. (に : 목적을 나타낸다)

① 병에 걸리다. (病気に掛かる · 具合が悪い)

② 어머니에게 편지를 쓰다.　③ 책을 사러 가다.

④ 비에 젖다.　⑤ 방에 사람이 있다.

35 意味の間違っているものを一つ選びなさい。

① 思(おも)いに沈(しず)む。 : 걱정하다. ② 思いをめぐらす。 : 우쭐해지다.
③ 思(おも)い知(し)る。 : 절실히 느끼다. ④ 思(おも)い遣(や)る。 : 동정하다.
⑤ 思い設(もう)ける。 : 사전에 생각해 두다.

해설

➡ ② 이것저것 생각하다. 곰곰이 생각하다. (つくづくと考(かんが)える · 思(おも)いを巡(めぐ)らす)
③ 절실히 느끼다. 통감하다.
④ 동정하다(はるかに思う). 생각하다(考(かんが)えを及(およ)ぼす).
⑤ 예측하다. 마음의 준비를 해 두다.

36 意味の間違っている文章を一つ選びなさい。

① 器量負(きりょうま)け : 才能(さいのう)や顔(かお)だちが優(すぐ)れていることが、かえって不幸(ふこう)のもとになること。
② 器量(きりょう)がいい : 顔(かお)かたちがいい。
③ 器量好(きりょうごの)み : 面食(めんく)い。
④ 器量好(きりょうよ)し : 優(すぐ)れた才能(さいのう)を持(も)った人(ひと)。
⑤ 器用貧乏(きようびんぼう) : 何事(なにごと)もうまくこなすが、一(ひと)つのことに集中(しゅうちゅう)できず大成(たいせい)しないこと。

해설

➡ ④ 미인(美人(びじん)) : 器量(きりょう) : 능력. 역량. 명인. 면목.
器量自慢(きりょうじまん) : 자화자찬. 예쁜 것을 스스로 자랑하는 것. 재능을 스스로 자랑하는 것.
③ 잘생긴 여자만 좋아하는 것. ⑤ 器用(きよう) : 재주가 있다. 능숙하다. 요령이 있다.

37 間違っている読み方をそれぞれの中から一つ選びなさい。

① 分割 (ぶんかつ) ② 献立 (けんりつ)
③ 不得手 (ふえて) ④ 鼻血 (はなぢ)
⑤ 合図 (あいず)

해설

➡ ② こんだて(식단). (献立表 · メニュー : 메뉴판)

① 분할. 나누다.

③ 서투르다. 즐기지 않음. 하기 싫음. (不得意 · 下手)

④ 코피. (鼻水 : 콧물)

⑤ 신호. (눈짓 · 몸짓 · 소리의 신호)

• 次の文の(　　　)の中に最も適当な言葉を入れなさい。 (37～38)

38 **あの子は、いつも先生に(　　　)から、皆にきらわれている。**

① ごまをすっている

② 図に当たっている

③ 言うも更なり

④ いいかげんにしている

⑤ 片目が明いている

해설

저 아이는, 언제나 선생님에게 아부를 하기 때문에, 모두에게 미움을 받고 있다.

① 아부하다. 아첨하다. 알랑거리다. (胡麻を擂る · 愛想笑い · お世辞笑い · 媚を売る · 機嫌を取る · 色っぽい態度を取る · お気に入り · 諂う)

② 생각대로 되다. (案の定)

③ 굳이 새롭게 말할 필요도 없다. 당연하다. (言うまでもない)

④ 적당히. 무책임한 것. 엉터리. 미적지근함. 멋대로 하다. (いい加減にする)

⑤ 계속 지던 상황에서 일승하다.

39 **あの先生は生徒一人一人に(　　　)とてもいい先生だ。**

① 気が利く

② にらみが利く

③ 坊主読み

④ あぶはち取らず

⑤ 気を配る

해설

저 선생님은 학생 한 명 한 명에게 마음을 배려하는 매우 좋은 선생님이다.

① 눈치가 빠르다. (小さなことによく気が付く)

② 사람을 위압하다.
③ 뜻도 모르고 그저 읽기만 함.
④ 두 마리 토끼를 잡으려다 한 마리도 못 잡는다.
⑤ 마음을 배려하다. 마음쓰다. (心遣い)

40 밑줄 친 말을 일본어로 바르게 옮긴 것을 고르세요.

私は道に迷って 어찌할 바를 몰랐습니다。

① 途方に暮れました
② 途方もなったです
③ とんでもないでした
④ 筋が違いました
⑤ 途轍もなかったです

해설

① 어찌할 바를 모르다.
② 터무니없다. 도리에 맞지 않다. 어처구니가 없다.
③ 의외이다(意外である). 생각지도 못하다(思いもかけない). 당치도 않다(以ての外である). 터무니없다. 전혀 그렇지 않다(滅相もない). 천만에요.
④ 도리에 맞지 않다. (見当違い)
⑤ 터무니없다. 도리에 맞지 않다.

41 次の文の間違っている文章を一つ選びなさい。

① 心当たりを捜す。 : 짐작이 가는 곳을 찾아보다.
② 蛇の道は蛇。 : 떡은 떡집에서 만들어야 된다.
③ 心ならずも故郷を去る。 : 본의 아니게 고향을 떠나다.
④ 心を許した交友。 : 경계하는 기분을 버리고 신뢰하다.
⑤ 肩で風を切る。 : 위세가 당당하다.

해설

② 같은 부류끼린 사정을 잘 안다. (同病相憐・同病相憐れむ : 동병상련)
① 心当たり : 짐작. 목표.
③ 어쩔 수 없이 고향을 떠나다. (古里・故郷・故里)

● 次の文の(　　　)の中に最も適当な言葉を入れなさい。 (41～45)

42 交通事故を目の前で目撃して(　　　)。

① 息をのんだ　　② 猫舌だった
③ 御多分に洩れず　　④ わなに掛かった
⑤ 虫も殺さぬ

해설

교통사고를 눈앞에서 목격해서 깜짝 놀랐다.

① 대단히 감동하거나, 놀라기도 해서, 일순간 숨쉬는 것을 잊어버리는 것.
② 뜨거운 것을 못 먹는 사람.　　③ 예외 없이. (例外ではなく)
④ 함정에 빠지다. (落ちる・はまる)　　⑤ 성실하고 점잖다.

43 あの先生はやさしいから、宿題を忘れても(　　　)くれる。

① 大目に見て　　② 取り締まって
③ 虫が起こって　　④ 猫も杓子も
⑤ 金が物を言って

해설

저 선생님은 온화하기 때문에, 숙제를 잊어버려도(안 해 와도) 용서해 준다.

① 관대하게 봐주다. 용서하다.　　② 감독하다.
③ 어린애가 짜증・경기를 일으키다.　　④ 어중이떠중이다.
⑤ 돈이면 무엇이든지 할 수 있다.

44 お客様の接待をして、とても(　　　)。

① 肩がこった　　② 虫が好かない
③ 目の毒　　④ 見る影もない姿になった
⑤ 青田買い

해설

손님 접대를 해서, 굉장히 피곤하다.

① 피곤하다. ② 이유 없이 싫다.

③ 안 보는게 약. 보면 가지고 싶어지는 것. (知らぬが仏 : 모르는 게 약)

④ 초라한 모습이 되었다. (みすぼらしい)

⑤ 기업이 인재확보를 위해 재학 중에 미리 채용해서 계약하는 것.

45 怠けていると、皆に(　　)しまうから、注意しましょう。

① 雷が落ちて ② 遅れを取って

③ 欠伸をかみ殺す ④ 打って付けて

⑤ 下にもおかなくなって

해설

게으름피우고 있으면, 모두에게 뒤쳐지기 때문에, 주의합시다.

① 굉장히 화나다.

② 공부나 일등으로 남에게 뒤쳐지기도 하고 지기도 한다. (後れを取る)

③ 억지로 참다.

④ 희망이나 조건이 딱 맞다. (お誂え向き · ぴったり合う)

⑤ 무시할 수 없게 되어 버리다. 대단히 정중히 다루다. (隅に置けない)

46 彼は以前、テニスに夢中だったが、今ゴルフに(　　)。

① 地獄耳 ② 熱を上げている

③ 勘定高い ④ 沽券に関わる

⑤ 折り紙を付けている

해설

그는 이전, 테니스에 열중했지만, 지금은 골프에 열을 올리고 있다.

① 남의 비밀 등을 재빨리 들어 알고 있음.

③ 계산적인 사람. 타산적인 사람. (勘定尽く · 算盤尽く · 算盤高い · 計算尽く)

④ 품위 · 체면이 손상되다.　　　⑤ 보증하고 있다.

47 間違っている文章を一つ選びなさい。

① 寝覚めが悪い。　: 꿈자리가 사납다.

② 受け売りする。　: 남의 의견을 자기 의견처럼 말하다.

③ 駄駄を捏ねる。　: 떼를 쓰다.

④ 当たり障りがない。　: 짐작이 맞아떨어지다.

⑤ 相好を崩す。　: 기쁨으로 활짝 웃다.

해설

➡ ④ 나쁜 영향을 주지 않다. (差し支え · 差し障り)

当たり障りのない話。 나쁜 영향을 주지 않는 이야기.

① 자신의 과거의 행위를 반성하여 양심의 가책을 느끼다. 자고 난 뒷맛이 개운치 않다.

⑤ 미소 지으며 웃는 모습. (にこにこする)

48 다음 문장을 우리말로 바르게 옮긴 것을 고르세요.

初めて御意を得ます。

① 처음으로 의견을 들었습니다.　② 처음으로 만나 뵈었습니다.

③ 처음으로 인사를 드립니다.　④ 처음으로 이해를 했습니다.

⑤ 처음으로 뜻을 알았습니다.

해설

귀인이나 주군 · 군주(主君 · 君主) 등의 생각이나 의견을 여쭙다. 만나다. (お目にかかる)

御意に召す。 마음에 들다.

御意を得まして光栄に存じます。 만나 뵙게 되어서 영광입니다. (영광으로 생각합니다)

49 다음 문장의 올바른 의미를 고르세요.

かんじょうあってぜに足らず。

① 계산하러 갔는데 돈이 부족해서 창피했다.
② 성격이 맞는 사람을 만났지만 상대에 비해 많이 부족하다.
③ 이론과 현실은 일치하지 않는다.
④ 눈으로 확인할 수 없을 정도로 빠르다.
⑤ 싼 게 비지떡.

해설

勘定合って銭足らず。 장부상의 계산은 맞지만 현금이 부족하다. (算用合って銭足らず)
⑤ 安物買いの銭失い。 싼 물건을 사서 돈만 날리다.

● 次の文の(　　)の中に最も適当な言葉を入れなさい。

50 私はもう駄目だ。しかしただでは死ない。お前を(　　)にしてやる。

① 発馬
② 冥土の道連れ
③ 黄泉
④ 投げ首
⑤ 死に水を取り

해설

나는 이제 틀렸다. 그러나 그냥은 안 죽는다. 너를 저승길 길동무로 해 주겠다.
① 경마에서 말이 달리는 것.
② 저승에의 길동무.
③ 황천. 저승. 저세상.
④ 고개를 푹 숙이고 생각하다.
⑤ 죽을 때까지 돌보다. (末期の水 : 임종할 때 입에 넣어 주는 물)

51 다음 한자의 읽기 중 틀린 것을 고르세요.

① 商う — あきなう
② 預ける — あずける
③ 欺く — あざむく
④ 暴れる — あぼれる
⑤ 侮る — あなどる

해설

➡ ④ あばれる (난폭하다)

① 장사하다.

② 맡기다. 몸을 다른 것에 의지하다. 판단을 맡기다.

③ 상대의 기대를 저버리고 속이다.

⑤ 깔보다. 얕보다.

52 다음 한자의 읽기 중 옳은 것을 고르세요.

① 江戸 (えと) — 平成 (へいせい)

② 昭和 (そうわ) — 奈良 (なら)

③ 大正 (たいしょう) — 平安 (へいあん)

④ 明治 (めいじ) — 東京 (どうきょう)

⑤ 都道 (とど) — 徳川 (とくがわ)

해설

➡ ③ 일본의 연호 — 平安朝(헤이안시대의 조정)·平安時代(헤이안시대)의 약칭.
平安 : 마음이 편안한 날. 무사평온(無事平穏) 한 것.

① えど (지금의 도쿄) — へいせい (일본의 연호)

② しょうわ (일본의 연호) — なら (지명)

④ めいじ (일본의 연호) — とうきょう (지명)

⑤ とどう (都·道·府·県의 준말) — とくがわ (성씨의 하나)

53 다음 문장의 밑줄 친 부분과 의미가 같은 것을 고르세요.

旅行に出かける前に事故の話をするなんて縁起でもない。

① 上手ごかし

② お上手者

③ ついてない

④ 縁起を祝う

⑤ はばかる

해설

여행하러 가기 전에 사고이야기를 하다니 재수 없다.

縁起でもない : 징조가 언짢다. 불길하다. 재수 없다. (縁起が悪い)

縁起(えんぎ)を担(かつ)ぐ　: 사소한 일에도 재수를 따지며 걱정하다.

① 발림말로 위하는 척하면서 자기 실속을 차림.

② 발림말을 잘하는 사람. 아부쟁이. (お世辞(せじ))

③ 재수가 없다.

④ 행운이 오게 기도하다.

⑤ 사양하다. (憚(はばか)る · 遠慮(えんりょ)する)

54 다음 문장을 일본어로 바르게 옮긴 것을 고르세요.

아침 일찍 일어나는 습관을 들이는 것이 좋다.

① 朝早(あさはや)く起(お)きる習慣(しゅうかん)をつけたほうがいい。

② 朝早く起きる習慣を覚(おぼ)えたほうがいい。

③ 朝早く起きる習慣を入ったほうがいい。

④ 今朝早(けさはや)く起(お)きる習慣(しゅうかん)をつけたほうがいい。

⑤ 今朝早く起きる習慣を覚えるほうがいい。

해설

習慣(しゅうかん)をつける : 습관을 들이다. (仕来(しき)たり · 仕来(しきた)り · 慣(なら)わし · 習(なら)わし : 습관 · 관습 · 풍습)

• 次の文の(　　)の中に最も適当な言葉を入れなさい。

55 この国(くに)の経済(けいざい)は発展(はってん)し(　　)ある。

① たり

② たら

③ つつ

④ なり

⑤ ながら

해설

이 나라의 경제는 계속 발전하고 있다.

① ～이기도 하고. (동작의 열거) ② ～한다면. (가정형)

③ 동사(ます形) ＋ つつある의 형으로 계속해서 발전하고 있는 모습.

④ 동사(기본형) ＋ なり : ～하자마자. (なりに · やいなや)

⑤ ～하면서(동작의 동시진행). ～이면서도(역접). (つつ)

56 次の文の(　　)の中に最も適当な言葉を入れなさい。

新聞(しんぶん)を読(よ)んでも、どうもよくわからないのは厚生省(こうせいしょう)と医師会(いしかい)との対立(たいりつ)だ。どちらの言訳(いいわけ)にもそれぞれ(　　)があるようだが、国民(こくみん)にはそのどちらに賛成(さんせい)していいのかいくら新聞(しんぶん)を見(み)ても(　　)。

① 理(り)、迷(まよ)ってしまう ② 用(よう)、嬉(うれ)しくなる

③ 差(さ)、つまらなくなる ④ 気、おかしくなる

⑤ 名(な)、しかたがない

해설

⑤ 名(な) : 명분(名分(めいぶん)を立(た)てる : 명분을 세우다). 仕方(しかた)がない : 방법이 없다. 해 볼 도리가 없다.

신문을 보아도, 도저히 이해가 되지 않는 것은 후생성과 의사회와의 대립이다. 어느 쪽의 변명에도 각각의 명분은 있는 것 같지만, 국민으로서는 그 어느 쪽에 찬성해야 좋을지 아무리 신문을 보아도 방법이 없다.

① 도리, 망설이다. ② 용건, 기뻐지다.

③ 차이, 재미없어지다. ④ 마음, 이상해지다.

- 次の文の(　　)の中に最も適当な言葉を入れなさい。 (57～58)

57 飛行機(ひこうき)(　　)乗(の)って、ヨーロッパへ出張(しゅっちょう)(　　)行った。

① を、を ② を、に

③ で、に ④ に、を

⑤ に、に

해설

비행기를 타고, 유럽으로 출장을 갔다.

➡ ⑤ 타는 물건을 타다. 목적을 나타낸다.

58 民宿(みんしゅく)に泊(と)まったら、宿泊費(しゅくはくひ)が安(やす)い(　　)食(た)べきれないほどごちそうが出た。

① のは　② のに

③ のも　④ のか

⑤ のと

해설

민박을 했더니, 숙박비가 싼데도, 다 먹을 수 없을 정도의 음식(御馳走(ごちそう))이 나왔다.

② ~인데도. (예상하지 않았던 결과가 발생해서 원래의 상태로 돌아갈 수 없을 때, 비난이나 불만, 안타까움의 뜻을 나타내는 역접이다)

59 **다음 문장의 밑줄 친 부분과 의미가 같은 것을 고르세요.**

売(う)り急(いそ)いでいる土地(とち)を買(か)いたたいて転売(てんばい)するんだから、業者(ぎょうしゃ)は<u>濡(ぬ)れ手(て)で粟(あわ)だ</u>。

① 決(き)まりが悪(わる)い。　② 上(うわ)の空(そら)で話(はなし)を聞(き)く。

③ 手柄(てがら)や勝(か)ちを相手(あいて)に譲(ゆず)る。　④ 苦労(くろう)せずに利益(りえき)を得(え)ること。

⑤ 氏(うじ)より育(そだ)ち。

해설

서둘러 팔려고 하는(급매물) 토지를 터무니없이 싼값으로 후려쳐서(買(か)い叩(たた)く) 전매하기 때문에, 업자는 고생을 하지 않고 이익을 얻는다.

(甘(あま)い汁(しる)を吸(す)う · 甘(うま)い汁(しる)を吸(す)う · 濡(ぬ)れ手(て)で粟(あわ)のつかみ取(ど)り : 고생하지 않고 이익을 얻다)

① 창피하다. 체면이 말이 아니다. 체면이 안서다. (体裁(ていさい)が悪(わる)い · 間(ま)が悪(わる)い)

(間(ま)が悪(わる)い : 어색하다. 그 장소에 어울리지 않다. 운이 나쁘다. きまりが悪い · ばつが悪い)

② 건성으로 이야기를 듣는다.
③ 자기 공을 남에게 돌리다. (花(はな)を持(も)たす · 花(はな)を持(も)たせる)
⑤ 가문보다는 교육환경이 중요하다.

60 다음 문장의 밑줄 친 부분과 의미가 같은 것을 고르세요.

予選(よせん)を通(とお)るのが<u>せいいっぱい</u>だ。

① 鎌(かま)を掛(か)ける ② 春秋(しゅんじゅう)に富(と)む
③ 関(せき)の山(やま) ④ みそを付ける
⑤ むねくそが悪い

해설

➡ ③ 고작. 힘껏. 최대한으로. (関(せき)の山(やま) · 精一杯(せいいっぱい) · 精々(せいぜい))
① 넘겨짚다. 유도심문. ② 젊어서 앞길이 창창하다.
④ 실패하다. 면목(面目(めんぼく))을 잃다. ⑤ 기분 나쁘다. 불쾌하다.

61 次の文の(　　)の中に最も適当な言葉を入れなさい。

彼(かれ)は独身(どくしん)じゃありません。(　　)もう中学生(ちゅうがくせい)の娘(むすめ)さんがいるんですよ。

① それどころか ② ばかりか
③ だけに ④ ところで
⑤ ところが

해설

그는 독신이 아닙니다. 그뿐만 아니라 이미 중학생인 딸이 있습니다.
① ~뿐만 아니라. (앞 문장에 비해 뒤 문장은 정도가 심하다)
② ~뿐만 아니라. (앞 문장과 뒤 문장의 내용은 거의 비슷한 문장이 온다)
③ ~이기 때문에. (당연한 귀결의 문장이 온다)
④ 그런데. (화제전환의 문장에 사용한다)

～해 봤자. ～해 본들 소용없다 같은 문장이 온다.
(앞 문장의 내용을 한다고 하더라도 좋은 결과가 되지 않는다는 것을 나타낸다. 결과는 뒤 문장처럼 된다)

⑤ 그러나. (뒤 문장이 앞 문장에서 예상한 상황의 것과 반대의 내용이며 의지의 문장은 올 수 없다)

• 次の文の(　　　)の中に最も適当な言葉を入れなさい。 (62～63)

62 心配(しんぱい)で心配(しんぱい)でとてもじっと(　　　)。

① してはいられない　　② したくない
③ するわけがない　　④ されてはたまらない
⑤ してはだめです

해설

너무나 걱정이 되어서 도저히 가만히 있을 수 없다.
いられない : ～일 수는 없다. (行かずにはいられない。 가지 않을 수 없다)
(行ってはいられない。 가서는 안 된다)

① 해서는 안 된다.　　② 하고 싶지 않다.
③ 할 리가 없다.　　④ 당하면은 못 참는다.
⑤ 해서는 안 됩니다. (駄目(だめ))

63 (　　　)思(おも)いで身(み)もやせる。

① 雀(すずめ)の涙(なみだ)　　② 缶詰(かんづめ)になる
③ 遣(や)る瀬無(せな)い　　④ 身(み)を起(お)こす
⑤ 泣(な)きねいり

해설

안타까운 생각에 몸마저 야위어 간다.

① 새발의 피.　　② 갇힌 신세가 되다. (일이 있어)

③ 슬픔 · 외로움 · 그리움 등으로 견딜 수 없을 만큼 고통스러워서 어쩔 수 없는 것.

④ 출세하다. ⑤ 불만스럽지만 단념하다. (泣き寝入り)

64 「가장 우수한 것부터 가장 열등한 것까지.」의 올바른 일본어를 고르세요.

① 出し抜け ② 法外な値段

③ ピンからキリまで ④ こいつもそいつも

⑤ 正気なく

해설

③ 처음부터 끝까지. 가장 우수한 것부터 가장 열등한 것까지. (ピンキリ)

① 불의(不意)의 방문. 상대를 속여 앞지르다.

② 터무니없는 가격. ④ 어느 녀석이나.

⑤ 본의 아니게. (心ならずも)

65 問題文の次にくるものとして最も適当なものを一つ選びなさい。

あの二人はうり二つだね。

① 本当に仲がいいですね。 ② だって双子なんでしょう。

③ 仲が悪いからしかたがないね。 ④ 本当にやせているんですね。

⑤ 二人は親しい友だちですからね。

해설

瓜二つ : 꼭 닮았다. 차이가 없다. (そっくり · 寸分違わない)

① 정말로 사이가 좋습니다. ② 그러니까 쌍둥이지요.

③ 사이가 나쁘기 때문에 어쩔 수 없다. ④ 정말로 말랐군요.

⑤ 두 사람은 친한 친구입니다.

66 <u>二つ返事</u>で引き受ける。下線の部分の意味を一つ選びなさい。

① 건성으로 대답하다.　② 애매하다.

③ 성공하다.　④ 흔쾌한 대답.

⑤ 바뀐 것이 없어서 재미없다.

해설

흔쾌히 받아들이나. 二つ返事 : 흔쾌히 승낙하는 것. (一も二もなく・言うまでもなく)

① 生返事.

② 曖昧だ : 애매하다(あやふや). 수상하고 의심스러운 것(如何わしい).
曖昧茶屋・曖昧屋・曖昧宿・地獄茶屋 : 요릿집・찻집・여관 등으로 위장하여 성매매를 하는 집.

③ 몫을 챙기다(当たりを取る). 히트치다(当たりを打つ).

⑤ 기술이 없다(芸がない). (芸が細かい : 세부까지 면밀히 연구되어 있다. 배려하다)

67 다음 문장을 우리말로 바르게 옮긴 것을 고르세요.

仕上げを念入りにする。

① 모든 일에 혼신을 다하다.　② 성공하기 위해 온 정성을 들이다.

③ 포장을 세심하게 하다.　④ 마무리에 정성을 들이다.

⑤ 관직을 사양하고 다른 일에 힘을 쏟다.

해설

仕上げが肝心だ。 마무리가 중요하다. (棚卸し : 재고 조사. 재산평가를 하다)

68 다음 문장을 우리말로 바르게 옮긴 것을 고르세요.

いちかばちかやってみよう。

① 옳은지 그른지 해 봐야 안다. ② 죽든 살든 해 보자.
③ 그 누구라도 한번은 겪는다. ④ 아쉬워할 필요는 없다.
⑤ 자신은 없지만 일단 해 보자.

해설

一か八か(いちかばちか) : 운을 하늘에 맡기고. (伸るか反るか(のるかそるか))

69 다음 문장의 밑줄 친 부분과 의미가 같은 것을 고르세요.

<u>まさか</u>そんなことはあるまい。

① いくらなんでも ② とても
③ 場合(ばあい)によっては ④ まるで
⑤ いくらでも

해설

설마 그런 일은 없을 것이다. 부정을 동반하여. (いくらなんでも · よもや)
① 아무리 그렇다고 하더라도. 설마. ② 대단히. 도저히. (とうてい)
③ 경우에 따라서는. ④ 마치. 전혀.
⑤ 얼마든지.

70 다음 문장과 의미가 같은 것을 고르세요.

自分(じぶん)が失敗(しっぱい)してとても残念(ざんねん)な気持(きも)ち。

① 根気(こんき) ② 短気(たんき)
③ のんき ④ どんき
⑤ くやしい

해설

자신이 실패해서 대단히 안타까운 기분.

① 끈기.

② 성격이 급함. 참을성이 없고 쉽게 화를 내거나 초조해 하는 것.

③ 여유 있게. 천천히.

④ 鈍器(どんき). (둔기)

⑤ 분하다. 안타깝다. (悔(くや)しい)

71 다음 문장을 우리말로 바르게 옮긴 것을 고르세요.

ばかを見(み)るのは自分(じぶん)だ。

① 바보를 보는 것은 자기 자신이다.

② 손해를 보는 것은 자기 자신이다.

③ 무시받는 것은 자기 자신이다.

④ 오해를 받는 것은 자기 자신이다.

⑤ 마음속을 숨기고 있는 것은 자기 자신이다.

해설

부당하게 손해를 보다. (馬鹿(ばか)にならない : 무시할 수 없다. 경시할 수 없다)

馬鹿当(ばかあ)たり : 대단히 잘 맞는 것. 특히 야구에서 믿을 수 없을 정도로 타격이 잘 맞는 것. 흥행이나 장사 등이 예상했던 것보다 좋은 성적을 올리는 것. 대박나다.

72 다음 문장 중 밑줄 친 부분의 의미가 다른 것을 고르세요.

① 幼(おさな)い妹(いもうと)に頼(たの)んだけれど、うまくやってくれるかどうか<u>心許無(こころもとな)い</u>。

② 子(こ)どもだけでは<u>心許無(こころもとな)い</u>。

③ あの人(ひと)は疑(うたが)い深(ぶか)いので、話をしてやっても<u>心許無(こころもとな)い</u>。

④ 信用(しんよう)のある人に頼(たの)んでも<u>心許無(こころもとな)い</u>。

⑤ 彼女(かのじょ)に会(あ)いたくて先生に聞(き)いてみたら、どうも<u>心許無(こころもとな)い</u>。

해설

불안하다. 걱정이 되다. (신뢰할 수 없어서)

① 어린 여동생에게 부탁했지만, 잘 해줄지 어떨지 불안하다.

② 아이들만으로는 불안하다.

③ 저 사람은 의심스럽기 때문에, 이야기를 해 보아도 불안하다.

④ 신용 있는 사람에게 부탁해도 어쩐지 불안하다.

⑤ 그녀를 보고 싶어서 선생님에게 물어보았더니, 왠지 불안하다.

73 下線の部分の間違っているものを一つ選びなさい。

① 私の住んでいる所はとても静かなところです。

② いかに処分されようと文句は言わない。

③ 似たり寄ったりの意見だ。

④ あいつの言うことなんか真面に聞いているひまはないから、今日のところは適当にあめをなめさせておこう。

⑤ この部屋は狭い方で窮屈ですが、よりによってとても居心地がよくて満足しています。

해설

⑤ 選りに選って (고르고 골라. 하필이면) → その代わり (그 대신)

① 내가 살고 있는 곳은 매우 조용한 곳입니다.

② 어떻게 처분되어도 불평은 말하지 않겠다.

③ 비슷한 의견이다. (五十歩百歩 · 大同小異)

④ 저 자식이 말하는 것은 성실하게 듣고 있을 시간이 없기 때문에, 오늘은 이 정도에서 적당히 비위를 맞추자. (飴をしゃぶらせる : 달콤한 말로 속이다. 비위를 맞추다)

⑤ 이 방은 좁아서 불편합니다만, 그 대신 대단히 있기에 편해서 만족하고 있습니다. (居心地がよい : 있기에 편하다)

74 「年甲斐もない言動。」의 올바른 우리말을 고르세요.

① 몰상식한 언동.

② 특별한 것이 없는 언동.

③ 생각 없는 언동.

④ 나이에 어울리지 않는 언동.

⑤ 지각 없는 언동.

해설

甲斐(かい) : 보람. 효과. (努力(どりょく)のかいがあった : 노력한 보람이 있었다)

年甲斐もない。나이에 걸맞지 않게 어리석다.

- 次の文の(　　)の中に最も適当な言葉を入れなさい。

75 彼女に(　　)あったから、これもたのんでみよう。

① そのうち　② せっかく
③ とくに　④ まだ
⑤ もっとも

해설

그녀를 모처럼 만났기 때문에, 이것도 부탁해(頼(たの)む) 보자.

① 조만간에. (その内(うち)・近(ちか)いうち)　③ 특히. 특별히. (特(とく)に)
④ 아직.　⑤ 단. 가장. (最(もっと)も)

76 次の文の(　　)の中に最も適当な言葉を入れなさい。

あの人(ひと)と私は、子供(こども)のころから、同(おな)じ家(いえ)の中(なか)で育(そだ)てられたので、(　　)兄弟(きょうだい)のようなものです。

① けれども　② いわば
③ ただ　④ あんまり
⑤ ただし

해설

저 사람과 나는, 어릴 때부터, 같은 집에서 자랐기 때문에, 말하자면 형제 같은 것입니다.

➡ ② 말하자면. 예를 들어 말하면. 알기 쉽게 설명할 때 사용. (言(い)わば・謂(い)わば)
(まるで　…のようです)

77 次は喫茶店での会話である。意味の通じるように順序を正しくしたものを一つ選びなさい。

A：あら、今日は混んでいるわね。
B：うん、そうしよう。
C：いっぱいで座れないね。
D：いや、いすの上にかばんが置いてあるわよ。ほら。
E：あ、あの窓際の席、空いているかもしれないわ。
F：じゃあ、ほかのお店へ行きましょうか。

① A－E－D－C－B－F
② A－C－E－D－F－B
③ A－F－B－C－D－E
④ A－C－F－B－D－E
⑤ A－F－C－E－D－B

해설

➡ ②

A：아니, 오늘은 붐비는구나.
B：그래, 그렇게 하자.
C：너무 많아서 앉을 수 없구나.
D：아냐, 의자 위에 가방이 놓여 있어. 봐라.
E：아, 저 창가 자리, 비어 있을지도 모르겠다.
F：그러면, 다른 가게로 가 보자.

78 次の文の(　　)の中に最も適当な言葉を入れなさい。

(　　)。年のせいか何をするのも物憂く、書を開いてもすぐあくびをする。原稿用紙をひろげても筆をとる気がさらさら起らぬ。

① やる気がわいてくる
② 退屈である
③ 興奮してしまった
④ 何もかも忘れてしまった
⑤ 夢中になる

해설

➡ ② 따분하다. 지루하다.

따분하다. 나이 탓인지 무엇을 해도 무기력하고, 책을 펴도 곧 하품을 한다. 원고용지를 펼쳐도 붓을 잡을 마음이 좀처럼 일어나지 않는다.

① 의욕이 솟는다. ③ 흥분하고 말았다.

④ 전부 잊어버리고 말았다. ⑤ 어떤 일에 빠지다. 굉장히 좋아하다.

79 다음 문장의 밑줄 친 「られる」와 용법이 같은 것을 고르세요.

先生に<u>叱(しか)られた</u>。

① 会長(かいちょう)が来(こ)られた。 ② ひどいことを言われましたよ。

③ いつお国(くに)へ帰(かえ)られますか。 ④ お刺身(さしみ)は食べられますか。

⑤ 母(はは)のことが案(あん)じられてならない。

해설

선생님에게 혼났다. (수동)

① 회장님이 오셨다. (존경) ② 심한 말을 들었습니다. (수동)

③ 언제 본국으로 돌아가십니까. (존경) ④ 생선회는 먹을 수 있습니까. (가능)

⑤ 어머니가 걱정이 되어서 견딜 수가 없다. (자발)

80 다음 글의 밑줄 친 부분과 의미가 같은 것을 고르세요.

友達(ともだち)に笑(わら)われて、思(おも)わず<u>腹(はら)が立(た)ちました</u>。

① 気(き)が立(た)ちました。 ② 心配(しんぱい)しました。

③ 腹(はら)が空(す)きました。 ④ 迷惑(めいわく)を掛(か)けました。

⑤ 怒(おこ)ってしまいました。

해설

친구에게 비웃음을 당해서, 나도 모르게 화가 났습니다.

(화를 내다. 짜증내다 : 頭に来る · 青筋を立てる · 腹を立てる · 腹が立つ)

(あのやりくちは頭にくる。 저 말투는 굉장히 화난다)

① 감정이 높아져 신경이 곤두서다. ② 걱정했습니다.

③ 배가 고팠습니다. ④ 폐를 끼쳤습니다.

⑤ 화가 나고 말았습니다.

● 次の文章を読んで、後の問いに答えなさい。 (81～90)

身近な話題の中にも、日本人の体格が変わってきたと思われることがいろいろある。息子や娘が親たちよりも身長が高いとか、近ごろの女性は美しくなったとか、さらに八等身や隆鼻術が話題をさらうのも、身長の増加と鼻が高まるという最近の趨勢からくるものだと思われる。

(中略)

実際、骨からみると、中、近世 (12～19世紀) から現在までの変化は想像以上に大きいようだ。しかもこの変化は、縄文時代(…紀元前3世紀)の昔から、絶えまなく進行していたことが、次第にわかってきた。その上、変化の速度は常に同じ調子で進行したのではなく、ある時は速く、ある時は遅く進んだようである。この観点からすると、現在はちょうど急速に変化しつつある時代に当たっている。

変化した形質には、身長や顔の形のほかにもいろいろあるが、頭型もその一つである。頭型は、頭を上から見た形であるが、従来、人の形質の中で遺伝の作用が最も強く現れ、そのため人種を区分するのに最も頼りになる特徴とされてきた。いや、そればかりでなく、人種の優劣まで頭型できまると信じられたほどで、長頭型のドイツ人と短頭型のフランス人とは、第一次世界大戦の直前のころ、この問題をめぐり、それぞれ自国民が優秀であるといって、❶聞くにたえないほどのやりとりが、行なわれたのは有名な話である。[A]、❷この考え方は、個人の能力まで判定できるというところまで　❸発展し、そのためいろいろの珍談が伝えられている。

ところで、現在の日本人の頭型は、短頭型か、短頭型に近い中頭型であるが、[B]鎌倉時代人(12～14世紀)は真の長頭型であることがわかった。しかもその後、次第に短頭化して、今の私どもの形になったように思われる。[C]、不思議にも見えるこの現象も、実は世界的な短頭化現象の一環として、日本人に現れたもののようである。つまり変化しないと考えられた頭型も、実は変化するらしいのである。

주위의 화제 중에서도, 일본인의 체격이 변하여 왔다고 생각할 수 있는 것이 여러 가지 있다. 아들이나 딸들이 부모보다도 신장이 크다든지, 현대의 여성은 아름다워졌다든지, 게다가 8등신이나 코를 높이는 수술이 화제가 되는 것도, 신장의 증가와 코가 높아진다고 하는 최근의 추세로부터 오는 것이라고 생각된다.

(중략)

실제, 골격으로 본다면 중, 근세(12～19세기)로부터 현재까지의 변화는 상상이상으로 큰 것 같다. 게다가 이 변화는 죠몽시대(기원전 3세기)의 옛날부터, 끊임없이 진행해 왔다는 것을 차츰 알게 되었다. 게다가, 변화의 속도는 항상 같은 박자로 진행된 것이 아니고, 어떤 때는 빨리, 어떤 때는 천천히 진행되어 왔던 것 같다. 이 관점에서 보면, 현재는 급속히 변화해 가는 시대에 당면해 있다.

변화한 형질에는, 신장과 얼굴 모습 외에도 여러 가지 있지만, 두형도 그 하나이다. 두형은, 머리를 위로부터 본 형태이지만, 종래, 사람의 형질 중에서 유전의 작용이 가장 강하게 나타나, 그래서 인종을 구분하는 데 가장 믿을 만한 특징이 되었다. 아니, 그뿐만 아니라 인종의 우열까지도 두형으로 결정된다고 믿길 정도로, 장두형의 독일인과 단두형의 프랑스인과는, 제1차 세계대전 직전에, 이 문제를 둘러싸고, 각각 자국민이 우수하다고, ❶차마 들을 수 없을 정도의 말다툼이, 일어났던 것은 유명한 이야기이다. [A]게다가, ❷이러한 사고방식은, 개인의 능력까지 판정할 수 있다고 하는 곳까지 ❸발전하여, 그 때문에 여러 가지 진담이 전해지고 있다.

그런데, 현재의 일본인의 두형은, 단두형이나, 단두형에 가까운 중두형이지만, [B]의외로 가마꾸라시대(12～14세기)의 사람은 정말로 장두형이란 것을 알 수 있었다. 게다가 그 뒤, 점차 단두화하여, 지금의 우리들의 형태가 되었다고 생각된다. [C]언뜻 보면, 이상하게 보이는 현상도, 실은 세계적인 단두화 현상의 일환으로서, 일본인에게 나타났던 것 같다. 즉 변화하지 않을 것이라고 생각된 두형도, 실은 변화하는 것 같다.

• 文中(ぶんちゅう)の[A]~[C]の中に最も適当(てきとう)なものを一つ選びなさい。 (81~83)

81 [A]

① さらに　② まして
③ なのに　④ すると
⑤ もちろん

해설

➡ ① 더욱더. 게다가.
② 하물며. 당연히.　③ 인데도.
④ 그러자. 그렇다면.　⑤ 물론.

82 [B]

① 不覚(ふかく)にも　② 不意(ふい)に
③ 意外(いがい)にも　④ 案外(あんがい)
⑤ 思ったとおり

해설

➡ ③ 의외로.
① 방심해서 실패하다. (不覚を取る : 부주의나 방심으로 예상 못한 실패를 하다)
② 불의로.　④ 의외.
⑤ 생각대로.

83 [C]

① 一目散に　　② 一見
③ 一方　　④ 一目
⑤ 一体

해설

➡ ② 언뜻 보다. 한 번 보는 것. 대충 보다.

① 한눈도 팔지 않고 열심히 뛰다.　　③ 일방. 한편으론. 그것만하다.

④ 한쪽 눈. 한 번만 보는 것. (一見)　　⑤ 도대체.

• 文中①～③について、それぞれの問いの答えとして、最も適当なものを一つ選びなさい。 (84～86)

84 ❶ <u>聞くにたえないほどのやりとり</u>とは、具体的にどういうことか。

① 相手をけなしたりして、聞いている者が恥ずかしくなってしまうやりとり
② 聞いている者がいやになってしまうほど長いやりとり
③ 同じことを何度も繰り返すだけの進展のないやりとり
④ 冷静で論理的なやりとり
⑤ 聞きにくいほど小さい声のやりとり

해설

遣り取り : 주고받음. 교환. 말다툼. (口論すること)

① 상대를 비난하기도 해서, 듣고 있는 사람이 창피해지는 말다툼.

② 듣고 있는 사람이 질릴 정도의 긴 말다툼.

③ 같은 말을 몇 번이고 되풀이하는 진전 없는 말다툼.

④ 냉정하고 논리적인 말다툼.

⑤ 듣기 힘들 정도로 작은 목소리의 말다툼.

85 ❷ この考え方とは、ここでは何を指しているのか。

① 頭型は変化しないという考え方
② 頭型で人種の区分ができるという考え方
③ 頭型は遺伝するという考え方
④ 頭型で人種の優劣が決まるという考え方
⑤ フランス人とドイツ人の考え方

해설

➡ ④ 두형으로 인종의 우열이 결정된다는 사고방식.
① 두형이 변화하지 않는다고 하는 사고방식
② 두형으로 인종의 구분이 가능하다고 하는 사고방식
③ 두형은 유전된다고 하는 사고방식
⑤ 프랑스인과 독일인의 사고방식

86 ❸ 発展とはここではどういう意味か。

① 話がまとまること
② 話が広がること
③ 考えを変えること
④ 思い込むこと
⑤ 考え込むこと

해설

➡ ② 이야기가 확장되는 것.
① 이야기가 정리되는 것.
③ 생각을 바꾸는 것.
④ 깊게 생각하는 것.
⑤ 깊게 생각하는 것.

• 上の文章から考えて、次の問いの答えとして、最も適当なものを一つ選びなさい。(87～90)

87 最近日本人の体格はどうなってきているか。

① 鼻が高くなり、短頭型になってきた。

② 鼻が高くなり、長頭型になってきた。

③ 背が高くなり、長頭型になってきた。

④ 背が高くなり、鼻が低くなってきた。

⑤ 鼻も低くなり、背も低くなってきた。

해설

➡ ① 코가 높아지고, 단두형이 되었다.

② 코가 높아지고, 장두형이 되었다.

③ 키가 커지고, 장두형이 되었다.

④ 키가 커지고, 코가 낮아졌다.

⑤ 코도 낮아지고, 키도 작아졌다.

88 体格の変化はどのように進んできたか。

① 全く変化しない時期と、急速に変化する時期が交互にある。

② ずっと一定の速さで変化してきた。

③ ずっと変化してきたが、速さは一定ではなかった。

④ ずっと変化しなかったのが、ある時突然変化した。

⑤ 19世紀からずっと変化してきた。

해설

➡ ③ 계속 변화해 왔지만, 속도는 일정하지 않았다.

① 전혀 변화하지 않는 시기와, 급속히 변화하는 시기가 서로 다르다.

② 계속 일정한 속도로 변화해 왔다.

④ 계속 변화하지 않았지만, 어느새 돌연 변화했다.

⑤ 19세기부터 계속 변화해 왔다.

89 頭型から何がわかるか。

① 遺伝の作用が強く現れるので、人種の違いがわかる。
② 人種的な特徴になっているので、その人種の能力がわかる。
③ 世界的に短頭化現象が進んでいるので、頭型で化石や遺骨の時代測定ができる。
④ 人種、時代により変化するので、頭型だけで判断できることはなさそうだ。
⑤ 当然だと信じられてきたいろいろなことが、実は間違っていたことがわかる。

해설

➡ ④ 인종은 시대에 따라 변화하기 때문에 두형만으로 판단 가능한 것은 아닌 듯하다.
① 유전의 작용이 강하게 나타났기 때문에, 인종의 차이를 알 수 있다.
② 인종적인 특징이 되어 있기 때문에, 그 인종의 능력을 알 수 있다.
③ 세계적으로 단두화 현상이 진행하고 있기 때문에, 두형이나 화석으로 유골의 시대 측정이 가능하다.
⑤ 당연하다고 믿어 왔던 여러 가지 일이, 사실은 틀렸다는 것을 알 수 있다.

90 日本人の頭型の変化と他の民族の頭型の変化はどのような関係にあるか。

① どの民族も、民族によって別々の変化の仕方をしている。
② 多少の差はあるが、全体では同じ方向に変化してきた。
③ 日本人は他の民族と逆の変化をした。
④ 日本人とフランス人だけが他と異なった変化をした。
⑤ どの民族もまったく同じ変化の仕方をしている。

해설

➡ ② 다소의 차이는 있지만, 전체적으로는 같은 방향으로 변화해 왔다.
① 어느 민족도, 민족에 따라 서로 다른 방향으로 변화하고 있다.
③ 일본인은 다른 민족과 거꾸로 변화했다.
④ 일본인과 프랑스인만이 다른 방향으로 변화했다.
⑤ 어느 민족도 전적으로 같은 방향으로 변화하고 있다.

91 다음 글을 일본어로 바르게 옮긴 것을 고르세요.

구조조정은 진척되지 않고 재정적으로 손을 쓸 방법이 없어졌다.

① リストラは進まぬ、財政的に打つ手がなくなってきた。
② リストラは進めず、財政的に持つ手がなくなってきた。
③ リストラは進まず、財政的に打つ手がなくなってきた。
④ リストラは進めず、財政的に使う手がなくなってきた。
⑤ リストラは進まず、財政的に持つ手がなくなってきた。

해설

③ 打つ手 : 수단. 방법.
リストラ : リストラクチュアリング (restructuring)의 약칭.
속어로 퇴직시키는 것. 인원정리. 해고. (首切り · 首斬り)

92 金은 恵子로부터 아래와 같은 편지를 받았다. 편지의 내용과 일치하는 것을 고르세요.

金さん、お元気ですか。今日は嬉しいニュースがあります。私の家で飼っていた犬のメリーを覚えていますか。そのメリーに子犬が三匹生まれました。驚きましたか。金さんが日本にいたときは、メリーはまだまだ子犬でしたからね。子犬たちは三匹そろって元気に育っています。体が茶色なので、白い耳が目立つ、とてもかわいい子犬です。写真をいっしょに送ります。　恵子

① 金さんが日本にいたとき、メリーが子犬を産んだ。
② 恵子は子犬を金さんに送ると約束した。
③ いつの間にか子犬はメリーほど大きくなった。
④ 恵子は金さんに子犬の写真を送った。
⑤ 金さんは子犬を見に日本に行くつもりだ。

해설

④ 게이꼬는 김씨에게 강아지 사진을 보냈다.

김씨, 잘 지내십니까. 오늘은 기쁜 소식이 있습니다. 우리 집에서 키우던 개 메리를 기억하십니까. 그 메리가 강아지를 세 마리 낳았습니다. 놀랐습니까. 김씨가 일본에 있었을 때는, 메리는 아직 강아지였으니까요. 강아지들은 세 마리 모두 건강하게 자라고 있습니다. 몸이 갈색이어서, 하얀 귀가 눈에 띄고, 아주 귀여운 강아지입니다. 사진을 같이 보내겠습니다.

게이꼬

93 (　　　) 안에 들어갈 가장 적당한 말을 고르세요.

英語(えいご)のGood morning！には、誰(だれ)に対(たい)して(A)という制限(せいげん)はない。家族(かぞく)にでも、よその人(ひと)にでも、目上(めうえ)にも目下(めした)にも使(つか)っていいあいさつ語(ご)である。日本語では「おはようございます」と「おはよう」とを使(つか)い分(わ)ける必要(ひつよう)がある。「おはよう」は、家族(かぞく)・友人(ゆうじん)その他(た)ごく親(した)しい者同士(ものどうし)(B)、目上(めうえ)に対(たい)しては、絶対(ぜったい)に「おはようございます」(C)。

	A	B	C
①	いってもいい	にかぎるが	なければならない
②	いってもいい	にかぎらなく	でなければならない
③	いってもいい	にかぎられが	なくてはならない
④	いってはいけない	にかぎりがない	なければならない
⑤	いってはいけない	にかぎられ	でなければならない

해설

⑤ 말해서는 안 된다.　~에 한정되어.　~가 아니면 안 된다.

영어의 Good morning! 에는 누구에 대해 말해서는 안 된다 라고 하는 제한은 없다. 가족에게도, 다른 사람에게도, 윗사람에게도 아랫사람에게 사용해도 좋은 인사말이다. 일본어에서는 「안녕하세요」와 「안녕」을 구분할 필요가 있다. 「안녕」은, 가족 · 친구 그 외 극히 친한 사람들에게 한정되고, 윗사람에 대해서는, 절대로 「안녕하세요」가 아니면 안 된다.

94 다음 글의 내용과 일치하는 것을 고르세요.

大学の入学試験を受けた。思っていたより難しくてショックを受けた。課題を与えて、論文を書かせるものもあった。十分な時間を与えられていたが、なかなか書けなかった。面接では教授たちから色々な質問を受けた。先輩に情報を与えてもらっていたので、なんとか答えられたが、教授たちにどんな印象を与えたか心配だ。

① 試験は難しかったが、無事合格した。
② 試験は思っていたほど難しくなかった。
③ 時間が足りなくて、なかなか書けなかった。
④ 教授たちにいい印象を与えたと思っている。
⑤ 教授たちの質問になんとか答えることができた。

해설

➡ ⑤ 교수님들의 질문에 그럭저럭 대답할 수 있었다.

대학 입학시험을 보았다. 생각했던 것보다 어려워서 충격을 받았다. 과제를 주고, 논문을 쓰게 한 것도 있었다. 충분한 시간이 주어졌지만, 좀처럼 쓸 수 없었다. 면접에서는 교수님들로부터 여러 가지 질문을 받았다. 선배님에게 정보를 받았기 때문에, 어떻게든 대답할 수 있었지만, 교수님들에게 어떤 인상을 줬을지 걱정이다.

① 시험은 어려웠지만, 무사히 합격했다. ② 시험은 생각했던 것만큼 어렵지 않았다.
③ 시간이 부족해서, 좀처럼 쓸 수 없었다.
④ 교수님들에게 좋은 인상을 주었다고 생각하고 있다.

95 다음 문장의 내용과 일치하지 않은 것을 고르세요.

明治以後、日本は学問に限らず多くの分野で、西欧いや欧米の動向に絶えず目を向け、それに後れをとるまいとする姿勢をとりつづけてきた。この何事によらず新しい情報は細大もらさず吸収しようとする意欲が、翻訳書の氾濫という現象となって現れているとみてよい。この欧米の学問・文化を吸収することにのみ追われる受け身の姿勢は、その反面において自国の学問の成果を積極的に海外に広めよう、自国の文化を世界の人々に正しく理解してもらおうとする努力を怠らせる結果を招くことになった。これが「一方交通の文化」と言われるゆえんである。

① 메이지 이후 일본은 학문뿐만 아니라 많은 분야에서 구미의 동향에 끊임없이 관심을 가져왔다.

② 그러한 관심을 가져온 것은 구미에 뒤진 일본문화를 만회하기 위해서였다.

③ 새로운 정보는 무엇이든 모조리 받아들이려는 의욕이 번역서의 범람이라는 현상으로 나타났다.

④ 구미의 학문이나 문화만을 받아들이려는 수동의 자세가 일방 교통의 문화를 초래하는 결과가 되었다.

해설

➡ ②

所以：이유. 근거. 故になりの 음 변화. (ゆえんなり)

人の人たる所以。 사람이 사람다운 이유.

彼が好かれる所以は明るさにある。 그가 좋아지는 이유는 밝기 때문이다.

学は人たる所以を学ぶなり。 배움은 사람의 됨됨이를 배우는 것이다.

吉田松陰先生の有名な語録の一つです。(요시다쇼인 선생님의 유명한 어록 중 하나입니다)

学ぶのは知識を得るためでもなく、職を得るためでもなく、己を磨くため。

배우는 것은 지식을 얻기 위한 것도 아니고, 직업을 얻기 위한 것도 아니라, 자기 자신을 갈고 닦기(힘써 배우고 익힘) 위함이다.

お役に立つためでも、役目を果たすためでもなく、世の中の為に己がすべきことを知るため。

도움이 되기 위해서도, 역할을 하기 위해서도 아니고, 세상을 위해서 자기 자신이 해야만 할 일을 알기 위함이다.

메이지시대 이후, 일본은 학문에 한정하지 않고 많은 분야에서, 서구(서유럽)나 구미(유럽과 미국)의 동향에 끊임 없이 관심을 갖고, 거기에 뒤지지 않으려고 하는 자세를 계속 취해 왔다. 무슨 일이든지 간에 새로운 정보는 빠짐 없이 전부 흡수하려고 하는 의욕이, 번역서의 범람이라고 하는 현상이 되어 나타난 것이라고 봐도 좋다. 이러한 구미의 학문 · 문화를 흡수하는 일에만 쫓기는 수동적인 자세는, 그 반면에 자국의 학문의 성과를 적극적으로 해외에 확산시켜, 자국의 문화를 세계의 사람들에게 올바르게 이해시키려고 하는 노력을 게을리하게 하는 결과를 초래하게 되었다. 이것이 「일방교통 문화」라고 말하는 이유이다.

96 다음 문장의 내용과 일치하지 않은 것을 고르세요.

ここで知的生産とよんでいるのは、人間の知的生活が、何か新しい情報の生産に向けられているような場合である、と考えていいであろう。この場合、情報というのは何でもいい。知恵、思想、考え、報道、叙述、そのほか十分ひろく解釈しておいていい。つまり、簡単にいえば、知的生産というのは、頭を働かせて、何か新しいことがら―情報―を、人に関わる形で提出することなのだ、くらいに考えておけばよいだろう。この場合、知的生産という概念は、一方では知的活動以外のものによる生産の概念に対立し、他方では知的な消費という概念に対立する。

① 知的生産という概念は、知的な消費と対立的な立場にある。

② 知的生産は、知恵、思想、考え、叙述など広く解釈される。

③ 知的生産というのは、新しい情報を自分だけに関わらせる形で提出することだ。

④ 知的生産において、人間の知的生活は何か新しい情報を作り出すところに向けられている。

해설

➡ ③ 지적 생산이라고 하는 것은, 새로운 정보를 자신만 관련시키는 형태로 제출하는 것이다.
여기서 지적 생산이라고 부르고 있는 것은, 인간의 지적 생활이, 무엇인가 새로운 정보의 생산으로 향하고 있는 듯한 경우이다, 라고 생각해도 좋을 것이다. 이 경우, 정보라고 하는 것은 뭐든지 좋다. 지혜, 사상, 생각, 보도, 서술, 그 외(기타) 충분히 광범위하게 넓게 해석해도 좋다. 즉, 간단하게 말하면, 지적 생산이라고 하는 것은, 머리를 써서, 무엇인가 새로운 것으로부터 －정보－를, 사람에게 관련되는 형태로 제출하는 것이다, 정도로 생각해 두면 좋을 것이다. 이 경우, 지적 생산이라고 하는 개념은, 한편으로는 지적 활동 이외의 것에 의한 생산의 개념에 대립하고, 다른 한편으로는 지적인 소비라고 하는 개념에 대립한다.

① 지적 생산이라는 개념은, 지적인 소비와 대립적인 입장에 있다.

② 지적 생산은, 지혜, 사상, 생각, 서술 등으로 광범위하게 해석된다.

④ 지적 생산에서, 인간의 지적 생활은 무언가 새로운 정보를 만들어 내는 곳으로 향하고 있다.

97 다음 문장의 내용과 일치하지 않은 것을 고르세요.

女：日本でも少子化が進んでおりますが、今後どうなっていくでしょうね。

男：そうですね。まあ、いろいろな影響をもたらすと考えられますね。
まず労働人口が減少します。
で、若い労働力が減ると、その分、高齢者の労働力が今より必要になってくるでしょう。現在60歳ぐらいの定年がさらにのびる可能性がありますね。また、全体で労働人口が減れば、社会保障制度を今のまま保つことができなくなるでしょう。つまり、年金や健康保険料を支払う側の人口が減っていき、使う側の人が増えていくわけですね。それから、学校も変わるかもしれません。多くの子供たちがいっしょに勉強していた時代と少数の子供たちだけが勉強する時代とでは、教育のあり方も当然変わってくるでしょうね。

① 노령인구가 감소한다.

② 고령자 노동력의 필요성은 증가한다.

③ 연금이나 보험료를 지불하는 사람이 감소한다.

④ 학생 수가 줄어도 교육방법은 변하지 않는다.

해설

➡ ④

在り方・有り方：방식. 현 상태. 있는 모습.

여 : 일본에서도 저출산이 진행되고 있습니다만, 앞으로는(향후) 어떻게 될까요.

남 : 그렇네요. 뭐, 여러 가지 영향을 초래할 것으로 생각할 수 있겠네요. 우선 노동인구가 감소합니다.

그래서, 젊은 노동력이 줄어들면, 그만큼, 고령자의 노동력이 지금보다 필요하게 될 것입니다. 현재 60세 정도의 정년이 더 늘어날 가능성이 있습니다. 또, 전체적으로 노동인구가 줄어들면, 사회보장 제도를 현 상태로 유지할 수 없게 될 것입니다. 즉, 연금이나 건강보험료를 지불하는 측의 사람이 줄어들고, 사용하는 측의 사람이 증가하는 이유입니다. 그러고 나서, 학교도 바뀔 수 있습니다. 많은 아이들이 함께 공부하던 시대와 소수의 아이들만이 공부하는 시대와는, 교육의 방식도 당연히 달라지겠지요.

98 (　　　　) 안에 들어갈 가장 적당한 말을 고르세요.

日本人が好きなスポーツをあげるとすれば、おそらく (A)のではないだろうか。こんなことを書くとサッカーファンから文句を言われそうだが、(B)は子供から大人まで多くの人々に愛されている。一度は「プロ(B)選手になりたい」と夢見たことがある人も多いのではないだろうか。

	A	B
①	野球とサッカーがあげられる	野球とサッカー
②	野球が一番にあげられる	サッカー
③	サッカーが一番にあげられる	サッカー
④	野球が一番にあげられる	野球
⑤	サッカーが一番にあげられる	野球

해설

④ 야구를 제일 먼저(첫손에 꼽는다) 들 수 있다. 야구.

일본인이 좋아하는 스포츠를 든다면, 아마도 야구를 첫손에 꼽을 수 있지 않을까. 이렇게 쓰면 축구팬들로부터 불평을 듣겠지만, 야구는 아이부터 어른까지 많은 사람들로부터 사랑받고 있다. 한 번쯤은 「프로야구 선수가 되고 싶다」고 꿈꿔 본 적이 있다라고 하는 사람도 많지 않을까.

99 밑줄 친 「悲しかった」의 주체를 고르세요.

モーツァルトは、どうにかして、ねえさんのマリアに新しいドレスを買ってあげることはできないものかと考えていました。モーツァルトの洋服は、このあいだの誕生日に、おじさんから買ってもらった贈り物で、新しく立派でした。それだけにねえさんの古い洋服が、気の毒でならなかったのです。またねえさんが、弟の気持ちを察して、本当は自分でもほしくてたまらないのに、そんな様子は少しも見せないで、愉快そうにニコニコしているのが、悲しかったのでした。

① ねえさん　② ねえさんと弟
③ マリア　④ おじさん
⑤ モーツァルト

해설

⑤ 모차르트 (Wolfgang Amadeus Mozart)

모차르트는, 어떻게 해서라도, 누나인 마리아에게 새 드레스를 사 줄 수는 없을까 생각하고 있었습니다. 모차르트의 양복은, 지난 생일에, 숙부로부터 사 받은 선물로, 새것으로 훌륭했습니다. 그런 만큼 누나의 낡은 양복이, 안쓰러웠습니다. 또 누나가, 동생의 기분을 알아차리고, 실은 본인도 갖고 싶어 참을 수 없었는데도, 그런 모습은 조금도 보이지 않고, 유쾌하게 싱글벙글하고 있는 것이, 슬펐던 것입니다.

100 본문의 내용에 부합하지 않는 것을 고르세요.

一戸建て住宅の売れ行きが振るわない。景気後退や雇用不安による買い控えに加えて、都心のマンションに一戸建て購入客を奪われているのも大きいとみられ、「いずれはマンション住まいから庭付き一戸建て、という従来の消費者の意識が崩れてきた」と一戸建て市場の転換期を指摘する声も出ている。

① 一戸建て住宅の売れ行きがかんばしくない。

② 一戸建て市場が転換期を迎えているという意見もある。

③ 消費者が一戸建てを買い控えるのは景気後退や雇用不安などのせいである。

④ 一戸建て購入者は減りつつある。

⑤ 庭付き一戸建てを持ちたいという消費者の意識は依然として根強い。

해설

⑤ 정원이 딸린 단독주택(한 칸의 집)을 소유하고 싶다고 하는 소비자의 의식은 변함 없이 (여전히) 강하다(뿌리 깊다).

一戸建て : 한 동에 한 집 있는 가옥. (戸建て)

控える : 앞두다. 잡아끌다. 제한하다. 기록하다. 메모하다.

…を控えて : ～을 앞두고. (시간이나 장소를 나타낸다)

控え目にする : 절제하다. 사양하다.

단독주택의 매도(매매)가 부진하다. 경기후퇴(경기침체)나 고용불안에 따른 매입을 자제할 뿐만 아니라, 도심 아파트에 단독주택 매입고객을 빼앗기고 있는 것도 클 것으로 보이며, 「언젠가는, 아파트에서 정원이 딸린 단독주택, 이라고 하는 종래의(기존) 소비자의 의식이 무너져 왔다」며 단독주택 시장의 전환기를 지적하는 목소리도 나오고 있다.

① 단독주택의 매도가 좋지 않다.

② 단독주택 시장이 전환기를 맞이하고 있다는 의견도 있다.

③ 소비자가 단독주택의 구입을 자제하는 것은 경기후퇴나 고용불안 등의 탓이다.

④ 단독주택 구입자는 줄어들고 있다.

101 밑줄 친 곳에 들어갈 가장 적당한 것을 고르세요.

たいして音楽にも関心のない人たちまでが、外国へ行くと熱心にコンサートへ行ったり、オペラを鑑賞する。これは音楽に対する情熱______むしろ好奇心の現れだと言った方がいいかもしれない。

① というものの　② というより

③ といえども　④ といっても

⑤ というから

해설

② 오히려. 차라리. 2개를 비교하여 어디라고 말한다면.
(寧ろ 앞에는 비교를 나타내는 より가 많이 동반된다)
그다지 음악에도 관심이 없는 사람들까지, 외국에 가면 열심히 콘서트에 가기도 하고, 오페라를 감상한다. 이것은 음악에 대한 정열이라고 말하는 것보다 오히려 호기심이 나타난 것이라고 말하는 것이 좋을지도 모르겠다.

③ ~라 할지라도.
うそをついて人を騙すなんて、子供といえども許さない。
거짓말을 하고 사람을 속이다니, 아이라 할지라도 용서할 수 없다.

102 밑줄 친 부분의 뜻에 가장 가까운 것을 고르세요.

孫の合格発表というんで、おばあちゃんはもういても立っても居られないほどそわそわしている。

① 気が気でない。
② てきぱきしている。
③ ぐずぐず言っている。
④ 体が不自由になる。
⑤ ずっと部屋のなかに閉じこもっている。

해설

손자의 합격 발표라고 하니, 할머니는 벌써 안절부절못할 정도로 불안해하고 있다.
居ても立っても居られない : 걱정 · 불안 · 기쁨 등으로 마음이 안정되지 않는 모습.
초조해서, 안절부절못하고 가만히 있지 못하는 것.
① 걱정이 되어 안절부절못하다. 제정신이 아니다.
② 일을 척척 잘 해낸다.
③ 불평을 투덜투덜 말하고 있다.
④ 몸이 부자유스럽게 되다.
⑤ 쭉 방 안에 틀어박혀 있다. (引き籠もり : 1970년대부터 나타나기 시작한 은둔형 외톨이들)

103 다음에 문장에 가장 가까운 것을 고르세요.

今度、先生の研究室にうかがってもよろしいですか。

① 先生の研究室のことをききたい。

② 先生の研究室はとてもきれいだ。

③ 先生の研究室で勉強したい。

④ 先生の研究室に行きたい。

⑤ 先生の研究室をかたづけたい。

해설

다음에, 선생님 연구실을 방문해도(伺う) 좋습니까.

104 밑줄 친 부분이 자연스럽지 못한 것을 고르세요.

① 彼は水質汚染の調査を<u>十年にわたって続けてきた</u>。

② <u>学生から</u>一年間休学してほしいとの希望が出されている。

③ 他人の過ちはよく目につくが、自分の過ちは<u>見落としがちだ</u>。

④ 自動車の技術開発で、<u>三百キロものスピードが出せる車</u>が出た。

⑤ 当時歌舞伎は風俗を<u>乱すものとされ、禁止されていた</u>。

해설

➡ ② <u>先生から一年間休学してほしいとの希望</u>が出されている。

선생님으로부터 1년간 휴학하는 것이 좋겠다는 희망이 나왔다.

① 그는 수질오염의 조사를 10년에 걸쳐서 계속했다.

③ 다른 사람의 실수는 눈에 잘 띄지만, 자신의 실수는 잘 못 보는 것이다.

④ 자동차의 기술개발로, 300킬로 스피드가 나오는 차가 나왔다.

⑤ 당시 가부끼는 풍속을 문란하게 한다고 판단되어, 금지되어 있었다.

105 밑줄 친 부분이 자연스럽지 못한 것을 고르세요.

① 税金はきちんと<u>納めるようにしています</u>。
② <u>足の向くまま、気の向くまま</u>、ふらりと旅に出た。
③ 彼は<u>会う人ごとに</u>、今度建てた家のことを自慢している。
④ 黒々と厚い雲が空全体を覆って、<u>今にも嵐がやってくるそうな模様である</u>。
⑤ 台風が来る前に<u>岸につないである船</u>をおかまであげてしまおう。

해설

④ 黒々と厚い雲が空全体を覆って、今にも嵐がやって<u>きそう</u>な模様である。
시꺼먼 두꺼운 구름이 하늘 전체를 덮었고, 지금이라도 광풍이 올 것 같은 모양이다.
① 세금은 틀림없이 납부할 수 있도록 하고 있습니다.
② 발길 닿는 대로, 기분 내키는 대로 마음 가볍게(목적지도 없이, 훌쩍) 여행을 떠났다.
③ 그는 만나는 사람마다, 이번에 지은 집에 대해서 자랑하고 있다.
⑤ 태풍이 오기 전에 물가에 연결되어 있는 배를 언덕(丘)까지 올려 놓자.

106 우리말을 일본어로 가장 적절하게 옮긴 것을 고르세요.

이 경우에 항의하는 것은 권리라고 하기보다 오히려 의무라고 해야 할 것이다.

① この場合、抗議することは権利とするよりも、かえって義務と言わなければならない。
② この場合、抗議することは権利ということで、さすがに義務と言わねばならぬ。
③ この場合、抗議することは権利というよりも、むしろ義務と言うべきであろう。
④ この場合、抗議することは権利と言うものの、かえって義務と言ってもいいだろう。
⑤ この場合、抗議することは権利と言っても、むしろ義務と言わなくてはならない。

해설

むしろ : 오히려. 차라리. 어느 쪽인가 말한다면. 2개를 비교하여 어디라고 말한다면.
(むしろ는 단순 비교문장에 사용되기 때문에 앞에는 より를 동반한다)

107 **두 사람이 나눈 대화이다. 대화의 문맥이 통하도록 바르게 나열한 것을 고르세요.**

A：ええ、全然。あなたは夏休みに何をしていたの。

B：ええ、海に行っていたの。少し泳げるようになったのよ。

C：アラ、あなた、泳げなかったの。

D：中国語の集中講義に出ていたの。
簡単な会話ぐらいなら話せるようになったのよ。

E：まあ、久しぶり。ずいぶん黒くなったわね。

① D－E－B－C－A
② C－A－D－E－B
③ E－B－C－A－D
④ E－A－C－B－D
⑤ E－A－B－C－D

해설

③ E－B－C－A－D

A：응. 전혀. 너는 여름방학에 뭐하고 지냈니.

B：응. 바다에 갔었어. 조금 수영할 수 있게 되었어.

C：아니, 너, 수영 못 했었니.

D：중국어 집중강의에 나갔었어. 간단한 회화 정도라면 이야기할 수 있게 되었어.

E：어, 오래간만이네. 상당히 검게 되었네. (햇볕에 까맣게 탔네)

108 **다음 문장 중에 나오는 「失礼します」 또는 「お先に失礼します」라는 표현을 사용할 수 없는 경우를 고르세요.**

「失礼します」は用途の多い言葉で、いろいろな場合に使われる。「さようなら」の頃で「さようなら」より「失礼します」の方が別れの挨拶として丁寧であると説明したが、「失礼します」は、その他、人の前を通って自分の席に行かねばならないようなときにも便利な挨拶である。後者の場合なら「失礼します」のかわりに「ちょっと失礼」も使える。

人より先に何かする場合には「お先に失礼します」がよい。例えば、人より先に戸口を通り抜けるとかタクシーに乗り込むなどという時に使う言葉である。もっと簡単にしたければ、「お先に」又は「ではお先に」と略してもいい。

① 人より先にタクシーに乗るとき　② 人と別れるときの挨拶の言葉として
③ 人に迷惑をかけてあやまるとき　④ 人の前を通るとき
⑤ 人より先に何かをするとき

해설

③ 남에게 폐를 끼치고 사과할 때.

「실례합니다」는 용도가 많은 언어로, 여러 경우에 사용된다. 「헤어질 때」 그때에 「안녕」보다 「실례합니다」가 이별의 인사로서 정중하다고 설명했지만, 「실례합니다」는, 그 외에도, 남의 앞을 지나 자신의 자리에 가지 않으면 안 될 때에도 편리한 인사다. 후자의 경우라면 「실례합니다」를 대신해 「잠깐 실례」도 사용할 수 있다.

남보다 먼저 무언가를 하는 경우에는 「먼저 실례하겠습니다」가 좋다. 예를 들면, 남보다 먼저 문을 빠져나간다든지, 택시에 탈 때 등에 사용하는 말이다. 좀 더 간단하게 말하고 싶다면, 「먼저」 또는 「그럼 먼저」라고 축약해도 된다.

① 남들보다 먼저 택시를 탈 때　② 사람과 헤어질 때 하는 인사말로서
③ 남에게 피해를 주고 사과를 할 때　④ 사람 앞을 지나갈 때
⑤ 남보다 먼저 무언가를 할 때

109 일본어로 옮긴 것 중 가장 올바른 것을 고르세요.

저희 아버님은 곧 오시니까, 여기에서 잠시 기다려 주십시요.

① 私のお父さんはすぐいらっしゃいますから、ここでちょっとお待ちください。
② 私の父はすぐいらっしゃいますから、ここでちょっとお待ちください。
③ 私の父はすぐ参りますから、ここで少々お待ちください。
④ 私のお父さんはすぐ参りますから、ここで少々お待ちしてください。
⑤ 私の父はすぐ来られますから、ここで少々お待ちしてください。

해설

일본어는 자기 가족이나 자기가 속해 있는 집단을 남에게 말할 때는 존경어를 사용할 수 없고 겸양어를 사용한다.

③ 参(まい)る : 가다. 오다의 겸양어. 질리다.

110 다음 글을 가장 적절하게 요약한 것을 고르세요.

西洋(せいよう)が「自己(じこ)」を中心(ちゅうしん)とした近代世界(きんだいせかい)システムを作(つく)りあげていく過程(かてい)は、他面(ためん)において、西洋(せいよう)の経済的(けいざいてき)・宗教的(しゅうきょうてき)・政治的支配(せいじてきしはい)下(か)に入(はい)った非西洋(ひせいよう)の諸文化(しょぶんか)を、「自己(じこ)」と区別(くべつ)される「他者(たしゃ)」として発見(はっけん)し、構築(こうちく)し、その位置(いち)づけを固定化(こていか)していく過程(かてい)でもあった。

① 동양은 서양의 주변적 위치에 있었다.
② 비서양 문화권들이 자신들의 문화의 서양화를 거부하기 시작했다.
③ 인류학이 서양과 비서양의 문화의 우열을 고착시키는 역할을 하였다.
④ 서양을 통해 자신들을 타자화시킴으로서 비서양의 여러 문화들이 이 문화에 눈뜨기 시작하였다.
⑤ 서양은 비서양의 문화를 타자화시킴으로써 자기 중심의 근대적 세계를 확립시켜 나갔다.

해설

➡ ⑤

他者化(たしゃか) : 다른 사람의 인격이 나에 의해 대상화(対象化(たいしょうか))되고 물화(物化(ぶっか))되는 일. (⇔ 自己化(じこか))
서양이 「자기」를 중심으로 한 근대세계시스템을 만들어 간 과정은, 다른 면에 있어서, 서양의 경제적 · 종교적 · 정치적 지배하에 속해 있던 비서양의 모든 문화를, 「자기」와 구별된 「타인」으로 하여 발견하고, 구축하고, 그 위치부여를 고정화해 간 과정이기도 했다.

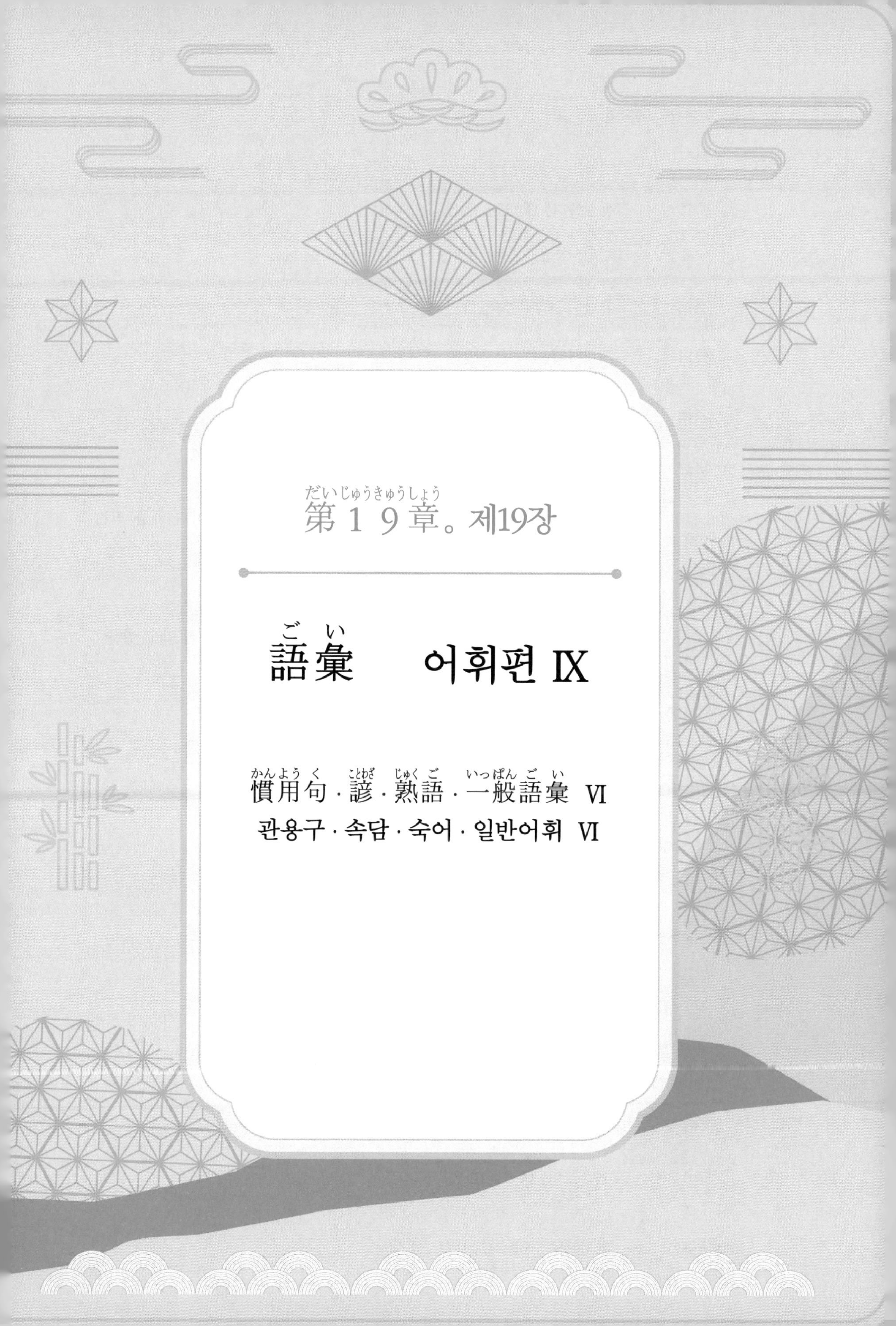

第１９章。제19장

語彙　어휘편 Ⅸ

慣用句 · 諺 · 熟語 · 一般語彙 Ⅵ
관용구 · 속담 · 숙어 · 일반어휘 Ⅵ

▶ 속담 · 관용구 · 어휘 6

● 語彙。(어휘)

動じ	동요하다. (動じる)
気性	기질. 성질. 성격. 성품.
別嬪	유난히 예쁜 여자. 미인. (美人)
利口	영리하다. (賢い · 利発 · 要領がよい · 抜け目がない)
不精	귀찮아서 좀처럼 하려고 하지 않는다. (無精 · 物臭 · 面倒がる · 億劫がること · 億劫がること · ずぼら)
建前	원칙으로서 세워 둔 방침. 겉모습. 가식된 마음. (立前 ⇔ 本気 · 本音)
七光	부모나 주인의 권세 · 위업의 덕분으로 자식 · 후계자 등이 은혜를 받는 것. 군주의 여덕.
火の車	경제적으로 쪼들리다. 재정상태가 좋지 않다.
地獄耳	한번 들으면 절대로 잊지 않음. 남의 비밀 등을 재빨리 들어 알고 있음.
命拾い	위험한 곳에서 간신히 목숨을 건지다.
切り札	히든카드. 비장의 무기.
関の山	고작. 기껏. (精一杯 · 精々)
粗捜し	상대의 결점이나 과실을 찾는 것. (粗探し)
万引き	손님으로 가장해서 물건을 훔침.
出稼ぎ	농한기를 이용해 도시로 돈 벌러 감.
大立者	어느 한 분야의 실력자.
無頓着	수더분한 성격. 무관심. (無頓着)
不得手	서투르다. 잘못하다. (下手)
不得意	서투르다. 잘못하다. (苦手 · 得意でない)
不出来	서투르다. (⇔ 上出来)

不首尾(ふしゅび)	기대했던 결과를 얻지 못하는 것. 면목을 잃다. 평판이 나쁘다. (不成功)
無造作(むぞうさ)	가볍게. 간단히. 손쉽게. 기교를 부리지 않다. 공들이지 않는 것. (無雑作)
縄張り(なわばり)	폭력단 등의 세력범위. 줄을 치고 경계를 정하는 것.
土壇場(どたんば)	결단을 내려야 하는 마지막 장면. 사형장. 진퇴양난에 빠진 상태. (土壇) 土壇場でびびる。마지막에 겁먹다. 마지막에 움츠러들다.
用心棒(ようじんぼう)	경호원.
有頂天(うちょうてん)	기쁨이나 득의(得意)로 절정에 이르다. 기뻐서 어쩔 줄 모르다.
土性骨(どしょうぼね)	타고난 성질.
似通う(にかよう)	서로 닮다.
畑違い(はたけちがい)	전문분야가 다르다.
案の定(あんのじょう)	예상대로. (思った通り · 予期通り · 予想していた通り · 果たして)
存外に(ぞんがいに)	예상외로.
たぶん	기부를 많이 받다. 많다. 아마. 높다.
売れ足(うれあし)	팔리는 속도. (売れ行き)
売れっ子(うれっこ)	인기가 있다.
勘定高い(かんじょうだかい)	계산적인 사람. (算盤高い · 算盤高い · 打算的だ)
勘定尽く(かんじょうずく)	계산적인 사람. (算盤尽く · 計算尽く)
世に逢う(よにあう)	때를 만나다. (행운을 만나다)
両手に花(りょうてにはな)	아름다운 것이나 갖고 싶은 것을 동시에 얻다. 행운을 독차지함.
傍目八目(おかめはちもく)	제삼자가, 사물의 시비득실을 당사자 이상으로 판단할 수 있는 것. (岡目八目) 남의 바둑을 곁에서 보면 대국자들보다 더 냉정하게 파악한다. 당사자보다 제삼자가 더 정확히 본다.
片腹痛い(かたはらいたい)	곁에서 보기에도 딱하다. 가소롭다. 우습다.

日常茶飯	극히 흔한 평범한 내용. 일상다반사. (日常茶飯事)
一か八か	이판사판. 운을 하늘에 맡기고.
	伸るか反るかやってみよう。　죽든 살든 해보자.
	伸るか反るかこの勝負一つだ。 이기느냐 지느냐는 이 승부에 달렸다.
用心深い	조심성이 많다.
生い立ち	성장. 경력.
差し出口	참견하다. 간섭하다. (口出し · 出しゃばり · ちょっかい出す)
無駄遣い	쓸데없는 낭비.
心許無い	왠지 모르게 불안하다.
情け深い	정이 많다. 동정심(배려)이 강하다. 정취(情趣)를 이해하는 마음이 깊다.
情け無い	한심하다.
辛抱強い	참을성이 많다. (我慢強い)
覚束無い	불안하다. 의심스럽다.
限り無い	끝이 없다. (果てしない · きりがない · 方図がない)
存分	만족할 때까지, 자유스럽게 행동하다.
つれない	무정하다. 냉대하다. 동정심이 없다. (無情 · 冷笑である · 思い遣りがない)
勘当する	의절하다. 추방하다. (手を分かつ)
お役御免	역할 임무를 그만두게 하다. 직위에서 해제됨. 폐기 처분.
有り勝ち	흔히 있는 일.
話し合う	상담하다.
気取り屋	～인 척하는 사람. 체면만 생각하는 사람. 새침데기. (澄まし屋)
半ら半尺	어중간하다. (中途半端)

持て余す	어찌할 수가 없다. (処置困難)
早手回し	미리 준비해서 빈틈이 없도록 하는 것. (手抜かりのない · 抜け目)
抜目がない	빈틈이 없다. 허점이 없다. (手落ち · 手抜かり · 落ち度 · 気配りの不足).
有り得ない	있을 수 없다. 믿을 수 없다. (あるはずがない · ありそうもない)
有り触れる	흔하다. (ざらにある · 普通であって珍しくない)
遣る瀬無い	안타깝다. 쓸쓸하다. 슬픔 · 외로움 · 그리움 등으로, 견딜 수 없을 만큼 괴로워서 안타깝다. (切ない)
切に	간절히. 오로지. 진심으로. 열심히. 부디. (一向 · 只管)
只管	오로지 하나에만 일관하다. (一向 · 一途に · 専ら · ただ)
専ら	오로지 하나에만 일관하다. (一向 · 只管 · 一途に)
一途に	한 가지 일에만 마음을 집중하는 것. (専ら · 偏に · 一向 · 只管)
直向き	한 가지 일에만 마음을 집중하고 되돌아보지 않는 것. (一途に · 一筋)
偏に	전적으로. (只々 · 唯々 · 専ら · 一向 · 只管)
必ずしも	반드시. 뒤 문장에는 반드시 부정을 동반한다. (満更 · 強ち · 一概に)
ほっとする	안심하다.
真っ平	오로지. 절대로. (一向 · 只管 · 平に · 一途に)
真っ平御免	도저히 하고 싶지 않다. 절대로 싫다.
大人しい	점잖다.
素っ気無い	쌀쌀맞다. (すげない)
大変気取り	과장되다. 대단한 체하다. (大層らしい)
にべもない	쌀쌀맞다. (愛想が全くない · 素っ気無い · 取り付く島もない)
合間を縫う	짬을 이용하다.
証を立てる	증거를 대다.

胡座(あぐら)をかく	현실에 만족해서 노력하지 않고 안일하게 보내다. 책상다리를 하다.
揚句(あげく)の果(は)て	그 결과. 결국. (とどのつまり)
啀(いが)み合(あ)う	서로 으르렁대다. 서로가 적의(敵意(てきい))를 갖고 싸우다.
朱(あけ)に染(そ)める	피범벅이 되다.
芳(かんば)しい	향기가 좋다.
芳(かんば)しくない	바라지 않다. 희망하지 않다. 좋지 않다. (好(この)ましくない · 望(のぞ)ましくない)
受(う)けがいい	평판이 좋다.
正体(しょうたい)がない	본의 아니게. (心(こころ)ならずも)
襟(えり)を正(ただ)す	자세를 가다듬다.
怪我(けが)の功名(こうみょう)	실패했다고 생각한 일이 뜻밖에 좋은 결과를 가져오다.
春秋(しゅんじゅう)に富(と)む	젊어서 앞길이 창창하다. (사기(史記(しき)) 중에서)
相好(そうごう)を崩(くず)す	기쁨으로 웃는 표정. (にこにこする)
きっとなる	엄한 태도를 취하다.
止(とど)めを刺(さ)す	같은 문제가 발생하지 않도록 깨끗이 사물을 처리하다. 숨통을 끊다. (留(とど)めを刺(さ)す)
具合(ぐあい)が悪(わる)い	기계 · 몸의 상태가 좋지 않다. 체면이 서지 않다. 창피하다. 거북하다.
具合(ぐあい)·工合(ぐあい)	사물의 진행되는 상태 · 모습. 또는 방법. 신체 · 기계 등의 상태. 体裁(ていさい)(겉모습 · 세상이목). 체면.
東男(あずまおとこ)に京女(きょうおんな)	남자는 남자답게 활기찬 에도(江戸(えど))의 남자가 좋고, 여자는 상냥하고 아름다운 교또의 여자가 좋다. 남남북녀(南男北女).
法外(ほうがい)	터무니없다. 상식을 벗어나다.
法外(ほうがい)な値段(ねだん)	터무니없는 가격.
泣(な)き寝入(ねい)り	억울하지만 단념하다.

幅を利かす	능력자로 인정받아 세력을 휘두르다. 위세를 떨치다.
馬脚を露わす	숨기고 있던 정체가 드러나다. (化けの皮がはがれる。化けの皮を現す · しっぽを出す · 本性を現す · 正体を暴露する)
氏より育ち	가문보다 가정교육(환경)이 중요하다.
座が白ける	흥이 깨지다. 분위기가 식다.
横車を押す	안 되는 것을 무리해서 하려고 하다. 억지를 쓰다. (横に車を押す) 娘の結婚に父親が横車を押す。 딸의 결혼에 아버지가 억지를 쓰다.
百も承知だ	충분히 알고 있다.
新しがり屋	새 것을 좋아하는 사람.
並々ならぬ	대단한. (一通りのことではなく大変な)
かろうじて	겨우. 간신히. (やっとの事で · ようやくの事で)
正体も無い	정신없다. (たわい無い · だらしない)
質素な暮らし	검소한 생활. (贅沢でない)
じたばたする	발버둥치고 있다.
遅かれ早かれ	조만간에. (其の内 · いずれ)
上げ膳据え膳	자신은 아무것도 하지 않으면서 시중을 받는다. 놀고먹다.
因果を含める	체념하도록 설득하다. 잘 설명해서 납득시키다.
受け売りする	남의 의견을 자기 것처럼 말하다. 소매(小売)하다.
年甲斐もない	나이에 맞지 않는 사려(思慮) · 분별(分別). 나잇값도 못하다.
鵜の目鷹の目	획득하려고 노려보는 날카로운 눈. 많은 사람이 특정한 것을 얻으려고 노려보는 것.
怖じ気を振るう	공포로 몸이 떨리다.
怖じ気付く	무섭다.

姫御前	신분이 높은 집안의 딸의 존칭. 미혼녀의 존칭.
あられもない	태도나 자세가 흐트러지다. (특히 여자의 행동)
都合を付ける	임시방편. 적당히 하다. (時間を見計らう · 遣り繰り)
途轍もない	터무니없다. 도리에 맞지 않다. (常識を外れていて、途方もない · とんでもない · 話にもならない · 並外れていて道理に合わない)
途方もない	터무니없다. 도리에 맞지 않다.
とんでもない	터무니없다. 도리에 맞지 않다. 천만에요.
途方に暮れる	방법을 몰라 어쩔 줄 모르다. 방향을 모르다.
控え目にする	절제하다.
素っ気も無い	무미건조하다. (味も素っ気もない : 맛도 멋도 없다. 무미건조하다)
地団駄を踏む	굉장히 분해하다. (地団太を踏む)
打って付け	희망 · 조건이 딱 적합하다. (御誂え向き)
迷惑を掛ける	폐를 끼치다.
申し分のない	나무랄 데가 없다. 흠잡을 데가 없다. (言うことなし · 申し分なし)
図々しい	뻔뻔스럽다. (厚かましい · 恥を知らない)
後ろめたい	자신의 행위에 비악감이 있어서 마음이 편하지 않다. (気が咎める · 心が落ち着かない)
けばけばしい	대단히 화려하다. (非常に派手)
時を移さない	곧바로. 때를 놓치지 않고. (すぐ · 直ちに)
天晴れ天晴れ	행동이나 태도가 훌륭한 것. 장하다. (出来した · 偉い)
とんでもない	터무니없다. (途轍もない · 常識を外れていて、途方もない · 話にもならない · 並外れていて道理に合わない)
たらい回しに	끼리끼리 돌리다. (정권(政権)을 계속해서 돌리다)

そそっかしい	안정하지 못하다. (落ち着かない)
欠けらも無い	조금도 없다. (少しもない)
いずれにしても	어쨌든. (何しろ · とにかく)
それ見たことか	남이 실패하는 것을 좋아하다. (気味がいい · いい気味)
良かれ悪しかれ	좋든 나쁘든. 어쨌든. (良かれ悪しかれ明日になれば)
掛け替えの無い	무엇하고도 바꿀 수 없는. 둘도 없는. 소중한.
うわの空で聞く	건성으로 듣다. 귓등으로 듣다.
海老で鯛を釣る	적은 밑천으로 큰 것을 얻다. 새우로 도미를 낚다.
呆気に取られる	어리둥절하다. 어안이 벙벙하다.
呆気ない	시시하다. 하찮다.
めでたく終わる	원만히 끝나다. 경사스럽게 끝나다.
ことも愚か	말할 필요도 없다. 물론. (もちろん · ことも疎か)
言うまでもない	말할 필요도 없다.
ことを構える	소동을 일으키다.
僭越	주제넘다. 지나치다. (僭越ではありますが : 외람된 말씀입니다만)
あくまでも	끝까지.
白を切る	시치미떼다. 모르는 척하다. (あくまでも白を切る : 끝까지 시치미 떼다)
夢を見る	꿈을 꾸다.
汗をかく	땀을 흘리다.
恥をかく	창피하다.
関心が強い	관심이 많다.
関心を払う	관심을 쏟다.

関心を買う	관심을 사다.
風呂に入る	목욕하다.
冷笑を買う	비웃음을 받다. (せせら笑い)
冷笑を浴びる	냉소를 하다.
いびきをかく	코를 골다. (ぐうぐう : 코고는 소리)
習慣を付ける	습관을 들이다.
日記をつける	일기를 쓰다.
共感を覚える	공감을 느끼다.
病に冒される	병에 걸리다. (不治の病に冒される。 불치의 병에 걸리다)
梅雨が明ける	장마가 개다. 장마가 그치다.
雨が上がる	비가 그치다. (雨が止む)
噂が飛ぶ	소문이 돌다. (噂が立つ : 소문이 나다)
シャワーを浴びる	샤워하다.
詐欺を働く	사기 치다.
強盗を働く	강도 짓을 하다.
悪事を働く	나쁜 짓을 하다.
根回し	교섭이나 회의 등에서, 일을 잘 진행시키기 위해, 미리 손을 쓰는 것. 사전 교섭. (下工作 : 사전 공작) 수목 등의 이식(移植) 1, 2년 전에, 퍼진 뿌리를 중심에 남겨두고 잔 뿌리를 쳐내는 일.

● 諺。(속담)

急がば回れ	급할수록 돌아가라.
藪から棒	아닌 밤중에 홍두깨. 관계없는 일에 봉변을 당하다.
側杖を食う	아닌 밤중에 홍두깨. 관계없는 일에 봉변을 당하다. (傍杖を食う)
巻き添えを食う	아닌 밤중에 홍두깨. 관계없는 일에 봉변을 당하다.
とばっちりを受ける	아닌 밤중에 홍두깨. 관계없는 일에 봉변을 당하다.
朝飯前	누워서 떡 먹기. 아주 쉬운 일의 예.
河童の屁	누워서 떡 먹기. 아주 쉬운 일의 예.
お茶の子さいさい	누워서 떡 먹기. 아주 쉬운 일의 예.
赤子の手を捻るよう	누워서 떡 먹기. 아주 쉬운 일의 예.
筆が立つ	문필력이 있다.
能書筆を択ばず	명필은 붓 탓을 하지 않는다.
弘法筆を択ばず	명필은 붓 탓을 하지 않는다.
備え有れば患い無し	유비무환.
転ばぬ先の杖	유비무환.
言わぬが花	침묵은 금이다. (差し障りがない)
蛇の道は蛇	뱀길은 뱀이 안다. 같은 부류끼린 사정을 잘 안다.
似たり寄ったり	50보 100보. 대동소이. (大同小異)
掃き溜めに鶴	개천에서 용나다. 더러운 곳에도 뛰어난 것이나 아름다운 것이 있다.
魚心あれば水心	가는 정이 있어야 오는 정이 있다.
蓼食う虫も好き好き	오이를 거꾸로 먹어도 제멋. 기호도 여러 가지.
知らぬが仏	모르는 게 약.

先んずれば人を制す	남보다 먼저 나가면 유리하다.
団栗の背比べ	도토리 키 재기.
高根の花	그림의 떡. 높은 봉우리의 꽃. (高嶺 · 高嶺 : 높은 산. 높은 봉우리)
絵に描いた餅	그림의 떡.
花より団子	꽃보다 경단. 금강산도 식후경.
あぶはち取らず	두 마리 토끼를 잡으려다 한 마리도 못 잡는다.
住めば都	정들면 고향.
元も子もなくなる	본전도 이자도 없다. 밑천도 건지지 못하게 되다.
糅てて加えて	엎친 데 덮치다. (其の上 · お負けに)
泣き面に蜂	엎친 데 덮치다. 불운에 불운이 겹치다.
弱り目に祟り目	엎친 데 덮치다. (不運が重なること)
錦上に花を添う	비단 위에 꽃수를 놓다. 금상첨화. (錦上添花)
成せば成る	하면 된다.
なまかじり	수박 겉핥기.
餅は餅屋	떡은 떡집. 일에는 전문분야가 있다.
噂をすれば影が差す	호랑이도 제 말 하면 나타난다.
盲蛇に怖じず	장님이 뱀을 무서워하지 않는다. 하룻강아지 범 무서운 줄 모른다. 물정을 모르는 사람은 그 두려움도 모른다. 無知な者は、向こう見ずなことを平気でする。 무지한 자는 분별없는 짓을 아무렇지도 않게 한다.
触らぬ神に祟りなし	긁어 부스럼을 만들지 마라.
塵も積もれば山となる	티끌 모아 태산.
溺れる者は藁をも掴む	물에 빠진 사람은 지푸라기라도 잡으려 한다.

朱に交われば赤くなる	사귀는 사람에 따라 좋게도 되고 나쁘게도 된다.
雨垂れ石を穿つ	낙숫물이 바위를 뚫는다. 가랑비에 옷 젖는다.
待てば海路の日和あり	쥐구멍에도 볕들 날이 있다.
痘痕も靨	사랑하면 마마 자국도 보조개로 보인다.
弘法にも筆の誤り	인간은 누구나 실수할 수 있다. 원숭이도 나무에서 떨어질 수 있다.
河童の川流れ	인간은 누구나 실수할 수 있다. 원숭이도 나무에서 떨어질 수 있다.
猿も木から落ちる	인간은 누구나 실수할 수 있다. 원숭이도 나무에서 떨어질 수 있다.
上手の手から水が漏る	인간은 누구나 실수할 수 있다. 원숭이도 나무에서 떨어질 수 있다.
負うた子より抱いた子	먼 사촌보다 가까운 이웃이 낫다.
江戸の敵を長崎で討つ	종로에서 뺨 맞고 한강에서 눈물 흘린다.
負うた子に瀬を教えられる	경험이 적은 사람에게도 배울 점이 있다.
憎まれっ子世にはばかる	남에게 미움 받는 자가, 오히려 세상에서는 활개를 친다.
壁に耳あり障子に目あり	낮말은 새가 듣고, 밤말은 쥐가 듣는다.
出る杭は打たれる	모난 돌이 정 맞는다.
大木は風に折られる	큰 나무는 바람에 부러지기 쉽다. 높은 지위에 있는 사람은, 다른 사람으로부터 질투나 비난을 받기 쉽다.
先んずれば人を制す	남보다 먼저 일을 하면, 유리한 입장이 된다. 先んずれば人に制される。 모난 돌이 정 맞는다.
雉も鳴かずば打たれまい	쓸데없는 말을 하지 않으면, 화를 초래하지 않는다.

01 다음 문장의 밑줄 친 부분과 의미가 같은 것을 고르세요.

昔(むかし)から叔父(おじ)の<u>歯(は)に衣(きぬ)を着(き)せない</u>言葉(ことば)には辟易(へきえき)していたが、いま思(おも)うとさわやかな感(かん)じですらある。

① 思ったことをずけずけ言う。
② 自分(じぶん)の力量(りきりょう)でかなわない。
③ 居(い)ても立(た)っても居(い)られない。
④ 本気(ほんき)で引(ひ)き受(う)ける。
⑤ 真剣(しんけん)になる。

해설

옛날부터 숙부의 솔직한 말에는 질렸었지만, 지금 생각하면 신선한(상쾌한) 느낌마저 든다.

① 솔직하게 말하다. 터놓고 말하다. 숨김없이 말하다.
(包(つつ)み隠(かく)さずに言う · 歯(は)に衣着(きぬき)せぬ · 思(おも)ったままを遠慮(えんりょ)せず率直(そっちょく)に言(い)う)
② 자신의 역량으로 어쩔 수 없다.
③ 마음이 안정되지 않는 모습. 불안하다.
④ 본심으로 받아들이다.
⑤ 진지하게 되다.

02 間違(まちが)っている読(よ)み方(かた)をそれぞれの中(なか)から一(ひと)つ選(えら)びなさい。

① 織物 (おりもの)
② 身柄 (みがら)
③ 功名 (こうみょう)
④ 稚児 (ちじ)
⑤ 持ち主 (もちぬし)

해설

➡ ④ 稚児(ちご) : 절에서 제례 등의 행렬에 장식한 옷을 입고 참가하는 아이.
稚児(ややこ) : 아기. 어린 아기. (赤子(あかご) · 赤ん坊(あかんぼう) · やや)
幼児(ようじ) : 유아 1세부터 학교 가기 전까지의 아이. 幼稚園(ようちえん) : 유치원.

① 직물. (면직물. 견직물)

② 신병. (身柄(みがら)を拘束(こうそく)する : 신병을 구속하다 · 身柄(みがら)を引(ひ)き取(と)る : 신병을 인수(인도)하다)
どうぞお引取りください。 이제 그만 물러가 주십시오.

③ 공을 세워서 유명한 것.

⑤ 지주. (많이 갖고 있음)

03 間違っている読み方をそれぞれの中から一つ選びなさい。

① 雪資源 (ゆきしげん)
② 久遠 (くおん)
③ 陰口 (かげぐち)
④ 星霜 (せいしょう)
⑤ 関所 (せきしょ)

해설

➡ ④ 세월(星霜(せいそう)). 연월(年月(ねんげつ)).

① 눈 자원.

② 영원. (久遠(きゅうえん) · 永遠(えいえん))

③ 뒤에서 하는 험담(陰言(かげごと)). 陰口(かげぐち)を叩(たた)く : 험담하다.

⑤ 관문. 검문소. (関所手形(せきしょてがた) : 에도시대, 관문을 통행할 때에 제시한 신원 증명서)
(関所通(せきしょとお)り手形(てがた) · 関所切手(せきしょきって) · 関所札(せきしょふだ) · 関札(せきふだ))

04 間違っている読み方をそれぞれの中から一つ選びなさい。

① 早計 (ちょうけい)
② 手筋 (てすじ)
③ 凹凸 (でこぼこ)
④ 一対 (いっつい)
⑤ 遺伝 (いでん)

해설

➡ ① 경솔한 판단. 속단. (早計(そうけい))

② 소질.

③ 요철. (凹凸(おうとつ) · 凹凸(だくぼく))

④ 한 쌍. 한 벌.

⑤ 유전. (遺伝暗号(いでんあんごう))

05 다음 문장의 대답으로 올바르지 않은 것을 고르세요.

あなたは日本語ができますか。

① ぜんぜん、できます。
② いいえ、できません。
③ はい、うまいでした。
④ はい、すこしできます。
⑤ いいえ、まだへたです。

해설

당신은 일본어를 할 수 있습니까. (い형용사의 과거형은 でした를 사용할 수 없다)

① 대단히, 잘합니다.
② 아니요, 못합니다.
③ 예, 잘했었습니다.
④ 예, 조금할 수 있습니다.
⑤ 아니요, 아직 서투릅니다.

06 다음 문장의 대답으로 올바른 것을 고르세요.

はじめまして、どうぞよろしく。

① ありがとうございます。
② こちらこそ、どうぞよろしく。
③ いいお天気です。
④ おはようございます。
⑤ おひさしぶりです。

해설

처음 뵙겠습니다. 잘 부탁합니다.

① 고맙습니다.
② 저야말로, 잘 부탁합니다.
③ 좋은 날씨입니다.
④ 안녕하세요. (아침인사)
⑤ 오래간만입니다. (お久(ひさ)し振(ぶ)りですね · しばらくですね)

● 次の文の(　　　)の中に最も適当な言葉を入れなさい。(7～10)

07 勉強のじゃま(　　　)なります。

① も　　② で
③ に　　④ の
⑤ が

해설

공부에 방해가 됩니다.

(な형용사 · 명사가 동사를 수식할 때는 단어 ＋ に(동사)가 된다)

08 もし、だれかに10万円(じゅうまんえん)(　　　)どうしますか。

① くれたら　　② くださったら
③ やったら　　④ もらったら
⑤ あげたら

해설

혹시, 누군가에게 10만엔을 받는다면 어떻게 하겠습니까.

내가 상대에게 주다. (あげる)	私は田中さんに本をあげる。
내가 상대에게 받다. (もらう)	私は田中さんに/から本をもらう。
상대가 나에게 주다. (くれる)	田中さんが私に本をくれる。

09 大(おお)きな岩(いわ)が(　　　)転(ころ)がっている。

① ころころ　　② さめざめ
③ がらがら　　④ ごつごつ
⑤ ごろごろ

해설

커다란 바위가 데굴데굴 굴러가고 있다.

① 작은 것이 굴러가는 모습. 여자의 웃음소리. 계속해서 변하는 모습. 두리뭉실 살찐 모습.
② 눈물을 흘리며 우는 모습.
③ 무너지거나 부딪치는 소리. 문 여는 소리. 텅텅 비다(전차). 성격이 거칠고 마음의 배려가 없는 것.
④ 표면이 꺼칠한 모습. 성격 · 태도 · 문체 등이 거칠고 야성적인 모습.
⑤ 큰 것이 굴러가는 모습. 천둥치는 소리. 여기저기 많이 있는 모습. 아무것도 안 하고 지내는 모습(빈둥빈둥). 고양이가 우는소리.

10 韓国(かんこく)の経済(けいざい)は(　　　)成長(せいちょう)した。

① よぼよぼ　　② ちびちび
③ こそこそ　　④ よろよろ
⑤ めきめき

해설

한국의 경제는 점점 성장했다.
① 나이를 먹어 몸이 쇠약해서 비틀비틀 걷는 모습.
② 서두르지 않고 조금씩 홀짝홀짝(술을). (ちびりちびり)
③ 물건이 부딪혀서 조용히 나는 소리. 숨어서 무엇인가를 하는 모습(살짝. こっそり).
④ 발걸음이 불안전해서 넘어질 듯한 모습.
⑤ 사물의 발달이나 성장이 눈에 띄게 나타나는 모습(경제 · 실력).
물건이 망가지거나 부서질 때 나는 소리.

11 意味の間違っているものを一つ選びなさい。

① 煮(に)え切(き)らない。　: 생각이나 태도가 분명하지 않음.
② 煮(に)え切(き)らないやり方(かた)。　: 미적지근한 방법.
③ 煮(に)え切(き)らない返事(へんじ)。　: 애매한 대답.
④ 煮え切らない男。　: 분명치 않은 남자.
⑤ 煮(に)え湯(ゆ)を飲(の)まされる。　: 미적지근한 물을 마심.

해설

⑤ 믿는 도끼에 발등 찍히다. (梯子を外される)
梯子をする : 술집을 돌아다니는 것. (梯子酒をすること)
① 태도가 확실하지 않은 것. 우물쭈물하고 있는 것. (ぐずぐずしている)

12 **밑줄 친 부분이 올바르지 않은 것을 고르세요.**

① さすがにあの人は苦労しているだけあって、話のわかる人だ。
② うそをついて人をだますなんて、子供といえども許さない。
③ 電車の中でこくりこくりと居眠りしている。
④ 田中さんとは去年の夏以来、まもなく会っていません。
⑤ 借りた本を返そうとしない。

해설

④ まもなく (곧바로) → しばらく (잠시. 한참 동안)
① 역시 저 사람은 고생했기 때문에, 이야기를 이해하는 사람이다.
② 거짓말로 사람을 속이다니(騙す), 아이라 할지라도 용서할 수 없다.
③ 전차 안에서 꾸벅꾸벅 졸고 있다.
④ 다나까씨하고는 작년 여름 이후, 오랫동안 만나지 못했습니다.
⑤ 빌린 책을 돌려주려고 하지 않는다.

13 **다음 문장의 밑줄 친 부분과 의미가 같은 것을 고르세요.**

彼はどこへ行っても叔父の代議士の名を口にするが、あれでは人のふんどしで相撲を取っていると言われても仕方がない。

① きちんと座り直し、改まった態度を取る。
② 他人のものを利用して自分の利益を図る。
③ いつもおやの顔にどろをぬる。
④ 中途半端な知識や技術は大きな間違いや失敗を招くこと。
⑤ 夫婦の折り合いが悪い。

해설

그는 어디에 가도 숙부인 국회의원(중의원의 속칭)의 이름을 말하지만, 그러면은 남의 것을 이용해서 자신의 이익을 얻고 있다고 말을 들어도 어쩔 수 없다.
(人の褌で相撲を取る。남의 것을 이용해서 자신의 이익을 얻다. 남의 떡에 설쇤다)
(一人相撲を取る。　　아무도 원하지 않는 일을 혼자서 날뛰며 하다)

① 자세를 바로잡고, 격식 차린 태도를 취하다. (居住まいを正す)
② 남의 것을 이용하여 자기 이익을 얻다.
각도·길이·무게를 재다. 상상하다. 짐작하다(計る·量る·測る). 실행하려고 하나(図る). 속이다(謀る·図る). 의견을 제시하고 상담하다(諮る).
③ 명예를 손상시키다. 실추시키다. 얼굴에 먹칠하다. (泥を塗る·恥をかかせる)
(泥を吐く。 숨김없이 나쁜 일을 자백하다)
(泥を被る。 남의 실패를 책임지다). (泥を被せる。 남에게 죄를 뒤집어씌우다)
④ 어설픈 지식이나 기술은 큰 실패를 초래한다. 선무당이 사람 잡는다. (生兵法は大怪我の基)
(兵法·兵法)
⑤ 부부의 사이가 나쁘다. (折り合い : 타협하다. 사이(仲). 관계)

14 次の文の(　　　)の中に最も適当な言葉を入れなさい。

時の流れ(　　　)愛も流れる。

① にたいして
② にしたがって
③ にあたって
④ にわたって
⑤ によって

해설

세월이 흘러감에 따라 사랑도 흘러간다.

① ~에 대해서. (に対して)
② ~에 따라서. (に従って)
③ ~에 맞춰서.
④ ~에 걸쳐서.
⑤ ~에 의해서(권위). ~에 따라서(원인).

15 **다음 중 「使う」가 잘못 사용된 것을 고르세요.**

① 田中さんはいつも居留守(いるす)を<u>使(つか)う</u>。
② 弟(おとうと)は仮病(けびょう)を<u>使(つか)って</u>学校(がっこう)を休(やす)む。
③ 具合(ぐあい)が悪(わる)い時(とき)には空耳(そらみみ)を<u>使(つか)う</u>。
④ そんな時(とき)は袖(そで)の下(した)を<u>使(つか)って</u>みろ。
⑤ この鐘(かね)は昔々三億両(むかしむかしさんおくりょう)も<u>使(つか)って</u>作(つく)ったものです。

해설

⑤ 이 종은 아주 옛날에 3억량이나 들여서(かけて) 만든 것입니다.
돈 · 시간이 들다. (掛(か)かる · 掛(か)ける)
① 다나까씨는 언제나 있으면서 없다고 한다. ② 동생은 꾀병을 부려 학교를 결석한다.
③ 상황이 나쁠 때는 듣고도 못들은 척한다. ④ 그런 때는 뇌물을 써 봐라.

16 **다음 중 「かける」가 잘못 사용된 것을 고르세요.**

① なべを火(ひ)に<u>かけて</u>ください。
② ズボンにアイロンを<u>かけて</u>ください。
③ つまらなくて、隣(となり)の人(ひと)に話(はなし)を<u>かけた</u>。
④ 鳥(とり)が群(ぐん)を<u>かけて</u>飛(と)んで行(ゆ)く。
⑤ どんなにお金(かね)を<u>かけて</u>も、その計画(けいかく)は成功(せいこう)しないと思(おも)う。

해설

④ かけて → なして (群(ぐん)を成(な)す · 群(む)れを成(な)す : 무리를 이루다)
① 냄비를 불에 올려 주세요. ② 바지를 다려 주세요.
③ 지루해서, 옆 사람에게 말을 걸었다. ④ 새가 무리를 지어 날아간다.
⑤ 아무리 돈을 들여도, 그 계획은 성공하지 못할 거라고 생각한다.

17 次の文の下線の意味を一つ選びなさい。

あの人は<u>見込みがはずれて</u>一日中部屋にこもっている。

① 포기하지 않다.
② 희망을 잃어버리다.
③ 기대가 어긋나다.
④ 미래를 생각하다.
⑤ 시험에 떨어지다.

해설

저 사람은 기대가 깨져 하루 종일 방에 틀어박혀 있다. (籠もる · 隠る · 引きこもる)

見込み : 예상. 예정. 목표. 희망. 장래성. 가능성. 전망. 외관. 겉모습.

明日は晴れの見込みです。 내일은 맑을 전망입니다.

なかなか見込みのある男だ。 꽤 장래성이 있는 남자다.

当てがはずれる。 기대 · 목표 · 희망이 어긋나다.

子守 : 아이를 봄. (子守歌 : 자장가)

18 間違っているものを一つ選びなさい。

① 帽子をかぶる。
② スカートをはく。
③ 靴をぬぐ。
④ おさげを編む。
⑤ リボンをつなぐ。

해설

➡ ⑤ つなぐ (전화를 연결하다) → むすぶ (리본을 묶다)

(上着を着る : 상의(겉옷)를 입다. 下着を履く : 속옷을 입다)

모자 · 안경을 벗다(取る). 下着 : 도시에서 지방의 목적지에 도착하는 것.

① 모자를 쓰다.
② 스커트를 입다.
③ 구두를 벗다.
④ 머리를 땋다.

19 **다음 문장을 우리말로 바르게 옮긴 것을 고르세요.**

方法はいく通りもあるが、どっちを選んでも私にはたまらない屈辱だ。

① 방법이 몇 가지 있지만, 어느 쪽을 택해도 나에게는 견딜 수 없는 굴욕이다.

② 방법은 얼마든지 있지만, 어느 쪽을 택해도 나에게는 참을 수 없는 굴욕이다.

③ 방법은 많지만, 어느 쪽을 택해도 나에게는 시시한 굴욕이다.

④ 방법은 있다고 해도, 어느 쪽을 택해도 나에게는 참을 수 없는 굴욕이다.

⑤ 방법은 있어도, 어느 쪽도 택할 수 없는 나에겐 견딜 수 없는 굴욕이다.

해설

通り : ~하는 대로. (言ったとおりだ : 말한 대로다)

20 **次の文の下線の入れると同じ意味で使われているものを選びなさい。**

お茶を<u>入れる</u>。

① コーヒーを入れる。 ② レモンを入れる。

③ 砂糖を入れる。 ④ クリームを入れる。

⑤ スイッチを入れる。

해설

차를 끓이다.

① 커피를 끓이다. ② 레몬을 넣다.

③ 설탕을 넣다. ④ 크림을 넣다.

⑤ 스위치를 켜다. (スイッチを切る : 스위치를 끄다)

21 **暁近い野辺に出る。「暁」의 의미로 볼 수 없는 것을 고르세요.**

① 明け方 ② 暮れ方

③ 夜明け ④ 成功した時

⑤ 朝方

해설

새벽녘에 들판으로 나가다. (暁 : 새벽. 여명. 뜻이 이루어지는 때)

① 새벽녘.　　② 해질녘.
③ 새벽.　　④ 성공했을 때.
⑤ 새벽. (⇔ 夕方)

● 次の文の(　　　)の中に最も適当な言葉を入れなさい。 (22~27)

22 私が健康になったのは(　　　)母のおかげです。

① やたらに　　② ほのかに
③ ゆっくり　　④ むやみに
⑤ ひとえに

해설

내가 건강해진 것은 오로지 어머니 덕분입니다.

① 함부로.　　② 멀리서. 어렴풋이.
③ 천천히. 서서히.　　④ 무턱대고.
⑤ 오로지 하나에만 일관하다. (ひたすら · ただ)

只管 · 一途に · 専ら · 偏に · 直向き · 一筋)

賜 · 賜物 : 은혜나 축복으로 수여받은 것. (賜り物)

어떤 일의 결과로써 나타난 좋은 것. 성과. 덕분.

水は天からの賜物。 물은 하늘로부터의 축복.

努力の賜物。 노력의 성과.

只管	오로지 하나에만 일관하다. (いちずに · もっぱら · ひとえに)
	ひたすら神に祈る。 오로지 신에게 기원하다.
専ら	오로지 하나에만 일관하다. 집중하다. (ひたすら · いちずに)
	もっぱらの噂だ。 소문이 자자하다. 그 이야기에 관심이 있다. もっぱらの評判。 평판이 자자하다.
一途に	한 가지 일에만 마음을 집중하는 것. (ひたむき)
	いちずな性格。 한결같은 성격.

直向き(ひたむき)	하나의 일에 열중하는 것.
	ひたむきに仕事(しごと)ばかりしている。 오로지 일만 하고 있다.
	ひたむきに努力(どりょく)する。 오로지 노력하다.
偏に(ひとえに)	전적으로(ひたすら · ただ). 오로지(ただただ · もっぱら)
	ひとえにお詫(わ)びいたします。 진심으로 사죄하겠습니다.
	ひとえに努力(どりょく)の賜物(たまもの)。 오로지(전적으로) 노력한 성과.

23 うちにいくら電話(でんわ)を(　　　)、通(つう)じません。

① かけたら　　② かけると

③ かければ　　④ かけても

⑤ かけずに

해설

집에 아무리 전화를 걸어도, 통화가 되지 않습니다.

いくら (どんなに) …ても (でも) : 아무리 ～하더라도(해도).

용법 : 동사 · い형용사 · な형용사 · 명사(て형) ＋ も。

의미 : 아무리 ～해도 소용없다. 아무리 ～해도 하겠다. (뒤 문장은 긍정문과 부정문이 올 수 있다)

24 小(ちい)さすぎてよく(　　　)。

① 見られます　　② 見ません

③ 見えません　　④ 見させません

⑤ 見ます

해설

너무 작아서 잘 보이지 않습니다.

① 볼 수 있습니다.　　③ 보이지 않습니다.

25 すみませんが、この本を田中さんに(　　　)。

① 渡(わた)してあげてください。　② 渡(わた)らせてください。
③ 渡ってください。　④ 渡られてください。
⑤ 渡ってくれます。

해설

미안하지만, 이 책을 다나까씨에게 건네주세요.
渡(わた)す : 건네주다. 자신의 권리를 넘겨주다. 다리를 놓다.
① 渡してあげる。 건네주다.

26 7月(しちがつ)に旅行(りょこう)に(　　　)北海道(ほっかいどう)がいいです。

① 行けば　② 行くなら
③ 行っても　④ 行かせれば
⑤ 行くと

해설

7월에 여행을 가는 거라면 홋까이도가 좋습니다.
なら : 뒤 문장은 조언을 나타내는 문장이 온다.

27 何回(なんかい)も聞(き)いていながら、(　　　)。

① 彼(かれ)の名前(なまえ)を間違(まちが)えてしまった。　② とても覚(おぼ)えやすかった。
③ いつの間(ま)にか眠(ねむ)ってしまった。　④ 簡単(かんたん)に思(おも)い出(だ)せた。
⑤ 内容(ないよう)を全部(ぜんぶ)覚(おぼ)えてしまった。

해설

몇 번이나 듣고 있었으면서도, 그의 이름을 틀리고 말았다.
① 그의 이름을 틀리고 말았다.　② 대단히 기억하기 쉬웠다.
③ 자신도 모르게 잠들고 말았다.　④ 간단히 기억해 냈다.
⑤ 내용을 전부 외우고 말았다.

28 다음 문장과 의미가 같은 것을 고르세요.

その方向に近付く。

① 仕事の帰りに、ちょっと本屋によって雑誌を買った。

② 危ないので右によってください。

③ 採用するかどうかは、面接によって決めます。

④ 大きな声でけんかしていたら、人がよってきた。

⑤ 彼の非行は家庭不和によるところが大きい。

해설

그 방향으로 접근하다(가까이가다).

(寄る : 접근하다. 한곳에 모이다. 증가하다. 들르다. 의탁하다)

① 일을 마치고 돌아오는 길에, 잠깐 책방에 들러 잡지를 샀다.

② 위험하기 때문에 오른쪽으로 다가가 주세요(가까이 가주세요).

③ 채용할까 하지 않을 까는, 면접에 의해서 결정합니다.

④ 큰소리로 싸우고(喧嘩) 있었더니, 사람들이 몰려들었다.

⑤ 그의 비행은 가정불화에 의한 곳이 많다.

29 다음 문장을 일본어로 바르게 옮긴 것을 고르세요.

이 종이에 주소와 이름을 써 주십시오.

① この紙にお住所とご名前を書いてください。

② この紙にお住所と名前を書いてもらえますか。

③ この紙にお住所と名前をお書きになってください。

④ この紙にご住所と名前を書かせてください。

⑤ この紙にご住所とお名前をお書きください。

해설

御 : 보통 일반적으로 사용되는 생활용품이나 음식 같은 구어(口語)에 사용한다.

御(ご)：상대측의 물건이나 내용을 나타내는 한자어에 붙어서.

30 次(つぎ)の文(ぶん)と同(おな)じ意味(いみ)を持(も)っているものを選(えら)びなさい。

わたしは友(とも)だちに本(ほん)を貸(か)してもらいました。

① わたしは友だちに本を貸してあげました。
② わたしは友だちに本を借りてもらいました。
③ 友だちはわたしに本を買ってくれました。
④ 友だちはわたしから本を借りました。
⑤ 友だちはわたしに本を貸してくれました。

해설

나는 친구에게 책을 빌려 받았습니다(직역). 친구가 책을 빌려주었습니다(의역).
貸(か)す：내가 남에게 빌려주다. 남이 나에게 빌려주다. 借(か)りる：빌리다. 꾸다.
さしあげる (あげる의 겸양어). くださる (くれる의 존경어)
いただく (もらう의 겸양어).

• 내가 남에게 행위를 해 준 경우와 해 받은 경우.	
私は、人(ひと)に本(ほん)を買(か)ってあげました。 나는, 남에게 책을 사 주었습니다.	(私 → 他人(たにん))
私は、人に／から本を買ってもらいました。 나는, 남에게 책을 사 받았습니다.	(私 ← 他人(たにん))
• A씨가 B씨에게 행위를 해 준 경우와 해 받은 경우.	
Aさんは、Bさんに本を買ってあげました。 A씨는, B씨에게 책을 사 주었습니다.	(A → B)
Bさんは、Aさんに/から本を買ってもらいました。 B씨는, A씨에게 책을 사 받았습니다.	(B ← A)
• B씨가 A씨에게 행위를 해 준 경우와 해 받은 경우.	
Bさんは、Aさんに/から本を買ってもらいました。	(B ← A)

B씨는, A씨에게 책을 사 받았습니다.	
Aさんは、Bさんに本を買ってあげました。 A씨는, B씨에게 책을 사 주었습니다.	(A → B)
• A씨로부터 내가 행위를 해 받은 경우.	
Aさんは、私に本を買ってくれました。 A씨는, 나에게 책을 사 주었습니다.	(A → 私)
私は、Aさんに / から本を買ってもらいました。 나는, A씨에게 책을 사 받았습니다.	(私 ← A)
• A씨가 B씨에게 행위를 해 준 경우와 해 받은 경우.	
Aさんは、Bさんに本を買ってくれました。 A씨는, B씨에게 책을 사 주었습니다.	(A → B)
Bさんは、Aさんに/から本を買ってもらいました。 B씨는, A씨에게 책을 사 받았습니다.	(B ← A)
• B씨가 A씨에게 행위를 해 받은 경우와 해 준 경우.	
Bさんは、Aさんに/から本を買ってもらいました。 B씨는, A씨에게 책을 사 받았습니다.	(B ← A)
Bさんは、Aさんに本を買ってくれました。 A씨는, B씨에게 책을 사 주었습니다.	(A → B)
• 내가 연하(年下(としした))나 동·식물에게 행위를 해 준 경우.	
私は、弟(おとうと)に本(ほん)を買(か)ってあげました。 나는, 남동생에게 책을 사 주었습니다.	(私 → 연하. 年下(としした))
私は、鳥(とり)にえさを買ってやりました。 나는, 새에게 먹이를 사 주었습니다.	(私 → 동·식물)

31 次の文の(　　　)の中に最も適当な言葉を入れなさい。

この手紙(てがみ)は読(よ)めない。というのは (　　　)ということである。

① この手紙は読まない。

② この手紙は読むことができない。

③ この手紙は読まなければいけない。

④ この手紙は読むことがない。

⑤ この手紙は読まないといけません。

해설

이 편지는 읽을 수 없다. 동사 (기본형) ＋ ことができる : ~하는 것이 가능하다. (가능형)

32 次の「れ」のうち、文法上、他のものと異なるものを一つ選びなさい。

① 覆われている。
② 放映されている。
③ 知られている。
④ 離れている。
⑤ 言われている。

해설

➡ ④ 떨어져 있다. (자동사의 상태)

① 덮여 있다. (수동)
② 방영되고 있다. (수동)
③ 알려져 있다. (수동)
⑤ 말하고 있다. (수동)

33 せっかくの話に水を差す。下線の部分の意味を一つ選びなさい。

① 面目次第も無い
② 超前向き
③ 力をそえる
④ 妨げること
⑤ 左党

해설

모처럼의 이야기에 방해를 하다.

① 면목이 없어(죄송스러워) 얼굴을 볼 수가 없다.

面目無い : 창피해서 얼굴을 볼 수가 없다. 면목 없다. (面目無い ⇔ 面目が立つ)

② 초 긍정적이다. (超 : 어느 범위를 벗어나다. 보통하고는 거리가 멀다)
超越 · 超越(초월) · 超人(초인).
出超 : 수출초과(輸出超過)의 약칭. (⇔ 入超 : 수입초과(輸入超過)의 약칭). 輸出 · 輸入
前向き : 정면으로 향하는 것. 앞쪽으로 향하는 것(真向き). (⇔ 後ろ向き)

사물에 대한 자세가 적극적, 건설적인 것. 긍정적인 것.
前向きに考える。긍정적으로 생각한다. (前向き · 肯定的 ⇔ 後ろ向き · 否定的)

③ 거들다. (力を添える) ④ 방해하다. (邪魔をする · 妨害する · 阻害する)
⑤ 술꾼. (左党 ⇔ 右党 : 술은 못 마시고, 단 것을 좋아하는 사람)
上戸 (술을 좋아하는 사람) ⇔ 下戸 (술을 못 마시는 사람. 술을 싫어하는 사람)
右党 · 保守党 · 右翼政党(우익정당)。⇔ 左党 · 左翼政党(좌익정당)。

34 다음 문장과 의미가 같은 것을 고르세요.

ほかの約束をしない時間を持つ。

① 日曜日は<u>あけて</u>おきますから、手伝えることがあったら言って下さい。
② あと一日で年が<u>あける</u>。
③ 早くグラスを<u>あけて</u>ください。
④ 夏は早く夜が<u>あける</u>。
⑤ 老人に席を<u>あける</u>のは当然のことだ。

해설

다른 약속을 하지 않는 시간을 갖는다. (시간을 내다)
(あける : 아침이 되다. 새해가 되다. 장마가 개다(明ける). 상자를 열다. 시간을 만들다(空ける). 닫혀 있던 곳을 열다(開ける). 속을 비우다(空ける).
明けて悔しい玉手箱。 기대가 깨져 실망하는 것.
(玉手箱 : 용궁의 선녀한테 받은 상자. 비밀스러워, 쉽게는 남에게 보여줄 수 없는 중요한 것. 비유적으로 훌륭한 것, 진귀한 것이 많이 있는 것을 말한다)
① 일요일은 시간을 만들어 놓을 테니까, 전할 것이 있으면 말해 주세요.
② 이제 하루만 있으면 새해가 열린다. ③ 빨리 컵을 비워 주세요.

④ 여름은 일찍 날이 밝는다. ⑤ 노인에게 자리를 양보하는 것은 당연한 것이다.

35 다음 문장을 우리말로 바르게 옮긴 것을 고르세요.

人(ひと)の上(うえ)に立(た)つにはそれなりの心構(こころがま)えが必要(ひつよう)だ。

① 남보다 먼저 성공하려면 그만큼의 아량도 필요하다.

② 사람 위에 서려면 그만큼의 정신수양이 필요하다.

③ 남보다 앞서려면 그만큼의 마음가짐이 필요하다.

④ 사람 위에 서기 위해서는 그 정도의 각오는 필요하다.

⑤ 남보다 앞서려면 그 정도의 아픔은 필요하다.

해설

心構(こころがま)え : 마음의 준비. 각오.

36 다음 문장을 일본어로 바르게 옮긴 것을 고르세요.

뜻대로 하여 주십시오.

① 勝手(かって)にやらせていただきます。

② これからもどうかよろしくお願いいたします。

③ あなたの通(とお)りにしてくださいませ。

④ ご思うままになさってもかまいません。

⑤ ご存分(ぞんぶん)に願(ねが)います。

해설

➡ ⑤ 存分(ぞんぶん) : 만족할 때까지 자유스럽게 행동하다. 마음껏. (心行(こころゆ)くまで · 心行(こころゆ)く許(ばか)り)

① 멋대로 하겠습니다.

37 다음 문장의 밑줄 친 부분과 의미가 같은 것을 고르세요.

> 袖の下を受け取るようなことは厳に自分に戒めておかないと身を誤ることになるぞ。

① 心付け　　② 餞別
③ 手付金　　④ 寸志
⑤ ワイロ

해설

뇌물을 받는 것 같은 일은 엄중히 자신에게 경고해 두지 않으면 인생을 망치게 된다.
(身を誤る : 인생을 비뚤어지게 살다. 올바른 삶의 방식을 벗어나다)
(袖にする : 무시하다. 방해자 취급을 하다)
(無い袖は振れない : 주고 싶어도 없는 것은 어쩔 수 없다)

① 마음 씀. 배려. 팁. (心付く : 애정이나 관심이 생기다. 골똘히 생각하다(執心する). 철들다(物心がつく · 分別がつく). 깨닫다. 빈틈이 없다)
(心付く : 눈치가 빠르다. 깨닫다. 의식을 찾다. 알아차리다. (気がつく · 考えが回る)
② 전별금. (멀리 여행 가는 사람 · 전직하는 사람에게 이별할 때 금품을 주는 것)
③ 계약금. 착수금.
手付けを打つ : 계약보증금(착수금)을 걸다(내다).
(売買 · 請負などの契約をして手付金を払う。 매매 · 청부(도급) 등의 계약을 하고 계약보증금(착수금)을 지불하다(걸다).
④ 마음의 선물. 명색뿐인 선물.　　⑤ 뇌물.

38 勇気を 내다。 밑줄 친 말의 일본어를 고르세요.

① 振るう　　② 補う
③ 出す　　④ 誤る
⑤ 催す

해설

③ 용기를 내다. 내놓다. 출발시키다. 출석 · 출연시키다. 기부금을 내다.

① 번창하다. (과거형 · 진행형을 받아, 기발하다. 색다르다). 맹위를 떨치다.

② 보충하다. 메우다.

④ 잘못 · 실수 · 실패하다(誤る). 사과 · 사죄하다. 용서를 구하다. 질려서 사퇴하다(謝る).

⑤ 개최하다.

• 次の文の(　　)の中に最も適当な言葉を入れなさい。 (39〜40)

39 給料が少ないのに、(　　)彼女のために高い婚約指輪を買った。

① 付けが回って来る　　② 手回しがいい
③ 見えを張って　　④ 二足のわらじをはいて
⑤ 八つ当たりして

해설

월급이 적은데도, 과용을 해서 그녀를 위해 비싼 약혼반지를 샀다.

① 죗값을 치르다.　　② 미리 준비를 해 두는 것.
③ 사치하다.　　④ 혼자서 두 가지 일을 겸임하다.
⑤ 자신의 화를 참지 못하고 주위의 사람이나 물건에 무턱대고 분풀이하다. (当たり散らす)

40 漢字を使わない国の外国人が、日本語の読み書きを(　　)のには、かなりの努力が必要である。

① 人だかりがする　　② 心を澄ます
③ その手は食わない　　④ 物が分かる
⑤ 物にする

해설

한자를 사용하지 않는 나라의 외국인이, 일본어의 읽고 쓰기를 자기 것으로 만들려면, 상당한 노력이 필요하다.

① 사람이 많이 모여 있다. (人集り : 사람이 무리지어 있는 것)

② 마음을 안정시키다.　　③ 그 계략에는 속지 않는다.

④ 사리를 알다. 도리나 이치를 깨닫다.

⑤ 내 것으로 만들다. 터득하다. 습득하다.
(物にする · 会得する · 身に付く · 手にする · 手に入れる)

41 次の文の下線の意味を一つ選びなさい。

主人のびょうきでしょうばいも左前になった。

① 깊이 고민하다.
② 걱정이 되다.
③ 경제상태가 나빠지다.
④ 눈치를 보다.
⑤ 대립으로 갈라서다.

해설

남편의 병(病気) 때문에 장사(商売)도 나빠지게 되었다.

42 다음 문장과 의미가 같은 것을 고르세요.

あの人は人見知りをする。

① だれとでもすぐ親しくなれていいなあ。
② 相手によっては一言もしゃべらないよ。
③ 知り合いがたくさんいるようだね。
④ 一日中口を利かないようですね。
⑤ なにもはっきり言ってくれないよ。

해설

저 사람은 낯을 가린다.

① 누구라도 곧 친해져서 좋다.
② 상대에 따라서는 한마디도 하지 않는다.
③ 아는 사람이 많이 있는 것 같다.
④ 하루종일 말을 하지 않는 것 같군요.
⑤ 무엇도 확실히 말해 주지 않는다.

43 **意味の間違っているものを一つ選びなさい。**

① 世話がない。　　　: 어처구니가 없다.
② 一悶着を起こす。　: 화를 내다.
③ 二世の契り。　　　: 결혼의 약속.
④ 世間離れ。　　　　: 세속을 벗어난.
⑤ 世間を狭くする。　: 신용을 잃어 사귀는 사람을 적게하다.

해설

➡ ② 한바탕 말썽을 일으키다.

① 어처구니가 없다. 기가 막히다(呆れ果ててどうしようもない). 다루기 쉽다. 품이 안 든다. 시간이 안 든다(手数(手数)が掛からない).

44 **다음 문장의 밑줄 친 부분과 의미가 같은 것을 고르세요.**

処理や<u>世話をする</u>。

① 具合が悪いなら早めにみてもらった方がいいよ。
② 先輩の意見もきいてみたらどうですか。
③ ちょっとスープの味をみてください。
④ 彼は1人で親兄弟の面倒をみている。
⑤ 今までに何度も人を信じてひどい目をみてきた。

해설

일처리를 해 주거나 돌보아 주다.

① 몸 상태가 좋지 않다면 빨리 진찰을 받는(診て貰う) 것이 좋다.
② 선배님의 의견도 물어본다면 어떻겠습니까.
③ 잠깐 수프 맛을 봐 주세요.
④ 그는 혼자서 부모 형제를 돌보아 주고 있다.
⑤ 지금까지 몇 번씩이나 사람을 믿어서 심한 고생을 했다.

45 意味の間違っているものを一つ選びなさい。

① 鬼が笑う。　: 말도 되지 않는 장래를 예측하다.
② 鬼に金棒。　: 강한 사람이 더욱더 강해지다.
③ 鬼の念仏。　: 냉혹한 자가 격에도 맞지 않게 기특한 거동을 함.
④ 鬼の居ぬ間の洗濯。　: 무서운 사람이 없는 동안에 활개를 친다.
⑤ 鬼も十八番茶も出花。　: 집념을 갖고 노력하면 안될 일이 없다.

해설

➡ ⑤ 귀신(도깨비)도 시집 갈 나이가 되면 예뻐진다.
② 鬼に鉄杖。(錦上に花を添える · 錦上添花 : 금상첨화. 비단 위에 꽃을 더한다는 뜻으로, 좋은 일 위에 더 좋은 일이 더하여짐을 비유한 말)

46 意味の間違っているものを一つ選びなさい。

① 図に乗る。　: 일이 예상대로 되다.
② 所を得る。　: 좋은 기회를 만나다.
③ 面が割れる。　: 신원이 판명나다.
④ 恩をあだで返す。　: 은혜를 원수로 갚다.
⑤ 小言を食う。　: 잔소리를 하다.

해설

➡ ① 생각대로 되어서 우쭐대다. 우쭐해하다.
(天狗になる · いい気になる · つけ上がる · 思い上がる · うぬぼれる)
② 자신에게 어울리는 직업 · 일 · 지위 등에 앉다.
④ 은혜를 받았는데도 고마워하지 않고 반대로 해를 입히다.
(恩を仇で報ずる。⇔ 仇を恩で報いる)
⑤ 小言を言う : 잔소리를 하다. (小言を並べる : 불평 · 불만 · 고충을 늘어놓다)
すかを食う : 목표 · 기대가 깨져 고생을 하다. 목표가 빗나가다. 바람 맞다.

47 다음 문장과 의미가 같은 것을 고르세요.

口がすっぱくなるほど言ったのに。

① ちゃんと準備(じゅんび)できるように半年(はんとし)も前(まえ)に言っておいたんだよ。

② わかりやすい言葉(ことば)で簡単(かんたん)に説明(せつめい)したのに。

③ しけんに落(お)ちて肩身(かたみ)が狭(せま)い。

④ 間違(まちが)えると困(こま)るから、何回(なんかい)も繰(く)り返(かえ)して言ったんだよ。

⑤ こっそり話しておいたのに無駄(むだ)になっちゃった。

해설

입이 닳도록 이야기했는데.

① 틀림없이 준비할 수 있도록 반년 전에 말해 두었다.

② 알기 쉬운 말로 간단히 설명했는데.

③ 시험에 떨어져 초라하게 느껴지다. 떳떳치 못하다. 창피하다.
초라하게 느껴지다(合(あ)わせる顔(かお)がない). (肩身(かたみ)が広(ひろ)い : 자랑스럽다)

④ 틀리면 곤란하기 때문에, 몇 번이나 반복해서 이야기했다.

⑤ 몰래 이야기해 두었는데 소용없게 되고 말았다.
裏口(うらぐち)からこっそり(と)忍(しの)び込(こ)む。 뒷문으로 몰래 숨어들다.

48 다음 문장과 의미가 같은 것을 고르세요.

貧乏(びんぼう)に苦(くる)しむ状態(じょうたい)。

① 火(ひ)を見(み)るよりも明(あき)らか。

② 火(ひ)の車(くるま)。

③ 怪我(けが)の功名(こうみょう)。

④ 枝葉末節(しようまっせつ)。

⑤ 火(ひ)のない所(ところ)に煙(けむり)は立(た)たぬ。

해설

➡ ② 경제적으로 빈곤함. 재정상태가 좋지 않다.

① 명명백백하다. (明明白白(めいめいはくはく))

③ 실패했다고 생각한 일이 뜻밖에 좋은 결과를 가져오다.

④ 중요하지 않은 부분.　　⑤ 아니 땐 굴뚝에 연기나랴.

49 次の文の(　　　)の中に最も適当な言葉を入れなさい。

緊張のあまり身も心も(　　　)なってしまった。

① やわらかく　　② かるく

③ おもく　　④ かたく

⑤ 人なつこい

해설

긴장한 나머지 몸도 마음도 굳어 버리고 말았다.

① 부드럽다. 푹신하다. 태도·이야기가 부드럽다. (柔らかい·軟らかい)

② 몸이 가볍다. 마음이 가볍다. 경솔하다. 부담 없다. (軽い)

③ 물건이 무겁다. 부담되다. 죄가 무겁다. (重い)

④ 긴장하다. 굳다. 딱딱하다(硬い). 융통성이 없다. 완고하다. 믿을 수 있어 견실하다. 문이 견고하다. 확실하다. 틀림없다. (堅い·固い)

⑤ 곧바로 격의 없이 대해주어 친해지기 쉽다. (人懐こい)

50 下線の部分の間違っているものを一つ選びなさい。

① 本田さんは、どんな服を着てもよくふさわしい。

② 彼は数学の難しい宿題を途中で投げ出してしまった。

③ 10年間続いたその番組は、来月で打ち切られることになった。

④ 道に迷い、やっと山小屋にたどりついたときは、もう日が暮れていた。

⑤ 私のほうが正しいと思ったが、相手があまりにも強引なので、引き下がらざるをえなかった。

해설

➡ ① ふさわしい → 似合う (조화가 잘되다)

ふさわしい : 다른 것과 어울리다. (행동 · 나이 · 장소 · 정답으로서 어울리다)

① 혼다씨는, 어떤 옷을 입어도 잘 어울린다.

② 그는 어려운 수학 숙제를 도중에서 단념하고 말았다. (일 · 사업 · 시험)

③ 10년간 계속된 그 프로그램은, 다음 달로 종영되게 되었다.

④ 길을 헤매다(잃어), 드디어 오두막집에 도착했을 때는, 이미 날이 저물어 있었다.

⑤ 내가 올바르다고 생각했지만, 상대가 너무나도 강인했기 때문에, 물러나지 않을 수 없었다.

51 意味の間違っているものを一つ選びなさい。

① 目八分に見る : 무시하다.

② 口惜しい : 노력(労力)을 아끼다.

③ 木で鼻を括る : 퉁명스럽다.

④ 以ての外 : 상식이 벗어나다.

⑤ 七光 : 군주의 여덕.

해설

➡ ② 분하다. 유감스럽다.

① 깔보다. 상대를 얕보다. 바보취급하다. (馬鹿にする · 見下す · 見下ろす · 見下げる)

③ 퉁명스런 대답. 냉담하게 대답하다.

④ 나쁜 방향으로 상식이 벗어나다. 어처구니가 없다. (とんでもないこと · けしからぬこと)

⑤ 親や仕えている主人などのおかげで、いろいろな形の利益を受けること。

부모나 섬기는 주인 등의 배려에, 여러 가지 형태로 이익을 받는 것. (親の七光 : 부모의 후광)

52 次の文の(　　)の中に最も適当な言葉を入れなさい。

これはほんの(　　)ものですが、どうぞ。

① つまらない

② 大切な

③ お粗末

④ ばからしい

⑤ 無意味な

해설

이것은 변변치 못한(보잘것없는) 것입니다만, 받아주십시오.

① 시시하다. 하찮다. ② 소중하다. 중요하다.

③ 조잡하다. 하찮다. ④ 바보같다. (馬鹿(ばか)らしい)

⑤ 내용이나 행위에 가치가 없다. 무의미하다.

53 다음 문장과 의미가 같은 것을 고르세요.

ちりも積(つ)もれば山(やま)となる。

① 蓼(たで)食(く)う虫(むし)も好(す)き好(ず)き。 ② 魚心(うおごころ)あれば水心(みずごころ)。

③ 牛(うし)は牛連(うしづ)れ馬(うま)は馬連(うまづれ)。 ④ 雨垂(あまだ)れ石(いし)を穿(うが)つ。

⑤ 宝(たから)の持(も)ち腐(ぐさ)れ。

해설

티끌 모아 태산.

① 오이를 거꾸로 먹어도 제멋. 기호도 여러 가지.

② 가는 정이 있어야 오는 정이 있다. ③ 유유상종. 끼리끼리 다닌다.

④ 낙숫물이 바위를 뚫는다. 가랑비에 옷 젖는다. (点滴石(てんてきいし)を穿(うが)つ)

⑤ 물건·재능을 갖고 있으면서도 충분히 이용, 활용하지 않는 것. 보석도 갖고만 있으면 썩는다.

54 次の文の(　　)の中に最も適当な言葉を入れなさい。

寝(ね)てはいけないと思(おも)い(　　)つい居眠(いねむ)りをしてしまった。

① ものを ② ながら

③ なり ④ なのに

⑤ ものの

해설

잠을 자면은 안 된다고 생각하면서도 나도 모르게 졸고 말았다.

① ～인 것을. 사람에 대한 불평, 불만, 비난을 말하는 경우가 많다.
(앞 문장으로부터 예상되는 것과 반대의 결과가 뒤 문장에 온다. 그리고 그것을 안타깝다고 생각하는 기분을 나타낸다)

② ～이면서도. (앞 문장과 뒤 문장이 서로 다른 것을 나타낸다)

③ ～하자마자. (동사(기본형) ＋ なり · やいなや · と)
(어떤 일 뒤에 바로 다른 일이 일어나는 경우)

④ ～인데도. (주로 비난이나 불만을 표시할 때 사용한다)

⑤ ～하기는 했지만. (앞 문장은 인정하고, 뒤 문장에서는 그것에 반한 내용을 말한다)
～라고는 했지만 (とはいえ · と(は)いっても · とはいうものの). ～라고 해도.

55 次の文の(　　)の中に最も適当な言葉を入れなさい。

私がまだ小学生(しょうがくせい)のとき、父親(ちちおや)(　　)ずいぶん苦労(くろう)しました。

① に死(し)んで　　② が死ぬと
③ が死なせて　　④ に死なれて
⑤ が死なれて

해설

내가 초등학교 때, 아버지가 죽어서 상당히 고생했습니다.

수동형은 항상 앞에 나오는 사람이 당하는 사람이 되고, 조사 に or から 를 받는 대상은 그 행위를 한 사람이 된다.

学生(がくせい)は先生(せんせい)に叱(しか)られました。 학생은 선생님에게 혼났습니다.

따라서 혼난 사람은 학생이고 혼낸 사람은 선생님이 된다.

56 다음 문장의 밑줄 친 부분과 의미가 같은 것을 고르세요.

今年の新人選手はみなどんぐりのせい比べで、とくに目立つ選手はいないようだ。

① 特に優れたものがない。　② 逃げ走ること。

③ 成せば成る。　④ なまかじり。

⑤ 仕事が具合よく進む。

해설

올해의 신인선수는 모두 도토리 키재기여서, 특히 눈에 띄는 선수는 없는 것 같다.
(団栗の背比べ : 도토리 키재기)

① 특히 우수한 것이 없다.　② 도망가는 것.

③ 하면 된다.　④ 수박 겉핥기. (生噛り)

⑤ 일이 잘 진행되다. 일의 능률이 오르다. (計（果）が行く · 果取る · 捗る)

57 다음 문장의 밑줄 친 부분과 의미가 다른 것을 고르세요.

無駄口をたたいてばかりいないで、さっさとしごとをしなさい。

① 何の役にも立たないお喋り。　② むだぐちを利く。

③ くだらないことをあれこれ言う。　④ てつは熱いうちにうて。

⑤ つまらないおしゃべりをする。

해설

쓸데없는 말만 하지 말고, 빨리 일을 해라. (無駄口を叩く · 無駄口を言う)

④ 쇠는 뜨거울 때 두드려라. 쇠뿔도 단김에 빼라. (鉄は熱いうちに打て)

58 다음 문장의 밑줄 친 부분과 의미가 같은 것을 고르세요.

アーティストは、デザインに工夫をこらした。

① 一生懸命にする　② 閉口する
③ 適切な方法を考える　④ 努力する
⑤ 学習する

해설

아티스트는, 디자인에 연구를 거듭했다. (工夫を凝らす : 생각을 짜내다. 연구에 골몰하다).
工夫する : 궁리하다. 연구하다. 재능.

① 열심히 하다.
② 질리다. 곤란하다. (参る · お手上げになる · 困り切る · 困り果てる)
③ 적절한 방법을 생각하다.　④ 노력하다.
⑤ 학습하다.

59 다음 문장의 밑줄 친 「入れる」의 사용이 틀린 것을 고르세요.

① 高橋さんが筆を入れると、どんな文章でもすばらしいものになる。
② もうすぐ試験が始まるから、もっと力を入れて勉強しなければいけない。
③ もし、何かあった場合には、すぐここに電話を入れてください。
④ 小学校の教師は、まず子供がやる気を入れるように指導しなければならない。
⑤ 1か月にわたる話し合いの結果、市の計画書にやっと住民の要求が入れられた。

해설

④ 入れる → 起こす (발생시키다)
① 다까하시씨가 수정하면, 어떠한 문장이라도 훌륭하게 된다.
② 이제 곧 시험이 시작되기 때문에, 좀 더 정진해서 공부하지 않으면 안 된다.
③ 혹시, 무슨 일이 있을 경우에는, 곧 여기로 전화해 주세요.

④ 초등학교 교사는, 우선적으로 아이가 의욕을 일으킬 수 있도록 지도하지 않으면 안 된다.
⑤ 일 개월에 걸쳐 논의한 결과, 시의 계획서에 드디어 주민의 요구가 받아들여졌다(수용되었다).

60 **次の文の(　　)の中に最も適当な言葉を入れなさい。**

ご注文(ちゅうもん)の商品(しょうひん)は(　　)品切(しなぎ)れです。

① せっかく　　② やむを得(え)ず
③ わざわざ　　④ あいにく
⑤ わざと

해설

주문하신 상품은 공교롭게도 품절입니다.
① 모처럼.　　② 어쩔 수 없이.
③ 일부러.　　④ 공교롭게도. (生憎(あいにく))
⑤ 고의로.

61 **다음 문장의 밑줄 친 「つく」의 사용이 올바르지 않은 것을 고르세요.**

① プラスチックはこの接着剤(せっちゃくざい)では<u>つかない</u>。
② 離婚(りこん)するべきかどうか、迷(まよ)って、<u>決心(けっしん)がつかない</u>。
③ 道路(どうろ)の中央(ちゅうおう)に黄色(きいろ)い線(せん)が<u>ついている</u>ところは追(お)い越(こ)し禁止(きんし)です。
④ 重(おも)いものを引(ひ)きずったら、床(ゆか)に<u>傷(きず)がついて</u>しまった。
⑤ 1人(ひとり)で行(ゆ)くのが不安(ふあん)なら<u>私がついて</u>行ってあげましょう。

해설

➡ ③ ついている → 引(ひ)いてある
① 플라스틱은 이 접착제로는 붙지 않는다.
② 이혼해야 될지 안 해야 될지, 망설여서, 결심이 서지 않는다.
③ 도로의 중앙에 황색선이 그어져 있는 곳은 추월금지입니다.
④ 무거운 것을 끌고 갔더니, 마루에 상처가 나고 말았다.

⑤ 혼자서 가는 것이 불안하다면 제가 따라가 주겠습니다.

62 다음 문장의 밑줄 친 부분이 잘못 사용된 것을 고르세요.

① この店は開店してすぐ安くておいしいという評判が立った。
② 針の穴が小さくて、糸が入らない。
③ この靴は、ひもを結んだり解いたりするのが面倒だ。
④ 彼は上司を怒らせたため、地方の工場に飛ばされてしまった。
⑤ これは今年いちばん人気を呼んだ映画です。

해설

② 入らない → 通らない

① 이 가게는 개점하자마자 싸고 맛있다는 평판이 났다.
② 바늘구멍이 작아서, 실이 통과하지 않는다.
③ 이 구두는, 끈을 묶고 푸는 것이 귀찮다.
④ 그는 상사를 화나게 했기 때문에, 지방 공장으로 좌천되었다.
⑤ 이것은 올해 가장 인기를 끈 영화입니다.

63 다음 문장의 밑줄 친 「取る」의 사용이 틀린 것을 고르세요.

① 文章を書くときどうやって文を取るかで苦労する。
② 大学で経済学の学位を取った。
③ 泥棒に、引き出しに入れてあったお金を取られてしまった。
④ 畑の草を取るのはたいへんな仕事だ。
⑤ 室内では帽子を取ってください。

해설

① 取る → 結ぶ (잇다. 매다. 묶다. 맺다)

① 문장을 쓸 때 어떻게 해서 문장을 끝맺을까로 고생한다.
② 대학에서 경제학학위를 취득했다.

③ 도둑에게, 서랍 안에 넣어 두었던 돈을 도둑맞고 말았다.

④ 밭의 잡초를 제거하는 것은 대단히 힘든 일이다.
田畑(たはた) · 田畑(でんばた) · 田畑(でんぱた) : 논과 밭. (田(た) · 水田(すいでん) · 田圃(たんぼ) : 논). (畑(はたけ) · 畑(はた) : 밭)

⑤ 실내에서는 모자를 벗어 주세요.

64 다음 문장의 밑줄 친 「抜(ぬ)ける」의 사용이 틀린 것을 고르세요.

① 最近(さいきん)、髪(かみ)が抜(ぬ)けて困(こま)っている。

② パンクしてタイヤの空気(くうき)が抜(ぬ)けてしまった。

③ トンネルを抜(ぬ)けると、急(きゅう)に景色(けしき)が変(か)わった。

④ 会議(かいぎ)を抜(ぬ)けられなくて、約束(やくそく)に遅(おく)れてしまった。

⑤ 強(つよ)い風(かぜ)が抜(ぬ)けて、桜(さくら)の花(はな)はすっかり散(ち)ってしまった。

해설

➡ ⑤ 抜(ぬ)けて → 吹(ふ)いて

① 최근, 머리카락이 빠져서 곤란하다.

② 펑크가 나서 타이어 공기가 빠지고 말았다.

③ 터널을 나왔는데, 갑자기 경치가 바뀌었다.

④ 회의 중에 나올 수가 없어서, 약속에 늦고 말았다.

⑤ 강한 바람이 불어서, 벚꽃은 전부 떨어졌다.

65 ある言葉(ことば)の意味(いみ)を説明(せつめい)したものです。説明(せつめい)に合(あ)うものを選(えら)びなさい。

流(なが)れる……とりやめになる。

① 月日(つきひ)が流(なが)れるのは早(はや)いものだと、最近(さいきん)つくづく感(かん)じる。

② 楽(たの)しみにしていた試合(しあい)が雨(あめ)で流(なが)れてしまった。

③ 天気(てんき)が変(か)わるのか、ものすごい勢(いきお)いで雲(くも)が流(なが)れて行(い)く。

④ 川(かわ)の上流(じょうりゅう)から土砂(どしゃ)が流(なが)れてきた。

⑤ 今日はお盆(ぼん)なのに、車(くるま)がよく流(なが)れる。

해설

流れる …… 예정되어 있던 것이 중지되다. (取り止め)

① 세월이 흐르는 것은 빠른 것이라고, 최근 곰곰이 느낀다.

② 기대했던 시합이 비 때문에 중지되고 말았다.

③ 날씨가 변하려고 그러는지, 굉장한 기세로 구름이 이동한다.

④ 강 상류로부터 토사가 흘러 내려왔다.

⑤ 오늘은 봉(추석)인데도, 차가 안 막힌다.

66 다음 문장의 밑줄 친 「置く」의 사용이 틀린 것을 고르세요.

① 委員会には最低、常任委員を<u>５人置く</u>必要がある。

② 君はいつも<u>間を置かず</u>に話すから、わかりにくい。

③ <u>君をおいて</u>ほかに、この仕事の適任者はいない。

④ それでは、この辺で<u>筆をおきます</u>。

⑤ 冬の天気がいい日には、ここから<u>雪を置いた</u>富士山が見える。

해설

➡ ⑤ 置いた → いただいた(頂く · 戴く : 왕관을 쓰다. 덮다. 머리에 이다. 받들다. 모시다)

雪をいただく : 산꼭대기에 눈이 쌓이다. 흰머리가 나다.

① 위원회에는 최저, 상임위원을 5명 둘 필요가 있다.

② 너는 언제나 간격을 두지 않고 이야기하기 때문에, 이해하기 어렵다.

③ 너 말고는, 이 일의 적임자가 없다.

④ 그렇다면, 이쯤에서(이만) 붓을 놓겠습니다.

⑤ 겨울날씨가 좋은 날은, 여기서부터 눈 덮인 후지산이 보인다.

67 다음 문장의 밑줄 친 「さす」의 사용이 틀린 것을 고르세요.

① この部屋は西向きなので、午前中は<u>日がささない</u>。

② 彼が人のものを盗むなんて、<u>魔がさした</u>としか思えない。

③ この自転車は長い間<u>油をさしていない</u>ので、変な音がする。

④ 町でだれかにけんかをさしても、相手になってはいけませんよ。
⑤ 傘をさしている人がいるところを見ると、どうやら降り始めたようですね。

해설

④ さしても → 売られても (작용하다. 걸다(仕掛ける). 알려지다)
① 이 방은 서향이기 때문에, 오전 중에는 해가 들어오지 않는다. (差す)
② 그가 남의 물건을 훔치다니, 악마가 씌었다라고 밖에 생각할 수 없다. (差す)
③ 이 자전거는 긴 시간 동안 기름을 치지 않았기 때문에, 이상한 소리가 난다. (注す · 差す)
④ 마을에서 누군가가 싸움을 걸어도, 상대를 하면은 안 됩니다.
⑤ 우산을 쓰고 있는 사람이 있는 곳을 보니까, 어쩐지 내리기 시작한 것 같네요. (差す)

68 다음 문장과 의미가 같은 것을 고르세요.

掃き溜めにつる。

① 息が掛かる
② 目星を付ける
③ 石に立つ矢。
④ 士族の商法
⑤ 鶏群の一鶴

해설

개천에서 용나다. 쓰레기터에 학. (掃き溜めに鶴)
① 힘 있는 자의 지배나 보호 등의 영향을 받다.
② 짐작하다. 지목하다. 대충 짐작하다. (見当を付ける · 目当てを付ける)
주목하다(目を付ける). 목표로 하다(目標にする).
③ 신념을 가지고 하면 안될 일이 없다. 돌도 10년을 보면 구멍이 뚫린다.
④ 섣부른 모험. (武士の商法)
⑤ 별 볼일 없는 곳이나 지저분한 곳에, 뛰어난 것이나 아름다운 것이 있는 예. (군계일학)
鳶が鷹を生む : 보통의 부모가 뛰어난 재능을 가진 아이를 낳다.
(鳶が鷹を生む · 鳶が孔雀を生む)

69 次の文の下線の意味を一つ選びなさい。

昨日(さくじつ)は雨天(うてん)のため試合中止(しあいちゅうし)を余儀無(よぎな)くされた。

① 어쩔 수 없이 시합을 중지하게 되었다.

② 시합중지를 통보받았다.

③ 시합중지는 여의치 않았다.

④ 시합중지를 의논하지 않을 수 없었다.

⑤ 시합을 연기하기로 했다.

해설

余儀無(よぎな)い : 다른 방법이 없다. 어쩔 수 없다. (仕方(しかた)ない · 止(や)むを得(え)ない)

70 次の文の下線の部分の正しい意味を一つ選びなさい。

仕事(しごと)が忙(いそが)しいのはわかるが、体(からだ)をこわしてしまっては元(もと)も子(こ)もなくなるからあまり無理(むり)するなよ。

① 조상 대대로 자식이 없다.

② 문제로 삼지 않다.

③ 본전도 이자도 없다.

④ 자식으로 삼다.

⑤ 아무런 근거가 없다.

해설

일이 바쁜 것은 이해하지만, 몸을 망가트린다면(壊(こわ)す) 다 소용없기 때문에 너무 무리하지 마라.
(元(もと)も子(こ)も無(な)くなる : 지금까지의 일이 헛되이 되다)

71 次の文の(　　　)の中に最も適当なものを一つ選びなさい。

清潔(せいけつ)で(　　　)使(つか)いやすい台所(だいどころ)にしたい。

① それにしても　② しかも
③ も　④ それでも
⑤ ではあるが

해설

➡ 청결하고 게다가 사용하기 쉬운 부엌으로 만들고 싶다.
② 게다가. (その上(うえ)・それに・お負(ま)けに・かつ)
① 그렇다곤 해도.　⑤ 이긴 하지만.

72 次の文の(　　)の中に最も適当なものを一つ選びなさい。

田中先生は(　　)お帰りになったでしょうか。

① ついに　② やっと
③ もう　④ すっかり
⑤ いよいよ

해설

다나까선생님은 벌써 돌아가셨습니까.
① 마침내. 결국에는. 최종 단계에서 성공했을 때. (とうとう・やっとを 포괄)
② 드디어. 기다리던 것이 이루어졌을 때. 긴 시간 고생 후에 목적 달성.
③ 이미. 벌써. 이제 곧.
④ 남김없이 모두. 깨끗이. 완전히. 정말로. 부정을 동반하여 전혀.
⑤ 드디어. (기대했던 것이 결실을 맺으려고 할 때)

73 次の文の(　　)の中に最も適当なものを一つ選びなさい。

子供(こども)たちは、大人(おとな)の言葉(ことば)じりをとらえて、鬼(おに)の(　　)を取(と)ったように喜(よろこ)んでいる。

① 首(くび)　　② おこりんぼう

③ 上(あ)げ膳(ぜん)据(す)え膳(ぜん)　　④ あたまでっかち

⑤ けちんぼう

해설

아이들은, 어른의 말꼬리를 잡고, 득의양양한 모습으로 기뻐하고 있다.

言葉尻(ことばじり)を捉(とら)える。말꼬리를 잡다.

① 목. 머리. 해고.　　② 화를 잘 내는 사람. (怒(おこ)りん坊(ぼう))

③ 놀고먹다. 자신은 아무것도 안 하면서 시중을 받는다.

④ 머리가 큰 사람. 말뿐인 사람. (頭(あたま)でっかち · 頭(あたま)がち)

⑤ 구두쇠. (けち · けちん坊(ぼう))

74 次(つぎ)の文(ぶん)の下線(かせん)の部分(ぶぶん)の正(ただ)しい意味(いみ)を一(ひと)つ選(えら)びなさい。

学部長(がくぶちょう)も次期学長(じきがくちょう)の座(ざ)をねらって<u>つめをといでいる</u>といううわさだ。

① 학문을 연마하다.　　② 무술 수업을 하다.

③ 실력을 키우다.　　④ 미모를 과시하다.

⑤ 야심을 품고 기회를 노리다.

해설

학장도 차기학장의 자리를 노려(狙(ねら)う) 야심을 품고 있다고 하는 소문이다.

(爪(つめ)を研(と)ぐ : 기회를 엿보다. 손톱을 갈다)

75 次(つぎ)の文(ぶん)の下線(かせん)の部分(ぶぶん)と同(おな)じ意味(いみ)で使(つか)われているものを選(えら)びなさい。

泣(な)いている知子(ともこ)ちゃんを笑顔(えがお)にしようと<u>肺肝(はいかん)を砕(くだ)く</u>どりょくをしてみました。

① 非常(ひじょう)に感心(かんしん)する　　② 取(と)らぬ狸(たぬき)の皮算用(かわざんよう)

③ 目鼻を付ける

④ 非常に苦心する

⑤ 見えを切る

해설

울고 있는 도모꼬양을 웃게(웃는 얼굴) 하려고 안간힘을 써 보았습니다.
肺肝を砕く : 대단히 고심하는 모습. 걱정하다. (心配する)
肝胆を砕く : 열심히 일을 하다. 마음을 다하다. (心を尽くす)

① 대단히 놀라다.

② 떡 줄 사람은 생각도 않는데 김칫국부터 마신다.

③ 예상하다. 윤곽을 잡다.

④ 대단히 고심하다. 걱정하다. (心を砕く)

⑤ 일부러 자신을 과시하는 태도를 취하다. 유별난 제스처. 허세를 부리다.

76 다음 문장을 일본어로 바르게 옮긴 것을 고르세요.

어제는 조금도 자지 않고 하룻밤을 새웠다.

① 昨日は、まんじりともしないで一夜を明かす。

② 昨日は、少しも眠らないで一夜を過ごした。

③ 昨日は、まんじり眠らないで一夜を上がった。

④ 昨日は、ちっとも寝るに寝られなかった。

⑤ 昨日は、少しも眠らないで一夜を夜明けた。

해설

まんじりともしない : 걱정이 있어서 잠들 수 없는 것.

77 次の文の(　　)の中に最も適当な言葉を入れなさい。

心を(　　)にして高利で金貸しをする。

① 鬼

② 神

③ 石

④ 毒

⑤ 固

해설

마음을 모질게 먹고 높은 금리로 고리대금업을 한다. (心を鬼にする)

① 귀신. 도깨비. 영혼.
② 신.
③ 돌.
④ 독.
⑤ 딱딱함.

78 次の文の下線の部分の正しい意味を選びなさい。

思いもかけていなかったことを問い詰められ、何とかお茶を濁してきたが、どうも後味が悪い。

① 모든 방법을 동원했지만 결국은 실패하고 말았다.
② 세상 일은 마음대로 되지 않는다.
③ 비위를 맞추려고 노력하다.
④ 적당히 얼버무려서 자리를 모면하다.
⑤ 무르익는 분위기에 찬물을 끼얹다.

해설

생각지도 못했던 것을 추궁받아, 어떻게든 적당히 얼버무렸지만, 왠지 뒤끝이 개운치 않다.

79 밑줄 친 「そう」의 용법이 나머지 넷과 다른 것을 고르세요.

① 昨日火事があったそうだ。
② 来月留学試験があるそうだ。
③ この店の店員はみんな親切そうだ。
④ 中国は物価があまり高くないそうだ。
⑤ 天気予報によると、あしたは雨だそうだ。

해설

동사 · い형용사 · な형용사 · 명사(기본체) ＋ そう : 전문. (伝聞)
(伝聞 : 방송 · 신문 · 사람 등에게 들은 것을 사람에게 전달하는 것)

① 어제 화재가 있었다고 합니다. (전문)
② 다음 달 유학시험이 있다고 합니다. (전문)
③ 이 가게 점원은 모두 친절한 것 같습니다. (양태)
④ 중국은 물가가 그다지 비싸지 않다고 합니다. (전문)
⑤ 일기예보에 의하면, 내일은 비가 온다고 합니다. (전문)

80 다음 문장에서 밑줄 친 「%」의 표기로 옳은 것을 고르세요.

クラスの90%の生徒が大学へ進学します。

① パセント　② パーセント
③ パセーント　④ パセンート
⑤ パセントー

해설

클래스의 90%(percent)의 학생이 대학에 진학합니다.

• 次の文章を読んで、後の問いに答えなさい。 (81～90)

電車の中で立っている乗客がなにか紙切れのようなものを拾い、落とし主に渡したらしい。こちらからは見えなかったが、受け取った人が「アリガト」と言った。口の利き方は男みたいだが、声は女性である。おやと思って、そちらへ目を向ける。❶<u>見たところではどちらとも決めかねる</u>。こういうとき髪形で判断できることが多いが、この人は両性的スタイルだ。決め手は声だけか。それで、いつかイタリア料理のレストランであったことを思い出した。そこは男性トイレが部屋の左端、女性用は反対の右側にある。男性風の客が右の女性トイレへ入っていこうとした。見ていた店の女主人が後ろ姿に向かって　❷「そちらは…」と言いかけた。客が「え?」と聞き返す。女の声だ。店の人はあわてて「あッ、いいんです。」この客、後ろ姿は、[A]前からみても男そっくりで、勘違いしてもしかたがないと、店の人に同情した。

さきの電車の乗客は、「アリガト」の　❸男みたいな調子と女の声がしっくりしないので、気になったのである。このごろ、男女の言葉の違いが少なくなってきた。女言葉があるのはおかしい、とはっきり言う人もいる。わざと乱暴な言葉を使っているらしい女子高校生は別としても、若い女の人がごく自然に「…したんだ」「…なァ」と言う。それに周りもそれほど驚かなくなっだ。

小説の中で男女二人の会話なら、[B]話し手を示さなくても、言葉遣いでどちらが話しているのかが分かる。こういう手もだんだん通じなくなるだろう。

メーキャップすれば、見た目は [C]ごまかせる。テレビで時代劇に出てきたタレントが現代劇に登場すると同じ人とは思えないことがある。❹そういうときも声が結び付けてくれる。声はメーキャップできない。男女の区別は、声が一番確かな手がかりだと考えてきたが、このごろ男のような電話の声の女の人がちょいちょいある。

전철 안에서 있던 승객이 무엇인가 종이 쪽지 같은 것을 주워, 떨어트린 사람에게 건네준 것 같다. 이쪽에서는 보이지 않았지만, 받아 든 사람이 「고맙다」라고 했다. 말투는 남자 같았으나, 목소리는 여자다. 아니, 이럴 수가라고 (생각해서) 그쪽으로 시선을 돌렸다. ❶외관상으로는 어느 쪽인지 결정하기 어렵다. 이런 때 헤어스타일로 판단하는 일이 많지만, 이 사람은 양성적 스타일이다. 결정하는 방법은 목소리뿐일까. 그래서, 언젠가 이탈리아 요리 레스토랑에서 있었던 일을 기억해 냈다. 그곳의 남자 화장실은 방의 왼쪽 끝, 여성용은 반대인 우측에 있었다. 남자 같은 손님이 오른쪽의 여자 화장실에 들어가려고 했다. 보고 있던 가게의 여주인이 뒷모습을 향해 ❷「그쪽은…」하고 말을 걸었다. 손님이 「예?」하고 되물었다. 여자 목소리다. 가게 주인은 당황해서「아, 아무것도 아닙니다.」라고 말했다. 이 손님, 뒷모습은 물론, 앞에서 봐도 남자와 똑같아서, 착각해도 어쩔 수 없었다고 가게 주인을 동정했다.

조금 전 전차승객의 「고맙다」는 목소리는 ❸남자 같은 모습과, 여자 목소리로는 어울리지 않았기 때문에, 신경이 쓰였던 것이다. 요즘, 남녀의 언어의 차이가 적어지고 있다. 여자의 언어가 있는 것은 이상하다, 라고 확실히 이야기하는 사람도 있다. 일부러 난폭한 말을 사용하고 있는 것 같은 여고생은 제쳐놓고라도, 젊은 여성이 극히 자연스럽게 「…したんだ」「…なァ」라고 말한다. 게다가 주위 사람도 그렇게 놀라지 않게 되었다.

소설 속의 남녀 두 사람의 이야기라면, 하나하나 말하는 사람을 가리키지 않아도, 말씨에서 누가 이야기하고 있는가를 알 수 있다. 이러한 방법도 점점 통하지 않게 되리라.

화장(메이크업)을 하면 겉모습은 꽤 많이 속일 수 있다. TV에서 시대극에 나온 탤런트가 현대극에 등장하면 같은 사람이라고 생각되지 않는 일이 있다. ❹그런 때에도 음성이 결부될 수 있다. 목소리는 화장을 할 수 없다. 남녀의 구별은, 목소리가 가장 확실한 단서라고 생각해 왔지만, 요즘 남자 같은 전화 목소리의 여자가 자주 있다.

• (A)、(B)、(C)には、どんな言葉を入れたらよいか。最も適当なものを一つ選びなさい。 (81～83)

81 (A)

① むしろ　　② やはり
③ もちろん　　④ あいにく
⑤ よほど

해설

➡ ③ 물론.

① 오히려. 차라리.　　② 역시.
④ 공교롭게도.　　⑤ 굉장히.

82 (B)

① いちいち　② おのおの
③ 次々　④ 別々に
⑤ 徐々に

해설

➡ ① 일일이.
② 각기. 따로따로.　③ 차례차례.
④ 따로따로.　⑤ 서서히.

83 (C)

① いっぱい　② すべて
③ なかなか　④ かなり
⑤ たまたま

해설

➡ ④ 꽤.
① 가득.　② 모두. 전부.
③ 상당히. 좀처럼.　⑤ 우연히. 드물게.

- 文中の①～④はここではどんなことか、その説明として最も適当なものを一つ選びなさい。(84～87)

84 ① 見たところではどちらとも決めかねる。

① よく見ないと、男か女かわからない。
② 見ただけでは、男か女かわからない。
③ 見たら、男か女かわからなくなった。
④ よく見れば、男か女かわかったかもしれない。
⑤ 声を聞かなければ、男か女かわからない。

해설

➡ ② 본 것만으로는, 남자인지 여자인지 모른다.

동사(ます形) + 兼ねる。 ~할 수 없다.

동사(ます形) + 兼ねない。~할 수 있다.

① 잘 보지 않으면, 남자인지 여자인지 모른다.

③ 보았더니, 남자인지 여자인지 모르게 되었다.

④ 잘 보면, 남자인지 여자인지 알지도 모른다.

⑤ 목소리를 듣지 않으면, 남자인지 여자인지 모른다.

85 ② 「そちらは…」と言いかけた。

① 「そちらは女性用です」と言おうとして途中でやめた。

② 「そちらは女性用です」と注意した。

③ 「そちらは女性用です」と小さい声で言った。

④ 「そちらは女性用です」と言ってしまった。

⑤ 「そちらは女性用です」と叱った。

해설

➡ ① 「그쪽은 여성용입니다」라고 말하려고 하다 도중에 그만두었다.

② 「그쪽은 여성용입니다」라고 주의 주었다.

③ 「그쪽은 여성용입니다」라고 작은 목소리로 말했다.

④ 「그쪽은 여성용입니다」라고 말해 버렸다.

⑤ 「그쪽은 여성용입니다」라고 야단쳤다.

86 ③ 男みたいな調子と女の声がしっくりしない。

① 男が女みたいな声をしているのは気味が悪い。

② 女が男みたいな話し方をするのは変だ。

③ 女と男の話し方は同じではない。

④ 声が女で話し方が男なのは妙な感じがする。

⑤ 男のような女がめずらしい。

해설

➡ ④ 목소리가 여자이고 말씨가 남자인 것은 묘한 느낌이 든다.

① 남자가 여자 같은 목소리를 내면 왠지 혐오스럽다.

② 여자가 남자 같은 말씨를 쓰면 이상하다.

③ 여자와 남자의 말씨는 같지 않다.

⑤ 남자 같은 여자가 드물다.

87 ④ <u>そういうときも声が結びつけてくれる</u>。

① 見ていつもと違って変だと感じたときも、いつもと同じ声を聞くと親しみを感じる。

② 見て同じ人とわからないときも、声で同じ人だとわかる。

③ 見た感じでは現代劇には向かないと思ったときも、声が補ってくれる。

④ 見た感じはメーキャップで変わるので、声がタレントのイメージを作る。

⑤ 見た感じは言葉遣いでどちらが話しているのかが分かる。

해설

➡ ② 보고 같은 사람이라고 알 수 없을 때도, 목소리로 동일인임을 알 수 있다.

① 보고 보통 때와 틀려 이상하다고 느낄 때도, 언제나 같은 목소리를 들으면 친근함을 느낀다.

③ 본 느낌으로는 현대극에는 어울리지 않는다고 생각할 때도, 목소리가 보충해 준다.

④ 본 느낌으로는 화장으로 변화시킬 수 있기 때문에, 목소리가 탤런트의 이미지를 만든다.

⑤ 본 느낌은 말투로 어느 쪽이 말하고 있는지 알 수 있다.

88 「…したんだ」「…なァ」という言い方は、もともとはどんな人たちの話し方か。

① 女子高校生の言い方　② 若い女性の言い方

③ 突っ張り女子高生の言い方　④ 男性の言い方

⑤ 男女の区別なく、誰もが使う言い方

해설

➡ ④ 남성의 말씨.

① 여고생의 말씨.　　② 젊은 여성의 말씨.
③ 불량스런 여고생의 말씨.　　⑤ 남녀 구별 없이 누구나 쓰는 말씨.

89 男女を完全に区別する方法は何か。

① 声　　② 言葉遣い
③ 髪型　　④ 何もない
⑤ 後ろ姿

해설

➡ ④ 아무것도 없다.
① 소리.　　② 말투.
③ 머리 스타일.　　⑤ 뒷모습.

90 男言葉、女言葉の遣いはどんなとき、役に立ったか。

① 小説の中の会話で、男が言ったのか女が言ったのか書かなくても区別できる。
② 電話で男のような声の女性も、言葉遣いで女性とわかった。
③ 女性は社会人になると乱暴な男言葉を使わなくなるので、高校生か社会人か区別できた。
④ 女言葉があるのは不合理だし、何の役にも立たない。
⑤ 自分が自由であることを確かめるために。

해설

남녀의 언어의 차이는 어떤 때 도움이 되는가.
① 소설 속의 회화에서, 남자가 말했는지 여자가 말했는지, 쓰지 않아도 구별할 수 있다.
② 전화로 남자 같은 목소리의 여성도, 말씨로 여성이란 걸 알았다.
③ 여성은 사회인이 되면 난폭한 남자의 말씨를 사용하지 않기 때문에, 고교생인지 사회인인지 구별이 가능하다.

④ 여자 말씨가 있는 것은, 불합리하고, 아무런 도움도 되지 않는다.

⑤ 자신이 자유롭다는 것을 확인하기 위해서.

91 본문의 내용에 부합하지 않는 것을 고르세요.

私立の大学、短期大学が冬の時代を迎えている。少子化で定員割れや廃校にまで追い込まれる例が増え、過去の投資の負担も経営を圧迫している。学生が大学を選ぶ新たな環境下で、人気回復策などを講じて学生の確保や受験生の増加を図る大学もある一方、人員削減などによる経費節減で収支均衡を目指す大学もあり、生き残り戦略が二極化しはじめている。

① 少子化は私立大学の危機の原因の一つである。
② すべての大学の生き残り戦略が共通している。
③ 定員割れに追い込まれているのは短気大学も例外ではない。
④ 大学の人員削減は収支均衡を目指すためである。
⑤ 大学が人気回復策を講じるのは、受験生の増加を図るためである。

해설

➡ ② 모든 대학의 생존 전략이 공통하고 있다.

少子化 : 출생률 저하에 동반해, 총인구에서 차지하는 아이의 수가 적어지는 것. 저출산. 통계적으로는. (統計的には)

追い込む : 몰아넣다. 몰아붙여 괴롭히다. 병의 독을 체내에 잠복시키다. 활자를 앞의 빈칸에 계속 짜 넣다.

一方 : 그것만 하다. 일방. 한편으론.
物価が高くなる一方で、生活は苦しくなるばかりだ。
물가는 올라가기만 해서, 생활은 고통스러워질 뿐이다.

図る : 무게 · 각도 · 길이 · 중량 · 시간을 재다. (計る · 測る · 量る)
상상하다. 계획하다(計る · 測る · 量る). 속이다(図る · 謀る).
상담하다. 의뢰하다. 의견을 제출해 검토해 받다. (諮る)

対策を講ずる : 대책을 강구하다.

사립대학, 전문대학이 겨울의 시대를 맞이하고 있다. 저출산으로 정원미달이나 폐교에까지 내몰리는 사례가 늘고 있고, 과거 투자의 부담도 경영을 압박하고 있다. 학생이 대학을 선택하는 새로운 환경 하에서 인기 회복책 등을 강구해 학생의 확보나 수험생의 증가를 계획하는 대학도 있는 한편, 인원 삭감 등에 의한 경비절감으로 수지균형을 목표로 하는 대학도 있고, 살아남는 전략이 양극화되기 시작됐다.

① 저출산은 사립대 위기의 원인 중 하나다.

③ 정원미달의 어려움이 있는 것은 전문대학도 예외가 아니다.

④ 대학의 인원감축은 수지균형을 지향하기(목표로 하기) 때문이다.

⑤ 대학이 인기회복책을 강구하는 것은, 수험생의 증가를 계획하기 위해서다.

92 본문의 내용에 부합하지 않는 것을 고르세요.

時間と金がかかり、手続きも面倒だと長年批判されてきた裁判が大きく変わろうとしている。民事裁判のルールを全面的に見直した新民事訴訟法が、今月から施行された。七年ぶりの改革である。身近で利用しやすい裁判にするために、新法に盛り込まれた新しい取り決めや工夫は多岐にわたっている。

① 裁判には時間と金がかかると批判されてきた。

② 裁判の面倒な手続きも批判の対象になっている。

③ 新法では民事裁判のルールを全面的に見直した。

④ 新法が施行されるのは七年後である。

⑤ 新法には新しい取り決めや工夫がいろいろ盛り込まれている。

해설

④ 새로운 법이 시행되는 것은 7년 후이다.

面倒　　：귀찮음. 번거로움. (面倒を見る · 世話をする：돌보아주다)

見直す　：다시 고치다. 재검토. 다시 보다. 병 · 경기(景気)들이 좋아지다.

取り決め：결정 또는 결정한 내용. 약속.

工夫する：연구하다. 궁리하다. 고안하다. (工夫：인부)

시간과 돈이 들고, 절차도 귀찮다고 오랜 시간 비판받아 온 재판이 크게 바뀌려 하고 있다.

민사재판 규칙을 전면적으로 개정한 새로운 민사소송법이, 이달부터 시행되었다. 7년 만의 개혁이다. 가까운 곳에서 이용하기 쉬운 재판을 하기 위해, 새로운 법에 포함된 새로운 결정이나 연구는 다방면에 걸쳐 있다.

① 재판에는 시간과 돈이 든다고 하는 비판을 받아 왔다.

② 재판의 귀찮은 수속도 비판의 대상이 되어 있다.

③ 신법에서는 민사재판의 룰을 전면적으로 재검토했다.

⑤ 신법에는 새로운 결정(약속)이나 연구가 여러 가지 포함되어 있다.

93 까마귀가 입히는 피해가 아닌 것을 고르세요.

都会のカラスが「憎まれっ子」になっています。生ごみをえさにして数が増えすぎ、子育て中の今の季節は、人を襲うことが珍しくありません。動物園では、小動物の赤ちゃんがさらわれるなどの被害も目立っています。そこで東京都と上野動物園は、カラスの捕獲作戦を繰り広げています。サルなどに与えたえさや、鳥の卵がとられる被害が年々増えているそうです。

① 人を攻撃する。

② 子育て中のカラスを襲う。

③ 鳥の卵をとる。

④ サルのえさをとる。

⑤ 小動物の赤ちゃんをさらう。

해설

② 육아(育児) 중에 까마귀를 습격한다.

ガラス : 유리. 약하게 깨지기 쉬운 것(硝子 · 硝子 · glass). ガラスの顎。 유리 턱.

繰り広げる : 차례차례로 넓혀 가다. 펼치다. 전개하다.

年々 · 年々 : 매년. 해마다.

도시의 까마귀가 「미움받는 아이」가 되고 있습니다. 음식물쓰레기를 먹이로 하여 숫자가 너무 증가해서, 육아 중인 지금의 계절은, 사람을 습격하는 일이 드물지 않습니다. 동물원에서는, 작은 동물의 새끼가 납치되는 등의 피해도 눈에 띄고 있습니다. 그래서 도쿄도와 우에노 동물원은 까마귀 포획 작전을 벌이고 있습니다. 원숭이 등에 준 먹이나, 새 알을 훔치는 피해가 매년 증가하고 있다고 합니다.

① 사람을 공격한다.

③ 새의 알을 훔친다.

④ 원숭이의 먹이를 훔친다.

⑤ 작은 동물의 새끼를 약탈하여 도망친다(채간다).

94 다음 글의 내용에 부합하는 것을 고르세요.

死刑などにあたる重罪や、薬物·銃器犯罪、誘拐罪などの捜査に関して、裁判官の令状を得て電話など電気通信を傍受する制度を新設することが必要である。というのは、相手に気づかれずに捜査ができるため、秘密におおわれた組織の内部に切り込めるからである。マフィアなど組織犯罪への対策を強化しようとする国際的な気運に歩調を合わせようとのねらいもある。たしかに盗聴は、切迫した誘拐事件などの事件解決には有効だ。欧米各国では、対象犯罪や期間などに限定を付けて傍受を法律で認めるようになってきている。

① あらゆる犯罪に対して、裁判官の令状を得て電話など電気通信を傍受する制度を新設することが望ましい。

② 相手に気づかれずに捜査ができるため、一部の犯罪に限っては盗聴を法律で認めるべきだ。

③ 欧米各国では誘拐のような切迫した事件には何の限定もなく盗聴を認めている。

④ いまのところ、マフィアなどの組織犯罪への対策を強化しようとする国際的な動きはほとんど見られない。

⑤ いままでも裁判官の令状さえあれば盗聴は認められていたが、今後この制度を一層強化すべきだ。

해설

➡ ② 상대가 모르게 조사하기 위해서, 일부의 범죄에 한해서는 도청을 법률로 인정해야만 한다.

気運 : 사물이 어느 방향으로 나아가려는 경향. 시대의 추세. 흐름.
政権交代の気運が高まる。 정권교체의 기운(흐름)이 높아진다.

切り込む : 칼로 깊이 베다. 쳐들어가다. 칼을 빼들고 뛰어들다. (踏み込んで切る)
깊은 곳까지 날카롭게 파고들다. 잘라서 안에 넣다. 잘라서 끼워 넣다. (斬り込む)

사형 등에 해당하는 중죄나, 약물 · 총기범죄, 유괴죄 등의 조사에 관해서, 법관의 영장을 발부받아 전화 등 전기통신을 감청하는 제도를 신설하는 것이 필요하다, 라고 하는 것은(왜냐하면), 상대에게 발각되지 않고 수사를 할 수 있어, 비밀로 덮인 조직의 내부에 파고들 수 있기 때문이다. 마피아 등 조직범죄에 대한 대책을 강화하려고 하는 국제적인 흐름에 보조를 맞추려는 목적도 있다. 확실히 도청은, 절박한 유괴사건 등의 사건 해결에는 효과적이다. 구미 각국에서는, 대상 범죄나 기간 등에 제한을 두어 감청을 법률로 인정하도록 되어 있다.

① 모든 범죄에 대해, 법관의 영장을 발부받아 전화 등 전기통신을 감청하는 제도를 신설하는 것이 바람직하다.

③ 서구(유럽과 미국) 각국에서는 유괴와 같은 절박한 사건에는 아무런 제한 없이 도청을 허용하고 있다.

④ 지금 현재, 마피아 등의 조직범죄에 대한 대책을 강화하려고 하는 국제적 움직임은 거의 볼 수 없다.

⑤ 지금까지도 법관의 영장만 있으면 도청은 허용되었지만, 앞으로 이 제도를 한층 더 강화해야만 한다.

95 다음 문장의 내용을 가장 잘 나타낸 것을 고르세요.

手をポケットに入れて話をしてはいけない。これは年長者が聴衆をリラックスさせようとする場合にだけ許されるポーズである。

① 聴衆をリラックスさせるためには、手をポケットに入れて話してもよい。
② 若い者は聴衆をリラックスさせるために、手をポケットに入れたりする。
③ 年長者は、いつでも手をポケットに入れて話してもよい。
④ 年長者でも、普通は手をポケットに入れて話してはいけない。

해설

④ 연장자라도, 보통은 손을 주머니에 넣고 이야기해서는 안 된다.

손을 주머니에 넣고 이야기하면 안 된다. 이것은 연장자가 청중을 편안하게 하려고 하는 경우에만 허용되는 자세이다.

① 청중을 편안하게 하기 위해서는, 손을 주머니에 넣고 이야기해도 좋다.
② 젊은 사람은 청중을 편안하게 하기 위해, 손을 주머니에 넣기도 한다.
③ 연장자는, 언제든지 손을 주머니에 넣고 이야기해도 좋다.

96 다음 문장의 작자의 기분을 잘 표현한 것을 고르세요.

驚（おどろ）くような長寿（ちょうじゅ）の話題（わだい）が海外（かいがい）から届（とど）いた。大西洋（たいせいよう）でとれたある貝（かい）が400年余（ねんあま）りも生（い）きていたらしいと分（わ）かった。研究班（けんきゅうはん）が、貝殻（かいがら）に残（のこ）った年輪（ねんりん）を顕微鏡（けんびきょう）で数（かぞ）えて判明（はんめい）した。調（しら）べるために身（み）をはがされ、おしいことに昇天（しょうてん）したそうだ。生（い）きたまま調（しら）べて、そっと海（うみ）へ戻（もど）す手（て）だてはなかったものか。

① 気（き）の毒（どく）だ　　② 興味（きょうみ）ぶかい

③ うらやましい　　④ どきどきする

해설

➡ ① 마음의 독이다. 정말 안됐다.

余（あま）り : 그다지(뒤 문장은 부정을 동반). 너무(あんまり).

수량을 나타내는 말에 붙어, 그것보다 조금 많은 뜻을 나타낸다. ～이상.

百名余（ひゃくめいあま）りの従業員（じゅうぎょういん）。 100명이 조금 넘는 종업원. 100명 이상인 종업원.

身（み）を剥（は）がされる : 부착되어 있는 것을 벗겨내다. 몸을 떼어내다.

惜（お）しい : 아깝다(もったいない). 아쉽다. 섭섭하다. 애석하다. 분하다(残念（ざんねん）だ).

사랑스럽다(愛（いと）しい). 귀엽다(可愛（かわい）い).

手立（てだ）て : 목적을 달성하기 위한 방법. 수단. (手立（てだ）てを講（こう）じる : 방도를 강구하다)

놀랄 만한 장수(오래도록 삶)의 화제가 해외로부터 도착했다. 대서양에서 잡힌 한 조개가 400년 남짓(이상)씩이나 살았다는 것을 알았다. 연구반이, 조개껍데기(패각)에 남은 연륜(나이)을 현미경으로 세어서 판명했다. 조사하기 위해 몸을 떼어내었고, 아쉬운 것은 승천(천당에 감)했다고 한다. 산 채로 조사해, 살며시 바다로 돌려보낼 방도(방법)는 없었던 것일까.

① 남의 불행이나 고통 등을 동정해서, 마음 아파하는 것.

お気（き）の毒（どく）に存（ぞん）じます。 유감스럽게 생각합니다.

気（き）の毒（どく）な境遇（きょうぐう）。 딱한 처지(경우, 형편, 환경)입니다.

다인(다른 사람)에게 폐를 끼쳐 죄송하다고 생각하는 것.

彼（かれ）には気（き）の毒（どく）なことをした。 그에게는 죄송한(미안한) 짓을 했다.

마음에 걸리는 것. 불쾌하게 생각하는 것. 창피 · 쑥스러운 것(決（き）まりが悪い). 곤란한 것. 민망한 것.

親方の手前気の毒のおもはくにて、顔を真っ赤にしている。

오야까따(스승님)의 바로 앞이라 창피하다고 생각했는지, 얼굴을 빨갛게 하고 있다.

お気の毒様。상대의 불행에 동정하는 마음을 나타내는 말.

事故に遭われたとはお気の毒様です。 사고를 당하신 것은 정말 안됐습니다.

상대의 기대에 부응하지(미치지) 못하거나, 상대에게 폐를 끼치거나 했을 때, 사과하는 마음을 나타내는 말. 빈정거리거나 비꼬는 말(아이러니컬하게도), 또 조롱할 때도 이용된다.

厄介をかけてお気の毒でした。 폐를 끼쳐서(귀찮게 해서) 죄송했습니다.

お気の毒様ですが、課長は不在です。죄송합니다만, 과장은 부재중입니다(자리에 없습니다).

② 대단히 흥미가 있는 것. ③ 부럽다.

④ 가슴이 두근두근거리다. 울렁울렁하다.

97 다음 문장에서 밑줄 친 부분의 뜻으로 가장 적당한 것을 고르세요.

喫茶店で、となりの席の話を聞くともなしに聞いていたら、私の会社のことだったので驚いた。

① 무심결에 듣고 있었더니 ② 건성으로 듣고 있었더니

③ 살짝 듣고 있었더니 ④ 귀를 쫑긋 세우고 듣고 있었더니

해설

➡ ①

찻집에서, 옆자리의 이야기를 들으려고 해서 들은 것은 아닌데, 우리 회사에 대한 것이었기 때문에 놀랐다.

98 다음 문장의 제목으로 가장 적당한 것을 고르세요.

数人でなにかする時、その中の１人がとくにさし出がましいふるまいをすれば、ほかの人はどうしても不快に思いがちである。自分たちが無視されていると思うことが不快となって現われるのであろう。それがしぜんその人に対する憎しみの情となって、なにかの機にぽんとその人を叩くことになる。数人の仲間のうちで、とくにすぐれた者があって、いわゆる頭角を現わすことがあると、ほかの者らはどうしても不快になりがちである。劣っている者がすぐれている者に対してねたみ心を起こすのは、これも人情の常である。

① せいては事を仕損ずる　　② 出る杭はうたれる。
③ 義理と人情のはざ間　　④ 情けは人のためならず

해설

➡ ② 튀어나온 말뚝은 맞는다. 모난 돌이 정 맞는다. (出る杭は打たれる)
差し出がましい : 필요 이상으로, 타인의 일에 관여하려고 하다. 주제넘게 나서다.
동사(ます형) ＋ がち : 그러한 경향이 있는 것. 자주 있는 것.
(病気がち : 병에 자주 걸림. 遅れがち : 자주 지각함)
妬み : 질투. (嫉妬 · 嫉み · 焼き餅を焼く)
仕損ずる : 무엇인가 할 기회를 놓치다. 하는 방법을 틀려 실패하다. (仕損じる · 仕損なう)
몇 명이 무엇인가를 할 때, 그중 한 사람이 특히 주제넘게 나서는 행동을 한다면, 다른 사람은 아무래도 불쾌하게 생각하기 쉽다. 자신들이 무시받고 있다고 생각한 것이 불쾌하게 되어 나타나는 것이다. 그것이 자연히 그 사람에 대한 미움의 정이 되어, 어떤 기회에 탁 그 사람을 때리게 된다. 수명의 동료 중에서, 특히 뛰어난 사람이 있어, 소위 두각을 나타내면, 다른 사람들은 아무래도 불쾌해지기 쉽다. 열등한 자가 뛰어난 사람에 대해 질투심을 느끼는 것은, 인지상정이다.

① 서두르면 일을 그르친다(망친다).
③ 의리와 인정의 틈새. (義理と人情の板挟み : 의리와 인정의 사이에 끼인다는 것은, 의리와 인정이라는 판자에 샌드위치되어 꼼짝 못 해 고통스럽다는 의미)
④ 인정을 베푸는 것은 남을 위해서 하는 것이 아니다.

99 **다음 글은 부동산 물건에 관한 표시 규정이다. 대중교통 관련 표시사항이 아닌 것을 고르세요.**

不動産の表示規約では、電車・バス等の所要時間の表示基準を定め、①乗換えを要するときはその旨、②特急電車・急行電車等の種類、③特急料金等の特別料金を要するときはその旨、④ラッシュアワーと平常時の所要時間が著しく異なるときはその旨、⑤運行本数が著しく少ないときはその旨を明示することを義務づけている。所要時間はダイヤグラムに従い表示するが、乗換え時間や待ち時間は含まれない。なお、通勤時間帯に運行されていない特急電車等による所要時間だけの表示は許されない。

① 환승시간　　② 소요시간
③ 환승 여부　　④ 전차의 종류
⑤ 특급요금 등의 필요 여부

해설

➡ ①

旨：뜻(志). 생각(考え). 의향(意向). 취지(趣旨). 논의(論旨). 맛있다(旨い·味がよい).

ダイヤグラム：열차 등 교통기관의 운행상황을 1장의 그림으로 표시한 것.
운행 예정도(線図·路線図). 도표 (図表). ダイヤ(diagram).

부동산 표시규약에서는 전철·버스 등의 소요시간의 표시기준을 정하고, ① 환승을 요구할 때에는 그 취지(내용), ② 특급전차·급행전차 등의 종류, ③ 특급요금 등의 특별요금을 요구할 때에는 그 취지(내용), ④ 러시아워와 평상시의 소요시간이 현저히 다른 때에는 그 취지(내용), ⑤ 운행횟수가 현저히 적은 때에는 그 취지(내용)를 명시하는 것을 의무화하고 있다. 소요시간은 노선도에 따라 표시하지만, 환승시간이나 대기시간은 포함되지 않는다. 또한, 통근시간대에 운행되지 않는 특급전철 등에 의한 소요시간만의 표시는 허용되지 않는다.

100 **밑줄 친 부분의 용법이 나머지 넷과 다른 것을 고르세요.**

① キムチぐらいは私も<u>食べられ</u>ます。

② あれは<u>忘れられ</u>ない思い出になっています。

③ 部長(ぶちょう)が述(の)べられた件(けん)については、もう検討(けんとう)したのかね。

④ この荷物(にもつ)は重(おも)くて一人(ひとり)では持(も)ち上(あ)げられない。

⑤ この機械(きかい)はだれにでも組(く)み立(た)てられる。

해설

➡ ③ 부장님이 말씀하신 건에 대해서는, 이미 검토했니. (존경)

① 김치 정도는 저도 먹을 수 있습니다. (가능)

② 그것은 잊을 수 없는 추억이 되어 있습니다. (가능)

④ 이 짐은 무거워서 혼자서는 들 수 없다. (가능)

⑤ 이 기계는 누구라도 조립할 수 있다. (가능)

101 밑줄 친 부분의 의미가 나머지 넷과 다른 것을 고르세요.

① 彼(かれ)は日本語もできます。

② 彼女(かのじょ)はトラックの運転(うんてん)ができます。

③ やればできると人(ひと)は言(い)う。

④ この問題(もんだい)は私にはできない

⑤ 結婚(けっこん)して七年目(ななねんめ)で、やっと子供(こども)ができました。

해설

➡ ⑤ 결혼해서 7년째, 드디어(마침내) 아이가 생겼습니다.

出来る：생기다. 완성하다. 할 수 있다. 시험을 잘 보다.

① 그는 일본어도 할 수 있습니다.　② 그녀는 트럭 운전을 할 수 있습니다.

③ 해보면 할 수 있다고 사람은 말한다.　④ 이 문제는 나는 할 수 없다.

102 문매상 밑줄 친 부뷰이 올바르 것을 고르세요.

① お金も払(はら)わないで、店(みせ)を出(で)ました。　② お酒(さけ)が飲(の)まないで退屈(たいくつ)でした。

③ 今日中(きょうじゅう)にできなくかもしれません。　④ あまり無理(むり)をしなくて下(くだ)さい。

⑤ 韓国(かんこく)に来(こ)ないでから10年(じゅうねん)になります。

해설

① 돈을 지불하지 않고, 가게를 나갔습니다.

② お酒が飲めないで退屈でした。 술을 마실 수가 없어서 따분했습니다.

③ 今日中にできないかもしれません。 오늘 중으로 할 수 없을지도 모릅니다.

④ あまり無理をしないで下さい。 그다지 무리를 하지 말아 주세요.

⑤ 韓国に来てから10年になります。 한국에 온 지도 10년이 됩니다.

103 다음 문장의 밑줄 친 부분의 의미와 가장 가까운 것을 고르세요.

ごぶさたしておりますが、その後みなさまお変わりございませんか。
私も元気で暮らしております。

① 元気がなくなりましたか。
② 前と変わった仕事をしていますか。
③ 元気ですか。
④ 前と同じ仕事をしていますか。
⑤ 元気を回復しましたか。

해설

그동안 격조했습니다만, 그 후 여러분은 잘 지내십니까.

저도 건강하게 생활하고 있습니다. (잘 지냅니다)

御無沙汰しています。 격조했습니다. 소식을 못 전했습니다.

③ 건강하십니까.

104 다음 문장의 의미가 다른 것을 고르세요.

森さんは山田に行くように言われたので、土曜日に木下さんをたずねるつもりです。

① 山田さんは木下さんを土曜日にたずねるつもりです。
② 森さんは木下さんをたずねるつもりです。
③ 山田さんは森さんに、行くように言いました

④ 森さんは山田さんに、行くように言われました

⑤ 木下さんをたずねるように森さんは言われました。

해설

모리씨는 야마다에게 갈 수 있도록 말을 들었기 때문에, 토요일날 기노시따씨를 방문할 생각입니다.

① 야마다씨는 기노시따씨를 토요일날 방문할 생각입니다.

105 다음 대화를 순서에 맞게 배열한 것을 고르세요.

A : あ、予定日(よていび)、きょうでしたね。

B : 石川(いしかわ)さんいませんね。

C : それじゃ。しようがないですね。

D : ええ、病院(びょういん)へ飛(と)んで行きました。

E : 奥(おく)さんが出産(しゅっさん)だそうです。

① A－C－D－B－E ② B－E－A－D－C

③ B－D－E－A－C ④ E－A－C－B－D

⑤ E－B－D－C－A

해설

➡ ②

A : 아, 예정일, 오늘이네요.

B : 이시까와씨 없네요.

C : 그러면. 어쩔 수가 없네요.

D : 네, 병원으로 달려갔습니다.

E : 부인이 출산한다고 합니다.

106 일본어로 고친 것 중 자연스럽지 못한 것을 고르세요.

① 감기라 해서 내버려 두면, 큰 병이 될지도 모른다.
風邪だからといって放っておくと、大病になりかねない。

② 내일 출장은 나대신, 자네가 가 주었으면 한다.
明日の出張は私の代わりに、君に行ってもらいたい。

③ 그는 심장이 나쁜 주제에, 술도 마시며 담배도 피운다.
彼は心臓が悪いくせに、酒も飲めばタバコも吸う。

④ 자신의 이익만 생각하는 그런 사람은 되지 않았으면 좋겠다.
自分の利益ばかり考えような人間にはなってほしくない。

⑤ 이 나무는 비가 적은 지방에 심어야만 가치가 있다.
この木は雨の少ない地方に植えてこそ価値がある。

해설

④ 自分の利益ばかり考えるような人間にはなってほしくない。
考えよう：생각하자(의지형). 考えるよう：생각하는 것 같은(추측형).

107 다음 글의 내용과 일치하는 것을 고르세요.

秋になって、ぶどうのおいしい季節になりましたが、このぶどうに、うすい緑色で、ふさもつぶも大きいマスカット・オブ・アレクサンドリアという種類があります。これなどは、日本の温室でつくる代表的なもので、立派な木の箱にいれて、高価な贈り物にする人も多いようです。

① 最近は温室のおかげで、いつでもぶどうが食べられる。
② マスカット・オブ・アレクサンドリアはつぶが大きい種類のぶどうである。
③ ぶどうは安くておいしいので、贈り物にする人が多い。
④ マスカット・オブ・アレクサンドリアは野菜の種類の一つである。
⑤ ぶどうの中では、色のうすいものがおいしい。

해설

➡ ② 샤인머스켓 · 오브 · 알렉산드리아는 알갱이(粒)가 큰 종류의 포도(葡萄)다.

가을이 되어, 포도가 맛있는 계절이 되었습니다만. 이 포도는, 엷은 녹색으로, 송이(房)도 알맹이도 큰 머스켓(muscat) · 오부 · 알렉산드리아라고 하는 종류가 있습니다. 이것 등은, 일본의 온실에서 만드는 대표적인 것으로서, 멋진 나무상자에 넣어, 비싼 선물로 하는 사람도 많은 것 같습니다.

① 요즘은 온실 덕분에, 언제든지 포도를 먹을 수 있다.

③ 포도는 싸고 맛있기 때문에, 선물로 하는 사람이 많다.

④ 샤인머스켓 · 오브 · 알렉산드리아는 채소의 종류 중 하나이다.

⑤ 포도 중에서는, 색이 옅은 것이 맛있다.

108 우리말을 일본어로 가장 적절하게 옮긴 것을 고르세요.

기술이 발달한다고 해서 반드시 행복해진다고는 할 수 없다.

① 技術(ぎじゅつ)が発達(はったつ)するとして必(かなら)ず幸福(こうふく)になるとは言(い)えない。

② 技術が発達するからといって必ずしも幸福になるとは限(かぎ)らない。

③ 技術が発達したって必ずしも幸福にならない。

④ 技術(ぎじゅつ)が発達(はったつ)するといって必ず幸(しあわ)せになるのではない。

⑤ 技術が発達するといって必ず幸せになるとは言わない。

해설

반드시(必(かなら)ずしも · 強(あなが)ち · 満更(まんざら) · 一概(いちがい)に) ~라고는 할 수 없다(とは限(かぎ)らない · とは言えない · とは思えない) 라는 문장이 오며, 뒤 문장은 반드시 부정을 동반한다.

109 다음 글은 초등학교 2학년 아이가 학교에서 가져온 안내문이다. 안내문의 내용에 부합되는 것을 고르세요.

お父(とう)さん·お母(かあ)さんへ。
2年生(にねんせい)は火曜日(かようび)に地下鉄(ちかてつ)で博物館(はくぶつかん)へ行きます。8時(はちじ)に学校(がっこう)の前(まえ)に集(あつ)まってみんなで行きます。朝御飯(あさごはん)は家(いえ)で食(た)べさせてください。ノートと鉛筆(えんぴつ)を用意(ようい)してください。お金(かね)は持(も)たせないでください。

① 학교에서 아침을 먹는다.
② 박물관 입장료를 준비해 간다.
③ 공책과 연필을 준비한다.
④ 8시까지 박물관으로 간다.
⑤ 용돈을 준비해 간다.

해설

➡ ③

아버님 · 어머님께.
2학년은 화요일날 지하철로 박물관에 갑니다. 8시에 학교 앞에 모여서 함께 갑니다. 아침은 집에서 먹여 주세요. 노트와 연필을 준비해 주세요. 돈은 주지 마세요.

110 일본어로 옮긴 것 중 가장 올바른 것을 고르세요.

「값이 비싸면 비쌀수록 물건이 좋아집니다.」

① 値段(ねだん)が高(たか)いと高くて品物(しなもの)がよくなります。
② ねだんが高くて高いほど品物がよくなります。
③ ねだんが高いほど高ければ品物がよくなります。
④ ねだんが高ければ高いほど品物がよくなります。
⑤ ねだんが高ければ高いくらい品物がよくなります。

해설

④ …ば …ほど · だけ : ~하면 할수록 · ~하는 만큼. ~하면 할수록 · ~하는 정도로.

第２０章。제20장

語彙　어휘편 X

慣用句 · 諺 · 熟語 · 一般語彙 Ⅶ
관용구 · 속담 · 숙어 · 일반어휘 Ⅶ

左党	술꾼. (左党 · 上戸) ⇔ (下戸 · 右党 · 行ける)
村八分	마을의 규정에 따르지 않는 사람과 가족에 대해, 마을 주민 전체가 합의하여 그 집과 절교하는 것. 마을사람들로부터 따돌림 받는 사람. (村はずし · 仲間外れにする)
瓜二つ	꼭 닮음. (そっくり · 寸分違わない)
玉に傷	조금의 결점. (少しの欠点)
枝葉末節	중요하지 않은 부분. 본질하고는 관계가 없다.
野に下る	하야하다. (公職を退いて民間の生活をする · 下野する)
錦を飾る	아름다운 옷을 입다. 성공하여 곱게 차려입고 고향으로 돌아오다. 금의환향.
宙に浮く	공중에 뜨다. 어중간한 상태가 되다. 결판이 나지 않게 되다. (中途半端)
宙に迷う	애매한 상태가 되다. 안정되지 못하다.
お天気屋	변덕이 심한 사람. (気紛れ : 기분파. 변덕이 심한 사람)
脂下がる	우쭐해져서 벙글거리다. 득의양양한 모습으로 히죽거리다.
大胆不敵	대담무쌍하다. 배짱이 두둑하여 두려움을 모르는 것.
澄まし屋	~인 척하는 사람. 점잖은 척하는 사람. (気取り屋)
情けが仇	호의가 오히려 상대방의 불이익을 가져옴.
御膳立て	식사준비.
板に付く	잘 어울리다. (釣り合う · よく馴染んでいる · ぴったりする · 似合わしい · 似付かわしい)
所を得る	자신에게 어울리는 직업 · 일 · 지위 등에 앉다. 좋은 기회를 만나다.
緒に就く	일이 시작되다. 착수하다. (緒に就く). (緒 : 始め · 糸口)
程がある	한도가 있다. (限度がある)

得心尽く	서로 납득한 뒤에 행함. (得心がいく : 十分に納得出来る)
物を言う	도움이 되다(役に立つ). 효과를 올리다(効果を上げる). 참견해서 무언가를 말하다.
土が付く	승부에 지다. (力士が負ける · 勝負に取れる)
株を守る	융통성이 없다. (株を守る · 株を守る)
分がある	이길 가망이 있다.
媚を売る	아부하다. 아첨하다. (機嫌を取る · 色っぽい態度を取る)
引き立つ	눈에 띄다(目立つ). 긴장하다.
悦に入る	사물이 잘 진행되어, 만족해서 기뻐하다.
杓子定規	융통성이 없는 방식이나 태도.
立て板に水	막힘없이 술술 말하는 것. 달변가. (⇔ 横板に雨垂れ)
高根の月	성공하여 여한이 없음. (高嶺)
兜を脱ぐ	항복하다. (降参する · シャッポを脱ぐ(帽子を脱ぐ · 脱帽する : 모자를 벗다)
右に出る	실력이 낫다.
高を括る	깔보다. 얕보다. (侮る · 甘く見る · 見くびる · 嘗める · 人を食う)
鎬を削る	세력이 비슷한 사람이 똑같은 것을 목표로 맹렬히 싸우다. 격전을 벌이다.
芸が細かい	자세한 부분까지 정밀하게 연구되어 있다. 마음의 배려.
芸が無い	바뀐 곳이 하나도 없어서 재미없다.
反吐が出る	불유쾌하게 되다.
以ての外	나쁜 방향으로 상식이 벗어나다. (とんでもないこと)
やって来る	오는 것이 보이다. 접근해 오다. 찾아오다. (近付いてくる · 生活して現在に到る)

読みが深い	선견지명이 있다. 통찰력이 있다. (先見の明 · 見通す)
円滑を欠く	원활하지 못하다.
業を煮やす	일이 뜻대로 되지 않아 화를 내다. 답답해하다.
花を持たす	자기 공을 남에게 돌리다.
桁が違う	수준이 틀리다. 현격한 차이가 있다.
見栄を張る	사치하다. 허세하다. (贅沢する · 世間を張る · わべを飾る · 外観を繕う)
見得を切る	배우가 잘 아는 몸짓을 하다. 잘 보이려고 무리를 하다. 유별난 제스처. 유달리 자신의 힘을 과시하는 듯한 태도 · 언동을 한다.
羽目を外す	상식을 벗어나다. 도를 지나치다.
関心しない	좋은 일이라고는 생각할 수 없다. 동감하지 않는다.
方法がない	방법이 없다. (仕様がない · 仕方がない)
輪を掛ける	증폭하다. 정도를 심하게 하다. 과장하다.
音を上げる	죽는소리를 하다. (弱音を吐く)
末席を汚す	동석하다. 모임 등에 출석하거나, 동료로 참가하는 것을, 겸손하게 말하는 것.
東西を失う	방향을 모르다.
東西を弁ぜず	동서를 분별 못 하다. 사물을 분별할 힘이 없다. (西も東もわからない · 物事を弁えない · 東西を弁えず · 東西を知らず)
名にし負う	대단히 유명하다. 이름이 높다(高名 · 高名).
無くて七癖	누구에게나 버릇은 있다. 無くて七癖有って四十八癖。 어떤 사람이라도 조금은 버릇이 있다.
味を占める	맛을 들이다. (과거의 좋았던 일을 잊지 못해)
天狗になる	자만하다. 우쭐해하다. (自慢する · 図に乗る · 思い上がる · いい気になる · つけ上がる · 自惚れる)
夢中になる	어떤 일에 열중하다.

胡麻を擂る	아부하다. 아첨하다. 彼は、いつも社長にごまをすっている。 그는, 언제나 사장에게 아부하고 있다.
意地を張る	고집 부리다. 意地を張らないで素直に謝りなさい。 고집부리지 말고 고분고분히(솔직하게) 사과해라.
道草を食う	도중에 한눈팔고 시간을 보내다.
缶詰になる	일이 있어 호텔 등에 갇히다.
反故にする	버리다(捨てる). 없는 것으로 하다. 도움이 안되게 하다.
向こうを張る	대항하다. 상대에게 지지 않으려고 경쟁하다. (張り合う · 対抗する)
有卦に入る	행운이 계속되다. (幸運が続く)
片目が明く	계속 지던 상황에서 일승하다.
甲羅を経る	경험을 쌓다. 숙련되다. 연공(年功)을 쌓다.
物心が付く	철이 들다.
空目を使う	못 본 체하다.
出しにする	방편(方便)으로서 이용하다.
並々ならぬ	보통이 아닌 대단한.
貧乏暇なし	가난 때문에 먹고살기 바쁘다.
型に嵌まる	개성이나 창조성이 없다. 틀에 박히다.
器量がいい	얼굴이 잘생기다.
すかを食う	목표 · 기대가 깨져 고생을 하다. 목표가 빗나가다. 바람 맞다.
たわい無い	사려 분별이 없다. 실없다. 하찮다. 정신없다. 맥없다. 시시하다. 두서없다. 철없다. 어린애 같다. 유치하다. 너무 쉽다.

だらしない	칠칠치 못하다. 야무진 데가 없다. 단정하지 못하다. 너무나 약해서 한심하다.
陸でなし	도움도 안 되는 성가신 일만 일으키는 사람. (碌でなし)
陸でもない	시시하다. 쓸모없다. (碌でもない · 下らない · 真面でない · 正面でない)
木で鼻を括る	퉁명스런 대답. 냉담하게 대답하다.
不敵な面構え	뻔뻔스러운 얼굴.
日の目を見る	햇볕을 보다. 세상 사람들에게 알려지다.
居丈高になる	위압적인 태도가 되다.
棚上げにする	보류해 두다.
棚から牡丹餅	생각지도 못한 행운이 오다. 호박이 넝쿨째 들어오다. (牡丹餅 : 맵쌀과 찹쌀을 섞어 쪄서 가볍게 친 다음 동그랗게 빚어 팥소나 콩가루 등을 묻힌 떡. 동그랗고 큰 얼굴의 못생긴 여자를 비웃는 말.
相づちを打つ	상대의 말에 맞장구를 치다. 彼は、上手に相づちを打ってくれるので話やすい。 그는, 상대의 말에 맞장구를 잘 쳐 주기 때문에 이야기하기 쉽다.
血相を変える	얼굴빛을 바꾸다. (놀라거나 화난 얼굴)
死に水を取る	죽을 때까지 돌보다. (末期の水)
言うも更なり	새삼스럽게 말할 필요도 없다. 당연하다 (言えば更なり · こと新しく言うまでもない · 当然である)
怒りを感じる	화를 내다. (腹が立つ) やり場のない怒りを感じる。 어떻게 할 수 없는 분노를 느끼다.
道理にかなう	파악하다. 도리에 맞다. (当を得る)
旗揚げをする	전쟁을 일으키다. 발족하다. 새롭게 일을 시작하다.
罠に掛かる	함정에 빠지다. 타인의 계략에 빠지다. (落ちる · はまる)

匙を投げる	단념했다. 의사가 환자를 포기하다. (医者が病人を見放す)
文は人なり	글은 필자의 인품을 나타낸다.
万やむを得ず	어쩔 수 없이. (仕方なく)
甘い汁を吸う	남을 이용해 자신은 고생하지 않고 이익을 얻다.
味噌をつける	실패하다. 실패를 해서 면목(面目 · 面目)을 잃다.
止むを得ず	방법이 없어 어쩔 수 없이. (仕方がなく · 止むなく · 是非もない · 是非に及ばず · どうしようもなく)
睨みが利く	사람을 위압하는 힘.
寝覚めが悪い	자고 난 뒷맛이 개운치 않다. 자신의 과거의 행위를 반성하여 양심의 가책을 느끼다.
何事によらず	어떤 일이든지 간에. 전부. (何事も · 凡てのこと)
天の邪鬼	심통부리다. 심술부리다. 고집부리다. 심술꾸러기. (旋毛曲がり · 臍曲がり · 意地を張る · ひねくれ者 · 天の邪鬼)
旋毛を曲げる	일부러 어기대어 심술궂게 나오다.
難癖を付ける	일부러 결점을 잡아 비난하다. (けちを付ける)
癪に触る	마음에 안 들어서 화를 내다. (腹が立つ · 気に障る · 癇に障る)
癪の種	화를 내는 원인. (腹の立つ原因)
駄々を捏ねる	어린아이가 어리광을 부리며 떼를 쓰다. (買ってほしさに駄々を捏ねる。 사고 싶다고 생떼를 쓰다)
腑に落ちない	납득할 수 없다. (納得がいかない · 合点がいかない · 合点がいかない)
金が物を言う	돈이면 무엇이든지 할 수 있다.
胸糞が悪い	속이 메슥거릴 정도로 불쾌하다. 화가 나다. (忌ま忌ましい · 癪に触る) 考えただけでも胸糞が悪い。 생각만 해도 불쾌하다. (구역질 난다)
冥土の道連れ	저승길 동무.

冥土にも知る人	어디를 가도, 아는 사람을 만나기 마련인 것. 어떤 곳이든 아는 사람은 생기게 마련인 것. (地獄にも知る人)
冥土の土産	저승에 갈 때 지참하는 선물. 죽기 전에 즐거운 경험을 했다.
冥土の旅	죽어서 저승으로 가는 여행. (死出の旅)
食い足りない	음식이 불충분하여 식욕이 돋지 않는다. 내용이 불충분하다.
みっともない	보기 흉하다. 추하다. (見にくい)
見窄らしい	겉모습이 빈약하다. 초라하다. (貧乏臭い · 貧乏たらしい · 身なりが見苦しい)
子はかすがい	자식은 정을 잇는 역할을 한다.
飯の種	살아가기 위한 직업 · 일.
飯の食い上げ	수입이 없어져 생활을 할 수 없게 되는 것.
親の光は七光	부모의 지위나 사회의 평가가 높기 때문에 자식에게 이익이 되어 자식의 출세에 도움이 되다. (親の七光 : 부모의 후광)
分が悪い	형세가 불리하다. (形勢が悪い · 不利だ)
瞬く間に	눈 깜빡할 사이. 순간. (束の間に · 見る間に · ちょんの間 · ちょいの間 · あっという間に · 忽ち)
先立つ物は金	우선적으로 필요한 것은 자금.
情けを掛ける	남에게 친절히 하다. 자비를 베풀다. 불쌍히 여기다. 친절하게 돌보다. (哀れみを掛ける · 親切に労る)
哀れみ深い	불쌍히 여기는 마음이 강하다. 동정심이 많다.
野次を飛ばす	놀리다. 야유하다.
尻尾を出す	탄로 나다. 속임수가 드러나다. (ぼろを出す)
往生際	죽을 때. 체념. 단념.
往生際が悪い	깨끗이 체념하지 못하다.

宝の持ち腐れ	물건. 재능을 갖고 있으면서도 충분히 이용 · 활용하지 않는 것.
折り紙付き	보증하다. 정평이 나 있다.
折り目正しい	예의바르다(礼儀正しい). (けじめがある : 구별이 있다. 구분이 있다)
いい気になる	우쭐해지다. 자만하다. (天狗になる · 自慢する · 自惚れる · 思い上がる · つけ上がる · 図に乗る)
押し掛け女房	억지 춘향으로 아내가 된 여자.
捗らない	사물이 잘 진행되지 않다.
辻褄が合う	이치에 맞다. 조리가 맞다. (筋道がよく通る · 理屈が合う)
埒もない	시시하다. 쓸모없다. 칠칠치 못하다. 두서없다.
埒が明かない	결말이 나지 않다. (決まりがつかない)
とてもじゃない	나의 능력으로서는 벅차다.
とてものことに	오히려. 차라리. (いっその事 · 寧ろ · 却って · 反って)
寸分違わない	너무 닮다. 조금도 다르지 않다. 꼭 같다.
寸分	조금. (少し · ほんのわずか)
取るに足りない	문제로서 거론할 가치가 없다. 보잘것없다. 시시하다. 사소한 것. (ささいなことである · 取るに足らない)
合の手を入れる	장단을 맞추다. 가락을 넣다. (間の手を入れる)
同日の論でない	차이가 많아 비교할 수 없다. (月とすっぽん)
尾を引く	영향을 미치다. 길게 늘어지다. (유성(流星)이)
尾鰭を付ける	실제로 없는 것을 덧붙여 이야기를 과장하다. (尾鰭 : 물고기의 꼬리와 지느러미)
火中の栗を拾う	타인의 이익을 위해 위험한 일을 하다.
出る幕ではない	나설 때가 아니다.

迚も斯くても	어떻게 되었든 간에. 어쨌든. (いずれにせよ · どっちみち)
御土砂を掛ける	아부해서 상대의 마음을 누그러트리다. (おべっかを使う)
雲をつかむよう	뜬구름 잡다.
持ちつ持たれつ	서로서로 돕다. (お互いに助け合う)
果報は寝て待て	행운은 사람의 힘으로 어찌할 수가 없기 때문에 초조해하지 말고 자연히 오는 것을 기나리는 것이 좋다.
引き合いに出す	증거 · 참고로서 예를 들다.
御多分に洩れず 御多分に漏れず	예외 없이. 예상한 대로. 지금까지 상태와 마찬가지로. 언제나 그렇듯이. 생각대로. (いつも通り · 案の定 · 毎度のように · 例外なく) 御多分に洩れずうちの会社も人手が足りない。 알고 있듯이(예외 없이) 우리 회사도 일손이 부족하다.
予断を許さない	미리 판단할 수 없다. (前もって判断出来ない)
しぶい返事	떠름한 대답. (二つ返事 : 흔쾌한 대답)
渋い顔をする	떠름한 얼굴을 하다.
退っ引きならない	빼도 박도 못하다. 움직일 수 없다. (抜き差しならない)
切り口上になる	잘라 말하다. 딱딱한 말투.
沽券にかかわる	품위나 체면이 손상되다.
尻目に懸ける	남을 깔보고, 업신여기거나 무시하는 태도. 문제 삼지 않다. 곁눈질하다. (人を蔑む · 無視する · 知らん振りする · 問題にしない)
夜目遠目笠の内	밤에 볼 때나 멀리서 볼 때, 삿갓을 쓴 여인을 보면 얼굴이 확실하게 보이지 않기 때문에 실제보다 아름답게 보이는 것이다.
坊主丸儲け	밑천도 들이지 않고 돈을 벌다.
欠伸を噛み殺す	하품을 억지로 참다. 싫은 것을 참고 견디다.
隅に置けない	그 사람이 의외로 경험이 풍부하거나, 재능 · 지식 등이 있어서 얕볼 수 없다. 무시할 수 없다.

相撲にならない	힘 차이가 너무 커서 상대가 안 되다.
捨て鉢になる	자포자기하다. (破れかぶれ · 自棄になる · 捨て鉢 · 自暴自棄 · 自棄糞になる)
得体が知れない	정체를 알 수 없다.
暖簾を分ける	독립시켜 똑같은 상호를 사용하게 하다.
暖簾に腕押し	조금도 반응이 없거나 의욕이 없는 것.
糠に釘	겨에 못 박기. 반응이 없다. (効き目のないこと · 暖簾に腕押し · 糠釘)
手応えがない	반응이 없다. (豆腐に鎹 : 두부에 꺽쇠박기)
家屋を形に置く	집을 담보 잡히다.
幕無し立てる	마구 지껄이다. 마구 떠들다.
平たく言えば	알기 쉽게 말하면.
悪銭身に付かず	도둑질이나 도박 등으로 얻은 금전은 금방 사라진다.
危ない橋を渡る	위험을 알고도 행하다. 특히, 알고도 법률에 위반되는 행위를 한다.
弱みに付け込む	약점을 이용하다. 약점을 잡다. (足下を見る · 弱みを握る)
白羽の矢が立つ	많은 것 중에서 후보자 · 희생자 등으로 선택되다.
屁とも思わない	가볍게 생각하고 문제 삼지 않다. 대수롭지 않게 여기다.
虚仮にする	업신여기다. 바보 취급하다. 깔보다. (踏みつけにする · 馬鹿にする) 人を虚仮にする。 사람을 바보 취급하다.
貧すれば鈍する	가난하면 생활이 어려워서 정신마저 둔해진다.
お手上げになる	질리다. (参る · 閉口する · 困り切る · 困り果てる)
はかが行く	일이 잘 진행되다. 일의 능률이 오르다. 진척되다. (捗る)
乗り掛かった船	일을 시작한 이상 중도에 그만둘 수는 없다.

釘(くぎ)を刺(さ)す	약속 위반이나 발뺌을 못 하도록 다짐한다. 못을 박다. 재차 다짐해 두다. (釘(くぎ)を打(う)つ)
念(ねん)を押(お)す	거듭 주의하다. 주의해서 확인한다. 재차 다짐해 두다.
駄目(だめ)を押(お)す	만약을 위해 확인하다. 재차 다짐을 하다. (念(ねん)を押(お)す) 시합 등에서, 거의 승리가 결정되고 나서, 더 득점을 해서, 승리를 확정짓는다.
念(ねん)には念(ねん)を入(い)れる	주의하고도 또 주의하다. 주의에 주의를 기울이다.
耳(みみ)にたこができる	귀에 못이 박히도록 듣다.
矢(や)も盾(たて)もたまらず	골몰히 생각해도 도저히 참을 수가 없다. 마음이 급해서, 가만히 있을 수가 없다. 견딜 수가 없다.
暮(く)れ泥(なず)む春(はる)の日(ひ)	좀처럼 지지 않는 봄날의 해.
謦咳(けいがい)に接(せっ)する	존경하는 사람에게 직접 이야기를 듣다. 만나 뵙다. (お目(め)にかかる)
蔑(ないがし)ろにする	있는데도 없는 것처럼 무시하는 것. 소홀히 하다. 업신여기다. 무시하다. 얕보다. (無視(むし)する · 侮(あなど)る · 転(ころ)んじる) 야무지지 못하다. 칠칠치 못하다. 깔끔하지 못하다. (だらしない · しまりがない). 親(おや)を蔑(ないがし)ろにする。 부모를 업신여긴다.
ピンからキリまで	처음부터 끝까지. 가장 우수한 것부터 가장 열등한 것까지. (ピンキリ)
仏(ほとけ)の光(ひかり)より金(かね)の光(ひかり)	돈이 최고다. 부처님의 고마움보다도 금전의 위력이 강하다. 사람의 마음이 금전에 끌리기 쉽다.
親(おや)の脛(すね)を齧(かじ)る	부모에게 얹히어 살다.
食欲(しょくよく)をそそられる	식욕을 돋우다.
俚耳(りじ)に入(はい)りやすい	보통 사람들이 알기 쉽다. 세인의 귀에 들어가기 쉽다. 세인이 알아듣기 쉽다. (俚耳(りじ) : 세상 사람들의 귀)
鎌(かま)を掛(か)ける	넘겨짚다. 유도심문. 상대에게 진실을 털어놓기 위해 넌지시 교묘히 묻다.
金槌(かなづち)	망치. 수영을 못하는 사람.
金槌(かなづち)の川流(かわなが)れ	출세의 가망성이 없다.

正気の沙汰ではない	이성적인 판단에 의한 행위는 아니다. 제정신이 아니다.
長い物には巻かれろ	권력이나 세력이 있는 사람에게는 승산이 없기 때문에 반항하지 말고 따라가는 것이 좋다.
ああ言えばこう言う	이렇게 말하면 저렇게 말한다.
言い掛かりを付ける	트집을 잡다. 결점을 잡다.
明後日の方を向く	전혀 엉뚱한 방향으로 향하고 있다. 목표로 하는 방향 · 목표 도달점이 완전히 잘못되다. 엉뚱한 일에 관심을 쏟다.
引っ込みがつかない	빼도 박도 못하다. 시작한 이상 도중에 물러나거나 그만둘 수가 없다.
器用	요령(꾀)이 좋아서 허점이 없는 것. 몸을 생각하는 대로 움직여서, 예능 · 공작 등을 잘 한다. 手先が器用だ。　손재주가 있다. 器用に箸を使う。 요령 있게 젓가락질을 하다. 요령 있게 여러 가지 일을 처리하다. 何事も器用にこなす。 무슨 일이든 능숙하게 처리하다. 빈틈없이 처신하다. 불평불만 없이 받아들이다. 깨끗하게 수용하다. 뛰어난 재능이 있다.
器用に世渡りをする	약삭빠르게(빈틈없이) 처세하다. 世渡り : 생활하는 것. (世過ぎ · 渡世) 世渡りが器用だ。 세상을 사는 재주가 좋다. 처세를 잘하다.
旅は道連れ世は情け	여행길에서는 동반자가 있는 것이 든든하고, 마찬가지로 세상을 살아가는 데는 서로서로 정을 베푸는 것이 소중하다.
ちょっかい	옆에서 쓸데없는 참견이나 간섭을 하는 것. 여성에게 추근대며 구애하는 것. 고양이가 한쪽 앞발로 물건을 긁어모으는 것 같은 행동을 하는 것. 팔 · 손 · 손끝 등을 얕잡아 이르는 말. 友だちの彼女にちょっかいをかける。친구의 여자친구에게 집적대다.
ちょっかいを掛ける	의도를 갖고 간섭하다. 방해하다. 곤란하게 하다. (嫌がらせをする)
ちょっかいを出す	쓸데없이 참견하거나 간섭하다. 여자에게 추근거리며 구애하다.
堤が切れる	제방이 무너지다.

飴をしゃぶらせる	큰 이익을 얻기 위해, 상대에게 작은 이익을 주다. 남이 좋아할 만한 말을 해서 상대를 기분 좋게하다. (飴をねぶらせる)
化けの皮が剥がす	감추었던 본성을 폭로하다. 숨기고 있던 정체가 드러나다. (化けの皮を現す)
金に糸目を付けない	아낌없이 돈을 사용하다.
癇癪を起こす	짜증내다. 사소한 일에도 감정을 억누르지 못하고 화를 낸다.
愚痴をこぼす	말해도 소용없는 것을 불평을 섞어 말하다. 푸념하다.
狙いを付ける	활과 총 등을 목표로 겨눈다. 목표의 달성이나 목적의 물건을 얻기 위해, 계획 등을 맞춘다.
八分目	10분의 8의 분량. 8할 정도. 사물을 절제 · 삼가는 것. (物事を控え目にすること)
ならぬ堪忍するが堪忍	용서할 수 없는 것을 용서하는 것이 참다운 용서다.
堪忍	인내. 참다. 용서하다. (勘弁)
滅相もない	당치도 않다. 터무니없다.
地獄で仏に会ったよう	지옥에서 부처님을 만나다. 몹시 곤란한 때 뜻밖의 도움을 받다.
開いた口が塞がらない	어이가 없어 벌려진 입이 닫히지 않는다.
蔑んで馬鹿にする	얕보다. 업신여기다. 무시하고 바보 취급하다.
お釈迦になる	도움이 안 되게 하다. 사용할 수 없게 되다. (役に立たなくする)
そうは問屋がおろさない	그렇게는 뜻대로 되지 않는다.
いかにも尤もらしい	정말로 도리에 맞는 모습이다. 정말 그럴싸하다. 매우 진지하다. (勿体を付ける · 勿体振る) 尤もらしく理屈をつける。 그럴듯하게 핑계를 대다. 尤もらしい顔つきで講釈する。 그럴듯한 표정으로 설명하다.
まんまと一杯食わされた	감쪽같이 속았다.
形振構わず	겉모습에 신경 쓰지 않는 모습이나 태도.

形振構わず働く	겉모습에 신경 쓰지 않고 일하다.
蟻の穴から堤が崩れる	개미구멍으로 제방이 무너진다. 조그마한 일이라도 방치해 두면 엄청난 결과를 초래한다.
完全な調子に乗っている	완전히 우쭐해지다. 경박한 언동을 하다. 순조롭게 나아가다. (波に乗る)
全く見当違いな方向を向く	엉뚱한 방향으로 나아가다. 도리에 맞지 않다. (道理に合わない)
やせても枯れても	아무리 변변치 못한 인간이라 하더라도. (どんなに落ちぶれても)
やせても枯れても一家の主	아무리 변변치 못해도 한 집안의 가장이다.
辛いことを経験する	심한 고생을 하다. 심한 경험을 하다.
に遭う	사고 · 재해 등의 체험을 나타낸다.
苦しい目に遭う	심한 고생을 하다. 심한 경험을 하다.
散々な目に遭う	호되게 당했다. 심한 경험을 하다. 비참한 경험을 하다.
苦しみを嘗める	심한 고생을 하다. 심한 경험을 하다.
辛酸を嘗める	심한 고생을 하다. 심한 경험을 하다. (辛く苦しい · 辛い目に遭う · 苦しい経験をする)
ひどい目に遭う	심한 고생을 하다. 심한 경험을 하다.
とんだ	생각지도 않은. 뜻하지 않은(意外な · 思いの外の · とんでもない · 思い掛けない). 어처구니가 없는. 도리에 어긋난. 곤란한. 좋지 않은. 대단히, 굉장히(大変 · 非常に). 돌이킬 수 없는(取り返しのつかない). 말하는 사람의 판단 범위를 넘은 것을 말한다. とんだ長居を致しました。뜻하지 않게 오랜 시간 신세졌습니다. とんだ失敗を仕出かした。돌이킬 수 없는 실패를 저질렀다. とんだ心得違いというものだ。 어처구니 없는 오해이다. とんだ可愛らしい、温しそうな娘だったよ。 대단히 귀엽고, 정이 많은 딸이었다.

とんだ目(め)に遭(あ)う	뜻하지 않은 변을 당하다. 생각지도 않은 변을 당하다.
大変(たいへん)な目(め)に遭(あ)う	힘든 일을 경험하다.
恐(おそ)ろしい目(め)に遭(あ)う	무서운 경험을 하다.
辛(つら)い目(め)に遭(あ)う	고통스러운 경험을 하다.
悲(かな)しい目(め)に遭(あ)う	슬픈 경험을 하다.
恥(は)ずかしい目(め)に遭(あ)う	창피한 경험을 하다.

01 다음 문장을 우리말로 바르게 옮긴 것을 고르세요.

地獄(じごく)の沙汰(さた)もかね次第(しだい)。

① 돈만 있으면 귀신도 부릴 수 있다. ② 저승길도 차례가 있다.
③ 지옥에서도 지켜야 할 도리는 있다. ④ 방심하면 큰일을 당한다.
⑤ 지옥에서도 소식은 들을 수 있다.

해설

沙汰(さた) : 소식. 행위(行為(こうい)·仕業(しわざ)). 말이 되는 사건. 평판. 소문(噂(うわさ)). 시비를 논하다.

02 間違(まちが)っている読(よ)み方(かた)をそれぞれの中(なか)から一(ひと)つ選(えら)びなさい。

① 真紅 (しんく) ② 内気 (うちき)
③ 花園 (はなぞの) ④ 本名 (もとな)
⑤ 日歩 (ひぶ)

해설

➡ ④ 본명. (ほんみょう·ほんめい)
① 진홍. 진홍색. ② 마음이 약하고 내성적인 것.
③ 동산. 정원. 뜰. ⑤ 원금 100円에 대한 하루의 이자.

03 間違っている読み方をそれぞれの中から一つ選びなさい。

① 酒場 (さかば) ② 小波 (さざなみ)
③ 出所 (しゅっじょ) ④ 反応 (はんのう)
⑤ 人気 (ひとげ)

해설

➡ ③ 출처. 근거. (出所(でどころ)・出所(しゅっしょ)・出所(でどこ)・出処(でどころ)・出処(しゅっしょ)・出処(でどこ))

① 술집.

② 작은 파도. (小波(こなみ)・小波(しょうは) ⇔ 大波(おおなみ))

④ 반응. (反応(はんおう))

⑤ 인간다움. 인기척. (人気(にんき)・人気(じんき) : 인기. 人気(ひとけ) : 인기척)

04 間違っている読み方をそれぞれの中から一つ選びなさい。

① 大望 (たいもう)

② 雑魚 (ざこ)

③ 寒気 (さむけ)

④ 面目 (めんぼく)

⑤ 早乙女 (おとめ)

해설

➡ ⑤ 처녀. 소녀(乙女(おとめ)). 모내기하는 젊은 여자. (早乙女(さおとめ)・早少女(さおとめ))

① 대망. (大望(たいぼう)・大望(たいもう))

② 쓸데없는 고기. 잡어. (雑魚(じゃこ))

③ 한기(寒気(かんき)). 오한. 소름.

④ 면목. (面目(めんもく)・面目(めんぼく)・面目(めいぼく))

05 다음 문장의 대답으로 올바르지 않은 것을 고르세요.

お茶(ちゃ)はいかがですか。

① お願(ねが)いします。

② はい、いいです。

③ はい、一杯(いっぱい)ください。

④ いただきます。

⑤ はい、結構(けっこう)です。

해설

차 한잔 드시겠습니까.

① 부탁합니다.

② 예, 좋습니다.

③ 예, 한잔 주세요.

④ 잘 먹겠습니다.

⑤ 예, 충분합니다. (いいえ、結構(けっこう)です)

結構(けっこう) : 전체의 구조나 조립을 생각하는 것. 구성(構成(こうせい)). 계획(目論見(もくろみ)・計画(けいかく)).

준비 (支度 · 用意).

뛰어나서 결점이 없는 것. 상당히. 꽤.

結構な眺め。 뛰어난 전망. 結構なお点前。 훌륭한 다도 예법.

結構な御身分。 훌륭한 신분. 結構おもしろい。상당히 재미있다.

그것으로 좋은 것. 만족하는 것. お値段はいくらでも結構です。가격은 얼마라도 괜찮습니다. サインで結構です。사인으로 괜찮습니다.

그 이상 필요하지 않은 것. もう結構です。이제 됐습니다. 충분합니다.

• 次の文の(　　　)の中に最も適当な言葉を入れなさい。 (6~8)

06 どんよりした空から雪が(　　　)舞い落ちてくる。

① ちらちら　　② ぼそぼそ
③ ぱらぱら　　④ すやすや
⑤ とんとん

해설

잔뜩 찌푸린 하늘에서 눈이 펄펄 춤추면서 떨어진다.

① 눈꽃이 흩날리는 모습. 소문 등이 이따금 들리는 모습. 사물이 나타났다 사라졌다 하는 모습(그림자). 작은 빛 등이 깜박거리며 보이는 모습(별).

② 나지막한 목소리로 이야기하는 모습. 습기가 없고 입에 넣었을 때 감촉이 없고 맛없는 모습. (꼬들꼬들한 밥)

③ 비 · 나뭇잎 등이 우두둑 떨어지는 모습. 듬성듬성(청중이). 책장을 빠르게 넘기는 소리.

④ 아기가 기분 좋게 자는 모습.

⑤ 실력이 막상막하. 계속해서 가볍게 두드리는 소리(노크). 일이 순조롭게 진행되는 모습.

07 この中には大事なもの(　　　)入っています。

① で　　② に
③ は　　④ が
⑤ を

해설

이 안에는 중요한 물건이 들어 있습니다.

物(もの)が入(い)れてある(타동사). 物(もの)が入(はい)っている(자동사)

• 타동사의 상태의 문장은 타동사(て형) + ある。

타동사의 상태의 문장은	電話番号(でんわばんごう)が書(か)いてあります。	전화번호가 쓰여져 있습니다.
타동사의 현재진행형은	電話番号を書いています。	전화번호를 쓰고 있습니다.

• 자동사의 상태의 문장은 자동사(て형) + いる。

자동사의 상태의 문장은	雨(あめ)が降(ふ)っています。	비가 내리고 있습니다.
자동사의 현재진행형은	雨が降っています。	비가 내리고 있습니다.

08 台風(たいふう)で川(かわ)の水(みず)はあふれ(　　　)に、なっている。

① るだけ　　② たばかり

③ んばかり　　④ さえ

⑤ ぐらい

해설

태풍 때문에 강물은 지금이라도 넘칠 듯이, 되어 있다.

(んばかりに : 금방이라도 그렇게 될 듯한 모습)

09 新前(しんまえ)の店員(てんいん)。の意味を一つ選びなさい。

① 営業(えいぎょう)を教(おし)える店員(てんいん)。　　② 下手(へた)な店員(てんいん)。

③ 黒人(こくじん)の店員(てんいん)。　　④ なりたての店員(てんいん)。

⑤ 恐(おそ)ろしい店員(てんいん)。

해설

신참 점원(新米(しんまい)の店員(てんいん)). (新米(しんまい) : 햅쌀. ⇔ 古米(こまい))

① 영업을 가르치는 점원.　　② 서투른 점원.

④ 막 점원이 된 사람.　　⑤ 무서운 점원.

10 最近、一の事に無頓着な人たちが増えている。올바른 해석을 고르세요.

① 최근, 남의 일에 성의가 없는 사람들이 늘고 있다.

② 최근, 남의 일을 간섭하는 사람들이 늘고 있다.

③ 최근, 남의 일에 무관심한 사람들이 늘고 있다.

④ 최근, 남의 일에 관심을 갖는 사람이 늘고 있다.

⑤ 최근, 남의 일을 방해만 하는 사람들이 늘고 있다.

해설

무던한 성격. 무관심. 무심함. (無頓着 · 無頓着)

11 そんなことはありがちな話しだ。下線の部分の意味を一つ選びなさい。

① ほとんどの

② 茶腹も一時

③ あり得ない

④ とんでもない

⑤ 数のもの

해설

그러한 것은 흔히 있는 이야기다. (有り勝ち · ありふれる · ありきたり : 흔하다)

① 거의 다. 대개.

② 차도 잠시의 요기는 된다.

③ 있을 수 없다. (あるまじき)

④ 터무니없다. 천만에요.

⑤ 흔하다.

12 次の文の(　　)の中に最も適当な言葉を入れなさい。

病気にかこつけて欠席するなんて、(　　)ね。

① ずるい

② 気の毒だ

③ ひどい

④ むごい

⑤ かしこい

해설

병을 구실 삼아 결석하다니, 교활하다. (託ける : 구실 삼다. 핑계 삼다)

① 자신의 이익을 얻기 위해, 요령 있게 행동하는 모습. 교활하다. 간교하다.
(悪賢い · 狡い · 狡い · 狡猾). 狡いやり方。 교활한 방법.

② 마음의 독이다. 안됐다. 남에게 폐나 걱정을 끼치다. (気の毒)
남의 불행이나 고통 등을 동정해서, 마음 아파하는 것.
お気の毒に存じます。 유감스럽게 생각합니다.
気の毒な境遇。 딱한 처지(경우, 형편, 환경)입니다.
타인(다른 사람)에게 폐를 끼쳐 죄송하다고 생각하는 것.
彼には気の毒なことをした。 그에게는 죄송한(미안한) 짓을 했다.
마음에 걸리는 것. 불쾌하게 생각하는 것. 창피 · 쑥스러운 것(決まりが悪い). 곤란한 것. 민망한 것.
親方の手前気の毒のおもはくにて、顔を真っ赤にしている。
오야까따(스승님)의 바로 앞이라 창피하다고 생각했는지, 얼굴을 빨갛게 하고 있다.
お気の毒様 : 상대의 불행에 동정하는 마음을 나타내는 말.
事故に遭われたとはお気の毒様です。 사고를 당하신 것은 정말 안됐습니다.
상대의 기대에 부응하지(미치지) 못하거나, 상대에게 폐를 끼치거나 했을 때, 사과하는 마음을 나타내는 말. 빈정거리거나 비꼬는 말(아이러니컬하게도), 또 조롱할 때도 이용된다.
厄介をかけてお気の毒でした。 폐를 끼쳐서(귀찮게 해서) 죄송했습니다.
お気の毒様ですが、課長は不在です。
죄송합니다만, 과장은 부재중입니다(자리에 없습니다).

③ 심하다. 너무하다. (酷い) ④ 비참하다. (惨い)

⑤ 현명하다. 똑똑하다. (賢い)

13 次の文の(　　)の中に最も適当なものを一つ選びなさい。

両親に死なれた少女は、祖父の家に(　　)を寄せている。

① 体 ② 身体

③ 身 ④ 自身

⑤ 身の上

해설

양친을 잃은 소녀는, 할아버지 집에 몸을 의탁하고 있다.

③ 身を寄せる : 남의 집에 동거하면서 신세를 지다.

(신세지다 : 寄寓する · 世話になる · 厄介になる · 面倒を掛ける)

(돌보아 주다 : 世話をする · 世話を焼く · 面倒を見る)

⑤ 그 사람과 관련된 것. 그사람의 입장 · 환경. 인간의 운명.

不幸な身の上。 불행한 신세. 身の上を案じる。 신상을 걱정하다.

身の上を占う。 운명을 점치다.

14 次の文の(　　)の中に最も適当なものを一つ選びなさい。

私は捕師伝という小説を日本で出版しましたが、(　　)世間には知られていません。

① あまり ② それで

③ それから ④ それも

⑤ 結局

해설

저는 호시덴이란 소설을 일본에서 출판했습니다만, 그다지 세상에는 알려지지 않았습니다.

① 그다지. (부정을 동반했을 때는 그다지. 긍정을 동반했을 때는 너무)

② 그래서. (それだから · それゆえ · そのため · そして).

(먼저 이야기한 것을, 원인 · 이유로서 강조한다)

③ 그러고 나서. 어떤 동작을 하고 나서. (その後)

④ 그것도. ⑤ 결국. (とうとう)

15 下線の部分の間違っているものを一つ選びなさい。

① 待望の赤ちゃんが生まれ、市川さん夫婦はその子に惜しみない愛情を注いでいる。
② 紙を水にぬらすと、文字がくっすり浮き出てきた。
③ お姉さんの言葉には優しさがにじみ出ている。
④ 食事のとき、長い髪がじゃまなので、ゴムで髪を束ねる。
⑤ 友達は冗談を言って、私の緊張をもつれてくれた。

해설

⑤ もつれて (얽히다. 꼬이다) → ほぐして (解す : 부드럽게 하다. 풀다)
縺れる : 얽히다. 다리 · 혀 · 언어 · 시합 · 교섭 등이 꼬이다. (絡まる : 복잡하게 얽히다)
머리가 헝클어지다.
① 기다리던 아기가 태어나서, 이찌까와씨 부부는 그 아이에게 아낌없는 애정을 쏟고 있다.
② 종이를 물에 적셨더니, 문자가 뚜렷하게 드러났다. (나타났다)
③ 누님의 말에는 다정함이 배어 있다. (나타나 있다)
滲み出る : 물이 서서히 스며 나오다. 땀이 배어 나오다. 성격 · 인품 · 고심(苦心) 등이 자연히 나타(드러)나다.
④ 식사할 때, 긴 머리가 방해가 되기 때문에, 고무줄로 머리를 묶었다.
⑤ 친구는 농담을 해서, 나의 긴장을 풀어 주었다.

16 下線の部分の間違っている文章を一つ選びなさい。

① 子どもばかりではなく、大人もそのゲームに熱中している。
② 参加者の名前は、五十音、もっともあ、い、う、え、お、順に書いてあります。
③ 若いころ、死ぬほどつらい思いをした。
④ 病気で働けないなら、親に頼るほかない。
⑤ 山田さんは赤が好きで、電話も赤ならば、冷蔵庫も赤である。

해설

➡ ② もっとも (단) → すなわち (즉. 설명하자면)

① 아이들뿐만 아니라, 어른도 그 게임에 열중하고 있다.

② 참가자의 이름은, 50음, 즉 あ, い, う, え, お 순으로 적혀 있습니다.

③ 젊었을 때, 죽을 정도로 고통스러운 경험을 했다.

④ 병 때문에 일할 수 없다면, 부모에게 의지할 수밖에 없다.

⑤ 야마다씨는 빨간색을 좋아해서, 전화도 빨갛다면, 냉장고도 빨갛다.

17 다음 문장을 우리말로 바르게 옮긴 것을 고르세요.

いずれそのうちおうかがいします。

① 언제 한번 찾아뵙겠습니다.　② 어느 쪽인가 한번 여쭈어 보겠습니다.

③ 언제인가 그날을 알아보겠습니다.　④ 어느 쪽이건 그중에서 하나 갚겠습니다.

⑤ 여러 가지로 그동안 애쓰셨습니다.

해설

いずれ : 어느 쪽. 어디. 조만간에. 머지않아. 其の内(そのうち) : 조만간에. (近い内(ちかいうち)・いずれそのうち・遅かれ早かれ(おそかれはやかれ)・いつの間にか(ま)・知らないうちに(し))

伺う(うかがう) : 방문하다. 질문하다. 가다. 오다의 겸양어.

(いずれご挨拶(あいさつ)におうかがいします。언제 인사드리러 찾아뵙겠습니다)

(어쨌든 : いずれにしろ・いずれにせよ・いずれにしても・何(なに)しろ・何(なに)はともあれ)

18 주어진 일본어를 번역한 것 중 가장 적당한 것을 고르세요.

とうじ彼女(かのじょ)はみすぼらしいなりをしていました。

① 동시에 그녀는 훌륭한 모습을 하고 있었습니다.

② 동시에 그녀는 꾀죄죄한 얼굴을 하고 있었습니다.

③ 당시 그녀는 초라한 차림을 하고 있었습니다.

④ 당시 그녀는 아주 화려한 복장을 하고 있었습니다.

⑤ 당시 그녀는 초췌하고 피로한 표정이었습니다.

해설

みすぼらしい : 빈약해서 초라하다. (見る影もない · 貧乏くさい)
みっともない : 보기 흉하다. (見た目に悪い · 体裁が悪い · 見苦しい · はしたない)
醜い : 추하다. 보기 흉하다.
…なり : 모양. 꼴. (…卵なり : 계란 모양)

19 다음 문장을 우리말로 바르게 옮긴 것을 고르세요.

田中さんは腕のいい用心棒を持っている。

① 다나까씨는 팔에 좋은 안마기를 가지고 있다.
② 다나까씨는 실력 좋은 봉술사다.
③ 다나까씨는 고급 호신봉을 가지고 있다.
④ 다나까씨는 실력 좋은 비서를 두고 있다.
⑤ 다나까씨는 실력 좋은 경호원을 두고 있다.

해설

用心棒 : 경호원. (用心棒を雇う : 경호원을 고용하다)

20 다음 밑줄 친 부분과 같은 의미를 고르세요.

景気が低迷している昨今は、経済界にとって、<u>いわば</u>、冬の時代だ。

① いうまでもなく　② いってみれば
③ どこまでも　④ 何から何まで
⑤ いわずもがな

해설

경기가 저조한 요즈음은, 경제계에 있어서, 말하자면, 겨울의 시대다.
(言わば : 말하자면. 예를 들어 말하면. 알기 쉽게 설명할 때 사용)

① 말할 필요도 없이.　　　　　② 말한다면.
③ 어디까지라도.　　　　　　④ 무엇부터 무엇까지. 전부.
⑤ 오히려 말하지 않는 것이 좋다고 생각하는 것. 말할 필요도 없이. 물론.
(言うもおろか · 言わずと知れた · 分かり切っている · 言うまでもない)

21 意味の間違っているものを一つ選びなさい。

① 花より団子。　　: 実際上の利益のあるものの方がよい。
② 羽目を外す。　　: ふざけすぎて常識の範囲を越える。
③ 腹を召す。　　　: 女性に甘い。
④ 顎が干上がる。　: 口が干上がる。
⑤ 畑違い。　　　　: 専門が異なること。

해설

③ 귀인이 할복하다(腹を切る의 존경어). 책임을 지다.
⑤ 田畑 · 田畑 · 田畑 : 논과 밭. (田 · 水田 · 田圃 : 논) (畑 · 畑 : 밭)

22 下線の部分の間違っている文章を一つ選びなさい。

① 企業は経営状態の悪化を人員削減で<u>乗り切ろう</u>とした。
② これはあなたには関係ないことだから、二人の問題に<u>立ち入らないで</u>ほしい。
③ いきなり妻に日ごろの不満を<u>突き</u>、夫はびっくりしてしまった。
④ 髪は1か月に1センチぐらい<u>伸びる</u>。
⑤ 3人組が銀行に<u>押し入り</u>、五千万円を強奪した。

해설

③ 突き → ぶつけられ
打付ける　: 책을 부딪치다. 충돌시키다.
打ち付ける : 강하게 부딪치다. 못 같은 것을 박아서 붙이다. 불만 · 화 등을 상대를 향해서

말하다. 부싯돌로 불을 붙이다. 노골적으로 하다. 안성맞춤이다.

突く : 찌르다. 간파하다. 지적하다.

① 기업은 경영상태의 악화를 인원삭감으로 극복하려고 했다.

② 이것은 당신에게는 관계없는 일이기 때문에, 두 사람의 문제에 끼어들지 않았으면 좋겠다. (立ち入る : 간섭하다. 들어가다)

③ 갑자기 아내(처)에게 평상시의 불만을 들어서, 남편은 깜짝 놀라고 말았다.

④ 머리카락은 1개월에 1센치 정도 자란다. (伸びる : 성장 · 진보. 延びる : 거리 · 시간)

⑤ 3인조가 은행에 침입해서, 5,000만엔을 강탈했다.

23 下線の部分の間違っている文章を一つ選びなさい。

① ロケットは速度を上げ、あっという間に遠ざかっていた。

② 海岸には絶えず波が打ち寄せている。

③ コンサートはすごい人気で、5万人の聴衆が攻め寄せた。

④ 学生時代を懐かしんで、大学のそばを歩いてみた。

⑤ 子どもが生まれたという知らせを聞いて、喜びがこみあげてきた。

해설

③ 攻め寄せた (공격하여 적 가까운 곳까지 다가가다) → 押し寄せた (사람 · 문제)

押し寄せる : 맹렬한 기세로 몰려들다. 사람 · 파도가 밀려오다. 한쪽으로 당기다. 한쪽으로 밀어 놓다.

① 로켓은 속도를 내서, 눈 깜짝할 사이에 멀어졌다.

② 해안에는 끊임없이 파도가 친다.

③ 콘서트는 대단한 인기로, 5만 명의 청중이 몰려왔다.

④ 학창시절이 그리워, 대학 근처를 걸어 보았다.

⑤ 아이가 태어났다는 소식을 듣고, 기쁨이 넘치다.
(込み上げる : 복받치다. 치밀다. 토할 것 같다)

24 次の文の(　　)の中に最も適当な言葉を入れなさい。

たくさんある物の中からこれを選ぶとは、山田さんはさすがに(　　)。

① 利いた風　　② 才に走る
③ 目が高い　　④ 野次を飛ばす
⑤ 馬の骨

해설

많은(沢山) 물건 중에서 이것을 골라내는 것은, 야마다씨는 역시 눈이 높다.

流石 : 역시. 정말로. 듣던 대로. (さすが …だけあって)

さすがの …も의 꼴로 앞 문장을 일단은 긍정하면서도, 이야기의 내용이 모순된 것을 말한다.

① 자못 알고 있는 듯이 건방진 모습. 알고 있는 척하다(知ったかぶり).

② 자신의 능력을 믿고 노력이나 주의를 게을리하는 것.

③ 사물을 판단하는 능력이 있다.　　④ 놀리다. 야유하다.

⑤ 집안 · 고향을 모르는 사람을 무시해서 빗대는 말.

25 「火中の栗を拾う。」の意味を一つ選びなさい。

① 他人の利益のために、危険なことをする。
② 勝つ見込みがないこと。
③ 自分勝手に振る舞うこと。
④ 成功するように願うこと。
⑤ 自分の力で努力する者を助けて成功させること。

해설

타인의 이익을 위해 위험한 일을 하다.

① 다른 사람 이익을 위해서, 위험한 일을 하다.

② 이길 가능성이 없는 것.　　③ 자기 멋대로 행동하는 것.

④ 성공할 수 있도록 바라는 것.

⑤ 자신의 힘으로 노력하는 사람을 도와서 성공시키는 것.

26 「地位を棒に振る。」下線の部分の意味を一つ選びなさい。

① 手に入れ損なう。
② 棒を折る。
③ 棒ほど願って針ほど叶う。
④ 根拠のない非難や無実の罪。
⑤ 間然するところがない。

해설

헛되게 하다. (無にする · 無駄にする · 手に入れ損なう)
棒を折る。 도중에서 중단하다.
② 도중에서 중단하다.
③ 희망이 좀처럼 이루어지지 않는 것.
④ 누명(濡れ衣). (濡れ衣を着せられる : 누명을 뒤집어쓰다)
⑤ 결점이 없다. 흠잡을 때가 없다. (間然 : 비난해야만 될 결점이 있다)
(申し分のないこと · 非の打ち所が無い)

• 次の文の(　　)の中に最も適当な言葉を入れなさい。 (27～28)

27 明日は日本語と英語を(　　)。

① 勉強します
② 勉強をします
③ します
④ しません
⑤ 勉強が出来ます

해설

내일은 일본어와 영어를 공부합니다.
② 明日は日本語と英語の勉強をします。

28 目的もなく、毎日(　　)した生活を送っている若者が多い。

① いらいら
② ぎゅうぎゅう
③ にやにや
④ だらだら
⑤ わくわく

해설

목적지도 없이, 매일 따분한(지루한) 생활을 보내고 있는 젊은 사람이 많다.

① 자기 생각대로 되지 않아서 마음이 안정되지 않는 모습. 초조해하다. 상처가 아픈 모습(따끔따끔. ちくちく).

② 가득 채워 넣은 모습 (전차에 승객을. 가방에 옷을). 숨쉬기 곤란할 때. 강하게 추궁하다. 심하게 감독하다.

③ 싱글싱글. (보고만 있을 뿐)

④ 액체가 줄줄 떨어지는 모습(피 · 땀). 완만한 경사가 계속되다. 동작이 날렵하지 못한 모습(느릿느릿). 능률 없이 천천히 하다. 동작 · 상태가 끝없이 계속되는 모습(지루하다).

⑤ 기쁨이나 기대로 가슴이 설레는 모습.

29 正しく使われているものを一つ選びなさい。

① お説明　　② お報告
③ お返事　　④ お意見
⑤ お食事

해설

기출문제 중에 잘못 출제된 문제임.

御(ご) : 상대측의 물건이나 내용을 나타내는 한자어에 붙어서.

御(お) : 일상 생활 용어. 용품. 구어(口語)에 사용된다.

③ お · ご 둘 다 사용할 수 있다. (존경어나 겸양어로 사용할 때는 ご返事로 사용하고 일반적인 표현에는 お返事로 사용하면 된다)

30 次の文の下線の部分と同じ意味で使われているものを選びなさい。

大人表情は確かに複雑ですが、それだけに人工的であり、真の心はうかがいにくいものです。

① 父だけに打ち明けた。　　② 三つだけ持っている。
③ 知っているだけでは覚束ない。　④ 叱られるだけの理由はある。
⑤ 5分だけ休みましょう。

해설

어른의 표정은 확실히 복잡합니다만, 그만큼 인공적이고, 진심은 알기 어려운 것입니다.
(だけに : 당연한 귀결의 문장에 사용한다). (だけ : 한정이나 제한의 문장에 사용한다)
(覚束無い : 불안하다. 의심스럽다)

① 아버지한테만 털어놓았다.
② 세 개만 가지고 있다.
③ 알고 있는 것만으로는 불안하다.
④ 혼날 만한 이유는 있다.
⑤ 5분만 쉽시다.

31 次の文の下線の部分と同じ意味で使われているものを選びなさい。

いたずらをして先生に名前を書か<u>れる</u>。

① あなたが言わ<u>れた</u>事はほんとうですか。
② そこなら30分で行か<u>れる</u>。
③ 学校からの帰りに雨に降<u>られ</u>た。
④ 先生が出て行か<u>れる</u>。
⑤ あなたもあした東京へこ<u>られ</u>ますか。

해설

장난을 해서 선생님에게 이름을 적혔다. (수동)

① 당신이 말씀하신 것은 정말입니까. (존경)
② 거기라면 30분 만에 갈 수 있다. (가능)
③ 학교로부터 귀갓길에 비를 맞았다. (수동)
④ 선생님이 나가셨다. (존경)
⑤ 당신도 내일 도쿄에 올 수 있습니까. (가능)

32 밑줄 친 부분과 같은 의미로 볼 수 없는 것을 고르세요.

彼は<u>ふしょうぶしょう</u>しながら仕事を引き受けた。

① さからえないで　② しぶしぶ
③ よろこんで　④ 不服(ふふく)ながらも
⑤ いやいや

해설

그는 마지못해(不承不承(ふしょうぶしょう)) 일을 수락했다.
① 거역하지 못해. (逆(さか)える)　② 마지못해.
③ 기뻐하며. 기꺼이.　④ 불복하면서도.
⑤ 마지못해.

● 次の文の(　　)の中に最も適当な言葉を入れなさい。(33〜36)

33 これは金先生(キムせんせい)が(　　)ぺんですから、大切(たいせつ)に使(つか)わなければいけないと思(おも)っています。

① くれた　② いただいた
③ さしあげた　④ もらった
⑤ くださった

해설

이것은 김 선생님이 주신 펜이기 때문에, 소중히 사용하지 않으면 안 된다고 생각합니다.
くれる : 상대가 나에게 주다. (くださる : くれる의 존경어)
これは金先生にいただいたぺんです。
これは金先生がくださったぺんです。

34 急停車(きゅうていしゃ)したバスの中(なか)の乗客(じょうきゃく)たちが(　　)になった。

① 将棋倒(しょうぎだお)し　② つぶて倒(だお)し
③ 雪崩倒(なだれだお)し　④ 乱麻倒(らんまだお)し
⑤ 踏(ふ)み倒(たお)し

해설

급정차한 버스 안의 승객들이 장기 넘어지듯이 넘어졌다.

① 장기 넘어지듯이. (将棋を指す : 장기를 두다. 碁を打つ : 바둑을 두다)

② 자갈이 넘어지듯이.

③ 눈사태 나듯이. (雪崩を打つ : 한번에 대세(大勢)가 한 방향으로 이동하다)

④ 세상이 혼란한 것.

⑤ 밟아 쓰러트리다. 대금 · 빚을 갚지 않고 떼어먹다.

35 彼は社長とけんかして、その会社を(　　　)。

① 首になった
② 首にした
③ お為ごかし
④ 茶茶を入れた
⑤ 要領を得ない

해설

그는 사장과 싸움(喧嘩)을 해서, 그 회사에서 해고되었다.

① 해고되었다. (解雇される · 首を切られる)

② 해고했다.

③ 남을 위한 척하면서 실제는 자신의 이익을 가늠하는 것.

④ 이야기에 방해를 놓다. 찬물을 끼얹다.
(茶茶が入る · 茶茶を入れる · 冷やかし · 水をさす · 邪魔をする)

⑤ 이야기의 요점이 확실하지 않다. (君の話は要領を得ない)

36 旅行の日程を相談に(　　　)。

① 乗る
② 来る
③ 接する
④ 対する
⑤ 持つ

해설

여행 일정을 상담하다. (相談に乗る : 상담하다)

③ 접촉하다. 닿다. 관심을 갖다. ④ 대응하다. 대항하다. 마주치다.

⑤ 갖다. 들다.

37 あとの処理は君に下駄を預けるよ。下線の部分の意味を一つ選びなさい。

① 下手な真似をすること。

② 相手の履物と取り替えること。

③ ものごとの処置を相手にすっかり任せること。

④ 下駄をはいて往来を歩くこと。

⑤ 足下を見ること。

해설

상대에게 모든 일처리를 맡기다. (일임하다)

下駄を履く。　매매할 때에 은밀히 구전을 받는 것.

下駄を履くまで。최후의 최후까지. 사물이 끝날 때까지.

勝ち負けは下駄を履くまで分からない。승패는 나막신을 신을 때까지 모른다.

下駄を履かせる： 가격을 비싸게 속이다. 수량·점수 등을 부풀려 실제보다도 돋보이게 하다. (水増しする)

바둑에서, 상대의 바둑돌에 직접 단수를 두지 않고, 한두 칸을 떼고 두어, 출구를 막는 것. (碁を打つ。바둑을 두다.)

下駄と焼き味噌：판에 붙여 구운 된장의 모양은, 게따(下駄)와 비슷하지만 실제로는 틀린 데서 유래. 모양은 비슷해도, 내용은 전혀 다르다는 것을 비유.

① 서투른 흉내를 내다. ② 상대의 신발과 바뀌는 것.

③ 일처리를 상대에게 모두 맡기다. ④ 게따를 신고 왕래하다.

⑤ 약점을 잡다. (足元に付け込む·足元を見る)

38 友だちの話に水を向ける。下線の部分の意味を一つ選びなさい。

① 人に水を浴びせる。 ② めぐり会う。

③ 誘い掛ける。 ④ 消火作業をする。

⑤ 懲りる。

해설

관심을 갖게 권유하다. (持ち掛ける)

① 남에게 물을 끼얹다. 모처럼의 분위기를 망친다.

② 우연히 만나다. (巡り会う) ③ 권유하다.

④ 소화작업을 하다.

⑤ 심한 경험을 했기 때문에 두 번 다시 하고 싶지 않다. 질리다.

39 二番煎じの講演。下線の部分の意味を一つ選びなさい。

① 제일 먼저 하다. ② 불꽃이 튀다.

③ 훌륭하다. ④ 새로운 맛이 없다.

⑤ 완벽하다.

해설

다시 하는 공연. 재탕한 공연.

二番煎じ : 한 번 달인 것을 다시 달인 것. 전에 있었던 것을 모방해서 새로운 맛이 없는 것.

40 下線の部分の間違っている文章を一つ選びなさい。

① モンマルトルの丘には、画家をこころざす人たちが集まる。

② 彼はそれをきっかけに田中さんとよりを戻すつもりだった。

③ 仲間の中にスパイがいたので、計画を見合わせた。

④ 部長は新入社員が失敗したことは知っていたが見逃した。

⑤ 私はもうすべてを知っている。白をはっても無駄だ。

해설

⑤ 白をはっても → 白を切っても (しらばくれる · わざと知らないふりをする)

(あくまで白を切る : 끝까지 모르는 척하다. 끝까지 시치미 떼다.

① 몽마르트 언덕에는, 화가를 지망하는 사람들이 모인다. (志す)

② 그는 그것을 계기로 다나까씨와 화해할 생각이었다.

③ 동료 중에 스파이가 있었기 때문에, 계획을 보류했다.

④ 부장은 신입사원이 실패한 것을 알고 있었지만, 모르는 척해 주었다.

⑤ 나는 이미 모든 것을 알고 있다. 모른 척해도 소용없다.

41 대화가 어색한 것을 고르세요.

① ア：今度(こんど)の試験(しけん)では山(やま)をかけてひどい結果(けっか)になりました。

イ：教科書(きょうかしょ)のどの辺(へん)が試験(しけん)に出(で)ると思ったんですか。

② ア：石川(いしかわ)さんは英会話(えいかいわ)の勉強をはじめたんだって。

あの人のことだから、きっと三日坊主(みっかぼうず)だろうね。

イ：三日(みっか)も続(つづ)かないよ。

③ ア：彼女(かのじょ)はおとなしい人(ひと)ですね。猫(ねこ)をかぶっているんですよ。

イ：じゃ、彼女は普段(ふだん)はにぎやかなんですか。

④ ア：これからはお酒(さけ)は控(ひか)え目(め)にしてください。

イ：はい、まだ絶対(ぜったい)飲みません。

⑤ ア：崔(チェ)さんのお父(とう)さまは何(なに)がお好(す)きですか。

イ：父(ちち)は酒(さけ)には目(め)がないんですよ。

해설

➡ ④ ア：이제부터는 술은 삼가(절제)주세요.

イ：예, 아직 절대 안 마십니다.

① ア：이번 시험에서는 모험을 해서 심한 결과가 나왔습니다.

イ：교과서의 어느 부분에서 시험이 나올 거라고 생각했습니까.

② ア：이시까와씨는 영어회화 공부를 시작했대.

イ：그 사람이기 때문에, 틀림없이 삭심삼일이겠지.

ウ：삼일도 못할 거야.

③ ア：그녀는 점잖은 사람이군요.

イ：내숭떨고 있는 거예요.

ア : 그러면, 그녀는 보통 때는 떠들썩합니까. (소란스럽습니까)

⑤ ア : 최씨의 아버님은 무엇을 좋아합니까.

イ : 아버지는 술이라면 굉장히 좋아합니다.

42 **備えあれば患いなし。と同じ意味を持っているのを一つ選びなさい。**

① 空目を使う。
② それ見たことか。
③ 出しにする。
④ 同日の論でない。
⑤ 転ばぬ先の杖。

해설

⑤ 유비무환. (備え有れば患い無し)

① 못 본 체하다. (空目使い・空目遣い・上目で見る・上目使いをする)

② 남이 안되는 것을 좋아하다. 꼴좋다. (気味がいい・いい気味・様を見ろ)

③ 방편(方便)으로서 이용하다.

④ 차이가 많아 비교할 수 없다. (月とすっぽん)

43 **次の文の(　　)の中に最も適当な言葉を入れなさい。**

車の運転をするときは、いつも安全に(　　)なければならない。

① 勤め
② 務め
③ 努め
④ 励ま
⑤ 目指さ

해설

차 운전을 할 때는, 항상 안전에 노력하지 않으면 안 된다.

① 근무하다. 불도(仏道)의 수행을 하다. (勤める)

② 직무를 맞다. (務める)

③ 努める : 힘쓰다. 노력하다.

④ 열심히 힘쓰다. (励む)

⑤ 목표로 하다. (目指す・目差す)

44 次の文の下線の部分の正しい意味を一つ選びなさい。

自分の<u>おいたち</u>を話して聞かせました。

① 인생에 대해서　　② 삶에 대해서

③ 슬픈사연에 대해서　　④ 환경에 대해서

⑤ 성장과정에 대해서

해설

生い立ち : 자라는 것. 성장하는 과정. 성인이 되기까지의 과정이나 경력.
子供の生い立ちを見守る。 아이의 성장과정을 지켜본다.

45 次のうち、「ん」の発音が他と違うものを一つ選びなさい。

① はんたい (反対)　　② もんく　(文句)

③ こんなん (困難)　　④ かんづめ (缶詰)

⑤ あんない (案内)

해설

➡ ② 불평.

① 반대.　　③ 곤란.

④ 통조림.　　⑤ 안내.

•ん은 다음에 오는 음에 의해 영향을 받아 실제로는 4종류의 읽기방법이 있다.

실제의 발음	뒤에 따라오는 가나 문자. (ん뒤에 오는 글자)							
	あ	い	う	え	お			
	さ	し	す	せ	そ	しゃ	しゅ	しょ
	は	ひ	ふ	へ	ほ	ひゃ	ひゅ	ひょ
	や		ゆ		よ			
ñ	わ							
	어미 (語尾)							
	ん은 비음화 된다. (단독으로 사용한다)							
	原因 (げんいん)		[geñin]		원인.			

	未婚者(みこんしゃ)	[mikoñsha]	미혼자.
	面接　(めんせつ)	[meñsetsu]	면접.
	日本　(にほん)	[nihoñ]	일본.
	本屋　(ほんや)	[hoñya]	책방.
	電話　(でんわ)	[deñwa]	전화.
	保険　(ほけん)	[hokeñ]	보험.
	家賃　(やちん)	[yachiñ]	집세.

ŋ	か	き	く	け	こ	きゃ	きゅ	きょ
	が	ぎ	ぐ	げ	ご	ぎゃ	ぎゅ	ぎょ
	영어의 'Sing' 에서 보이는 ng의 음과 비슷하다. (우리나라 말의 ㅇ에 가깝다)							
	文化(ぶんか)	[buŋka]	문화.					
	音楽(おんがく)	[oŋgaku]	음악.					

n	ざ	じ	ず	ぜ	ぞ	じゃ	じゅ	じょ
	た	ち	つ	て	と	ちゃ	ちゅ	ちょ
	だ	ぢ	づ	で	ど	ぢゃ	ぢゅ	ぢょ
	な	に	ぬ	ね	の	にゃ	にゅ	にょ
	ら	り	る	れ	ろ	りゃ	りゅ	りょ
	혀끝을 잇몸에 붙여 읽는다. (우리나라 말의 ㄴ에 가깝다)							
	漢字 (かんじ)	[kanji]	한자.					
	本当 (ほんとう)	[hontou]	정말.					
	神田 (かんだ)	[kanda]	간다.(지명)					
	女　(おんな)	[onna]	여자.					
	管理 (かんり)	[kanri]	관리.					

m	ば	び	ぶ	べ	ぼ	びゃ	びゅ	びょ
	ぱ	ぴ	ぷ	ぺ	ぽ	ぴゃ	ぴゅ	ぴょ
	ま	み	む	め	も	みゃ	みゅ	みょ
	위 아랫입술을 닫고 읽는다. (우리나라 말의 ㅁ에 가깝다)							
	現場 (げんば)	[gemba]	현장.					
	新聞 (しんぶん)	[shimbun]	신문.					
	鉛筆 (えんぴつ)	[empitsu]	연필.					
	憲法 (けんぽう)	[gempoo]	헌법.					
	三枚 (さんまい)	[sammai]	세장.					

• ん음을 읽는 데 걸리는 길이는 다른 가나 문자의 길이와 거의 같다.

46 次の中で物が「供物」のように発音されるものを一つ選びなさい。

① 物証　② 植物
③ 貨物　④ 生物
⑤ 物音

해설

➡ ③ 貨物(운송하는 화물). (食物 · 食物 · 食物 · 食物 : 음식. 먹는 것)
① 물증. (物証)　② 식물. (植物)
④ 생물(生物). 生物 : 신선한 것. 生き物 : 살아 있는 것.
⑤ 사물소리. (物音)
物陰 : 가리어서 보이지 않는 곳. 物影 : 물건의 형태나 모습. 物色 : 물건의 빛깔. 물색하다.
物質 : 물질. 物品 : 물품. 物量 : 물량. 献物 : 드리는 물건. 宝物 · 宝物 : 보물.
物日 : 명절. 축제일. 物種 : 사물의 근원이 되는 제일의 것.

47 다음 중에서 한자 읽는 것이 틀린 것을 고르세요.

① 失言 (しつげん)　② 昼寝 (ひるね)
③ 狼狽 (ろうばい)　④ 下着 (したぎ)
⑤ 疑惑 (ぎほく)

해설

➡ ⑤ 의혹. (ぎわく)
① 실언.　② 낮잠. (朝寝 · 朝寝 : 아침잠)
③ 낭패.　④ 속옷. (上着 : 상의. 겉옷)
下着 : 도시에서 지방으로 향해, 목적지에 도착하는 것.

48 意味の間違っているものを一つ選びなさい。

① 悦に入る。 : 일이 잘되어 기뻐하다.
② 暮れなずむ日。 : 좀처럼 지지 않는 해.
③ 味もそっけもない。 : 쌀쌀맞다.
④ 物も言いようで角が立つ。 : 아 다르고 어 다르다.
⑤ 我が身をつねって人の痛さを知れ。 : 내 몸을 꼬집어 남의 아픔을 알라.

해설

③ 무미건조하고 멋이나 정서가 부족하다. 조금도 재미가 없다. 시시하다. (味も素っ気もない)
素っ気無い : 타인에 대한 배려나 따뜻함이 느껴지지 않는 것. 쌀쌀맞다. (素気無い)

④ 말하는 방법에 따라 사람을 화나게도 한다.
角が立つ : 성격이 모가 나다. 고집 피우는 언동으로 인해 타인과의 사이가 원만치 못하다. 어떤 사건이 계기가 되어 다툼이 일어나는 것.
(角張る · わざとらしく改まる · 荒立つ · 荒が立つ · 刺々しくなる)
角が取れる : 성격이 원만해지다. (丸くなる · 円満)
智に働けば角が立つ : 지식이나 이성만으로 움직이려 하면, 인간관계가 삐걱거리기 때문에 평온하게 살 수 없게 된다.

⑤ 我が身を抓って人の痛さを知れ。

49 意味の間違っているものを一つ選びなさい。

① 目もくれない。 : 아예 상대를 하지 않다.
② 悪銭身に付かず。 : 부정한 돈은 빨리 써라.
③ 待てば海路の日和あり。 : 기다리면 쥐구멍에도 볕들 날이 있다.
④ 日の目を見る。 : 불을 켜다.
⑤ 弘法筆をえらばず。 : 명필은 붓탓을 하지 않는다.

해설

④ 햇빛을 보다. 묻혀 있던 일이 세상 사람들에게 알려지다. 오랫동안 불우했던(어려웠던) 사람이 세상에 인정받게 되다.

⑤ 弘法筆を択ばず。

50 意味の間違っているものを一つ選びなさい。

① 貧乏暇なし。　　: 가난 때문에 먹고살기 바쁘다.
② 押し掛け女房。 : 억지춘향으로 아내가 된 여자.
③ しぶい返事。　　: 대답을 피함.
④ 色をなす。　　　: 안색이 변하다.
⑤ 錦を飾る。　　　: 금의환향.

해설

③ 떠름한 대답. (二つ返事 : 흔쾌한 대답. すぐに承諾すること)
④ 色を作す : 화가 나서 안색을 바꾸다.

51 意味の間違っているものを一つ選びなさい。

① すかを食う。　　　: 기대가 어그러지다.
② 沙汰の限り。　　　: 당치도 않다.
③ たらい回しに。　　: 정권을 계속해서 돌리다.
④ 宙にうく。　　　　: 생각해 두다.
⑤ まくなし立てる。 : 마구 지껄이다.

해설

④ 어중간한 상태가 되다.
① 목표 · 기대가 깨져 고생을 하다. 목표가 빗나가다. 바람 맞다.
② 범위외나. 당치도 않다. 언어도단. 논외. (論外 · 言語道断 · もっての外)
③ 사람 · 물건, 지위 · 권력 등을, 한정된 범위 내에서, 순서대로 끼리끼리 돌리는 것. 누워서 발로 대야를 돌리는 곡예.

52 次の文の下線の意味を一つ選びなさい。

会(あ)っても知(し)らんぷりしているくせに、お久(ひさ)しぶりとは<u>御挨拶(ごあいさつ)だね</u>。

① 예의바르다.
② 너무 놀라다.
③ 인사합시다.
④ 어처구니가 없다.
⑤ 반갑다.

해설

만나도 모르는 척하면서, 오래간만이라고 인사하네.

ごあいさつ : 상대의 어처구니없는 듯한 대응에 대해서 빈정거리는 말.

53 意味の間違っているものを一つ選びなさい。

① 脂下(やにさ)がる。 : 우쭐해 벙글거리다.
② 目処(めど)がつく。 : 날이 새다.
③ 不敵(ふてき)な面構(つらがま)え。 : 뻔뻔스러운 얼굴.
④ 石(いし)にかじりついても。 : 어떤 일이 있더라도.
⑤ 目(め)に焼(や)き付(つ)く。 : 인상이 강하게 남다.

해설

➡ ② 전망(목표)이 서다.

④ 아무리 힘든 일이 있더라도 참고 견디다. 돌에 달라붙어도. 무슨 일이 있어도.
(どんな苦労(くろう)をしてもがまんして · 石(いし)に齧(かじ)り付(つ)いてでも · 是(ぜ)が非(ひ)でも)
石(いし)に齧(かじ)りついてもやり遂(と)げたい。 어떤 일이 있어도 완수하고(해내고) 싶다.

⑤ 인상 · 기억이 강하게 남다.

54 次の文の(　　)中に最も適当な言葉を選びなさい。

彼(かれ)は昨夜(ゆうべ)わたしの部屋(へや)に泊(と)まりましたが、朝起(あさお)きて(　　　　)もういませんでした。

① みれば　　② みて
③ みるなら　　④ みながら
⑤ みたら

해설

그는 어젯밤 내 방에서 잠을 잤습니다만, 아침에 일어나 보았더니 이미 없었습니다.
⑤ たら : ～했더니. (뒤 문장은 반드시 과거형이 온다)

55 意味の間違っているものを一つ選びなさい。

① 気取り屋。 : 澄まし屋。
② 情けが仇。 : 情け深い人。
③ つうと言えばかあ。 : 気心を互いに知っていて、一言いえばすぐ通じてしまうこと。
④ 矢も盾もたまらず。 : 我慢できない。
⑤ お膳立てがそろう。 : 準備する。

해설

➡ ② 호의를 가졌던 것이 오히려 상대에게 나쁜 결과를 가져오다.
ひいきの引き倒し。　너무 호의적인 것이 오히려 그 사람을 불리해지게 만드는 것.
情けは人の為ならず。　남에게 친절하게 하는 것이 결과로서는 자신의 이익이 된다.
情け深い。　동정심이 많다. 인정이 많다.
① 거드름쟁이. 체면만 생각하는 사람. 새침데기. (体裁ぶる)
③ 척하면 알아들음. 서로 잘 통함.　④ 도저히 참을 수가 없다.
⑤ 상차림이 갖추어지다. 밥상이 준비되다. (お膳立てが揃う)

56 의미가 잘못 짝지어진 것을 고르세요.

① 甲羅を経る。 : 경험을 쌓다.
② 泡を吹かせる。 : 공든 탑이 무너지다.
③ 因果を含める。 : 잘 설명해서 납득시키다.
④ 身も世もない。 : 체면이고 뭐고 생각할 겨를이 없다.
⑤ 肩上げが取れる。 : 어른이 되다.

해설

➡ ② 상대를 몹시 당황하게 하다. (泡を食う · 一泡 : 허를 찔러 당황하게 하는 것)

① 甲羅 : 연공(年功). 숙련되다. 연공을 쌓다.

③ 도리(道理)를 잘 이야기해서 납득시키다. 부득이한 상황을 설득하여 단념하게 하다.

④ 심한 슬픔으로, 자신의 일도 남의 이목도 생각할 수 없다.

⑤ 성인으로서, 가따아게를 입을 수 있게 되다.
아이가 어른으로 인정받는 연령에 달하다(肩上げが下りる).
肩上げ : 어린아이 기모노 어깨에 있는 띠.
腰上げ : 어린아이 기모노 허리부분에 말아 넣은 부분.

57 次の文の下線の意味を一つ選びなさい。

今の彼女には、彼のけってんなど<u>あばたもえくぼ</u>で、まったく見えていないよ。

① 천벌을 받고 있어서
② 배신을 당했기 때문에
③ 사랑에 빠져 있어서
④ 싸우고 난 뒤라
⑤ 문제가 되기 때문에

해설

지금의 그녀에게는 그의 결점(欠点) 같은 것은 제 눈에 안경이라 전혀 보이지 않아요.

痘痕も靨 : 사랑하면 마마 자국도 보조개로 보인다. 호의적으로 보면 어떤 결점도 장점으로 보인다는 것.

58 一寸毒気をぬかれてこえもでない。下線の部分の意味を一つ選びなさい。

① 독을 조금 빨아내다.
② 독물이 새어나오다.
③ 어안이 벙벙해지다.
④ 조금 누그러지다.
⑤ 독기를 품고 달려들다.

해설

순간 너무(깜짝) 놀라서 말도 안 나온다. (毒気 · 毒気 · 毒気)

毒気を抜かれる : 깜짝 놀라다. 놀라서 멍해지다. (びっくりさせられて呆然となる · 度肝を抜かれる)

呆気にとられる : 어리둥절하다. 어안이 벙벙하다.

意外ななりゆきに、呆気にとられる。 뜻밖의 결과에 어안이 벙벙해지다.

成り行き : 사물이 서서히 변화하는 모습이나 과정. 그 결과.

59 次の文の下線の意味を一つ選びなさい。

これからせんとうに行くのに、わざわざけしょうをしていくなんて、月夜にちょうちんだよ。

① 달밤에 체조.
② 너무 방심하다.
③ 정말로 좋은 밤.
④ 아주 밝다.
⑤ 필요 없는 것.

해설

지금부터 공중목욕탕(銭湯)에 가는데, 일부러 화장(化粧)을 하고 가다니, 무익한 일이다.

月夜に提灯。 필요 없는 것. 달밤에 초롱불. 무익하다.

月夜に釜を抜かれる。 지나치게 방심하다.

60 下線の部分の間違っている文章を一つ選びなさい。

① 発言を<u>取り消して</u>ばかりいると信用されなくなる。

② 彼は、女性とのスキャンダルを<u>打ち消した</u>。

③ 私は妻に、ついに秘密を<u>打ち明けた</u>。

④ 先生は、学生に具体的な例を<u>取り上げて</u>説明した。

⑤ きょうは仮病をつかって、授業を<u>怠けて</u>しまった。

해설

➡ ⑤ 怠けて (게으르다) → サボって (サボる : 꾀를 부려 쉼. 게으름피우다. 태만하다)

① 발언을 취소하고만 있으면 신용 받지 못하게 된다. (発言(はちげん)·発言(はつごん)·発言(はつごん))

② 그는, 여성과의 스캔들을 부정했다.

③ 나는 아내에게, 마침내 비밀을 털어놓았다.

④ 선생님은, 학생에게 구체적인 예를 들어서 설명했다.

⑤ 오늘은 꾀병을 부려서, 수업을 빼먹고 말았다.

61 다음 문장의 밑줄 친 부분과 같은 것을 고르세요.

大変<u>僭越ではございますが</u>、進言させていただきます。

① 貧すれば鈍する。 ② いわしの頭も信心から。

③ 家屋を形に置く。 ④ 赤の他人

⑤ 身分を越えて、出過ぎたことをする。

해설

대단히 외람된 말씀입니다만, 여쭙(진언하)겠습니다. (僭越(せんえつ) : 주제넘다. 지나치다. 외람되다)

進言する : 윗사람에게 자기의 의견을 말함.

① 가난해지면 뛰어난 사람도 어리석어진다.

② 하찮은 것도 믿으면 존귀하게 느껴진다. (いわし : 정어리)

③ 집을 담보 잡히다. ④ 전혀 모르는 사람. 생판 남.

⑤ 신분을 넘어, 주제넘게 나서다.

62 下線の部分の間違っている文章を一つ選びなさい。

① 混雑している場所では財布をぬすまれないように注意が必要だ。

② いくら働いても給料が上がらないので、むなしくなる。

③ 苦しい経験を積んで、精神的にたくましくなった。

④ 彼は、今入って来たと思ったら、5分もしないうちにあわただしく出ていった。

⑤ 怪しい人物を見かけたら、警察に知らせてください。

해설

➡ ① 盗まれない (훔치다) → すられない (날치기하다)

掏摸に掏られる。소매치기 당하다. (掏摸 · 掏児 · ちぼ · 巾着切り : 소매치기)

すりや掻っ払いが横行する。 소매치기랑 날치기가 설치다.

① 혼잡한 장소에서는 지갑을 소매치기 당하지 않도록 주의가 필요하다.

② 아무리 일해도 월급이 올라가지 않기 때문에, 보람이 없다.
(空しい · 虚しい : 공허하다. 보람이 없다. 덧없다. 내용이 없다. くなる의 형으로 죽고 싶다)

③ 고통스러운 경험을 쌓아서, 정신적으로 강인하다. (逞しい : 건장하다. 왕성하다)

④ 그는, 방금 들어왔다고 생각했는데, 5분도 지나지 않아 바쁘게 나갔다.
(慌ただしい : 분주하다. 바쁘다. 어수선하다)

⑤ 수상한 사람을 발견하면, 경찰에게 알려 주세요.

63 次の文の下線の部分と同じ意味で使われているものを選びなさい。

いつかマイホームが欲しいと思って、休日には住宅展示場へ見に行くけれど、今の給料ではたかねのはなだ。

① 型にはまる。 ② 高根の月。

③ 絵に描いた餅。 ④ 八分目。

⑤ 馬鹿の一つ覚え。

해설

언젠가 내 집을 갖고 싶다고 생각해서, 휴일에는 주택전시장에 보러 가지만, 지금의 월급으로는 그림의 떡이다. (高嶺の花 : 그림의 떡)

① 개성이나 독창성이 없다. 틀에 박히다. 창조성이 없다.

② 성공하여 여한이 없음. (高嶺の月)

④ 사물을 삼가는 것. 절제하다.

⑤ 어리석은 자가 한 가지 지식만 사용하려 들어 우쭐해지는 것.

64 なくてななくせあってしじゅうはっくせ。の意味を一つ選びなさい。

① 조그만 실수는 용서해야 된다.
② 좋은 습관을 들여라.
③ 일이 계속 생기다.
④ 누구에게나 버릇은 있다.
⑤ 없는 게 죄다.

해설

無くて七癖有って四十八癖。 어떤 사람이라도 조금은 버릇이 있다.

癖 : 나쁜 버릇. ⇔ 習慣 : 좋은 버릇은 습관.

65 次の文の(　　)の中に最も適当な言葉を入れなさい。

臨月を迎えて大きなお腹を抱えた彼女は、少し歩いては(　　　)で息をする。

① 肩
② 胸
③ 肺
④ 身
⑤ 肌

해설

산달(産み月)을 맞이하여 큰 배를 껴안은 그녀는, 조금 걷고서는 괴로운 듯이 숨을 쉰다.

肩で息をする : 어깨를 늘어트리고 괴로운 듯이 숨을 쉬다. (肩で息を継ぐ)

① 어깨.
② 가슴.
③ 폐.
④ 몸.
⑤ 피부.

66 **次の文の(　　　)の中に最も適当な言葉を入れなさい。**

私は戦争で死に(　　　)しなかったが、両足を失った。

① こそ
② さえ
③ だけ
④ ばかり
⑤ のみ

해설

나는 전쟁에서 죽지 않았지만, 양쪽다리(両足)를 잃어버렸다.

① 어떤 하나를 다른 것과 구별해서 특히 강조한다. は보다는 강한 강조이다. からこそ · てこその 형으로 이유를 강조하는 것이 많다.
② も보다는 강한 강조. 조건을 강조하는 것이 많다. (でさえ의 형을 많이 사용한다)
③ ~만. (그것이 유일한 것이라고 하는 것을 나타낸다)
④ ~뿐. ~만. (오로지 그것만 하다)
⑤ だけ의 강조.

67 **다음 밑줄 친 단어의 표현 중 잘못 사용된 것을 고르세요.**

① 銀行はお客様の信用によって支えられていることを常に<u>心に入れて</u>おきなさい。
② この新人歌手は、大衆に<u>受けそうな</u>顔と声をしている。
③ 来週は引っ越しなんだから、そろそろ<u>支度にかかろう</u>か。
④ 開店記念の安売りでは、<u>原価を切った</u>商品も数多くあります。
⑤ この書類は<u>受付に出して</u>ください。

해설

➡ ① 入れて → 置いて (마음에 두다)

心に入れる ：그 일에 전념하다. 그 일에 열중하다. (心を打ち込む)

心を置く ：배려하다. 염두해 두다. 유념하다. (心に掛ける)
집착하다. 뒤끝이 있다. (執心する · 執着する · 執着する)
자신에게 꺼림칙한 일이 있거나 하여 예의 바른 태도를 취한다. (遠慮する · 気兼する)
상대에 대하여 앙금을 기분을 품다. 거리끼다. 마음의 간격을 두다. (よそよそしくする · 心の隔てを置く)
경계하다. 조심하다. (警戒する · 用心する)

① 은행은 고객의 신용에 의해서 지탱되고 있는 것을 항상 명심하세요.

② 이 신인가수는, 대중에게 인기가 있을 것 같은 얼굴과 목소리를 하고 있다.

③ 다음주는 이사를 하기 때문에, 슬슬 준비를 시작할까.

④ 개점기념의 세일에서는, 원가를 다운시킨 상품도 많이 있습니다.

⑤ 이 서류는 접수처에 제출해 주세요.

68 次の文の(　　)の中に最も適当な言葉を入れなさい。

ぐずぐず(　　)うちに日が暮れてしまった。

① している　　② する

③ して　　④ した

⑤ させる

해설

꾸물대고 있는 동안에 날이 저물었다.

용법 : 동사(부정형) ＋ うちに。 동작동사(진행형) ＋ うちに。
동작동사가 아닌 (いる · ある)는 기본형 ＋ うちに。

雨が降らないうちに帰ります。　　비가 내리지 않을 동안에 돌아갑니다.

勉強しているうちに友達が来ました。　　공부하고 있는 동안에 친구가 왔습니다.

日本にいるうちに旅行をします。　　일본에 있을 동안에 여행을 합니다.

69 次の文章を読んで、それぞれの問いに対する答えとして最も適当なものを一つ選びなさい。

魚が周囲のいろいろなものやさまざまな生物に気がついたとして、最後になってやっと気がつくのは水であるという「たとえ話」がある。

【問い】上の「たとえ話」は、どういうことを言っているのか。

① 自分の周囲のありふれた存在については、気がつきにくい。

② 自分の周囲のありふれた存在については、とても気になる。

③ 自分の周囲のありふれた存在については、決して気がつかない。

④ 자分の周囲のありふれた存在については、気にする。

⑤ 自分の周囲のありふれた存在については、気がつかないから不便だ。

해설

【질문】위의 예로든 이야기는, 어떤 것을 말하고 있는 것일까.

물고기가 주위의 여러 가지 물건이나 다양한 생물의 존재에 대해 알았을 때는, 최후가 되어 겨우 깨달은 것은 물이였다고 하는 우화가 있다.

(寓話 : 의인화한 동물 등을 주인공으로, 교훈이나 풍자를 포함시킨 이야기)

① 자신의 주위의 흔한 존재에 대해서는, 알기가 어렵다.

② 자신의 주위의 흔한 존재에 대해서는, 대단히 걱정이 된다.

③ 자신의 주위의 흔한 존재에 대해서는, 절대로 알지 못한다.

④ 자신의 주위의 흔한 존재에 대해서는, 걱정하다.

⑤ 자신의 주위의 흔한 존재에 대해서는, 알지 못하기 때문에 불편하다.

70 次の文の下線の部分と同じ意味で使われているものを選びなさい。

この企画も行き詰まりそうだから、<u>傍目八目</u>というわけでもないが、部外者の君に助言をしてほしいんだ。

① 아무리 노력해도 능력을 인정받지 못하다.

② 너무나 바빠 다른 것을 생각할 여유가 없다.

③ 날카롭고 사나운 눈초리다.

④ 물고기가 제철을 만난다.

⑤ 당사자보다 제삼자가 더 정확히 본다.

해설

이 계획도 막힐(진행되지 않을) 것 같기 때문에, 제삼자가 정확히 본다고는 할 수 없지만, 부외자(조직에 속하지 않은 사람)인 너에게 조언을 받았으면 좋겠다. (岡目八目)

71 意味の間違っているものを一つ選びなさい。

① 気を紛らせる。　　　：気持ち悪い。

② おくればせながら。：遅れて時期を外してしまったけれど。

③ 二束三文。　　　　　：数は多いが値段が非常に安いこと。

④ 心中。　　　　　　　：一緒に自殺する。

⑤ 人当たり。　　　　　：愛想。

해설

➡ ① 기분을 달래다.

② 뒤늦게나마. 늦은 감은 있지만.　　③ 수는 많지만 값이 매우 싼 것.

④ 연인이 합의하에 같이 자살하는 것. (後追い心中 : 따라서 죽다)

여러 사람이 함께 자살하는 것. (一家心中 : 일가족 동반 자살)

어떤 사물과 운명을 함께하는 것. 사람에 대한 의리(義理)를 지키는 것

서로 사랑하는 남녀가 손가락이나 머리를 자르거나 하여, 애정이 변하지 않는 것을 나타내는 것. 또는 그 증거(証・証拠).

(女郎 · 女郎 · 女郎 · 女郎 : 창녀. 여자. 여성(遊女 · 花魁 · 女 · 女性).

⑤ 붙임성. (愛想が尽きる · 愛想を尽かす : 정나미 떨어지다)

(機嫌を取る · 愛想笑い · お世辞笑い : 아부하다)

72 「いまさら悪足掻きをしても無駄だ。」의 올바른 해석을 고르세요.

① 새삼스레 포기해 봤자 별 수 없다.

② 이제 와서 나쁜 짓을 해도 이젠 소용없다.

③ 이제 와서 난동을 부려도 아무도 봐주지 않는다.

④ 새삼스레 함정에 걸리다니 놀랍다.

⑤ 이제 와서 발버둥쳐도 소용없다.

해설

悪足掻 : 해도 소용없는 것을 다급하게 이것저것 시도해 보는 것.
심한 장난. (ひどいいたずら · 悪ふざけ)

73 次の文の下線の部分の正しい意味を一つ選びなさい。

もう少しというところでメンバーに選ばれなかった弟は、<u>じだんだを踏んで悔</u>しがった。

① ひどくくやしがる。 ② 隠していたことを話す。

③ たやすくて簡単であること。 ④ 平たく言えば。

⑤ だびに付す。

해설

조금의 차이로 멤버에 뽑히지 못한 동생은, 발을 동동 구르며 분해했다.
(地団太を踏む · 地団駄を踏む : 발을 동동 구르며 분해하다)

① 굉장히 분해하다. 굉장히 괴로워하다.

② 숨기고 싶은 것을 말하다. (口を割る)

③ 쉽고 간단한 것.

④ 알기 쉽게 말하면.

⑤ 사람이 죽어서 화장하다. (荼毘に付す · 火葬にする)

74 意味가 잘못 짝지어진 것을 고르세요.

① 往生際が悪い。 : 깨끗이 체념하지 못하다.
② 肩をすくめる。 : 몸을 움츠리다.
③ 居丈高になる。 : 병이 깨끗이 낫다.
④ 旗揚げをする。 : 군사를 일으키다.
⑤ 鶴の一声。 : 권력자의 한마디.

해설

➡ ③ 위압적인 태도가 되다

① 往生際 : 죽을 때. 체념. 단념.

② 추위나 자신에게 예상외의, 또는, 불형편 · 불본의(不本意)한 일에 직면했을 때의 기분 · 태도를 나타낸다. 어깨를 움츠리다. (肩をすぼめる)

④ 전쟁을 일으키다. 새롭게 일을 시작하다.

⑤ 많은 사람들의 토론과 의견을 억누르는 유력자 · 권위자의 한마디. (一声 · 一声)

75 次の文の(　　)の中に最も適当な言葉を入れなさい。

こちら側の作戦としては、相手がどう出るかを見抜いて、その裏を(　　)ことだ。

① いう

② 取る

③ かく

④ 行く

⑤ 返す

해설

이쪽의 작전으로서는, 상대가 어떻게 나올까를 간파해서, 그 의표를 찌르는 것이다.

(裏の裏を行く · 裏をかく)

裏を取る : 진위를 확인하다. 裏を返す : 여자와 다시 관계하다. 똑같은 일을 되풀이하다.

裏がある : 내막이 있다.

76 의미가 잘못 짝지어진 것을 고르세요.

① 当てこすりを言う。 : 요점을 파악해서 정확히 말하다.
② 安物買いの銭失い。 : 싼 것이 비지떡.
③ 気っ風がいい。 : 쩨쩨하지 않다.
④ 味をやる。 : 눈치 있게 하다.
⑤ 幅が利く。 : 발언력이 있다.

해설

➡ ① 멀리 돌려 욕하거나 빈정거리다.
(皮肉を言う · 嫌みを言う · 当て付け · 当てこすり · 面当てを言う)

② 가격이 싼 물건은 질이 나쁜 것이 많아서, 결국 손해를 보게 된다.

③ 성품이 좋다.
気っ風 : 언행에서 엿보이는 사람의 성품 · 기질 · 천성. 특히 시원시원한 성품을 말함. (気前)

④ 잘한다(うまくやる · うまいことをする).
재치가 있는 행동을 하다. 멋있는 행동을 하다(味なことをやる).

⑤ 실력자로서 인정받아 세력을 휘두르다. 위세를 떨치다. (幅を利かす · 威勢を張る · 威張る)

77 次の文の下線の読み方が正しく使われているものを一つ選びなさい。

価格は<u>市場</u>経済の中で、重要な役割を果たしている。

① いちば　　② いちじょう
③ しじょ　　④ しじょう
⑤ いちじょ

해설

가격은 시장경제 중에서도, 중요한 역할을 다하고 있다.

① 일정한 상품을 대량으로 도매하는 곳. (어시장. 야채시장)
소매점이 많이 모여 식료품이나 생필품을 파는 곳.

④ 판매자와 구매자가 특정 상품이나 증권 등을 거래하는 장소.
재화 · 서비스가 매매되는 장소에 대한 추상적인 개념. (국내시장 · 노동시장 · 금융시장)

78 의미가 잘못 짝지어진 것을 고르세요.

① 月(つき)に叢雲(むらくも)花(はな)に風(かぜ)。 : 호사다마.
② 完全(かんぜん)な調子(ちょうし)に乗(の)っている。 : 완전히 우쭐해졌다.
③ 辺(あた)りを払(はら)う。 : 남을 위압하다.
④ みじろぎもせず。 : 면식이 전혀 없는.
⑤ 海老(えび)で鯛(たい)を釣(つ)る。 : 적은 밑천으로 큰 것을 얻다.

해설

身動(みじろ)ぎもせず : 움직이지도 않다. 꼼짝달싹도 않다.
① 좋은 일은 계속해서 이어지지 않는다.
② 순조롭게 나아가다(波(なみ)に乗(の)る). 경박한 언동을 하다. (虫(むし)の息(いき) : 끊어질 듯한 호흡)
③ 남을 접근 못 하게 하다. 남이 접근할 수 없을 정도로 위세가 있다.
⑤ 새우로 도미를 낚다.

• 次の文の(　　)の中に最も適当な言葉を入れなさい。

79 アメリカ大陸(たいりく)は1492年(ねん)、コロンブス(　　)発見(はっけん)された。

① について　② によって
③ にたいして　④ によると
⑤ にかんして

해설

아메리카대륙은 1492년, 콜럼버스에 의해서 발견되었다.

① ～에 대해서.

② ～에 따라서. (앞 문장에는 판단의 기준이 와서 のため · で하고 같은 의미이고, 수단 · 원인의 문장에 사용된다)

～에 의해서. (권위를 나타내며 뒤 문장은 수동형을 동반한다)

③ ～에 대해서.

④ ～에 의하면.

⑤ ～에 관해서.

80 의미가 잘못 짝지어진 것을 고르세요.

① 仏(ほとけ)の光(ひかり)より金(かね)の光(ひかり) : 돈이 최고다.
② 意(い)に介(かい)さない : 걱정하지 않다.
③ 切(き)り口上(こうじょう)になる : 딱딱한 말투.
④ 挙(あ)げ句(く)の果(は)て : 악역의 말로.
⑤ おじけづく : 무섭다.

해설

➡ ④ 그 결과. 마지막으로. 최후에는.

② 気(き)にしない。

③ 잘라 말하다.

⑤ 怖(お)じ気付(けづ)く。

• 次(つぎ)の文章(ぶんしょう)を読(よ)んで、後(あと)の問(と)いに答(こた)えなさい。 (81～90)

❶青春(せいしゅん)というのは、いつの時代(じだい)にもちょっと背伸(せの)びをしようとする。そうだったような気(き)がする。しかし、それは、❷今(いま)は昔(むかし)の話になりつつあるのだろうか。

日本と米国(べいこく)の高校生(こうこうせい)を比較(ひかく)した読書調査(どくしょちょうさ)で、「漫画(まんが)と恋愛小説(れんあいしょうせつ)が好(す)き」という日本の高校生の読書傾向(どくしょけいこう)が指摘(してき)された。❸恋愛小説(れんあいしょうせつ)といっても、ブロンテやスタンダールの恋愛小説(れんあいしょうせつ)ではない。中(ちゅう)・高校生(こうこうせい)向(む)きに書かれた「ジュニア小説(しょうせつ)」のことである。❹自分(じぶん)たちの背丈(せたけ)にあわせて大量生産(たいりょうせいさん)される物語の世界にひたっている。これが読書から見た日本の高校生像のように見える。一方、米国の高校生は、漫画嫌いが多く、時事的な本に関心が強い、と調査結果はいう。

米国の高校生がそれほど読書好きとは思わない。漫画文化のありようが日米ではまったく違う、つまり、良かれ悪しかれ日本の漫画は質量とも米国を圧倒している----など知米派の意見もいろいろだ。しかし、❺一致しているのは、学校教育の違いからくる差である。米国のどの高校の授業にもある文学の授業では、課題図書を示して読ませ、リポートを書かせる。ホーソーン、ホイットマンからヘミングウェーまで。国際問題から離婚問題までさまざまな社会問題を学校で討論させる。社会全体が自分たちの政治、社会に関心が深く、子供たちも例外にしない。❻ひるがえって、日本の高校生を考える。親も学校もできるだけ子供を ❼「社会の風」にあたらせないように配慮する。隔離して受験に向かわせる。まだ大人になる必要のない猶予時間をたっぷり与える。ただし、受験戦争というかごのなかで。こうして日本の高校生たちは、厳しい環境におかれると同時に、❽それと裏腹の甘えも許される。読書調査の背景としてそんな風景が浮き上がる。

しかし、かごに入れられた人間は脱出しようとする。子供として抑え付けられた人間は大人になろうとする。日本の高校生たちにもその衝動があると思う。ひそかにそれを実現して大人の鼻を明かす。子供のふりをして、実はまわりの大人たちを冷笑する。❾旧世代にも思い当たる情景ではないか。その生意気さを尊重しつつ、忠告を与えるのは大人の仕事だ。大量生産される漫画や青春小説だけでなく、世界にはもっといっぱい共感できる本がある。❿高校生にも少し背伸びをしてほしい。未知の読書に挑戦してほしい。

❶청춘이란, 어느 시대에나 발돋움을 하려 한다. 그랬던 것 같은 기분이 든다. 그러나, 그것은, ❷지금은 옛날이야기가 되어 가고 있는 것일까.

일본과 미국의 고교생을 비교한 독서조사에서 「만화와 연애소설을 좋아한다」고 말한 일본 고교생의 독서경향이 지적되었다. ❸연애소설이라고 해도, 브론테나 스탕달의 연애소설이 아니다. 중·고교생에 맞춰 쓰여진 「주니어 소설」인 것이다. ❹자신들의 경향(키)에 맞춰 대량생산된 이야기의 세계에 탐닉하고 있다. 이것이 독서로부터 본 일본의 고교생 상처럼 보인다. 한편, 미국의 고교생은, 만화를 싫어하는 학생이 많고, 시사적인 책에 관심이 많다고 조사결과는 말한다.

미국의 고교생이 그 정도로 독서를 좋아한다고는 생각되지 않는다. 만화 문화의 실정이 일미 간에는 전혀 다르다. 즉, 좋든 싫든 일본의 만화는 질량에서도 미국을 압도하고 있다 ──등 지미파의 의견도 여러 가지다. 그러나, ❺일치하고 있는 것은 학교교육의 차이로부터 오는 차이다. 미국의 어느 고교수업에도 있는 문학수업에서는 과제 도서를 제시하여 읽게 하고 리포트를 쓰게 한다. 호손, 휘트먼으로부터 헤밍웨이까지. 국제문제로부터 이혼문제까지 다양한 사회문제를 학교에서 토론하게 한다. 사회전체가 자신들의 정치, 사회에 관심이 깊고, 아이들도 예외를 두지는 않는다. ❻입장을 바꾸어 일본의 고교생을 생각한다. 부모도 학교도 가급적 아이들을 ❼「사회의 영향」을 받지 않게 배려한다. 격리시켜 수험에 임하게 한다. 아직 어른이 될 필요가 없는 유예기간을 듬뿍 선사한다. 단, 입시전쟁이라는 바구니 안에서 이렇게 하여 일본의 고교생들은 어려운 환경에 놓임과 동시에, ❽그것과 모순되는 응석도 허용된다. 독서 조사의 배경으로서 그런 풍경이 떠오른다.

그러나 바구니 안에 넣어진 인간은 탈출하려 한다. 아이들로서 억눌려진 인간은 어른이 되려고 한다. 일본의 고교생들에게도 그 충동이 있다고 생각한다. 은밀히 그것을 실현시켜 어른의 콧대를 꺾는다. 아이인 척하며, 사실은 주위의 어른들을 비웃는다. ❾구세대에도 짐작이 가는 정경이 아닐까. 그 건방짐을 존중하며, 충고하는 것이 어른의 일이다. 대량생산되는 만화나 청춘 소설뿐만이 아니라, 세계에는 더욱더 공감할 수 있는 책이 있다. ❿고교생에게도 좀 더 발돋움을 바라고 싶다. 미지의 독서에 도전하기 바란다.

81 ❶ 「青春というのは、いつの時代にもちょっと背伸びをしようとする。そうだったような気がする。」とあるが、どういう意味か。最も適当なものを一つ選びなさい。

① 青春時代には、みんな早く大人になりたくて、大人の真似をしたり、難しい本を読んだりした。
② 青春時代には、みんな早く大人になりたくて、大人の真似をしたり、難しい本を読んだりしたと記憶している。
③ 青春時代には、立派な大人になるために無理するものだ。
④ 青春時代には、立派な大人になるために無理するものだと思っていた。
⑤ 青春時代には、立派な大人になるためにちょっとだけ努力する。

해설

➡ ② 청춘시대에는, 모두 빨리 어른이 되고 싶어서, 어른 흉내를 내기도 하고, 어려운 책을 읽기도 했던 것을 기억하고 있다.
① 청춘시대에는, 모두 빨리 어른이 되고 싶어서, 어른 흉내를 내기도 하고, 어려운 책을 읽기도 했다.
③ 청춘시대에는, 훌륭한 어른이 되기 위해 무리하는 것이다.
④ 청춘시대에는, 훌륭한 어른이 되기 위해 무리하는 것이라고 생각했었다.
⑤ 청춘시대에는, 훌륭한 어른이 되기 위해 약간만 노력한다.

82 ❷ 「今は昔の話になりつつあるのだろうか。」とは、ここではどういう意味か。最も適当なものを一つ選びなさい。

① 筆者の青春時代には、みんなが早く大人になりたいと思って、大人の真似をしたものだったが、今も変わらないようだ。
② 筆者の青春時代には、みんなが早く大人になりたいと思って、大人の真似をしたものだったが、今はもう違うようだ。
③ 筆者の青春時代には、みんなが早く大人になりたいと思って、大人の真似をしたものだったが、今ではだんだん違ってきたようだ。
④ 筆者の青春時代は、もう昔のことになってしまった。
⑤ 筆者の青春時代とくらべてみんなおとなしくなった。

해설

③ 필자의 청춘시대에는, 모두가 빨리 어른이 되고 싶다고 생각해서, 어른의 흉내를 냈던 것이지만, 지금에 와서는 점점 바뀌는 것 같다.

① 필자의 청춘시대에는, 모두가 빨리 어른이 되고 싶다고 생각해서, 어른의 흉내를 냈던 것이지만, 지금도 변함없는 것 같다.

② 필자의 청춘시대에는, 모두가 빨리 어른이 되고 싶다고 생각해서, 어른의 흉내를 냈던 것이지만, 지금은 다른 것 같다.

④ 필자의 청춘시대는, 이제는 옛날 일이 되고 말았다.

⑤ 필자의 청춘시대와 비교해서 모두 얌전해졌다.

83 ❸ 「恋愛小説といっても、ブロンテやスタンダールの恋愛小説ではない。」とあるが、なぜ筆者はブロンテとスタンダールを例に挙げたのか。最も適当なものを一つ選びなさい。

① ただ、有名な小説だから。　② 恋愛小説の名作だから。
③ 青春小説の名作だから。　④ 筆者が好きだから。
⑤ 中、高校生向きに書かれているから。

해설

② 연애소설의 명작이기 때문에.

① 그냥 유명한 소설이기 때문에.　③ 청춘소설의 명작이기 때문에.
④ 필자를 좋아하기 때문에.　⑤ 중고생을 대상으로 쓰였기 때문에.

84 ❹ 「自分たちの背丈にあわせて」とはどういう意味か。最も適当なものを一つ選びなさい。

① 中、高校生向きに書かれている。　② 大量生産されている。
③ 平均的な。　④ 物語の世界にひたっている。
⑤ みんなの背丈をはかる。

해설

➡ ① 중고생을 대상으로 쓰여 있다.

② 대량생산되고 있다.

③ 평균적인.

④ 이야기의 세계에 빠져 있다.

⑤ 모두의 키를 재다.

85 ❺ 何が「一致している」のか。最も適当なものを一つ選びなさい。

① 学校の教育制度が違うために生じる差。

② 日本とアメリカの漫画文化の違い。

③ 知米派の意見にみられる共通点。

④ 日本と米国の読書に対する文化。

⑤ 米国の高校生たちの読書人。

해설

➡ ③ 지미파의 의견에서 볼 수 있는 공통점.

① 학교의 교육제도가 틀리기 때문에 발생하는 차이.

② 일본과 미국의 만화 문화의 차이.

④ 일본과 미국의 독서에 대한 문화.

⑤ 미국 고교생들의 독서인.

86 ❻「ひるがえって、日本の高校生を考える。」とあるが、筆者は日本と米国の高校生を比較してどう考えているのか。最も適当なものを一つ選びなさい。

① 米国の高校生は読書好きだから、うらやましい。

② 米国の高校生は漫画嫌いだが、日本には面白い漫画がたくさんあるので高校生が漫画好きでも止むを得ない。

③ 日本の高校生は受験競争のため本を読む時間がなく、かわいそうだ。

④ 米国の高校生は本を読んでさまざまな社会問題を考えているというのに、日本の高校生は漫画やジュニア小説ばかり読んでいて困ったものだ。

⑤ 日本の高校では文学時間がなくて、だれも文学に関心を持っていない。

해설

④ 미국의 고교생은 책을 읽어 여러 가지 사회문제를 생각하고 있다고 말하는데, 일본의 고교생은 만화나 주니어 소설만 읽고 있어 곤란한 것이다.

① 미국의 고교생은 독서를 좋아하기 때문에, 부럽다.

② 미국의 고교생은 만화를 싫어하지만, 일본에는 재미있는 만화가 많이 있기 때문에 고교생이 만화를 좋아해도 어쩔 수 없다.

③ 일본의 고교생은 수험전쟁 때문에 책 읽을 시간이 없어, 불쌍하다.

⑤ 일본의 고교에는 문학시간이 없어서, 누구도 문학에 관심을 갖고 있지 않다.

87 ❼「社会の風にあたらせない」のは、なぜか。最も適当なものを一つ選びなさい。

① 高校生は大人ではないから。　② 風邪を引くから。
③ 受験勉強だけをさせるため。　④ 甘えを許すため。
⑤ ぐれることを心配して。

해설

③ 수험공부만을 시키기 위해.

① 고교생은 어른이 아니기 때문에.　② 감기를 걸렸기 때문에.
④ 응석을 받아주기 위해.　⑤ 삐뚤어지는 것을 걱정하여.

88 ❽ それが指す内容として最も適当なものを一つ選びなさい。

① 受験競争という環境の厳しさ。　② 受験競争というかご。
③ 大人になる必要のない猶予時間。　④ 社会の風。
⑤ 読書調査の背景。

해설

① 입시경쟁이라고 하는 환경의 어려움.

② 수험경쟁이라고 하는 새장.　③ 어른이 될 필요가 없는 유예기간.
④ 사회의 영향.　⑤ 독서조사의 배경.

89 「旧世代にも思い当たる情景」とは、どんな情景か。最も適当なものを一つ選びなさい。

① 子供のふりをして、実はまわりの大人たちを冷笑する。
② 大人になろうとして、背伸びをする。
③ 物語の世界にひたる。
④ 受験競争というかごに入れられる。
⑤ ひそかにそれを実現する。

해설

➡ ① 어린애인 척해서, 실은 주위의 어른들을 비웃는다.
② 어른이 되려고 해서, 발돋움한다.
③ 이야기의 세계에 잠기다.
④ 수험경쟁이라고 하는 새장에 넣어진다.
⑤ 몰래 그것을 실현하다.

90 ⑩ 高校生にも少し背伸びをしてほしい。とは、どういうことか。最も適当なものを一つ選びなさい。

① 少し難しくても、政治や社会の問題について学校で討論してほしい。
② 少し難しくても、しっかり勉強してほしい。
③ 少し難しくても、漫画やジュニア小説ではない本を読んでほしい。
④ 少し難しくても、大人の真似をして頑張ってほしい。
⑤ 少し難しくても、積極的に行動してほしい。

해설

➡ ③ 조금은 어려워도, 만화나 주니어 소설아 아닌 책을 읽었으면 한다.
① 조금은 어려워도, 정치나 사회문제에 대해 학교에서 토론했으면 한다.
② 조금은 어려워도, 확실히 공부했으면 한다.
④ 조금은 어려워도, 어른의 흉내를 내서 열심히 했으면 한다.
⑤ 조금은 어려워도, 적극적으로 행동했으면 한다.

91 밑줄 친 부분의 올바른 의미를 고르세요.

<u>手前味噌</u>を並(なら)べるわけではないが、うちの娘(むすめ)は勉強もできてピアノも上手(じょうず)だ。

① 잔소리. ② 과장되다.
③ 자화자찬. ④ 허풍떨다.
⑤ 험담하다.

해설

자화자찬을 늘어놓는 것은 아니지만, 우리 딸은 공부도 잘하고 피아노도 잘 친다.

手前味噌(てまえみそ) : 스스로 자기의 일을 칭찬하는 것. 자화자찬.

92 촉음「っ」의 발음이 다른 것을 고르세요.

① いったい ② きって
③ じっさい ④ おっと
⑤ はってん

해설

➡ ③ 실제(実際(じっさい)). (っ다음에 어떤 글자가 오는지 주의할 것)

① 도대체. (一体) ② 우표. (切手)
④ 남편. (夫) ⑤ 발전. (発展)

- 작은 っ (촉음)

<u>きって</u>에서 보여지듯이 작은 <u>っ</u>는 특별하게 읽는다. <u>っ</u> /tsu/라고 읽지 않고, 단지 모양만을 취할 뿐이다. 즉, <u>きって</u>의 경우는 <u>き</u>를 읽고, 혀는 <u>て</u>의 위치로 하여 모양을 취한다. 이 모양의 길이는 <u>き</u> · <u>て</u>를 읽는 것과 거의 같은 길이이다. 이와 같이 작은 <u>っ</u>를 읽는 경우의 혀의 위치는 <u>っ</u>에 붙는(뒤따라오는) 문자의 자음의 위치이다. 그러나 っ다음에 오는 문자가 <u>さ</u> · <u>し</u> · <u>す</u> · <u>せ</u> · <u>そ</u> 의 경우는 공기가 나올 뿐, 모양은 의식되지 않는다. 이 작은 っ는

K음 앞에서는 ㄱ에 가깝다.	か	き	く	け	こ
	一家 (いっか)	일가족.	真っ黒 (まっくろ)	진검정.	
	一回 (いっかい)	한 번. 일회.	湿気 (しっけ)	습기.	
	学期 (がっき)	학기.	学校 (がっこう)	학교.	

S음 앞에서는 ㅅ에 가깝다.	さ	し	す	せ	そ
	一切 (いっさい)	일절.	生粋 (きっすい)	순수하다.	
	雑誌 (ざっし)	잡지.	一石 (いっせき)	일석.	
	一生 (いっしょう)	일생.	発足 (ほっそく)	발족.	

T음 앞에서는 ㄷ에 가깝다.	た	ち	つ	て	と
	一体 (いったい)	도대체.	三つ (みっつ)	세개.	
	match (まっち)	성냥.	切手 (きって)	우표.	
	熱中 (ねっちゅう)	열중.	圧倒 (あっとう)	압도.	

P음 앞에서는 ㅂ에 가깝다.	ぱ	ぴ	ぷ	ぺ	ぽ
	一杯 (いっぱい)	가득. 한잔.	切符 (きっぷ)	티켓. 표.	
	発表 (はっぴょう)	발표.	疾病 (しっぺい)	질병.	
	別嬪 (べっぴん)	미인.	尻尾 (しっぽ)	꼬리.	

의 앞에서만 나타난다.

93 밑줄 친 단어의 읽기가 다른 것을 고르세요.

① 火事(かじ)になったと仮定する。　② 結婚(けっこん)して家庭を持つ。
③ 義務教育(ぎむきょういく)の課程を修了(しゅうりょう)する。　④ 研究(けんきゅう)の過程を説明(せつめい)する。
⑤ 家政経済(けいざい)について研究する。

해설

⑤ 가정경제에 대해서 연구하다. (家政(かせい))

① 화재가 났다고 가정하다. (仮定(かてい))　② 결혼해서 가정을 갖다. (家庭(かてい))

③ 의무교육의 과정을 수료하다. (課程(かてい))　④ 연구의 과정을 설명하다. (過程(かてい))

94 (　　　) 안에 들어갈 가장 적당한 것을 고르세요.

大学を卒業したら、貿易会社に(　　　)と思っている。

① 勤めたい　　② 勉めたい
③ 努めたい　　④ 務めたい
⑤ 力めたい

해설

대학을 졸업하면, 무역회사에 근무하고 싶다고 생각한다.

① 근무하다. 불도(仏道)의 수행을 하다. (勤める)
② 힘쓰다. 노력하다. (勉める)　　③ 힘쓰다. 노력하다. (努める)
④ 직무를 맡다. (務める)　　⑤ 힘쓰다. 노력하다. (力める)

95 (　　　) 안에 들어갈 적당한 것을 고르세요.

仕事で東京に行った(　　　)大学時代の友だちに会ってきた。

① なかに　　② ついでに
③ とおりに　　④ かわりに
⑤ のみに

해설

일로 도쿄에 가는 김에 대학교 때 친구를 만나고 왔다.

① ～중에. ～속에. (中に)　　② ～하는 김에. (序に)
③ ～하는 대로. (通りに)　　④ ～을 대신해서. (代わりに)
⑤ ～만. ～뿐.

96 (　　) 안에 들어갈 가장 적당한 것을 고르세요.

あいつの自慢話(じまんばなし)にはもう(　　　)した。

① いきいき　　② なきなき
③ はきはき　　④ うきうき
⑤ あきあき

해설

저 자식의 자기자랑 이야기(자기과시)는 이제는 질렸다.

① 생기 넘치는 모습.　　② 울며불며. 울면서.
③ 태도가 확실한 모습.
④ 기쁜 것. 즐거운 것이 있어서 마음이 들뜨는 모습. (소풍)
⑤ 상대의 행위나 언행에 질린 모습.

97 다음 문장의 내용과 일치하지 않은 것을 고르세요.

神話(しんわ)は語(かた)られた時点(じてん)では神聖(しんせい)なものとして普遍的(ふへんてき)に信仰(しんこう)されるべきものであった。しかし実質的(じっしつてき)には古代人(こだいじん)の想像力(そうぞうりょく)から生(う)まれた世界(せかい)や人間(にんげん)についての解釈(かいしゃく)を物語風(ものがたりふう)に表現(ひょうげん)したものであって、古代(こだい)の人々(ひとびと)の生(い)き生(い)きした想像力(そうぞうりょく)や物語(ものがたり)の表現力(ひょうげんりょく)が感(かん)じられ、そこに文学性(ぶんがくせい)が認(みと)められている。これに比(くら)べて伝説(でんせつ)は歴史性(れきしせい)が強(つよ)く、ある特定(とくてい)の時代(じだい)や地域(ちいき)に結(むす)び付(つ)いて事柄(ことがら)の由緒(ゆいしょ)や地名(ちめい)の起源(きげん)などが語(かた)られる。主人公(しゅじんこう)は人間(にんげん)か、人間以(い)外(がい)の場合(ばあい)でも人間的(にんげんてき)な存在(そんざい)である。そして神話(しんわ)ほどの信仰強制力(しんこうきょうせいりょく)はないが、物語的(ものがたりてき)な興味(きょうみ)と人間的(にんげんてき)な感情(かんじょう)が豊(ゆた)かに息(いき)づいているところに文学性(ぶんがくせい)をみることができる。

① 神話(しんわ)の文学性(ぶんがくせい)は古代人(こだいじん)の生(い)き生(い)きした想像力(そうぞうりょく)や物語(ものがたり)の表現力(ひょうげんりょく)にあると言(い)える。
② 伝説(でんせつ)の文学性(ぶんがくせい)はある特定(とくてい)の時代や地域(ちいき)に結(むす)び付(つ)いている事柄(ことがら)の由緒(ゆいしょ)や地(ち)名(めい)の起源(きげん)などを語(かた)るところにある。

③ 伝説は神話ほどの信仰強制力はないが、歴史性は強い。

④ 念のために更に念をおすこと。

해설

➡ ② 전설의 문학성은 어느 특정 시대나 지역과 결부되어(연관되어) 있는 내용의 유래나 지명의 기원 등을 이야기하는 것에 있다.

息衝く : 숨을 쉬다. 살아 있다(息をする · 生きている). 한숨을 쉬다(溜め息をつく · 嘆く). 괴로운 듯이 숨을 쉬다(苦しそうに息をする · 喘ぐ · 息を切らす).

生き生き · 活き活き : 활기가 넘치고 기세가 좋은 것. 생기 있어 싱싱한 것.

신화는 말해진(전해져 내려온) 시점에서는 신성한 것으로서 보편적으로 믿어야만 되는 것이었다. 그러나 실질적으로는 고대인의 상상력으로부터 생겨난 세계나 인간에 대해서의 해석을 이야기식으로 표현한 것이고, 고대인들의 생생한 상상력이나 전해져 내려온 이야기의 표현력이 느껴지고, 거기에 문학성을 인정받고 있다. 이에 비해 전설은 역사성이 강하고, 어느 특정의 시대나 지역에 결부되어 내용의 유래나 지명의 기원 등을 이야기한다. 주인공은 인간이거나, 인간 이외의 경우에도 인간적인 존재이다. 그리고 신화 정도의 신앙 강제성은 없지만, 이야기적인 흥미와 인간적 감정이 풍부하게 살아 숨쉬는 곳에서 문학성을 보는 것이 가능하다.

① 신화의 문학성은 고대인의 생생한 상상력이나 이야기의 표현력에 있다고 말할 수 있다.

③ 전설은 신화 정도의 신앙 강제력은 없지만, 역사성은 강하다.

④ 만약을 위해 거듭(더욱더) 다짐해 두는 것.

98 다음 문장의 내용과 일치하는 것을 고르세요.

日本人のよく言う言葉に「義理ほどつらいものはない」というのがある。人は義務を返済せねばならないと同様に、義理を返済せねばならない。しかしながら、義理は義務とは類を異にする一連の義務である。これに相当する言葉は英語には全く見当たらない。また、人類学者が世界の文化のうちに見出す、あらゆる風変わりな道徳的義務の範疇の中でも、最も珍しいものの一つである。それは特に日本的なものである。忠と孝とはともに日本が中国と共有している徳目であって、日本はこの二つの概念にいろいろの変化を加えてはいるが、他の東洋諸国の道徳的命令とある程度の同族的類似をもっている。ところが義理は、日本が中国の儒教から得たものでなければ、東洋の仏教から得たものでもない。それは日本独特の範疇であって、義理を考慮に入れなければ、日本人の行動方針を理解することは不可能である。日本人はすべて、行動の動機や名声やその本国において人々の遭遇するいろいろのジレンマについて語る時には、必ず常に義理を口にする。

① 일본의 義理는 일본인의 행동방침을 이해하는 중요한 기준이 된다.

② 일본의 義理는 의무와 비슷한 개념으로 동양사회에 폭넓게 존재한다.

③ 일본의 義理는 충, 효처럼 중국에서 들어와 일본화되었다.

④ 일본의 義理는 일본인의 마음을 가장 편하게 해주는 덕목이다.

해설

➡ ①

義理 : 사물의 바른 도리. 사람으로서 지켜야 할 올바른 도리. (道理 · 筋)

義理を通す。도리를 지키다. 義理に外れた行為。도리에서 벗어난(어긋난) 행위.

사람이 지켜야 할 도의. 사회생활을 영위함에 있어서의 입장, 또 도의로서, 타인에 대해서 역할을 다하거나 보답하거나 하지 않으면 안 되는 것. (道義)

義理が悪い。도의에 어긋나 체면이 안 서다.

君に礼を言われる義理はない。너에게 사례의 말을 들을 까닭은(이유는) 없다.

(너에게 고맙다는 말을 들을 만한 일은 아무것도 하지 않았다)

義理を弁える。의리를 분별하다. 도의를 알다.

교제상(付き合い上) 어쩔 수 없이 하는 행위.

義理で参加する。의리로(도의상) 참가하다.

혈족이 아닌 사람이 맺는 혈족과 같은 관계. 혈연관계가 아닌 친족 관계.

義理の子。의붓아들, 수양아들, 사위 등. 義理の母。시어머님. 장모님.

이유. 의미.

ジレンマ : 딜레마. 몇 가지 중 하나를 선택해야 하는 상황에서 판단을 내리지 못하고 있는

상태. (ディレンマ · dilemma). ジレンマに陥る : 딜레마에 빠지다.

일본인이 자주 하는 말에 「도리만큼 괴로운 것은 없다」라고 하는 것이 있다. 사람은 의무적으로 갚지 않으면 안 된다고 하는 것과 마찬가지로, 도리를 변제하지 않으면 안 된다. 그러나, 도리는 의무와는 그것(종류)을 달리하는 일련의 의무이다. 이에 상당하는 말은 영어에서는 전혀 찾아볼 수 없다. 또, 인류학자가 세계의 문화 속에서 발견하는(찾아내는), 모든 색다른(특이한) 도덕적 의무의 범주 안에서도, 가장 드문 것 중의 하나이다. 그것은 특히 일본적인 것이다. 충과 효는 함께 일본이 중국과 공유하고 있는 덕목으로, 일본은 이 두 개념에 여러 가지 변화를 더하기는 했지만, 다른 동양 국가들의 도덕적 명령과 어느 정도의 동족적 유사성을 가지고 있다. 그러나 도리는, 일본이 중국 유교로부터 온 것이 아니라면, 동양의 불교로부터 온 것도 아니다. 그것은 일본 특유의 범주이고, 도리를 고려하지 않으면, 일본인의 행동방침을 이해하는 것은 불가능하다. 일본인은 모두, 행동의 동기나 명성이나 본국에서 사람들이 조우하는(마주치는) 여러 가지 딜레마에 대해 이야기할 때는, 항상 도리를 말한다.

99 다음 문장의 내용과 일치하지 않은 것을 고르세요.

一度しかない人生、世界に一人しかいない自分の生命の尊さと、その使命を自覚しなければならん。たとえ、どんな病気になろうと、どんなに身体が不自由になったとしても、人間として生まれ、いま生きていることに感謝せねばならん。まして、健康で働けるという人は、なおさらありがたいと喜ばねばならん。しかも、人間にはその人その人がやらねばならん使命がある。

① 人間には誰にでもやらねばならぬ使命がある。
② 人間はどんな場合においても人間として生まれ、今生きていることに感謝すべきである。
③ 体の不自由なことは感謝すべきである。
④ 健康で働ける人はもっとありがたいと喜ぶべきであろう。

해설

③ 몸이 불편한 것은 감사해야만 한다.

한 번밖에 없는 인생, 세상에 한 사람밖에 없는 자신의 생명의 소중함과(고귀함과), 그 사명을 자각하지 않으면 안 된다. 가령, 어떤 병에 걸리든, 아무리 몸이 불편해지더라도, 인간으로서 태어나, 지금 살아 있는 것에 감사하지 않으면 안 된다. 하물며, 건강하게 일할 수 있다고 하는 사람은, 더더욱 고맙다고 기뻐하지 않으면 안 된다. 게다가, 사람에게는 저마다 하지 않으면 안 될 사명이 있다.

① 인간에게는 누구라도 하지 않으면 안 되는 사명이 있다.
② 인간은 어떤 경우에 있어서도 인간으로 태어나, 지금 살아 있는 것에 감사해야만 한다.
④ 건강하게 일할 수 있는 사람은 좀 더 고마워하고 기뻐해야 할 것이다.

100 다음 문장의 의미로 맞는 것을 고르세요.

きわめて稀(まれ)な例外(れいがい)でしかなかった。

① 그다지 드문 예는 아니었다. ② 매우 흔한 예외였다.
③ 매우 드문 예외는 아니었다. ④ 매우 드문 예외에 지나지 않았다.

해설

④ 극히 드문 예외밖에 없었다.

101 대화의 괄호 안에 들어갈 가장 적당한 것을 고르세요.

A：鈴木(すずき)さん、私、今日(きょう)、病院(びょういん)へ行(い)ってきたんですよ。
B：あら、どこか具合(ぐあい)でも悪(わる)いですか。
C：いいえ、田中(たなか)さんの(　　　　　　)。

① おいわいです ② おみあいです
③ おみまいです ④ おみおくりです
⑤ おむかえです

해설

③ お見舞(みま)い。 병문안. (どうぞ、お大事(だいじ)に：몸조리 잘하세요)

① 축하합니다. (お祝い)
② 맞선입니다. (お見合い)
④ 배웅입니다. (お見送り)
⑤ 마중입니다. (お迎え).

102 두 사람이 나눈 대화이다. 대화의 문맥이 통하도록 바르게 나열한 것을 고르세요.

A：おつかれさまでした。

B：ええ、まあ、飛行機の乗りつぎって、めんどうですからね。

C：でも、海外出張ですもの。移動だけでもたいへんだったでしょう。

D：いえ、たいした仕事はしなかったんですよ。

① A－C－B－D
② A－B－D－C
③ A－C－D－B
④ A－D－C－B
⑤ C－B－D－A

해설

④ A－D－C－B

A：수고하셨습니다. 고생하셨습니다. (御疲れ様でした・御苦労様でした)

B：예, 그럭저럭, 비행기 갈아타는 것도, 귀찮기 때문입니다.

C：그래도, 해외 출장이잖아요. 이동하는 것만으로도 힘드셨겠네요.

D：아뇨, 대단한 일은 하지 않았습니다.

103 다음 단어의 일어 읽기가 잘못된 것을 고르세요.

① 評価 (ひょうか)
② 挑戦 (ちょうせん)
③ 職務 (しょくむ)
④ 投資 (とうし)
⑤ 破産 (ぱさん)

해설

➡ ⑤ 파산. (破産)

① 평가.
② 도전.
③ 직무.
④ 투자.

104 밑줄 친 부분의 뜻에 가장 가까운 것을 고르세요.

会社(かいしゃ)で<u>サボって</u>いてはこまります。

① なまけて　② さがして
③ はたらいて　④ のぼって
⑤ さわって

해설

회사에서 게으름을 피우면 안 됩니다. (サボる : 꾀를 부려 쉼. 게으름피우다. 태만하다)
① 게으름을 피우다. 공부나 일 같은 것. (怠ける)
② 자신이 필요로 하는 사람 · 물건을 찾다. (捜す · 探す)
③ 일하다. 노동하다. 작용하다. 기능을 발휘하다. 다른 것에 영향을 미치다. 강도(強盗(ごうとう)) · 사기(詐欺(さぎ)) · 나쁜 짓(悪事(あくじ))을 하다. (働く)
④ 높은 곳으로 오르다. (登る)
⑤ 만지다. 접촉하다. 닿다. 감정을 상하게 하다. (触る)

105 밑줄 친 부분의 뜻에 가장 가까운 것을 고르세요.

「産業政策(さんぎょうせいさく)」の定義(ていぎ)に関(かん)しては、学者(がくしゃ)によって<u>まちまち</u>であるが、「産業に対(たい)する政府(せいふ) · 地方自治体(ちほうじちたい)の公的介入(こうてきかいにゅう)」とすれば、まず<u>差(さ)し支(つか)え</u>ないであろう。

① たくさん — 共感(きょうかん)　② 待(ま)つこと — 誤解(ごかい)
③ 様々(さまざま) — 支障(ししょう)　④ 問題(もんだい) — 支持(しじ)
⑤ 良識(りょうしき) — 大差(たいさ)

해설

➡ ③ 区々(まちまち) : 사물이나 의견 등이, 각각 다른 것. (様々(さまざま))
差(さ)し支(つか)える : 상황이 안 좋은 일이 생기다. 지장이 생기다. 방해가 되다(妨(さまた)げとなる).
明日の仕事に差し支える。 내일 일에 지장이 있다.

支(ささ)える : 지탱하다. 떠받치다. 부축을 받다. 유지하다. 정신적 · 경제적으로 지원한다. 막아내다.
「산업정책」의 정의에 관해서는, 학자에 따라서 각각 다르지만, 「산업에 대한 정부 · 지방자치체의 공적개입」을 한다고 한다면, 우선은 지장이 없을 것이다.

① 많다 ── 공감　　② 기다리는 것 ── 오해
③ 각각 ── 지장　　④ 문제 ── 지지
⑤ 양식 ── 큰 차이

106 次(つぎ)の文(ぶん)の(　　　)の中(なか)に最(もっと)も適当(てきとう)な言葉(ことば)を一(ひと)つ選(えら)びなさい。

至急対策(しきゅうたいさく)を(　　　)必要(ひつよう)がある。

① 困(こう)ずる　　② 薨(こう)ずる
③ 工ずる　　④ 講(こう)ずる
⑤ 高(こう)ずる

해설

시급히 대책을 강구할 필요가 있다. (講(こう)ずる · 講(こう)じる)
① 곤란해하다. 당황스럽다. 고달프다. 곤혹스럽다. 몹시 피곤하다. (困惑(こんわく)する · 困(こま)る · 困憊(こんぱい)する)
② 신분이 높은 사람이 죽다. (왕족, 서열 3위 안쪽)
④ 강구하다. 강의하다.　　⑤ 정도가 심해지다. (募(つの)る)

107 다음 한자의 읽기 중에서 틀린 것을 고르세요.

① 氷　(こおり)　　② 20日 (はつか)
③ 割賦 (げっぷ)　　④ 定礎 (ていそ)
⑤ 公達 (きんだち)

해설

➡ ③ 할부 (かっぷ). (月賦(げっぷ) : 월부)
① 얼음.　　② 20일. (十日(とおか) : 10일)

④ 건축을 착공할 때 초석을 놓는 것. 건축 공사를 시작하는 것.

⑤ 왕 · 귀족의 자식(公達(きんだち) · 君達(きんだち)). (公達(こうたつ) : 정부나 관청으로부터의 통지)

108 次の文の(　　　)の中に最も適当なものを入れなさい。

ここまで来(き)たらそのまま(　　　)いかないでしょう。

① 帰(かえ)るためには　　② 帰るのには
③ 帰ることには　　④ 帰るわけには
⑤ 帰るものには

해설

여기까지 왔다면 그 상태로 돌아갈 수 없겠지요.

동사 (帰る)　　＋ わけにはいかない : 돌아갈 수는 없다. (돌아가지 않는다)

동사 (帰らない) ＋ わけにはいかない : 돌아가지 않을 수 없다. (돌아간다)

109 일본어로 고친 것 중 자연스럽지 못한 것을 고르세요.

① 평소에 그다지 요리는 하지 않지만, 요리가 싫은 것은 아니다.
ふだんあまり料理(りょうり)はしないが、料理(りょうり)が嫌(きら)いわけではない。

② 부품도 전부 갖춰지고 이젠 조립만 하면 된다라고 할 때에 알게 되었다.
部品(ぶひん)も全部(ぜんぶ)そろって後(あと)は組(く)み立(た)てるばかりというときに気(き)がついた。

③ 듣고만 있고 입을 다문 채 아무 말도 하지 않고 있었다.
聞(き)くだけで黙(だま)ったまま何(なに)も言わずにいた。

④ 그는 꽤 말을 잘하지만, 행동이 따르지 않아, 신용이 없다.
彼(かれ)はなかなかいいことを言うが、行動(こうどう)が伴(ともな)わないので、信用(しんよう)がない。

⑤ 소년은 아주 노력하는 학생으로, 공부에 관해서는 그에 견줄 자가 없다.
少年(しょうねん)はよく努力(どりょく)する生徒(せいと)で、勉強にわたっては彼(かれ)に並(なら)ぶことができない。

해설

⑤ 少年はよく努力する生徒で、勉強に関しては彼に並ぶことができない。

- にわたって：～에 걸쳐서. (주로 짧은 시간에)
- にかけて　：～그 기간 중에. ～걸쳐서. (주로 긴 시간에)
- にあたって：～에 맞춰서. 어떤 상황에 맞춰서.

110 다음 글의 밑줄 친 곳에 들어갈 가장 적당한 것을 고르세요.

太古から、日本人の生活は、外国の文物、思想、宗教など諸々の物を、積極的に、貪欲に吸収することにより、多様に、また豊かになってきたはずである。平仮名は、中国から渡来した漢字が元だし、現在われわれの日常生活は、明治以来取り入れてきた欧米の影響抜きでは考えられない。こんな国なのに、もっと輸入を増やしてほしいというアメリカ、西欧その他の諸国の声に対する反応が＿＿＿＿。

① 素早いのはなぜだろう。
② はやくないのは当然のことである。
③ 盛り上がっているのはなぜだろう。
④ ぐずついているのは理解できなくもないことである。
⑤ 鈍いのはなぜだろう。

해설

⑤ 둔한 것은 왜일까.

태고부터, 일본인의 생활은, 외국의 문물, 사상, 종교 등 많은 문물을, 적극적으로, 탐욕에 흡수하는 일에 의해, 다양하게, 또 풍부하게 되었던 것이다. 히라가나는, 중국으로부터 도래한 한자가 근본이고, 현재 우리들의 일상생활은, 메이지시대 이래 받아들여진 구미의 영향을 제외시키고는 생각할 수 없다. 이런 나라인데도, 좀 더 수입을 증가시키면 좋겠다고 말하는 미국, 서구 그 외 모든 나라의 목소리에 대한 반응에 둔한 것은 왜일까.

① 재빠른 것은 왜일까.　　② 빠르지 않은 것은 당연한 것이다.
③ 고조되고 있는 것은 왜일까. (盛り上がる：부풀어 오르다. 솟아오르다. 고조되다. 높아지다)

盛(さか)ん : 기세가 좋은 것. 사람이 가장 건강한 시기에 있는 것. 기력 등이 좋은 것. 인생이 한창일 때. 의기(意気(いき) : 적극적으로 무슨 일을 하려는 마음이나 기개)가 차 있는 것. 번성 · 번창하다. 성대하다. 최고로 인기 있다. 열심히 하다. 활발하다.

盛(さか)んに燃(も)える。　불이 활활 타다. 食欲(しょくよく)が盛んだ。식욕이 왕성하다.

人生(じんせい)の盛(さか)んな時代(じだい)。인생의 전성기. 血気盛(けっきさか)ん。　혈기 왕성. 가장 한창일 때.

老(お)いてますます盛んなり。

늙었어도, 젊었을 때를 능가할 정도로 원기 왕성한 것. 노익장을 과시하다.

学者(がくしゃ)の間(あいだ)で盛(さか)んな議論(ぎろん)が交(まじ)わされた。

학자들 사이에 활발한 논의를 오갔다(주고받았다).

④ 늑장을 부리는 것은 이해할 수 없는 것이다.

愚図(ぐず)つく : 확실한 행동 · 태도를 취하지 않고 있다. 우물쭈물하다(ぐずぐずする). 아이가 떼를 쓰다(駄々(だだ)を捏(こ)ねる · 愚図(ぐず)る). 비가 내렸다 그쳤다 날씨가 확실하지 않다.

決心(けっしん)がつかないまま愚図(ぐず)ついている。

결심이 서지 않은 상태로 우물쭈물하다.

• 11章 | 해 답

1	②	31	④	61	②	91	①
2	④	32	⑤	62	③	92	②
3	③	33	②	63	④	93	③
4	④	34	①	64	①	94	④
5	④	35	①	65	⑤	95	②
6	②	36	①	66	①	96	④
7	③	37	①	67	②	97	④
8	③	38	⑤	68	④	98	①
9	①	39	⑤	69	⑤	99	③
10	②	40	③	70	①	100	②
11	④	41	③	71	②	101	⑤
12	②	42	②	72	④	102	①
13	②	43	④	73	③	103	②
14	②	44	①	74	②	104	④
15	①	45	④	75	①	105	⑤
16	③	46	①	76	④	106	③
17	⑤	47	⑤	77	③	107	⑤
18	①	48	②	78	⑤	108	③
19	①	49	③	79	①	109	②
20	①	50	④	80	③	110	④
21	③	51	⑤	81	①		
22	⑤	52	①	82	④		
23	②	53	①	83	②		
24	⑤	54	②	84	④		
25	⑤	55	③	85	②		
26	③	56	④	86	②		
27	⑤	57	⑤	87	③		
28	⑤	58	③	88	③		
29	⑤	59	①	89	②		
30	③	60	④	90	④		

1	③	31	②	61	④	91	③
2	④	32	③	62	②	92	②
3	②	33	③	63	②	93	⑤
4	①	34	③	64	①	94	④
5	①	35	①	65	④	95	②
6	②	36	③	66	②	96	④
7	③	37	③	67	③	97	②
8	②	38	③	68	③	98	④
9	④	39	③	69	①	99	④
10	④	40	③	70	⑤	100	③
11	①	41	②	71	④	101	①
12	④	42	④	72	③	102	④
13	④	43	①	73	③	103	⑤
14	③	44	③	74	②	104	⑤
15	③	45	③	75	④	105	③
16	②	46	②	76	④	106	②
17	①	47	⑤	77	①	107	④
18	④	48	②	78	④	108	②
19	⑤	49	②	79	①	109	③
20	①	50	④	80	⑤	110	④
21	④	51	③	81	④		
22	①	52	④	82	①		
23	③	53	①	83	④		
24	②	54	⑤	84	④		
25	②	55	⑤	85	①		
26	⑤	56	②	86	②		
27	④	57	③	87	③		
28	⑤	58	②	88	①		
29	①	59	③	89	②		
30	④	60	③	90	②		

• 13章 | 해 답

1	③	31	①	61	④	91	③
2	⑤	32	⑤	62	③	92	④
3	⑤	33	④	63	④	93	④
4	④	34	②	64	①	94	①
5	①	35	①	65	⑤	95	①
6	②	36	①	66	②	96	③
7	③	37	③	67	①	97	③
8	③	38	③	68	①	98	①
9	①	39	④	69	③	99	②
10	②	40	⑤	70	①	100	③
11	②	41	⑤	71	②	101	①
12	①	42	②	72	⑤	102	②
13	③	43	④	73	⑤	103	④
14	④	44	①	74	②	104	③
15	③	45	③	75	③	105	③
16	①	46	③	76	④	106	①
17	④	47	③	77	④	107	②
18	①	48	①	78	⑤	108	④
19	④	49	①	79	⑤	109	④
20	②	50	②	80	④	110	②
21	②	51	①	81	②		
22	②	52	③	82	④		
23	⑤	53	④	83	④		
24	④	54	③	84	②		
25	④	55	⑤	85	①		
26	③	56	⑤	86	②		
27	②	57	③	87	②		
28	④	58	④	88	④		
29	③	59	②	89	③		
30	①	60	②	90	②		

• 14章 | 해답

1	③	31	②	61	②	91	③
2	④	32	②	62	②	92	②
3	④	33	②	63	⑤	93	④
4	①	34	③	64	⑤	94	④
5	②	35	③	65	①	95	②
6	③	36	①	66	②	96	①
7	③	37	②	67	④	97	④
8	②	38	⑤	68	⑤	98	④
9	①	39	③	69	②	99	③
10	③	40	⑤	70	①	100	③
11	①	41	③	71	⑤	101	⑤
12	④	42	①	72	⑤	102	⑤
13	①	43	②	73	⑤	103	②
14	③	44	②	74	②	104	④
15	③	45	④	75	①	105	⑤
16	③	46	①	76	③	106	②
17	①	47	①	77	⑤	107	④
18	①	48	④	78	④	108	③
19	⑤	49	⑤	79	①	109	④
20	③	50	②	80	⑤	110	⑤
21	②	51	⑤	81	②		
22	④	52	④	82	③		
23	③	53	④	83	①		
24	②	54	①	84	②		
25	②	55	①	85	②		
26	②	56	④	86	①		
27	②	57	③	87	④		
28	④	58	①	88	①		
29	①	59	④	89	③		
30	①	60	①	90	①		

• 15章 | 해 답

1	④	31	④	61	①	91	③
2	③	32	③	62	③	92	⑤
3	⑤	33	③	63	①	93	①
4	④	34	④	64	⑤	94	④
5	⑤	35	④	65	①	95	②
6	①	36	②	66	⑤	96	③
7	②	37	①	67	⑤	97	②
8	④	38	①	68	②	98	②
9	①	39	①	69	③	99	④
10	②	40	⑤	70	③	100	③
11	③	41	②	71	②	101	②
12	⑤	42	②	72	④	102	②
13	③	43	②	73	①	103	④
14	④	44	③	74	②	104	①
15	④	45	①	75	③	105	①
16	④	46	②	76	②	106	①
17	③	47	③	77	⑤	107	①
18	④	48	③	78	③	108	②
19	①	49	①	79	⑤	109	②
20	②	50	③	80	④	110	②
21	②	51	③	81	③		
22	①	52	②	82	④		
23	⑤	53	④	83	②		
24	①	54	③	84	④		
25	②	55	⑤	85	②		
26	③	56	②	86	③ ⑤		
27	④	57	⑤	87	③		
28	①	58	①	88	④		
29	②	59	②	89	①		
30	⑤	60	③	90	②		

1	①	31	③	61	②	91	①
2	②	32	③	62	③	92	②
3	④	33	④	63	①	93	③
4	⑤	34	①	64	④	94	①
5	⑤	35	②	65	④	95	②
6	④	36	③	66	⑤	96	③
7	①	37	①	67	②	97	③
8	④	38	③	68	③	98	③
9	①	39	①	69	②	99	③
10	②	40	③	70	①	100	①
11	④	41	⑤	71	②	101	④
12	③	42	①	72	①	102	④
13	③	43	③	73	④	103	③
14	④	44	①	74	①	104	②
15	②	45	③	75	④	105	③
16	⑤	46	②	76	③	106	②
17	②	47	①	77	④	107	④
18	③	48	⑤	78	⑤	108	②
19	④	49	①	79	④	109	①
20	①	50	⑤	80	②	110	⑤
21	①	51	②	81	④		
22	②	52	②	82	②		
23	②	53	④	83	③		
24	④	54	④	84	③		
25	③	55	②	85	①		
26	①	56	①	86	③		
27	③	57	④	87	⑤		
28	③	58	③	88	②1④2⑤3③		
29	⑤	59	②	89	④		
30	③	60	④	90	①		

• 17章 | 해 답

1	①	31	②	61	②	91	⑤
2	④	32	③	62	④	92	②
3	③	33	①	63	⑤	93	③
4	⑤	34	④	64	③	94	①
5	②	35	④	65	③	95	③
6	③	36	④	66	②	96	②
7	②	37	③	67	④	97	①
8	②	38	②	68	③	98	②
9	④	39	④	69	⑤	99	⑤
10	⑤	40	②	70	④	100	③
11	⑤	41	①	71	⑤	101	⑤
12	②	42	①	72	②	102	②
13	④	43	③	73	⑤	103	①
14	①	44	③	74	④	104	①
15	②	45	①	75	④	105	②
16	①	46	①	76	⑤	106	③
17	①	47	①	77	③	107	①
18	②	48	⑤	78	③	108	①
19	⑤	49	④	79	①	109	①
20	③	50	④	80	③	110	②
21	②	51	②	81	①		
22	②	52	⑤	82	③		
23	③	53	②	83	④		
24	⑤	54	⑤	84	③		
25	②	55	③	85	①		
26	②	56	②	86	①		
27	④	57	④	87	②		
28	⑤	58	⑤	88	①		
29	④	59	②	89	④		
30	⑤	60	④	90	①		

• 18章 | 해 답

1	④	31	③	61	①	91	③
2	④	32	⑤	62	⑤	92	④
3	④	33	③	63	③	93	⑤
4	④	34	③	64	③	94	⑤
5	④	35	②	65	②	95	②
6	④	36	④	66	④	96	③
7	①	37	②	67	④	97	④
8	④	38	①	68	②	98	④
9	④	39	⑤	69	①	99	⑤
10	①	40	①	70	⑤	100	⑤
11	③	41	②	71	②	101	②
12	④	42	①	72	⑤	102	①
13	②	43	①	73	⑤	103	④
14	⑤	44	①	74	④	104	②
15	①	45	②	75	②	105	④
16	②	46	②	76	②	106	③
17	③	47	④	77	②	107	③
18	④	48	②	78	②	108	③
19	④	49	③	79	②	109	③
20	②	50	②	80	⑤	110	⑤
21	⑤	51	④	81	①		
22	⑤	52	③	82	③		
23	③	53	③	83	②		
24	②	54	①	84	①		
25	②	55	③	85	④		
26	⑤	56	⑤	86	②		
27	④	57	⑤	87	①		
28	③	58	②	88	③		
29	④	59	④	89	④		
30	④	60	③	90	②		

1	①	31	②	61	③	91	②
2	④	32	④	62	②	92	④
3	④	33	④	63	①	93	②
4	①	34	①	64	⑤	94	②
5	③	35	③	65	②	95	④
6	②	36	⑤	66	⑤	96	①
7	③	37	⑤	67	④	97	①
8	④	38	③	68	⑤	98	②
9	⑤	39	③	69	③	99	①
10	⑤	40	⑤	70	③	100	③
11	⑤	41	③	71	②	101	⑤
12	④	42	②	72	③	102	①
13	②	43	②	73	①	103	③
14	②	44	④	74	⑤	104	①
15	⑤	45	⑤	75	④	105	②
16	④	46	①	76	①	106	④
17	③	47	④	77	①	107	②
18	⑤	48	②	78	④	108	②
19	②	49	④	79	③	109	③
20	①	50	①	80	②	110	④
21	②	51	②	81	③		
22	⑤	52	①	82	①		
23	④	53	④	83	④		
24	③	54	②	84	②		
25	①	55	④	85	①		
26	②	56	①	86	④		
27	①	57	④	87	②		
28	②	58	③	88	④		
29	⑤	59	④	89	④		
30	⑤	60	④	90	①		

• 20章 | 해 답

1	①	31	③	61	⑤	91	③
2	④	32	③	62	①	92	③
3	③	33	⑤	63	③	93	⑤
4	⑤	34	①	64	④	94	①
5	⑤	35	①	65	①	95	②
6	①	36	①	66	①	96	⑤
7	④	37	③	67	①	97	②
8	③	38	③	68	①	98	①
9	④	39	④	69	①	99	③
10	③	40	⑤	70	⑤	100	④
11	⑤	41	④	71	①	101	③
12	①	42	⑤	72	⑤	102	④
13	③	43	③	73	①	103	⑤
14	①	44	⑤	74	③	104	①
15	⑤	45	②	75	③	105	③
16	②	46	③	76	①	106	④
17	①	47	⑤	77	④	107	③
18	③	48	③	78	④	108	④
19	⑤	49	④	79	②	109	⑤
20	②	50	③	80	④	110	⑤
21	③	51	④	81	②		
22	③	52	④	82	③		
23	③	53	②	83	②		
24	③	54	①	84	①		
25	①	55	②	85	③		
26	①	56	②	86	④		
27	①	57	③	87	③		
28	④	58	③	88	①		
29	③⑤	59	⑤	89	①		
30	④	60	⑤	90	③		

■ 저자약력

- 육민관고등학교
- 서강대학교
- 日本 拓植대학 유학생별과
- 日本 立教대학
- 전 한빛 지적 소유권센터 교수
- 전 태학관법정연구회 교수
- 전 사법연수원 일본어 교수

■ 저서

- 기초일본어 Workshop 1 (박영사)
- 기초일본어 Workshop 2 (박영사)
- 考試 日本語 Workshop 上 (박영사)
- 考試 日本語 Workshop 下 (박영사)
- 日本語 JLPT · JPT · 외교영사직 · 중등임용고사 문제집 (상) (박영사)
- 日本語 JLPT · JPT · 외교영사직 · 중등임용고사 문제집 (하) (박영사)
- 일본 초등학교 상용한자 1,026자 (박영사 출판예정)
- 고시 日本語 Workshop - 최종 점검 1개월 완성 (태학관)
- 고시 日本語 Workshop - 사법시험 · 변리사시험 기출문제 해설 (태학관)

日本語 JLPT · JPT · 외교영사직 · 중등임용고사 문제집 (하)

초판발행 2022년 5월 10일

지은이 최철규
펴낸이 안종만 · 안상준

편 집 박송이
기획/마케팅 조성호
표지디자인 이소연
제 작 고철민 · 조영환

펴낸곳 (주) 박영사
서울특별시 금천구 가산디지털2로 53, 210호(가산동, 한라시그마밸리)
등록 1959. 3. 11. 제300-1959-1호(倫)
전 화 02)733-6771
f a x 02)736-4818
e-mail pys@pybook.co.kr
homepage www.pybook.co.kr
ISBN 979-11-303-1479-2 13730

정 가 34,000원